Wettbewerbspolitische Aspekte des „Amazon-Falls"

Schriften zur Politischen Ökonomik
Evolutorische und ökologische Aspekte

Herausgegeben von
Udo Müller, Oliver Budzinski, Yücel Calbay,
Jörg Jasper und Torsten Sundmacher

Band 15

Karoline H. Köhler

Wettbewerbspolitische Aspekte des „Amazon-Falls"

Analyse der ökonomischen Auswirkungen horizontaler und vertikaler Beschränkungen unter Berücksichtigung der Charakteristika von Onlinemärkten

Bibliografische Information der Deutschen Nationalbibliothek
Die Deutsche Nationalbibliothek verzeichnet diese Publikation
in der Deutschen Nationalbibliografie; detaillierte bibliografische
Daten sind im Internet über http://dnb.d-nb.de abrufbar.

Zugl.: Ilmenau, Techn. Univ., Diss., 2016

Gedruckt auf alterungsbeständigem,
säurefreiem Papier.

Ilm 1
ISSN 1439-7528
ISBN 978-3-631-67249-5 (Print)
E-ISBN 978-3-653-06814-6 (E-Book)
DOI 10.3726/ 978-3-653-06814-6

© Peter Lang GmbH
Internationaler Verlag der Wissenschaften
Frankfurt am Main 2016
Alle Rechte vorbehalten.
PL Academic Research ist ein Imprint der Peter Lang GmbH.

Peter Lang – Frankfurt am Main · Bern · Bruxelles · New York ·
Oxford · Warszawa · Wien

Diese Publikation wurde begutachtet.

www.peterlang.com

Amazon as the Next Google?

Vorwort

> Wenn sie wüssten, wo das liegt, was sie suchen,
> so suchten sie ja nicht.
> *Goethe, Maximen und Reflexionen.*

Die vorliegende Schrift wurde von der Fakultät für Wirtschaftswissenschaften und Medien der Technischen Universität Ilmenau im Sommer 2015 als Dissertation angenommen.

Die Arbeit knüpft an die von Medienbrisanz geprägte Thematik marktstarker Internetplattformen an und stellt das Ergebnis einer langjährigen und kritischen Auseinandersetzung mit den sich im Wettbewerb erfolgreich durchsetzenden Strategien des US-amerikanischen Konzerns Amazon dar. Das gigantische Wachstum unter höchster Kundenorientierung und die ausgeprägte Vielfalt der Geschäftsfelder dieses Global Players bildeten den Ausgangspunkt für die Faszination des aufgestellten Untersuchungsgegenstandes. Aktueller denn je rückt das Unternehmen nun in den Blickwinkel von Wettbewerbsbehörden und damit in den Fokus interdisziplinärer Fragen zwischen Wettbewerbsökonomie und Wettbewerbsrecht. Die weiteren Entwicklungen im Fall Amazon sind dabei nur bedingt abzusehen und konnten auch lediglich insoweit im Rahmen dieser Arbeit aufgezeigt werden. Die Arbeit berücksichtigt den Stand der Literatur, der wettbewerbsbehördlichen Verfahren und der Rechtsprechung bis zum 31. Mai 2015.

Das Vorhaben einer Promotion steht oder fällt mit bestimmten Personen:

Mein ganz besonderer Dank gilt an dieser Stelle meinem Doktorvater Herrn Prof. Dr. Oliver Budzinski für die hervorragende Betreuung während der Promotionszeit, begleitet von einer einmaligen Balance aus Scharfsinn und Humor. Als besonders einprägsam erwiesen sich neben dem stets motivierenden Zuspruch die wunderbaren Momente kontroverser Diskussionen, die ihren Höhepunkt immer wieder in „ausnahmsweise" juristischen Fragestellungen erlangten.

Gleichzeitig danken möchte ich Herrn Prof. Dr. André Schmidt von der Universität Witten/Herdecke sowie Herrn Prof. Dr. Arne Feddersen von der Southern University of Denmark für die umgehende Bereitschaft zur Übernahme der Zweit- und Drittbegutachtung.

Auch den weiteren Mitgliedern der Promotionskommission, insbesondere dem Vorsitzenden Herrn Prof. Dr. Frank Fechner, sei an dieser Stelle ein herzliches Dankeschön ausgesprochen.

Weiterhin möchte ich vielen nicht namentlich genannten Kollegen, Bekannten und Freunden Wertschätzung für die fruchtbare Unterstützung durch fachlichen Austausch und bereichernde Anregungen entgegenbringen.

Ein besonderer Dank gebührt von ganzem Herzen meiner Mutter, die meine ökonomische und juristische Ausbildung mit besonderer Weitsicht begleitet und mich stets in meinen noch so vielfältigen Vorhaben mit Rückhalt und Lebensfreude bestärkt hat.

Auch sei an dieser Stelle an Herrn Prof. Dr. Henning Krug (†) erinnert, der wegbegleitend meine berufliche und persönliche Entwicklung auf unternehmerischer Ebene in einem hohe Maße gefördert sowie durch das Aufzeigen endloser Horizonte geprägt hat.

Ihm und meiner Mutter sei dieses Werk als Zeichen der Dankbarkeit und Verbundenheit gewidmet.

Groß Escherde, im Januar 2016   Karoline Henrike Köhler

Inhaltsverzeichnis

Abkürzungsverzeichnis

Abb.:	**Abb**ildung
Abs.:	**Abs**atz
AEUV:	Vertrag über die Arbeitsweise der Europäischen Union
Art.:	**Art**ikel
Aufl.:	**Aufl**age
BGB:	**B**ürgerliches **G**esetz**b**uch
EuGH:	**G**erichts**h**of (der Europäischen Union)
EUV:	Vertrag über die Europäische Union
FKVO:	**F**usions**k**ontroll**v**er**o**rdnung
GWB:	**G**esetz gegen **W**ettbewerbs**b**eschränkungen
Inc.:	**Inc**orporated (Rechtsform einer amerikanischen Kapitalgesellschaft)
UVP:	**U**nverbindliche **P**reisempfehlung
SIEC:	**S**ignificant **I**mpediment of **E**ffective **C**ompetition
Slg.:	Amtliche **S**amm**l**un**g** der Entscheidungen des Europäischen Gerichtshofes bzw. des Europäischen Gerichts Erster Instanz
SSNIP:	**S**mall but **S**ignificant **N**on-transitory **I**ncrease in **P**rice
Rs.:	**R**echts**s**ache
VO:	**V**er**o**rdnung

Abbildungsverzeichnis

1 Einführung

1.1 Explikation der Frage- und Problemstellung

„Amazon.com, the giant online retailer, has too much power, and it uses that power in ways that hurt America."[1]

Selten hat ein wettbewerbspolitischer Fall so viel Interesse und Kontroversen hervorgerufen wie der E-Book Fall rund um Amazon, bei dem führende Verlage und große Unternehmen wie Apple involviert sind. Doch dieser spiegelt nur eine von vielen unternehmerischen Vorgehensweisen Amazons wider. In Anlehnung an das zentrale Leitbild des europäischen Wettbewerbsrechts, ein System des freien, unverfälschten und wirksamen Wettbewerbs zu schaffen und gewähren,[2] beschäftigt sich diese Arbeit mit den ökonomischen Auswirkungen zahlreicher, zunehmend in die Diskussion geratenener Verhaltensweisen des US-amerikanischen Konzerns Amazon. Von welcher Brisanz der „Amazon-Fall" ist und wie sehr der Fokus zunehmend auf diesen Internetgiganten gelenkt wird, zeigt auch das kürzlich eingeleitete Prüfverfahren der Europäischen Kommission, welches die von Amazon auferlegte Informationspflicht der Verleger über eine etwaige Gewährung günstigerer Konditionen an andere Wiederverkäufer zum Gegenstand hat.[3]

Im Mittelpunkt der Betrachtungen rund um Amazon steht die Feststellung, dass Wettbewerb als anonymer und dezentraler Kontroll- und Steuerungsmechanismus insoweit nicht „self-maintaining" ist, sondern durch die verschiedensten Strategien eines Unternehmens beziehungsweise rechtlich oder faktisch aufgrund nicht kompetitiver Marktstrukturen beschränkt werden kann.[4] Daher gilt es zum einen zu untersuchen, ob die dominante Marktstellung des Online-Händlers und Plattformbetreibers Folge fehlenden Wettbewerbs aufgrund hoher Eintrittsbarrieren ist oder ob das Unternehmen Amazon lediglich Vorteile der modernen Technologie und des Internets als entscheidenden Wettbewerbsvorteil für sich nutzt. Zum anderen sollen die dem Amazon Konzern entgegengebrachten Vorwürfe, sich sowohl in einem horizontalen Verhältnis als auch auf vertikaler Ebene wettbewerbswidriger Geschäftspraktiken anzunehmen, ermittelt und beleuchtet werden, um die nicht nur von dem bekannten Ökonomen Paul Krugman ausgehende Forderung nach wettbewerbspolitischen Maßnahmen gegen Amazon zu ergründen.

Bei den dafür anzustrengenden Analysen ist neben den ökonomischen Besonderheiten von Onlinemärkten auch die wachsende ökonomische Bedeutung mehrseitiger Märkte einzubeziehen, wobei auch dargelegt werden soll, inwieweit die Besonderheiten mehrseitiger Märkte bei der Beurteilung etwaiger Wettbewerbs-

---

1   Krugman (2014).
2   Mäger (2011b), S. 40, Rn. 1.
3   Streitfeld & Scott (2015).
4   Schmidt & Haucap (2013), S. 150.

beschränkungen Berücksichtigung erlangen müssen, um entsprechende Fehlinterpretationen zu vermeiden. So können möglicherweise etwaige Beschränkungen des Amazon Konzerns auf einem zweiseitigen Markt wie dem Amazon Marketplace aufgrund indirekter Netzwerkeffekte der verbundenen Marktseiten Anlass zur Überprüfung allgemeiner wettbewerblicher Einschätzungen geben. Auf diese Weise umfasst die Analyse des „Amazon-Falls" stellvertretend auch die ökonomische Analyse neuer Wettbewerbsprobleme moderner Medien wie Internetplattformen und Digitalisierungen (E-Books).

Vor dem Hintergrund der Brisanz um ähnlich gelagerte Fälle wie Google, eBay oder Facebook stellt sich bei all diesen Internetunternehmen zudem die Frage danach, ob wir es mit „monopoly firms that mainly try to foreclose their markets through anticompetitive behavior?"[5] zu tun haben. Von Relevanz ist es daher auch aufzuzeigen, wie die anerkannte fundamentale Hürde, zwischen einem pro- und einem anti-kompetitiven Verhalten korrekt zu differenzieren,[6] in Bezug auf Amazon zu überwinden ist, um mithin die entscheidende Frage zu beantworten, ob in dem Online-Händler Amazon überhaupt der oftmals so betitelte „Bösewicht" zu sehen ist. Denn erst auf dieser Grundlage kann eine Beurteilung erfolgen, ob bei dem Online-Händler ein derart gewichtiges wettbewerbswidriges Verhalten identifiziert werden kann, das einen wettbewerbspolitischen Eingriff oder gar eine Regulierung auf europäischer Ebene erfordert, wobei, da „antitrust has become infused with economics",[7] stets die Verbindung zwischen der Wettbewerbsökonomie und dem europäischen Wettbewerbsrecht zu suchen ist.

1.2 Zielsetzung und Aufbau der Arbeit

Elementarer inhaltlicher Kern dieser Arbeit ist es, die wettbewerbspolitischen Vorwürfe gegenüber Amazon systematisch zu erarbeiten und auf der Basis ökonomisch-theoretischer Überlegungen zu würdigen. Dabei gilt es die Auswirkungen der einzelnen Verhaltensweisen auf den tangierten Märkten zu erschließen sowie wohlfahrtsökonomische Erwägungen anzustellen. Die Untersuchungsergebnisse sollen dabei dem fundamentalen Ziel dieser Arbeit dienen, das darin besteht, eine Antwort auf die sich aus der aktuellen Medienbrisanz um Internetplattformen ergebende Frage zu finden, ob „Amazon as the Next Google" einzuordnen ist.[8]

---

5   Haucap & Heimeshoff (2013), S. 2.
6   Dorsey & Jacobsen (2014), S. 24.
7   Baker & Bresnahan (2008), S. 2.
8   Das gegen Google von der US Federal Trade Commission geführte Verfahren wurde im Januar 2013 beendet. Der gegen den Suchmaschinenanbieter gerichtete Vorwurf umfasste nach Hauck (2015), S. 54 den Missbrauch einer marktbeherrschenden Stellung sowie speziell die Manipulation von Suchergebnissen „to favor its own (vertical) e-commerce services (so-called search-bias allegation)." Ausführlich zum „Google-Fall" siehe auch Argenton & Prüfer (2012), Bork & Sidak (2012), Haucap (2012),

Um diesen praxisbezogenen, wettbewerbsrelevanten Fall eingehend zu beleuchten, weist die vorliegende Arbeit die folgende Strukturierung auf:

Zunächst wird im **zweiten** Kapitel ein Überblick über die rechtlich-institutionellen Grundlagen der europäischen Wettbewerbspolitik gewährt. Dieser beinhaltet eine Darstellung der grundlegenden europäischen Wettbewerbsregeln, wobei insbesondere mit Blick auf die dem Amazon Konzern entgegengebrachten Vorwürfe eine Fokussierung des im Art. 101 AEUV vorgesehenen Verbots der Kartellierung und des in Art. 102 AEUV geregelten Verbots des Missbrauchs einer marktbeherrschenden Stellung erfolgt.

Um dem interdisziplinären Zusammentreffen von Recht und Ökonomie im Rahmen des Wettbewerbsrecht beziehungsweise der Wettbewerbspolitik gerecht zu werden, sieht das nachfolgende **dritte** Kapitel eine allgemeine Erläuterung der wettbewerbsökonomischen Grundlagen und Effizienzziele vor. Neben der Darstellung von Verfahren zur Bestimmung der Marktmacht werden in diesem Abschnitt zudem die Besonderheiten und Wirkungen eines natürlichen Monopols aufgezeigt, wobei auch auf etwaige Regulierungsmöglichkeiten eingegangen wird. Im Gegenzug schließt sich eine Betrachtung des unvollkommenen Wettbewerbs auf der Nachfrageseite durch Monopsone an. Im weiteren Verlauf werden zudem die besonderen Spezifikationen von Onlinemärkten beschrieben. Speziell im Fokus des dritten Kapitels steht dabei das Konzept mehrseitiger Märkte, dessen besondere Strukturen eine eingehende Betrachtung insbesondere von Preisstrukturen sowie wohlfahrtsökonomischen Aspekten verlangen.

Im **vierten** Kapitel erfolgt eine umfassende Darstellung und Diskussion der Auswirkungen wettbewerblicher Beschränkungen. Dieses beinhaltet unter anderem die Explikation der Kartelllösung, wobei zahlreiche Arten wettbewerblicher Beschränkungen im Rahmen einer Kartellierung sowohl auf horizontaler als auch auf vertikaler Ebene aufgezeigt werden. Weiterhin werden einseitige missbräuchliche Praktiken in Form des Ausbeutungs- und Behinderungsmissbrauchs wie ein Predatory Pricing vorgestellt und in Hinblick auf die Effekte für den Wettbewerb erörtert. Speziell herausgearbeitet werden unter diesem Abschnitt zudem die besonderen Anforderungen an eine Beurteilung wettbewerblicher Beschränkungen auf zweiseitigen Märkten.

Im **fünften** Kapitel erfolgt eine Transferleistung der vorangestellten theoretischen Überlegungen auf den Amazon Konzern: Dabei wird zunächst eine Darstellung des Unternehmens einschließlich Erläuterung der gesellschaftsrechtlichen Strukturen vorgenommen. Im Anschluss folgt eine Beschreibung der Märkte, auf denen Amazon seine umfassende unternehmerische Tätigkeit ausübt. Da es sich bei Amazon um einen US-amerikanischen Mutterkonzern handelt, der jedoch global durch zahlreiche Tochtergesellschaften agiert, wird im Folgenden die internationale Anwendbarkeit der europäischen Wettbewerbsregeln im Rahmen der

---

Manne & Wright (2011), Pollock (2010), Hauck (2015), S. 53 ff. sowie Kerkmann (2015).

Effects Doctrine erarbeitet. Im Einzelnen erfolgen dann Beschreibungen und kritische Auseinandersetzungen mit den Verhaltensweisen und Geschäftspraktiken Amazons: So werden insbesondere horizontale Verdrängungsstrategien gegenüber Einzelhändlern, ein unfaires Wettbewerbsverhalten durch die Angabe falscher UVP und unrichtiger Produktrezensionen sowie ein Missbrauch der marktdominanten Position auf einer vertikalen Ebene untersucht. Dieser Schritt begründet dabei auch den wesentlichen Forschungsbeitrag dieser Arbeit, der gerade darin besteht, die weitreichenden wettbewerbspolitischen Vorwürfe, die gegen den Amazon Konzern gerichtet werden, einer ökonomischen Würdigung zu unterziehen und als anti- beziehungsweise pro-kompetitives Verhalten zu bewerten. Im Rahmen der Untersuchungen wird aufgezeigt, dass zwischen den einzelnen Geschäftspraktiken streng differenziert werden muss. Entgegen der in der Literatur und Medien zu findenden Annahmen können tatsächlich nur einige von Amazons Strategien als wettbewerbsschädigend eingeordnet werden. Insoweit kann Amazon auch allenfalls in Teilen als „transatlantischer Bösewicht" deklariert werden.

Basierend auf einer Zusammenfassung der zentralen Ergebnisse zu dem wettbewerbspolitischen Verhalten Amazons wird im **sechsten Kapitel** die Frage beleuchtet, inwieweit das Verhalten des zunehmend marktmächtigen Unternehmens Amazon einen wettbewerbspolitischen Eingriff oder gar eine wettbewerbsrechtliche Regulierung auf europäischer Ebene erfordert, um dem Amazon Konzern in Bezug auf einzelne, als wettbewerbswidrig zu bewertende Geschäftspraktiken adäquat zu begegnen. Hieran anknüpfend werden zur Ausgestaltung einer wettbewerbspolitischen Regulierung von Internetplattformen neuartige Ansätze wie der More Technological Approach oder die Implementierung einer eigenen Regulierungsbehörde vorgestellt, die der Berücksichtigung der besonderen Charakteristika von Onlinemärkten und mehrseitigen Marktstrukturen dienen sollen.

Das **siebte Kapitel** schließt mit einem Fazit sowie einem entsprechenden Ausblick auf die zukünftige Entwicklung rund um den „Amazon-Fall" ab, der Raum für wettbewerbspolitische Maßnahmen schafft.

2 Rechtlich-institutionelle Grundlagen der europäischen Wettbewerbspolitik

2.1 Einordnung der europäischen Wettbewerbsregeln

2.1.1 Rechtliche Grundlagen und unmittelbare Anwendbarkeit

Die vorwiegend im AEUV verankerten europäischen Wettbewerbsregeln, die die fundamentalen Bedingungen für das Funktionieren eines einheitlichen Binnenmarktes darstellen,[9] werden gemäß der in Art. 3 Abs. 1 b) AEUV vorgesehenen ausschließlichen Zuständigkeit durch die Europäische Union bestimmt. Das wirtschaftspolitische Ziel der Union sieht dabei gem. der Art. 119 Abs. 1, 120 AEUV eine offene Marktwirtschaft mit freiem Wettbewerb vor, wobei der Wettbewerb grundlegend durch die Art. 34 AEUV und Art. 56 AEUV ermöglicht wird. Vor diesem Hintergrund sind als die beiden grundlegenden und komplementären Elemente des Wettbewerbsrechts mithin der Schutz des Wettbewerbs auf dem Markt und die Verhinderung von Markteintrittsbarrieren auszumachen.[10]

Der Wettbewerb ist dabei, basierend auf dem unmittelbar in Art. 101, 102 AEUV verwirklichten System des unverfälschten Wettbewerbs,[11] insbesondere auch vor privaten Wettbewerbsbeschränkungen zu schützen.[12] Auf diese Weise haben die europäischen Wettbewerbsregeln auch einen positiven Einfluss auf Wohlfahrtseffekte und Effizienzen[13] und nehmen dementsprechend neben den Grundfreiheiten eine Schlüsselrolle für die verfassungsmäßige Ordnung der Wirtschaft ein,[14] wobei ihnen das wesentliche Verständnis zugrundeliegt, dass effektiver Wettbewerb in einem Markt im Gegensatz zu staatlicher Kontrolle oder privater Monopole den besten Mechanismus für eine effiziente Ressourcenallokation darstellt.[15]

---

9 Rose & Bailey (2013a), S. 1, Rn. 1001. Weitergehend hierzu auch Vickers (2008), S. 415: "Competition law is a fundamental part of the ground-rules of the market economy."
10 Rose & Bailey (2013a), S. 7, Rn. 1013.
11 Mestmäcker & Schweitzer (2014), § 1 Rn. 26. Vgl. zudem Immenga & Mestmäcker (2012a), S. 28, Rn. 20: Im Schrifttum wird die Bedeutung, dass das System des unverfälschten Wettbewerbs nicht mehr im Zielkatalog des Art. 3 Abs. 3 EUV genannt ist, kontrovers diskutiert; nach Protokoll Nr. 27, dessen Bindungswirkung den Verträgen gleicht, ist dieses System jedoch Bestandteil des Binnenmarktes.
12 Immenga & Mestmäcker (2012b), S. 53, Rn. 14.
13 Wils (2014), S. 16.
14 Immenga & Mestmäcker (2012a), S. 43, Rn. 76.
15 Rose & Bailey (2013a), S. 7–8, Rn. 1014. Weitergehende Explikationen zu der ökonomischen Motivation des Wettbewerbsrechts und im Besonderen auch zu der Vorteilhaftigkeit des Wettbewerbs finden sich im Kapitel 3.1.

Die europäischen Wettbewerbsregeln stellen gemäß Art. 1 VO 1/2003[16] keine Ermächtigungsnormen dar. Vielmehr kommt ihnen eine grundlegende Geltung unabhängig von einer vorhergehenden konstitutiven Entscheidung der Wettbewerbsbehörden zu.[17] Lediglich zu deren Durchsetzung in Verwaltungs- und Bußgeldverfahren existieren entsprechende Ausführungsvorschriften.[18] Somit beinhaltet beispielsweise der im Folgenden näher zu betrachtende Art. 102 AEUV ein unmittelbar wirkendes Verbot der missbräuchlichen Ausnutzung einer marktbeherrschenden Stellung.[19] Die primärrechtlichen Art. 101–106 AEUV begründen darüber hinaus für Unternehmen unmittelbar anwendbare Wettbewerbsregeln und sind insoweit also self-executing, das heißt, dass Unternehmen und Personen, die durch das entsprechende Verhalten benachteiligt oder geschädigt werden, direkte Rechte aus den Vorschriften ableiten können und die erfahrenen Nachteile nach dem so genannten Verbotsprinzip direkt vor einem nationalen Gericht rügen können.[20]

In Bezug auf das Verhältnis zu nationalen Wettbewerbsregelungen hat die Europäische Union mit Art. 3 VO 1/2003 erstmals von ihrer in Art. 103 lit. e AEUV für den Rat vorgesehenen Kompetenz Gebrauch gemacht, das Verhältnis der Rechte zueinander durch Verordnung zu regeln.[21] Nach Art. 3 VO 1/2003 besteht seitdem für die mitgliedstaatlichen Gerichte und Wettbewerbsbehörden insoweit eine Verpflichtung, in Fällen der parallelen Anwendbarkeit von Unionsrecht und nationalem Recht auch die Art. 101 und 102 AEUV neben dem staatlichen Recht anzuwenden, wenn das Verhalten geeignet ist, den zwischenstaatlichen Handel zu beeinträchtigen und die Anwendung des mitgliedsstaatlichen Rechts zugleich Art. 101 oder 102 AEUV unterfällt.[22] Diese Regelung hat wie auch Art. 16 VO 1/2003 dabei zum Ziel, den Rechtsanwendungsvorrang des Unionsrechts vor dem nationalen Recht eines Mitgliedsstaates zu verwirklichen, ändert den Grundsatz einer parallelen Geltung der Rechte als solchen aber nicht.[23]

2.1.2 Implikation des More Economic Approach

Die Wettbewerbspolitik wird vor dem Hintergrund, dass „antitrust law is designed to protect and facilitate the competitive process itself, and the only way to do that

---

16 Verordnung (EG) Nr. 1/2003 des Rates vom 16. Dezember 2002 zur Durchführung der in den Artikeln 81 und 82 des Vertrags niedergelegten Wettbewerbsregeln.
17 Immenga & Mestmäcker (2012a), S. 43, Rn. 77–78.
18 Bechtold/Bosch/Brinker (2014), S. 11 und Immenga & Mestmäcker (2012a), S. 44, Rn. 80. Die Ausführungsvorschriften sind im Wesentlichen in der VO 1/2003 enthalten.
19 Fuchs & Möschel (2012), Art. 102 AEUV, Rn. 2.
20 Wils (2014), S. 17; Bechtold/Bosch/Brinker (2014), S. 86, Rn. 4.
21 Petsche/Lager/Metzlaff (2012), S. 138, Rn. 4.
22 Mestmäcker & Schweitzer (2014), § 6, Rn. 6.
23 Mestmäcker & Schweitzer (2014), § 6, Rn. 6–7.

effectively is to understand what one is trying to protect or facilitate",[24] zunehmend durch (industrie-) ökonomische Theorien und wirtschaftswissenschaftliche Instrumente geprägt.[25] Trotz aller Unterschiede im Detail haben sich vor diesem Hintergrund mit den so genannten Post-Chicago Antitrust Economics seit den frühen 1990er Jahren in den USA und dem so genannten More Economic Approach in der Europäischen Union seit Anfang 2000 die beiden wichtigsten Antitrust-Regime der Welt in einem erweiterten Maße modernen wirtschaftswissenschaftlichen Theorien und Methoden zur Beurteilung von Wettbewerbsfällen geöffnet.[26] Das europäische Wettbewerbsrecht wird demgemäß in seiner Entwicklung, Ausgestaltung und Anwendung dem Einfluss des mittlerweile vorherrschenden More Economic Approach ausgesetzt und auf diese Weise einer zunehmend ökonomischen Ausrichtung unterzogen.[27]

Konkret ermöglicht es der More Economic Approach, der auch als **Effects-Based** beziehungsweise **Economics-Based Approach** bezeichnet wird,[28] die wettbewerbsrechtlichen Vorschriften verstärkt an ihrem ökonomischen Zweck auszurichten[29] und juristische Sachverhalte unter Heranziehung ökonomischer Konzepte und Methoden zu beurteilen.[30] Der More Economic Approach steht dabei im Zeichen des Ende der 1990er Jahre von der Europäischen Kommission eingeleiteten Politikwechsels,[31] wonach „an die Stelle der zuvor bestehenden Zielpluralität eine alleinige Ausrichtung der Wettbewerbspolitik an den Zielen der Optimierung der

---

24 Wood (1999), S. 83.
25 Budzinski & Ruhmer (2010), S. 278. Die ökonomische Fundierung der Wettbewerbspolitik als solche ist dabei nicht neu, weswegen Röller (2005), S. 13 betont, dass die Geschichte der Wettbewerbspolitik nicht durch einen "non-economic approach" gekennzeichnet ist.
26 Budzinski & Ruhmer (2010), S. 278; Kerber & Schwalbe (2015), S. 195, Rn. 519.
27 Bishop & Walker (2010), S. 9; Wils (2014), S. 23. Der More Economic Approach bildet den Kern der umfassenden jüngsten Reform der Europäischen Fusionskontrolle ab, mit der im Wesentlichen die legislative Neufassung der Fusionskontrollverordnung (FKVO) einhergegangen ist. So soll eine Fusion nur untersagt werden, wenn diese nach dem SIEC-Test zu einer erheblichen Behinderung wirksamen Wettbewerbs führen würde. Siehe dazu näher Dewenter & Rösch (2015), S. 109. Heutzutage tangiert der More Economic Approach jedoch nahezu alle Bereiche der Wettbewerbspolitik der Europäischen Union und geht teilweise sogar über diese hinaus. Vgl. hierzu Monti (2003); Röller & Stehmann (2006). Nach Budzinski (2008c) kann und soll die Ökonomie dabei herangezogen werden, um Wettbewerbsregeln Form zu verleihen und um diese zu interpretieren.
28 Bishop & Walker (2010), S. 9; Wils (2014), S. 23.
29 Vickers (2008), S. 430.
30 Christiansen (2010), S. 21; Schmidt & Haucap (2013), S. 243.
31 Christiansen (2010), S. 285. Allerdings erfordert eine zuverlässige Nutzung ökonometrischer Methoden stets das Vorliegen präziser Daten, was sich oftmals schwierig gestaltet, da bei zahlreichen Märkten derartige Daten nicht zur Verfügung stehen. Vgl. hierzu Budzinski (2011), S. 115–116.

wirtschaftlichen Effizienz und der Steigerung der Konsumentenwohlfahrt getreten ist.“[32] Die Erkenntnis, dass die Wettbewerbspolitik einer grundlegenden ökonomischen Fundierung zu unterziehen ist, ist dabei keinesfalls neu;[33] eine Umsetzung erfolgte jedoch schrittweise im Rahmen einer Gesamtreform der europäischen Wettbewerbspolitik,[34] mit der unter anderem methodische Neuerungen wie die Implementierung bestimmter innovativer ökonomischer Konzepte und ökonometrisch-statistischer Verfahren einhergegangen sind.[35]

Anders als bei dem traditionellen **Form-Based Approach**, bei dem zum Beispiel mit Blick auf Art. 102 AEUV bestimmte Praktiken eines marktbeherrschenden Unternehmens einfach als anti-kompetitiv angenommen werden,[36] gilt es bei dem wirkungsbasierten Ansatz nicht nur die Fähigkeit, sondern auch die Wahrscheinlichkeit einer Abschottung auf dem Markt zu untersuchen. In den Fokus der Analyse rücken auf diese Weise die Auswirkungen der konkreten Handlung.[37] Die Anwendung quantitativer Instrumente nimmt demzufolge bei der Aufdeckung und Beurteilung eines wettbewerbswidrigen Verhaltens eine bedeutsame Position ein, sodass ökonomische Bewertungen inzwischen Teil der Anwendung rechtlicher Wettbewerbsregelungen sind.[38] Auch im Anwendungsbereich des Art. 101 AEUV wird die reformierte Behandlung horizontaler und vertikaler Vereinbarungen auf den More Economic Approach gestützt.[39] Demgemäß wird auch die Entscheidung über die kartellrechtliche Zulässigkeit einer Maßnahme von den Auswirkungen auf die Wohlfahrt und auf ökonomische Effizienkriterien tangiert.[40] Der More Economic Approach sieht weiterhin bei der Beurteilung wettbewerblicher Aspekte die Verschiebung der Betrachtungsweise weg von dem Schutz der Wettbewerber hin zu einem Schutz des Wettbewerbs vor, sodass nicht immer entscheidend ist, ob Wettbewerber durch das fragliche Verhalten geschädigt werden, sondern es vielmehr darauf ankommt, ob der Wettbewerb zum Nachteil der Konsumenten eine Beeinträchtigung erfährt.[41] Dieses steht insoweit auch mit dem ökonomischen Ziel

---

32 Zimmer (2007), S. 1203.
33 Griesbach (1971); Raiser (1972).
34 Kerber & Schwalbe (2015), S. 195, Rn. 519.
35 Christiansen (2010), S. 22. Dazu zählen nach Budzinski (2010), S. 7 beispielsweise "(...) innovative economic theories (in particular game-theoretic oligopoly economics), methods (inter alia modern econometrics and quantitative market definition techniques) and instruments (for instance, merger simulation models)."
36 Polo (2011), S. 96.
37 Rittner/Dreher/Kulka (2014), S. 216, Rn. 610.
38 Budzinski (2011), S. 115; Schroeder (2011), S. 283.
39 So postulierte Monti (2000): „The new rules on vertical restraints and the draft texts on horizontal cooperation (...) mark a new departure based on a more economic approach."
40 Rittner/Dreher/Kulka (2014), S. 216, Rn. 610; Kerber & Schwalbe (2015), S. 195, Rn. 519.
41 Bishop & Walker (2010), S. 9.

des europäischen Wettbewerbsrechts im Einklang, als dass dieses die Abwendung von Schäden für den Wettbewerb vorsieht und nicht primär auf den Schutz einzelner Wettbewerber ausgerichtet ist.[42] Aus diesem Grund wird der More Economic Approach teilweise auch als More-Effects-Based Approach bezeichnet.[43]

Zusammenfassend sind die mit dem More Economic Approach einhergehenden Inhalte in der nachfolgenden Abbildung 1 veranschaulicht:

Abb. 1: Inhaltliche Komponenten des More Economic Approach

More Economic Approach	
reformatorisch	Novellierung der Europäischen Fusionskontrolle und schrittweise Gesamtreform der europäischen Wettbewerbspolitk zur stärkeren Berücksichtigung ökonomischer Wirkungen
konzeptionell	Effizienz und Konsumentenwohlfahrt als wettbewerbspolitisches Leitbild
methodisch	verstärkter Einsatz ökonomischer Konzepte und Methoden

Quelle: Eigene Darstellung in Anlehnung an Inhalte vorgenannter Quellen

Es zeigt sich dabei, dass auch die **Europäischen Gerichte** grundsätzlich bereit sind, dem More Economic Approach, an dem sich auch die Europäische Kommission orientiert, mit seinen Analysen und den daraus einhergehenden Schlussfolgerungen zu folgen.[44] Der **Intel-Fall**, der auf der europäischen Ebene von der Kommission aufgegriffen und durch den Europäischen Gerichtshof entschieden wurde, nahm dabei eine Vorreiterrolle für die Anwendung dieses Ansatzes ein.[45]

Dennoch erfährt auch die Anwendung des More Economic Approach teilweise umfassende **Kritik** und begegnet neben ökonomisch-theoretisch basierter Skepsis auch juristischen Bedenken: So wird der More Economic Approach zuweilen gerade für den Zweck, Art. 102 AEUV zu interpretieren, teilweise als ungeeignet eingestuft.[46] Auch hat zum Beispiel der EuGH in jüngsten Urteilen wieder den Fokus auf den Markt und den Wettbewerbsprozess gerichtet, wobei wettbewerbliche Kriterien der Konsumentenwohlfahrt und Effizienzüberlegungen keine Berücksichtigung erlangten.[47]

---

42 Bishop & Walker (2010), S. 9.
43 Polo (2011), S. 108–109; Bishop & Walker (2010), S. 10.
44 Schroeder (2011), S. 282.
45 EuGH, Rs. T-286/09, 12. Juni 2014 (Intel/European Commission); Wils (2014), S. 6.
46 Zu den Einzelheiten der Kritikpunkte insbesondere bei einer Anwendung des Ansatzes im Rahmen von Art. 102 AEUV siehe Wils (2014), S. 31 ff.
47 Rittner/Dreher/Kulka (2014), S. 217, Rn. 612.

Somit bleibt festzuhalten, dass der More Economic Approach zwar zunehmend Einzug in die Überlegungen zur Anwendung und Auslegung des Europäischen Wettbewerbsrechts erlangt, eine stringente Verfolgung und pauschale Anwendung dieses Ansatzes aber bisher nicht verzeichnet werden können. Im Wesentlichen gerichtet sind die dem More Economic Approach entgegengebrachten **Kritikpunkte** dabei auf das Problem der Einzelfallgerechtigkeit, der Zweckmäßigkeit im Sinne einer Operationalisierung der Kriterien beziehungsweise der Justiziabilität sowie in Bezug auf die Rechtssicherheit von Unternehmen.[48]

Aufzuhängen sind die hierüber bestehenden Diskussionen an der grundlegenden **Zielausrichtung** der Wettbewerbspolitik:[49] Bei der Zugrundelegung eines einzigen Oberziels der Wettbewerbspolitik tritt die Effizienz beziehungsweise Wohlfahrt als elementares Ziel der (Wettbewerbs-) Freiheit gegenüber.[50] Liberale Ansätze lassen dabei anstelle eines Zielkonfliktes auch weitestgehend eine Harmonie zwischen Wohlfahrt und Freiheit erkennen.[51] Dennoch ist die wettbewerbliche Freiheit in erster Linie als wesentliche Komponente der marktwirtschaftlichen Ordnung zu sehen,[52] die unter anderem auch aufgrund inhaltlicher Unbestimmtheit kein ausreichendes Fundament für die Aufstellung konkreter Wettbewerbsregeln bieten kann.[53] Dieses wiederum legt die Orientierung an der Effizienz und Wohlfahrt als entscheidende und auch in der Praxis zuletzt dominierende Zielrichtung in der europäischen Wettbewerbspolitk nahe.[54]

Im Kern beschäftigen sich die dem More Economic Approach zukommenden Diskussionen im Wesentlichen mit der Frage nach der **allgemeinen strategischen Ausrichtung**: So wird nicht einheitlich beurteilt, ob wettbewerbspolitische Fälle aufgrund typischer Effekte der jeweiligen Fallkategorie, in der diese einzuordnen sind, also **nach allgemeinen Regeln** entschieden werden sollen oder ob

---

48 Vgl. zur Kritik am More Economic Approach inter alia Böge (2004), S. 726 ff., Christianen (2005), S. 285 ff., Schmidt (2006), S. 409 ff., Schmidt & Voigt (2006) sowie Schmidt & Voigt (2007).

49 Zu der Ausgangsfrage, ob die zugrundeliegenden theoretischen Wettbewerbskonzeptionen ein Oberziel (Zielmonismus) oder mehrere Oberziele (Zielpluralismus) für die Wettbewerbspolitk vorsehen, siehe Christiansen (2010), S. 324 ff.

50 Christiansen (2010), S. 324.

51 Vgl. Christiansen (2010), S. 326 unter Bezugnahme auf Bundeskartellamt/Competition Law Forum (2006), S. 218: „The economic freedom model is based on the belief that in the long run both goals are not in conflict as safeguarding a vivid competition process will enhance consumer welfare."

52 Vanberg (2001), S. 48 f.

53 Zu den Argumentationen gegen die Freiheit als Oberziel siehe näher Christiansen (2010), S. 327 ff. m.w.N.; für weiterführende Literatur zu der Diskussion um das Spannungsfeld Effizienz versus Wettbewerbsfreiheit siehe zudem Hellwig (2006), Schmidt (2008) und Budzinski (2008a).

54 Zu den Gründen für die Wohlfahrt und Effizienz als Oberziel siehe im Einzelnen Christiansen (2010), S. 329 ff. m.w.N.; für weiterführende Literatur hierzu siehe zudem Vanberg (2011) und Haucap (2007).

die Beurteilung im Sinne des Effects-Based Approach an möglichst quantitativ ermittelten, konkreten Effekten im Rahmen einer **Einzelfallentscheidung** zu messen ist. Anders formuliert steht also zur Debatte, ob die Ökonomik lediglich in die Formulierung von Wettbewerbsregeln einfließen oder zur Ermittlung und Quantifizierung von Einzelfalleffekten herangezogen werden soll. Beide Ausrichtungen bringen insoweit jeweils entsprechende Vor- und Nachteile mit sich,[55] wobei jüngste Auffassungen dazu sowohl von Ökonomen als auch von Juristen vorgebracht werden.[56]

Die Europäische Kommission folgt dem Ansatz, einzelfallbezogene Beurteilungen auf den More Economic Approach zu stützen, was bedeutet, dass jeder **Einzelfall** einer umfassenden ökonomischen Analyse zu unterziehen ist, bei der alle in Betracht kommenden Einflussfaktoren weitestgehend zu berücksichtigen sind.[57] Dieses mündet jedoch wiederum in einen **Zielkonflikt** zwischen einer grundsätzlich erstrebenswerten Einzelfallgerechtigkeit und der Operationalität der Kriterien in Bezug auf einen wirksamen Wettbewerbsschutz.[58] Hierbei gilt, dass grundsätzlich zur effektiven Durchsetzung gesetzlicher Regelungen eine nicht vollumfängliche Gewährleistung von Einzelfallgerechtigkeit in Kauf genommen werden muss.[59] Die Europäische Kommission beabsichtigt dennoch beispielsweise im Rahmen von Art. 101 AEUV einzelfallbezogen und von Amts wegen effizienzbezogene Untersuchungen für horizontale und vertikale Unternehmenszusammenschlüsse durchzuführen.[60] Weiterhin soll nach Auffassung der Kommission bei Art. 102 AEUV in analoger Anwendung des Art. 101 Abs. 3 AEUV eine Abwägung zwischen der wettbewerblichen Verdrängungswirkung und etwaigen Effizienzvorteilen durchgeführt werden.[61]

Dementgegen wird jedoch teilweise für die Zurückhaltung einer stark ausgeprägten Einzelfallorientierung plädiert,[62] wobei auf die ohnehin schon zunehmende Komplexität von Antitrust-Beurteilungen[63] und mangels Justiziabilität auf die Gefahr einer Lahmlegung der europäischen Wettbewerbspolitik verwiesen wird.[64]

---

55 Siehe hierzu im Einzelnen Christiansen (2010), S. 395 ff.
56 Unter anderem Brennan (2014); Breyer (2009).
57 Schmidt & Haucap (2013), S. 98 und 244. Vgl. dazu die unter Kapitel 4.2.4 beschriebenen Erwägungen zu den wettbewerbspolitischen Konsequenzen missbräuchlicher Verhaltensweisen.
58 Schmidt & Haucap (2013), S. 244.
59 Schmidt & Haucap (2013), S. 244.
60 Schmidt & Haucap (2013), S. 245.
61 Schmidt & Haucap (2013), S. 245.
62 So zum Beispiel von Budzinski & Ruhmer (2010), S. 311.
63 Brennan (2014), S. 827 und 852. Siehe hierzu auch Budzinski (2010), S. 28: „The increasing complexity of economic evidence in the courtroom meets with judges which are not specialized economists."
64 Vgl. dazu näher die vorgebrachte Kritik von Schmidt (2006), S. 409 ff. sowie die kritische Auseinandersetzung mit dem Effizienzbegriff von Markovits (2008).

Zwar würde eine stärkere Regelorientierung auf den ersten Blick den Implikationen des More Economic Approach widersprechen, gleichzeitig könnte aber eine Regelorientierung eine umfassende ökonomische Vorteilhaftigkeit beinhalten[65] und die in diesem Zusammenhang vorgebrachte These „simplicity deserves more respect"[66] unterstreichen.[67] Den angestrebten Vorteilen, die mit einer ökonomisch fundierten Entscheidung in Bezug auf einen Wettbewerbsfall einhergehen könnten, sind zudem auch die damit verbundenen Kosten gegenüberzustellen.[68]

Für eine Regelorientierung spricht ganz zentral auch das Argument der allgemein erwünschten **Rechtssicherheit**, die mit einer solchen zumindest im Ansatz erreicht werden kann.[69] Eine starke Einzelfallorientierung im Rahmen des More Economic Approach begründet hingegen Unsicherheiten bei der Entscheidungsfindung,[70] wogegen insbesondere von Seiten der Ordnungsökonomik wie von Hayek mit dem Grundprinzip der „Rule of Law" vorgebracht wird, dass es bindende Regelungen geben muss, die es Individuen erlauben, ihr Verhalten hieran entsprechend auszurichten.[71] Erst in dieser Ausgestaltung kann mit dem More Economic Approach Erwartungssicherheit und eine entsprechende Verhaltenssteuerung erreicht[72] und Anforderungen wie Klarheit und Transparenz entsprochen werden.[73] Gleichzeitig bedingt die wettbewerbliche Freiheit gerade die der Rechtssicherheit anhaftende Vorhersehbarkeit.[74]

Ein entscheidender Unterschied in der Diskussion um die Einzelfallbezogenheit mag jedoch durch die zeitliche Betrachtungsweise der Wettbewerbspolitik begründet werden: So ist es bei einer vergangenheitsorientierten Beurteilung von Fällen, wie sie etwa im Falle eines Kartells oder in Hinblick auf eine missbräuchliche Verhaltensweise eines Unternehmens erfolgt,[75] zumindest grundlegend möglich, dass eine einzelfallorientierte Beurteilung angestrebt wird, da entsprechende Effekte zumindest mit großer Sicherheit quantifiziert werden können. Ist hingegen wie im Fall von Fusionen eine

---

65 Zu den ökonomischen Begründungen für Regelbindungen aus konstitutionen-, ordnungs- und wachstumsökonomischer Perspektive vgl. die umfassenden Darstellungen bei Christiansen (2010), S. 396 ff.

66 Brennan (2014), S. 852.

67 Zudem betont beispielsweise Budzinski (2010), S. 7: „(...) a rule based merger policy, generalizing merger projects into types or classes according to predominantly structural criteria, may very well lead to correct decisions in the majority of cases (...)."

68 Schmidt & Haucap (2013), S. 246.

69 Christiansen (2010), S. 405.

70 Schmidt & Haucap (2013), S. 245.

71 Hayek (2004), S. 66.

72 Hoppmann (1993), S. 9 f.

73 Trebilcock & Iacobucci (2002), S. 367.

74 Christiansen (2010), S. 406.

75 Kerber & Schwalbe (2015), S. 88, Rn. 223.

zukunftsorientierte, also hypothetische Betrachtungsweise zugrundezulegen[76] scheint ein derartiges Vorgehen nicht ohne Weiteres möglich zu sein. Wie sich im Einzelnen die Entwicklung im Rahmen des More Economic Approach gestalten wird, bleibt jedoch vorerst abzuwarten; „The conceptual progress would be to identify typically harmful case categories and design rules accordingly."[77]

2.2 Kartellverbot des Art. 101 AEUV: horizontale und vertikale Beschränkungen

2.2.1 Einordnung und Ziele

Art. 101 Abs. 1 AEUV statuiert das Verbot von Mitteln der Kartellbildung in Form von wettbewerbsbeschränkenden Vereinbarungen zwischen Unternehmen, Beschlüssen von Unternehmensvereinigungen sowie von abgestimmten Verhaltensweisen, die geeignet sind, sich auf den Handel zwischen den Mitgliedstaaten auszuwirken. Mit dieser Regelung stellt Art. 101 AEUV einen signifikanten Eckpfeiler der Wettbewerbsregeln des europäischen Primärrechts dar und begründet einen unverzichtbaren Bestandteil des Systems, mit dem der Wettbewerb innerhalb des Binnenmarktes vor Verfälschungen durch ein wettbewerbsbeschränkendes Verhalten geschützt werden soll.[78]

Ergänzung findet dieses Verbot durch Art. 101 Abs. 2 AEUV mit der Anordnung der Nichtigkeit solcher Verhaltensweisen und durch Art. 101 Abs. 3 AEUV, welcher die Voraussetzungen einer Freistellung vom Verbot regelt, für den Fall, dass mit einer Absprache spürbare objektive Vorteile gesamtwirtschaftlicher Art einhergehen, die die mit dem nach Art. 101 Abs. 1 AEUV verbotenen Verhalten verbundenen Nachteile für den Wettbewerb zumindest kompensieren.[79]

Art. 101 AEUV enthält eine umfassende und zugleich abschließende materiellrechtliche Regelung.[80] Aufgrund der direkten Anwendbarkeit, welche durch Art. 1 Abs. 1 VO 1/2003 bestätigt wird, sind gegen Art. 101 Abs. 1 AEUV verstoßende Vereinbarungen, Beschlüsse und abgestimmte Verhaltensweisen verboten, ohne dass es einer vorhergehenden Entscheidung der Europäischen Kommission oder einer anderen behördlichen Einrichtung bedarf.[81] Auch intendiert die Kommission mit der unmittelbaren Anwendbarkeit des Art. 101 Abs. 3 AEUV eine private Durchsetzung

---

76 Kerber & Schwalbe (2015), S. 88, Rn. 223.
77 Budzinski (2010), S. 33 unter der weiteren Ergänzung: „If a phenotype case constellation typically involves anticompetitive net effects (the cons outweighing the pros), then it should not be necessary to prove these anticompetitive effects for each individual case (case-by-case).
78 Saria (2012), S. 9, Rn. 8; Schröter (2014), Art. 101, Rn. 15.
79 Schröter (2014), Art. 101, Rn. 1.
80 Schröter (2014), Art. 101, Rn. 1.
81 Bechtold/Bosch/Brinker (2014), S. 15, Rn. 2.

der europäischen Wettbewerbsregeln durch entsprechende Schadensersatz- und Unterlassungsansprüche zu verstärken.[82]

Eine allgemeine Herausforderung, um das kartellrechtliche Verbot zur Anwendung kommen zu lassen, liegt jedoch in der Aufdeckung eines Kartells, wofür insbesondere die Analyse von Preisen, Marktanteilen und anderen wirtschaftlichen Daten von Bedeutung sein kann.[83] Die Europäische Kommission setzt in der Folge zunehmend Ressourcen für die Aufdeckungstätigkeiten ein, wobei die gegen Kartelle gerichteten Anstrengungen insbesondere auf Prävention ausgerichtet sind und ein repressives Vorgehen nur dort fokussiert wird, wo dieses unumgänglich scheint.[84]

2.2.2 Tatbestandsvoraussetzungen des Art. 101 Abs. 1 AEUV

Art. 101 AEUV betrifft den Wettbewerb in all seinen Erscheinungsformen auf allen und zwischen allen Stufen des Marktes, das heißt es wird sowohl der Wettbewerb im Horizontalverhältnis zwischen Unternehmen auf der gleichen Marktstufe als auch im Vertikalverhältnis zwischen Unternehmen, die auf verschiedenen Marktstufen tätig sind, geschützt, und zwar sowohl zwischen Produkten gleicher (intra-brand) als auch unterschiedlicher Marken (inter-brand).[85] Von der Reichweite des Schutzes nach Art. 101 AEUV ist zudem nicht nur der aktuelle, sondern auch der potenzielle Wettbewerb umfasst.[86] Unionsrechtlich gesehen ist dabei mit dem Begriff des Wettbewerbs in erster Linie der störungsfrei funktionierende Marktmechanismus gemeint, der ein Mittel zur Erreichung der allgemeinen Vertragsziele der Europäischen Union, insbesondere der Bildung eines einzigen Marktes mit binnenmarktähnlichen Verhältnissen darstellt.[87]

Ausweislich des in Art. 101 Abs. 1 AEUV gefassten Wortlauts sind die Normadressaten dieser Vorschrift sowohl Unternehmen als auch Unternehmensverbindungen. Diese erfahren im AEUV keine Legaldefinition, werden nach ständiger Rechtsprechung aber begrifflich funktional ausgelegt.[88] Nach ständiger Praxis ist ein Unternehmen demnach als jede eine wirtschaftliche Tätigkeit ausübende Einheit zu definieren, die nicht nur gelegentlich oder vorübergehend am Wirtschaftsleben teilnimmt,[89] und zwar unabhängig von ihrer Rechtsform und der Art ihrer

---

82 Mestmäcker & Schweitzer (2014), § 20, Rn. 2. Auch die im Jahre 2014 in Kraft getretene Richtlinie über wettbewerbsrechtliche Schadensersatzklagen ist diesem Ziel zu dienen bestimmt.

83 Harrington Jr. (2008), S. 214. Für Details zu Methoden und Ansätzen zur Aufdeckung eines Kartells vgl. Harrington Jr. (2008), S. 215 ff.

84 Barr (2013), S. 281, Rn. 5001.

85 Berg & Mudrony (2015), S. 782, Rn. 75; Bechtold/Bosch/Brinker (2014), S. 37, Rn. 67.

86 Rose & Bailey (2013b), S. 143; KOMM ABl. 1986, L 236/30, 36 (Lichtwellenleiter); KOMM ABl. 1988, L 50/18, 23 (Enichem/ICI).

87 Schröter (2014), Art. 101, Rn. 18 und EuGH, Slg. 1977, 1875, Rn. 20 (Metro/SABA I).

88 Berg & Mudrony (2015), S. 759, Rn. 10.

89 Saria (2012), S. 31, Rn. 52.

Finanzierung.[90] Den zwischen Unternehmen getroffenen Vereinbarungen werden durch Art. 101 Abs. 1 AEUV Beschlüsse von privatrechtlichen und öffentlich-rechtlich organisierten Unternehmensvereinigungen gleichgestellt.[91]

Ist insoweit ein Unternehmen oder eine Unternehmensvereinigung gegeben, ist das Vorliegen einer Vereinbarung, eines Beschlusses beziehungsweise einer missbräuchlichen Verhaltensweise zu prüfen. Die drei angeführten Tatbestandsvarianten weisen dabei insoweit einen übereinstimmenden Kern auf, als dass jede auf die willentliche Beeinträchtung des für einen funktionsfähigen Wettbewerb unabdingbaren Selbstständigkeitspostulats durch eine entsprechende Verhaltenskoordination gerichtet ist.[92] Der Begriff der **Vereinbarung** im Sinne des Art. 101 Abs. 1 AEUV ist dabei weit auszulegen[93] und umfasst sowohl horizontale Vereinbarungen zwischen Unternehmen auf derselben Marktstufe, als auch vertikale Vereinbarungen, die zwischen Unternehmen auf verschiedenen Wirtschaftsstufen, insbesondere zwischen Lieferanten und Abnehmern, geschlossen werden.[94]

Die bloße Verständigung genügt dabei für die Annahme einer Vereinbarung.[95] Dementsprechend ist eine Vereinbarung im Sinne des Art. 101 Abs. 1 AEUV bereits dann gegeben, wenn die Parteien ihren gemeinsamen Willen zum Ausdruck gebracht haben, sich auf dem Markt in einer bestimmten Weise zu verhalten.[96] Dieses kann auch konkludent durch schlüssiges Verhalten erfolgen; ein Formerfordernis wie die Schriftlichkeit wird für eine solche Vereinbarung nicht verlangt.[97] Eine Vereinbarung im Sinne des Art. 101 Abs. 1 AEUV liegt lediglich dann nicht vor, wenn es sich um lediglich einseitige Maßnahmen handelt.[98] Keine Tatbestandsvoraussetzung ist es zudem, dass der Vertrag nach dem jeweils anwendbaren nationalen Recht eine Bindungswirkung aufweist. Es kommt also nicht darauf an, dass die Vereinbarung rechtliche, tatsächliche oder moralische Verbindlichkeit aufweist[99] beziehungsweise dass die Durchführung von Zwangsmaßnahmen im Falle der Nichteinhaltung vorgesehen ist.[100]

---

90 EuGH, 19. Juli 2012, C-628/10 P, Rn. 42 (Alliance One); EuGH, Slg. 1991, I-1979, Rn. 21 (Höfner und Elser).

91 Bechtold/Bosch/Brinker (2014), S. 23, Rn. 29–30.

92 Paschke (2015), Art. 101 AEUV, Rn. 6.

93 Mestmäcker & Schweitzer (2014), § 10, Rn. 4.

94 Rose & Bailey (2013b), S. 106–107; Paschke (2015), Art. 101 AEUV, Rn. 20.

95 Bechtold/Bosch/Brinker (2014), S. 27, Rn. 41 m.w.N. hierzu.

96 EuGH, Slg. 1970, 661, Rn. 112 (ACF Chemiefirma); EuGH, Slg. 1980, 3125, Rn. 86 (Van Landewyck); EuGH, Slg. 1990, I-54, (Sandoz); EuG, Slg. 1992, II-1275, Rn. 301 (Chemie Linz); EuG, Slg. 1995, II-791, Rn. 95 (Tréfileurope).

97 Bechtold/Bosch/Brinker (2014), S. 27, Rn. 41.

98 EuGH, Slg. 1983, 3151, Rn. 38 (AEG/Telefunken); EuGH, 13. Juli 2006, C-74/04, Rn. 48 ff. (VW-Händlerverträge).

99 EuG, Slg. 1998, II-1751, Rn. 65 (Mayr-Melnhof).

100 Saria (2012), S. 34, Rn. 59.

Tatbestandshandlung nach Art. 101 Abs. 1 AEUV kann neben einer Vereinbarung auch ein **Beschluss** sein. Bei **Beschlüssen** handelt es sich um eine wettbewerbsbezogene Willensbildung einer Unternehmensvereinigung in beliebiger Rechtsform,[101] mit dem Ziel, das Marktverhalten ihrer Mitglieder zu koordinieren.[102]

Absprachen, die die Voraussetzung einer Vereinbarung nicht erfüllen, können als **abgestimmte Verhaltensweisen** von Art. 101 Abs. 1 AEUV als Auffangregelung erfasst werden.[103] Abgestimmte Verhaltensweisen umfassen Formen der Verhaltenskoordinierung unterhalb von Vereinbarungen und Beschlüssen, die zu einem intendierten Zusammenspiel mit dem Ziel der Ausschaltung unternehmerischer Risiken führen, sodass also die praktische Zusammenarbeit zwischen Unternehmen an die Stelle des mit Risiken einhergehenden Wettbewerbs tritt.[104]

Eine weitere Tatbestandsvoraussetzung des Art. 101 Abs. 1 AEUV sieht vor, dass der Zweck oder die Wirkung einer Vereinbarung oder einer abgestimmten Verhaltensweise die Verhinderung, Einschränkung oder Verfälschung des Wettbewerbs ist, wobei die Begrifflichkeiten nur schwer zu separieren sind und terminologisch nicht einheitlich verwendet werden.[105] Die Verhinderung, die Einschränkung und die (sonstige) Verfälschung des Wettbewerbs nach Art. 101 Abs. 1 AEUV stehen dabei einander gleich.[106] Zudem werden auch die Begriffe Wettbewerbsstörung,[107] Wettbewerbsbeeinträchtigung[108] und Wettbewerbsbeschränkung[109] in diesem Kontext verwendet.

Eine **Verhinderung** des Wettbewerbs tritt nur in den Fällen auf, in denen der Marktzutritt ausgeschlossen wird.[110] Eine **Einschränkung** des Wettbewerbs besteht hingegen dann, wenn die wirtschaftliche Handlungsfreiheit aller oder einzelner der an einer unternehmerischen Maßnahme Beteiligten beschränkt werden.[111] Bei wettbewerbsbeschränkenden Handlungen zwischen Unternehmen, die auf verschiedenen Marktstufen agieren, ist es dabei nicht notwendig, dass sich die Wettbewerbsbeschränkung bei jedem Unternehmen und auf jeder Marktstufe

---

101 Mestmäcker & Schweitzer (2014), § 10, Rn. 1.
102 EuGH, Slg. 1987, 405, Rn. 32 (Verband der Sachversicherer).
103 Rose & Bailey (2013b), S. 113; Mestmäcker & Schweitzer (2014), § 10, Rn. 8; Bechtold/Bosch/Brinker (2014), S. 31, Rn. 53.
104 EuGH, Slg. 1999, I-4287, Rn. 158 (Polypropylen); KOMM ABl. 1994 L 243/1, Rn. 126 f. (Karton) und EuG, 04. Juni 2009, C-8/08, Rn. 27 (T-Mobile Netherlands).
105 Bechtold/Bosch/Brinker (2014), S. 39–40, Rn. 75.
106 Schröter (2014), Art. 101, Rn. 16.
107 EuGH, Slg. 1966, 281 (LTM/Maschinenbau Ulm) und EuGH, Slg. 1980, 3775 (L'Oréal).
108 EuGH, Slg. 1966, 281 (LTM/Maschinenbau Ulm) und EuGH, Slg. 1971, 949 (Béguelin).
109 EuGH, Slg. 1980, 3125 (Van Landewyck).
110 Bechtold/Bosch/Brinker (2014), S. 40, Rn. 75.
111 EuGH, Slg. 1984, 883, Rn. 46 (Hasselblad); EuGH, Slg. 1995, I-3439, Rn. 19 (BMW/ ALD) und EuGH, Slg. 1998, I-1983, Rn. 13 (Javico/YS L).

auswirkt.[112] Art. 101 Abs. 1 AEUV gelangt auch dann zur Anwendung, wenn lediglich eine Beschränkung der wirtschaftlichen Handlungsfreiheit gegenüber Dritten besteht und diese nicht den Wettbewerb zwischen den beteiligten Unternehmen betrifft.[113] Von geringerer Relevanz ist die Tatbestandsvariante der **Verfälschung**, die beispielsweise dann vorliegt, wenn Unternehmen nach außen wie Wettbewerber handeln, intern aber Ausgleichszahlungen für Lieferungen entgegen vereinbarten Quoten- oder Gebietsregelungen vorgenommen werden.[114]

Der **wettbewerbswidrige Zweck respektive eine wettbewerbswidrige Wirkung** sind alternative Voraussetzungen für die Verwirklichung des Tatbestandes von Art. 101 Abs. 1 AEUV.[115] Der Tatbestand des Art. 101 Abs. 1 AEUV wird bereits durch solche Absprachen verwirklicht, die eine Verfälschung des Wettbewerbs lediglich bezwecken, auch ohne ausgeführt worden zu sein beziehungsweise ohne konkrete Auswirkungen zu beinhalten.[116] Gleichfalls untersagt sind aber auch Absprachen ohne wettbewerbsfeindliche Zielsetzung, wenn diese eine Verfälschung des Wettbewerbs bewirken.[117]

Für die Beurteilung, ob eine Wettbewerbsbeschränkung **bezweckt** wird, ist darauf abzustellen, ob sie objektiv geeignet ist, den Wettbewerb zu beeinträchtigen. Dafür ist im Ausgangspunkt auf den Inhalt der Absprache[118] unter Berücksichtigung der wirtschaftlichen,[119] rechtlichen und tatsächlichen Begleitumstände[120] abzustellen. Ergibt sich hieraus der wettbewerbswidrige Zweck nicht eindeutig, ist auf die Entstehungsgeschichte und Praktizierung der Absprache abzustellen.[121] Eine entsprechende Absicht ist nicht erforderlich, kann jedoch im Falle des Vorhandenseins ein Indiz für eine bezweckte Wettbewerbsbeschränkung sein.[122] Insoweit der wettbewerbsbeschränkende Zweck einer Vereinbarung oder einer abgestimmten Verhaltensweise feststeht, ist eine Prüfung der tatsächlichen Auswirkungen auf

---

112 Bechtold/Bosch/Brinker (2014), S. 40, Rn. 76.
113 EuGH, Slg. 1966, 322, Rn. 13 (Consten-Grundig); EuG, Slg. 1997, II-923, Rn. 156 (Tiercé Ladbroke).
114 KOMM ABl. 1974, L 17/18 (Transocean) und KOMM ABl. 1979, L 186/32 (BP/ DDSF).
115 EuGH, 04. Juni 2009, C-8/08, Rn. 28 (T-Mobile Netherlands) und EuGH, 06. Oktober 2009, C-501/06P, Rn. 55 (GlaxoSmithKline).
116 Vgl. hierzu die Gegenüberstellung der bezweckten und der bewirkten Wettbewerbsbeschränkung im Fall von HRS bei Hamelmann/Haucap/Wey (2015).
117 Schröter (2014), Art. 101, Rn. 16.
118 EuGH, Slg. 1966, 281, 303 (LTM/Maschinenbau Ulm); KOMM ABl. 1990, L 71/71 (Bayo-n-ox).
119 EuGH, Slg. 1966, 281 (LTM/Maschinenbau Ulm) und EuGH, Slg.
120 EuGH, Slg. 1979, 2435, Rn. 23 und 28 (BMW Belgium) und EuGH, 06. Oktober 2009, C-501/06P, Rn. 58 (GlaxoSmithKline).
121 KOMM ABl. 1974, L 160/1, 12 (IFTRA-Verpackungsglas).
122 EuGH, 06. Oktober 2009, C-501/06P, Rn. 58 und 63 (GlaxoSmithKline).

den Wettbewerb entbehrlich; in diesen Fällen ist es ausreichend, wenn das Verhalten ein entsprechendes Potential, negative Auswirkungen auf den Wettbewerb zu entfalten, mit sich bringt.[123]

Im Gegensatz zu horizontalen Vereinbarungen sind **vertikale Abreden** generell in einem geringeren Maße geeignet, den Wettbewerb zu beschränken; vielmehr weisen diese oftmals sogar wettbewerbsfördernde Wirkungen auf, indem sie zu Effizienzen zwischen Unternehmen verschiedener Stufen der Wertschöpfungskette führen und ökonomisch erwünschte Wirkungen mit sich bringen.[124] Dieses betrifft beispielsweise den Aspekt der **doppelten Marginalisierung** (double marginalisation), wonach, wenn Hersteller und Händler über Marktmacht verfügen, beide ihre Preise oberhalb der Grenzkosten ansetzen werden, sodass beide eine Gewinnspanne oberhalb des Marktniveaus erzielen.[125] In diesem Fall können Mindestabnahmeverpflichtungen oder eine Höchstpreisbindung bezogen auf den Wiederverkaufspreis zu einer Minderung des geforderten Preises führen.[126]

Soweit einer Vereinbarung oder abgestimmten Verhaltensweise kein wettbewerbswidriger Zweck entnommen werden kann, ist die alternative Tatbestandsvoraussetzung der **wettbewerbswidrigen Wirkung** zu prüfen.[127] In Abgrenzung zu der bezweckten Wettbewerbsbeschränkung fehlt es bei dieser an vertraglichen Beschränkungen der unternehmerischen Handlungsfreiheit.[128] Die bewirkte Wettbewerbsbeschränkung äußert sich vielmehr in einem beschränkten wettbewerblichen Verhalten der beteiligten Unternehmen vor dem Hintergrund, dass sich diese aufgrund der Vereinbarung besser auf das Wettbewerbsverhalten anderer Unternehmen einstellen können.[129] Dabei genügt es, dass eine tatsächliche oder wahrscheinlich spürbare negative Auswirkung auf mindestens einen Wettbewerbsparameter des Marktes, also zum Beispiel auf den Preis, die Qualität, die Produktionsmenge oder die Produktvielfalt vorliegt.[130] Wahrscheinlich sind die wettbewerbsbeschränkenden Effekte dann, wenn in einem hinreichenden Maße anzunehmen ist, dass die beteiligten Unternehmen aufgrund der Vereinbarung die Möglichkeit haben, eine gewinnbringende Preiserhöhung durchzuführen oder andere Parameter wie die Produktionsmenge oder die Qualität zu beeinflussen.[131]

---

123   unter anderem Wollmann & Herzog, Art. 101 AEUV, Rn. 171; EuG, Slg. 2005, II-3033 (Brasserie Nationale); EuGH, Slg. 2009, C-8/08, I-4529, Rn. 28 ff. (T-Mobile Netherlands) und EuGH, 06. Oktober 2009, C-501/06P, Rn. 55 (GlaxoSmithKline).

124   Mäger (2011a), S. 174–175, Rn. 2.

125   Mäger (2011a), S. 175, Rn. 2.

126   Mäger (2011a), S. 175, Rn. 2.

127   unter anderem EuGH, Slg. 1966, 281, 303 (LTM/Maschinenbau Ulm); EuGH, Slg. 1985, 391 (BNIC/Chair) und EuG, Slg. 1994, II-49 (Cartes Bancaires und Europay).

128   Bechtold/Bosch/Brinker (2014), S. 41, Rn. 81.

129   Bechtold/Bosch/Brinker (2014), S. 41–42, Rn. 81.

130   Wollmann & Herzog (2015), Art. 101 AEUV, Rn. 173; Bechtold/Bosch/Brinker (2014), S. 42, Rn. 81.

131   Bechtold/Bosch/Brinker (2014), S. 42, Rn. 81.

Die **Regelbeispiele** des Art. 101 Abs. 1 AEUV sind lediglich illustrativ und nicht abschließend, zumal auch deren Vorliegen die Prüfung der Tatbestandsmerkmale der Vorschrift nicht entbehrlich macht.[132] Als ein Regelbeispiel kommt zunächst mit **Art. 101 Abs. 1 lit. a AEUV** die unmittelbare oder mittelbare Festsetzung von An- oder Verkaufspreisen oder sonstiger Geschäftsbedingungen in Betracht. Derartige preis- und konditionenbezogenen Vereinbarungen und abgestimmte Verhaltensweisen können dabei zum einen auf horizontaler Ebene, zum anderen aber auch in einem vertikalen Verhältnis zum Beispiel in Form einer Preisbindung des Wiederverkäufers auftreten.[133] Untersagt sind in diesem Zusammenhang neben der unmittelbaren Bestimmung der Höhe von Preisen auch preisbeeinflussende Abreden wie die Festlegung von Kostenbestandteilen oder Kalkulationssätzen,[134] Vereinbarungen über die Preisober- respektive -untergrenzen[135] oder Vereinbarungen von Referenz-[136] und Exportpreisen.[137] Vereinbarungen über die Gewährung oder Nichtgewährung von Preisnachlässen respektive Rabatten sind ebenfalls als Vereinbarungen über Preise einzuordnen.[138] Empfehlungen eines Lieferanten zur Einhaltung bestimmter Wiederverkaufspreise verstoßen als einseitige, autonome Handlung hingegen zunächst nicht gegen Art. 101 Abs. 1 AEUV; anders ist dieses nur, wenn der Abnehmer diese entsprechend befolgt, sodass daraus eine abgestimmte Verhaltensweise hervorgeht.[139] Über zulässige Preisbindungen gibt die VO 330/2010 Aufschluss, wobei eine Generalfreistellung gemäß Art. 2 VO 330/2010 nach überwiegender Auffassung eine Freistellung nach Art. 101 Abs. 3 AEUV im Anwendungsbereich der VO 330/2010 für Preisbindungen zum Nachteil von Lieferanten zur Folge hat.[140]

Ein weiteres Regelbeispiel sieht **Art. 101 Abs. 1 lit. b** mit der Einschränkung oder Kontrolle der Erzeugung, des Absatzes, der technischen Entwicklung oder der Investitionen vor. Als typisches Beispiel für eine **Einschränkung der Erzeugung** sind Spezialisierungsvereinbarungen[141] sowie Vereinbarungen über

---

132 Bechtold/Bosch/Brinker (2014), S. 44, Rn. 88.
133 Rose & Baileys (2013b), S. 153; EuGH, Slg. 1987, 3801 (Flämische Reisebüros); Bechtold/Bosch/Brinker (2014), S. 45, Rn. 91.
134 KOMM ABl. 1974 L 160/1, Rn. 46 (IFTRA-Verpackungsglas).
135 EuGH, Slg. 1985, 391, Rn. 22 (BNIC/Clair); KOMM ABl. 1992 L 246/37, Rn. 20 (Scottish Salmon Board).
136 KOMM ABl. 1984 L 220/27, Rn. 66 (Zinc Producer Group).
137 KOMM ABl. 1980 L 318/32, Rn. 27 (Industrieverband Solnhofener Natursteinplatten).
138 unter anderem KOMM ABl. 1975 L 159/22, 24 (Kachelhandel) und EuGH, Slg. 1975, 1491, Rn. 7, 8 (Fabricants de Papiers Peints de Belgique).
139 EuGH, Slg. 1986, 353, Rn. 25 (Pronuptia) und KOMM ABl. 1989 L 35, Rn. 29 (Charles Jordan).
140 Bechtold/Bosch/Brinker (2014), S. 45, Rn. 91.
141 Vgl. dazu VO 1218/2010 und KOMM ABl. 1987 L5/13, Rn. 22 (ENI/Montedison).

Produktionseinstellungen und -verbote[142] beziehungsweise über bestimmte Kapazitätsauslastungen der Produktionsmittel zu nennen.[143] Aber auch Produktionsquotenvereinbarungen,[144] die Festlegung von Produktionsstandorten[145] und die Eingrenzung auf bestimmte Produktnormen und -typen zählen hierzu.[146]

Vereinbarungen über den Absatz betreffen insbesondere Abreden von Liefermengen oder -quoten, Lieferbandbreiten und bestimmter Höchstliefermengen.[147] Die Variante der **Einschränkung der technischen Entwicklung** umfasst neben Verhinderungen der Entwicklung respektive des Entstehens neuer technischer beziehungsweise wissenschaftlicher Erkenntnisse auch die Beeinträchtigung ihrer Verbreitung.[148] Selbst Abreden zwischen Wettbewerbern über die Entwicklung neuer Produkte können nach gesonderter Prüfung der wettbewerbsbeschränkenden Wirkung hiervon erfasst werden.[149]

Das Regelbeispiel des **Art. 101 Abs. 1 lit. c AEUV** erfasst den Umstand, dass eine geographische respektive räumliche Marktaufteilung der Bildung eines einheitlichen Binnenmarktes offenkundig zuwiderläuft.[150] Unter einer Marktaufteilung ist beispielsweise die Vereinbarung eines Heimatmarktprinzips zu verstehen, wonach ein Markt ausschließlich einem dort beheimateten Unternehmen vorbehalten bleibt.[151] Auch Vereinbarungen, die vorsehen, dass Produkte nur in bestimmten Gebieten verkauft werden dürfen,[152] die einen Verzicht auf die Herstellung und den Vertrieb von Produkten für bestimmte Mitgliedsstaaten enthalten[153] oder einen wettbewerbsbeschränkenden Mindestabsatz garantieren sollen, sind unter Art. 101 Abs. 1 lit. c AEUV einzuordnen.[154] Eine gebietsbezogene Aufteilung des Marktes ist im Falle von Kontingentierungen, das heißt mengenmäßigen Beschränkungen in

---

142   KOMM ABl. 1969 L 192/5, Rn. 30 (Chinin) und KOMM ABl. 1994 L 131/15, Rn. 16 (Stichting Baksteen).
143   KOMM ABl. 1984 L 220/27, Rn. 36 (Zinc Producer Group) und KOMM ABl. 1994 L 376/1, Rn. 297 ff. (Trans Atlantic Agreement).
144   unter anderem EuG, Slg. 1993, II-669, Rn. 41 (Asia Motor France) und KOMM ABl. 1989 L 260/1, Rn. 159 ff. (Betonstahlmatten).
145   KOMM ABl. 1983 L 229/1, 14 (Windsurfing International) und KOMM ABl. 1988, L 309/34, Rn. 25 Delta Chemie/DDD.
146   KOMM ABl. 1978 L 47/42, Rn. 23 (Video-Cassettenrecorder); KOMM ABl. 1982 L 167/40 (Navewa-Anseau) und EuGH, Slg. 1983, 3369 (IAZ).
147   unter anderem KOMM ABl. 1984 L 220/27, Rn. 77 (Zinc Producer Group); KOMM ABl. 1986 L 230/1, Rn. 52 (Polypropylen), KOMM ABl. 1991 L 152/16, Rn. 12 (Soda-Solvay/CFK).
148   Bechtold/Bosch/Brinker (2014), S. 46, Rn. 95.
149   KOMM ABl. 1988 L 305/33, Rn. 14 (Conti/Michelin); KOMM ABl. 1997 L 16/87, Rn. 40 (Iridium); KOMM ABl. 1999 L 125/12, Rn. 66 (P&I-Clubs).
150   Bechtold/Bosch/Brinker (2014), S. 47, Rn. 97.
151   KOMM ABl. 1985 L 35/1 Rn. 10 (Peroxyd).
152   EuG, Slg. 1995, II-791, Rn. 141 f. (Tréfileurope).
153   KOMM ABl. 1978 L 191/41, Rn. 13 (SNPE-LEL).
154   KOMM ABl. 1991 L 152/16, Rn. 12 (Soda-Solvay-CFK).

Bezug auf die Belieferung eines bestimmten Marktes,[155] sowie bei Vereinbarungen grenzüberschreitender Lieferungen ausschließlich von Hersteller zu Hersteller gegeben.[156] Auch die Aufteilung der Versorgungs- beziehungsweise Bezugsquellen umfasst Beschränkungen des zwischen kartellbeteiligten Unternehmen bestehenden Nachfragewettbewerbs auf vorgelagerten Märkten,[157] und zwar in besonderem Maße, wenn dadurch Bezugsmöglichkeiten Dritter verschlechtert werden oder privilegierte Zugangsmöglichkeiten zu vorgelagerten Märkten durch Vereinbarungen zwischen Lieferanten und Abnehmern entstehen.[158]

Art. 101 Abs. 1 lit. d regelt die Anwendung unterschiedlicher Bedingungen, ist dabei jedoch grundsätzlich nur auf eine koordinierte, also die auf einer Vereinbarung, einem Beschluss oder einer abgestimmten Verhaltensweise beruhende Diskriminierung, nicht hingegen auf die einseitige autonome, gegebenenfalls nach Art. 102 AEUV untersagte Benachteiligung von Handelspartnern durch ein einzelnes Unternehmen anwendbar.[159] Das Vorliegen dieses Regelbeispiels erfordert es jedoch, dass gerade die Vereinbarung oder die abgestimmte Verhaltensweise die Diskriminierung in Form sachlich ungerechtfertigter Ungleichbehandlung impliziert.[160]

Die nach **Art. 101 Abs. 1 lit. e AEUV** verbotene Kopplung ist die an den Abschluss von Verträgen geknüpfte Bedingung der zusätzlichen Leistungsannahme durch die Vertragspartner, wobei die zusätzlichen Leistungen weder sachlich noch handelsbräuchlich mit dem Vertragsgegenstand in Verbindung stehen.[161] Einseitige Kopplungen können auch bei diesem Regelbeispiel allenfalls von Art. 102 lit. d AEUV erfasst sein, vorausgesetzt die Tatbestandsmäßigkeit ist gegeben.[162] Im Rahmen des Art. 101 Abs. 1 lit. e AEUV kommen beispielsweise Lizenzverträge[163] oder Kopplungen mit der Verpflichtung für Vertriebspartner, die Absatzfinanzierung ausschließlich durch vom Lieferanten oder bestimmten Dritten zur Verfügung gestellten Finanzierungsinstrumenten vorzunehmen, in Betracht.[164]

---

155 KOMM ABl. 1975 L 29/26, 28 (Pilz-Konserven); KOMM ABl. 1984 L 220/27, Rn. 77 (Zinc Producer Group) und EuG, Slg. 1994, II -531, Rn. 40 (Herlitz).

156 KOMM ABl. 1973 L 140/17, 30 (Zucker) und KOMM ABl. 1985 L 35/1, Rn. 26 (Peroxyd).

157 KOMM ABl. 1980 L 260/24, Rn. 30 ff. (NSAA); KOMM ABl. 1994 L 104/34, Rn. 87 f. (HOV-SVZ/MCN).

158 KOMM ABl. 1990 L 18/35, Rn. 27 f. (A.P.B.); KOMM ABl. 1994 L354/66, Rn. 80 ff. (Eurotunnel).

159 EuG, Slg. 1995, II17, Rn. 61 (VIHO); bestätigt in EuGH, Slg. 1996, I-5482, Rn. 21, 22 (VIHO).

160 Bechtold/Bosch/Brinker (2014), S. 48, Rn. 101.

161 Bechtold/Bosch/Brinker (2014), S. 48, Rn. 102.

162 Bechtold/Bosch/Brinker (2014), S. 48, Rn. 102.

163 EuGH, Slg. 1986, 611, Rn. 57 f. (Windsurfing International). In diesem Fall wurde der Lizenznehmer verpflichtet, ausschließlich komplette Surfbretter und nicht nur einzelne, auf Grundlage der Lizenz hergestellte Teile anzubieten.

164 Bechtold/Bosch/Brinker (2014), S. 48, Rn. 102.

In Hinblick auf eine Bagatellregelung wird der Anwendungsbereich des Kartellverbots nach dem so genannten de minimis-Prinzip durch das vom EuGH entwickelte ungeschriebene Tatbestandsmerkmal der **Spürbarkeit der Wettbewerbsbeschränkung** eingeschränkt.[165] Dieses besagt, dass ein Verstoß gegen Art. 101 Abs. 1 AEUV nur möglich ist, wenn die wettbewerbs- und handelsbeschränkenden Folgen der unternehmerischen Zusammenarbeit spürbar im Sinne von einer nicht bloß geringfügigen Bedeutung für den Wettbewerb oder den Handel zwischen Mitgliedsstaaten sind.[166] Nach Auffassung der Kommission ist danach bei einer **Vereinbarung zwischen Wettbewerbern**, also auf horizontaler Ebene, die Spürbarkeit abzulehnen, solange die an der Vereinbarung im Sinne des Art. 101 Abs. 1 AEUV beteiligten Unternehmen auf keinem von der Vereinbarung betroffenen relevanten Markt zusammen einen Marktanteil von **zehn Prozent** überschreiten.[167] Bei Vereinbarungen zwischen Nichtwettbewerbern, also auf vertikaler Ebene, setzt die Kommission die Schwellengrenze in Bezug auf den von einem jedem der beteiligten Unternehmen gehaltenen Marktanteil auf dem jeweils relevanten Markt bei **15 Prozent** an.[168] Mit dem Erreichen beziehungsweise Überschreiten gewisser Schwellen geht jedoch nicht automatisch das Vorliegen der Spürbarkeit einher, sondern es ist im Einzelfall aufgrund der konkreten Marktauswirkungen festzustellen, ob sich die Wettbewerbsbeschränkung nicht ausnahmsweise doch nicht spürbar auswirkt.[169]

Art. 101 Abs. 1 AEUV erfordert als ein weiteres Tatbestandsmerkmal die Beeinträchtigung des Handels zwischen den Mitgliedsstaaten. Über diese so genannte Zwischenstaatlichkeitsklausel[170] ist es möglich, den Anwendungsbereich des Art. 101 AEUV von vergleichbaren Regelungen der nationalen Kartellrechte abzugrenzen.[171] Eine Beeinträchtigung des Handels zwischen Mitgliedsstaaten liegt dabei nach der vom EuGH entwickelten Formel vor, wenn eine wettbewerbsbeschränkende Maßnahme unter Berücksichtigung der Gesamtheit objektiver rechtlicher oder tatsächlicher Umstände mit hinreichender Wahrscheinlichkeit erwarten lässt, dass sie unmittelbar oder mittelbar, tatsächlich oder der Möglichkeit nach den Warenverkehr zwischen Mitgliedsstaaten in einer Form beeinflusst, die für

---

165 Rose & Baileys (2013b), S. 169; Kirchhoff (2015), Art. 101 AEUV, Rn. 528.

166 EuGH, Slg. 1966, 281, 304 (LTM/Maschinenbau Ulm); EuGH, Slg. 1971, 949, Rn. 18 (Béguelin); EuGH, Slg. 1980, 3125, Rn. 154 (Van Landewyck); Rose & Baileys (2013b), S. 169.

167 Mäger (2011b), S. 65, Rn. 94.

168 Bechtold/Bosch/Brinker (2014), S. 49, Rn. 106.

169 Kirchhoff (2015), Art. 101 AEUV, Rn. 529.

170 Saria (2012), S. 35, Rn. 62.

171 Art. 3 Abs. 2 VO 1/2003; EuGH, Slg. 1966, 281 (LTM/Maschinenbau Ulm); EuGH, Slg. 1966, 322 (Consten-Grundig); EuGH, Slg. 1979, 1869, 1899 (Hugin) und KOMM ABl. 1985 L 85/1, 24 (Zellstoff).

die Verwirklichung der Ziele eines einheitlichen zwischenstaatlichen Marktes von Nachteil sein könnten.[172]

2.2.3 Freistellungsvoraussetzungen nach Art. 101 Abs. 3 AEUV

Nach früherer Rechtslage war für die Beseitigung der Nichtigkeit nach Art. 101 Abs. 2 AEUV das Ergehen einer Freistellungsentscheidung nach Art. 101 Abs. 3 AEUV in Form einer Gruppenfreistellung oder Einzelfreistellung erforderlich.[173] Heutzutage sind hingegen Vereinbarungen, Beschlüsse oder abgestimmte Verhaltensweisen, die gegen Art. 101 Abs. 1 AEUV verstoßen, aufgrund der nach Art. 1 Abs. 2 VO 1/2003 vorgesehenen direkten Anwendbarkeit des Art. 101 Abs. 3 AEUV ohne Weiteres von der Anwendbarkeit des Art. 101 Abs. 1 AEUV und damit von der Nichtigkeitsfolge nach Art. 101 Abs. 2 AEUV freigestellt, wenn und soweit sie die Freistellungsvoraussetzungen des Art. 101 Abs. 3 AEUV erfüllen.[174] Denn für eine Freistellung nach Art. 101 Abs. 3 AEUV ist es erforderlich, dass die Vereinbarung die in Art. 101 Abs. 3 AEUV genannten vier Voraussetzungen kumulativ erfüllt: Erstens hat die Vereinbarung einen Beitrag zur Verbesserung der Warenerzeugung oder -verteilung oder zur Förderung des technischen oder wirtschaftlichen Fortschritts zu leisten, wobei, zweitens, die Verbraucher angemessen an dem entstehenden Gewinn zu beteiligen sind. Drittens darf die Vereinbarung den beteiligten Parteien keine Beschränkungen auferlegen, die für die Verwirklichung dieser Ziele nicht unerlässlich sind, und viertens darf sie keine Möglichkeit eröffnen, für einen wesentlichen Teil der betreffenden Waren den Wettbewerb auszuschließen, wobei entgegen des Wortlauts des Art. 101 Abs. 3 AEUV, der sich ausschließlich auf Waren bezieht, dahingehend Einigkeit besteht, dass die Regelung auch auf Dienstleistungen anzuwenden ist.[175]

2.3 Missbrauchsverbot des Art. 102 AEUV

2.3.1 Normzweck und Schutzrichtungen des europäischen Missbrauchsverbots

Zur Herstellung und Sicherung eines Systems des unverfälschten und wirksamen Wettbewerbs erklärt Art. 102 AEUV die missbräuchliche Ausnutzung einer marktbeherrschenden Stellung auf dem Gemeinsamen Markt oder einem wesentlichen Teil desselben durch ein oder mehrere Unternehmen für unvereinbar und verboten, sofern hierdurch eine Beeinträchtigung des Handels zwischen Mitgliedstaaten

---

172 EuGH, Slg. 1966, 322 (LTM/Maschinenbau Ulm); EuGH, Slg. 1980, 3775 (L'Oréal); EuGH, Slg. 1985, 3831 (Nord); EuG, Slg. 1994, II-549 (Parker Pen); EuGH, Slg. 1995, II-1533 (Langnese) und EuGH, Slg. 1997, II-759 (Bloemkwekerijproducten).
173 Für Details siehe die Regelungen der VO 17/62.
174 Mäger (2011a), S. 178, Rn. 13; Bechtold/Bosch/Brinker (2014), S. 15, Rn. 2.
175 Bechtold/Bosch/Brinker (2014), S. 63, Rn. 150.

herbeigeführt werden kann.[176] Das europäische Kartellrecht wendet sich dabei nicht gegen die marktbeherrschende Stellung als solche und auch nicht gegen den bereits durch die Fusionskontrolle erfassten und geregelten Erwerb einer solchen.[177] Vielmehr ist es gegen die Ausnutzung und Absicherung einer marktbeherrschenden Stellung in wettbewerbswidriger Weise gerichtet,[178] wobei die Abgrenzung zur bloßen Beteiligung am Wettbewerb nicht einheitlich beurteilt wird und sich im Einzelfall schwierig gestaltet.[179] Jedenfalls aber muss das beanstandete Verhalten dem handelnden Marktbeherrscher als eigene Initiative und autonom bestimmt zuzurechnen sein und nicht auf eine staatliche Veranlassung zurückgehen.[180]

Hintergrund der in Art. 102 AEUV vorgesehenen Regelung ist, dass beherrschende Unternehmen insoweit „eine besondere Verantwortung"[181] dafür trifft, durch ihr Verhalten den Wettbewerbsprozess nicht zu beeinträchtigen. Mithin ist es im Kern Aufgabe des Art. 102 AEUV, diesen vor der Einflussnahme respektive vor Verfälschungen durch marktdominante Unternehmen zu schützen.[182] Ausgehend hiervon beinhaltet die Vorschrift jedoch mehrere Schutzrichtungen: So dient Art. 102 AEUV insbesondere dem **Schutz der Handelspartner**, sprich der Marktgegenseite des beherrschenden Unternehmens, vor nachteiligen Geschäftsbedingungen, was insbesondere durch die Regelbeispiele des Art. 102 Abs. 2 lit. a) und lit. c) deutlich wird.[183] Desweiteren greift die Vorschrift einen **Schutz des Restwettbewerbs** auf dem beherrschten oder einem benachbarten Markt vor entsprechenden Behinderungen durch ein Unternehmen mit marktbeherrschender Stellung auf, um die noch vorhandenen wettbewerblichen Marktstrukturen aufrechtzuerhalten.[184] Zudem gelangen bei der Schutzzweckbestimmung des Art. 102 AEUV auch zunehmend Aspekte der **Verbraucherwohlfahrt** in den Fokus, da sich das Missbrauchsverbot auch gegen solche Verhaltensweisen richtet, die in die Marktstruktur eingreifen und damit auch für die Interessen der Verbraucher von Nachteil sein können.[185] Dabei gilt es jedoch in die Erwägungen einzustellen, dass diese Ausrichtung wegen der streng wettbewerbsbezogenen Anbindung des Art. 102 AEUV durch das Protokoll Nr. 27 über den Binnenmarkt und den Wettbewerb nicht so weit zu fassen ist, dass für einen Missbrauch der Nachweis einer konkret messbaren Verbraucherschädigung erforderlich ist.[186] Art. 102 AEUV ist in dieser Hinsicht vielmehr als Gefährdungstatbestand zu

---

176 Wirtz (2011), S. 285, Rn. 3.
177 Bechtold/Bosch/Brinker (2014), S. 85, Rn. 1.
178 Saria (2012), S. 10, Rn. 9 und EuGH (1983), Rs. 322/81 (Michelin), Slg. 1983, 3461, Rn. 57.
179 Wirtz (2011), S. 284–285, Rn. 2.
180 Bechtold/Bosch/Brinker (2014), S. 86, Rn. 1.
181 EuGH, Slg. 1983, 3461, Rn. 57 (Michelin).
182 Vickers (2008), S. 417 und Fuchs & Möschel (2012), Art. 102 AEUV, Rn. 3.
183 Fuchs & Möschel (2012), Art. 102 AEUV, Rn. 4.
184 Fuchs & Möschel (2012), Art. 102 AEUV, Rn. 5.
185 Berg (2015), S. 827, Rn. 4.
186 Fuchs & Möschel (2012), Art. 102 AEUV, Rn. 6.

sehen, der bereits durch erhebliche Eingriffe in den Wettbewerbsprozess verletzt ist.[187] Schließlich ist auch die **Verwirklichung des Binnenmarktes** als eine weitere Zielrichtung des Art. 102 AEUV anerkannt, weswegen beispielsweise auch Verhaltensweisen, die einzelne mitgliedsstaatliche Märkte voneinander abschotten oder sonst den grenzüberschreitenden Handel beeinträchtigen, als missbräuchlich im Sinne dieser Vorschrift angesehen werden können.[188]

Das Missbrauchsverbot ergänzt damit letztlich als zweite tragende Säule des Europäischen Wettbewerbsrechts das in Art. 101 AEUV geregelte allgemeine Kartellverbot und rundet auf diese Weise das kartellrechtliche Instrumentarium ab.[189] In Hinblick **auf Art. 101 Abs. 1 AEUV unterscheidet sich der Regelungsgehalt des Art. 102 AEUV im Kern in drei Punkten:** So erfordert Art. 102 AEUV kein Zusammenwirken in Form von Vereinbarungen oder abgestimmten Verhaltensweisen, sondern lässt ein einseitiges Verhalten vor dem Hintergrund ausreichen,[190] als dass Unternehmen mit großer Wirtschaftsmacht auch im Alleingang die Wettbewerbsverhältnisse negativ beeinflussen können.[191] Im Gegenzug erfordert Art. 102 AEUV anders als Art. 101 Abs. 1 AEUV jedoch eine marktbeherrschende Stellung des betroffenen Unternehmens.[192] Eine Freistellungsmöglichkeit i.S.d. Art. 101 Abs. 3 AEUV sieht Art. 102 AEUV nicht vor.[193] Kann also ein missbräuchliches Verhalten eines marktbeherrschenden Unternehmens festgestellt werden, so ist das Verhalten als solches ausnahmslos unzulässig und verboten.[194] Nicht ausgeschlossen ist ferner, dass ein Unternehmen mit seinem Verhalten kumulativ gegen Art. 101 und 102 AEUV verstößt.[195] So sieht der EuGH vor, dass die Bestimmungen grundsätzlich nebeneinander anzuwenden sind,[196] wohingegen das EuG Art. 101 und 102 AEUV als zwei voneinander unabhängige Rechtsinstrumente erachtet.[197] Letztlich wird damit einhellig von der Unabhängigkeit der beiden Vorschriften ausgegangen, was zum einem mit dem Wortlaut und der Systematik der Artikel begründet, zum anderen aber auch auf die differenzierten Regelungszwecke der Vorschriften zurückgeführt wird.[198] Grundsätzlich besteht zwischen den beiden Vorschriften wegen ihrer unterschiedlichen Voraussetzungen und Rechtsfolgen jedoch Idealkonkurrenz, zumal dieselben Tatsachen in der Regel nicht geeignet sind, sowohl einen Verstoß gegen

---

187 EuGH, Slg. 2007, I-2331, Tz. 67 f., 107, 145 (British Airways).
188 Fuchs & Möschel (2012), Art. 102 AEUV, Rn. 7.
189 Bechtold/Bosch/Brinker (2014), S. 85, Rn. 1 und Fuchs & Möschel (2012), Art. 102 AEUV, Rn. 1.
190 Schröter (2014), Art. 101, Rn. 34.
191 Bechtold/Bosch/Brinker (2014), S. 85, Rn. 1.
192 Wirtz (2011), S. 285, Rn. 3.
193 Rose & Bailey (2013a), S. 13, Rn. 1023; Wirtz (2011), S. 285, Rn. 3.
194 Bechtold/Bosch/Brinker (2014), S. 86, Rn. 2.
195 Wirtz (2011), S. 285, Rn. 3.
196 EuGH, Rs. 66/86, Slg. 1989, 803, 849, Rn. 37. (Ahmed Saeed Flugreisen).
197 EuG, Rs. T-51/89, Slg. 1990, II-309, 356, Rn. 22 (Tetra Pak).
198 Saria (2012), S. 20–21, Rn. 29.

Art. 101 AEUV als auch gegen Art. 102 AEUV zu begründen, es sei denn der Missbrauch der marktbeherrschenden Stellung ist in der wettbewerbsbeschränkenden Vereinbarung selbst zu sehen.[199] Mithin ist es zumindest nicht ausgeschlossen, dass durch ein Verhalten sowohl eine Verletzung des Art. 101 AEUV als auch des Art. 102 AEUV erfolgt.[200]

2.3.2 Definition des relevanten Marktes

Die nach Art. 102 AEUV erforderliche beherrschende Stellung eines Unternehmens verlangt begriffsnotwendig nach einem Beherrschungsobjekt, welches nach überwiegender Auffassung stets der Markt ist.[201] Inwieweit ein Unternehmen alleine oder gemeinsam mit anderen Unternehmen als marktbeherrschend im Sinne von Art. 102 AEUV einzuordnen ist, lässt sich dabei nur auf der Grundlage eines in sachlicher, räumlicher und gegebenenfalls zeitlicher Hinsicht konkret abgegrenzten Marktes beurteilen.[202]

Der **sachlich relevante Markt** umfasst sämtliche Produkte des Marktbeherrschers, die sich aufgrund ihrer Merkmale zur Befriedigung eines gleichbleibenden Bedarfes besonders eignen und mit anderen Erzeugnissen, die einem anderen Markt zuzurechnen sind, nur in geringem Maße austauschbar sind.[203] In Deutschland erfolgt zur Abgrenzung des sachlich relevanten Marktes dabei ein Rückgriff auf das so genannte **Bedarfsmarktkonzept**, das sich mit der funktionellen Austauschbarkeit von Produkten befasst.[204] Die europäische Wettbewerbspolitik stellt zur sachlichen Marktabgrenzung hingegen auf den **Hypothetischen Monopoltest** ab.[205] Darüber hinaus existieren weitere Verfahren, die sich mit einer Abgrenzung des sachlich relevanten Marktes beziehungsweise mit der Bestimmung von Marktmacht eines Unternehmens befassen. Diese vorwiegend ökonomisch geprägten Methoden erfahren eine umfassende Darstellung unter Kapitel 3.2.

Um feststellen zu können, ob ein Unternehmen innerhalb des Binnenmarktes oder eines wesentlichen Teils des Binnenmarktes eine beherrschende Stellung innehat, ist ergänzend zu der grundsätzlich nach wie vor geforderten Bestimmung des sachlich relevanten Marktes der **geographisch relevante Markt** zu ermitteln.[206]

---

199 Fuchs & Möschel (2012), Art. 102 AEUV, Rn. 26–27.
200 Saria (2012), S. 21, Rn. 29: Nach anderer Auffassung ist eine Gesetzeskonkurrenz anzunehmen und die Vorschrift, die den Unrechtsgehalt des Verhaltens am umfassendsten aufgreift, als lex specials zu der anderen Vorschrift zu sehen.
201 Schröter & Bartl (2014), Art. 102, Rn. 123.
202 Lindsay & Scola (2013), S. 231; Wirtz (2011), S. 286, Rn. 6.
203 EuGH, Slg. 1979, 461, Rn. 28 (Hoffmann-La Roche).
204 Dewenter & Rösch (2015), S. 103. Ausführlich zum Bedarfsmarktkonzept siehe Kapitel 3.2.
205 Dewenter & Rösch (2015), S. 103. Ausführlich zum Hypothetischen Monopoltest siehe Kapitel 3.2.
206 Berg (2015), S. 834.

Dieser beschreibt das nationale, regionale oder gar lokale Territorium, in dem die Produkte und Dienstleistungen vertrieben werden und in dem insbesondere die Wettbewerbsbedingungen homogen sind, wobei sich letztere spürbar von denjenigen in benachbarten Gebieten unterscheiden müssen.[207] Zu den zentralen Wettbewerbsbedingungen zählen vor allem die Marktstruktur, insbesondere mit Blick auf die Marktanteile des beziehungsweise der beteiligten Unternehmen,[208] die Preislage der angebotenen Güter, die Verbrauchergewohnheiten sowie etwaige Beschränkungen beim Vertrieb der Erzeugnisse.[209]

Die **zeitliche Komponente** erlangt allenfalls bei zeitlich befristeten und dafür häufig wechselnden Angeboten zum Beispiel in der Unterhaltungsbranche oder bei Saisonbedingtheit bestimmter Produkte oder Dienstleistungen eine zu den beiden anderen Kriterien nachrangige Relevanz.[210]

Auf der Basis des sachlich und geographisch ermittelten und definierten Marktes ist anschließend in einem weiteren Schritt im Rahmen der Tatbestandsvoraussetzungen des Art. 102 AEUV zu prüfen, ob das betreffende Unternehmen eine marktbeherrschende Position auf dem so verstandenen Markt einnimmt.[211]

2.3.3 Tatbestandliche Voraussetzung des Art. 102 AEUV

Über das in Art. 102 AEUV genannte Tatbestandsmerkmal des Unternehmens mit marktbeherrschender Stellung wird der Normadressatenkreis dieser Vorschrift definiert.[212] Ausgehend vom funktionalen kartellrechtlichen Unternehmerbegriff erfordert der Tatbestand des Art. 102 AEUV ein Unternehmen, das unabhängig von der Rechtsform oder Finanzierung einer wirtschaftlichen Tätigkeit nachgeht.[213] Ein Unternehmen im Sinne des Art. 102 AEUV muss dabei jedenfalls gemäß dem Wortlaut der Vorschrift auf dem gegenständlichen Markt eine marktbeherrschende Stellung einnehmen, wobei der **Begriff der Marktbeherrschung** insoweit nicht legaldefiniert ist. Seitens des EuGH wurde jedoch im Jahre 1978 im Fall United Brands eine bis heute gültige Definition entwickelt, wonach die Marktbeherrschung im Sinne des Art. 102 AEUV „... die wirtschaftliche Machtstellung eines Unternehmens ist, die dieses in die Lage versetzt, die Aufrechterhaltung eines wirksamen Wettbewerbs auf dem relevanten Markt zu verhindern, indem sie ihm die Möglichkeit verschafft, sich seinen Wettbewerbern, seinen Abnehmern und schließlich den Verbrauchern gegenüber in einem nennenswerten Umfang unabhängig zu verhalten."[214] Diese

---

207 Bechtold/Bosch/Brinker (2014), S. 90, Rn. 14.
208 Fuchs & Möschel (2012), Art. 102 AEUV, Rn. 87 f.
209 Berg (2015), S. 834, Rn. 23; Bechtold/Bosch/Brinker (2014), S. 90, Rn. 15.
210 Bechtold/Bosch/Brinker (2014), S. 87, Rn. 5 und S. 91 Rn. 17.
211 Bechtold/Bosch/Brinker (2014), S. 91, Rn. 18.
212 Fuchs & Möschel (2012), Art. 102 AEUV, Rn. 43.
213 Mäger (2011b), S. 44, Rn. 15.
214 EuGH, Rs. 27/76, Slg. 1978, 207, Rn. 65, 286 Rn. 63 und 66 (United Brands); EuGH, Slg. 1979, Rs. 85/76, Tz. 38 (Hoffmann-La Roche). Aus ökonomischer Sicht ist

Definition führt jedoch nicht dazu, dass die Einschätzung der Marktbeherrschung über die Abgrenzung des relevanten Marktes, der Bestimmung der Marktanteile, der Markteintrittsbarrieren und ähnlichen Kriterien redundant wird - vielmehr gilt es sich in zahlreichen Fällen damit gezielt auseinanderzusetzen.[215]

Marktbeherrschung als solche wird jedenfalls dann angenommen, wenn ein Unternehmen keinem aktuellen oder potentiellen Wettbewerb ausgesetzt ist und die Gegenseite von diesem für die betreffenden Erzeugnisse oder Dienstleistungen völlig abhängig ist.[216] Unerheblich dabei ist, auf welche Ursache der nicht vorhandene Wettbewerb zurückzuführen ist.[217] Bei Monopsonen und Monopolen wird die marktbeherrschende Stellung dabei regelmäßig unabhängig davon, ob diese auf geltendem Recht basieren oder nur tatsächlich begründet sind, angenommen, wobei bei faktischen Monopolen die Marktverhältnisse zu untersuchen bleiben.[218] Im Übrigen ist zur Feststellung, inwieweit dem Unternehmen Raum für unabhängige Verhaltensweisen zusteht[219] beziehungsweise zur Bestimmung der Marktmacht auf den **Marktanteil**, der ein entscheidendes, wenn auch nicht alleiniges Kriterium hierfür darstellt, abzustellen.[220] Je enger dabei die zuvor vorzunehmende Bestimmung des relevanten Marktes ausfällt, desto leichter gestaltet sich die zu der Marktabgrenzung in einer Wechselbeziehung stehende Bestimmung der marktbeherrschenden Stellung.[221] Dieses berücksichtigend ist nach dem EuGH unter Einfluss der Umstände des Einzelfalls letztlich also eine Gesamtschau von Marktstruktur, Marktverhalten und Unternehmensstruktur[222] anzustellen.[223]

Art. 102 AEUV bezieht sich dabei nicht nur auf marktbeherrschende Unternehmen, die Produkte oder Dienstleistungen anbieten; vielmehr erstreckt sich die

---

diese Definition allerdings dahingehend kritisch zu betrachten, als dass sich kein Unternehmen unabhängig von den Abnehmern, Konsumenten und seinen Wettbewerbern verhalten kann, sondern vielmehr bei allen Entscheidungen die Nachfragefunktion und etwaige Reaktionen der Wettbewerber in Betracht ziehen muss. Vgl. hierzu Motta (2004), S. 34–35.

215 Vickers (2008), S. 417.
216 Fuchs & Möschel (2012), Art. 102 AEUV, Rn. 97.
217 Bechtold/Bosch/Brinker (2014), S. 92, Rn. 19.
218 Rittner/Dreher/Kulka (2014), S. 431, Rn. 1114 und EuGH, verb. Rs. C-147 und C-148/97, Slg. 2000, I-825, Tz. 48 ff. (Deutsche Post).
219 Bechtold/Bosch/Brinker (2014), S. 91, Rn. 18.
220 Wirtz (2011), S. 287, Rn. 10.
221 Fuchs & Möschel (2012), Art. 102 AEUV, Rn. 44.
222 Die Heranziehung von Marktergebnistests zur Bestimmung des Beherrschungsgrads des Unternehmens hat sich wettbewerbstheoretisch als schwierig und in der Rechtsanwendung als wenig tauglich erwiesen. Vgl. hierzu Fuchs & Möschel (2012), Art. 102 AEUV, Rn. 42.
223 Berg (2015), S. 837, Rn. 29; EuGH, Rs. C-260/89, Slg. 1991, I-2925, Rn. 27 und 38 (Elliniki Radiophonia); EuGH, verb. Rs. C-241 und C-242/91, Slg. 1995, I-743, Rn. 47 (Radio Telefis Eireann); EuGH, Rs. C-343/95, Slg. 1997, I-1547, Rn. 16 f. (Porto di Genova II).

Anwendbarkeit dieser Vorschrift auch auf nachfragende Unternehmen, wenn diese gegenüber ihren Anbietern eine marktbeherrschende Stellung einnehmen und gegebenenfalls missbräuchlich ausnutzen.[224] Um in diesen Fällen die Marktbeherrschung festzustellen, ist nicht auf die Marktposition der fraglichen Unternehmen auf den Angebotsmärkten abzustellen, sondern es gilt im Einzelfall zu analysieren, ob die Unternehmen auf dem jeweiligen Beschaffungsmarkt eine Position einnehmen, die einer marktbeherrschenden Stellung entspricht.[225] Zu prüfen ist dementsprechend, ob ein wirksamer Nachfragewettbewerb besteht.

Eine marktbeherrschende Stellung auf Abnehmerseite ist insbesondere dadurch charakterisiert, dass sich ein Abnehmer gegenüber seinen Lieferanten und anderen Abnehmern im Wesentlichen unabhängig verhalten kann.[226] Vice versa bedeutet dieses, dass eine Marktbeherrschung vorliegt, wenn die beliefernden Vertragspartner in einem solchen Abhängigkeitsverhältnis zum Abnehmer stehen, dass ihnen ein Ausweichen auf andere Abnehmer praktisch nicht möglich ist.[227] Dabei kann jedoch auch unterhalb der Schwelle der Marktbeherrschung eine Marktmacht auf Abnehmerseite insoweit bedeutsam sein, als dass diese ein bei der Beurteilung der Marktbeherrschung auf Anbieterseite zu berücksichtigendes Kriterium darstellt. Eine derartige Konstellation ist zum einen denkbar, wenn ein Unternehmen sowohl als Anbieter als auch als Nachfrager über Marktmacht verfügt.[228] Zum anderen kann Marktmacht auf Abnehmerseite Wettbewerbs- und Preisgestaltungsspielräume des marktmächtigen Anbieters einschränken, nämlich in Form so genannter **Countervailing Power**.[229]

Das **alleinige Bestehen oder die Erlangung einer marktbeherrschenden Stellung** reicht jedoch für eine Tatbestandsmäßigkeit nicht aus, da Art. 102 AEUV zu seiner Anwendung die missbräuchliche Ausnutzung einer marktbeherrschenden Stellung voraussetzt.[230] Im Sinne eines Marktmachtprivilegs sind also anders als in anderen Rechtsordnungen das Erzielen und Innehaben marktmächtiger Positionen erst einmal per-se erlaubt, solange diese nicht am Markt missbraucht werden.[231] Dieses gilt lediglich dann nicht, wenn die Marktmacht durch externes Wachstum in Form von Unternehmenszusammenschlüssen erlangt wird, da insoweit eine Fusionskontrolle zu erfolgen hat.[232] Ökonomisch lässt sich das grundlegende Marktmachtprivileg von Unternehmen innerhalb der europäischen Rechtsordnung damit

---

224 Fuchs & Möschel (2012), Art. 102 AEUV, Rn. 71 und 82 ff.
225 Bechtold/Bosch/Brinker (2014), S. 92, Rn. 21.
226 Wirtz (2011), S. 291, Rn. 29.
227 EuGH, Slg. 1999, I-2387 (Deutsche Bahn).
228 Wirtz (2011), S. 291, Rn. 30.
229 Wirtz (2011), S. 291, Rn. 30; Galbraith (1956); Dunn (2011), S. 121–122, 141.
230 Schliesky (2014), S. 79; Berg (2015), S. 843, Rn. 38.
231 Schliesky (2014), S. 79; Berg (2015), S. 843, Rn. 38. Vgl. dazu auch den Überblick zu nationalen europäischen Regelungen und dem US-amerikanischen Wettbewerbsrecht bei Schmidt (2005), S. 168 ff. und Schmidt & Haucap (2013), S. 211 ff.
232 Hierzu näher zum Beispiel Fritsch (2014), S. 241.

begründen, dass insbesondere auch durch Innovationen und hohe Effizienz in einem wettbewerbsfördernden Sinne Marktmacht erlangt werden kann.[233] Die Parallelität von Missbrauchskontrolle nach Art. 102 AEUV und der Fusionskontrolle nach der FKVO begründet mithin den Versuch, die Entstehung von Marktmacht auf „Leistungsmonopole" zu beschränken und zu verhindern, dass diese sich durch ein Ausnutzen ihrer Stellung im Markt von Leistungsmonopolen zu Machtmonopolen entwickeln.

Art. 102 AEUV definiert den Missbrauchsbegriff als solchen jedoch nicht legal.[234] Anders als bei Art. 101 AEUV kommt es hier nicht darauf an, dass der Wettbewerb durch das Verhalten des Marktbeherrschers tatsächlich verhindert, begrenzt oder verzerrt wird - Art. 102 AEUV verbietet schlichtweg jeden Missbrauch einer marktbeherrschenden Stellung.[235] Der Missbrauchsbegriff ist dabei objektiv auszulegen und erfordert insoweit weder ein Verschulden noch **eine schädigende Absicht** des marktbeherrschenden Unternehmens.[236] Jedoch erleichtern die subjektiven Elemente die Beurteilung des Vorliegens eines missbräuchlichen Verhaltens, wenn das Unternehmen seine Marktstellung erkennbar zur Absicherung seiner Marktposition oder gar zur Ausdehnung auf andere, benachbarte Märkte einsetzt.[237]

Bei der Beurteilung einer jeden möglicherweise missbräuchlichen Verhaltensweise ist dabei mit Blick auf ein gesetzmäßiges Verhalten zu berücksichtigen, dass auch ein marktbeherrschendes Unternehmen vom Ansatz her seine genuinen Wirtschaftsinteressen verfolgen darf.[238] Allerdings darf dieses nur in einem angemessenen Verhältnis zu seiner Marktstellung erfolgen, um sicherzustellen, dass der wirksame und unverfälschte Wettbewerb durch das entsprechende Verhalten des Marktbeherrschers nicht beeinträchtigt wird.[239] Ausgehend hiervon ist es gerade bei der Feststellung von so genannten Behinderungsmissbräuchen, die auf dem jeweiligen Markt eine horizontale Verdrängungswirkung auslösen, mit großen Schwierigkeiten verbunden, diese von erlaubtem Wettbewerbsverhalten **(Competition on the Merits)** abzugrenzen, das durch das Wettbewerbsrecht keine Einschränkung erfahren soll.[240] Somit ist einzelfallbezogen herauszuarbeiten, ob das Verhalten auf die Intensivierung der marktbeherrschenden Stellung und deren Missbrauch gerichtet ist, da es stets zu unterscheiden gilt, ob das Verhalten die Wettbewerber tatsächlich

---

233 Zu möglichen Ursachen von Marktmacht siehe im Einzelnen Fritsch (2014), S. 160 ff.
234 Berg (2015), S. 843, Rn. 38.
235 Lovdahl Gormsen (2013), S. 226.
236 EuG, Slg. 2007, II-1607, Rn. 120 (DSD); Vickers (2008), S. 417; Schliesky (2014), S. 81.
237 Bechtold/Bosch/Brinker (2014), S. 96, Rn. 32.
238 Vgl. Bechtold/Bosch/Brinker (2014), S. 97, Rn. 33.
239 EuGH, Slg. 1993, II-289, Rn. 67 (BPB).
240 Vickers (2008), S. 417; Polo (2011), S. 95; Fuchs & Möschel (2012), Art. 102 AEUV, Rn. 5.

an einem effektiven Wettbewerb behindert oder ob das Verhalten lediglich Wettbewerber zu einem effektiveren Wettbewerb veranlassen soll.[241] Zur Unterscheidung von einem Competition on the Merits kann dabei ein Rückgriff auf verschiedene Ansätze vorgenommen werden:[242] So kann beispielsweise mit dem **„Sacrifice Test"**, der auch als **„But for Test"** bezeichnet wird, untersucht werden, ob das Verhalten des marktbeherrschenden Unternehmens auch in einer anderer Weise, als nur den Wettbewerb auszuschalten oder zu verringern, profitabel respektive ökonomisch sinnvoll sein kann.[243] Beim Predatory Pricing zum Beispiel ist dieser Test jedoch insoweit nicht brauchbar, als dass diese Strategie zumindest kurzfristige Verluste zur Folge hat und alleine vor dem Hintergrund der Eliminierung von Wettbewerbern profitabel sein kann.[244]

Einem marktbeherrschenden Unternehmen ist jedenfalls insoweit eine gewisse Verantwortung für die Aufrechterhaltung des Restwettbewerbs zuzusprechen, als dass auch die Anpassung des Verhaltens eines Unternehmens an das der Wettbewerber (**Meeting Competition Defence**) keinen allgemeinen Rechtfertigungsgrund darstellt.[245]

Art. 102 Abs. 1 AEUV ist als **Generalklausel** formuliert, benennt jedoch im Tatbestand des Art. 102 Abs. 2 AEUV selbst einige, **nicht abschließende Regelbeispiele**, bei deren Vorliegen ein Missbrauch einer marktbeherrschenden Stellung gegeben sein kann.[246] Zur besseren Handhabung des Art. 102 AEUV wurden seitens der Kommission und der europäischen Gerichte verschiedene Fallgruppen weiterer, nur mit Art. 102 Abs. 1 AEUV erfassbarer Missbrauchstatbestände entwickelt.[247] In der Folge ist, da die Regelbeispiele selbst von zu großen Lücken, Zufälligkeiten und Überschneidungen gekennzeichnet sind, bei der systematischen Auslegung des Missbrauchsbegriffs eine solche **fallgruppenbezogene Vorgehensweise** zugrunde zu legen.[248] Diese sieht zunächst eine Untergliederung in **Ausbeutungs, Behinderungs- und Marktstrukturmissbräuche** vor. Eine Systematisierung über die Verwirklichung eines Marktmissbrauchs nach Art. 102 AEUV bietet die nachfolgende Abbildung 2:

---

241 Dorsey & Jacobsen (2014), S. 43.
242 Vgl. hierzu die bei Vickers (2008), S. 423 ff. dargestellten Ansätze, zu denen der „Sacrifice Test", „The As-Efficient Competitor Test" und „The Consumer Harm Test" zählen.
243 Vickers (2008), S. 424.
244 Vickers (2008), S. 424.
245 EuGH, T-340/03, Slg. 2007, II-107, Rn. 187 (France Télécom).
246 Fuchs & Möschel (2012), Art. 102 AEUV, Rn. 132; Schliesky (2014), S. 80.
247 Vgl. Bechtold/Bosch/Brinker (2014), S. 96, Rn. 33.
248 Fuchs & Möschel (2012), Art. 102 AEUV, Rn. 133.

Abb. 2: Formen missbräuchlicher Verhaltensweisen im Rahmen des Art. 102 AEUV

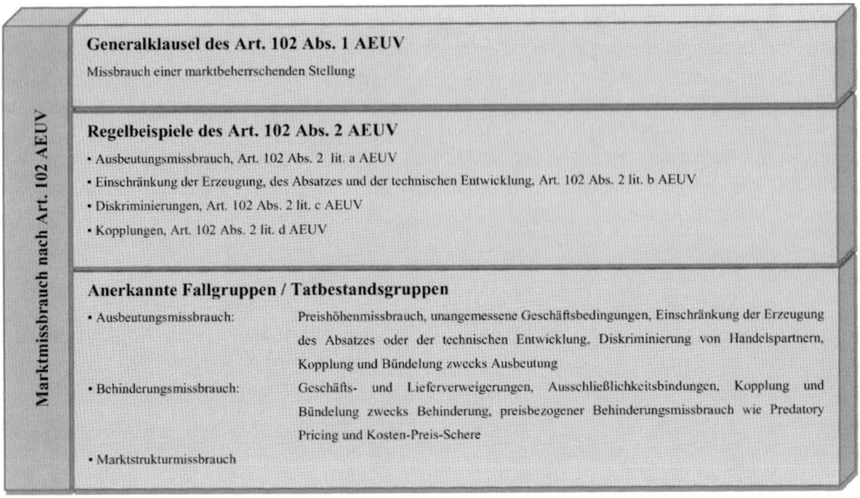

Generalklausel des Art. 102 Abs. 1 AEUV

Missbrauch einer marktbeherrschenden Stellung

Regelbeispiele des Art. 102 Abs. 2 AEUV

• Ausbeutungsmissbrauch, Art. 102 Abs. 2 lit. a AEUV
• Einschränkung der Erzeugung, des Absatzes und der technischen Entwicklung, Art. 102 Abs. 2 lit. b AEUV
• Diskriminierungen, Art. 102 Abs. 2 lit. c AEUV
• Kopplungen, Art. 102 Abs. 2 lit. d AEUV

Anerkannte Fallgruppen / Tatbestandsgruppen

• Ausbeutungsmissbrauch: Preishöhenmissbrauch, unangemessene Geschäftsbedingungen, Einschränkung der Erzeugung des Absatzes oder der technischen Entwicklung, Diskriminierung von Handelspartnern, Kopplung und Bündelung zwecks Ausbeutung

• Behinderungsmissbrauch: Geschäfts- und Lieferverweigerungen, Ausschließlichkeitsbindungen, Kopplung und Bündelung zwecks Behinderung, preisbezogener Behinderungsmissbrauch wie Predatory Pricing und Kosten-Preis-Schere

• Marktstrukturmissbrauch

(linke Randbeschriftung: Marktmissbrauch nach Art. 102 AEUV)

Quelle: Eigene Darstellung in Anlehnung an Berg (2015), S. 846 ff.

Der Tatbestand des Art. 102 AEUV erfordert zudem, dass die missbräuchliche Ausnutzung der marktbeherrschenden Stellung im Binnenmarkt oder in einem wesentlichen Teil desselben dazu führen kann, im Sinne der Zwischenstaatlichkeitsklausel den Handel zwischen den Mitgliedsstaaten zu beeinträchtigen.[249]

Zu beachten ist weiterhin, dass bei dem Verbot des Missbrauchs einer marktbeherrschenden Stellung anstelle eines wie in Art. 101 Abs. 3 AEUV vorgesehenen Freistellungstatbestands die für die Fallgruppen des Art. 102 AEUV spezifisch entwickelten Rechtfertigungsgründe für das ungeschriebene Tatbestandsmerkmal der objektiven Rechtfertigung heranzuziehen sind.[250] Diese können beispielsweise auf Gründen der Produktsicherheit oder der Gesundheit basieren; gerade in Fällen von Rabattsystemen oder Predatory Pricing wird allerdings auch berechtigten geschäftlichen Interessen eines Unternehmens eine rechtfertigende Wirkung zugesprochen.[251]

2.4 Konzernrechtliche Haftung im europäischen Wettbewerbsrecht

Insoweit ein Kartellrechtsverstoß durch eine Behörde aufgedeckt wurde, kommt, da gerade bei größeren Kartellfällen häufig Gesellschaften beteiligt sind, die Frage einer

---

249 Bechtold/Bosch/Brinker (2014), S. 109, Rn. 63.
250 Berg (2015), S. 882, Rn. 119; Rittner/Dreher/Kulka (2014), S. 446, Rn. 1141–1142.
251 Rittner/Dreher/Kulka (2014), S. 446, Rn. 1141.

Konzernhaftung auf. Diese ist insbesondere dann von besonderer Relevanz, wenn die von den Kartellbehörden gegen Konzernunternehmen verhängten Bußgelder und die den behördlichen Entscheidungen vielfach folgenden Schadensersatzklagen im Einzelfall die Leistungsfähigkeit der Konzerngesellschaft, der ein wettbewerbsrechtlicher Verstoß vorzuwerfen ist, übersteigen.[252] Der zentrale Anknüpfungspunkt dieser Problematik ergibt sich dabei daraus, dass der Normadressat in der Regel ein Unternehmen im Sinne des funktionalen Unternehmensbegriffs ist, eine behördliche Verfügung hingegen nur gegen eine juristische Person oder einen sonstigen Rechtsträger gerichtet werden kann, sodass der Norm- und der Verfügungsadressat auseinanderfallen.[253] Aus der Rechtsprechung des EuGH ergibt sich jedoch, dass im Rahmen des Art. 23 Abs. 2 der VO 1/2003 eine Zurechnung des Handelns einer Tochtergesellschaft an die Konzernmutter erfolgen kann, insoweit die Tochtergesellschaft trotz eigener Rechtspersönlichkeit ihr Marktverhalten nicht autonom bestimmen kann, sondern im Wesentlichen den Weisungen der Muttergesellschaft unterworfen ist.[254] Die Muttergesellschaft muss also zum einen in der Lage gewesen sein, einen entscheidenden Einfluss auf die Tochtergesellschaft zu nehmen und zum anderen muss die Muttergesellschaft von dieser Möglichkeit auch tatsächlich Gebrauch gemacht haben.[255] Bei einer Beteiligung von 100 Prozent wird dieses widerleglich vermutet.[256] Nach Auffassung des EuGH ist hierin jedoch keine verschuldensunabhängige Haftung der Konzernmutter zu sehen.[257] Nicht erforderlich ist dabei, dass der Einfluss auf den konkreten Geschäftsbereich der Tochtergesellschaft ausgeübt wird, in dem der wettbewerbsrechtliche Verstoß erfolgt.[258] Selbst eine Einflussnahme der Konzernmutter auf die Tochtergesellschaft in strategischen Angelegenheiten kann insoweit ausreichend sein.[259] Auch ist es nicht erforderlich, dass die Kommission den Nachweis erbringt, dass Mitarbeiter der Konzernmutter von den Kartellabsprachen Kenntnis hatten oder eine Pflichtverletzung begangen haben.[260] In der

---

252 Bürger (2011), S. 130.
253 Bürger (2011), S. 131.
254 EuGH, Rs. C 97/08 P (Akzo Nobel/Kommission); Bürger (2011), S. 131. Davon zu differenzieren sind Zurechnungsfragen nach nationalem Recht eines Mitgliedsstaates. Das Bundeskartellamt kann nur gegen die juristische Person oder Personenvereinigung einen Bußgeldbescheid richten, deren Leitungsperson eine Ordnungswidrigkeit begangen hat. Im Gegensatz zur Kommission kann es kein Bußgeld gegen die Konzernmutter für einen Verstoß verhängen, der von einer Tochtergesellschaft begangen wurde. Siehe hierzu Fort (2011), S. 516 und Bürger (2011), S. 135–136.
255 Bürger (2011), S. 131.
256 EuGH, Rs. C 97/08 P (Akzo Nobel/Kommission). Umstritten dabei ist, ob der EuGH mit dieser Regelung eine echte Beweislastumkehr angeordnet hat oder diese lediglich eine Beweiserleichterung zugunsten der Kommission erhält.
257 EuGH, Rs. C 97/08 P (Akzo Nobel/Kommission).
258 Bürger (2011), S. 132.
259 EuGH, Rs. C 97/08 P (Akzo Nobel/Kommission).
260 Bürger (2011), S. 140.

Folge wird es einer Konzernmutter also in den seltensten Fällen gelingen, nicht für Verstöße ihrer Tochter gegen Art. 101 oder 102 AEUV einstehen zu müssen.[261] Mithin orientiert sich der Bußgeldrahmen auch am weltweiten Konzernumsatz und nicht nur an demjenigen der konkret handelnden Konzerngesellschaft, sodass dieser eine erhebliche Erweiterung erfährt.[262]

---

261 Bürger (2011), S. 132.
262 Fort (2011), S. 516; Vgl. hierzu auch die vorinstanzliche Entscheidung EuG, Rs. T-112/05, Slg. 2007, II-5049, Rn. 90 f.

3 Darstellung der wettbewerbsökonomischen Grundlagen

3.1 Grundlagen und theoriengeschichtlicher Kurzüberlick von Wettbewerbskonzeptionen

Wettbewerb stellt eine wesentliche Prämisse für das Funktionieren einer „marktwirtschaftlichen Ordnung als Selbststeuerungssystem"[263] dar. Dieses begründet sich dadurch, dass Märkte erst über Wettbewerb ihre grundlegende Aufgabe der Koordination von Angebot und Nachfrage sowie der Lenkung von Ressourcen in ihre jeweils produktivste Verwendung erfüllen können und auf diese Weise Anreize zu technischem Fortschritt gesetzt werden.[264] Das Wettbewerbsprinzip geht jedoch für Unternehmen mit einem Wettbewerbsdruck einher, der Anreize schafft, durch bestimmte Strategien und Verhaltensweisen den Wettbewerb auf Märkten direkt zu beeinflussen.[265] Infolgedessen kommt es zu so genannten privaten Wettbewerbsbeschränkungen unter anderem in Form von Verhaltenskoordinationen durch Kartellbildungen, Unternehmenszusammenschlüssen und Behinderungsstrategien.[266] Deren Bekämpfung stellt dabei zur Sicherung eines wirksamen Wettbewerbs und aus Gründen der europäischen Integration Ziel der europäischen Wettbewerbspolitik dar. Demgemäß ist die Wettbewerbspolitik als „the set of policies and laws which ensure that competition in the market place is not restricted in such a way as to reduce economic welfare"[267] zu beschreiben, wobei insbesondere der Durchsetzung der ökonomischen Effizienz, d.h. der allokativen[268] und produktiven Effizienz[269] sowie dem Wohlfahrtstandard als Maß für die Effizienz, ein besonderes Gewicht zukommt.[270] Im Umkehrschluss steht also das Wettbewerbsrecht in enger Verbindung

---

263 Kerber & Schwalbe (2015), S. 23, Rn. 36.
264 Kerber & Schwalbe (2015), S. 23, Rn. 36.
265 Kerber & Schwalbe (2015), S. 24–25, Rn. 40 und 42.
266 Kerber & Schwalbe (2015), S. 241, Rn. 42–44.
267 Motta (2004), S. 30. Siehe hierzu auch für weitergehende Erwägungen zur Definition der Wettbewerbspolitk.
268 Allokationseffizienz liegt vor, wenn die in einer Volkswirtschaft vorhandenen Ressourcen wie Produktionsfaktoren oder Güter so eingesetzt werden, dass bei gegebenen Produkten und Produktionsverfahren die wirtschaftlichen Bedürfnisse der Mitglieder dieser Volkswirtschaft optimal befriedigt werden. Siehe dazu Kerber & Schwalbe (2015), S. 59–60, Rn. 133.
269 Produktionseffizienz ist gewährleistet, wenn bei gegebener Technologie jeder Output mit dem geringstmöglichen Einsatz von Inputfaktoren erzeugt wird, vgl. Kerber & Schwalbe (2015), S. 60, Rn. 134.
270 Paulis (2010), S. 162; Fatur (2012), S. 40; Kerber & Schwalbe (2015), S. 31, Rn. 62.

zur Ökonomie, sodass deren Grundlagen und Konzepte bei der Beurteilung wettbewerbsrechtlicher Aspekte entsprechend heranzuziehen sind.[271] Besonders deutlich wird dieses im Rahmen individueller wettbewerbsrechtlicher Fälle, wenn es den Gerichten obliegt, die Auswirkungen der in Frage stehenden unternehmerischen Praktiken auf den Wettbewerb zu untersuchen[272] und kartellrechtliche Belange in eine wirtschaftliche Sichtweise einzurahmen.[273] Hier erweisen sich insbesondere ökonomische Methoden als nützlich, da diese eine Messung und Analyse der wesentlichen wirtschaftlichen Beziehungen und Effekte ermöglichen.[274]

Doch bevor ein Rückgriff auf die ökonomischen Techniken erfolgt, ist zunächst einmal herauszuarbeiten, wie sich der Wettbewerb aus ökonomischer Sichtweise definiert, wie er theoretisch konzipiert werden kann und welche Funktionen er aus wirtschaftspolitischer Sicht erfüllen soll.[275] Die hierzu vorhandenen Auffassungen haben sich in über 200 Jahren, in denen sich die Ökonomik mit dieser Thematik auseinandersetzt, und im Laufe der seit über 100 Jahren betriebenen praktischen Wettbewerbspolitik fortlaufend gewandelt.[276] In Europa hat es dazu zahlreiche Konzeptionen gegeben: Die von **Schumpeter** entwickelte und im Jahre 1911 erstmals veröffentlichte „Theorie der wirtschaftlichen Entwicklung", die den technischen Fortschritt als grundlegende, endogene Triebkraft für die wirtschaftliche Entwicklung beschreibt, stellt bis heute für die gesamte ökonomische Innovationsforschung einen signifikanten Ausgangspunkt dar.[277] Nach den Schumpeterschen Ansätzen liegt die entscheidende Aufgabe des Wettbewerbs nicht darin, dass Preise das Grenzkostenniveau erreichen, sondern vielmehr darin, neue Produkte zu entwickeln und zu vermarkten sowie kostensenkende Verfahrensinnovationen einzuführen.[278] Hierauf aufbauend wurde in den 1950er und 1960er Jahren unter anderem von Arndt,

---

271　Baker & Bresnahan (2008), S. 1–2. Siehe hierzu auch Budzinski (2008c), der die Ökonomie als Kernelement der Wettbewerbspolitik beschreibt.

272　Baker & Bresnahan (2008), S. 2.

273　Baker & Bresnahan (2008), S. 3.

274　Baker & Bresnahan (2008), S. 3.

275　Kerber & Schwalbe (2015), S. 35, Rn. 67.

276　Ein theoriengeschichtlicher Überblick über die zahlreichen Wettbewerbskonzeptionen findet sich bei Kerber & Schwalbe (2015), S. 35 ff.; siehe hierzu auch Burton (1994), Audretsch (1988), Fox (2003), Budzinski (2008c). Zu wettbewerbspolitischen Leitbildern siehe zudem auch Bartling (1980) sowie die unter anderem tabellarische Gegenüberstellung einiger Wettbewerbskonzeptionen bei Schmidt & Haucap (2013), S. 30. Eine kritische Auseinandersetzung mit angelsächsischen und deutschen Wettbewerbstheorien findet sich bei Mantzavinos (1994). Die nachfolgende Betrachtung beschränkt sich auf einige wesentliche und in Europa bedeutsame Konzepte.

277　Hierzu näher Schumpeter (1952).

278　Kerber & Schwalbe (2015), S. 46–47, Rn. 104 und 107, wobei Schumpeter im Rahmen der Schumpeter-Hypothesen dahingehende Überlegungen anstellt, ob möglicherweise gerade große und marktdominante Unternehmen den technischen Fortschritt fördern können.

Heuss und Hoppmann die **Theorie des dynamischen Wettbewerbs** (Dynamic Competition) entwickelt. Diese erachtet unter Zugrundelegung des Innovations-Imitations-Prozesses von Schumpeter den Wettbewerb als einen dynamischen Vorgang, bei dem als Abbild eines nicht endenden rivalisierenden Wettbewerbs-prozesses auf Innovationen Imitationen folgen.[279] Insbesondere Clark verdeutlicht mit der Bezeichnung „wirksamer Wettbewerb" (**Effective Competition**) dabei die Abkehr von einem statischen Verständnis des Wettbewerbs.[280] Auch **Heuss** steuert mit seiner **Marktphasentheorie** zu dieser dynamischen Wettbewerbskonzeption bei,[281] die normativ neben einer effizienten Allokation die dynamische Effizienz durch Entwicklung und Verbreitung von Innovationen in den Vordergrund stellt.[282]

Innovationen können jedoch auch als neues Wissen eine Wettbewerbskonzeption beeinflussen: Die österreichische und im Wesentlichen von **Hayek** entwickelte **Marktprozesstheorie** setzt bei einem nicht vollkommenen Wissen der Individuen einer Gesellschaft an, sodass von der bei dem Modell des vollkommenen Wettbewerbs zugrundeliegenden Annahme der genauen Kenntnis der Präferenzen von Konsumenten und der kostengünstigsten Produktionsmethoden nicht ausgegangen werden kann. Vielmehr beschreibt Hayek den Wettbewerb als Trial-and-Error-Prozess, bei dem im Sinne eines Entdeckungs- und Experimentierverfahrens Problemlösungen der Anbieter auf dem Markt getestet werden müssen, um über einen Erfolg auf dem Markt entscheiden zu lassen.[283] Zeitlich parallel zu Hayek und unter großem Einfluss auf die Entstehung der deutschen und europäischen Wettbewerbspolitik sind die **ordoliberalen Konzepte der Freiburger Schule** aufgestellt worden. Diese implizieren zwar keinen eigenen wettbewerbstheoretischen Ansatz, sondern lehnen sich vielmehr am Modell des vollkommenen Wettbewerbs beziehungsweise der späteren dynamischen Wettbewerbskonzeptionen an. Dennoch gehen mit dem Ordoliberalismus nachhaltige Wirkungen einer: So ordnet dieser beispielsweise neben der Allokation die individuelle Freiheit und deren Schutz vor der wirtschaftlichen Macht der Wettbewerbspolitk als zentrale Aufgabe zu, worauf auch heutzutage noch das dem deutschen und europäischen Wettbewerbsrecht

---

279   Vgl. im Einzelnen hierzu Arndt (1952), Heuss (1965), Heuss (1980), Hoppmann (1977), Hoppmann (1988).
280   Hierzu näher Clark (1961).
281   Siehe hierzu Heuss (1965), der in der Industrie eine Einteilung in die Experimentierungsphase, Expansionsphase, Ausreifungsphase sowie Stagnations- respektive Rückbildungsphase vornimmt. Kritisch zu der Marktphasentheorie inter alia Mantzavinos (1994), S. 91–92.
282   Diskutiert wird in diesem Zusammenhang ein etwaiger Zielkonflikt zwischen einer effizienten Allokation im Sinne einer statischen Effizienz und der dynamischen Effizienz in Form von Innovationen, wobei nach Kerber & Schwalbe (2015), S. 47, Rn. 106 Divergenzen vom Modell des vollkommenen Wettbewerbs für die Erreichung einer größeren dynamischen Effizienz unumgänglich sind. Zu den dynamischen Wettbewerbsfunktionen siehe auch Kantzenbach (1967).
283   Hierzu näher Hayek (1968).

immanente Prinzip der Sicherung der wirtschaftlichen Freiheit vor Wettbewerbsbeschränkungen basiert.[284] Die Durchsetzung der Wettbewerbsordnung selbst erachteten die Ordoliberalen dabei als eine Aufgabe der Wirtschaftswissenschaftler, zumal eine Zusammengehörigkeit der Wirtschafts- und Rechtsordnung zugrundegelegt wurde.[285]

Ab Ende der 1960er Jahre wurde aufbauend auf diesen ordoliberalen Überlegungen und unter Einflussnahme der Kernelemente des dynamischen Wettbewerbs sowie der Marktprozesstheorie von **Hoppmann** das **Konzept der Wettbewerbsfreiheit** aufgestellt.[286] Dieses sieht vor, anknüpfend an die individuelle Freiheit die Sicherung der Wettbewerbsfreiheit der Wettbewerbspolitik als elementare Aufgabe zuzuordnen und Wettbewerb als solchen nicht lediglich als Mittel zur Erlangung ökonomischer Ziele einzuordnen. Hoppmann gründet diesen Gedanken darauf, dass die Wettbewerbsfreiheit für die Herbeiführung von Wettbewerb und dessen positive Eigenschaften entscheidend sei.[287] Kantzenbach nahm hingegen bei seinem Ansatz das Ziel der wirtschaftlichen Freiheit aus und ordnete stattdessen dem Wettbewerb Aufgaben wie die leistungsgerechte Einkommensverteilung, Konsumentensouveränität oder die optimale Faktorallokation durch die entsprechende wettbewerbliche Steuerungsfunktion zu.[288]

Aufgrund umfassender, bis weit in die 1970er Jahre andauernder Kontroversen zwischen Hoppmann und Kantzenbach haben die beiden wesentlichen US-amerikanischen Ansätze die Europäische Wettbewerbspolitik erst sehr spät tangiert:[289] Das Konzept der **Harvard School**, das insbesondere die US-Antitrust-Politik in den 1950er und 1960er Jahren stark geprägt hat,[290] sieht neben einer strikten Fusionskontrolle auch eine Entflechtung langfristig konzentrierter Industrien vor.[291] Zum zentralen Ziel erklären die Vertreter der Havard School trotz divergierender Einzelzielsetzungen dabei einheitlich die Realisierung einer möglichst hohen gesellschaftlichen Wohlfahrt.[292]

---

284 Allgemein näher zu der ordoliberalen Wettbewerbspolitik siehe Eucken (1952), Rieter & Schmolz (1993), Budzinski (2008c). Der ordoliberale Ansatz scheint zudem ein erneutes Interesse in der Wettbewerbsökonomie zu erwecken, vgl. hierzu Cooper et al. (2005), S. 306–307, Ahlborn & Grave (2006) und Hellwig (2006).
285 Mantzavinos (1994), S. 70–71.
286 Näher hierzu Hoppmann (1970), Hoppmann (1988), Clapham (1981) und Herdzina (1999).
287 Das Konzept von Hoppmann wird allerdings in vielerlei Hinsichten kritisiert, insbesondere wird dabei die Frage aufgeworfen, ob eine reine Verhaltenskontrolle zur Sicherung des Wettbewerbs genügen kann. Vgl. hierzu Clapham (1981).
288 Näher zu dem Ansatz von Kantzenbach siehe Schmidt & Haucap (2013), S. 14 ff.
289 Kerber & Schwalbe (2015), S. 49, Rn. 112; näher zu der Hoppmann-Kantzenbach-Kontroverse siehe Mantzavinos (1994), S. 99 ff.
290 Christiansen (2010), S. 289.
291 Schmidt & Haucap (2013), S. 26.
292 Siehe hierzu näher Christiansen (2010), S. 291 ff.

Die in den 1970er und 1980er Jahren erheblichen Einfluss auf die US-Antitrustpolitik nehmende **Chicago School** vertraut hingegen auf den Marktmechanismus und legt die Annahme zugrunde, dass Unternehmen durch einseitige Verhaltensweisen wie Ausschließlichkeits- oder Koppelungsbindungen lediglich die produktive Effizienz zugunsten der Konsumentenwohlfahrt erhöhen.[293] Im Fokus steht daher bei der wettbewerbstheoretischen Analyse der Chicago School auch nicht die Aufrechterhaltung des Wettbewerbs als Kontroll- und Steuerungsmechanismus, sondern die Effizienzsteigerung des Einzelunternehmens mittels wettbewerbsbeschränkender Strategien,[294] wobei in Bezug auf private Wettbewerbsbeschränkungen im Wesentlichen auf die Selbstheilungskräfte der Märkte vertraut wird.[295]

Im Rahmen der heutzutage vorherrschenden **Post-Chicago-School** beziehungsweise der Post Chicago Economics werden beide Ansätze insoweit kombiniert, sodass, auch wenn weiterhin in zahlreichen wettbewerbspolitischen Bereichen noch ungeklärte Fragen und voneinander divergierende Ansichten existieren, zumindest über grundlegende Fragen und methodische Herangehensweisen ein neuer Konsens besteht.[296] Dabei wird auf spieltheoretischer Grundlage sowie auf der Basis ökonomischer Modelle nach den Bedingungen gesucht, die allokative oder produktive Ineffizienzen mit sich bringen und Innovationsanreize mindern.[297] Absprachen und Verhaltensweisen werden hierbei im Vergleich zu der Chicago School wesentlich kritischer betrachtet,[298] wodurch der allgemeine „laissez-faire approach" der Chicago School verdrängt wird.[299]

Trotz der auch heute noch bestehenden unterschiedlichen Definitionsansätze für den Begriff des Wettbewerbs ist demnach also zumindest auf normativer Ebene eine grundlegende wohlfahrtsökonomische Orientierung[300] zu erkennen.[301]

---

293 Schmidt & Haucap (2013), S. 26 und 28.

294 Schmidt & Haucap (2013), S. 28.

295 Kerber & Schwalbe (2015), S. 45, Rn. 100: Die effizienzorientierten Ansätze der Chicago School haben allerdings auf die europäische Wettbewerbspolitik erst in den 1990er Jahren in einer abgeschwächten Form Einfluss genommen.

296 Für die Harvard-Chicago-Kontroverse und den Post Chicago Economics siehe näher Budzinski (2008c). Zu den Problemen und Grenzen der „Modern Industrial Economics" siehe Budzinski (2011).

297 Schmidt & Haucap (2013), S. 29. Die Post-Chicago-School impliziert dabei im Wesentlichen Oligopoltheorie, vgl. Kerber & Schwalbe (2015), S. 50, Rn. 116.

298 Schmidt & Haucap (2013), S. 29.

299 Dorsey & Jacobsen (2014), S. 18.

300 Basierend auf der Annahme, dass jedenfalls bei Märkten mit effektivem Wettbewerb in der Regel von einer höheren Wohlfahrt auszugehen ist, vgl. Bishop & Walker (2010), S. 15.

301 Kerber & Schwalbe (2015), S. 54, Rn. 127. Auch im europäischen Wettbewerbsrecht besteht keine Legaldefinition des Wettbewerbs. Siehe hierzu näher Bishop & Walker (2010), S. 15–17. Für die zahlreichen Definitionsansätze siehe Bishop & Walker (2010), S. 17 ff.

Differenziert wird hierbei zwischen dem **Gesamtwohlfahrtsstandard** (Total Welfare Standard) und dem **Konsumentenwohlfahrtsstandard** (Consumer Surplus / Consumer Welfare Standard).[302] Ersterer sieht es als Aufgabe der Wettbewerbspolitik an, die Gesamtwohlfahrt als Summe von Konsumenten- und Produzentenrente zu maximieren,[303] wobei dieses aus ökonomischer Sicht der Verwirklichung einer effizienten Allokation entspricht und aus diesem Grund von zahlreichen Ökonomen präferiert wird.[304] Der **Konsumentenwohlfahrtsstandard** ist im Gegensatz dazu ausschließlich auf die Konsumentenrente ausgerichtet, wobei wettbewerbspolitische Maßnahmen zu einer Erhöhung respektive Verhinderung der Verringerung der Rente beitragen sollen.[305] Wird bei der Beurteilung wettbewerblicher Strategien und Verhaltensweisen auf den Gesamtwohlfahrtstandard abgestellt, erlangt die Verteilung der volkswirtschaftlichen Rente zwischen Produzenten- und Konsumentenrente bewusst keine Berücksichtigung, sondern ist allein in ihrer absoluten Höhe entscheidend.[306] Dieses ist insofern kritisch zu erachten, als dass nur solche wettbewerbsrechtlichen und -politischen Maßnahmen und Entwicklungen unproblematisch sein können, die für den Konsumenten entsprechende Vorteile mit sich bringen. Nicht einheitlich beurteilt wird dabei, wer überhaupt unter den Begriff des Konsumenten zu fassen ist.[307] Die Kunden der meisten Märkte sind nicht Einzelpersonen als Verbraucher, sondern vielmehr Distributoren, Hersteller und Wiederverkäufer.[308] Zwar wirkt sich die Höhe der Konsumentenwohlfahrt auch bei diesen im Ergebnis noch auf die gesellschaftliche Wohlfahrt aus, allerdings erreicht es den Konsumenten am Ende einer Lieferkette in einem anderen Maße.[309] Die Europäische Kommission legt dennoch einen umfassenden Konsumentenbegriff zugrunde und bezieht bei der Beurteilung der Konsumentenwohlfahrt sowohl jegliche Kunden eines Marktes als auch die Verbraucher am Ende eines Vertriebsweges ein.[310]

Die normative Frage, auf welchen Wohlfahrtstandard in der Praxis abzustellen ist, wird in den verschiedenen Jurisdiktionen nicht einheitlich beantwortet.[311] So wird teilweise die Aufteilung der Gesamtwohlfahrt auf Konsumenten und Produzenten

---

302 Bishop & Walker (2010), S. 29 und Schwalbe & Zimmer (2011), S. 11.
303 Motta (2004), S. 18.
304 Schwalbe & Zimmer (2011), S. 11.
305 Motta (2004), S. 18 definiert die Konsumentenwohlfahrt: „The consumer surplus (or consumer welfare) is the aggregate measure of the surplus of all consumers." Siehe hierzu auch Schwalbe & Zimmer (2011), S. 11.
306 Schwalbe & Zimmer (2011), S. 13.
307 Werden (2011), S. 11.
308 Werden (2011), S. 15.
309 Werden (2011), S. 15.
310 Werden (2011), S. 15.
311 Schwalbe & Zimmer (2011), S. 13. Auch Motta (2004), S. 20–22 befasst sich mit der Frage danach, ob die Konsumentenwohlfahrt oder die Gesamtwohlfahrt das entscheidende Ziel der Wettbewerbspolitik darstellt.

als Aufgabe der Verteilungs- und Steuerpolitik angesehen.[312] In den USA und in Europa, speziell auch im europäischen Wettbewerbsrecht, wird tendenziell jedoch auf die Konsumentenwohlfahrt abgestellt, sodass Änderungen der Produzentenrente keine beziehungsweise allenfalls eine geringere und sekundäre Beachtung finden.[313]

Neben den wohlfahrtsökonomischen Aspekten und der damit einhergehenden Allokations- und Verteilungsfunktion sind der Wettbewerbspolitik heutzutage auch die Gewährleistung eines funktionsfähigen Wettbewerbs, die Sicherung der wirtschaftlichen Freiheit sowie die Realisierung von technischem Fortschritt insbesondere durch Produkt- und Prozessinnovationen als elementare **Zielrichtungen** zuzuordnen.[314] Im Zuge der Umsetzung des theoretischen Konzeptes eines wirksamen Wettbewerbs können jedoch zwischen diesen Zielen und anderen wie dem Individual- und Institutionenschutz, der Herbeiführung von Kostenersparnissen durch Konzentration, dem technischen Fortschritt durch Betriebsgröße oder der internationalen Wettbewerbsfähigkeit durch Unternehmensgröße konträre Positionen auftreten.[315]

Eingeschränkt werden können die der Wettbewerbspolitik zugrundeliegenden Ziele jedenfalls durch Marktmacht beziehungsweise durch wettbewerbswidrige Verhaltensweisen eines oder mehrerer Unternehmen.[316] Eine wesentliche Zielrichtung der Wettbewerbspolitik umfasst daher auch den Schutz vor wirtschaftlicher Macht.[317]

Für eine effektive Wettbewerbspolitik ist es dabei erforderlich, ökonomische Prinzipien und Instrumente konsistent anzuwenden. Aufgrund der Vielzahl möglicher Ziele der Wettbewerbspolitik ist jedoch zu beachten, dass eine ökonomische Betrachtung nicht auf die Verfolgung von Effizienzzielen beschränkt werden kann, sondern eine Wettbewerbsanalyse vorzunehmen ist, bei der unter anderem

---

312 Schwalbe & Zimmer (2011), S. 13.
313 Werden (2011), S. 11; Bishop & Walker (2010), S. 29; Schwalbe & Zimmer (2011), S. 11, 13–14.
314 Knieps (2005), S. 4–5. Weitere politische, soziale und ökonomische Ziele der Wettbewerbspolitik nennen Motta (2004), S. 24 ff. sowie Kerber & Schwalbe (2015), S. 59, Rn. 131 sowie S. 62 ff., wobei eine Beschreibung der Einzelziele erfolgt.
315 Ob und inwieweit zwischen den einzelnen Zielen des Wettbewerbs Konflikte bestehen, findet in der wettbewerbspolitischen Literatur keine einheitliche Beurteilung, sondern unterliegt einer kontroversen Diskussion, vgl. inter alia Herdzina (1999), S. 37 ff., dieses verneinend Schmidt (2005), S. 28. Eine tabellarische Gegenüberstellung des Zielkatalogs mit einzelnen Wettbewerbskonzeptionen findet sich bei Schmidt (2005), S. 32. Die kontroversen Diskussionen zu etwaigen Zielkonflikten zeigt zudem m.w.N. Schmidt (2005), S. 83 ff. auf.
316 Knieps (2005), S. 6. Nach Fritsch (2014), S. 228 sieht die gegen wettbewerbsgefährdende Verhaltensweisen gerichtete Wettbewerbspolitik daher sowohl die Verhinderung wettbewerbsbeschränkender Absprachen und einseitiger unfairer Geschäftspraktiken als auch eine Fusionskontrolle vor.
317 Kerber & Schwalbe (2015), S. 59, Rn. 131.

auch Innovationen als wichtiger Aspekt für den Wettbewerb einzubeziehen sind.[318] Demzufolge kann beispielsweise auch ein bestimmtes Verhalten aus ökonomischen Aspekten heraus als legitim beurteilt werden, selbst wenn dieses nicht von Effizienz geprägt ist.[319] Bei wirtschaftsrechtlichen Normen wie Art. 102 AEUV, die auf ökonomisch geprägte und nur mittels der Ökonomie zu verstehende Fälle bezogen sind, stehen dabei die rechtlich vorgeprägten Zwecke mit dem ökonomischen Effizienzziel in Konkurrenz.[320] Mit der ökonomischen Theorie werden in diesem Kontext gemäß dem More Economic Approach Rückschlüsse auf die Auswirkungen bestimmter Verhaltensweisen gestattet.[321] Die ökonomische Analyse liefert dabei Instrumente, um eine auf das Verhalten zum Beispiel eines marktbeherrschenden Unternehmens zurückzuführende Schadenstheorie (Theory of Harm) aufzustellen, im Rahmen derer nach dem Verbraucherstandard, den die europäische Wettbewerbspolitik zugrundelegt, ermittelt wird, inwieweit ein Verhalten konkrete nachteilige Auswirkungen für Konsumenten inkludiert.[322]

Für den Fall, dass wettbewerbsbeeinträchtigende Strategien ausgemacht werden können, existieren mehrere wettbewerbspolitische Ansätze, diesen zu begegnen. Im Rahmen des **laissez-faire approach** würde sich der Staat einer Wettbewerbspolitik entziehen und eine nicht staatlich beeinflusste Selbstregulierung des Marktes anstreben, was jedoch weitestgehend abgelehnt wird.[323] Der **structure approach** sieht demgegenüber vor, dass der Wettbewerb seitens des Staates durch Fusionskontrollen sowie einem Verbot wettbewerbswidriger Verhaltensweisen aufrechterhalten beziehungsweise wiederhergestellt wird, wobei auch das Konzept der countervailing power zum Erhalt kompetitiver Marktstruktur beitragen soll.[324] Alternativ kann im Rahmen des **regulation approach** auch erst ex-post eine Missbrauchskontrolle erfolgen, deren Effizienz im Vergleich zu einer ex-ante-Kontrolle jedoch fraglich ist, sodass dieser Ansatz kritisch zu betrachten ist.[325] Eine weitere Möglichkeit beschreibt der **ownership approach**, der eine Vergesellschaftung marktmächtiger Unternehmen vorsieht und insoweit ebenfalls abzulehnen ist.[326]

Ganz überwiegend wird daher für das staatliche Handeln eine **Kombination aus dem structure und regulation approach** vorgesehen, wobei dieses die Möglichkeit

318 Govaere (2010), S. 171.
319 Stehmann (2014), S. 126, Rn. 150.
320 Mestmäcker & Schweitzer (2014), § 16, Rn. 1. Dazu Motta (2004), S. 24: „(...) to guarantee economic freedom is probably the main rationale behind competition laws in Germany." Kühn (1997) zum Beispiel diskutiert - auch fallbezogen - die möglichen Gegensätze und Widersprüche zwischen der wirtschaftlichen Freiheit und dem ökonomischen Effizienzziel.
321 Stehmann (2014), S. 126, Rn. 151–152.
322 Stehmann (2014), S. 126, Rn. 151.
323 Schmidt & Haucap (2013), S. 201–202, 204.
324 Schmidt & Haucap (2013), S. 202.
325 Schmidt & Haucap (2013), S. 203.
326 Schmidt & Haucap (2013), S. 201 und 204.

zu verschiedenen Formen von Kontrollansätzen eröffnet: Dazu zählt zum einen die Rechtssicherheit schaffende **per-se rule** beziehungsweise das per-se-Verbot, bei dem am Einzelfall, wenn auch unter einer gewissen Starrheit, lediglich das Vorliegen des kodifizierten Tatbestandes geprüft wird.[327] Zum anderen ist eine **rule of reason** möglich, die in jedem Einzelfall eine Abwägung wettbewerblicher Vor- und Nachteile gestattet.[328] Letztere erfährt dabei in der Regel eine Ausgestaltung als ex-post-Kontrolle, wohingegen bei dem Verbotsprinzip im Sinne einer per-se rule sowohl eine ex-ante als auch eine ex-post-Kontrolle möglich ist.[329] Ob also tatsächlich eine wettbewerbspolitische Intervention erforderlich ist und in welchem Maße, ist grundlegend anhand einer einzelfallbezogenen Betrachtung zu entscheiden.[330]

3.2 Darstellung von Verfahren zur Bestimmung von Marktmacht und Marktabgrenzung

Um eine Beurteilung vornehmen zu können, ob auf einem Markt wirksamer Wettbewerb gegeben ist oder ob der Wettbewerb auf diesem bereits Beschränkungen erfährt oder solche drohen, gilt es im Allgemeinen zunächst den betroffenen Markt zu identifizieren und zu überprüfen, inwieweit ein Unternehmen auf diesem bereits über signifikante Marktmacht verfügt respektive ob eine solche zukunftsbezogen entsteht oder vergrößert wird.[331] Gleichzeitig ist eine solche Bestimmung der Marktmacht, wie unter Kapitel 2.3 aufgezeigt, unter anderem ein entscheidender Faktor für das Eingreifen wettbewerbsrechtlicher Regelungen wie 102 AEUV und somit von zentraler Bedeutung für die Wettbewerbsregime der Europäischen Union und anderer Jurisdiktionen.[332]

Dabei gilt es genaustens zwischen einer retrospektiven und einer prospektiven Analyse marktdominanter Positionen zu unterscheiden, um insbesondere bei Marktabgrenzungen nicht fehlerhafte Einschätzungen der Marktmacht zugrundezulegen.[333] Eine vergangenheitsbezogene Analyse der Marktmacht erlangt insbesondere bei Fragen des Missbrauchs einer marktbeherrschenden Stellung im Sinne des Art. 102 AEUV Anwendung, da dessen Tatbestand die Marktbeherrschung und damit das Vorliegen eines signifikanten Grades an Marktmacht zur primären Voraussetzung hat und erst in einem zweiten Schritt überprüft wird, ob die Stellung auch entsprechend missbraucht wurde.[334] Zukunftsbezogen ist die Marktmacht hingegen

---

327   Knieps (2005), S. 143; Schmidt & Haucap (2013), S. 205–207.
328   Knieps (2005), S. 143; Schmidt & Haucap (2013), S. 205–207.
329   Schmidt & Haucap (2013), S. 206–207.
330   Stehmann (2014), S. 126, Rn. 152.
331   Baker & Bresnahan (2008), S. 3; Lindsay & Scola (2013), S. 225; Kerber & Schwalbe (2015), S. 87, Rn. 223.
332   Kaplow (2010), S. 438–439 sowie S. 515: „The market definition / market share paradigm plays a prominent role in competition law regimes."
333   Kerber & Schwalbe (2015), S. 88, Rn. 223.
334   Siehe dazu im Einzelnen Kapitel 2.3.3.

beispielsweise im Rahmen der Fusionskontrolle zu untersuchen, bei welcher die künftigen Änderungen der Marktmacht von Relevanz sind.[335]

Marktmacht definiert sich grundsätzlich als die unternehmerische Fähigkeit, den Preis für ein Gut über eine gewisse Periode oberhalb des Wettbewerbspreises festsetzen zu können[336] und bildet mithin einen entsprechenden Preissetzungsspielraum ab.[337] In dieser Hinsicht kennzeichnet sich Marktmacht durch drei wesentliche Elemente:[338]

(1) Die Ausübung von Marktmacht führt zu einem geringeren Output, da ein Preisanstieg mit einer Reduktion der Absatzzahlen einhergeht.

(2) Eine Preiserhöhung muss zu einem Anstieg der Profitabilität führen, da keine Marktmacht gegeben ist, wenn eine Preiserhöhung auf ein Niveau oberhalb des Wettbewerbspreises wegen eines Nachfragerückgangs zu niedrigeren Gewinnen führt.

(3) Die Ausübung von Marktmacht umfasst die Erhöhung der Preise auf ein Niveau, das oberhalb des Preises ist, der unter den Bedingungen eines effektiven Wettbewerbs vorherrschen würde, und begrenzt auf diese Weise den Output auf ein Niveau, das ebenfalls unterhalb dem liegt, was bei wirksamen Wettbewerb gegeben wäre.[339]

Zwischen der dynamischen Effizienz und dem Vorliegen von Marktmacht kann hingegen kein eindeutiges Verhältnis abgeleitet werden: Denn einerseits erfordern Investitionen in die Forschung und Entwicklung eine gewisse Finanzkraft und damit in aller Regel auch eine gewisse Unternehmensgröße.[340] Andererseits ist aber dennoch nicht anzunehmen, dass die dynamische Effizienz im Falle von Marktmacht

---

335   Kerber & Schwalbe (2015), S. 88, Rn. 223.

336   Die heutige Wirtschaftstheorie hat diese Definition allgemein anerkannt. Siehe dazu Bishop & Walker (2010), S. 51, Christiansen (2010), S. 127. Im Einzelnen so auch Church & Ware (2000), S. 29: "A firm has market power if it finds it profitable to raise price above marginal cost" oder Motta (2004), S. 40 f.: "Since the lowest possible price a firm can profitably charge is the price which equals the marginal cost of production, market power is usually defined as the difference between the prices charged by a firm and its marginal costs of production."

337   Diese Definition inkludiert dabei grundsätzlich auch den Fall, dass ein Unternehmen bei gleichbleibendem Preis die Qualität, also die Herstellungskosten, senkt und infolgedessen der für das Gut zu entrichtende Preis ebenfalls die Grenzkosten übersteigt. Der Preis stellt jedoch anders als die Qualität eine leicht zu beobachtende Größe dar, was aber einer prinzipiellen Anwendbarkeit der Definition nicht entgegensteht. Ansätze hierzu werden durch die Methode der „hedonic prices" vorgebracht, vgl. Rosen (1974).

338   Zu der Wichtigkeit der Definition von Marktmacht siehe Kaplow (2010), S. 444: „If the point of the market definition process is to enable inferences about market power, it is important to identify what we mean by market power."

339   Lindsay & Scola (2013), S. 225; Bishop & Walker (2010), S. 53–60.

340   Dewenter & Rösch (2015), S. 101.

besser erfüllt wird, da grundsätzlich gerade erst der Wettbewerbsdruck die Bemühungen zur Schaffung von Innovationen forciert.[341]

Um aber zunächst festzustellen, ob überhaupt auf einer Marktseite eine Marktmacht und damit ein grundsätzlich unabhängiger Verhaltensspielraum auf einem betroffenen Markt besteht, kann auf zwei Möglichkeiten zurückgegriffen werden: So kann zum einen eine direkte Feststellung des Vorhandenseins von signifikanter Marktmacht respektive einer marktbeherrschenden Stellung und zum anderen eine indirekte Erfassung im Rahmen einer Abgrenzung des relevanten Marktes und der Bestimmung der Marktanteile erfolgen.[342]

Lediglich in dem Fall, dass eine ökonomische Analyse zu dem Ergebnis führt, dass mit einem Verhalten eines Unternehmens wie Preiserhöhungen oder Qualitätsminderungen bestimmte negative Auswirkungen für einen Verbraucher einhergehen, ist aufgrund des wirkungsbasierten Ansatzes eine genaue Marktabgrenzung von sekundärer Relevanz.[343]

(1) Direkte Erfassung von Marktmacht

Im Rahmen einer direkten Erfassung von Marktmacht ist ein Rückgriff auf den **Lerner-Index**[344] beziehungsweise auf die **Elastizität der entsprechenden Residualnachfrage**[345] denkbar, um durch entsprechende Index- respektive Elastizitätsmessungen den Grad der Marktmacht zunächst unabhängig von Marktstrukturen und Verhaltensweisen eines Unternehmens ergebnisorientiert festzustellen.[346]

Der Lerner-Index L beschreibt dabei die relative Abweichung eines Preises p_i für ein Gut i von den Grenzkosten c_i zu einem determinierten Zeitpunkt,[347] wobei der Indexwert gleichzeitig als Maß für die Abweichung von der Wettbewerbslösung erachtet werden kann.[348] Demzufolge impliziert der Lerner-Index auch einen Hinweis auf das Ausmaß allokativer Ineffizienzen.[349] Dabei stellt der Preis des Gutes in der Regel die am einfachsten zu beobachtende Größe dar, wenn man von der prozentualen Abweichung des Preises von den Grenzkosten ausgeht.[350] Grenzkosten

---

341 Dewenter & Rösch (2015), S. 101.
342 Schwalbe & Zimmer (2011), S. 69–70.
343 Stehmann (2014), S. 126–127, Rn. 152.
344 Der Lerner-Index wurde von dem Ökonomen Abba Lerner entwickelt und nach diesem bezeichnet, vgl. hierzu näher Lerner (1934).
345 Motta (2004), S. 125 beschreibt die Elastizität der Residualnachfrage als nützliche quantitative Technik zur Bewertung von Marktmacht und zur Beurteilung der Auswirkungen von Fusionen, die auf Baker & Bresnahan (1985, 1988) zurückzuführen ist.
346 Bresnahan (1989); Christiansen (2010), S. 127–128. Vgl. zu den Zusammenhängen zwischen dem Lerner-Index und Marktmodellen Christiansen (2010), S. 131 ff.
347 Christiansen (2010), S. 127–128.
348 Vgl. hierzu Lerner (1934), S. 162–165.
349 Christiansen (2010), S. 128.
350 Kerber & Schwalbe (2015), S. 88, Rn. 225.

selbst begründen in erster Linie jedoch ein theoretisches Konstrukt und sind in der Praxis nur unter erheblichen Schwierigkeiten zu ermitteln.[351] Auch ein Rückgriff auf variable Stückkosten, bei denen es sich um buchhalterische Kosten handelt, stellen nicht die für eine ökonomisch fundierte Beurteilung erforderlichen Opportunitätskosten dar.[352] Unter Umständen lassen selbst die Grenzkosten keine Bestimmung des Grades an Marktmacht zu: So können bei marktbeherrschenden Unternehmen aufgrund von X-Ineffizienzen, also infolge geringen Wettbewerbsdruckes und hoher Marktmacht, überhöhte Grenzkosten gegeben sein, die zu einem zu geringen Lerner Indexwert führen und infolgedessen die Marktmacht unterzeichnen.[353] Weiterhin können sich hohe Fixkosten oder eine Produktdifferenzierung in einem hohen Indexwert äußern, ohne dass zwingend Marktmacht bei dem betroffenen Unternehmen gegeben sein muss.[354] Hinzu kommt, dass der Lerner-Index auf Einprodukt-unternehmen ausgerichtet ist und die im Falle eines Mehrproduktunternehmens einzubeziehenden substitutiven oder komplementären Beziehungen zwischen den Produkten unter Umständen nicht ausreichende Berücksichtigung finden.[355]

Insgesamt betrachtet muss sich ein hoher Indexwert also nicht zwingend als hinreichender Indikator für wettbewerbswidrige Marktmacht erweisen. Vice versa muss ein niedriger L-Wert auch nicht zwangsläufig das Nichtvorhandensein von wettbewerbswidriger Marktmacht aussagen.[356] Ein ermittelter Indexwert ist bei einer Interpretation im Kontext des Einzelfalls dennoch grundsätzlich geeignet, Aussagen über das Maß der Marktmacht eines Unternehmens zu treffen.[357]

Für den Fall, dass die einzelnen Komponenten des Lerner-Index nicht zu beobachtende Größen darstellen, kann mittels verschiedener Verfahren die **Profitabilität** eines Unternehmens und auf diese Weise dessen Marktmacht untersucht werden, wobei für diese aufgrund zahlreicher konzeptioneller Probleme bestenfalls aber nur Indizien ermittelt werden können.[358] Dennoch können langfristig überdurchschnittliche Renditen einen Indikator für hohe Marktmacht begründen.[359] Ein weiterer Ansatz liegt - unter Zugrundelegung der Tatsache, dass bei vollkommenen Wettbewerb die Grenzkosten gleich dem Preis sind - in der Bestimmung der Marktmacht durch Ermittlung eines wettbewerbsanalogen Preises im Rahmen

---

351 Vgl. Motta (2004), S. 116; Littlechild (1970); Weil (1968); Werden (1998), S. 394; Baker & Bresnahan (2006), S. 18–19; Kaplow (2010), S. 493.

352 Kerber & Schwalbe (2015), S. 88, Rn. 225; Christiansen (2010), S. 138.

353 Kerber & Schwalbe (2015), S. 88, Rn. 225; Christiansen (2010), S. 128.

354 Christiansen (2010), S. 128.

355 Christiansen (2010), S. 128.

356 Vgl. die weiteren Ausführungen bei Christiansen (2010), S. 128 ff.

357 Christiansen (2010), S. 128–129.

358 Kerber & Schwalbe (2015), S. 88, Rn. 225.

359 Die Untersuchung von (Kapital-) Renditen zur Identifikation von Marktmacht erfährt eine eingehende und auch kritische Betrachtung bei Christiansen (2010), S. 139–141 m.w.N.

einer **Vergleichsmarktanalyse**.[360] Führt das Ergebnis einer solchen dazu, dass die Preise in dem Vergleichsmarkt, zu dem Anhaltspunkte für das Vorherrschen eines vollkommenen Wettbewerbs bestehen, signifkante und dauerhafte Abweichungen von denen im untersuchten Markt aufweisen, gibt dieses einen Hinweis auf das Vorliegen von Marktmacht.[361] Einen Vergleichsmarkt aufzutun, der dem betrachteten Markt in jeglicher Hinsicht wie Angebot, Nachfrage oder Technologie nahe kommt, gestaltet sich jedoch ähnlich schwierig wie die jeweiligen Differenzen mit Korrekturfaktoren in Form von Zu- und Abschlägen zu bewerten und zu berücksichtigen.[362]

Die Marktmacht lässt sich jedoch auch direkt feststellen, indem eine Ermittlung der **Preiselastizität der Residualnachfrage** erfolgt.[363] Denn ob ein Unternehmen den Preis auf ein Niveau festlegt, das auch unter den Bedingungen eines effektiven Wettbewerbs vorherrschen würde, oder nicht, hängt maßgeblich von der Elastizität der Residualnachfragekurve bei wirksamem Wettbewerb ab.[364] So kann es sich nur im Falle einer relativ unelastischen Nachfragekurve für ein Unternehmen profitabel gestalten, den Preis zu erhöhen und den Output zu mindern.[365] Fällt die Elastizität hingegen hoch aus, werden Unternehmen ihren Preis an dem Wettbewerbspreis ausrichten.[366] Kontrovers diskutiert wird dabei, ob es angebracht ist, bei der Definition des relevanten Wettbewerbsmarktes anfänglich nur die Nachfrage zu betrachten oder ob Angebots- und Nachfrageelemente zugleich in die Analyse einzuschließen sind.[367] Zu letzterer Vorgehensweise scheint im Gegensatz zu den US-amerikanischen Wettbewerbsbehörden die Europäische Kommission zu tendieren.[368] Danach erlangen in der Residualnachfrage nicht nur die Reaktionen der Nachfrager Berücksichtigung, sondern auch das Angebotsverhalten aktueller und potentieller Wettbewerber fließt entsprechend mit ein, wobei sich die Ermittlung dieser Angebotssubstitution in der Regel schwierig gestaltet.[369] Um eine akzeptable Schätzung der Residualnachfragefunktion aufstellen zu können, bedarf es daher regelmäßig einer aufwendigen ökonometrischen Analyse, die nur unter relativ konstanten Bedingungen am Markt durchgeführt werden kann.[370]

Die Nachfrageelastizität wiederum hängt von den verschiedenen, nachfolgend angeführten **Kriterien** ab, die auf diese Weise an Relevanz für die **Beurteilung**

---

360   Kerber & Schwalbe (2015), S. 88, Rn. 225.
361   Kerber & Schwalbe (2015), S. 88, Rn. 225.
362   Hierzu näher Schmidt (2005), S. 152–154.
363   Vgl. hierzu ausführlich Baker & Bresnahan (1988), Scheffman (1992), Werden (1998), Motta (2004), S. 125 ff. sowie Christiansen (2010), S. 141–145.
364   Bishop & Walker (2010), S. 62.
365   Rubinfeld (2011), S. 81.
366   Bishop & Walker (2010), S. 62.
367   Rubinfeld (2011), S. 81.
368   Rubinfeld (2011), S. 81–82.
369   Kerber & Schwalbe (2015), S. 88, Rn. 226.
370   Schwalbe & Zimmer (2011), S. 71–72.

der Marktmacht gewinnen:[371] Dazu zählen (1) die Anzahl der in Konkurrenz stehenden Lieferanten des gleichen Produkts, Marktanteile und Marktkonzentration, (2) Markteintrittsbarrieren und potentieller Wettbewerb, (3) Expansionsbarrieren, (4) Countervailing Buyer Power, (5) Produktdifferenzierung sowie (6) die Natur oligopolistischer Interaktionen zwischen Unternehmen. Um die Marktmacht eines Unternehmens bestimmen zu können, müsste mithin die Nachfrageelastitzität über einen bestimmten Zeitraum gemessen werden, wofür zwar verschiedene Techniken entwickelt worden sind, was sich aber dennoch als schwierig erweisen kann.[372]

Unabhängig davon, ob die Schätzung der Elastizität der Residualnachfrage oder eine andere Methode zur direkten Erfassung der Marktmacht zugrundegelegt wird, erweist sich die Bestimmung des Wettbewerbspreises in der Praxis und damit eine direkte Ermittlung der Marktmacht eines Unternehmens im Allgemeinen jedoch als schwierig und ist zudem mit großem Aufwand verbunden. Vor diesem Hintergrund sind regelmäßig auch die nachfolgend dargestellten indirekten Methoden zur Ermittlung der Marktmacht eines Unternehmens zu fokussieren.[373]

(2) Indirekte Ermittlung von Marktmacht

Bei der indirekten Ermittlung von Marktmacht erfolgt ausgehend von den **Marktanteilen** eines Unternehmens ein Rückschluss auf dessen Marktmacht auf einem abgegrenzten Markt.[374] Bei einer zukunftsbezogenen Betrachtung kann dabei analog anhand von zu erwartender Änderungen bei den Marktanteilen, zum Beispiel in Folge einer Fusion, die Änderung von Marktmacht bestimmt werden.[375]

Voraussetzung dafür, dass der Marktanteil als Indiz für Marktmacht verwendet werden kann, ist eine sehr genaue Marktabgrenzung, so dass die Marktanteile ein möglichst aussagekräftiges Indiz der Marktmacht respektive des Grades der Marktbeherrschung abbilden können.[376] Zu beachten gilt dabei allerdings, dass auch bei großen Marktanteilen nicht notwendigerweise Marktmacht vorliegen muss, was

---

371   Bishop & Walker (2010), S. 62; Rubinfeld (2011), S. 84–85.
372   Kaplow (2010), S. 493.
373   Bishop & Walker (2010), S. 51 und Kerber & Schwalbe (2015), S. 89, Rn. 227. Auch in der Fusionskontrollpraxis werden aufgrund der skizzierten Probleme bei der Ermittlung und Interpretation des Lerner-Index andere Konzepte zur Messung der Konzentration wie der Herfindahl-Hirschmann-Index (HHI) herangezogen, vgl. Christiansen (2010), S. 145 ff.
374   Dazu Kaplow (2010), S. 443: „The essential reason for defining a market and examining a firm's market share in that market is to make inferences about market power."
375   Motta (2004), S. 117 beschreibt dieses wie folgt: „The typical procedure followed by anti-trust authorities all over the world is to first define the relevant market and then assess market power in that market. In this second step, the analysis rotates around the measurement of market shares held by the firm (or firms)."
376   Kaplow (2010), S. 439; Schwalbe & Zimmer (2011), S. 72. Motta (2004), S. 119 beschreibt, dass Marktanteile „(...) will give a first picture of the relative competitive

beispielsweise bei einer sehr preiselastisch reagierenden Nachfrage der Fall sein kann.[377] Grundsätzlich lässt sich von Marktanteilen jedoch eine Aussage über die Marktmacht eines Unternehmens ableiten, wobei höhere Anteile eine größere und kleinere Anteile eine geringere Marktmacht implizieren.[378]

Die indirekte Ermittlung von Marktmacht erfolgt in drei Schritten: Zunächst ist ein entsprechender Markt abzugrenzen, anschließend werden die Anteile des betroffenen Unternehmens an diesem Markt bestimmt und schließlich unter Berücksichtigung der Wettbewerbsbedingungen auf diesem Markt interpretiert.[379] Neben den Marktanteilen als Maß für die Konzentration und als Indiz für das Vorliegen von Marktmacht sind unter Umständen weitere Kriterien wie potentieller Wettbewerb in die Beurteilung der Wettbewerbssituation einzubinden,[380] da ein hoher Marktanteil alleine selten genügen wird, um eine marktmächtige Position eines Unternehmens festzumachen.[381] So kann beispielsweise eine erhebliche Nachfragemacht dazu führen, dass selbst bei hohen Marktanteilen ein Unternehmen die Preise nicht signifikant über dem Wettbewerbsniveau ansetzen kann.[382]

Vor diesem Hintergrund existiert eine Reihe von Konzepten, anhand derer nach ökonomischen Gesichtspunkten zunächst eine Marktabgrenzung beziehungsweise darauf aufbauend eine Bestimmung der Marktmacht eines Unternehmens vorgenommen werden kann:[383]

---

positions of the firms in that markt", nachdem eine entsprechende Marktabgrenzung vorgenommen wurde.

377 Kerber & Schwalbe (2015), S. 89, Rn. 228.

378 Den Marktanteilen bei der Analyse der Marktmacht Gewicht zukommen zu lassen, befürwortet zum Beispiel Motta (2004), S. 117. Kaplow (2010), S. 460 ff. hinterfragt allerdings den Bezugspunkt zu einer größeren beziehungsweise geringeren Marktmacht: „(...) market shares tell us something about market power; in particular, higher shares ordinarily imply greater power and lower shares less power. But greater or less than what? And by how much?" Kaplow (2010), S. 462 ff. stellt dazu das „Concept of a Standard Reference Market" als eine Art Benachmark vor.

379 Kaplow (2010), S. 439; Kerber & Schwalbe (2015), S. 89, Rn. 228. Fisher (1987), S. 28 beschreibt diese Vorgehensweise mit „(...) that the analysis does not end when the market has been defined and that simple-minded measures of market power or concentration, like simple-minded binary treatments of market definition, are unlikely to be adequate substitutes for a full analysis."

380 Kerber & Schwalbe (2015), S. 89, Rn. 228.

381 Motta (2004), S. 117.

382 Schwalbe & Zimmer (2011), S. 73.

383 Die Marktabgrenzung als solche begründet mithin nur ein Instrument beziehungsweise Hilfsmittel, das dem eigentlichen Zweck, der Ermittlung und Beurteilung von Marktmacht zu dienen bestimmt ist. Vgl. Werden (1983), S. 516 sowie Werden (1992), S. 197.

(aa) Bedarfsmarktkonzept

Nach dem auf Arbeiten von Abbott und Arndt aus den 1950er Jahren zurückgehenden Bedarfsmarktkonzept[384] ist bei Produkten eine Zuordnung zu ein und demselben Markt vorzunehmen, wenn sich diese durch eine Austauschbarkeit respektive Substituierbarkeit in Hinblick auf ihre Funktion,[385] ihre Eigenschaften, ihre Preislage und ihrem wirtschaftlichen Verwendungszweck kennzeichnen.[386] Ob eine entsprechende - insbesondere funktionelle - Austauschbarkeit von Produkten („Substitutability" beziehungsweise „Interchangeability") vorliegt, ist dabei aus Sicht der Marktgegenseite zu beurteilen, das heißt bei dem häufiger auftretenden Fall einer beherrschenden Stellung auf Anbieterseite ist auf die Sicht der Abnehmer respektive Nachfrager im Sinne einer sog. Nachfragesubstitution (Demand-Side Substitutability) abzustellen.[387] Für die Annahme eines **einziges Produktmarktes** hat sich aus einer wertenden Betrachtung im Einzelfall zu ergeben, dass eine hinreichende Austauschbarkeit vorliegt, wenn ein Unternehmen die Bedingungen, unter denen sich Wettbewerb entwickeln kann, in einem solchen Maße beeinflussen kann, dass es in seinem Verhalten keine Rücksicht auf das Verhalten von Wettbewerbern nehmen muss.[388] Eine entscheidende Rolle spielen dabei spezifische Kundenbedürfnisse und unterschiedliche Vertriebswege. Ergänzend können auch ökonomische Überlegungen angestellt werden, die durch in der Ökonomie anerkannte ökonometrische Modelle unterlegt werden.[389] Die Beurteilung über die Austauschbarkeit der Produkte muss jedoch nicht ein alleiniges Kriterium für die Bestimmung des sachlich relevanten Marktes darstellen. Denn gerade bei den in der Praxis häufig auftretenden **Märkten mit differenzierten Gütern** gestaltet sich eine Marktabgrenzung ohnehin weitaus schwieriger und nimmt oftmals willkürlichen Charakter an.[390] Marktanteile beinhalten bei diesen vielfach nur eine geringe Aussagekraft, zumal bei der Abgrenzung des sachlich relevanten Marktes nur die Güter Berücksichtigung erlangen, die tatsächlich zum relevanten Markt gehören; die bloße Nähe eines Substitutes erlangt trotz signifikanter Bedeutung für den Wettbewerb keinen Einfluss.[391]

---

384   Abbott (1955) und Arndt (1958), wobei es zwischen beiden Arbeiten Divergenzen in Bezug auf die Zielsetzung, die Methode und das Ergebnis gibt, die unter anderem bei Christiansen (2010), S. 153 f. herausgearbeitet werden.

385   So gehören beispielsweise nach Abbott (1955), S. 82–83 „products that perform the same function" zu einem Produktmarkt.

386   Kerber & Schwalbe (2015), S. 89–90, Rn. 230.Vgl. dazu auch Müller (2007), S. 54–84. Bereits bei Lerner (1934), S. 167–168 gab es Ansätze in Richtung der Klassifizierung von Gütern.

387   Berg (2015), S. 831, Rn. 14; Fuchs & Möschel (2012), Art. 102 AEUV, Rn. 48–49; Schliesky (2014), S. 80.

388   Bechtold/Bosch/Brinker (2014), S. 89, Rn. 11.

389   Bechtold/Bosch/Brinker (2014), S. 89, Rn. 11–12.

390   Kerber & Schwalbe (2015), S. 152, Rn. 390.

391   Kerber & Schwalbe (2015), S. 152, Rn. 390.

Auch vor diesem Hintergrund erfahren die dem Bedarfsmarktkonzept zugrunde-liegenden Kriterien in Bezug auf ihre Geeignetheit, einen Markt abzugrenzen und darauf aufbauend Beurteilungen zu einer Marktbeherrschung vorzunehmen, eine durchaus skeptische Betrachtung:[392]

So fokussiert das Kriterium der funktionellen Austauschbarkeit nicht das Problem der Marktmacht, die vor allem davon abhängt, wie preiselastisch Angebot und Nachfrage reagieren.[393] Oftmals reicht es zur Verhinderung von Marktmacht jedoch bereits aus, wenn nur ein relativ geringer Teil der Konsumenten bei einer Preiserhöhung auf andere Produkte ausweicht.[394] Somit ist eine nahezu vollständige funktionelle Austauschbarkeit der Produkte im Allgemeinen nicht notwendig, um Marktmacht zu beschränken und führt im Ergebnis zu einer zu eng gefassten Marktabgrenzung.[395] Hinzu kommt, dass Substitute für einen Konsumenten nicht notwendig die gleichen physischen Merkmale aufweisen müssen, sodass auch das Kriterium der physischen Charakteristika, wonach Produkte, die in ihren Eigenschaften erheblich differieren, verschiedenen Märkten zuzuordnen sind, zu einer oftmals ökonomisch nicht sinnvollen Marktabgrenzung führen.[396] Gleichzeitig bildet das Kriterium Preis kein sicheres Indiz, um Güter verschiedenen Märkten zuordnen zu können. So kann ein teures, aber qualitativ höherwertiges Gut ein sehr enges Substitut für ein qualitativ schlechteres sein, das preislich deutlich niedriger angesetzt ist.[397] Auch mit der Preislage besteht also die Gefahr, einen Markt zu eng abzugrenzen und infolgedessen eine Überschätzung der Marktmacht anzunehmen.[398] Über das Bedarfsmarktkonzept können letztlich nur Hinweise erlangt werden, welche Produkte als Substitute in einem ökonomisch sinnvoll abgegrenzten Markt zusammengefasst werden sollen.[399] Die eigentliche Bestimmung der Marktmacht kann mittels der genannten Kriterien allerdings nicht erfolgen.[400]

---

392   Vgl. hierzu Van den Bergh (1996), S. 76: „The delineation of the relevant market, where a firm may enjoy a dominant position, will serve as an example to illustrate how outdated economic concepts still survive in legal textbooks as the „legal" approach. Modern industrial organisation offers new concepts that overcome the current subjective evaluations of product characteristics as a method to define the relevant market."

393   Kerber & Schwalbe (2015), S. 89–90, Rn. 230.

394   Kerber & Schwalbe (2015), S. 89–90, Rn. 230.

395   Camesasca & Van den Bergh (2002), S. 158.

396   Bishop (1997), S. 482; Kerber & Schwalbe (2015), S. 89–90, Rn. 230: Ein Beispiel ist bei Bussen und Bahnen zu finden, die trotz erheblicher Differenzen in ihren Eigenschaften sehr wohl für Konsumenten als Substitute in Betracht kommen.

397   Siehe hierzu Simons & Williams (1993), S. 854: „Products constitute a bundle of characteristics, including price and quality. Higher priced, higher quality products often are close substitutes for lower quality, lower priced goods, the quality differences just making up for the differences in price."

398   Kerber & Schwalbe (2015), S. 89–90, Rn. 230.

399   Kerber & Schwalbe (2015), S. 89–90, Rn. 230.

400   Kerber & Schwalbe (2015), S. 89–90, Rn. 230.

(bb) Hypothetischer Monopoltest

Ausgehend vom **Konzept des Antitrustmarktes**, wonach Marktanteile allenfalls dann ein brauchbares Indiz für Marktmacht sein können, wenn zumindest ein Unternehmen mit einhundertprozentigem Marktanteil Marktmacht innehat, im Übrigen aber unvollkommene Indikatoren darstellen, wurde der Hypothetische Monopoltest (HTM) erarbeitet, der heute in zahlreichen Jurisdiktionen als konzeptioneller Rahmen für die Marktabgrenzung genutzt wird.[401] Dieser Entwicklung liegt dabei ein Erst-Recht-Schluss dahingehend zugrunde, dass, wenn selbst ein Monopolist nicht über Marktmacht verfügt, er also den Preis nicht über den Wettbewerbspreis anheben kann, ein Unternehmen mit einem geringeren Marktanteil erst recht keine Marktmacht haben kann.[402] In diesem Fall beinhalten die Marktanteile also keine Aussage über die etwaige Marktmacht eines Unternehmens.[403] Ein Antitrustmarkt umfasst dabei in sachlicher Hinsicht alle Produkte und räumlich alle Gebiete, die der Marktmacht eines Monopolisten Grenzen setzen.[404] Enthielte der Markt einige dieser Güter oder Gebiete nicht, dann würde eine Preiserhöhung dazu führen, dass Konsumenten auf diese ausweichen würden, mit der Folge, dass die versuchte Marktausübung vereitelt wäre.[405]

Anders als bei traditionellen Vorgehensweisen, bei denen eine sequentielle Marktabgrenzung erfolgt, beinhaltet der in der europäischen Wettbewerbspolitik zur Anwendung gelangende Hypothetische Monopoltest eine simultane Ermittlung des sachlich und räumlich relevanten Marktes.[406] Die Untersuchung sieht dabei vor, dass zunächst eine Preiserhöhung durch einen gewinnmaximierenden hypothetischen Monopolisten, der lediglich ein Produkt auf dem Markt hat, solange simuliert wird, wie dieses zu Verlusten bei seinen Gewinnen führt, wobei stufenweise die Anzahl der Produkte des Monopolisten erhöht wird.[407] An dem Punkt, an dem die Gewinne bei einer geringen, aber signifikanten Preiserhöhung durch den hypothetischen Monopolisten schätzungsweise nicht weiter abnehmen werden, handelt es sich um die letzte Simulation, die den relevanten Markt festlegt.[408] Solange also eine geringe, aber dennoch signifikante und nicht nur vorübergehende Preiserhöhung vor dem Hintergrund nicht profitabel ist, als dass Abnehmer dann auf die Produkte

---

401 Vgl. Carlton (2007), S. 13–19, Werden (1983), Werden (1992), Werden (1993), Church & Ware (2000), S. 602–612, Geroski & Griffith (2003), Kauper (1997), Massey (2000), S. 318–325.

402 Bishop (1997), S. 481: „We can only answer the question of whether, for instance, a 70 per cent share of a „market" is likely to give a company market power if the „market" is an economically meaningful market."

403 Kerber & Schwalbe (2015), S. 90, Rn. 231.

404 Kerber & Schwalbe (2015), S. 90, Rn. 231.

405 Kerber & Schwalbe (2015), S. 90, Rn. 231.

406 Christiansen (2010), S. 165, Dewenter & Rösch (2015), S. 103.

407 Filistrucchi (2008), S. 2.

408 Filistrucchi (2008), S. 2.

eines Wettbewerbers zurückgreifen, gilt es diesen Wettbewerber in den relevanten Markt einzubeziehen.[409]

Der Monopoltest befasst sich also damit, ob ein Unternehmen, das der einzige Anbieter eines Produkts wäre, den Preis für dieses Produkt anheben würde.[410] Insofern dieses zu bejahen ist, würde das hypothetische Monopol über Marktmacht verfügen und die Marktanteile der Unternehmen in dem Markt würden einen, wenn auch nur unvollkommenen, Rückschluss auf ihre jeweilige Marktmacht erlauben.[411] Wenn hingegen die Erhöhung des Preises durch den hypothetischen Monopolisten nicht zu einer Gewinnsteigerung führt, sind seiner Marktmacht evident Grenzen gesetzt, zum Beispiel durch Nachfragesubstitution bei Konsumenten oder durch Angebotsreaktionen anderer Unternehmen.[412] In diesem Fall können die Marktanteile der Unternehmen in dem Markt nicht als verlässlicher Indikator für die Bestimmung der Marktmacht dienen.[413]

Aus ökonomischer Sicht kritisch ist allerdings nicht jedes Maß an Marktmacht, sondern erst mit Überschreiten einer gewissen Grenze können Probleme auftreten, die wettbewerbspolitische Konsequenzen erfordern.[414] Hierfür ist das entsprechende Maß an Marktmacht zu definieren, das heißt, es ist zu bestimmen, welche Preiserhöhung und welcher Zeitraum einschlägig sein sollen.[415] Dabei gilt, dass eine erhebliche Preiserhöhung mit Wirkung in einem nur kurzen Zeitraum, bevor Konsumenten auf andere Produkte ausweichen respektive andere Anbieter in den Markt eintreten, in der Regel weniger problematisch ist als eine moderate Preiserhöhung, die über Jahre andauert.[416] Die Grenze wird in der Regel bei einer Preiserhöhung von 5–10 Prozent für die ungefähre Dauer eines Jahres definiert - bei Überschreiten dieser Grenze entsteht eine Marktmacht nicht tolerierbaren Ausmaßes.[417] Der relevante Markt erfährt in diesem Fall eine so klare Abgrenzung, dass die Marktanteile der auf diesem agierenden Unternehmen als Indikator ihrer Marktmacht taugen.[418] Bedingung für die Abgrenzung des relevanten Marktes ist mithin, dass dieser die Produkte und Gebiete umfasst, für die ein gewinnmaximierender hypothetischer Monopolist den Preis nicht nur vorübergehend, also für mindestens ein Jahr, um einen kleinen,

---

409 Zimmer (2013b), S. 933.
410 Kerber & Schwalbe (2015), S. 90–91, Rn. 232.
411 Kerber & Schwalbe (2015), S. 90–91, Rn. 232.
412 Kerber & Schwalbe (2015), S. 90–91, Rn. 232.
413 Kerber & Schwalbe (2015), S. 90–91, Rn. 232.
414 Werden (1983), S. 542 beschreibt dieses wie folgt: „Only if the magnitude and duration of the price increase exceed certain significance thresholds should the product and area be deemed to constitute a market.“
415 Kerber & Schwalbe (2015), S. 90–91, Rn. 232.
416 Geroski & Griffith (2003), S. 8.
417 Kerber & Schwalbe (2015), S. 90–91, Rn. 232.
418 Kerber & Schwalbe (2015), S. 90–91, Rn. 232.

aber signifikanten Betrag in Höhe von ca. 5–10 Prozent erhöhen wird.[419] Dieses Konzept der Marktabgrenzung, mit der die Nachfragesubstitution beziehungsweise die Kreuzpreiselastizitäten (Cross-Elasticity of Demand) beurteilt werden, wird auch als **SSNIP-Test** (Small but Significant Non-transitory Increase in Price) bezeichnet.[420] Dem Untersuchungsgegenstand entsprechend wird die Marktabgrenzung mittels Hypothetischen Monopoltests auch als eine „collection of products and geographical areas which can be profitably monopolized" beschrieben.[421]

Der Hypothetische Monopoltest erfährt jedoch auch eingehende Kritik und muss zudem in seiner Anwendung gezielter betrachtet werden:[422] So ist im Falle einer Fusion **prospektiv** und mit dem herrschenden Preis als Ausgangspunkt für die Marktabgrenzung zu analysieren, ob durch den Zusammenschluss Marktmacht entsteht oder vergrößert wird.[423] Es gilt in diesem Kontext herauszufinden, ob ein gewinnmaximierender hypothetischer Monopolist den Preis seines Produktes im Vergleich zum herrschenden Preis gering, aber dennoch signifikant steigern könnte.[424] Darüber ist letztlich festzustellen, welche Produkte und Gebiete beim herrschenden Preis der Marktmacht des hypothetischen Monopolisten Schranken setzen könnten.[425] Bei der Bestimmung, ob Marktmacht entsteht oder verstärkt wird, ist demzufolge der herrschende Preis als Ausgangspunkt zugrundezulegen und es sind alle Produkte, die bei diesem Preis Substitute sind, in den relevanten Markt einzubeziehen.[426]

Soll hingegen untersucht werden, ob ein Unternehmen bereits über signifikante Marktmacht verfügt, beispielsweise im Zusammenhang mit der Frage, inwieweit ein Missbrauch einer marktbeherrschenden Stellung vorliegt, ist nicht darauf abzustellen, ob Marktmacht entsteht oder ausgebaut wird, sondern entscheidend ist dann **retrospektiv** zu analysieren, ob bereits Marktmacht besteht.[427] Dafür sind die gegenwärtigen Wettbewerbsbedingungen festzustellen.[428] Gilt es das Vorhandensein von Marktmacht zu untersuchen, das heißt, ob ein Unternehmen preislich schon über dem wettbewerbsanalogen Preis liegt, ist im Ausgangspunkt einer Marktabgrenzung nicht der herrschende Preis heranzuziehen, sondern der Preis, der bei wirksamen

---

419 Dewenter & Rösch (2015), S. 103; Kerber & Schwalbe (2015), S. 90–91, Rn. 232. Allerdings sind Abweichungen von diesen Grenzen möglich, sodass diese nicht als absolute Größen verstanden werden sollten, vgl. hierzu Werden (1993), S. 534–536.
420 Berg (2015), S. 831, Rn. 16; Motta (2004), S. 102.
421 Geroski & Griffith (2004), S. 293.
422 Siehe hierzu die kritische Betrachtung bei Kaplow (2010), S. 466 ff.
423 Kerber & Schwalbe (2015), S. 99, Rn. 252.
424 Motta (2004), S. 102, der den Hypothetischen Monopoltest anhand eines einzigen Bananenverkäufers veranschaulicht.
425 Kerber & Schwalbe (2015), S. 99, Rn. 252.
426 Motta (2004), S. 103, der darlegt, dass der Markt für den hypothetischen und monopolistischen Bananenmarktverkäufer unter gewissen Voraussetzungen weiter zu fassen und zum Beispiel auf Bananen und Kiwifrüchte zu erstrecken ist.
427 Kerber & Schwalbe (2015), S. 99, Rn. 252.
428 Kerber & Schwalbe (2015), S. 99, Rn. 252.

Wettbewerb vorherrschen würde.[429] Demgemäß gehören in diesem Fall die Produkte zum relevanten Markt, die beim wettbewerbsanalogen Preis Substitute darstellen.[430] Der Hypothetische Monopoltest kann bei den Versuchen, die Kreuzpreiselastizität zu messen, allerdings nicht bedenkenlos angewendet werden, da ansonsten die Gefahr einer zu weitgehenden Abgrenzung des relevanten Marktes besteht, womit das Risiko der Unterschätzung der Marktmacht eines Unternehmens einhergeht,[431] insofern nicht in die Untersuchung eingestellt wird, dass der geltende Preis bereits überhöht sein kann.[432] Dieser, auf eine Entscheidung des US Supreme Courts im Fall Du Pont zurückzuführende Fehler wird als **Cellophane Fallacy** bezeichnet.[433] In diesem Fall erfolgte eine Gegenüberstellung des eng abgegrenzten Marktes „cellophane" mit einem weit abgegrenzten Markt, der alle „wrap-wrapping materials" umfassen sollte.[434] Daher wird sowohl die Kreuzpreiselastizität als Kriterium als auch die SSNIP-Analyse teilweise als praktisch ungeeignet eingestuft,[435] zumal letztere sich bei nur begrenzten Daten oder einem Markt mit sehr hoher Produktdifferenzierung ohnehin als kaum praktikabel erweist.[436]

(cc) Nachfragesubstitution

Die mit einer Preiserhöhung unter Umständen einhergehenden Ausweichreaktionen der Nachfrager in sachlicher und räumlicher Hinsicht werden mittels der Preiselastizität der Nachfragefunktion festgehalten.[437] Ist diese gering, führt eine kleine, aber signifikante Erhöhung des Preises nur zu einem geringen Nachfragerückgang, sodass der hypothetische Monopolist durch Heraufsetzen des Preises einen höheren Gewinn erzielen könnte.[438] Dieses trifft zumeist in den Fällen nicht

---

429   Werden (2000); Kerber & Schwalbe (2015), S. 100, Rn. 254.
430   Kerber & Schwalbe (2015), S. 100, Rn. 254.
431   Fuchs & Möschel (2012), Art. 102 AEUV, Rn. 52; Kerber & Schwalbe (2015), S. 99, Rn. 252.
432   Fuchs & Möschel (2012), Art. 102 AEUV, Rn. 52.
433   United States vs. Du Pont de Nemours & Co. (1956), 351 U.S. 377. Siehe zudem Kaplow (2010), S. 468 sowie Kerber & Schwalbe (2015), S. 99–100, Rn. 253, wobei Du Pont als einziger Anbieter von Zellophan vorgab, dass Zellophan allein kein relevanter Markt sei, da es enge Substitute in Form von flexibleren Verpackungsmaterialien wie Aluminiumfolie gebe. Der relevante Markt enthielt nach Abgrenzung durch das Gericht im Ergebnis alle flexiblen Verpackungsmaterialien, sodass Du Pont aufgrund geringer Marktanteile in diesem Markt nicht über Marktmacht verfügte.
434   Kaplow (2010), S. 468.
435   Fuchs & Möschel (2012), Art. 102 AEUV, Rn. 52.
436   Rubinfeld (2011), S. 82.
437   Schwalbe & Zimmer (2011), S. 81. Dazu Bishop & Walker (2010), S. 118: „Demand-side substitution takes place when consumers switch from one product to another in response to a change in the relative prices of the products."
438   Kerber & Schwalbe (2015), S. 92, Rn. 234.

ausreichender Substitutionsmöglichkeiten für den Verbraucher zu.[439] Bei einer sehr preiselastischen Reaktion der Nachfrage führt eine Preiserhöhung hingegen wegen des damit einhergehenden Nachfragerückgangs zu einer Verringerung des Gewinns; den Nachfragern stehen ausreichend sachliche und räumliche Substitute zur Verfügung.[440] Steht der hypothetische Monopolist einer sehr preiselastischen Nachfrage gegenüber, ist der relevante Markt durch Einbeziehung weiterer Güter und Gebiete zu erweitern, wobei insbesondere die sachlich und räumlich engsten Substitute zu berücksichtigen sind, durch die eine Ausübung von Marktmacht verhindert werden kann (demand-side substitution).[441]

Um diese engsten Substitute zu ermitteln, ist ein Rückgriff auf das **Konzept der Kreuzpreiselastizität** der Nachfrage möglich, das sich mit der prozentualen Änderung der Nachfage nach einem Gut, wenn der Preis eines anderen Gutes um ein Prozent erhöht wird, befasst.[442] Eine hohe positive Kreuzpreiselastititzität zwischen zwei Gütern bedeutet, dass zwischen ihnen eine enge Substitutionsbeziehung gegeben ist, wohingegen bei einer niedrigen Kreuzpreiselastizität keine Beziehung zwischen den betrachteten Gütern vorliegt.[443] Stehen die Güter hingegen in einer komplementären Beziehung, ist die Kreuzpreiselastizität negativ: wird der Preis des einen Gutes erhöht, sinkt die Nachfrage nach dem anderen.[444] Die Kreuzpreiselastizität zwischen zwei Gütern sagt jedoch wenig darüber aus, ob ein Gut eine wettbewerbliche Schranke für die Ausübung von Marktmacht darstellt, da selbst im Falle einer niedrigen Kreuzpreiselastizität unter Umständen keine Marktmacht vorliegt, wenn die Nachfrager bei einer Erhöhung des Preises auf zahlreiche Substitute ausweichen können. Somit können Produkte mit niedriger Kreuzpreiselastizität demselben relevanten Markt angehören. Ebenso kann auch eine hohe Kreuzpreiselastizität mit dem Vorliegen erheblicher Marktmacht zu vereinbaren sein.[445]

Ob ein hypothetischer Monopolist sich für oder gegen eine Preiserhöhung entscheidet, richtet sich nach der Preiselastizität der Nachfrage; die Kreuzpreiselastizitäten sind nur insoweit von Relevanz, als dass sie einen Einfluss auf die Preiselastizität nehmen können.[446] Aus diesem Grund ist die häufige Verwendung der Kreuzpreiselastizitäten für Fragen der Marktabgrenzung fernliegend; vielmehr leisten sie allenfalls neben den Kriterien der funktionellen Austauschbarkeit, der physischen Eigenschaften, des Verwendungszwecks und der Preislage einen Beitrag zur Identifikation der

---

439   Kerber & Schwalbe (2015), S. 92, Rn. 234.
440   Zur „Demand Substitutability" siehe auch Motta (2004), S. 103–104.
441   Kerber & Schwalbe (2015), S. 92, Rn. 234.
442   Kerber & Schwalbe (2015), S. 92–93, Rn. 235. Ein Beispiel findet sich bei Bishop & Walker (2010), S. 119.
443   Kerber & Schwalbe (2015), S. 92–93, Rn. 235.
444   Kerber & Schwalbe (2015), S. 92–93, Rn. 235.
445   Vgl. hierzu näher Church & Ware (2000), S. 605 f.
446   Kerber & Schwalbe (2015), S. 93, Rn. 236.

engsten Substitute im Rahmen des Hypothetischen Monopoltests.[447] Um die Marktmacht eines gewinnmaximierenden hypothetischen Monopolisten durch Nachfragesubstitution zu beschränken, ist das Ausweichen eines Großteils, zumindest mehr als die Hälfte der Konsumenten, auf Substitute erforderlich.[448]

(dd) Angebotssubstitution

Die Marktmacht eines hypothetischen Monopolisten kann auch durch eine Angebotssubstitution (supply-side substitution) beschränkt werden.[449] Kommt es seitens des hypothetischen Monopolisten zu einer Preiserhöhung bei dem entsprechenden Gut, ergibt sich für andere Unternehmer eine gewisse Attraktivität, dieses Produkt ebenfalls anzubieten, um aufgrund des erhöhten Preises an den gestiegenen Gewinnen zu partizipieren.[450] Erfolgt dieses durch bereits auf dem sachlichen und räumlichen Markt tätige Unternehmen, die zur Zeit ein anderes Produkt anbieten, in Form einer relativ kurzfristigen Angebotsumstellung oder Repositionierung bestehender Güter, indem gewisse Eigenschaften modifiziert werden, liegt ein Fall der Angebotssubstitution vor.[451] In Abgrenzung dazu handelt es sich um einen Marktzutritt, wenn das zusätzliche Angebot von Unternehmen stammt, die nach entsprechenden Investitionen erst in den Markt eintreten.[452] Die Angebotssubstitution und der Marktzutritt unterscheiden sich dabei in erster Linie durch die Kriterien Zeit und aufzuwendende Kosten, um überhaupt auf dem Markt anbieten zu können.[453] Besteht für ein Unternehmen die Möglichkeit, sehr schnell auf Preiserhöhungen des hypothetischen Monopolisten zu reagieren, beschränkt dieses die Marktmacht eines hypothetischen Monopolisten in ähnlicher Form wie im Falle einer Nachfragesubstitution. Wenn dieses auch noch ohne das Entstehen erheblicher Kosten für ein Unternehmen möglich ist, liegt in Abgrenzung zu einem so genannten „committed entry" ein Fall des

---

447 Hierzu näher Scheffman (1992), S. 903; Simons & Williams (1993), S. 828; Van den Bergh (1996), S. 83; Werden (1998), S. 401 f.
448 Kerber & Schwalbe (2015), S. 93, Rn. 237.
449 Padilla (2001). Allgemein zur Angebotssubstitution auch Bishop & Walker (2010), S. 119–123.
450 Kerber & Schwalbe (2015), S. 93, Rn. 238.
451 Zur Angebotssubstitution vgl. Motta (2004), S. 103–104, der diese wie folgt beschreibt: „(...) when producers that are currently supplying a different product possess those skills and assets that make it possible to switch production in a short period of time (say, up to six months or one year) if a price rise occurs."
452 Kerber & Schwalbe (2015), S. 93, Rn. 238.
453 Dazu Geroski & Griffith (2003), S. 12: „The difference between a supply side substitute (i.e. a rival producer producing a me-too product to compete with the hypothetical monopolist) and an entrant is that the former is able to enter and compete with the hypothetical monopolist within a year. That is entry is in effect distinguished from intra-market rivalry by the time period in which it occurs."

so genannten „uncommitted entry" vor.[454] Die Angebotssubstitution ist bei einem Hypothetischen Monopoltest demnach entsprechend im Zuge der Marktabgrenzung einzubeziehen, der Marktzutritt ist hingegen erst nach Durchführung der Marktabgrenzung bei der Analyse der Wettbewerbsbedingungen auf dem relevanten Markt zu berücksichtigen.[455] Ob im konkreten Fall einer Erhöhung der Preise durch einen hypothetischen Monopolisten tatsächlich eine Angebotssubstitution eintreten wird, hängt dabei von dem Vorliegen der dafür erforderlichen Voraussetzungen im Sinne des Vorhandenseins entsprechender Produktionsanlagen, von Know-how, Distributionssystemen, freien Kapazitäten und anderen Kriterien ab.[456] Insofern eine wirksame Angebotssubstitution zu erwarten ist, ist diese im Rahmen der Marktabgrenzung nach gewissen Vorgehensweisen zu berücksichtigen, wobei sich die Ermittlung der zu berücksichtigenden quantitativen Aussagen der Angebotssubstitution stets schwierig gestaltet.[457] Aus diesem Grund kann die Angebotssubstitution oftmals noch nicht im Rahmen der Marktabgrenzung zum Tragen kommen, sondern erst bei der Beurteilung des Wettbewerbs nach der Abgrenzung des relevanten Marktes entsprechende Berücksichtigung finden.[458]

(ee) Simultane sachliche und räumliche Marktabgrenzung

Erfolgt die Abgrenzung des Marktes sukzessive erst sachlich und anschließend räumlich, so stellen die zu ermittelnden Marktanteile in der Regel keinen geeigneten Indikator für die Bestimmung der Marktmacht eines Unternehmens dar.[459] Oftmals führen die Marktanteile bei einer derartigen Vorgehensweise zu einer Überschätzung der Marktmacht, da bei der sachlichen Abgrenzung die Ausweichreaktionen der Nachfrager lediglich bezüglich anderer Produkte betrachtet werden, sodass, wenn diese für sich allein genommen nicht ausreichend sind, um eine profitable Preiserhöhung zu vermeiden, ein sehr eng abgegrenzter sachlich relevanter Markt vorliegt.[460] Der räumliche relevante Markt erfährt eine ebenso enge Abgrenzung, wenn ein Ausweichen der Nachfrager auf andere Gebiete für sich allein genommen ebenfalls nicht ausreicht, um eine Erhöhung des Preises zu verhindern.[461] Erfolgt die Marktabgrenzung jedoch simultan in sachlicher und räumlicher Hinsicht, so können beide Ausweichreaktionen zusammen möglicherweise genügen,

---

454   Kerber & Schwalbe (2015), S. 93, Rn. 238.
455   Padilla (2001), S. 25–27.
456   Padilla (2001), S. 18–25.
457   Näher zu den möglichen Vorgehensweisen Kerber & Schwalbe (2015), S. 94–95, Rn. 240–241.
458   Kerber & Schwalbe (2015), S. 94–95, Rn. 241. Vgl. dazu auch das bei Motta (2004), S. 103 beschriebene Fallbeispiel.
459   Kerber & Schwalbe (2015), S. 94–95, Rn. 241.
460   Kerber & Schwalbe (2015), S. 94–95, Rn. 241.
461   Kerber & Schwalbe (2015), S. 94–95, Rn. 241.

um eine Preiserhöhung unprofitabel werden zu lassen, sodass der Markt einer weiteren Abgrenzung zu unterziehen ist.[462]

(ff) Sachliche Marktabgrenzung bei differenzierten Gütern: Konzept des Upward Pricing Pressure

Die Abgrenzung von Märkten mit differenzierten Gütern kann in der Regel nur unter Schwierigkeiten erfolgen. Für ein bestimmtes Gut kommen oftmals nicht alle differenzierten Güter gleichermaßen als Substitute in Betracht; vielmehr sind in der Regel entlang eines Kontinuums engere und weitere Substitute vorhanden.[463] In diesem Fall ist in Hinblick auf die Marktanteile zu beachten, dass diesen bei den Unternehmen, die entferntere Substitute produzieren, eine andere Gewichtigkeit beizumessen ist als den Marktanteilen von Unternehmen, die sehr enge Substitute in der Herstellung haben.[464] So können auch gerade mit einer Fusion von Herstellern zweier enger Substitute erhebliche Auswirkungen für den Wettbewerb einhergehen, die hingegen im Falle zweier entfernter Substitute desselben relevanten Marktes selbst bei gleichen Marktanteilen der fusionierenden Unternehmen nicht zu erwarten sind.[465] Zur Abgrenzung eines Marktes bei differenzierten Gütern ist mithin die oftmals nicht vollumfänglich vorhandene Kenntnis über die Stärke der Substitutionsbeziehung zwischen den Gütern entscheidend; die Marktanteile sind in solchen Fällen stets mit Zurückhaltung zu interpretieren.[466] Auch die Bildung von Teilmärkten innerhalb eines Marktes zur Überwindung dieser Schwierigkeiten wird zumindest bei der Anwendung des Hypothetischen Monopoltests als Methode zur Marktabgrenzung abgelehnt.[467] Insbesondere sollten die Auswirkungen des

---

462   Vgl. Werden (1983), S. 552–555 zur Frage der Interdependenz zwischen sachlicher und räumlicher Marktabgrenzung. Zu den unterschiedlichen Ergebnissen bei der sukzessiven Abgrenzung versus der simultanen Marktabgrenzung siehe Camesasca & van den Bergh (2002), S. 163 sowie van den Bergh (1996), S. 84–85, der diese abhängig von der Frage beantwortet, ob die Konsumenten, die auf andere Produkte übergehen, deckungsgleich zu denen sind, die ihre Nachfrage auf andere Gebiete verlagern.

463   Kerber & Schwalbe (2015), S. 95–96, Rn. 243.

464   Kerber & Schwalbe (2015), S. 95–96, Rn. 243.

465   Baker & Coscelli (1999); Baker & Wu (1998), S. 277; Maisel (1983), S. 52; Werden (1993), S. 524; Werden (1997), S. 369.

466   Baker & Wu (1998), S. 278.

467   So Maisel (1983), S. 50: „There is no place for submarkets within the basis analytical framework. If a firm's market power is effectively limited by the existence of substitute products to which a significant number of customers would turn should the firm raise prices above competitive levels, then those products should be included in the relevant product market. Market shares computed in any smaller market will provide misleading inferences as to the firm's control over prices and output." Weitere Erwägungen hierzu finden sich auch bei Simons & Williams (1993), S. 816 f. sowie Werden (1983), S. 574 f.

Verlustes an lokalem Wettbewerb auch nicht über die Abgrenzung von Teilmärkten erfasst, sondern besser durch eine Beurteilung der Wettbewerbssituation im gesamten relevanten Markt abgeschätzt werden.[468] Da allerdings auch dieses von einer gewissen Willkür gekennzeichnet sein kann, ist die unmittelbare Untersuchung etwaiger wettbewerbsmindernder Wirkungen insoweit vorzugswürdig.[469]

Aufgrund vorgenannter Schwierigkeiten gilt es jedoch gerade für die Vornahme einer sachlichen Marktabgrenzung bei Märkten mit differenzierten Gütern klassische Vorgehensweisen zu hinterfragen und alternative Ansätze zu erwägen,[470] die eine Abgrenzung des sachlich relevanten Marktes unter Umständen sogar entbehrlich erscheinen lassen.[471] Insbesondere Befürworter des More Economic Approach messen einer Marktabgrenzung eine verminderte Relevanz bei und schlagen eine Unterordnung unter die Wettbewerbsanalyse vor.[472] Die Argumentationen reichen in diesem Zusammenhang soweit, dass eine Marktabgrenzung zur Bestimmung von Preis- und Wohlfahrtseffekten sogar teilweise für gänzlich entbehrlich erklärt wird.[473]

Auch Farell und Shapiro haben mit dem Konzept des so genannten **Upward Pricing Pressure (UPP)** ein wirtschaftstheoretisch fundiertes Konzept als eine ökonomische Alternative zur Marktabgrenzung vorgestellt, das mit vergleichsweise wenig Daten auskommt.[474] Entwickelt wurde dieser Ansatz, der auf den Preissteigerungsdruck abstellt, mit Blick auf Unternehmenszusammenschlüsse durch externes Wachstum:[475] Danach werden bei einer Fusion die Anreize der Unternehmen zur

---

468 Maisel (1983), S. 53 schlägt hierfür eine entsprechende Anpassung oder Gewichtung der Marktanteile vor.

469 So Baker (2002), S. 218, der „(...) giving a greater role to direct evidence of harm to competition in evaluating mergers among sellers of differentiated products" nahelegt.

470 Zu diesen zählen insbesondere Pricing Pressure Indices und Merger Simulations. Vgl. Jones & Sufrin (2014), S. 1192; Affeldt/Filistrucchi/Klein (2012), S. 2; Farell & Shapiro (2008a).

471 Zimmer (2013b), S. 928.

472 Vgl. beispielsweise Friederiszick (2006).

473 Vgl. hierzu Carlton (2007), S. 12 und Fishwick 1993, S. 177.

474 Farell & Shapiro (2010). In den US-amerikanischen Leitlinien zur Beurteilung horizontaler Unternehmenszusammenschlüsse wird der Gross Upward Pricing Pressure Index (GUPPI) zur Kalkulation der Anreize zu einer post-merger Preiserhöhung für den Fall vorgeschlagen, dass Effizienzgewinne gleich null gesetzt werden. Vgl. hierzu Affeldt/Filistrucchi/Klein (2012), S. 2 und 8 ff.; Kerber & Schwalbe (2015), S. 153, Rn. 394a.

475 Das UPP-Konzept hat jedoch bisher keinen Eingang in die europäische oder deutsche Fusionskontrolle erlangt. Vgl. hierzu Kerber & Schwalbe (2015), S. 154, Rn. 396. Traditionell greifen Wettbewerbsbehörden im Falle von Fusionen auf den Herfindahl-Hirschman-Index (HHI) zurück, der eine Definition des relevanten Marktes voraussetzt, die für gewöhnlich über den SSNIP-Test erfolgt. Siehe hierzu Affeldt/Filistrucchi/Klein (2012), S. 2.

Vornahme von post-merge Preiserhöhungen ermittelt,[476] um auf diese Weise im Rahmen einer Art „Schnelltest" eine Freigabe für wettbewerblich unbedenkliche Transaktionen zu erlangen.[477] Die Idee hinter diesem Konzept ist, dass ein Unternehmen A vor einer Fusion keine Preiserhöhung intendiert, um nicht die Nachfrage auf Wettbewerber wie das Unternehmen B zu lenken.[478] Nach einem Zusammenschluss würde jedoch bei einer preisbedingt hervorgerufenen Verlagerung der teilweisen Nachfrage auf B auch das Unternehmen A profitieren, sodass für A ein entsprechender Anreiz zu einer Preiserhöhung gegeben ist.[479] Die Stärke dieses Anreizes wird wiederum bedingt durch das Ausmaß der umgelenkten Nachfrage auf B sowie durch die Höhe der Gewinnmarge des Unternehmens B.[480] Ein fusionsbedingter Upward Pricing Pressure kann für ein Produkt A dabei wie folgt mit D_{AB} als Umlenkungsziffer (Diversion Ratio) auf das Produkt B mit p_B-c_B als Gewinnmarge von B gefasst werden:

$$UPP_b = D_{AB} (p_B\text{-}c_B)^{481}$$

Der Preissteigerungsdruck selbst wird also auf der Basis der Diversion Ratio, der Gewinnmarge und der Grenzkosten beziehungsweise der durchschnittlichen inkrementellen Kosten kalkuliert.[482] Mit dem UPP-Ansatz kann es vor diesem Hintergrund - zumindest bei bestimmten Konstellationen[483] - genügen, anstelle einer exakten Abgrenzung des sachlich relevanten Marktes die engsten Wettbewerber zu identifizieren.

---

476   Kerber & Schwalbe (2015), S. 152, Rn. 390.

477   Zimmer (2013b), S. 935–936: Ist allerdings ein Anreiz zu einer Preissteigerung erkennbar, bedarf es in der Regel einer eingehenden Prüfung des Falles, sodass eine Untersagungsentscheidung nicht allein auf Basis des UPP-Konzeptes aufbauen wird.

478   Kerber & Schwalbe (2015), S. 152, Rn. 391.

479   Baker & Reitmann (2012), S. 30 mit der Ausnahme: „In order for there to be no net incentive to raise prices post-merger, the marginal cost savings due to merger-induced synergies must be at least as large as the recaptured profit component."

480   Zu den Einzelheiten zu einer Berechnung des Preissteigerungsdruckes siehe Kerber & Schwalbe (2015), S. 152, Rn. 391 ff.; Affeldt/Filistrucchi/Klein (2012), S. 5 ff.

481   Zimmer (2013b), S. 934–935, wobei das UPP-Konzept hier in seiner einfachsten Formel dargestellt wird und zum Beispiel das Vorliegen von Effizienzvorteilen mathemathisch nicht formalisiert.

482   Jones & Sufrin (2014), S. 1192; Kerber & Schwalbe (2015), S. 153, Rn. 393. Zu den Besonderheiten eines UPP auf zweiseitigen Märkten siehe inter alia Affeldt/Filistrucchi/Klein (2012), S. 10 ff., Evans (2003), Van Cayseele & Vanormelingen (2009).

483   Zu der Frage, inwieweit das UPP-Konzept eine exakte Marktabgrenzung tatsächlich entbehrlich macht, siehe näher Zimmer (2013b), S. 935.

(gg) Marktabgrenzung bei Preisdiskriminierung

Teilweise bestehen auf Märkten zwischen verschiedenen Konsumentengruppen Unterschiede von solchem Gewicht, dass diese wegen der Uneinheitlichkeit der Substitutionsmöglichkeiten bei den verschiedenen Nachfragergruppen eine Preisdiskriminierung möglich machen.[484] Schafft es beispielsweise ein gewinnmaximierender Monopolist über einen längeren Zeitraum eine Preissteigerung von 5–10 Prozent bei seinem Gut für eine spezifische Gruppe von Konsumenten durchzusetzen, umfasst der relevante Markt zum einen die Produkte und Gebiete, zum anderen aber auch die betroffene Nachfragergruppe.[485] Die Durchführung einer Preisdiskriminierung bringt jedoch einige Voraussetzungen mit sich: So muss zunächst erst einmal eine Identifikation der verschiedenen Konsumentengruppen durch den hypothetischen Monopolisten möglich sein, bevor beispielsweise festzustellen ist, dass keine Arbitragemöglichkeit zwischen den unterschiedlichen Konsumentengruppen besteht, die eine Preisdiskriminierung verhindern würde.[486] Das Vorliegen der Voraussetzungen ist im Allgemeinen schwierig zu überprüfen. Allerdings begründet, wenn Preisdiskriminierung für das betroffene Gut eine übliche Praxis darstellt, dieses zumindest ein starkes Indiz für eine Preisdifferenzierung durch den hypothetischen Monopolisten.[487] Insoweit gilt es den relevanten Markt unter Berücksichtigung der Nachfragergruppen, die mit einer Preisdifferenzierung konfrontiert werden, abzugrenzen.[488]

(hh) Folgemärkte

Im Falle eines Folgemarktes, das heißt bei Produkten, die nur zusammen mit anderen Produkten verwendet werden wie beispielsweise Ersatzteile für Kraftfahrzeuge oder Patronen für Drucker, sind an die Marktabgrenzung besondere Anforderungen zu stellen, da das primäre und sekundäre Produkt insoweit ein System bilden, das nur bei Verwendung beider Produkte zufriedenstellend funktioniert.[489] In der Regel sind nach dem Erwerb des primären Produktes die Substitutionsmöglichkeiten für das sekundäre Produkt unter anderem aus Gründen der Kompatibilität beschränkt, sodass die Konsumenten oftmals einem so genannten Lock-In unterliegen.[490] Somit ist es bei einer Abgrenzung des Marktes für das sekundäre Produkt kritisch, nur den Folgemarkt (Aftermarket), auf dem häufig sehr hohe Marktanteile zu verzeichnen sind, als relevanten Markt zu erfassen, und infolge der hohen Marktanteile auf

---

484 Kerber & Schwalbe (2015), S. 96, Rn. 244.
485 Hierzu näher Frankena (2001), S. 375; Geroski & Griffith (2003), S. 9; Pitofsky (1990), S. 848 f.; Werden (1983), S. 529; Werden (1984), S. 662.
486 Kerber & Schwalbe (2015), S. 96, Rn. 244.
487 Kerber & Schwalbe (2015), S. 96, Rn. 244.
488 Vgl. hierzu Hausman/Leonard/Vellturo (1996) sowie Maisel (1983), S. 55–57, wobei sich nach Hausman/Leonard/Vellturo (1996) eine Marktabgrenzung bei Preisdiskriminierung in der Praxis regelmäßig schwierig erweist.
489 Kerber & Schwalbe (2015), S. 96–97, Rn. 245.
490 Kerber & Schwalbe (2015), S. 96–97, Rn. 245.

Marktmacht zu schließen.[491] Denn verfügen die Konsumenten über ausreichende Substitutionsmöglichkeiten, so werden sie im Falle einer Preiserhöhung beim sekundären Produkt ihre Nachfrage nach dem zugehörigen Primärprodukt verringern.[492] Aus diesem Grund sind die Folgemärkte nicht isoliert vom Markt für das primäre Produkt abzugrenzen.[493] Anders ist dieses nur, wenn die Substitutionsmöglichkeiten der Nachfrager hinsichtlich des primären Produktes begrenzt sind und der Anbieter damit den Preis des sekundären Produktes erhöhen kann; in solchen Fällen ist für die Marktabgrenzung allein auf den Folgemarkt abzustellen.[494]

(ii) Innovationsmärkte

In Hinblick auf die dynamische Effizienz wird teilweise die Auffasung vertreten, Innovationsmärkte als eigenständige relevante Märkte abzugrenzen.[495] Ein Innovationsmarkt bezieht sich dabei nicht auf Güter, sondern stellt einen Markt dar, der alle Aktivitäten im Bereich Forschung und Entwicklung und deren enge Substitute umfasst, die auf die Entwicklung bestimmter neuer Produkte und Verfahren gerichtet sind.[496] Eine Marktmacht kann sich bei einem Innovationsmarkt zum Beispiel im Rahmen eines Zusammenschlusses von Unternehmen begründen, insofern dieser die Reduzierung auf ein gemeinsames Forschungslabor zur Folge hat, wodurch die Rate des technischen Fortschritts verringert wird.[497] Durch eine eigenständige Abgrenzung wird also unter anderem beabsichtigt, die Auswirkungen von Fusionen auf die Innovationsanreize besser zu erfassen.[498] Diese Vorgehensweise wird jedoch stark kritisiert, insbesondere da kein eindeutiger Zusammenhang zwischen der Konzentration in einem Markt, den Ausgaben für Forschung und Entwicklung und der Rate der Innovation erkennbar sei und somit keine eindeutigen Schlussfolgerungen über die Auswirkungen von Änderungen in den Forschungs- und Entwicklungsaktivitäten auf die Innovationen gezogen werden könnten.[499] Stattdessen wird vorgeschlagen, für entsprechende Analysen des aktuellen und potentiellen

---

491   Klein (1998); Motta (2004), S. 111–113; Shapiro (1995); Shapiro & Teece (1994); Kerber & Schwalbe (2015), S. 96–97, Rn. 245.

492   Kerber & Schwalbe (2015), S. 96–97, Rn. 245.

493   Kerber & Schwalbe (2015), S. 96–97, Rn. 245.

494   Kerber & Schwalbe (2015), S. 96–97, Rn. 245.

495   Gilbert & Sunshine (1995a). Im Einzelnen zu einer Marktabgrenzung sowie zu den Fragen der Marktbeherrschung bei Innovationsmärkten vgl. Dreher (2009), S. 155 ff.

496   Kerber & Schwalbe (2015), S. 96–97, Rn. 246.

497   Kerber & Schwalbe (2015), S. 96–97, Rn. 246.

498   Ausführlich zu der Thematik der Innovationsmärkte in der Fusionskontrolle siehe Barth (2004).

499   Zu der Kritik siehe näher Carlton (1995), Eiszner (1998), Hay (1995), Hoerner (1995), Rapp (1995), wobei Gilbert & Sunshine (1995b) hierzu Entgegnungen vorbringen. Bei Davis (2003) findet sich zudem ein Überblick über die Kontroversen zu dieser Thematik.

Wettbewerbs auf die Produktmärkte abzustellen; ein Innovationsmarkt ist hiernach allenfalls dann in Erwägung zu ziehen, wenn die Produkte noch keine Marktreife haben.[500] Da bei Innovationen aber oftmals die Patentierung im Fokus steht, ist anzunehmen, dass selbst bei wenigen Marktteilnehmern mit großen Marktanteilen erheblicher Wettbewerb besteht.[501]

(jj) Sortimentsmärkte

Bei Sortiments- und Clustermärkten werden mehrere unterschiedliche Güter gemeinsam angeboten und nachgefragt.[502] Bei diesen herrscht zwischen den einzelnen Komponenten eines Bündels an Waren oder Dienstleistungen eine so genannte Transaktionskomplementarität, was bedeutet, dass für einen Konsumenten beim Erwerb mehrerer Produkte bei einem Unternehmen geringere Transaktionskosten entstehen als beim Kauf dieser Produkte bei verschiedenen Unternehmen.[503] Die Transaktionskomplementaritäten können als Verbundvorteile auf der Nachfragerseite eingeordnet werden, die dem Konsumenten und nicht dem Hersteller dienen.[504] Sie führen dazu, dass Konsumenten Bündel an Gütern oder Dienstleistungen nachfragen,[505] und zwar in einem besonders hohen Maße dann, wenn zusätzlich auch auf der Angebotsseite Verbundvorteile auftreten, sodass es sich für ein Unternehmen effizient gestaltet, Produkte und Leistungen gebündelt anzubieten.[506] Bei der Marktabgrenzung kann das vom Unternehmen typischerweise angebotene Bündel als relevante Abgrenzungseinheit fungieren, wobei zwischen einzelnen Komponenten in einem Bündel sowohl ein substitutives als auch ein komplementäres Verhältnis gegeben sein kann.[507] Entscheidend ist die Berücksichtigung der Transaktionskomplementarität, da ohne dessen Einbeziehung beziehungsweise bei einer Marktabgrenzung nach einzelnen Komponenten des Bündels die Gefahr einer zu engen Abgrenzung des relevanten Marktes besteht.[508] Das Konzept des Sortimentsmarktes erfährt in der wirtschaftstheoretischen Literatur auch entsprechende Kritik, insbesondere da Bündel Waren und Dienstleistungen enthalten können, zwischen denen eine Angebots- und Nachfragesubstitution nicht besteht.[509]

---

500   Kerber & Schwalbe (2015), S. 96–97, Rn. 246.
501   Vgl. Church & Ware (2000), S. 727–728.
502   Kerber & Schwalbe (2015), S. 98–99, Rn. 249, wobei exemplarisch der Lebensmitteleinzelhandel oder das Dienstleistungsangebot eines Krankenhauses als Sortimentsmarkt angeführt werden.
503   Vgl. hierzu Ayres (1985).
504   Kerber & Schwalbe (2015), S. 98, Rn. 249.
505   Kerber & Schwalbe (2015), S. 98, Rn. 249.
506   Boadwee (1986).
507   Ayres (1985), S. 111.
508   Kerber & Schwalbe (2015), S. 99, Rn. 250.
509   Vgl. hierzu Baker (2007).

(3) Empirische Verfahren zur Marktabgrenzung

Für die Abgrenzung des relevanten Marktes bestehen zahlreiche empirische Methoden und Verfahren,[510] wovon die nachfolgenden eine besondere Relevanz aufweisen und der direkten Umsetzung des Hypothetischen Monopoltests dienen:[511]

(aa) Preiselastizität der Nachfrage, kritische Elastitzitäten
     und kritischer Absatzrückgang

Für einen gewinnmaximinierenden hypothetischen Monopolisten ist die Möglichkeit der Durchführung einer nicht nur vorübergehenden geringen, aber signifikanten Preiserhöhung entscheidend.[512] Dieses wiederum hängt von der Preiselastizität der Nachfrage respektive der Residualnachfrage und der Kostenstruktur des Monopolisten ab, sodass für eine direkte Umsetzung des Hypothetischen Monopoltests entsprechende Informationen über diese Kriterien vorhanden sein müssen.[513] Gestaltet sich die Reaktion der Nachfrage sehr preiselastisch, verfügt ein hypothetisches Monopol in der Regel nicht über Marktmacht in dem betrachteten Kandidatenmarkt.[514] In diesen Fällen gilt es den Markt durch weitere Produkte und Gebiete in einem solchen Umfang zu ergänzen, bis sich die Preiselastizität der Nachfrage auf ein Niveau reduziert hat, bei dem eine Preiserhöhung von mindestens fünf Prozent gewinnmaximierend wäre.[515] Um dieses entsprechend festzustellen, existieren mehrere Verfahren, die eine Schätzung der Nachfrage- respektive Residualnachfragefunktionen erlauben.[516] Empirische Methoden, die zur Schätzung von Nachfragefunktionen herangezogen werden können, basieren dabei auf einer so genannten **Regressionsanalyse**, bei der zunächst die Nachfrage nach einem Gut als Funktion mehrerer unabhängiger Variablen wie dem Preis des Gutes und der Substitute erfasst wird und anschließend mittels ökonometrischer Verfahren eine Einschätzung des Verlauf der Nachfragefunktion vorgenommen wird.[517] Um jedoch stichhaltige Aussagen über den Verlauf der Nachfragefunktion treffen zu können,

---

510 Umfassende Darstellungen zu empirischen und ökonometrischen Verfahren im gesamten Gebiet der Wettbewerbstheorie finden sich bei Davis & Garcés (2009), Bishop & Walker (2010), S. 493 ff. sowie für den Bereich der Fusionskontrolle bei Dippon/Leonhard/Wu (2005).

511 Kerber & Schwalbe (2015), S. 101, Rn. 257. Die genannten Verfahren stellen nur einige wenige Instrumente dar und sind keinesfalls abschließend.

512 Vgl. hierzu ausführlich den auch in Kapitel 3.2 dargestellten Abschnitt zum Hypothetischen Monopoltest.

513 Kerber & Schwalbe (2015), S. 101, Rn. 258.

514 Kerber & Schwalbe (2015), S. 101, Rn. 258.

515 Kerber & Schwalbe (2015), S. 101, Rn. 258.

516 Vgl. hierzu Baker & Bresnahan (1988), Froeb & Werden (1991), Baker & Bresnahan (1992), Scheffmann (1992).

517 Grundlegend zur Regressionsanalyse vgl. Gujarati (1995), Hübler (1989), Greene (1993) sowie Wooldridge (2009).

sind für die Regressionsanalyse entsprechende Daten über einen in der Regel längeren Zeitraum, in dem die Angebots- und Nachfragefunktionen einen stabilen Verlauf angenommen haben, erforderlich, deren Bereitstellung zu Schwierigkeiten führen kann.[518] Allgemein kennzeichnen sich die ökonometrischen Methoden, die zu einer solchen Schätzung herangezogen werden, zudem durch eine hohe Komplexität.[519] Hinzu kommt, dass die Kenntnis der Preiselastizität der Nachfragefunktion alleine auch nicht genügt, um zu bestimmen, ob eine Erhöhung des Preises für einen hypothetischen Monopolisten profitabel ist; vielmehr sind darüber hinaus, um zu ermitteln, ob tatsächlich eine signifikante Preiserhöhung zu erwarten ist, Informationen über die Kosten des Unternehmens beziehungsweise über die Gewinnspanne als Differenz zwischen Preis und Grenzkosten erforderlich.[520] Die Wettbewerbspolitik kennt jedoch neben der Preiselastizität der Nachfrage auch noch weitere Konzepte, die komplementär anwendbar sind: Hierzu zählt zum einen das **Konzept der kritischen Elastizität** (critical elasticity), nach dem der Wert der Preiselastizität der Nachfrage ermittelt wird, der maximal auftreten darf, damit es zu einer Preiserhöhung durch den hypothetischen Monopolisten kommt. Zum anderen wird auch das **Konzept des kritischen Absatzrückgangs** (critical sales loss) herangezogen, bei dem untersucht wird, in welcher Höhe sich die Absatzmenge maximal verringern darf, damit die Preiserhöhung durchgeführt wird.[521]

(bb) Kreuzpreiselastizitäten und Diversion Ratio

Zur Feststellung, durch welche Produkte als engste Substitute der Kandidatenmarkt bei dem Hypothetischen Monopoltest ergänzt werden muss, um zur Abgrenzung des relevanten Marktes zu gelangen, können die Konzepte der Kreuzpreiselastizität respektive der Diversion Ratio herangezogen werden. Diesem Vorgehen liegt die Annahme zugrunde, dass in der Regel zwischen zwei Produkten, die dem gleichen relevanten Markt zugeordnet werden können, eine hohe Kreuzpreiselastizität gegeben ist. Alternativ kann durch die Diversion Ratio, die auch als Umlenkungsziffer bezeichnet wird, die Enge der Substitutionsbeziehung beschrieben werden.[522]

---

518 Kerber & Schwalbe (2015), S. 101, Rn. 258.
519 Oftmals können diese Methoden auch nur von Ökonometrikern durchgeführt werden, vgl. Kerber & Schwalbe (2015), S. 101, Rn. 258.
520 Kerber & Schwalbe (2015), S. 102, Rn. 259.
521 Näher zu den Konzepten der kritischen Elastiziät und des kritischen Absatzrückgangs vgl. Werden (2002), Langenfeld & Li (2001), O'Brian & Wickelgreen (2003), Werden & Froeb (2002), Coate & Williams (2005) sowie Farell & Shapiro (2008b). Allerdings können auch bei diesen Konzepten vielfältige Schwierigkeiten auftreten, vgl. dazu auch Kerber & Schwalbe (2015), S. 102–103, Rn. 261.
522 Ausführlich zu Kreuzpreiselastizitäten und Diversion Ratios vgl. Baker & Coscelli (1999), Shapiro (1996), Bishop & Walker (2010), S. 564–570.

(cc) Preistests

Stehen für die bisher genannten empirischen Verfahren und Methoden Daten in nicht ausreichendem Umfang oder in nicht ausreichender Qualität zur Verfügung, kann ein Rückgriff auf andere Verfahren erfolgen, um zu ermitteln, welche Produkte einem relevanten Markt zuzuordnen sind. Dazu zählen beispielsweise auf die Preisentwicklungen potentieller Substitute abstellende Vorgehensweisen wie die Preiskorrelationsanalyse,[523] die Stationaritäts[524]- oder die Schockanalyse.[525]

(dd) Räumliche Marktabgrenzung

Für eine Abgrenzung des räumlich relevanten Marktes mit Blick auf den Hypothetischen Monopoltest kann ein so genannter Elzinga-Hogarty-Test herangezogen werden, bei dem Handelsströme und Transportkosten einer näherer Betrachtung unterzogen werden.[526] Alternativ kann zur Abgrenzung des räumlich relevanten Marktes auch ein Rückgriff auf ökonometrische Verfahren erfolgen, mit denen insbesondere Preisentwicklungen der jeweiligen Produkte in differenzierten Gebieten betrachtet werden.[527]

(4) Schlussfolgerungen

Soweit es möglich ist, den wettbewerbsanalogen Preis zu bestimmen, ist eine etwaige Marktmacht unmittelbar nachweisbar und der Rückgriff auf eine Marktabgrenzung nicht erforderlich.[528] Für den Fall, dass jedoch nur eine indirekte Ermittlung der Marktmacht durchgeführt werden kann, sollte aus ökonomischer Sicht heraus dem grundlegenden Konzept des Hypothetischen Monopoltests Folge geleistet werden.[529] Zusammenfassend bestehen dabei die folgenden Vorgehensweisen: Die Marktabgrenzung ist mit dem Prinzip der Nachfrage- und Angebotssubstitution in zu vereinbarender Form vorzunehmen und die in diesem Markt zusammengefassten Produkte sollten zumindest beim herrschenden Preis Substitute darstellen.[530] Zusätzlich können Kriterien wie die funktionelle Austauschbarkeit oder die physischen Eigenschaften von Gütern herangezogen werden.[531]

---

523   Das Instrument der Preiskorrelationsanalyse geht zurück auf Stigler & Sherwin (1965). Siehe hierzu auch Bishop & Walker (2010), S. 492–527 sowie Davies & Garcés (2009), S. 169–185.

524   Näher zur Stationaritätsanalyse vgl. Lexecon (2003), S. 9–13.

525   Zur Schockanalyse vgl. Lexecon (2003), S. 34–36.

526   Vgl. Elzinga & Hogarty (1973). Auch Bishop & Walker (2010), S. 669–686 beschreiben diesen Test näher. Kritisch zu demTest u.a. Werden (1981).

527   Vgl. hierzu Haldrup (2003).

528   Vgl. Kerber & Schwalbe (2015), S. 100, Rn. 255.

529   Kerber & Schwalbe (2015), S. 100, Rn. 255.

530   Kerber & Schwalbe (2015), S. 100, Rn. 255.

531   Kerber & Schwalbe (2015), S. 100, Rn. 255.

Der Hypothetische Monopoltest bietet damit einen konzeptionellen Rahmen für eine ökonomisch fundierte Beantwortung der Frage der Marktabgrenzung.[532] Das Vorgehen ist darauf auszurichten, dass die Abgrenzung des relevanten Marktes so erfolgt, dass dieser alle Produkte und Gebiete inkludiert, die die Ausübung der Marktmacht begrenzen, und all diejenigen Produkte und Gebiete, die die Marktmacht nicht beschränken, hiervon ausnimmt.[533] Zu beachten gilt es dabei, dass der Hypothetische Monopoltest quantitativ formuliert ist, es sich aber nicht um ein empirisches Verfahren handelt.[534] Lediglich die Umsetzung des Konzepts des Hypothetischen Monopoltests kann auch mittels empirischer Verfahren erfolgen.[535] Zu beachten ist aber, dass auch der Hypothetische Monopoltest einer harschen Krititk ausgesetzt ist, die teilweise so weitreichend ist, dass jeglicher Versuch, einen Markt zu definieren und abzugrenzen, als unmöglich oder gar kontraproduktiv bezeichnet wird.[536] Doch insoweit ein Erfordernis einer Marktabgrenzung für eine wettbewerbs-ökonomische beziehungsweise auch wettbewerbsrechtliche Beurteilung besteht, sind die Schranken, die der Marktmacht infolge Angebots- und Nachfragesubsti-tution gesetzt werden, auszumachen, was wiederum mit der Anwendung des Hypothetischen Monopoltests grundlegend gewährleistet werden kann.[537] Allein vor dem Hintergrund, dass in Einzelfällen für ein solches Vorgehen nicht ausreichend Daten vorliegen, kann das Konzept des Hypothetischen Monopoltests als solches nicht in Frage gestellt werden.[538] So bergen bereits die aus Marktanteilen abgeleit-eten Rückschlüsse die Gefahr, falsche Annahmen zugrundezulegen.[539] Die Frage gilt allerdings den Alternativen.[540] Gerade bei quantitativen Methoden tritt immer wieder die Problematik des Bedarfs an häufig nicht vorliegenden oder nur sehr schwierig zu ermittelnden Daten auf.[541]

Die Kernproblematik im Rahmen einer Marktabgrenzung zum Zwecke der Bestim-mung der Marktmacht eines Unternehmens liegt mithin vielmehr darin, dass „a mar-ket definition conclusion can never contain more or better information about market power than that uses to define the market in the first place."[542] Optimalerweise wird daher zur Abgrenzung eines relevanten Marktes zumindest in schwierigen Fällen eine

532 Kerber & Schwalbe (2015), S. 100–101, Rn. 256.
533 Kerber & Schwalbe (2015), S. 100–101, Rn. 256.
534 Kerber & Schwalbe (2015), S. 100–101, Rn. 256.
535 Kerber & Schwalbe (2015), S. 100–101, Rn. 256.
536 Siehe hierzu näher Kaplow (2013), S. 361 ff., der die Definition eines Marktes selbst für die Anwendung des Wettbewerbsrechts als kritisch erachtet. Kaplow (2010), S. 440 und 474 plädiert im Zuge der Frage „why ever define markets (...)?" damit, dass „(...) the market definition process should be abandoned."
537 Kerber & Schwalbe (2015), S. 106, Rn. 272.
538 Kerber & Schwalbe (2015), S. 106, Rn. 272.
539 Kaplow (2010), S. 440.
540 Kaplow (2010), S. 474.
541 Dewenter & Rösch (2015), S. 103.
542 Kaplow (2010), S. 440.

Kombination aus quantitativen und qualitativen Konzepten zugrundegelegt, deren Ergebnisse in eine Gesamtbetrachtung einfließen können.[543] Darüber hinaus ist zu berücksichtigen, dass etwaige Marktzutrittsschranken ebenfalls erheblichen Einfluss auf den Ausbau und das Innehaben von Marktmacht nehmen können.[544]

3.3 Unvollständiger Wettbewerb auf Anbieterseite: Funktionsweise, Marktverhalten und Wirkungen eines natürlichen Monopols

3.3.1 Industrieökonomische Grundlagen und Wohlfahrtsbetrachtungen bei Monopolen

Die von der Wirtschaftstheorie als Idealvorstellung angenommene Marktform der vollkommenen Konkurrenz ist in der Realität, wenn überhaupt, in einer nur sehr geringen Anzahl von Märkten vorzufinden.[545] Diese sieht vor, dass der Preis eines Gutes den Grenzkosten seiner Herstellung entspricht und Angebot und Nachfrage sich ausgleichen, sodass eine effiziente Allokation beziehungsweise ein Allokationsoptimum erreicht wird.[546] Diese Theorie des allgemeinen Gleichgewichts kann aufgrund restriktiver Bedingungen jedoch nicht als realitätsnahe Beschreibung einer existierenden Marktwirtschaft aufgefasst werden.[547] Denn gerade die dem Modell der vollkommenen Konkurrenz zugrundeliegende Annahme, dass auf einem Markt sehr viele Akteure mit jeweils nur geringen Marktanteilen agieren, entspricht nicht der in der Realität vorzufindenden Marktkonzentration und der Marktmacht.[548] Vor diesem Hintergrund erlangen die Marktformen des Monopols oder Oligopols auf Anbieterseite beziehungsweise des Monopsons und Oligopsons auf Nachfragerseite für die gegebenen Märkte eine große Relevanz.[549]

Die sich auf Anbieterseite ergebende Marktmacht kann zahlreiche Ursachen haben, die von gesetzlichen Marktzugangsbeschränkungen über die Existenz von Unteilbarkeiten beziehungsweise Größenvorteilen bis zu der Anwendung unfairer Geschäftspraktiken reichen.[550] Auch Innovationsvorsprünge können, insbesondere wenn diese als geistiges Eigentum beispielsweise durch Patentierung geschützt

---

543   Vgl. zu dieser Problematik Dewenter & Rösch (2015), S. 102–104.
544   Hierzu näher Kerber & Schwalbe (2015), S. 109–110, wobei zwischen absoluten und strategischen Marktzutrittsschranken differenziert wird. Ein Überblick zu strukturellen Marktzutrittsschranken findet sich bei Bartling & Luzius (2014), S. 122.
545   Schwalbe & Zimmer (2011), S. 14.
546   Fritsch (2014), S. 171.
547   Schwalbe & Zimmer (2011), S. 14.
548   Fritsch (2014), S. 159.
549   Die Betrachtungen werden im Rahmen dieser Arbeit aufgrund späterer Praxisbezüge zu Amazon auf die Monopolstellung beschränkt.
550   Fritsch (2014), S. 160.

sind, einen signifikanten Wettbewerbsvorteil begründen, indem sie es ermöglichen, Pioniergewinne zu erzielen.[551]

Ein Monopolist steht als alleiniger Anbieter eines Gutes der gesamten Nachfrage des Marktes gegenüber und ist weder aktuellem noch potentiellem Wettbewerb ausgesetzt, sodass es, ohne Rücksicht auf das Verhalten konkurrierender Anbieter nehmen zu müssen, jeden beliebigen Punkt auf der Nachfragefunktion durch eine entsprechende Bestimmung des Preises oder ein entsprechendes Angebot erreichen kann.[552] Im Unterschied zum vollkommenen Wettbewerb ist es einem Monopolisten also möglich, auf den Marktpreis entweder direkt durch eine Preissetzung Einfluss zu nehmen oder diesen indirekt über die Produktion einer bestimmten Menge zu beeinflussen, da auch letzteres bei geringerer Herstellungsmenge in einem höheren Preis resultiert.[553] Für den Monopolisten ist daher entscheidend, den Preis beziehungsweise die Menge zum Zwecke seiner Gewinnmaximinierung entsprechend zu determinieren.[554] Das daraus resultierende Marktergebnis zeigt die nachfolgende Abbildung 3:

Abb. 3: Marktergebnis und Preisbildung beim Monopol im Unterschied zur vollkommenen Konkurrenz

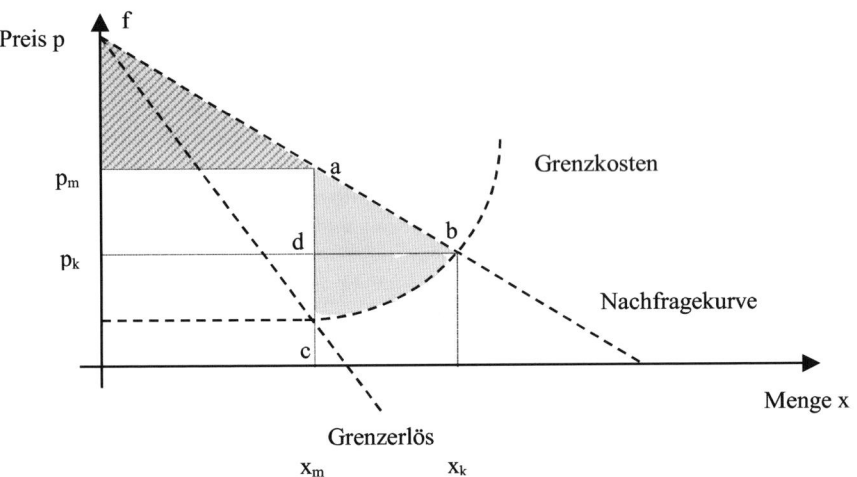

Quelle: Bishop & Walker (2010), S. 26. Ähnlich auch Motta (2004), S. 42.

---

551 Fritsch (2014), S. 170.
552 Bester (2012), S. 29; Kerber & Schwalbe (2015), S. 68, Rn. 161. Dieses bedeutet jedoch nicht, dass sich ein Monopolist unabhängig von den Konsumenten und deren Nachfrage verhalten kann; er kann lediglich nur Punkte auf der Nachfragefunktion realisieren.
553 Kerber & Schwalbe (2015), S. 68, Rn. 161.
554 Schwalbe & Zimmer (2011), S. 23.

Kommt es zu einer Erhöhung der Angebotsmenge durch den Monopolisten, führt dieses grundsätzlich aufgrund der gegebenen fallenden Nachfragefunktion zu einem geringeren Preis, und zwar nicht nur für die zusätzliche, also die so genannte marginale Einheit, sondern auch für alle bereits hergestellten, die so genannten inframarginalen Einheiten.[555] In die Erwägungen einzubeziehen ist jedoch der damit einhergehende steigende Absatz, sodass sich die Erlösänderung, der so genannte Grenzerlös, also aus dem geringeren Preis für alle Einheiten und dem Erlös für die zusätzlich hergestellte Menge zusammensetzt.[556] Eine solche Angebotserhöhung ist in aller Regel für den Monopolisten jedoch nur in dem Fall erstrebenswert, in dem der dadurch erzielte Grenzerlös die Grenzkosten übersteigt, da nur in diesem Fall ein Gewinnanstieg verzeichnet werden kann.[557] Übersteigen hingegen die Grenzkosten den Grenzerlös, so sollte ein Monopolist eine Angebotsreduktion vornehmen.[558] Das Gewinnmaximum erreicht ein Monopolist bei einer Menge, bei der sich der Grenzerlös und die Grenzkosten gleichen.[559]

Im Unterschied zur vollkommenen Konkurrenz bedeutet dieses für den vom Nachfrager zu zahlenden Preis folgendes: Bei vollkommener Konkurrenz würde der Anbieter im Gewinnmaximum zum Preis P_c anbieten, der den marginalen Kosten gleicht, das heißt das Gleichgewicht ergibt sich bei der Preis-Mengenkombination p_k und x_k.[560] Bei einem Monopol hingegen liegt der verlangte Preis p_m über den Preis bei vollkommener Konkurrenz[561] und die Preis-Mengenkombination p_m und x_m im Monopol-Gleichgewicht weist auch eine geringere Menge auf.[562] Da der Monopolist um die Auswirkungen seiner Angebotsmenge auf den Preis weiß, wird er zur Vermeidung eines niedrigen Preises sein Angebot entsprechend begrenzt halten. Im Umkehrschluss bedeutet die Maxime Grenzerlös gleich Grenzkosten also, dass ein Monopolist eine geringere Menge anbietet als ein preisnehmendes Unternehmen respektive einen höheren als den Wettbewerbspreis fordert.[563] Der Unterschied zwischen dem Resultat bei vollkommener Konkurrenz und beim Monopol hängt dabei in erster Linie vom Verlauf beziehungsweise von der Preiselastizität der Nachfragefunktion ab, woraus sich ergibt, in welchem Maße die Nachfrage bei einer Preiserhöhung im Einzelnen abnimmt.[564] Für den Fall, dass eine Nachfrage vollkommen preisunelastisch ist wie bei lebenswichtigen Medikamenten, hätte dieses zur Folge,

---

555   Kerber & Schwalbe (2015), S. 68–69, Rn. 162, wobei unterstellt wird, dass der Monopolist keine Preisdiskriminierung vornimmt, sondern von allen Konsumenten den gleichen Preis verlangt.

556   Kerber & Schwalbe (2015), S. 69, Rn. 162.

557   Kerber & Schwalbe (2015), S. 69, Rn. 162.

558   Kerber & Schwalbe (2015), S. 69, Rn. 162.

559   Schwalbe & Zimmer (2011), S. 23.

560   Fritsch (2014), S. 172; Bishop & Walker (2010), S. 26.

561   Bishop & Walker (2010), S. 26.

562   Motta (2004), S. 42; Kerber & Schwalbe (2015), S. 69, Rn. 163.

563   Fritsch (2014), S. 171; Kerber & Schwalbe (2015), S. 69, Rn. 162.

564   Kerber & Schwalbe (2015), S. 69, Rn. 163.

dass die Nachfragefunktion senkrecht verliefe und der Monopolist seinen Preis so lange erhöhen könnte, bis das gesamte Einkommen der Nachfrager abgeschöpft wäre.[565] Liegt der Preis über den marginalen Kosten, bedeutet dieses jedoch nicht zwangsläufig, dass kein effektiver Wettbewerb vorherrscht. Insoweit keine Markteintrittsbarrieren bestehen, macht jedes Unternehmen in einer Monopolstellung keine Gewinne, da diese zu neuen Markteintritten führen würden, die den Gewinn ohnehin wieder gegen Null reduzieren würden.[566]

Grundsätzlich führt ein Preis oberhalb der Grenzkosten aber zu einer ineffizienten Allokation, da in diesem Fall nicht alle Tauschgewinne abgeschöpft werden:[567] So bringt die Situation, dass es auf einem Markt nur einen Anbieter mit Monopolstellung oder wenige Anbieter mit großem Marktanteil gibt, im Vergleich zu der Situation einer vollkommenen Konkurrenz einen Wohlfahrtsverlust für die Volkswirtschaft mit sich.[568] Dieser Wohlfahrtsverlust wird durch die in der obigen Abbildung 3 grau markierte Fläche abc gekennzeichnet.[569]

Auch mit Blick auf die Produktionseffizienz wirkt sich eine Monopolstellung insoweit von Nachteil aus, als dass Unternehmen gerade erst durch aktuellen oder potentiellen Wettbewerb dazu veranlasst werden, die effizienteste Technologie zum Einsatz zu bringen und bei der Gewinnmaximierung Ressourcen nur in dem erforderlichen Maße einzusetzen, sodass sowohl eine einzelwirtschaftliche als auch eine gesamtwirtschaftliche Produktionseffizienz erreicht wird.[570] Bei einem Monopol mangelt es jedoch an diesem Wettbewerbsdruck, sodass in der Folge die Gefahr einer nicht effizienten Produktion insbesondere in Form der so genannten X-Ineffizienzen entsteht.[571] Ein Monopol nimmt hingegen in der Regel Aufwendungen zur Sicherung seiner Marktstellung vor, was als so genanntes Rent-Seeking bezeichnet wird.[572] Bei diesem kann der Monopolgewinn das Maß für die Verschwendung produktiver Ressourcen abbilden, vorausgesetzt die Aufwendungen bringen keinen sozialen Nutzen mit sich und der Monopolgewinn wird vollständig in das Rent-Seeking investiert.[573]

---

565 Schwalbe & Zimmer (2011), S. 25.
566 Bishop & Walker (2010), S. 40.
567 Schwalbe & Zimmer (2011), S. 25.
568 Blanckenburg & Michaelis (2008), S. 415; Kerber & Schwalbe (2015), S. 70, Rn. 164. Auch Olten (1998), S. 37–38 beschreibt die nachteiligen Wirkungen eines Monopols unter Bezugnahme auf Adam Smith.
569 Kerber & Schwalbe (2015), S. 70, Rn. 164.
570 Motta (2004), S. 46: „Somehow, it does seem reasonable to claim that a firm that does not face any competitive pressure will not make much effort to use the best available technologies, to improve its products and to innovate (...)", wobei er jedoch gleichzeitig betont, dass dieses einer sorgfältigeren Untersuchung bedarf.
571 Schwalbe & Zimmer (2011), S. 26.
572 Kerber & Schwalbe (2015), S. 70, Rn. 166.
573 Kerber & Schwalbe (2015), S. 70, Rn. 166.

Bei einem Monopol werden also grundsätzlich weder eine Allokations- noch eine Produktionseffizienz erreicht.[574] Teilweise positiv zu betrachten sind jedoch die Auswirkungen eines Monopols auf die dynamische Effizienz: Den Monopolen stehen ausreichend hohe Gewinne für entsprechende Investitionen in die Forschung und Entwicklung zur Verfügung, sodass auf diese Weise Innovationen und technischer Fortschritt gefördert werden können.[575] Dem ist jedoch entgegenzuhalten, dass ein Monopol andererseits aber einen geringeren Anreiz hat, derartige Investitionen vorzunehmen, als ein Unternehmen im vollkommenen Wettbewerb, da letzteres durch eine Prozess- oder Produktinnovation seinen Gewinn im Vergleich zur Ausgangssituation ohne Gewinn erhöhen kann, währenddessen ein Monopol auch ohne Investitionen Monopolgewinne realisiert und Investitionen allenfalls zu einem Zuschlag auf den Monopolgewinn führen können.[576] Anders gestaltet sich die Situation nur, wenn das Monopol durch den Markteintritt eines Konkurrenten in seiner Stellung bedroht ist und aus diesem Grund intendiert, mittels einer Innovation den Marktzutritt für den potentiellen Wettbewerber unattraktiv zu machen.[577]

Neben dem aufgezeigten Verlust an volkswirtschaftlicher Rente eignet sich ein Monopol im Rahmen einer Umverteilung auch einen Teil der Konsumentenrente an.[578] So besteht die Konsumentenrente im Rahmen eines vollkommenen Wettbewerbs aus der Fläche fbp_k, wohingegen die Konsumentenrente der Nachfrager bei einem Monopol nur noch die in der Abbildung 3 grau schraffierte Fläche fap_m ausmacht und die übrige Fläche Bestandteil der Produzentenrente wird.[579] Somit liegt es nahe, dass Monopole negative Auswirkungen auf die Konsumentenwohlfahrt mit sich bringen und aus diesem Grund zum Schutz der Interessen der Konsumenten gegebenenfalls eine entsprechende Regulierung erfahren sollten.[580] Denn anders als bei der gegenteiligen vollkommenen Konkurrenz, bei der eine Maximierung der Konsumentenwohlfahrt vorliegt, ist diese bei einem monopolistisch geprägtem Markt nicht maximal, sondern durch entsprechende Regulationen zu verbessern.[581]

Ist ein Unternehmen nun nicht nur bezüglich eines Gutes, sondern gleich mit mehreren Produkten in einer Monopolstellung, liegt ein so genanntes **Mehrproduktmonopol** (Multi-Product Monopoly) vor, das erhebliche Konsequezen für das

---

574 Vgl. Olten (1998), S. 37–38, der zugleich die Bedingungen für optimale Marktergebnisse benennt. Vgl. zu den allokativen Ineffizienzen eines Monopols zudem Motta (2004), S. 41 ff.

575 Schwalbe & Zimmer (2011), S. 27.

576 Kerber & Schwalbe (2015), S. 71, Rn. 168.

577 Schwalbe & Zimmer (2011), S. 28.

578 Dazu Motta (2004), S. 41: „(...) when prices are above marginal costs, this entails higher producer surplus but not enough higher to compensate for the lower consumer surplus caused by higher prices."

579 Kerber & Schwalbe (2015), S. 71, Rn. 169.

580 Bishop & Walker (2010), S. 15.

581 Bishop & Walker (2010), S. 21.

Verhalten eines Monopolisten mit sich bringen kann.[582] Entscheidend dabei ist, in welchem Verhältnis die vom Monopolisten angebotenen Güter zueinander stehen. Stellen diese Substitute dar, so wird das Unternehmen nicht eines seiner Güter zu einem niedrigen Preis anbieten, sondern für beide Produkte einen höheren Preis verlangen, so wie es zwei voneinander unabhängige Monopole tun würden.[583] Sind die Produkte hingegen als Komplemente einzuordnen, sodass sich diese ergänzen, kann ein Monopolist mit einem niedrigen Preis für das eine Gut die Nachfrage nach dem anderen stimulieren, was letztlich zur Folge haben kann, dass ein Gut zu einem Preis unterhalb der Grenzkosten angeboten wird.[584]

3.3.2 Charakteristika natürlicher Monopole

Eine besondere Betrachtung der ökonomischen Grundlagen gilt es in Hinblick auf so genannte **natürliche Monopole** vorzunehmen. So wurden in der Vergangenheit in Bezug auf Versorgungsleistungen im Bereich der Stromwirtschaft, des Bahnverkehrs oder der Telekommunikation entweder staatsmonopolistische Unternehmen tätig oder aber es waren zumindest Wettbewerbsbeschränkungen unter dem Vorwand zugelassen, dass in diesen Sektoren ein funktionsfähiger Wettbewerb nicht möglich sei und es sich mithin um Ausnahmebereiche des Wettbewerbs handele, wobei vielfach mit dem Vorliegen eines natürlichen Monopols argumentiert wurde.[585] Hierunter werden Unternehmen gefasst, die aufgrund der Technologie und Kostenstrukturen in der Lage sind, auf dem Markt eine Versorgung zu geringeren Kosten zu gewährleisten, als dieses bei jeder anderen Kombination von Anbietern, also bei der Herstellung der gleichen Produktionsmenge in mehreren Unternehmen, möglich wäre.[586] Ein natürliches Monopol basiert mithin auf einer speziellen Kostenstruktur, die der Produktion eines Gutes zugrundeliegt, und ist nicht als Ausdruck einer bestimmten Marktstruktur zu sehen.[587] Technisch gefasst liegt ein solcher Fall immer dann vor, wenn die Kostenfunktion eines Unternehmens durch Subadditivität gekennzeichnet ist, wobei diese auf natürliche Weise entsteht[588] und bei der Annahme eines Einproduktunternehmens in einem engen Zusammenhang mit dem Phänomen zunehmender Skalenerträge steht.[589] Diese gehen wiederum aus einer Steigerung der Ausbringungsmenge eines Unternehmens

---

582 Motta (2004), S. 535 ff.; Bester (2012), S. 33–34.
583 Schwalbe & Zimmer (2011), S. 30–31.
584 Kerber & Schwalbe (2015), S. 72, Rn. 173.
585 Kerber & Schwalbe (2015), S. 222, Rn. 600.
586 Blanckenburg & Michaelis (2008), S. 416; Kerber & Schwalbe (2015), S. 222, Rn. 600. So können beispielsweise Bündelungsvorteile bewirken, dass ein Netzanbieter eine bestimmte Region günstiger versorgen kann, als wenn mehrere Anbieter auf diesem Markt agieren würden. Vgl. hierzu Knieps (2005), S. 22.
587 Dewenter & Rösch (2015), S. 45.
588 Blanckenburg & Michaelis (2008), S. 416.
589 Knieps (2005), S. 23; Kerber & Schwalbe (2015), S. 222, Rn. 600.

bei einer Verdoppelung oder Verdreifachung des Inputs hervor.[590] In der Folge nehmen, wenn die Technologie eines Unternehmens zunehmende Skalenerträge (Economies of Scale) aufweist, die Stückkosten mit wachsender Herstellungsmenge ab, sodass es ökomisch sinnvoll sein kann, die gesamte Produktion in nur einem Unternehmen zu konzentrieren.[591] Hierdurch wird ein Konsolidierungsprozess ausgelöst, in dessen Verlauf Konkurrenten nach und nach aus dem Markt austreten.[592] Einem natürlichen Monopol liegen mithin in erster Linie rein technologische Ursachen zugrunde.[593] Die Größenvorteile selbst können dabei unter anderem auf Mindesteinsatzmengen bei Produktionsfaktoren, auf die ingenieurwissenschaftliche Zwei-Drittel-Regel, auf stochastische Größenersparnisse oder Lernkurveneffekte zurückzuführen sein.[594] Denn diese und andere Gründe führen dazu, dass bei einem natürlichen Monopol die Grenzkosten unterhalb der Durchschnittskosten liegen, das heißt die Erstellung einer zusätzlichen Einheit eines Gutes mit einem geringeren Aufwand, also geringeren Grenzkosten einhergeht, als sich für die bereits hergestellte Menge pro Stück (=Durchschnittskosten) ergeben hat.[595] Wie in der nachfolgenden Abbildung 4 veranschaulicht, sinken die Durchschnittskosten mit steigender Produktionsmenge, sodass es sich am kostengünstigsten gestaltet, wenn nur ein Anbieter die gesamte Nachfrage bedient:

Abb. 4: Natürliches Monopol im Falle sinkender Durchschnittskosten

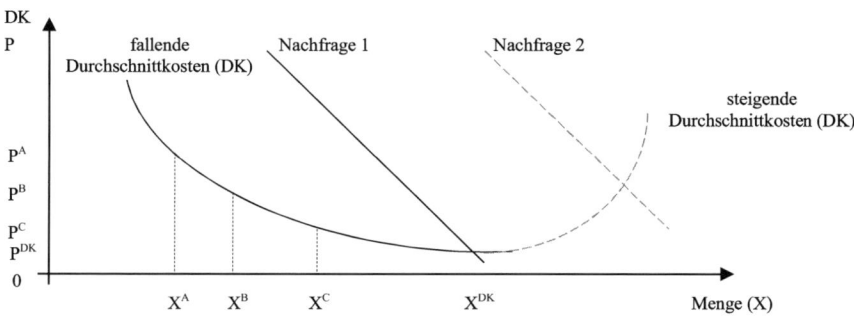

Quelle: Eigene Darstellung in Anlehnung an Fritsch (2014), S. 162–163.

590 Kerber & Schwalbe (2015), S. 222, Rn. 600.
591 Train (1991), S. 6; Kerber & Schwalbe (2015), S. 222, Rn. 600.
592 Kerber & Schwalbe (2015), S. 223, Rn. 601.
593 Kerber & Schwalbe (2015), S. 223, Rn. 601, wobei ein natürliches Monopol auch in Abhängigkeit von der Größe des Marktes steht, sodass bei einem Markt mit geringer Nachfrage auch eine Kostenfunktion, die nur bei kleinen Herstellungsmengen subadditiv ist, für die Begründung eines natürlichen Monopols ausreichen kann.
594 Dazu näher Fritsch (2014), S. 161; Knieps (2005), S. 22.
595 Fritsch (2014), S. 173.

Die obige Abbildung veranschaulicht dabei, dass bei dem unterstellten Verlauf von Kosten und Nachfrage nur der Anbieter, der die insgesamt nachgefragte Menge X^{DK} zum niedrigst möglichen und gerade kostendeckenden Preis P^{DK} anbietet, vor der Verdrängung durch die Konkurrenten sicher ist und auf diesem Markt bestehen kann.[596] Da jedoch, wie in der Abbildung 4 in roter Farbe grafisch dargestellt, ab einer bestimmten Menge zum Beispiel aufgrund produktionstechnischer Gegebenheiten die Größenvorteile erschöpft sind und die Durchschnittskosten wieder zunehmen, treten natürliche Monopole in der Praxis nicht in jedem Markt auf.[597] Zu beobachten sind natürliche Monopole vorwiegend auf Märkten, die sich durch hohe Fixkosten und sehr niedrige variable Kosten kennzeichnen.[598]

Auch bei einem Mehrproduktunternehmen kann ein natürliches Monopol entstehen, wenn es sich durch eine subadditive Kostenfunktion kennzeichnet.[599] Dafür genügt es allerdings nicht, dass jedes Produkt mit zunehmenden Skalenerträgen produziert wird; vielmehr müssen zusätzlich auch Verbundvorteile zu verzeichnen sein, die mit den zunehmenden Skalenerträgen in der richtigen Weise zusammenwirken.[600]

3.3.3 Regulierungserfordernis bei natürlichen Monopolen

Bei einem natürlichen Monopol können zahlreiche Ineffizienzen in Bezug auf die Allokation, die Produktion und auf die dynamische Entwicklung auftreten.[601] Denn auch wenn ein natürlicher Monopolist stets zu geringsten Kosten die Produktion von Waren vornimmt, wird das Unternehmen, da es keinem Wettbewerb ausgesetzt ist, im Vergleich zu einer effizienten Allokation eine geringere Menge des Gutes zu einem höheren Preis anbieten, womit ein entsprechender Wohlfahrtsverlust einhergeht.[602] Im Falle eines zweiseitigen Marktes liegt es dabei nahe, dass der Intermediär sogar die Konsumentenrente beider Marktseiten abschöpfen wird.[603]

Aus wohlfahrtsökonomischer Perspektive werden natürliche Monopole daher traditionell als regulierungsbedürftig erachtet,[604] zumindest dann, wenn es sich um ein resistentes Monopol handelt, welches also durch entsprechende Markteintrittsbarrieren vor Wettbewerbern geschützt ist.[605] Die mit einem natürlichen Monopol in Verbindung gebrachten Probleme werden infolgedessen als Rechtfertigungsgrund für zahlreiche staatliche Eingriffe herangezogen.[606] Daneben können einem

---

596 Fritsch (2014), S. 162.
597 Fritsch (2014), S. 162–163.
598 Dewenter & Rösch (2015), S. 46.
599 Kerber & Schwalbe (2015), S. 223, Rn. 601.
600 Kerber & Schwalbe (2015), S. 223, Rn. 601.
601 Kerber & Schwalbe (2015), S. 223, Rn. 602.
602 Dewenter & Rösch (2015), S. 46; Kerber & Schwalbe (2015), S. 223, Rn. 602.
603 Blanckenburg & Michaelis (2008), S. 416.
604 Knieps (2005), S. 28.
605 Dewenter & Rösch (2015), S. 46.
606 Beck (2011), S. 27.

staatlichen Eingriff auch (meta-ökonomische) Ziele zugrundeliegen, die selbst bei wettbewerblichen Marktstrukturen nicht erreicht werden.[607]

Inwieweit es einer Regulierung der durch natürliche Monopole verursachten ineffizienten Marktergebnisse aber tatsächlich bedarf, hängt davon ab, wie groß die Ineffizienzen bei einer unterbleibenden Regulierung ausfallen und welche regulatorischen Eingriffe zu welchen Kosten überhaupt möglich sind.[608] Das bedeutet, dass ein regulatorischer Eingriff überhaupt nur dann in Betracht kommt, wenn darüber elementare Ineffizienzen eliminiert oder zumindest verringert werden können und der Eingriff selbst keine signifikanten direkten oder indirekten Kosten mit sich bringt.[609] Das übergeordnete Ziel einer solchen etwaigen Regulierung besteht dabei in der Begrenzung der Gewinne eines Monopolisten zu Gunsten der Konsumenten.[610]

Zur Minderung der durch ein natürliches Monopol ausgelösten Ineffizienzen wurden von Ökonomen als Alternative zu einer in den Markt eingreifenden Regulierung verschiedene Ansätze entwickelt: So könnte beispielsweise die **Vergabe des Monopolrechts im Rahmen einer Versteigerung** in Erwägung gezogen werden, womit anstelle eines bei einem natürlichen Monopol nicht vorhandenen Wettbewerbs im Markt ein **Wettbewerb um den Markt** eintreten würde.[611] Der Zuschlag würde dabei an den Bieter zu geben sein, der am effizientesten produziert und infolgedessen das höchste Angebot abgibt.[612] Im Gegenzug würde ein Bieter durch den Zuschlag das Recht erlangen, innerhalb einer bestimmten Laufzeit den Monopolmarkt zu bedienen.[613] Vorteil einer solchen Vorgehensweise wäre, dass die entstehende Monopolrente durch die versteigernde Instanz, welches in der Regel der Staat ist, abgeschöpft und auf diese Weise an die Konsumenten weitergereicht werden könnte.[614] Weiterhin würde eine Vergabe des Monopolsrechts einen Rückgriff auf entsprechende Preisvorschriften entbehrlich machen.[615] Allerdings weist eine derartige Methodik in der Praxis signifikante Hürden auf und mindert auch nicht zwingend den regulatorischen Aufwand, insbesondere dann nicht, wenn das Angebot ex-ante nicht hinreichend spezifiziert ist und infolgedessen Abweichungen

---

607 Derartige Ziele können unter anderem in der Herbeiführung von Verteilungsgerechtigkeit oder in der Gewährleistung einer politisch gewollten Infrastrukturqualität zum Beispiel für Betriebssicherheit (DIN, TÜV) liegen. Hierzu näher Schmidt & Haucap (2013), S. 50–51.
608 Kerber & Schwalbe (2015), S. 223, Rn. 603.
609 Kerber & Schwalbe (2015), S. 223, Rn. 603.
610 Blanckenburg & Michaelis (2008), S. 420.
611 Demsetz (1965); Train (1991), S. 299–300; Kerber & Schwalbe (2015), S. 223–224, Rn. 604. Ausführlich zu der Frage des „Wettbewerbs um den Markt" siehe Kruse (1985), S. 344–389.
612 Fritsch (2014), S. 222.
613 Train (1991), S. 299; Fritsch (2014), S. 222.
614 Fritsch (2014), S. 222.
615 Wied-Nebbeling (2004), S. 40.

vom gewünschten Leistungsniveau eintreten.[616] Auch kann es dazu kommen, dass der Monopolist irreversible Investitionen in langlebige Ressourcen vornimmt, die sich bei einer Folgeausschreibung als Markteintrittsbarriere für potentielle Wettbewerber auswirken können.[617]

Um den Ineffizienzen eines natürlichen Monopols entgegenzuwirken, könnte auch die Implementierung **potenziellen Wettbewerbs** genügen, wenn dieser einen Monopolisten dazu veranlasst, sich wie bei tatsächlicher Konkurrenz zu verhalten.[618] Dieses verlangt aber, dass ein Markt insoweit angreifbar ist, dass anderen Unternehmen ohne Kostenversenkungen ein Markteintritt möglich ist und der Monopolist seinen Preis kurzfristig nicht ändern kann.[619] Zusätzlich muss, um auf eine Regulierung verzichten zu können, das natürliche Monopol von der Eigenschaft der Nachhaltigkeit (sustainability) gekennzeichnet sein.[620] Da jedoch die Schaffung von gegengewichtiger Marktmacht auch den Aufbau von Machtspiralen fördern kann, gelangt diese wirtschaftspolitische Strategie nur selten zur Anwendung.[621]

Weiterhin kann beispielsweise auch durch **intermodalen Wettbewerb** oder **technischen Fortschritt** die Eliminierung eines natürlichen Monopols herbeigeführt werden.[622]

Die vorgenannten Ansätze zeigen jedenfalls allesamt auf, dass selbst bei Bestehen eines natürlichen Monopols nicht zwingend ein regulatorischer Eingriff erforderlich ist, sondern auch alternative Vorgehensweisen vorhanden sind, um zumindest anstelle eines Wohlfahrtoptimums, bei dem der Preis den marginalen Kosten gleicht, ein **second-best Ergebnis** zu erzielen.[623] Insoweit dieses nicht genügt, ist unter Abwägung der Vor- und Nachteile gegebenenfalls mittels gezielter Regulierungsmaßnahmen das Marktergebnis entsprechend zu beeinflussen.[624]

3.3.4 Regulierungsverfahren bei natürlichen Monopolen

In Hinblick auf etwaige **Regulierungsverfahren eines natürlichen Monopols** ist zunächst herauszustellen, dass entgegen der für eine effiziente Allokation geltenden Bedingung Preis gleich Grenzkosten ein gewinnmaximierendes Monopol seine Angebotsmenge nach der Regel Grenzerlös gleich Grenzkosten wählt, womit ein

---

616 Siehe hierzu näher Kerber & Schwalbe (2015), S. 224, Rn. 605; Fritsch (2014), S. 223.
617 Fritsch (2014), S. 223.
618 Hierzu näher Baumol & Willig (1981), Panzar & Willig (1977) sowie Spulber (1989), S. 138–158.
619 Kerber & Schwalbe (2015), S. 224, Rn. 606.
620 Kerber & Schwalbe (2015), S. 224, Rn. 606.
621 Fritsch (2014), S. 224.
622 Vgl. hierzu Braeutigam (1979) sowie Braeutigam (1989).
623 Zur Theorie des „second best" siehe Lipsey & Lancaster (1956). Weiterhin dazu siehe Train (1991), S. 16; Kerber & Schwalbe (2015), S. 225, Rn. 608.
624 Kerber & Schwalbe (2015), S. 225, Rn. 608. Zu den Möglichkeiten im Einzelnen vgl. Train (1991), S. 19 ff.

geringeres Angebot zu einem höheren Preis und mithin ein Wohlfahrtsverlust einhergeht.[625] Ein Preis in Höhe der Grenzkosten würde bei einem natürlichen Monopol mit fallenden Durchschnittskosten zu einem Verlust führen - mit der Folge, dass das Unternehmen den Markt verlassen müsste,[626] zumal ein Verlustausgleich durch Subventionszahlungen in der Regel auch nicht möglich ist.[627] Somit gilt es zu prüfen, welches Ergebnis durch eine Regulierung überhaupt maximal erreichbar ist, und zwar unter der Prämisse, dass das Unternehmen keinen Verlust zu verzeichnen hat.

In der Wirtschaftstheorie und Praxis haben sich dabei verschiedene Regulierungsverfahren herausgebildet, bei denen die Regulierung von Kosten, Gewinnen und Preisänderungen im Fokus steht,[628] wobei sich die kostenorientierten Formen der Regulierung (Cost-Plus-Regulation) als besonders relevant erwiesen haben.[629] Nachfolgend werden einige wesentliche Regulierungsmethoden aufgezeigt:[630]

(1) Verpflichtung zu Grenzkostenpreisen und Defizitabdeckung durch den Staat

Eine mögliche kostenorientierte Regulierungsform sieht vor, einen natürlichen Monopolisten zu verpflichten, seine Preise entsprechend den Grenzkosten zu setzen, wobei das damit einhergehende Defizit mittels steuerfinanzierten Subventionen zu kompensieren ist.[631] Für Umsetzungsschwierigkeiten in der Praxis sorgt bei dieser Regulierungsvariante jedoch die Ermittlung der Grenzkosten, ohne die eine Preisvorgabe nicht möglich ist. Zur Erreichung eines effizienten und preisgünstigen Angebots ist dabei auf die langfristigen Grenzkosten abzustellen, die alle Aufwendungen enthalten, die die Produktion einer zusätzlichen Einheit bei optimaler Kapazitätsauslastung erfordert.[632] Auf diese Weise impliziert die Regel Grenzkosten gleich Preis nicht nur die Vorgabe der Preissetzung, sondern auch eine Investitionsanweisung dahingehend, dass die in dem Schnittpunkt der Kurve der langfristigen Grenzkosten und der Nachfragekurve gegebene Kapazität zu realisieren ist.[633] Neben der Ermittlung der Grenzkosten ist jedoch bei dieser Regulierungsform auch der sinkende Anreiz zu einer kostengünstigen Produktion zu sehen, da auftretende Defizite

---

625 Kerber & Schwalbe (2015), S. 225, Rn. 609.
626 Kerber & Schwalbe (2015), S. 225, Rn. 609.
627 Kerber & Schwalbe (2015), S. 225, Rn. 609.
628 Siehe hierzu auch Schmidt & Haucap (2013), S. 55, die die Cost-Plus-Regulation, die Yardstick Regulation sowie die Price-Cap-Regulation als die wesentlichen Regulierungsansätze erachten.
629 Siehe hierzu näher Fritsch (2014), S. 211–212.
630 Einen Überblick zu Möglichkeiten der Preisregulierung natürlicher Monopole bieten Feess (2004), S. 343–351 sowie Borrmann & Finsinger (1999), S. 342–431. Ausführliche Darstellungen finden sich bei Brown & Sibley (1986), Berg & Tschirhart (1988) sowie Viscusi/Vernon/Harrington (2005).
631 Fritsch (2014), S. 212.
632 Fritsch (2014), S. 212–213.
633 Fritsch (2014), S. 213.

insoweit durch den Staat getragen würden, mit der Folge, dass ein Monopolist deren Ausräumung nicht mehr primär forcieren würde.[634]

(2) Pareto-optimale Angebotsmenge und Defizitabdeckung
   durch Preisdifferenzierung

Eine andere Regulierungsform sieht vor, einem natürlichen Monopolisten eine Preisdiskriminierung ersten und zweiten Grades zu erlauben.[635] Dieses würde zu entsprechenden Anreizen bei dem Monopolisten führen, die pareto-optimale Angebotsmenge auf dem Markt anzubieten, und zwar ohne dass entsprechende Defizite hervorgerufen würden.[636] Ein derartiges Vorgehen erfordert allerdings, dass die Zahlungsbereitschaft der unterschiedlichen Nachfrager insoweit ermittelt und ein etwaiger Weiterverkauf des Gutes vermieden werden kann.[637] Die einfachste Form eines nichtlinearen Preises stellt ein zweiteiliger Tarif dar, bei dem der durchschnittliche Preis mit zunehmender Verbrauchsmenge sinkt und auf diese Weise preisdiskriminierend wirken kann, indem den Konsumenten mit höherer Nachfrage ein geringerer Preis pro Einheit auferlegt wird.[638] Allerdings wird die Konsumentenrente bei dieser Regulierungsmethode aufgrund der unterschiedlichen Zahlungsbereitschaften von Individuen mit gleicher Nutzungsintensität durch die zweiteiligen Tarife in aller Regel nicht vollumfänglich abgeschöpft.[639] Auch ist bezüglich der Preisdiskriminierung nicht gewährleistet, dass der natürliche Monopolist sich bei der Konsumentenrente auf das beschränkt, was zur Deckung des Defizits erforderlich ist. Damit wiederum geht bei dieser Regulierungsform das Erfordernis einer Kosten- und Investitionskontrolle einher, die aufgrund unzureichender Informationsstände oftmals nur schwierig durchzuführen sind.[640]

(3) Verpflichtung zu kostendeckenden Preisen: Durchschnittskosten- und
   Ramsey-Preise

Aufgrund der mit den vorgenannten Regulierungsformen einhergehenden Schwierigkeiten ist es in Erwägung zu ziehen, dem Anbieter schlichtweg kostendeckende Preisvorgaben zu machen.[641]

---

634 Fritsch (2014), S. 213.
635 Fritsch (2014), S. 213. Eine solche findet sich beispielsweise im Bereich der Energieversorgung: Hier werden zweiteilige Tarife, bestehend aus einer Grundgebühr und einer verbrauchsabhängigen Komponente, angeboten. Vgl. hierzu näher Kerber & Schwalbe (2015), S. 226, Rn. 613. Zur Preisdiskriminierung vgl. ausführlicher zudem Kapitel 4.2.2.3.
636 Fritsch (2014), S. 213. Das Konzept der pareto-optimalen Angebotsmenge ist nach seinem Entdecker Vilfredo Pareto benannt.
637 Fritsch (2014), S. 213.
638 Kerber & Schwalbe (2015), S. 226, Rn. 613.
639 Fritsch (2014), S. 214.
640 Fritsch (2014), S. 215.
641 Armstrong (2008), S. 439; Fritsch (2014), S. 215.

Hierbei kann auf die so genannten **Ramsey-Preise** zurückgegriffen werden, die zu einem „second-best" Ergebnis führen, indem sie die volkswirtschaftliche Rente, also die Summe aus Produzenten- und Konsumentenrente unter der Nebenbedingung der Kostendeckung, sodass das Unternehmen ohne Verlust operiert, maximieren.[642] Der Ramsey-Preis gleicht im Einproduktfall dabei den Stück- beziehungsweise Durchschnittskosten, sodass das Unternehmen seine Kosten decken und die Menge anbieten kann, die bei diesem Preis Angebot und Nachfrage ausgleicht.[643] Auch in diesem Fall bietet es sich analog zur Regulierung durch Grenzkostenpreise an, die langfristigen Durchschnittskosten zugrunde zu legen.[644] Das Ausmaß der Wohlfahrtsverluste, die bei der Regel Durchschnittskosten gleich Preis entstehen, hängt dabei von der Preiselastizität der Nachfrage ab, wobei die Wohlfahrtseinbuße bei einer relativ elastischen Nachfrage ein größeres Ausmaß annimmt als bei einer vergleichsweisen unelastischen Nachfrage.[645]

Bei Mehrproduktunternehmen gestaltet sich die Ermittlung von Ramsey-Preisen allerdings weitaus schwieriger: Bei diesem herrschen verschiedene Preisstrukturen vor, durch die ein gerade kostendeckendes Agieren des Monopols erreicht wird.[646] Insoweit das natürliche Monopol hier den Preis für jedes Produkt gleich den marginalen Kosten setzt, können daraus für das Unternehmen Verluste resultieren.[647] Um in diesen Fall zu einer „second-best" Lösung zu gelangen, gilt es, eine Verringerung der allokativen Verzerrungen durch die Preise, die also nicht den Grenzkosten gleichen, vorzunehmen.[648] Allerdings ist zu bedenken, dass bei einer preiselastischen Nachfrage bereits eine geringe preisliche Abweichung von den Grenzkosten signifikante Auswirkungen auf die nachgefragte Menge impliziert und damit eine erhebliche allokative Verzerrung sowie mangels Deckung der höheren Stückkosten Verluste mit sich bringt.[649] Aus diesem Grund entsprechen die Ramsey-Preise bei einer preiselastischen Nachfrage weitestgehend den Grenzkosten und übersteigen diese nur im Falle preisunelastisch nachgefragter Güter.[650] Diese je nach Preiselastizität differierenden Preise führen zu einer Quersubventionierung zwischen den unterschiedlichen Gütern, indem die bei den preisunelastisch nachgefragten Produkten erlangten Gewinne zum Verlustausgleich herangezogen

---

642 Ramsey (1927); Boiteux (1956); Knieps (2005), S. 83–84. Armstrong (2008), S. 439 beschreibt Ramsey-Preise als „prices that maximize welfare subject to the regulated firm covering its costs, including fixed costs (...)".

643 Train (1991), S. 116; Kerber & Schwalbe (2015), S. 225, Rn. 609.

644 Fritsch (2014), S. 215.

645 Siehe hierzu die bei Fritsch (2014), S. 216 befindliche Illustration der Wohlfahrtsverluste.

646 Kerber & Schwalbe (2015), S. 225, Rn. 610.

647 Train (1991), S. 117.

648 Kerber & Schwalbe (2015), S. 225, Rn. 610.

649 Kerber & Schwalbe (2015), S. 225, Rn. 610.

650 Vgl. hierzu Borrmann & Finsinger (1999), S. 163–199.

werden.[651] Auf diese Weise kann die Preisregulierung ein reguliertes Unternehmen aber auch zu einem „Rosinenpicken" veranlassen, mit der Folge, dass ausschließlich lukrative Marktsegmente bedient werden, dem allenfalls mit einer Verpflichtung, eine den Markt abdeckende Bereitstellung an Gütern vorzunehmen, begegnet werden könnte.[652] Gleichzeitig könnten über den Durchschnittskosten bepreiste Produkte im Sinne eines „Rosinenpickens" (Cream-Skimming) zu einem Markteintritt von Wettbewerbern führen.[653] Neben dem Preis wäre insoweit also auch eine Regulierung des Marktzutritts erforderlich.[654] Besteht für ein betroffenes Unternehmen zudem die Möglichkeit, die Qualität der angebotenen Güter zu variieren, kann weiterhin das Erfordernis einer Qualitätsregulierung neben dem der Vorgabe der Preise eintreten.[655]

Weiterhin könnte bei der Implementierung von Ramsey-Preisen auch die Regulierung anderer Unternehmen erforderlich werden, die, ohne selbst ein natürliches Monopol darzustellen, Substitute zu den Gütern des Monopols auf dem Markt anbieten.[656]

(4) Spitzenlastpreise

Zahlreiche natürliche Monopole weisen eine im Zeitablauf schwankende Nachfrage auf, die sich beispielsweise durch Tages- oder Jahreszeiten begründet.[657] Entsprechend der Nachfrage und der gegebenen Kapazitäten variieren dabei die Preise und werden infolgedessen als **Spitzenlastpreise** (peak-load prices) bezeichnet.[658] Diese fallen bei geringer Nachfrage zwecks Stimulation der Nachfrage und der Auslastung der Kapazitäten entsprechend niedrig aus.[659] Die Festlegung der optimalen Kapazität ist dabei so vorzunehmen, dass die durchschnittlichen Kosten, die durch die Rationierung aufgrund beschränkter Kapazitäten in Zeiten hoher Nachfrage entstehen, den Kosten gleichen, die bei entsprechender Kapazitätserweiterung verursacht würden.[660]

---

651   Unter gewissen Voraussetzungen können Ramsey-Preise jedoch auch ohne Quersubventionen gegeben sein, vgl. Berg & Tschirhart (1988), S. 273–276. Weiterhin dazu siehe Kerber & Schwalbe (2015), S. 225, Rn. 610.

652   Kerber & Schwalbe (2015), S. 226, Rn. 611.

653   Kerber & Schwalbe (2015), S. 225, Rn. 610.

654   Kerber & Schwalbe (2015), S. 225, Rn. 610.

655   Kerber & Schwalbe (2015), S. 226, Rn. 611.

656   Hierzu näher Church & Ware (2000), S. 796.

657   Kerber & Schwalbe (2015), S. 226, Rn. 612.

658   Die Regulierungsform der Spitzenlastpreise ist konzeptionell zurückzuführen auf Bye (1926), S. 33, Bye (1929), S. 40, Boiteaux (1949), S. 22 und Steiner (1957), S. 585.

659   Kerber & Schwalbe (2015), S. 226, Rn. 612.

660   Ein Überblick über die Theorie der Spitzenlastpreise findet sich bei Crew/Fernando/Kleindorfer (1995), S. 215, Hirshleifer (1958), S. 451 sowie Jordan (1983), S. 127.

(5) Regulierung von Zugangspreisen

Insbesondere bei früheren staatsmonopolistischen Mehrproduktunternehmen konnten oftmals nicht alle Produkte unter den Bedingungen eines natürlichen Monopols gefertigt werden, sodass die hiervon betroffenen Märkte seither an sich dem Wettbewerb ausgesetzt werden konnten.[661] Dafür ist potentiellen Wettbewerbern jedoch Zugang zu den zuvor monopolistisch kontrollierten wesentlichen Einrichtungen (essential facilities) zu gewähren.[662] Dieses allein reicht jedoch in aller Regel nicht aus, um auf dem jeweiligen Markt wirksamen Wettbewerb zu etablieren, da der Inhaber der wesentlichen Einrichtungen insoweit Zugangserschwerungen zum Beispiel durch überhöhte Preisforderungen vornehmen könnte.[663] Um tatsächlich einen diskriminierungsfreien Zugang zu ermöglichen, ist demzufolge neben einer Zugangsregulierung auch eine Preisregulierung erforderlich, die eine wohlfahrtsfördernde Ausgestaltung anzunehmen hat.[664] Problematisch hierbei ist, dass ein Unternehmen eine Umverteilung der Kosten aus dem nichtregulierten in den regulierten Bereich anstreben wird.[665]

(6) Anreizmechanismen: Vogelsang-Finsinger-Mechanismus

Insbesondere für Regulierungsmaßnahmen durch Ramsey-Preise, Spitzenlastpreise oder zweiteilige Tarife sind in der Praxis umfassende Informationen über die Preiselastizitäten der Nachfrage und über die Kostenstruktur des Monopols erforderlich.[666] Gegenüber den Regulierungsbehörden besteht jedoch vielmals das Problem asymmetrischer Informationen, welches allerdings durch ein dynamisches Verfahren zur Einführung von Ramsey-Preisen, dem so genannten Vogelsang-Finsinger-Mechanismus, zumindest teilweise überwunden werden kann.[667] Dieser impliziert ein sowohl konzeptionell überschaubares als auch von der Implementierung her einfaches Vorgehen:[668] Der nach seinen Entdeckern benannte Vogelsang-Finsinger-Mechanismus setzt lediglich Beobachtungen über Preise, Mengen und Kosten eines Unternehmens in einer beliebig wählbaren Periode voraus, um zu erkennen, dass ein Unternehmen beispielsweise Preise unterhalb der Durchschnittskosten verlangt, im Zeitablauf aber durch Mengenerhöhungen einen Gewinn erwirtschaften kann.[669] Ein derartiges Vorgehen wird dabei bis zur Erreichung der Ramsey-Preise

---

661   Armstrong/Cowan/Vickers (1994); Sidak & Spulber (1998); Newberry (1999).
662   Kerber & Schwalbe (2015), S. 227, Rn. 614.
663   Kerber & Schwalbe (2015), S. 227, Rn. 614.
664   Armstrong/Cowan/Vickers (1996), S. 131; Cave & Doyle (1994), S. 181; Laffont & Tirole (1994), S. 1673.
665   Kerber & Schwalbe (2015), S. 227, Rn. 614.
666   Kerber & Schwalbe (2015), S. 227, Rn. 616.
667   Vogelsang & Finsinger (1979), S. 157; Train (1991), S. 148.
668   Train (1991), S. 148.
669   Hierzu näher Train (1991), S. 149 ff.; Kerber & Schwalbe (2015), S. 228, Rn. 616.

durchgeführt.[670] Problematisch hieran ist lediglich, dass diese Methode nicht vor den Auswirkungen eines strategischen unternehmerischen Vorgehens bewahrt wird und ein Unternehmen beispielsweise durch höhere Kostenangaben den zulässigen Preis beeinflussen kann.[671] An dieser Stelle sind zur Überwindung der asymmetrischen Informationen Anreize zu einer wahrheitsgemäßen Angabe der tatsächlich auftretenden Kosten zu schaffen, die jedoch jeweils für sich wieder eigene Nachteile mit sich bringen.[672]

(7) Rendite- und Kostenregulierungsverfahren

Anstatt den Preis bei Regulierungsmaßnahmen zugrundezulegen, können Regulierungsverfahren auch bei der Rendite oder den Kosten eines Unternehmens ansetzen und auf diese Weise verhindern, dass Monopolisten übermäßge Gewinne erwirtschaften.[673] Bei einer **Renditeregulierung,** also eine Regulierung der Kapitalverzinsung (Rate-of-Return-Regulation), die bislang insbesondere in den USA praktiziert wurde, wird eine Obergrenze für die Rendite auf das eingesetzte Kapital bestimmt.[674] Ziel der Regulierung ist es, die Preissetzungen so vorzunehmen, dass das Unternehmen für eingesetztes Kapital eine Verzinsung in Höhe des Kapitalmarktzinses erlangt und ihm die Erwirtschaftung eines angemessenen Gewinnes möglich ist.[675] Der über die Verzinsung zum Kapitalmarktzins hinausgehende Gewinn ist als notwendige Risikoprämie für mit Unsicherheiten behaftetes unternehmerisches Handeln zu erklären.[676] Bringt ein Unternehmen nun mehr Kapital auf Kosten anderer Produktionsfaktoren ein, erhöht sich die Basis, auf der eine Berechnung der Rendite erfolgt und ein Unternehmen kann einen höheren Gewinn erwirtschaften, was nach den Entdeckern als **Averch-Johnson-Effekt** bezeichnet wird.[677] Will jedoch ein reguliertes Unternehmen Preiserhöhungen durchführen, hat es zunächst der Behörde Informationen über die eingesetzten Maschinen und Technologien beizubringen, wobei diese dem Antrag nur unter der Prämisse, dass die entstehende Verzinsung für das eingesetzte Kapital die Höhe des Kapitalmarktzinses plus Risikoprämie nicht übersteigt, stattgeben wird.[678]

---

670   Kerber & Schwalbe (2015), S. 228, Rn. 614.

671   Kerber & Schwalbe (2015), S. 228, Rn. 614.

672   Vgl. zu möglichen Anreizmechanismen Kerber & Schwalbe (2015), S. 228, Rn. 617, die jedoch zum Beispiel dazu führen, dass ein Unternehmen die gesamte volkswirtschaftliche Rente für sich erhält oder ein finanzieller Anreiz in Form von Gewinnen zu gewähren ist. Im Einzelnen näher Loeb & Magat (1979), S. 399, Baron & Myerson (1982), S. 911, Laffont & Tirole (1986) sowie Besanko & Sappington (1987).

673   Vgl. hierzu Borrmann & Finsinger (1999), S. 342–373.

674   Fritsch (2014), S. 219; Kerber & Schwalbe (2015), S. 229, Rn. 619.

675   Fritsch (2014), S. 219.

676   Train (1991), S. 19; Fritsch (2014), S. 219.

677   Averch & Johnson (1962), S. 1052; Zajac (1970), S. 117; Knieps (2005), S. 88 ff..

678   Fritsch (2014), S. 219.

Allerdings erfahren bei der Renditeregulierung, da eine ineffiziente Faktorkombination zum Einsatz gebracht wird, die Kosten der Produktherstellung insoweit keine Minimierung.[679] Auch ist es für die Renditeregulierung erforderlich, dass die regulierende Behörde Kenntnis von der Kapitalverzinsung hat, wofür sie Informationen über anfallende Gewinne des Unternehmens benötigt und den Wert des eingesetzten physischen Kapitals bestimmen können muss.[680] Unter Umständen kann zudem die Bestimmung der Angemessenheit der Risikoprämie von Willkür behaftet sein.[681] Somit geht auch die Renditeregulierung mit zahlreichen Problematiken einher.[682]

Alternative Verfahren setzen hingegen bei den Kosten an, die durch den Preis eines Produktes gedeckt werden sollen, wobei aber auch ein Aufschlag für Investitionen zulässig ist, sodass diese Verfahren auch als Cost-Plus oder Mark-up-Regulierung bezeichnet werden.[683] Diese Art der Regulierung veranlasst jedoch nicht zu einem kostendisziplinierten Agieren von Unternehmen. Daher müssen auch die Kostenregulierungsverfahren mangels fehlender Anreize zu einer effizienten Produktion als kritisch erachtet werden.[684]

(8) Price-Cap-Regulierung

Aufgrund der bei vorstehenden Regulierungsverfahren auftretenden Probleme und Unzulänglichkeiten wird seit Beginn der 1980er Jahre das so genannte Price-Cap-Regulierungsverfahren zum Einsatz gebracht.[685] Dieses sieht vor, dass eine Preisobergrenze (Price-Cap) definiert wird, bis zu der ein reguliertes Unternehmen einen Preissetzungsspielraum erhält.[686] Die Preisobergrenze als solche darf jedoch von dem betroffenen Unternehmen nicht überschritten werden.[687] Bei einem Mehrproduktunternehmen wird hingegen für einen ganzen Warenkorb und nicht nur für einzelne Güter für die Dauer einer gewissen Zeitperiode eine Preisobergrenze bestimmt.[688] Innerhalb dieses Warenkorbs kann ein Unternehmen nach Belieben für die einzelnen Güter Preissetzungen vornehmen, muss dabei jedoch beachten, dass die gewichtete Summe dieser Preise nicht zu einer Überschreitung der Preisobergrenze führt.[689] Folglich gleicht die Preisobergrenze dem Gesamtpreis des Warenkorbs.[690]

---

679 Hierzu näher Baumol & Klevorick (1970), S. 162.
680 Fritsch (2014), S. 219.
681 Fritsch (2014), S. 220.
682 Fritsch (2014), S. 220.
683 Braeutigam & Panzar (1989), S. 737; Braeutigam (1980), S. 182.
684 Kerber & Schwalbe (2015), S. 229, Rn. 619.
685 Knieps (2005), S. 107; Kerber & Schwalbe (2015), S. 229, Rn. 620.
686 Littlechild (1983); Brennan (1989), S. 133; Beesley & Littlechild (1989), S. 454; Rees & Vickers (1995), S. 358; Borrmann & Finsinger (1999), S. 415–432; Schmidt & Haucap (2013), S. 56; Fritsch (2014), S. 220.
687 Fritsch (2014), S. 220.
688 Wied-Nebbeling (2004), S. 40.
689 Kerber & Schwalbe (2015), S. 229, Rn. 620.
690 Kerber & Schwalbe (2015), S. 229, Rn. 620.

Die Preisobergrenze findet dabei eine entsprechende Anpassung bei einer Veränderung der Herstellungsmengen einzelner Güter, der Inflationsrate und der Produktivitätsentwicklung, sodass letzteres zumindest teilweise auch an den Konsumenten weitergegeben werden kann.[691]

Dieses Regulierungsverfahren gibt einem Unternehmen einen starken Anreiz zu einem kosteneffizienten Verhalten und zu einer Veränderung der Güterpreise im Zeitablauf, wobei die Preissetzung flexibel in Anpassung zu den Nachfrageelastizitäten durchgeführt werden kann. Weiterhin ist die Price-Cap-Regulierung ohne größeren Aufwand implementierbar und auch in einem Mehrproduktunternehmen, das nur einige Produkte unter Bedingungen eines natürlichen Monopols herstellt, einsetzbar.[692] Hinzu kommt, dass diese Form der Regulierung sich insoweit nicht mit der Problematik asymmetrischer Informationen konfrontiert sieht, als dass die regulierenden Behörden hierfür keinen Zugriff auf Informationen über die Kostenstrukturen eines Unternehmens benötigen und die notwendigen Informationen über Preise und Mengen in der Regel ohne größere Hindernisse zugänglich sind.[693] Dennoch ist auch dieses Verfahren mit kritischen Punkten behaftet: So kann insbesondere in dynamischen Märkten mit erheblichen Produktivitätsänderungen die Problematik auftreten, dass die in der Price-Cap vorgesehene Produktivitätsentwicklung zum einen schwierig zu ermitteln ist und zum anderen in einem signifikanten Maße von der tatsächlichen abweichen kann.[694] Zudem kann auch bei diesem Verfahren ein Unternehmen der Preisregulierung mit Qualitätssenkungen begegnen, um auf diese Weise seine Gewinne zu erhöhen,[695] wobei eine solche Qualitätsminderung aber nicht zwangsläufig zu Effizienzeinbußen führen muss, da die unter Kostenregulierung vorgesehene Qualität in der Regel ineffizient hoch ausfällt.[696]

(9) Yardstick-Regulierung

Die von Shleifer aufgestellte Yardstick-Regulierung stellt eine weitere Möglichkeit dar, durch Anreize eine kosteneffiziente Herstellung von Waren und Leistungen zu erreichen.[697] Die Preisvorgabe, die einem Unternehmen gemacht wird, richtet sich bei diesem Verfahren dabei nicht nach den Kosten, die bei dem zu regulierenden Unternehmen auftreten. Vielmehr wird diese an die Kosten anderer identischer oder

---

691   Kerber & Schwalbe (2015), S. 229, Rn. 620.
692   Kerber & Schwalbe (2015), S. 229, Rn. 620.
693   Kerber & Schwalbe (2015), S. 230, Rn. 620.
694   Church & Ware (2000), S. 855; Fritsch (2014), S. 220.
695   Fritsch (2014), S. 221.
696   Kahn (1971), S. 50–54.
697   Vgl. ausführlich zur Yardstick-Regulierung Shleifer (1985), wobei Shleifer (1985), S. 319 betont, dass natürliche Monopolisten im Rahmen herkömmlicher Regulierungsverfahren keinen Anreiz oder nur einen sehr geringen Anreiz zur Reduzierung der Kosten erhalten.

zumindest vergleichbarer Unternehmen als exogene Größe angelehnt.[698] Hierdurch wird die Schwierigkeit, dass ein Monopolist bei einer Orientierung der Preissetzung an den eigenen Kosten keinen Anreiz zu einer kosteneffizienten Produktion hat, überwunden.[699] Für die Yardstick-Regulierung ist es allerdings erforderlich, dass die regulierende Behörde Zugang zu Informationen über die bei anderen Unternehmen auftretenden Kosten sowie über Aufwendungen von Kostensenkungsmaßnahmen haben muss; Wissen darüber, wie sich diese im Einzelnen zusammensetzen ist hingegen für dieses Regulierungsverfahren nicht erforderlich.[700] Als problematisch erweist sich jedoch, dass ineffiziente Unternehmen, die keine Möglichkeit zu Kostensenkungen haben, aufgrund dieses Verfahrens gänzlich aus dem Markt gedrängt werden könnten, was für sich genommen zwar von ökonomischer Sinnhaftigkeit geprägt ist, allerdings politisch zum Beispiel in Hinblick auf Arbeitsplätze bedenklich sein kann.[701] Weiterhin hat ein reguliertes Unternehmen auch bei diesem Verfahren die Möglichkeit, Güter mit minderer Qualität zu produzieren, um infolge der hiermit einhergehenden Kostenersparnisse Gewinne zu erwirtschaften. Weiterhin kann die unter Umständen mangelnde Vergleichbarkeit zu anderen Unternehmen diverse Probleme mit sich bringen.[702]

Zwischenfazit

Insofern bei einem natürlichen Monopol eine Regulierung in Erwägung gezogen wird, ist zu berücksichtigen, dass jedes Verfahren im Vergleich zu einem funktionsfähigen Wettbewerb bedeutende Nachteile impliziert.[703] Insbesondere an die Kosten anlehnende Preisvorschriften weisen den Nachteil auf, dass ein Monopolist seine Kostensituation in der Regel intransparent gestalten kann.[704] Wettbewerb als solcher bleibt aus diesem Grund die erstbeste Lösung, die mittels eines Regulierungsverfahrens auch nicht in einem gleichwertigen Maße erreichbar ist.[705] Ein stabiles wohlfahrtsökonomisches Gleichgewicht ergibt sich bei einem natürlichen Monopol nur bei strenger Subadditivität und einem völlig angreifbaren Markt.[706]

---

698 Shleifer (1985), S. 319 beschreibt die Yardstick-Regulierung als „a mechanism in which the price the regulated firm receives depends on the costs of identical firms."

699 Kerber & Schwalbe (2015), S. 230, Rn. 621.

700 Kerber & Schwalbe (2015), S. 230, Rn. 621.

701 Kerber & Schwalbe (2015), S. 230, Rn. 622.

702 Vgl. näher zur Yardstick-Regulierung am Beispiel von Netzbetreibern Kühn (2006), S. 149 ff. Grenzen und Schwierigkeiten in der Anwendbarkeit der Yardstick-Regulierung zeigt auch Shleifer (1985) auf.

703 Fritsch (2014), S. 225; Wied-Nebbeling (2004), S. 40.

704 Wied-Nebbeling (2004), S. 40.

705 Fritsch (2014), S. 225. Olten (1998), S. 38 bestätigt, dass die klassische Ökonomie die Relevanz des Wettbewerbs für die Funktionsfähigkeit des marktwirtschaftlichen Systems erkannt hat und der Wettbewerb insoweit als „Motor" für ökonomisch erstrebenswerte und gerechte Marktergebnisse dient.

706 Wied-Nebbeling (2004), S. 40.

Umso wichtiger ist es demzufolge, nach Möglichkeit bereits den Aktivitätsbereich eines natürlichen Monopols zu beschränken, um die Wirtschaftsbereiche weitestgehend einer marktlichen Steuerung auszusetzen.[707] Demzufolge sind Genehmigungen von monopolistischen Aktivitäten in vor- und nachgelagerten Bereichen einer strengen Analyse zu unterziehen und nicht allein mit dem Verweis auf potentielle Synergieeffekte zu rechtfertigen.[708]

Strenge regulatorische Interventionen jedenfalls sind einer genauen Prüfung zu unterziehen: So kann sich im Falle eines Marktversagens zwar durch Regulierungen das Marktergebnis beziehungsweise die Wohlfahrt verbessern, allerdings muss diese Folge nicht zwangsläufig eintreten. Unter Umständen kann ein Post-Regulierungsergebnis sogar schlechter als jenes ohne Regulierung ausfallen, was dann der Fall ist, wenn die Nachteile und Nebenwirkungen der Regulierung die mit dem Eingriff einhergehenden Vorteile (über-) kompensieren. Neben den aufgezeigten Nachteilen einzelner Regulierungsformen sind die Gründe einer derartigen defizienten Regulierung insbesondere in der Ökonomischen Theorie der Politik sowie in der Ökonomischen Theorie der Bürokratie zu finden:

So ist im ersteren Fall neben möglichen imperfekten politischen Prozessen und Schwierigkeiten im Rahmen der Entscheidungsfindung über das „ob" der Regulierung und deren Ausgestaltung zu berücksichtigen, dass bei einer staatlichen Intervention unter Umständen auch ein gewisses Eigeninteresse von den Nachfragern der Regulierungsleistungen, also von Einzelsubjekten und organisierten Interessengruppen, oder aber auch von den Anbietern beziehungsweise den Regulierenden, sprich Politikern und Bürokraten, ausgehen kann.[709] Dabei verlaufen die Interessen verschiedener Wirtschaftssubjekte oftmals gegenläufig, mit der Folge, dass unterschiedliche Regulierungsmaßnahmen eingefordert werden.[710] Bei Politikern besteht beispielsweise ein Interesse daran, die Regulierung an den Vorstellungen des Medianwählers auszurichten, um auf diese Weise wieder den eigenen Nutzen zu erhöhen.[711] Gleiches gilt für die Bürokraten, denen als Exekutive bei der Umsetzung von legislativen Beschlüssen ein diskretionärer Handlungsspielraum zukommt, der unter Umständen zur Maximierung des eigenen Nutzens verwendet wird.[712] So können neben imperfekten administrativen Prozessen und Problemen bei der Umsetzung der Regulierung durch Behörden gerade die Nachfrager von Regulierungsmaßnahmen direkt und indirekt auf die Determinanten der Nutzenfunktion eines Bürokraten Einfluss nehmen und diesen durch direkte Zahlungen zum Beispiel

---

707 Fritsch (2014), S. 225.
708 Fritsch (2014), S. 225.
709 Schmidt & Haucap (2013), S. 51. Siehe hierzu auch Stigler (1971), dessen Aufsatz kennzeichnend ist für den Beginn der politökonomischen Analyse.
710 Hierzu näher Schmidt & Haucap (2013), S. 51 ff.
711 Weiterführend hierzu Downs (1957), S. 23 ff. sowie Rowely (1984), S. 104 ff.
712 Hierzu näher Rowley & Elgin (1988).

in Form von Bestechungsgeldern oder durch die Zusage von Arbeitsplatzsicherheit und Macht entsprechend lenken.[713]

Vor diesem Hintergrund sind im Rahmen der Regulierungsökonomik eine Intervention und deren Auswirkungen auf das Marktergebnis mit einer gewissen Skepsis zu betrachten und keinesfalls per-se Verbesserungen des Marktergebnisses respektive der Wohlfahrt anzunehmen.

3.4 Unvollkommener Wettbewerb auf Nachfrageseite: Monopsone und Countervailing Power

Nicht nur auf Anbieterseite kann es zu Märkten mit unvollkommenem Wettbewerb kommen, sondern auch auf Seiten der Nachfrager kann eine Käufermacht (Buyer Power) gegeben sein.[714] Im Falle eines einzigen Nachfragers handelt es sich um ein Monopson, besteht hingegen eine kleine Gruppe von Nachfragern kommt ein Oligopson[715] in Betracht.[716]

Spiegelbildlich zu einem Monopol,[717] das auf der Seite der Konsumenten auftritt, agiert ein Monopsonist „as a single buyer of a well-specified good or service"[718] gegenüber Lieferanten.[719]

Auch wenn die Monopsonie in Antitrust Fallbücher und in der Literatur lediglich eine untergeordnete Rolle einnimmt, scheint diese Form der Käufermacht tatsächlich weitaus verbreiteter zu sein.[720] So wurde in der Vergangenheit insbesondere von US-amerikanischen Gerichten monopsonistische Macht in vielerlei Zusammenhängen untersucht.[721] Begründet werden kann eine solche dabei durch ein kollusives Zusammenwirken mehrerer Unternehmen, durch ein einseitiges monopsonistisches Verhalten oder durch Fusionen.[722]

---

713 Siehe hierzu Schmidt & Haucap (2013), S. 54, die die Determinanten der Nutzenfunktion eines Bürokraten in Macht, Prestige, angenehmen Arbeitsbedingungen, Sicherheit und Gehalt sehen.

714 Blair & Harrison (1993), S. 47 definieren Käufermacht allgemein als „the power or ability to reduce prices below competitive levels and maintain them there."

715 Oligopsone werden nachfolgend nicht näher betrachtet. Siehe hierzu aber Schwalbe & Zimmer (2011), S. 50–52.

716 Schwalbe & Zimmer (2011), S. 50. Im Allgemeinen näher zu Monopsonen siehe Blair & Harrison (1993).

717 Blair & Harrison (1993), S. 36 beschreiben dieses als „Pure monopsony is the demand side analog of monopoly. Just as a monopolist is a single seller, the monopsonist is a single buyer."

718 Blair & Harrison (1993), S. 3.

719 Stross (2012).

720 Blair & Harrison (1993), S. 3 unter Anführung zahlreicher Beispiele.

721 Blair & Harrison (1993), S. 25.

722 Siehe hierzu im Einzelnen Blair & Harrison (1993), S. 25 ff.

Im Regelfall bildet ein monopsonistisches Unternehmen einen Käufer ab, der sich mehreren Verkäufern gegenüber sieht und dadurch seinen Lieferanten in einer ähnlichen Weise Bedingungen auferlegen kann wie ein Monopolist seinen Abnehmern.[723] Denn analog zu einem Monopol, bei dem durch eine geringere Angebotsmenge ein höherer Verkaufspreis erreicht und somit höhere Gewinne erzielt werden können, kann ein Monopson durch eine geringere Nachfragemenge einen niedrigeren, unter Wettbewerbsniveau liegenden Einkaufspreis erzielen und somit mittels strategischer Zurückhaltung der Nachfrage einen höheren Gewinn verwirklichen.[724] Mithin ist ein **Monopsonist** als ein alleiniger Nachfrager einer Gesamtangebotsfunktion des nachgefragten Gutes zu beschreiben, die für gewöhnlich einen steigenden Verlauf annimmt.[725] Gleichzeitig charakterisiert es einen Monopsonisten, dass dieser hohe Preissenkungen durchsetzen kann, ohne dass die Lieferanten sich anderen Abnehmern zuwenden oder ihre Warenlieferungen zurückhalten,[726] und zwar selbst dann, wenn seitens des Monopsons „refusals to deal"[727] auftreten. Wie auch beim Monopol geht die Ausübung dieser Marktmacht dabei mit einer Umverteilung von den Anbietern zu den Nachfragern einher und es entsteht ein Verlust an volkswirtschaftlicher Rente, da im Vergleich zu einer effizienten Allokation eine geringere Menge nachgefragt wird und der Preis für den Endkunden trotz des geringeren Einstandspreises höher ausfällt.[728]

Ist bei dem Monopson selbst monopolistische oder oligopolistische Marktmacht vorhanden, so steigert sich der Verlust an volkswirtschaftlicher Rente durch den unvollkommenen Wettbewerb auf der Nachfrager- und auch auf der Anbieterseite.[729] Erst wenn auf der Anbieterseite auch ein unvollständiger Wettbewerb in Form eines Monopols oder Oligopols besteht, kann ein monopsonistisches Verhalten zu einer Verbesserung des Marktergebnisses beitragen.[730] An dieser Stelle würde durch Nachfragemacht also ein entsprechendes Gegengewicht zu einem Monopol oder Oligopol entstehen.[731] Die Nachfragemacht bringt dabei häufig günstigere Konditionen gegenüber dem Anbieter mit sich.[732] Im Zentrum der Verhandlungstheorie steht jedoch die Aufteilung der Gewinne auf den beiden Marktseiten, welche insbesondere

---

723 Stross (2012).

724 Schwalbe & Zimmer (2011), S. 50.

725 Kirkwood (2014), S. 67; Schwalbe & Zimmer (2011), S. 50.

726 Kirkwood (2014), S. 67.

727 Blair & Harrison (1993), S. 78.

728 Blair & Harrison (1993), S. 36; Kirkwood (2014), S. 72; Schwalbe & Zimmer (2011), S. 50.

729 Schwalbe & Zimmer (2011), S. 50; so auch Blair & Harrison (1993), S. 42: „In fact, when the monopsonist has market power in its output market, the reduced input prices translate into higher output prices."

730 Schwalbe & Zimmer (2011), S. 50–51.

731 Schwalbe & Zimmer (2011), S. 51.

732 Vgl. zu der Nachfragemacht aus verhandlungstheoretischer Sicht Inderst & Wey (2008).

durch so genannte „outside-options", das heißt durch Alternativen der Verhandlungsparteien im Falle eines Scheiterns und ihrer zeitlichen Präferenz beeinflusst wird.[733] Insofern keine signifikanten Wechselkosten auftreten, sind die Ausweichmöglichkeiten des Nachfragers auf andere Anbieter besonders groß.[734] Auch kann ein marktmächtger Nachfrager neuen Anbietern den Marktzutritt erleichtern, indem beispielsweise Abnahmegarantien übernommen werden.[735] Für den Fall, dass die mit der Nachfragemacht erlangten günstigeren Konditionen an die Konsumenten weitergereicht werden, können auch für diese positive Effekte entstehen.[736] Gleichzeitig kann sich die Nachfragemacht eines großen Abnehmers zum Beispiel durch den so genannten „Spiraleffekt" oder „Wasserbetteffekt" insbesondere für kleinere Abnehmer auch negativ auswirken. Kann nämlich der nachfragestarke Abnehmer seine Verhandlungsposition über einen erhöhten Marktanteil stärken, so können andere Nachfrager, die relativ ungünstigere Konditionen erhalten, zu einem Austritt aus dem Markt veranlasst werden. Dieses wiederum hat zur Folge, dass durch einen geringeren Wettbewerbsdruck zumindest in einem langfristigen Rahmen die Preise für den Endverbraucher steigen.[737] Eine kurzfristige Wirkung kann zudem beim „Wasserbetteffekt" festgestellt werden: Gibt ein verhandlungsstarker Nachfrager die von ihm durchgesetzten günstigeren Konditionen an den Kunden weiter und baut auf diese Weise seinen Marktanteil aus, so erzielt die über sinkende Marktanteile verfügende Konkurrenz aufgrund abnehmender Verhandlungsmacht schlechtere Konditionen, zumal die Verkäufer aufgrund der Einbußen bei den marktmächtigen Kunden gleichzeitig versuchen werden, das Einkommen mit kleineren Abnehmern zu erhöhen.[738] Auf diese Weise kann sich die Macht eines großen Abnehmers auf kleinere Abnehmer schädigend auswirken, was insoweit als Wasserbett-Effekt bezeichnet wird.[739] Da die kleineren Abnehmer infolgedessen ihrerseits die Preise erhöhen müssen, resultiert die Käufermacht eines Unternehmens letztlich auch in einer Schädigung der Konsumenten.[740] In der Konsequenz kann sich dadurch auch die Situation für die Endverbraucher verschlechtern,[741] wobei aber auch zu bedenken ist, dass letztlich ohnehin keine Marktform existiert, die alle aufgeführten Effizienzziele verwirklichen kann.[742]

---

733 Schwalbe & Zimmer (2011), S. 51.
734 Schwalbe & Zimmer (2011), S. 51.
735 Schwalbe & Zimmer (2011), S. 51.
736 Schwalbe & Zimmer (2011), S. 51.
737 Schwalbe & Zimmer (2011), S. 51.
738 Inderst & Valletti (2011); Bishop & Walker (2010), S. 84; Schwalbe & Zimmer (2011), S. 51–52.
739 Bishop & Walker (2010), S. 84.
740 Bishop & Walker (2010), S. 84.
741 Schwalbe & Zimmer (2011), S. 52.
742 Schwalbe & Zimmer (2011), S. 52.

Eine weitaus gewöhnlichere Form der Käufermacht stellt die so genannte **Countervailing Power** dar.[743] Auch bei dieser kann es durch Ausübung von Marktmacht auf Abnehmerseite zu Einschränkungen bei den Wettbewerbs- und Preisgestaltungsspielräumen eines marktmächtigen Anbieters kommen.[744] Dieses begründet sich damit, dass ein Lieferant von einem potentiellen Abwandern eines großen Abnehmers in einem höheren Maße betroffen ist als bei einem Abwandern eines kleineren Abnehmers, mit der Folge, dass bei marktmächtigen Abnehmern eine größere Bereitschaft zu Rabattgewährungen gegeben ist. So wird zumindest in dem Fall, dass ein größerer Abnehmer auf Alternativen am Markt zurückgreifen und zu anderen Anbietern wechseln kann, der Verkäufer seine Marktmacht nicht ausüben.[745] Dieses setzt allerdings wiederum voraus, dass die Wechselkosten nicht sonderlich hoch ausfallen und der alternative Anbieter den Anforderungen des hohen Einkaufsvolumens überhaupt entsprechen kann.[746] Für den Fall, dass Wechselkosten bestehen oder Abnehmer sich nicht der Gefahr aussetzen wollen, von einem Lieferanten abhängig zu werden, greifen diese oftmals im Sinne einer Dual-Source auf zwei oder mehrere Anbieter zurück, um bei einem Preiserhöhungsversuch eines Anbieters einen wenig komplizierten Lieferantenwechsel vornehmen zu können.[747]

Da jedoch mit dieser Form der Käufermacht auch eine Reduzierung der Marktmacht des Anbieters einhergeht, über welche dieser bei der Countervailing Power per Definition verfügt, bringt die Countervailing Power häufig pro-kompetitive Effekte mit sich, insbesondere indem sie zu einem größeren Output und niedrigeren Preisen führt. Dominante Abnehmer können zudem auch zwischen Verkäufern gebildete Kartelle aushöhlen, da ein kartellbeteiligter Anbieter durchaus zu einem so genannten Cheating und damit zu einem Preis unterhalb der Kartellabsprache veranlasst wird, wenn es sich bei dem nachfragenden Unternehmen um einen großen Player handelt.[748]

Unter gewissen Umständen kann die Ausübung von Countervailing Power jedoch auch wettbewerbswidrig sein und beispielsweise höhere Preise und eine geringere Auswahl für Konsumenten sowie ein schwindendes Maß an Innovationen zur Folge haben.[749]

---

743 Hierzu näher Inderst & Wey (2011); Kirkwood (2014), S. 67.
744 Wirtz (2011), S. 291, Rn. 30.
745 Bishop & Walker (2010), S. 83.
746 Bishop & Walker (2010), S. 83.
747 Bishop & Walker (2010), S. 83.
748 Bishop & Walker (2010), S. 83.
749 Kirkwood (2014), S. 73–74.

3.5 Spezifikationen von Onlinemärkten

Aufgrund der zunehmenden Verbreitung des Internets als „powerful ecosystem"[750] und der infolge dessen steigenden Online-Transaktionen[751] bedarf der Internetmarkt in Hinblick auf die damit einhergehenden Veränderungen der ökonomischen Grundformen der Leistungserstellung in einer Volkswirtschaft und in Bezug auf die Besonderheiten des ökonomischen Wettbewerbs einer gesonderten Betrachtung.[752]

Onlinemärkte beziehungsweise die digitale Ökonomie[753] bringen besondere wettbewerbliche Implikationen mit sich, die an die speziellen Charakteristika des Internets anknüpfen:[754] Als wesentliches Charakteristikum der Internetmärkte ist die **Ubiquität** anzuführen,[755] die es jedem Nutzer ermöglicht, weltweit ohne zeitliche Grenze am Marktgeschehen zu partizipieren, wobei aufgrund der beschleunigten Informations- und Kommunikationsprozesse nur geringe Kosten entstehen.[756] Denn gerade mit der Konzentration auf einen Marktplatz können Suchkosten reduziert werden (reduced consumer search costs),[757] wie es auch bei stationären Händlern beispielsweise in Form von Antiquitätengeschäften oder Gebrauchtwagenhändlern, die sich in unmittelbarer geographischer Nähe zueinander ansiedeln, beobachtet

---

750   Vezzoso (2015), S. 25.
751   Haucap & Wenzel (2011), S. 1; Bundeskartellamt (2013b), S. 14–15.
752   Die Entwicklung des Internets und damit auch der Internetökonomie kann auf Informations- und Kommunikationstechniken (IuK) zurückgeführt werden, die seit Beginn der 1990er Jahre für einen elementaren Wandel in Wirtschaft und Gesellschaft verantwortlich sind, der als fünfter Kondratieff-Zyklus bezeichnet wird, vgl. Tapscott (1996). Siehe dazu auch Greenstein (2012), S. 3: „The commercial Internet began to provide many revenue-generating services in the mid-1990s." Zu den technischen „Gesetzesmäßigkeiten" der Internetökonomie vgl. im Einzelnen Weiber (2002), S. 275 und Clement & Schreiber (2013), S. 10 ff. Unter der Internetökonomie sollen dabei alle Geschäftstätigkeiten verstanden werden, bei denen der Vertrieb von Waren und Dienstleistungen per Fernabsatz unter Einbeziehung des Internets erfolgt.
753   Der Begriff der digitalen Ökonomie impliziert den Handel und das Marketing von Gütern und Dienstleistungen über das Internet, vgl. OECD (2013).
754   Lehr (2012), S. 11 beschreibt die Entwicklung des Internets zu einer „basic economic infrastructure".
755   Dazu Haucap & Heimeshoff (2013), S. 2: „Due to the ever increasing diffusion of (high-speed) Internet access, Internet access and Internet-based services are available to more people in the world than ever." Vgl. hierzu auch Mueller & Lemstra (2011).
756   Lange (2002), S. 561. Lieber & Syverson (2012), S. 190–192 zeigen dabei auf, wie sich die Online-Käufe im Verhältnis zu den Offline-Käufen im Zeitraum von 2002 bis 2008 entwickelt haben.
757   Hierzu Buccirossi (2013), S. 2: „The Internet is generally considered as a catalyst for consumers purchasing ability. Consumers can easily access a huge amount of information, can compare prices, have a wider choice of products, virtually reach any seller around the world (...)."

werden kann.[758] Dieses erfährt bei Onlinemärkten allerdings eine noch viel intensivere Ausprägung, da neben nur noch ganz geringen zeitlichen **Suchkosten** mit Ausnahme der Auslieferung physischer Produkte auch keine Transportkosten entstehen.[759] Mit dem damit einhergehenden Wegfall der Fahrt- und Zeitkosten der Abnehmer wird die Händlerreichweite insoweit erhöht.[760]

Die Organisation von in der Regel ausschließlich privat organisierten Märkten im Internet bringt eine ausgeprägtere unternehmerische Aufgabe im Vergleich zu konventionellen Offline-Märkten mit sich, deren Marktplätze wie Einkaufszentren, Messen und Börsen schon lange etabliert sind und deren Organisation oftmals eine Kombination von staatlichen (zum Beispiel durch Flächennutzungs- und Bebauungspläne) und privatem Handeln ist.[761]

Auch ist das Internet nicht auf die Vermarktung von **digitalen Gütern**[762] wie Nachrichten, E-Books, Software und PC-Spiele beschränkt,[763] sondern erfasst gleichfalls physische beziehungsweise materielle Güter.[764] Digitale Güter unterscheiden sich dabei von materiellen Gütern in vielerlei Hinsicht: So weisen digitale Güter beispielsweise niedrige Vervielfältigungskosten aufgrund geringer variabler Kosten auf, sind aber gleichzeitig in der Entwicklung von hohen Fixkosten gekennzeichnet.[765] Die Grenzkosten der Reproduktion digitaler Güter belaufen sich gegebenenfalls sogar auf Null, was bei der Preisbildung entsprechend zu berücksichtigen ist. So würde eine kostenbasierte Preisgestaltung zu weitgehend kostenlosen Angeboten führen. Die Verfolgung einer wettbewerberorientierten Preisausrichtung ist hingegen wegen einer möglichen Entwicklung zu einem Kampf- beziehungsweise Grenzkostenpreis riskant und in diesem Fall ebenfalls nicht zu einer Deckung der digitalen Gütern in der Regel anhaftenden hohen Fixkosten geeignet.[766] Die in der Mikroökomonie verankerte Regel, wonach der Preis den Grenzkosten gleicht, kann

---

758 Lieber & Syverson (2012), S. 202; Haucap & Wenzel (2011), S. 2. Haucap & Heimeshoff (2013), S. 2 betonen, dass gerade innovative Serviceprovider wie Amazon und eBay oder Suchmaschinen wie Google und Bing die Suchkosten in vielen Märkten verringert haben.
759 Haucap & Wenzel (2011), S. 2. Ausführlich zur Suchkostentheorie vgl. Clement & Schreiber (2013), S. 17 ff. Einen Beitrag zur Verringerung der Suchkosten leisten insbesondere auch Suchmaschinen; siehe dazu Hauck (2015), S. 53: „Like no other company, Google Search has changed the use of the internet over the last 10 years."
760 Bundeskartellamt (2013b), S. 16.
761 Haucap & Wenzel (2011), S. 1.
762 Clement & Schreiber (2013), S. 44 definieren digitale Güter als „immaterielle Mittel zur Bedürfnisbefriedigung, die aus Binärdaten bestehen und sich mit Hilfe von Informationssystemen entwickeln, vertreiben oder anwenden lassen."
763 Siehe Clement & Schreiber (2013), S. 44 für weitere Beispiele von digitalen Gütern.
764 Siehe Clement & Schreiber (2013), S. 48 ff.
765 Vgl. ausführlich zu den Eigenschaften digitaler und physischer Güter Krcmar (2010), S. 18 sowie Pietsch et al. (1998), S. 23.
766 Clement & Schreiber (2013), S. 49–51.

also bei digitalen Gütern keine Anwendung erlangen.[767] Aufgrund dieser Ausgangssituation ist es also Aufgabe der Unternehmen, geeignete Preisstrategien zu finden, mit denen die Erzielung hinreichender Erlöse sichergestellt werden kann.[768] Von besonderer Relevanz können hierfür die Herbeiführung von Netzwerk- und Lock-In Effekten, Preisdifferenzierungen, Produktbündelungen oder optimierte Abrechnungsverfahren sein.[769]

Besonders kennzeichnend für Internetmärkte von digitalen und oder materiellen Gütern ist die dort vorzufindende umfassende **Markttransparenz**, die insbesondere für potentielle Kunden von großem Wert ist, indem sie transaktionskostenarm, also ohne große Suchkosten, einen Preisvergleich zwischen den Anbietern ermöglicht.[770] Einzuschränken ist dieses jedoch für Online-Retailer, die die Möglichkeit haben, durch verschiedene Preisgestaltungen zum Beispiel im Rahmen differenzierter Versandoptionen Angebote zu unterbreiten, die von Suchmaschinen fehlinterpretiert werden, was zur Folge hat, dass die Analyse des Angebots für den Kunden wieder mit höheren Kosten einhergeht.[771] Für Unternehmer hingegen entsteht aber grundsätzlich durch die umfassende Markttransparenz ein gewisser Druck, da sie ständig gehalten sind, ihre Gewinnmargen konkurrenzfähig aufzustellen, um überhaupt auf dem Markt wettbewerbsfähig zu sein.[772] Die intensive wirtschaftliche Nutzung des Mediums Internet führt damit im Allgemeinen, verstärkt durch die geringen Kosten eines Marktzutritts,[773] zu einer Erhöhung der Wettbewerbsintensität,[774] wobei auch Preisvergleichsseiten und Dritthändler-Plattformen zu einer Verstärkung des intra-brand-Wettbewerbs beitragen.[775] In wettbewerblicher Hinsicht kennzeichnend für das Internet ist also insbesondere die auf die höhere Preistransparenz zurückzuführende Verschärfung des **Preiswettbewerbs**.[776]

---

767   Clement & Schreiber (2013), S. 165.
768   Clement & Schreiber (2013), S. 528.
769   Vgl. hierzu ausführlich m.w.N. Clement & Schreiber (2013), S. 68 ff. So können Konsumenten beispielsweise durch Lernkosten gebunden werden, indem sie den Umgang mit Apple iTunes erlernen und infolgedessen einen Wechsel zu einem anderen Anbieter ablehnen, wodurch so genannte Lock-In-Effekte entstehen.
770   Heyers (2013), S. 409; Bundeskartellamt (2013b), S. 16.
771   Ellison & Ellison (2005), S. 153.
772   Heyers (2013), S. 409.
773   Zur Darlegung geringerer Fixkosten im Internet ist darauf hinzuweisen, dass Wal-Mart beispielsweise 276 Läden eröffnen musste, bevor sie im Jahre 2003 einen Umsatz von einer Milliarde Dollar erreichen konnten, wohingegen Amazon für einen Umsatz von drei Milliarden Dollar in Nordamerika lediglich sechs Lager benötigte. Vgl. hierzu Ellison & Ellison (2005), S. 148–149.
774   Lange (2002), S. 561.
775   Vgl. hierzu näher Schweda & Rudowicz (2013).
776   Dazu Vezzoso (2015), S. 36: „Moreover, the price transparency provided by the Internet tends to put downward pressure on the prices of all types of retailers." Vgl. hierzu praxisbezogen Kapital 5.3.2.2. Selbst Kunden, die ihre Güter in physischen Geschäften erwerben, haben aufgrund eines vorherigen Vergleichs mit

Zudem stellt das Internet ein zur Förderung der so genannten Customer Interaction geeignetes Instrument dar und dient mit der Möglichkeit interaktiver **Marketingkonzepte** im besonderen Maße als Medium der Kundenbindung.[777] Insbesondere können Unternehmen über internetgestützte Techniken wie Cookies und Trackings die genauen Präferenzen eines Kunden identifizieren und auf diese Weise ein gezieltes, im Extremfall auf den Einzelkunden zugeschnittenes One-to-One Marketing durchführen.[778] Die konsequente Nutzung des Internets gestattet damit im Einzelfall also sogar das so genannte Mikromarketing, bei dem die Ermittlung der individuellen Kundenbedürfnisse im Vordergrund steht, um diesen mit entsprechend zugeschnittenen Produkten und Dienstleistungen zu begegnen.[779] Diesem Aspekt ist jedoch die aufgrund geringerer Wechselkosten im Vergleich zu traditionellen Märkten gegebene Leichtigkeit eines Anbieterwechsels auf dem elektronischen Markt und eine damit einhergehende Abnahme der Kundenloyalität gegenüberzustellen.[780] Damit bestätigt sich wiederum auch die grundlegende Annahme, dass „online sellers tend to be newer firms and may have less brand or reputation capital to signal or bond quality."[781]

Allerdings ist auch zu berücksichtigen, dass sich eine zentrale Erfolgskomponente des Internets darin begründet, dass sehr unterschiedliche Dienste über eine einzige **universelle Infrastruktur** übertragen werden, sodass die hierauf bezogenen Investitionen der Netzbetreiber nicht dienstespezifisch, sondern universell getätigt werden können, wodurch große Kostenersparnisse resultieren und infolgedessen eine signifikante Risikoverringerung erreicht wird.[782] Hierin ist wiederum auch die Ursache für **wesentliche Effizienzgewinne** zu sehen, die einen beachtlichen Vorteil des Internets ausmachen,[783] weshalb dem Online-Handel auch pro-kompetitive Effekte nachgesagt werden.[784] Gleichzeitig kennzeichnet sich das Internet jedoch mit der Übertragung zahlreicher Dienste über eine universelle Infrastruktur auch durch besondere **Überlastungsgefahren**, die zumindest dann eintreten, wenn es im Einzelfall zu einer Überlastung der Gesamtkapazität kommt,[785] was tendenziell

---

den Angebotspreisen im Internet eine gewisse Preiserwartung, vgl. Lange (2002), S. 561.

777 Lange (2002), S. 561.
778 Lange (2002), S. 561–562.
779 Lange (2002), S. 562.
780 Lange (2002), S. 562.
781 Lieber & Syverson (2012), S. 198.
782 Kruse (2011), S. 2.
783 Kruse (2011), S. 2.
784 Aus diesem Grund kommt dem Online-Handel in der Europäischen Union auch ein spezieller Schutz zu „as it is consistent with the political goal of the Internal Market." Vgl. Buccirossi (2013), S. 2.
785 Vgl. hierzu ausführlich auch Clement & Schreiber (2013), S. 28 ff., der auch betont, dass Leistungskapazitäten für das Internet zwar grundsätzlich nicht als beschränkender Faktor wahrgenommen werden, entsprechende Studien jedoch mit Blick

durch die allgemein rückläufigen Preise für Internetzugänge noch gefördert wird.[786] Wird ein hohes Datenaufkommen durch erhöhte Nutzeraktivitäten verursacht, liegt eine nachfrageinduzierte Überlast vor.[787] Kommt es hingegen zu Ausfällen einzelner Übertragungswege oder Router durch technische Schäden, Sabotage oder Naturkatastrophen, liegt eine angebotsinduzierte Überlast vor.[788] Diese Überlastungsfolgen bringen dabei unterschiedliche Auswirkungen auf die einzelnen Dienste mit sich.[789] In Bezug auf die schnelle Übertragung von Datenpaketen führen die Überlastungen jedoch lediglich zu einer Rivalität, nicht aber zu einem vollkommenen Ausschluss von der Übertragung.[790] Demzufolge kann das Internet durch die Eigenschaften eines Allmendegutes gekennzeichnet sein und die für Allmendegüter typischen Allokationsprobleme aufweisen.[791] Die Auswirkungen des unregulierten Zugangs zur Ressource Übertragungskapazität reichen dabei von Verlangsamungen bei traditionell elastischen Anwendungen wie Emails bis hin zur partiellen Nichtdurchsetzung zeitkritischer Anwendungen wie dem digitalen Fernsehen.[792] In diesem Zusammenhang ist die so genannte **Netzneutralität** von Relevanz, die in der Form der strikten Netzneutralität zur Definition hat, dass alle Dienste und Nutzer äquivalent behandelt werden.[793] Vor dem Hintergrund, dass mit einer solchen Netzneutralität jedoch ökonomische Ineffizienzen einhergehen, da die Folgen einer Überlast bei den verschiedenen Diensten in einem unterschiedlichen Maße ausfallen[794] und Verdrängungseffekte von höherwertigen Diensten durch geringwertige Dienste, was ökonomisch als Crowding-Out bezeichnet wird, auftreten können,[795] wird teilweise eine Abkehr von dieser diskutiert.[796] Eine alternative Definition schränkt daher den Begriff der Netzneutralität dahingehend ein, dass letztlich nur die Datenpakete eine gleiche Behandlung erfahren, für die der gleiche Transportpreis bezahlt

auf die zunehmende Nutzung unter anderem von sozialen Netzwerken und Videodiensten vor Dichteffekten warnen, wenn keine Investitionen in zusätzliche Verbindungen vorgenommen werden. Vgl. hierzu auch Kruse (2008).

786 Clement & Schreiber (2013), S. 29. Ausführlich zu der Thematik der Bepreisung von Internetzugängen siehe Greenstein (2012), S. 8 ff.

787 Eine Überlast definiert sich dabei als ein Zustand, in der die Menge der an einem Router ankommenden Datenpakete höher ist als dessen Kapazität, vgl. Clement & Schreiber (2013), S. 28.

788 Kruse (2011), S. 3.

789 Siehe dazu Kruse (2011), S. 3–4 und Clement & Schreiber (2013), S. 28–29, wobei insbesondere bei qualitätssensitiven Diensten wie Anwendungen im Finanzbereich häufig eine direkte Spürbarkeit einer geminderten Dienstequalität gegeben ist.

790 Clement & Schreiber (2013), S. 29.

791 Clement & Schreiber (2013), S. 29.

792 Clement & Schreiber (2013), S. 29.

793 Kruse (2011), S. 4.

794 Kruse (2011), S. 4.

795 Vgl. Kruse (2009).

796 Clement & Schreiber (2013), S. 29.

wird. Dieses setzt voraus, dass jeder Nutzer aus mehreren Angeboten die Priorität seiner Datenpakete wählen kann, mit der Folge, dass die Netzneutralität auch wirtschaftlich effizient ist, was bei einer ökonomischen Betrachtung dennoch nicht mit einer Diskriminerung einhergeht.[797] Entsprechende Regulierungsansätze dürfen dennoch nicht allein auf ökonomischen Dimensionen wie Preisen, Priorisierung des Datentransfers und Netzmanagement basieren, sondern müssen gleichzeitig den gesellschaftlichen Wert des Internets insbesondere mit Blick auf Innovationen und Partizipation durch eine entsprechende Würdigung einbeziehen.[798]

Kennzeichnend für Onlinemärkte sind darüber hinaus insbesondere die **direkten Netzwerkeffekte**,[799] bei denen eine Ausweitung des Netzwerkes unmittelbar positive Auswirkungen für alle bisherigen Netzwerkteilnehmer impliziert.[800] Denn jeder neu hinzutretende Nutzer innerhalb des Netzwerks erhöht die Anzahl möglicher Verbindungen, wodurch mithin auch die Anzahl der potentiell erreichbaren Nutzer ansteigt.[801]

Abzugrenzen sind diese Netz- beziehungsweise Netzwerkeffekte von Netzwerkexternalitäten, sprich von den externen Effekten, die die positiven oder negativen Auswirkungen auf die Wohlfahrt unbeteiligter Dritter durch entsprechende wirtschaftliche Aktivitäten beschreiben.[802]

Neben den wesentlichen Charakteristika ist auch der Umgang mit einer potentiellen Marktmacht von Online- Unternehmen und etwaigen **wettbewerblichen Beschränkungen** in der Internetökonomie mit einem besonderen Augenmerk zu betrachten: Die Europäische Kommission und die US Federal Trade Commission haben bereits verschiedene Geschäftspraktiken von Internetunternehmen wie Google,

---

797 Kruse (2011), S. 4. Siehe hierfür auch zum Crowding Out unter den Bedingungen der Netzneutralität.

798 Clement & Schreiber (2013), S. 527.

799 Dazu Greenstein (2012), S. 14: „When it first deployed, the Internet was called a „network of networks“.“

800 Direkte Netzwerkeffekte entstehen beispielsweise im Mobilfunknetz mit zunehmender Anzahl an Teilnehmern mit Mobiltelefonen. Indirekte Netzwerkeffekte treten hingegen auf, wenn der Nutzen nicht unmittelbar auf das Produkt zurückzuführen ist, sondern erst durch die Nutzung darauf basierender Anwendungen entsteht. Die Zahl verkaufter PCs wirkt sich beispielsweise direkt auf die Angebotsvielfalt komplementärer Software aus. Vgl. hierzu mit weiteren Beispielen Clement & Schreiber (2013), S. 127–129. Da die indirekten Netzwerkeffekte für elektronische Plattformen beziehungsweise zweiseitige Märkte besonders kennzeichnend sind, siehe hierzu ausführlich Kapitel 3.6.

801 Clement & Schreiber (2013), S. 127.

802 Clement & Schreiber (2013), S. 126. Vgl. hierzu auch Steyer (1997), S. 206. Dabei erfahren in der Literatur insbesondere die positiven Netzwerkexternalitäten eine Diskussion, vgl. Katz & Shapiro (1985). Dennoch können auch negative Netzwerkexternalitäten auftreten, zum Beispiel im Falle der Überlastung von Netzen oder bei einer unerwünschten Verbreitung von Informationen, vgl. Linde & Stock (2011), S. 57 ff.

eBay und anderen bekannten Firmen untersucht beziehungsweise zumindest in Augenschein genommen.[803] Selbst seitens der Konsumenten entsteht zunehmend Skepsis hinsichtlich marktmächtiger Positionen einiger Internetunternehmen.[804] Eine pauschale Feststellung dahingehend, dass im Internet besonders viele dauerhaft resistente Monopole anzutreffen sind und ein besonderer Regulierungsbedarf besteht, ergibt sich jedoch nicht.[805] Dennoch lässt sich aufzeigen, dass einzelne Unternehmen und Plattformen teilweise eine beträchtliche Marktmacht auf einzelnen Märkten innehaben, die wegen hoher Markteintrittsbarrieren auch nicht schnell erodieren wird.[806] Die Bildung einer solchen Marktmacht erscheint dabei aufgrund des relativ einfachen Marktzutritts zu Onlinemärkten an sich eher unwahrscheinlich.[807] Umso bemerkenswerter ist es, dass einige Online-Unternehmen dennoch eine sehr starke Position auf den jeweiligen Märkten einnehmen.[808] Eine andere Frage ist jedoch, inwieweit diese Unternehmen mit ihrer Marktdominanz von wettbewerbswidrigen Strategien Gebrauch machen, die speziell an die Eigenschaften von Onlinemärkten angepasst sind. Denn gerade mit einer erhöhten Transparenz und zügigen Reaktionsgeschwindigkeiten kann das Internet neue Möglichkeiten wettbewerblicher Beschränkungen herbeiführen, worüber wiederum marktstarke Stellungen von Online-Unternehmen abgesichert werden können.[809] Entscheidend und von Aktualität in diesem Kontext ist auch die Frage danach, ob das Wettbewerbsrecht für digitale Märkte wie gewöhnlich anwendbar ist oder ob bei der Anwendung allgemeiner Wettbewerbsregeln spezielle Betrachtungen zu erfolgen haben.[810] Zumindest aber gilt, dass „casting Internet competition into the broader „vertical restrictions" picture can give rise to partly new insights (...)":[811] Exemplarisch als eine speziell gegen das Internet gerichtete preisbezogene Beschränkung

803 Haucap & Heimeshoff (2013), S. 2. Vgl. beispielsweise in Bezug auf Google für die Frage nach der Marktmacht und nach anti-kompetitiven Verhaltensweisen Argenton & Prüfer (2012), Bork & Sidak (2012), Haucap (2012), Manne & Wright (2011), Pollock (2010), Hauck (2015), S. 53 ff. sowie Kerkmann (2015). Gleiches in Bezug auf eBay siehe Haucap & Wenzel (2009).
804 Haucap & Heimeshoff (2013), S. 2.
805 Haucap & Wenzel (2011), S. 1.
806 Haucap & Wenzel (2011), S. 1. Google, Youtube, Facebook und Skype sind typische Beispiele für Internetunternehmen, die ihren jeweiligen Markt dominieren und wenig Raum für Wettbewerber lassen, vgl. Haucap & Heimeshoff (2013), S. 2.
807 Vezzoso (2015), S. 26. Vgl. auch Haucap & Heimeshoff (2013), S. 2: „(...) Internet services have made entry into many markets easier."
808 Vgl. Haucap & Heimeshoff (2013), S. 2, die insbesondere Google, Facebook, Amazon und eBay in diesem Zusammenhang anführen.
809 Vgl. näher Bundeskartellamt (2013b), S. 17.
810 Vgl. OECD (2013). Vezzoso (2015), S. 26 weist zu dieser Thematik als „interesting case study" auf den E-Book-Markt hin, zu dem mit Blick auf Amazon unter Kapitel 5.3.5 nähere Erläuterungen erfolgen.
811 Vezzoso (2015), S. 37. Eine Auflistung vertikaler Beschränkungen findet sich bei Buccirossi (2013), S. 3–4.

können die so genannten **Doppelpreissysteme** angeführt werden. Hierbei werden einem Händler differenzierte Einkaufspreise gewährt, und zwar in Abhängigkeit davon, ob er die Waren und Dienstleistungen über das Internet vertreibt oder in einem Ladengeschäft anbietet.[812] Auch **Preisdiskriminierungen** können in der Internetökonomie vor dem Hintergrund, dass genauere Informationen über Kunden und deren Such- und Kaufverhalten zur Verfügung stehen, einen vermehrten Einsatz finden.[813] Besonders häufig tritt in Hinblick auf Onlinemärkte auch die **Trittbrett-fahrer-Problematik** als ein Beispiel für horizontale externe Effekte auf.[814]

Zusammenfassend bleibt festzuhalten, dass die Charakteristika beziehungsweise Wettbewerbsvorteile des Online-Handels zunehmend auch auf die Wettbewerbsstrategien eines Unternehmens Einfluss nehmen.[815] Diese Entwicklung, verbunden mit der zunehmenden Durchsetzung des Internets[816] sowie dem „Wohlstand der Netze“, wird die Ökonomie und in einem besonderen Maße die wettbewerbspolitischen Fragen weiterhin nachhaltig beeinflussen.[817] So werden die derzeitigen Beurteilungen insbesonderer vertikaler Beschränkungen[818] teilweise einer speziellen Betrachtung zugeführt werden müssen; der grundlegende Rahmen dieser scheint jedoch dennoch nicht in Frage gestellt werden zu müssen.[819]

3.6 Konzept und ökonomische Besonderheiten mehrseitiger Märkte

3.6.1 Grundlegende Charakteristika

Mehrseitige Märkte beziehungsweise zweiseitige Plattformen gelangen insbesondere bedingt durch die Digitalisierung und die Konvergenz der Medien sowie dem damit einhergehenden Erfordernis der Neuausrichtung von Geschäftsmodellen

---

812   Bundeskartellamt (2013b), S. 21.

813   Ausführlich zu Preisdiskriminierungen auf Online-Märkten siehe Fudenberg & Villas-Boas (2012), S. 254 ff.

814   Vezzoso (2015), S. 37, aber einschränkend auf S. 39: „(...) the fact that the online retailer is selling at a lower price does not automatically mean that it is free-riding on the pre-sales services provided by more traditional retailers." Vgl. zudem Bundeskartellamt (2013b). Zu horizontalen Externalitäten und free-riding siehe auch Buccirossi (2013), S. 6.

815   Vgl. hierzu Lieber & Syverson (2012), S. 218: „(...) The potential for such shifts has implications in turn for firms' competitive strategies."

816   Greenstein (2012), S. 3 beschreibt, dass das Internet „(...) continues to grow worldwide."

817   Vgl. hierzu auch Clement & Schreiber (2013), S. 536.

818   Siehe zu den wettbewerblichen Beschränkungen ausführlich Kapitel 4.

819   Vgl. Vezzoso (2015), S. 39.

verstärkt in den Fokus.[820] Gerade auf den unter Kapitel 3.5 beschriebenen Online-märkten nehmen Intermediäre, die als Vermittler potentielle Transaktionspartner zusammenführen, eine zentrale Rolle ein, wie es außerhalb des Internets zum Beispiel durch Einkaufszentren geschieht.[821] Die Liste von Internetplattformen ist demgemäß inzwischen von beachtlicher Länge und umfasst bedeutende Global Player von Google über Apple und Cisco bis hin zu Microsoft und Intel.[822]

Die sich mit den Besonderheiten derartiger Strukturen beschäftigende Theorie mehrseitiger Märkte wurde im Rahmen ökonomischer Expertisen zu vermeintlichen wettbewerblichen Beschränkungen auf dem Markt für Kreditkartensysteme[823] entwickelt.[824] Rochet und Tirole, die Pioniere dieser Theorie, haben für einen mehrseitigen Markt dabei die folgende Definition aufgestellt: „A market is two-sided if the platform can affect the volume of transactions by charging more to one side of the market and reducing the price paid by the other side by an equal amount; in other words, the price structure matters, and platforms must design it so as to bring both sides on board."[825] Bei mehrseitigen Märkten wird also mittels Plattform ein virtueller Treffpunkt[826] mit einem Interaktionsservice zwischen zwei oder mehreren Typen von Nutzern geboten, wie zum Beispiel auf Plattformen für Videospiele zwischen Spielern und Entwicklern oder bei Zeitungen zwischen dem lesenden Publikum und den Werbenden beziehungsweise den Autoren.[827] Auch Websites mit Stellen-angeboten führen Arbeitssuchende und Unternehmen zusammen genau wie Partnervermittlungsseiten Männer und Frauen im Rahmen eines zweiseitigen Marktes

---

820   Dewenter & Rösch (2015), S. 118, 139, die die Theorie zweiseitiger Märkte auch als wesentlichen Bestandteil der modernen Medienökonomik beschreiben. Dazu auch Greenstein (2012), S. 15, der vorschlägt das kommerzielle Internet als „network of platforms" zu bezeichnen.

821   Haucap & Wenzel (2011), S. 1. Vgl. exemplarisch hierzu die Darstellungen bei Anderson & Gabszewicz (2006) über ein Medienunternehmen als Intermediär zwischen zwei Netzwerken.

822   Vgl. Greenstein (2012), S. 15 mit weiteren Angaben zu den aufgeführten Unternehmen.

823   Die Wettbewerbsbehörden mehrerer Staaten warfen VISA und MasterCard vor, mit den Preis- und Gebührenstrategien gegenüber Händlern einerseits und Karteninhabern andererseits Vorgehensweisen zu verfolgen, die den Wettbewerb behindern würden. Vgl. hierzu Evans (2002).

824   Rochet & Tirole (2002), S. 549 ff. und Schmalensee (2002), S. 103 ff.

825   Evans & Schmalensee (2007), S. 157. Vgl. hierzu die Arbeiten zu mehrseitigen Märkten von Rochet & Tirole (2002) sowie Caillaud & Jullien (2003).

826   Evans & Schmalensee (2008), S. 667.

827   Rochet & Tirole (2008), S. 543; Wright (2004), S. 44. Vgl. exemplarisch auch den Beitrag von Budzinski & Satzer (2009) zu der Thematik Sports Business und zweiseitige Märkte.

zueinander bringen.[828] Derartige mehrseitige Plattformen sind in der Vergangenheit vermehrt aufgebaut worden,[829] weshalb das letzte Jahrzehnt auch als „Multisided-Platform Bubble" bezeichnet wird.[830] Die mehrseitigen Märkte lassen sich in die **Kategorien** der klassischen Austauschplattformen zwischen Käufer und Verkäufer, der werbegestützten Medien wie Zeitschriften oder Webportale, der Transaktionssysteme zum Beispiel für Zahlungsmethoden und der Software Plattformen mit Serviceleistungen insbesondere für Entwickler von Applikationen einteilen.[831]

Der **Begriff des Marktes** ist dabei nicht mit dem wettbewerblichen Marktbegriff gleichzusetzen, sondern ist in einem weiteren und nicht originär begriffsspezifischen Sinne zu verstehen.[832] Die Theorie der mehrseitigen Märkte sieht beispielsweise im Falle eines werbefinanzierten Fernsehprogramms vor, dass der Zuschauer- und Werbemarkt nicht als getrennte Märkte aufzufassen sind, sondern vielmehr als ein Markt mit einseitiger Anbieterstruktur, aber einer - in diesem Beispiel zweiseitigen - Nachfragestruktur durch zwei voneinander abzugrenzende Gruppen an Nachfragern.[833] Auch die **Bezeichnung als zweiseitig** ist bei einer präzisen Betrachtung mithin insoweit unzutreffend und irreführend, als dass grundsätzlich jeder Markt als zweiseitig bezeichnet werden könnte, da ein Markt begrifflich bereits das Vorhandensein einer Angebots- und einer Nachfrageseite, also zweier Marktseiten, voraussetzt.[834] Bei einem „zweiseitigen Markt" als solchen wirken de facto hingegen drei Beteiligte mit: bei einer klassischen Plattform wie eBay sind dieses der Verkäufer, der Käufer und der Intermediär.[835]

Im **Unterschied zu einseitigen Märkten** kennzeichnen sich mehrseitige Märkte in einem besonderen Maße durch die Netzwerkeffekte und die Produktkomplementaritäten. Eine alleinige Abgrenzung kann über diese Kriterien jedoch nicht erfolgen.[836] So ist für einen mehrseitigen Markt vielmehr entscheidend, dass an diesem zwei verschiedene Kundengruppen partizipieren, dessen jeweiliger Nutzen

---

828 Ellison & Ellison (2005), S. 146. Eine ausführliche exemplarische Beschreibung des Plattformmarktes einer Partnervermittlung findet sich bei Evans & Schmalensee (2007), S. 153–154 und bei Schwalbe & Zimmer (2011), S. 61–62.

829 Einen tabellarischen Überblick über Beispiele für zweiseitige Märkte gibt Dewenter & Rösch (2015), S. 116–117.

830 Hagiu & Wright (2013), S. 3.

831 Valletti (2009), S. 185–186; Evans & Schmalensee (2012), S. 3 und Evans & Schmalensee (2007), S. 154–158.

832 Evans & Schmalensee (2007), S. 152. Mit der Definition zweiseitiger Märkte befassen sich zudem Rochet & Tirole (2004).

833 Budzinski & Lindstädt (2010, S. 436.

834 Dewenter & Rösch (2015), S. 115.

835 Ellison & Ellison (2005), S. 146. Die Theorie zweiseitiger Märkte ist dabei ebenfalls auf drei- oder andere mehrseitige Märkte anzuwenden; zum Verständnis und zur Analyse ist eine Betrachtung der typisch zweiseitigen Märkten insoweit ausreichend. Vgl. Dewenter & Rösch (2015), S. 115.

836 Evans (2002), S. 40.

mit zunehmender Größe der anderen Kundengruppe steigt, wobei für die Internalisierung der Externalitäten, die eine Kundengruppe für eine andere hervorrufen kann, ein Intermediär erforderlich ist.[837] Abzugrenzen sind die mehrseitigen Märkte weiterhin von Wiederverkäufern: Bei mehrseitigen Märkten werden klassisch Käufer und Verkäufer verbunden, ohne dass der Plattformanbieter die Verkaufsgegenstände zuvor selbst erworben hat.[838] Kennzeichnend für mehrseitige Plattformen sind dabei geringe Betriebskosten sowie regelmäßig hohe Margen.[839] Anders gestaltet sich dieses bei Wiederverkäufern, die zunächst Gegenstände erwerben und dann zum Verkauf anbieten, wodurch zwar höhere Umsätze entstehen, aber gleichzeitig auch ein höherer Kapitalbedarf aufkommt, da die Betriebskosten höher und die Margen geringer ausfallen.[840] Weiterhin werden die von beiden Gruppen aufzubringenden Transaktionskosten durch eine Plattform signifikant gemindert, wodurch die für zweiseitige Plattformen charakteristischen Transaktionskostenersparnisse einhergehen.[841]

3.6.2 Preisstrukturen, Preisarten und Externalitäten auf mehrseitigen Märkten

Im Vordergrund stehen bei zweiseitigen Märkten die Netzwerkeffekte, die auftreten, wenn für Nachfrager der mit einem Produkt oder Dienstleistung verbundene Nutzen wächst, je mehr andere Nachfrager dieses Produkt oder diese Dienstleistung konsumieren, wobei der Zusatznutzen aus verbesserten Interaktionsmöglichkeiten wie Email, Telefon oder sozialen Netzwerken und oder aus einem verbesserten Angebot an komplementären Produkten und Diensten wie Software für Computer hervorgehen kann.[842] So ist es beispielsweise bei dem zweiseitigen Markt der werbefinanzierten Medien für ein Unternehmen umso attraktiver, ein Produkt entsprechend zu bewerben, je größer die Anzahl der Werbeadressaten ist.[843]

Im Allgemeinen ist dabei eine Differenzierung zwischen direkten und indirekten Netzwerkeffekten vorzunehmen, wobei insbesondere letztere die Interdependenz der Marktseiten erklären.[844]

Direkte Netz- beziehungsweise Netzwerkeffekte treten unmittelbar dadurch ein, dass sich zusätzliche Nutzer einem Netz anschließen, sodass beispielsweise

---

837 Evans (2002), S. 43 ff., wobei hier auch im Rahmen einer Modellierung die Kernunterschiede zwischen ein- und mehrseitigen Märkten aufgezeigt werden.
838 Hagiu & Wright (2013), S. 3.
839 Hagiu & Wright (2013), S. 3.
840 Hagiu & Wright (2013), S. 3.
841 Dewenter & Rösch (2015), S. 121. Zu der ökonomischen Theorie zweiseitiger Märkte vgl. allgemein auch Armstrong (2007).
842 Evans & Schmalensee (2012), S. 2; Haucap & Wenzel (2011), S. 2.
843 Kerber & Schwalbe (2015), S. 97–98, Rn. 247.
844 Budzinski & Lindstädt (2010), S. 440. Die Effekte zwischen den Netzwerken werden auch als Komplementaritäten bezeichnet, vgl. Dewenter & Rösch (2015), S. 122.

Skype seinen Nutzen steigern kann, je mehr andere Skype-Teilnehmer existieren.[845] Der direkte Netzwerkeffekt ergibt sich also aus der Größe des eigenen Netzwerks.[846] Besonders kennzeichnend für zweiseitige Märkte sind jedoch die **indirekten Netz- beziehungsweise Netzwerkeffekte:**[847] Bei diesen steigt beziehungsweise sinkt der Nutzen hingegen, sobald sich die Größe des verbundenen Netzwerkes ändert.[848] Die Effekte wirken sich also erst indirekt für weitere Nachfrager aus, sodass zum Beispiel eBay als Marktplatz zunehmend an Attraktivität erlangt, je mehr potentielle Käufer diese Plattform aufsuchen, wobei es vice versa für einen Käufer umso interessanter wird, nach einem Angebot zu suchen, je mehr Angebote dort eingestellt sind.[849] Je mehr Käufer also von einer Onlineplattform Gebrauch machen, desto mehr Verkäufer werden dort auch anbieten und umgekehrt je mehr Verkäufer auf der Plattform agieren, desto mehr potentielle Käufer werden die entsprechende Website nutzen.[850] Damit steigt der Nutzen der potentiellen Käufer bei einer Onlineplattform wie eBay oder Amazon mit der Anzahl der nutzenden Anbieter und der Nutzen der Anbieter steigt mit der wachsenden Rate potentieller Kunden.[851] Das bedeutet, dass jeweils die Teilnehmer der einen Marktseite von einer höheren Anzeil der Teilnehmer auf einer anderen Marktseite profitieren[852] und die Nachfrage der einen Seite jeweils mit der Nachfrage der anderen Marktseite verknüpft ist.[853] Dieses entspricht auch der Einteilung der indirekten externen Effekte in die Externalitäten der Plattformnutzung und die der Mitgliedschaft.[854] So liegt es nahe, dass Kunden die Plattform respektive das Produkt wählen, bei dem bereits die größte Gruppe an Nutzern verzeichnet werden kann, und zwar ungeachtet dessen, ob diese oder dieses in technischer Hinsicht auch das beste am Markt ist.[855] In diesen Fällen ist es somit möglich, dass der Markt dazu neigt, sich zu einem Monopol oder zumindest monopolähnlich zu entwickeln.[856]

Mit den Netzwerkeffekten als Charakteristikum zweiseitiger Märkte geht jedoch ein ökonomisches Kernproblem einher: So muss ein Intermediär zunächst beide Marktseiten von der Attraktivität seiner Plattform überzeugen und Nachfrager beider Seiten gewinnen, und zwar möglichst simultan, damit jeweils auf der Gegenseite eine möglichst hohe Anzahl an Teilnehmern gewährleistet werden kann.[857] Somit

---

845   Haucap & Wenzel (2011), S. 2.
846   Budzinski & Lindstädt (2010, S. 440.
847   Haucap & Wenzel (2011), S. 4; Evans & Schmalensee (2007), S. 151.
848   Dewenter (2007), S. 7.
849   von Blanckenburg & Michaelis (2008), S. 415; Haucap & Wenzel (2011), S. 2.
850   Haucap & Wenzel (2011), S. 2.
851   Haucap & Wenzel (2011), S. 4.
852   Haucap & Wenzel (2011), S. 4; Evans & Schmalensee (2007), S. 151.
853   Filistrucchi (2008), S. 2.
854   Evans & Schmalensee (2012), S. 8.
855   Bishop & Walker (2010), S. 47.
856   Bishop & Walker (2010), S. 47.
857   Ellison & Ellison (2005), S. 147; Haucap & Wenzel (2011), S. 4.

bedingen sich die beiden Seiten der Plattform gegenseitig, was unter der Spielart der bekannten **Henne-und-Ei-Problematik** (chicken and egg) eingeordnet werden kann.[858] Denn wegen der indirekten Netzwerkeffekte besteht im Unterschied zu einseitigen Märkten eine Wechselbeziehung zwischen der Nachfrage auf beiden Seiten, wobei es die **Preisstruktur** ist, die zum Ausgleich und zur Maximierung des Plattformwertes genutzt wird.[859] Das bedeutet, dass der Plattformbetreiber für eine Gewinnmaximierung gehalten ist, eine Preisstruktur zu wählen, bei der beide Gruppen von Nachfragern in der gewünschten Größe auf dem Markt sind, um auf diese Weise die Zahl an Transaktionen optimal zu gestalten.[860] Letztlich wird die Preissetzung auf einem mehrseitigen Markt also stark durch die indirekten Netzwerkeffekte geprägt.[861]

Dabei gibt es verschiedene Möglichkeiten, die Preise und Gebühren der Plattform auf Käufer und Verkäufer zu verteilen.[862] In der Regel erfolgt eine Art **Quersubventionierung** zugunsten der preissensitiveren Marktseite, sodass beispielsweise im Fall eBay über die Allgemeinen Geschäftsbedingungen eine Gebührenabwälzung auf die Verkäuferseite stattfindet,[863] wodurch die Henne-Ei-Problematik gelöst werden kann.[864] Die Erlöse eines Intermediärs werden also vorwiegend auf der Nutzerseite mit der geringeren Nachfrageelastizität, die stärker von einer wachsenden Nutzerzahl auf der anderen Marktseite profitiert, generiert.[865] Auf der anderen Marktseite werden hingegen für gewöhnlich wenig bis gar keine Gewinne erwirtschaftet, sodass diese in der Regel vielmehr durch Verluststrukturen gekennzeichnet ist.[866]

Die offensichtlich wichtigste Bedingung für eine erfolgreiche Plattform besteht mithin in Sachen Preisstruktur darin, dass durch die Interaktionen zwischen Verkäufer

---

858   Clement & Schreiber (2013), S. 154; Haucap & Wenzel (2011), S. 4; Caillaud & Jullien (2003).

859   Evans & Schmalensee (2012), S. 7.

860   Kerber & Schwalbe (2015), S. 98, Rn. 247. Evans (2002), S. 88 beschreibt diese Herausforderung mit „Two-sided firms have to come up with the right price structure and the right investment strategy for balancing the demands of the customer groups they must get and keep on their platforms."

861   Evans & Schmalensee (2008), S. 667.

862   Ellison & Ellison (2005), S. 147.

863   Haucap & Wenzel (2011), S. 4.

864   Dewenter & Rösch (2015), S. 123.

865   Budzinski & Lindstädt (2010), S. 442; Haucap & Wenzel (2011), S. 4. So wird beispielsweise im Fall von American Express dem Verkäufer eine Gebühr in Höhe eines gewissen Prozentsatzes vom Verkaufspreis der Ware auferlegt, wohingegen der Käufer keine Gebühren für die Verwendung der Zahlungskarte entrichten muss. Die Nutzungsexternalitäten entstehen durch die Entscheidung, die Karte zu nutzen. Vgl. hierzu Rochet & Tirole (2008), S. 544.

866   Rochet & Tirole (2008), S. 547. Vgl. hierzu das bei Wright (2004), S. 48 beschriebene Beispiel, nach dem bei Nightclubs der Eintritt für Frauen in der Regel auf Null und damit unterhalb der marginalen Kosten angesetzt wird.

und Käufer zumindest insgesamt ein Überschuss generiert werden kann.[867] Denn Ziel eines Plattformbetreibers ist es in aller Regel, Gewinne zu maximieren, was jedoch nur erreicht werden kann, wenn es gelingt, den optimalen Austausch zwischen beiden Marktseiten, also eine so genannte Internalisierung der Netzwerkexternalitäten zu ermöglichen.[868] Dieses erfordert ein entsprechendes Preissetzungsverhalten, wobei ein Plattformbetreiber auf verschiedene **Preisarten** zurückgreifen kann, indem er (variable) **Nutzungsgebühren** (usage fee) **und oder fixe Mitgliedsbeiträge** (membership fee) erheben kann.[869] Bei einer nutzungsabhängigen Gebühr ist die Nutzung einer Plattform ohne Transaktion unentgeltlich; eine Berechnung erfolgt erst bei Vornahme einer Transaktion.[870] Anders gestaltet sich dieses bei der Preisart der fixen Mitgliedsbeiträge, bei der eine uneingeschränkte Nutzung der Plattform einschließlich aller Transaktionen gegen Zahlung einer Aufnahme- oder Teilnahmegebühr gewährt wird.[871]

Sieht sich ein Anbieter beispielsweise zwei distinkten Kundengruppen A und B gegenüber, zwischen denen positive Externalitäten gegeben sind, sodass die Kundengruppe B ein besonderes Interesse an einem Anbieter hat, wenn ein hoher Teil der Kundengruppe A die Plattform nutzt, wirkt sich eine Preiserhöhung durch den Anbieter für die Kundengruppe A zunächst einmal wie bei einem klassischen Markt mit einem Rückgang der Nachfrage aus.[872] Gleichzeitig beeinflusst dieses Vorgehen jedoch auch die Nachfrage der Gruppe B, die ihren Nutzen teilweise aus der Partizipation der Gruppe A zieht, sodass folglich mit dem Rückgang der A-Nachfrage beziehungsweise der dort anzutreffenden Anzahl an Kunden auch ein Rückgang der B-Nachfrage zu verzeichnen ist.[873] Dieser Rückgang der B-Nachfrage reduziert wiederum den Nutzen der Gruppe A, sodass als Folge des Rückgangs der B-Nachfrage ein weiterer Rückgang der Nachfrage auf der Marktseite der Gruppe A auftritt.[874] Das heißt, dass die Nachfrage einer Kundengruppe eine Funktion des Preises gegenüber dieser Kundengruppe und eine Funktion der Partizipation beziehungsweise der Nachfragemenge der anderen Kundengruppe ist.[875]

Für Anbieter auf mehrseitigen Märkten gilt es daher, bei ihrer Angebotsentscheidung in die Erwägungen einzubeziehen, dass sich aufgrund der Verbundenheit der Märkte die Preissetzung gegenüber der einen Kundengruppe auf die Menge der

---

867 Ellison & Ellison (2005), S. 147.
868 Clement & Schreiber (2013), S. 155; Budzinski & Lindstädt (2010), S. 440.
869 Rochet & Tirole (2008), S. 543; Dewenter & Rösch (2015), S. 124. Nutzungsgebühren fallen beispielsweise im Fall von Zahlungskarten an, sodass Gewinne an die Verwendung geknüpft sind, vgl. hierzu näher Rochet & Tirole (2008), S. 544.
870 Dewenter & Rösch (2015), S. 124.
871 Dewenter & Rösch (2015), S. 124.
872 Budzinski & Lindstädt (2010), S. 437.
873 Evans & Schmalensee (2007), S. 173; Budzinski & Lindstädt (2010), S. 437.
874 Evans & Schmalensee (2007), S. 173; Budzinski & Lindstädt (2010), S. 437–438.
875 Budzinski & Lindstädt (2010), S. 438: Die Nachfragefunktion der Kundengruppe A lautet damit $Q_A = D_A(P_A, Q_B)$ und die der Kundengruppe B lautet $Q_B = D_B(P_B, Q_A)$.

anderen Kundengruppe auswirkt[876] und aus diesem Grund die Preissetzungsstrategie einen Interessenausgleich zwischen den beiden Seiten widerspiegeln muss, um der aus ökonomischen Gründen anzustrebenden Intention „to get both sides on board"[877] zu entsprechen. Daraus folgt, dass die reguläre Gleichsetzung von Preis und Grenzkosten in der Regel keine optimale Angebotsentscheidung auf mehrseitigen Märkten darstellt,[878] mithin gilt, dass „prices do not and prices cannot follow marginal costs in each side of the market."[879] Vielmehr sehen sich Anbieter in mehrseitigen Märkten komplexen Beziehungen zwischen Preisen, Mengen und Kosten[880] sowie positiven als auch negativen Rückkopplungseffekten gegenüber.[881] Die tatsächlichen Auswirkungen der Netzwerkeffekte auf die Preissetzung hängen dabei ganz wesentlich davon ab, welche Marktstruktur gegeben ist: So stehen beispielsweise bei einer monopolistischen Struktur für die Preissetzung die relativen indirekten Netzwerkeffekte im Vordergrund.[882] Ein Monopolist nutzt die Netzwerkeffekte dann gewinnmaximierend, wenn die Kundengruppe, von der in einem höheren Maße positive Externalitäten ausgehen, relativ geringer bepreist wird. Auf diese Weise wird der Markt, der die höheren Netzwerkeffekte, also einen größeren Nutzen für die jeweils andere Seite begründet, über den Markt quersubventioniert, der die geringeren Netzwerkeffekte ausstrahlt.[883] Anders gestaltet es sich hingegen bei einer Preissetzung unter Wettbewerb: Hier müssen neben den relativen Netzwerkeffekten auch Wettbewerbseffekte berücksichtigt werden.[884] Dabei liegen die Gesamtmengen in wettbewerblich organisierten Märkten zwar in der Regel höher, allerdings fallen die Mengen der einzelnen Unternehmen geringer aus als die monopolistische Menge.[885] Dieses hat zur Folge, dass die Netzwerkexternalitäten durch die konkurrierenden Anbieter keine optimale Nutzung wie im Monopolfall erfahren.[886] Auch die individuell gewinnmaximierenden Preise gestalten sich durch die disziplinierende Wirkung des Wettbewerbs oftmals geringer, sodass ein von einer Marktseite ausgehender starker Netzwerkeffekt nicht optimal internalisiert werden kann.[887] Demzufolge können, je nachdem, inwieweit Netzwerk- oder Wettbewerbseffekte überwiegen, Wettbewerbspreise gegebenenfalls sogar höher ausfallen als bei einem Monopol.[888] Somit lässt sich festhalten, dass vermeintlich überhöhte Preise auf der

---

876 Clement & Schreiber (2013), S. 155
877 Evans (2002), S. 58.
878 Budzinski & Lindstädt (2010), S. 438.
879 Evans (2002), S. 89.
880 Budzinski & Lindstädt (2010), S. 438.
881 Clement & Schreiber (2013), S. 156.
882 Dewenter & Haucap (2008), S. 40.
883 Budzinski & Lindstädt (2010), S. 440–441.
884 Budzinski & Lindstädt (2010), S. 441.
885 Budzinski & Lindstädt (2010), S. 441.
886 Budzinski & Lindstädt (2010), S. 441.
887 Budzinski & Lindstädt (2010), S. 441.
888 Budzinski & Lindstädt (2010), S. 441.

einen Marktseite im Gegenzug zu vermeintlich niedrigen Preisen auf der anderen Marktseite nicht generell von Ineffizienz geprägt sein müssen.[889]

Diese besonderen Strukturen eines zweiseitigen Marktes sind bereits bei der Abgrenzung des relevanten Marktes, auf dessen Basis beispielsweise die Beurteilung etwaiger Wettbewerbsbeschränkung erfolgt, zu berücksichtigen. So kann unter anderem die analytische Methode in Form des **SSNIP-Tests** nicht ohne signifikante Anpassungen für zweiseitige Plattformen herangezogen werden.[890] Dieser ist zumindest dahingehend zu modifizieren, dass die für zweiseitige Märkte charakteristischen indirekten Netzwerkeffekte Berücksichtigung erlangen.[891] Hinzu kommt, dass in einem zweiseitigen Markt die Gewinne des hypothetischen Monopolisten zum einen durch das **Preisniveau** als Summe der Preise, die von beiden Marktseiten gezahlt werden, und zum anderen durch die **Preisstruktur,** also dem Verhältnis, wie die Preise zwischen den beiden Seiten aufgeteilt werden, bestimmt werden.[892] Mithin schließt sich die Frage an, welcher der beiden Preise im Rahmen der Simulationen der Hypothetischen Monopoltests zu erhöhen ist.[893] An dieser Stelle bietet es sich an, dass zunächst der Preis auf einer Seite und dann auf der anderen Seite erhöht wird, wobei dem hypothetischen Monopolisten jedes Mal die Möglichkeit einzuräumen ist, die Preisstruktur optimal anzupassen.[894] Fraglich ist aber auch, was bei einem zweiseitigen Markt unter einer geringen, aber signifikanten und nicht nur vorübergehenden Preiserhöhung zu verstehen ist.[895] Dieses wird einerseits in der Preiserhöhung des Gesamtpreises ohne Änderung der Preisstruktur gesehen, andererseits wird hierunter teilweise eine optimale Erhöhung des Gesamtpreises mit oder ohne Anpassung des anderen Preises verstanden.[896] Bei der Abgrenzung des relevanten Marktes eignet sich bei zweiseitigen Märkten eine Differenzierung zwischen Märkten mit beobachtbaren Transaktionen wie Zahlungen mit Kreditkarten oder anderen Zahlungssystemen und nicht beobachtbaren Märkten wie werbefinanzierte Medien.[897] Bei ersterem gilt es, bei der Marktabgrenzung den Gesamtpreis zu erhöhen und gleichzeitig die Preisstruktur optimal anzupassen.[898] Bei letzterem hingegen ist die Erhöhung eines Preises bei der Anpassung des anderen vorzuziehen, um bei einer solchen sequentiellen Vorgehensweise die Substitutionsmöglichkeiten der Konsumenten besser berücksichtigen zu können.[899] Die in der

---

889   Evans (2002), S. 59 ff.
890   Evans & Schmalensee (2012), S. 4. Zu der Frage der Marktabgrenzung bei zweiseitigen Märkten siehe im Einzelnen Kehder (2013).
891   Filistrucchi (2008), S. 1–2.
892   Filistrucchi (2008), S. 3; Rochet & Tirole (2008), S. 547.
893   Filistrucchi (2008), S. 9.
894   Filistrucchi (2008), S. 22.
895   Kerber & Schwalbe (2015), S. 98, Rn. 247a.
896   Kerber & Schwalbe (2015), S. 98, Rn. 247a.
897   Kerber & Schwalbe (2015), S. 98, Rn. 248.
898   Kerber & Schwalbe (2015), S. 98, Rn. 248.
899   Kerber & Schwalbe (2015), S. 98, Rn. 248.

Regel mit einer Preiserhöhung einhergehenden Wechselwirkungen zwischen den Nachfragergruppen sind bei der Anwendung des Hypothetischen Monopoltests entsprechend zu berücksichtigen, zumal die Wechselwirkungen solche Ausmaße annehmen können, dass bereits das Substitutionsverhalten einer Nachfragergruppe genügt, um die Preiserhöhung insgesamt unprofitabel zu gestalten.[900]

Demzufolge erfordert die Implementierung eines SSNIP-Tests auf einem mehrseitigen Markt wesentlich mehr Daten als ein einseitiger Markt, da nicht nur die Kreuzpreiselastizitäten zu schätzen sind, sondern auch die Matrizen der Netzwerkeffekte entsprechend einzubeziehen sind.[901] Somit gilt es für wettbewerbspolitische Maßnahmen beziehungsweise regulierende Eingriffe innerhalb aller Marktseiten sämtliche Marktparameter wie Nachfrageelastizitäten, Markt- und Kostenstrukturen sowie Netzwerkexternalitäten präzise zu analysieren und die Verbundenheit der Märkte in die Erwägungen der Wettbewerbsbehörden einzustellen.[902] Als Problemfeld in diesem Rahmen gestaltet sich allerdings die Messung der indirekten Netzwerkexternalitäten, zumal das quantitative Ausmaß der Externalitäten durchaus von entscheidender Bedeutung ist, um das Verhalten von Plattformen zu erklären und um im Rahmen der wettbewerbspolitischen Erwägungen korrekte Einschätzungen vorzunehmen.[903]

3.6.3 Wohlfahrtseffekte auf zweiseitigen Märkten und Beeinflussung der Marktstrukturen

Die ökonomischen Erwägungen zu zweiseitigen Märkten unterscheiden sich in einigen wichtigen Aspekten von der Ökonomie einseitiger Märkte.[904] So ist aufgrund vorgenannter Erwägungen bei zweiseitigen Märkten bereits fraglich, ob Wettbewerb zwischen mehreren Plattformen überhaupt wie bei klassischen einseitigen Märkten zu besseren Wohlfahrtsergebnissen führt als bei Vorliegen einer Monopolstellung einer einzigen Plattform.[905] Denn selbst wenn der Betrieb mehrerer Plattformen nicht mit zusätzlichen Fixkosten einhergeht, muss die Existenz einer Mehrzahl dieser nicht von höherer Effizienz sein.[906] So kann auch eine Monopolplattform effizient sein, da die indirekten Netzwerkeffekte gerade dann ein maximales Ausmaß annehmen, wenn sich alle Agenten auf einer Plattform koordinieren.[907]

---

900   Kerber & Schwalbe (2015), S. 98, Rn. 248.
901   Filistrucchi (2008), S. 22.
902   Budzinski & Lindstädt (2010), S. 442.
903   Budzinski & Lindstädt (2010), S. 442.
904   Evans (2002), S. 59.
905   Haucap & Wenzel (2011), S. 5.
906   Haucap & Wenzel (2011), S. 5.
907   In diesem Kontext ergibt sich eine weiterführende Fragestellung, die sich damit beschäftigt, ob eine „künstliche" Umwandlung eines klassischen Marktes in einen Plattform-Markt, um daraus Marktmacht zu schöpfen, als wettbewerbswidrig zu erachten ist, wenn auch ein Betreiben als Retailing-Geschäft möglich wäre.

Somit lässt sich bei zweiseitigen Märkten die optimale Struktur des Marktes nicht pauschal beschreiben, da gerade starke Netzwerkeffekte tendenziell für die Vorteilhaftigkeit eines Monopols sprechen.[908] Allenfalls Überlastungsgefahren, geringere Teilnahmeraten und Multi-Homing sind als Einwände gegen eine Monopolisierung und damit für einen Wettbewerb in diesem Bereich anzuführen.[909]

Im Einzelnen werden die Wohlfahrtseffekte auf mehrseitigen Märkten durch die Parameter Kostenstruktur, Marktgröße, Preiselastizität und der Stärke der indirekten Netzwerkeffekte bestimmt.[910] Da insbesondere letztere einen zweiseitigen Markt prägen, besteht die Möglichkeit, dass monopolistische Unternehmen auf mehrseitigen Märkten eine höhere Gesamtwohlfahrt als bei wettbewerblichen Strukturen ermöglichen können.[911] Im Rahmen einer Analyse der Wohlfahrtseffekte sind dabei die gegenläufigen Effekte, der **Markterweiterungs- und der Wettbewerbseffekt**, gegenüberzustellen.[912]

Beim **Markterweiterungseffekt** erfolgt im Falle positiver Netzwerkexternalitäten in einer Monopolsituation im Vergleich zu einem Wettbewerbsmarkt eine Verschiebung der Nachfragekurve nach außen.[913] Dieses begründet sich damit, dass ein Monopolist positive Netzwerkeffekte insoweit besser internalisieren kann, als dass er im Vergleich zu einzelnen Wettbewerbern eine umfangreichere Teilnahme beider Nachfrageseiten erreichen kann.[914] Dieses wiederum bringt eine sich erhöhende Zahlungsbereitschaft der Nachfragegruppe mit sich, die von der Internalisierung der positiven Netzwerkexternalitäten am stärksten profitiert.[915] Bei einer isolierten Betrachtung ergibt sich durch die Verlagerung der Nachfragekurve nach außen dabei eine erhöhte Gesamtwohlfahrt.[916] Dieser Markterweiterungseffekt kann jedoch durch etwaige negative Netzwerkexternalitäten wieder gemindert werden, was im Falle von Medienanbietern zum Beispiel durch Werbeunterbrechungen, die den Nutzen der Zuschauer beziehungsweise Zuhörer verringern, eintreten kann.[917] Dem Markterweiterungseffekt ist der **Wettbewerbseffekt** entgegenzusetzen: Als Folge einer Monopolpreisbildung ist eine Bewegung auf der Nachfragekurve in Richtung eines höheren Preises und einer geringeren Menge zu verzeichnen.[918] Die

---

Indirekte Netzwerkeffekte könnten insoweit als Konzentrationstreiber verwendet werden. Aktuell besteht zu dieser Thematik jedoch eine Forschungslücke. Eine nähere Betrachtung soll auch im Rahmen dieser Arbeit nicht erfolgen.

908 Haucap & Wenzel (2011), S. 5.
909 Haucap & Wenzel (2011), S. 5.
910 Dewenter & Haucap (2008), S. 12.
911 Budzinski & Lindstädt (2010), S. 441.
912 Dewenter & Haucap (2008), S. 12.
913 Dewenter & Haucap (2008), S. 12.
914 Budzinski & Lindstädt (2010), S. 441.
915 Budzinski & Lindstädt (2010), S. 441.
916 Dewenter & Haucap (2008), S. 12.
917 Budzinski & Lindstädt (2010), S. 441.
918 Budzinski & Lindstädt (2010), S. 441.

Wettbewerbsmenge hingegen liegt insgesamt über der Monopolmenge, sodass bei isolierter Betrachtung durch den Wettbewerb eine Erhöhung der Gesamtwohlfahrt auszumachen ist. Allerdings ist in der Regel die gesamte Konsumentenwohlfahrt von ökonomischem Interesse, sodass eine Marktseite nicht eine einseitige Betrachtung erfahren sollte, sondern beide Marktseiten in Beziehung zueinander zu setzen sind.[919] Hierbei ist zu beachten, dass Markterweiterungs- und Wettbewerbseffekte eine gegenläufige Wirkung aufweisen. Um auszumachen, welcher der beiden Effekte im Einzelfall eine stärkere Auswirkung einnimmt, sind grundsätzlich insbesondere die Wettbewerbsintensität sowie die Richtung und Stärke der Netzwerkeffekte eingehend zu untersuchen.[920]

Die bei klassischen Märkten anzuwendenden Ansätze für die Definition des Marktes und der Beurteilung der Marktmacht beziehungsweise der Wettbewerbssituation sind auf mehrseitige Plattformen jedoch nicht ohne Weiteres übertragbar.[921] Wie festgestellt, wird mit der Marktmacht grundsätzlich die Fähigkeit eines Unternehmens beschrieben, die Preise signifikant über den Wettbewerbspreisen festzusetzen, wobei kein Konsens dahingehend besteht, welche Spanne zum Wettbewerbspreis erforderlich ist, um eine signifikante Marktmacht zu begründen.[922] Für den Wettbewerbspreis ist im Allgemeinen der Preis heranzuziehen, der unter vollkommenem Wettbewerb herrschen würde, also der Preis, der den marginalen Kosten entspricht.[923] Zu beachten ist, dass bereits für die **Beurteilung der Marktmacht** eines klassischen Unternehmen keine alleinige zuverlässige Methode existent ist und es sich generell empfiehlt, nicht nur auf Marktanteile oder auf einen Vergleich zwischen dem Preis und der marginalen Kosten abzustellen, sondern mehrere Quellen und Methoden heranzuziehen, um Fehleinschätzungen weitestgehend zu vermeiden.[924] Dieses gilt insoweit auch für mehrseitige Plattformen, bei denen ein hoher Preis für eine Nachfragergruppe somit kein ausreichendes Indiz für das Vorliegen von Marktmacht sein kann, zumal selbst bei Wettbewerb mehrerer Plattformen die Art der Preisstruktur nicht berührt würde.[925] Zudem kommen bei zweiseitigen Märkten noch weitere Besonderheiten hinzu.[926] So kann insbesondere aufgrund der indirekten Netzwerkeffekte eine starke **Marktkonzentration** unter den gegebenenfalls in Konkurrenz stehenden Plattformen eintreten. Dieses muss jedoch nicht zwangsläufig der Fall sein, wie es anhand von Immobilienmaklern, Reisevermittlern oder Partnerbörsen aufgezeigt werden kann, sodass indirekte

---

919   Evans & Schmalensee (2012), S. 35.
920   Dewenter & Haucap (2008), S. 12.
921   Evans & Schmalensee (2012), S. 23.
922   Evans & Schmalensee (2012), S. 19.
923   Evans & Schmalensee (2012), S. 19.
924   Evans & Schmalensee (2012), S. 21.
925   Schwalbe & Zimmer (2011), S. 62.
926   Vgl. zu den Problemen einer Beurteilung der Marktmacht bei mehrseitigen Plattformen Evans & Schmalensee (2012), S. 19–21.

Netzwerkeffekte keinesfalls hinreichend für eine Monopolisierung oder eine hohe Marktkonzentration sind.[927] Für den Konzentrationsgrad zweiseitiger Märkte sind vielmehr die fünf Faktoren der nachfolgenden Abbildung 5 mit ihren jeweiligen Auswirkung auf die Marktkonzentration entscheidend:

Abb. 5: Einflussfaktoren für die Konzentrationsstärke von zweiseitigen Märkten

Ursache	Effekt auf die Konzentration
Stärke der indirekten Netzwerkeffekte	+
Ausmaß steigender Skaleneffekte	+
Überlastungsgefahren	-
Differenzierung der Plattformen	-
Multi-Homing	-

Quelle: Evans & Schmalensee (2008), S. 679.

Die Konkurrenz zwischen mehrseitigen Plattformen und die Marktkonzentration werden durch die genannten Kriterien in der Weise maßgeblich bestimmt, als dass sich je nach Ausprägung dieser Faktoren unterschiedliche Konzentrationstendenzen und Markteintrittsbarrieren ergeben.[928] So können auch direkte und indirekte Netzwerkeffekte eine Art quasi-natürliches Monopol begründen, wobei insbesondere die **Stärke der indirekten Netzwerkeffekte** zu Monopolisierungs- beziehungsweise Konzentrationstendenzen beiträgt.[929] Ein Unternehmen kann bei Vorliegen stark ausgeprägter Netzwerkeffekte diese oftmals besser internalisieren, als es zwei oder mehreren Unternehmen möglich wäre, wodurch wiederum der Nutzen der Konsumenten verstärkt wird.[930] Auch ist zu beachten, dass indirekte Netzwerkeffekte auf der Angebotsseite die Substitution begrenzen und Eintrittsbarrieren für mehrseitige Plattformen erhöhen können,[931] insbesondere auch, da neu in den Markt eintretende Unternehmen eine kritische Masse an Plattformnutzern benötigen, die

---

927 Haucap & Wenzel (2011), S. 5. Vgl. allgemein zum Wettbewerb auf zweiseitigen Märkten auch Armstrong (2006) sowie Rochet & Tirole (2003).
928 Haucap & Wenzel (2011), S. 1.
929 Evans & Schmalensee (2007), S. 164.
930 Dewenter & Rösch (2015), S. 47, die darlegen, dass es für indirekte Netzwerkeffekte von Vorteil ist, wenn die unterschiedlichen Netzwerke von nur einer Plattform bedient werden, da dieses eine größtmögliche Internalisierung der Netzwerkeffekte ermöglicht.
931 Evans & Schmalensee (2012), S. 19.

es zunächst einmal zu gewinnen gilt.[932] Nach einfachen Modellen können indirekte Netzwerkeffekte auch zu Economies of Scale auf der Nachfrageseite führen, die wiederum ein Monopol zur Folge haben können: eine erhöhte Partizipation auf einer Seite der Plattform erhöht die Attraktivität für die andere Seite und infolgedessen deren Nutzerzahl, was sich wiederum positiv auf die Attraktivität der ersten Marktseite auswirkt.[933] Diese Ansätze lassen jedoch zum einen außer Acht, dass bei rivalisierenden Plattformen typischerweise unterschiedliche Angebote zu finden sind. Zum anderen wird das so genannte Multi-Homing nicht berücksichtigt.[934] Nichtsdestotrotz führen indirekte Netzwerkeffekte zumindest tendenziell zu einer begrenzten Anzahl mehrseitiger Plattformen in einem jeden Markt. In der Folge sehen sich viele Plattformen lediglich mit einer relativ kleinen Anzahl an Wettbewerbern konfrontiert.[935]

Wie erwähnt sind bei zweiseitigen Märkten weiterhin steigende Skalenerträge zu verzeichnen: So weisen die meisten zweiseitigen Märkte in Hinblick auf die Kostenstruktur einen verhältnismäßig hohen Fixkostenanteil und nur sehr geringe variable Kosten auf, insbesondere da jede weitere Transaktion vergleichsweise kaum Zusatzkosten mit sich bringt.[936]

Die sich positiv auf die Marktkonzentration auswirkenden Netzwerk- und Skaleneffekte treffen jedoch mit drei Effekten aufeinander, die einer Konzentrationstendenz entgegenwirken: Hierzu zählen die **Überlastungs- und Staugefahren**, die zwar bei Onlinemärkten nicht durch physische Kapazitätsprobleme aufgrund eines begrenzten Raumangebots begründet werden, sondern in Form negativer Externalitäten durch zusätzliche Nutzer für den Nutzer auftreten. Dieses ist mit der Heterogenität der Nutzer zu begründen, die wiederum in Verbindung mit der Höhe der Suchkosten steht, da beispielsweise eine zielgenaue Werbung nur im Falle homogener Nutzer möglich ist.[937] Wird Werbung dabei als informativ und somit positiv aufgenommen, entsteht für den Markt ein positiver Nutzen; insoweit die Nutzer jedoch ablehnend auf die Werbung reagieren, hat dieses einen negativen Nutzen zur Folge.[938]

Ebenfalls im Zusammenhang mit der Heterogenität ist die **Produktdifferenzierung** zwischen Plattformen zu sehen, denn je einfacher eine solche möglich ist und je heterogener die (potentiellen) Nutzer sind, desto vielfältiger gestaltet sich die Plattform und desto weniger konzentriert wird der entsprechende Markt sein.[939] Damit lässt sich festhalten, dass, was auch in der ökonomischen Literatur lange

---

932 Evans & Schmalensee (2012), S. 19.
933 Evans & Schmalensee (2012), S. 13–14.
934 Evans & Schmalensee (2012), S. 14.
935 Evans & Schmalensee (2012), S. 14.
936 Haucap & Wenzel (2011), S. 6.
937 Haucap & Wenzel (2011), S. 6.
938 Budzinski & Lindstädt (2010), S. 440. Bei Medienmärkten hat dieser Zusammenhang bereits ansatzweise über die Anzeigen-Auflagen-Spirale eine Erklärung erfahren. Vgl. hierzu näher Dewenter (2007), S. 6.
939 Haucap & Wenzel (2011), S. 7.

bekannt ist, steigende Skalenerträge zu einer Marktkonzentration beitragen, eine Produktdifferenzierung und die Heterogenität von Nutzerpräferenzen einer solchen aber entgegenwirken.[940] Die traditionellen Konzepte der Produktdifferenzierung für one-sided Unternehmen sind dabei auch auf multi-sided Plattformen anzuwenden: So gibt es auch hier eine Streuung über die Konsumenten hinweg in der Bewertung der unterschiedlichen Produkteigenschaften (horizonatale Differenzierung) und der Bereitschaft oder Fähigkeit, für die Qualität zu bezahlen (vertikale Differenzierung).[941] Dieses ermöglicht es Unternehmen, Produkteigenschaften so zu wählen, dass bestimmte Konsumentengruppen darüber angesprochen werden können, was eine Differenzierung von Wettbewerbern erlaubt.[942] Bei den einseitig agierenden Unternehmen bringt die vertikale und horizontale Differenzierung das Unternehmen an potentielle Konsumenten heran und hilft bei der Festsetzung des Preises.[943] Anders hingegen ist es bei mehrseitigen Plattformen, bei denen, indem die Kunden auf einer Seite bestimmt werden, die horizontale und vertikale Differenzierung die Nachfrage auf der anderen Seite beeinflusst.[944] Aufgrund dieser Wechselwirkungen ist es also für eine Plattform von Bedeutung, die Differenzierungsentscheidungen für alle Seiten, die die Plattform bedient, zu machen.[945] Weiterhin ist die Wahl der Kunden auf der einen Seite ein möglicher Weg, die Plattform sowohl horizontal als auch vertikal zu differenzieren.[946] Die Produktdifferenzierung ist also letztlich ein Schlüsselgrund dafür, dass viele Industrien mit mehrseitigen Plattformen viele Wettbewerber haben, obwohl die indirekten Netzwerkeffekte, die diesen immanent sind, und gegebenenfalls die Economies of Scale diese anscheinend zu Monopolen werden lassen.[947]

Weiterhin kann die Tendenz zu einem natürlichen Monopol auch durch die Möglichkeit des so genannten **Multi-Homing** verringert werden, wenn also für Konsumenten die parallele Nutzung verschiedener Plattformen möglich ist.[948]

Die Einfachheit eines Multi-Homing wird dadurch bestimmt, ob Wechselkosten zwischen verschiedenen Plattformen bestehen und wie hoch diese gegebenenfalls ausfallen und ob nutzungsunabhängige Gebühren für eine Mitgliedschaft bei einer Plattform erhoben werden.[949] Demzufolge gestaltet sich beispielsweise ein Wechsel von einem Online-Reisebüro zu einem anderen oder von einer Suchmaschine wie

940 Haucap & Wenzel (2011), S. 7.
941 Evans & Schmalensee (2012), S. 14.
942 Evans & Schmalensee (2012), S. 14.
943 Evans & Schmalensee (2012), S. 14.
944 Evans & Schmalensee (2012), S. 14.
945 Evans & Schmalensee (2012), S. 14.
946 Evans & Schmalensee (2012), S. 14.
947 Evans & Schmalensee (2012), S. 15.
948 Dewenter & Rösch (2015), S. 47; Evans & Schmalensee (2007), S. 166. Ein Multi-Homing liegt beispielsweise vor, wenn ein Nachfrager mehrere Browser nutzt oder mehrere Online-Zeitungen liest. Vgl. hierzu Clement & Schreiber (2013), S. 156.
949 Haucap & Wenzel (2011), S. 7.

Google zu einer anderen mit relativ geringen Wechselkosten.[950] Bei sozialen Netz-werken hingegen fallen die Wechselkosten aufgrund der hier vorliegenden direkten Netzwerkeffekte und der erforderlichen Koordinierung der Nutzergruppen stärker aus.[951] Hinzu kommt zum Beispiel im Fall der Online-Handelsplattform eBay, dass eine weitere Form von Wechselkosten mit der plattformspezifischen Reputation der Tauschpartner einhergeht, die von den Nutzern über die Anzahl ordnungsgemäß durchgeführter Transaktionen erst sukzessive aufzubauen ist.[952] Das Multi-Homing ist dabei von besonderer Relevanz für den Wettbewerb: So werden bei der Annah-me von Plattformen in einem Markt Werte durch die Mitglieder Typ A und Typ B generiert.[953] Wenn Typ A nun lediglich eine Plattform nutzt, kann Typ B auch nur Zugang zu Typ A erhalten, indem er auf die gleiche Plattform zugreift.[954] Dieses führt dazu, dass die Plattform-Seite von Typ A zu einem so genannten „competitive bottleneck" führt.[955]

Ein Multi-Homing bringt jedoch auch entsprechende Konsequenzen für die Preisstruktur einer Plattform mit sich: Einerseits nimmt die Elastizität der Käufer-nachfrage auf einer vorhandenen Plattform zu, da diese Käufer in der Lage sind, zu einer im Wettbewerb stehenden Plattform zu wechseln.[956] Andererseits wird die Elastizität der Verkäufernachfrage durch einen so genannten „single-homing index" korrigiert. Je geringer dieser Index bei den Käufern ausfällt, desto höher ist der Anreiz für Plattformen Verkäufer fernzuhalten.[957] Der Wettbewerb zwischen Plattformen führt auf diese Weise auf beiden Marktseiten zu einem Preisdruck nach unten.[958]

Dadurch resultiert wiederum, dass Wettbewerb unter Plattformen nicht zwin-gend zu einer effizienten Preisstruktur führt.[959] In der Praxis sind bei zwei- oder mehrseitigen Märkten häufig auch monopolistische oder quasi-monopolistische

---

950 Vgl. Haucap & Wenzel (2011), S. 7–8, die in Hinblick auf die kaum vorhandenen direkten Netzwerkeffekte hervorbringen, dass es dem Nutzer in der Regel gleich-gültig ist, wie viele andere Personen zum Beispiel bei ihrer Suche auf Google zugreifen. Anders ist dieses nach Hauck (2015), S. 60 in Bezug auf die indirekten Netzwerkeffekte bei Google zwischen den „search users" und den „advertisers": „The question is now whether or not an „interdependent demand" exists between these groups."

951 Haucap & Wenzel (2011), S. 8.

952 Haucap & Wenzel (2011), S. 8.

953 Evans & Schmalensee (2012), S. 15.

954 Evans & Schmalensee (2012), S. 15.

955 Evans & Schmalensee (2012), S. 15–16. Ein „competitive bottleneck" liegt vor, wenn nur den Teilnehmern einer Marktseite die Nutzung mehrerer Plattformen gleichzeitig, also ein Multi-Homing möglich ist, der andere Markt sich hingegen nur für eine Plattform entscheiden kann, vgl. Dewenter & Rösch (2015), S. 131.

956 Rochet & Tirole (2008), S. 550.

957 Rochet & Tirole (2008), S. 550.

958 Rochet & Tirole (2008), S. 550.

959 Rochet & Tirole (2008), S. 550.

Strukturen zu finden, wobei insbesondere Internetplattformen oftmals zumindest zeitweise keinen oder einen nur geringen Wettbewerb erfahren.[960] Da ein Monopolist auf einem mehrseitigen Markt anders als beim einseitigen Markt parallel auf zwei Märkten agiert, die durch indirekte Netzwerkeffekte in einer Wechselbeziehung stehen und zwei unterschiedliche Gruppen von Nachfragern und Anbietern bedienen, ist dieser von einem Mehrproduktmonopolisten abzugrenzen.[961] Der Gewinn eines monopolistischen Plattformbetreibers errechnet sich aus dem Preis abzüglich der Grenzkosten von Markt 1 multipliziert mit der Menge auf Markt 1 addiert mit dem Preis abzüglich der Grenzkosten auf Markt 2 multipliziert mit der Menge auf Markt 2, wobei anschließend etwaige Fixkosten in Abzug zu bringen sind.[962] Ist die Summe der Netzwerkeffekte größer Null, fallen die Mengen und Gewinne höher als in einem einseitigen Markt aus.[963] Auf einem Markt sind die Preise dabei in der Regel unterhalb und auf dem anderen Markt oberhalb des gewöhnlichen Monopolpreises, wobei die Preise auf der einen Marktseite je nach Stärke und Verhältnis der Netzwerkeffekte zwecks Gewinnmaximierung sogar unterhalb der Grenzkosten oder gar negativ ausfallen können.[964] Demzufolge sind monopolistische Strukturen auf zweiseitigen Märkten auch nicht notwendigerweise wettbewerbs- oder wohlfahrtsschädlich; vielmehr ist bei diesen eine Übertragung wettbewerblicher Grundsätze, die bei einseitigen Märkten zur Anwendung gelangen, nicht ohne Weiteres möglich.[965]

Neben der Kostenstruktur können jedoch auch direkte und indirekte Netzwerkeffekte eine Art quasi-natürliches Monopol begründen:[966] So kann ein Unternehmen bei Vorliegen stark ausgeprägter Netzwerkeffekte diese oftmals besser internalisieren, als es zwei oder mehreren Unternehmen möglich wäre.[967] Hierdurch wiederum verstärkt sich der Nutzen der Konsumenten. In Bezug auf direkte Netzwerkeffekte kann für das Erlangen einer solchen Stellung im Markt Kompatibilität von Bedeutung sein; für indirekte Netzwerkeffekte ist es wiederum von Vorteil, wenn die unterschiedlichen Netzwerke von nur einer Plattform bedient werden, da dieses eine größtmögliche Internalisierung der Netzwerkeffekte ermöglicht.[968]

---

960 Ausführlich zu monopolistischen zweiseitigen Märkten siehe Dewenter & Rösch (2015), S. 140 ff.
961 Dewenter & Rösch (2015), S. 141.
962 Dewenter & Rösch (2015), S. 148.
963 Dewenter & Rösch (2015), S. 158.
964 Dewenter & Rösch (2015), S. 158.
965 Dewenter & Rösch (2015), S. 158.
966 Für die Bedeutung direkter und indirekter Netzwerkeffekte siehe auch Haucap & Heimeshoff (2013).
967 Dewenter & Rösch (2015), S. 47.
968 Dewenter & Rösch (2015), S. 47

4 Darstellung und ökonomische Beurteilung wettbewerblicher Beschränkungen

4.1 Wettbewerbspolitische Beurteilung horizontaler und vertikaler Wettbewerbsbeschränkungen durch Kartellverhalten und kollusive Absprachen

4.1.1 Explikation der Kartelllösung und Deskription kartellstabilisierender Determinanten

Im Rahmen von Kartellen koordinieren sich Wettbewerber über den Einsatz eines oder mehrerer Aktionsparameter, wonach unter anderem Preiskartelle, Mengen- beziehungsweise Quotenkartelle, Konditionenkartelle, Produktionskartelle[969] und Submissionskartelle unterschieden werden können.[970] Entsprechende Absprachen zu dem Parametereinsatz werden im Rahmen von **schriftlichen oder mündlichen Kartellverträgen** getroffen, sodass ein derartiges Vorgehen auch als explizite Kollu- sion (explicit collusion) bezeichnet wird.[971] Alternativ können aber auch aufeinander abgestimmte Verhaltensweisen im Sinne des Kartellverbots in Form einer impliziten Kollusion von Unternehmen vorgenommen werden.[972] Diese **nichtvertraglichen Verhaltensabstimmungen** treten dabei insbesondere dann auf, wenn kartellrecht- liche Verträge wie im Falle von Preisen, Mengen oder Marktaufteilungen nicht

---

969   Auf Produkte und Produktionstechniken bezogene Kartelle teilt Olten (1998), S. 125 weiter auf in Spezialisierungskartelle zwecks Abstimmung bestimmter Produktionsarten, Typisierungskartelle zwecks Festlegung der Typisierung von Produkten und Produktteilen sowie Normungskartelle zur Bestimmung von Pro- duktnormen.

970   Siehe hierzu Dewenter & Rösch (2015), S. 104, die zudem exemplarisch eine Koor- dinierung in Bezug auf Forschungsausgaben anführen. Kerber & Schwalbe (2015), S. 114, Rn. 284 führen darüber hinaus Vereinbarungen über Marktaufteilungen an. Siehe zudem Schmidt & Haucap (2013), S. 153, die erläutern, dass Submissi- onskartelle der Absprache der Angebote bei öffentlichen Ausschreibungen die- nen. Eine Übersicht zu den unterschiedlichen Kartellen nach Aktionsparametern befindet sich bei Olten (1998), S. 125, der zum Beispiel auch noch bezogen auf den Außenhandel Export- und Importkartelle erwähnt. Zu den unterschiedlichen Kartellformen vgl. auch die Beschreibung bei Motta 2004, S. 137: „Collusive agree- ments can take different forms: firms might agree on sales prices, allocate quotas among themselves, divide markets so that some firms decide not to be present in certain markets in exchange for being the sole seller in others, or coordinate their behaviour along some other dimensions."

971   Dewenter & Rösch (2015), S. 104; Motta (2004), S. 141.

972   Dewenter & Rösch (2015), S. 104.

erlaubt sind.[973] Allerdings geht mit diesen Verhaltensabstimmungen auch keine rechtliche Bindung einher, sodass Schwierigkeiten bei der Überwachung und Durchsetzung der nichtvertraglichen Abreden auftreten können.[974] Eine andere Form der Verhaltensabstimmungen sieht die **Koordination ohne explizite Abstimmung** und gegebenenfalls auch ohne Bewusstsein über eine Koordination vor,[975] was in der Industrieökonomik oftmals die Bezeichnung als **tacit collusion** oder conscious parallelism erfährt.[976]

Unterschiede ergeben sich dabei je nach Ausgestaltung der Verhaltenskoordination mit Blick auf die Justiziabilität: Im Wettbewerbsrecht der Europäischen Union werden über Art. 101 Abs. 1 AEUV sowohl Kartellverträge als auch abgestimmte Verhaltensweisen erfasst.[977] In Anlehnung an das Selbstständigkeitspostulat weist der EuGH Unternehmen jedoch den Freiraum zu, sich „dem festgestellten oder erwarteten Verhalten ihrer Mitbewerber mit wachem Sinn anzupassen."[978] Die Koordination ohne explizite Abstimmung, sprich das stillschweigende Marktverhalten, wie es bei oligopolistischen Strukturen zu finden ist, erfüllt nach Ansicht des EuGH daher nicht das über das reine Marktverhalten hinausgehende Element vorheriger Abstimmung.[979] Dementsprechend wird diese Verhaltensform auch nicht vom Tatbestand des Art. 101 Abs. 1 AEUV erfasst, selbst wenn hiermit eine wohlfahrtsschädliche Kollusion verbunden ist.[980] Diese Lücke im europäischen Kartellrecht ist insbesondere vor dem Hintergrund kritisch zu erachten, als dass die ökonomischen Effekte der aufgezeigten Verhaltenskoordinationen identisch sind.[981] So stehen die beteiligten Unternehmen in Bezug auf einen entsprechenden Parameter, zu dem sie ihr Verhalten abstimmen, nicht länger in Konkurrenz, sodass in dieser Hinsicht der Wettbewerb reduziert oder gar eliminiert wird.[982] Der Anreiz zu einer Kartellbildung begründet sich demzufolge mit dem Bestreben der Mitglieder, ihr Verhalten anstelle

---

973   Kerber & Schwalbe (2015), S. 115, Rn. 289.

974   Kerber & Schwalbe (2015), S. 115, Rn. 289.

975   Zu den Unterschieden zwischen einer „tacit" und einer „explicit collusion" vgl. Motta (2004), S. 141–142.

976   Kerber & Schwalbe (2015), S. 115, Rn. 290, indem beispielsweise der Marktführer jährlich im Frühjahr den Umfang von Preiserhöhungen ohne Absprache vorgibt und Wettbewerber sich hieran ausrichten (Preisführerschaft), da kleineren Anbietern nach Olten (1998), S. 117 bewusst ist, anderenfalls in einen existenzbedrohenden Konkurrenzkampf zu gelangen. Motta (2004), S. 137 beschreibt „tacit collusion" als „situation where firms never meet to discuss prices or never exchange sensitive information." Näher zu „tacit collusion" siehe Ivaldo et al. (2007).

977   Hierzu ausführlich Kapitel 2.2.2.

978   EuGH, Slg. 1975, 1663, Rn. 173–174 (Suiker Unie).

979   Frank (2016), S. 4.

980   Frank (2016), S. 3–4.

981   Vgl. ausführlich zu der Problematik der stillschweigenden Kollusion in Ökonomie und Kartellrecht Frank (2016).

982   Kerber & Schwalbe (2015), S. 115, Rn. 286, wobei sie auf S. 134, Rn. 341 betonen, dass die wohlfahrtsökonomischen Effekte bei einem koordinierten Verhalten über

eines Konkurrierens zu koordinieren,[983] wobei die Unternehmen insoweit das ge-
meinsame Ziel verfolgen, unter Beibehaltung ihrer rechtlichen und wirtschaftlichen
Selbstständigkeit ihren jeweiligen Gewinn im Vergleich zur Wettbewerbssituation
zu erhöhen.[984] Auf diese Weise ermöglicht ein Kartell die Internalisierung der unter
Wettbewerbsbedingungen auftretenden negativen pekuniären externen Effekte, die
dadurch entstehen, dass Unternehmen die negativen Auswirkungen ihrer Entscheidungen auf den Gewinn ihrer Wettbewerber in einer Konkurrenzsituation nicht
berücksichtigen.[985]

Mit Blick auf den wettbewerbsbeschränkenden Charakter einer solchen Verhaltenskoordination gilt es im Rahmen der Wettbewerbspolitik nach den Aktionsparameter zu differenzieren: Weitestgehend Einigkeit besteht dabei über die
negativen Auswirkungen für den Wettbewerb von den Verhaltensabstimmungen
zu Preisen,[986] Mengen[987] und Marktaufteilungen.[988] Diese als **„Hardcore-Kartelle"**
bezeichneten Formen implizieren unmittelbare Beschränkungen des Wettbewerbs,
indem sie die Etablierung von Marktmacht fördern.[989] Hierdurch wiederum haben
derartige Kartellbildungen im Falle ihres Erfolgs zur Folge, dass Preise über ein
Niveau angehoben werden, das bei Wettbewerbsbedingungen bestehen würde, und
der Output auf geringe Mengen beziehungsweise auf ein wettbewerbswidriges Level reduziert wird, wodurch Allokations- und Produktionsineffizienzen entstehen,
die zu wohlfahrtsökonomischen Einschnitten führen.[990] Für den Fall, dass sich also
zwei Unternehmen zu einem kollusiven Zusammenwirken in Form eines Hardcore-
Kartells entscheiden, führt das im Ergebnis, wie in der nachfolgenden Abbildung 6
dargestellt, zu einem neuen Gleichgewicht wie etwa bei Punkt C.

Preise, Mengen und Marktaufteilungen unabhängig davon auftreten, ob die Abstimmungen durch explizite Kartellabsprache oder Facilitating Practies erfolgen.

983   Bester (2012), S. 139.
984   Bester (2012), S. 139; Schmidt & Haucap (2013), S. 154.
985   Bester (2012), S. 139.
986   Zum Beispiel in Form koordinierter Festsetzungen von Verkaufspreisen oder von
       Höchst- beziehungsweise Mindestpreisen sowie in Form von Abstimmungen über
       Preiserhöhungen, vgl. Wollmann & Herzog (2015), Art. 101 AEUV, Rn. 179.
987   Zum Beispiel in Form von Quotenabsprachen oder Abreden zu Kollegenlieferun-
       gen, also einer wechselseitigen Belieferung mit Produkten durch Konkurrenten,
       vgl. Wollmann & Herzog (2015), Art. 101 AEUV, Rn. 183–184.
988   Kerber & Schwalbe (2015), S. 115–116, Rn. 291. Eine Aufteilung eines Marktes
       kann zum Beispiel nach Kunden oder Gebieten erfolgen, vgl. Wollmann & Herzog
       (2015), Art. 101 AEUV, Rn. 187–188.
989   Kerber & Schwalbe (2015), S. 116, Rn. 291.
990   Buccirossi (2008), S. 305; Bishop & Walker (2010), S. 44; Kerber & Schwalbe (2015),
       S. 134, Rn. 341. Vgl. dazu auch Motta (2004), S. 137: "Collusive practices allow firms
       to exert market power they would not otherwise have and artificially restrict
       competition and increase prices, thereby reducing welfare."

Abb. 6: Darstellung der Kartelllösung bei Hardcore-Kartellen aus ökonomischer Sicht

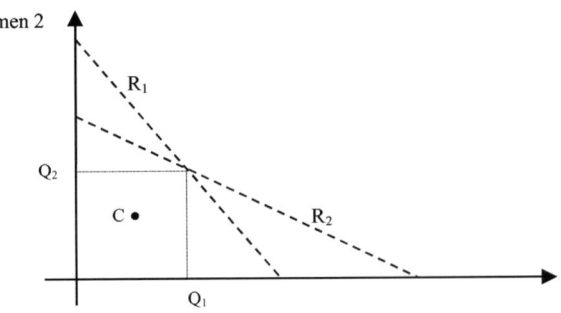

Quelle: Bishop & Walker (2010), S. 44.

Bei diesem Punkt C verkaufen beide Unternehmen weniger Einheiten als im Cournot Gleichgewicht mit Q_1 und Q_2 sodass die Konsumenten aufgrund eines geringeren Outputs vergleichsweise schlechter gestellt werden.[991] Die Kartelllösung ist dabei nicht von vornherein wie das Cournot Gleichgewicht bestimmt, da es eine große Bandbreite an Output Levels gibt, bei denen Unternehmen einen höheren Gewinn als im Cournot Gleichgewicht erzielen können, sodass im Falle eines Kartells nicht präzise vorhergesagt werden kann, wie hoch der Marktpreis und der Output ausfallen werden. Ziel der kartellbeteiligten Unternehmen ist es aber regelmäßig, die Gewinne beider zu maximieren.[992] Diese Kartellgewinne gehen zumindest bei Hardcore-Kartellen wiederum mit einer Umverteilung der volkswirtschaftlichen Rente von den Konsumenten zu den Produzenten einher und mindern gleichzeitig die Anreize zu einer effizienten Produktion, zur Entwicklung moderner kostensenkender Produktionsverfahren und neuer Produkte.[993] Die optimale Faktorallokation, worunter die Lenkung der Produktionsfaktoren in ihre produktivsten Einsatzmöglichkeiten gemäß den Faktorpreisrelationen zu fassen ist, erfährt insoweit eine Beeinträchtigung, als dass Ressourcen nur suboptimal gelenkt werden und in der Folge eine Fehlallokation entsteht.[994] In der Zusammenschau führen diese Allokations- und Produktionsineffizienzen zu einer geringeren Gesamtwohlfahrt, weshalb zahlreiche Jurisdiktionen ein **per-se-Verbot** für derartige horizontale Verhaltenskoordinationen vorsehen.[995]

---

991   Bester (2012), S. 140; Bishop & Walker (2010), S. 44.

992   Bishop & Walker (2010), S. 44.

993   Bester (2012), S. 139; Kerber & Schwalbe (2015), S. 116, Rn. 291 und S. 134, Rn. 341.

994   Schmidt & Haucap (2013), S. 157.

995   Zu dem Umgang mit Kartellen im europäischen Wettbewerbsrecht vgl. Kapitel 2.2. Dazu auch Buccirossi (2008), S. 305: „In short, collusion identifies one of the conducts generally prohibited by antitrust law." Ebenso Motta (2004), S. 137: „They (collusive practices) are prohibited by any anti-trust law."

Mit Ausnahme der Hardcore-Kartelle gestaltet sich die wettbewerbspolitische Beurteilung von Verhaltensabstimmungen jedoch weitaus schwieriger und ist daher sehr differenziert vorzunehmen:[996] So können Abstimmungen zu anderen Aktionsparametern zwar einerseits auch wettbewerbsbeschränkenden Charakter aufweisen, andererseits können diese aber auch in einem hohen Maße gesamtwirtschaftlich positive Wirkungen implizieren.[997]

So wirken sich Verhaltensabstimmungen beispielsweise ambivalent auf den technischen Fortschritt aus: Einerseits ermöglichen Kartellabsprachen die Erzielung höherer Gewinne, wodurch wiederum die Ausgaben für die Forschung und Entwicklung erhöht werden können.[998] Andererseits gilt es aber zwischen der finanziellen Innovationsmöglichkeit und der tatsächlich vorhandenen Innovationsanreize zu differenzieren, da letztere im Rahmen einer Kartellierung oftmals geringer ausfallen.[999] Denn gerade wenn Kartelle in der Ausreifungs- beziehungsweise Stagnationsphase eines Marktes gegründet werden, sind diese in erster Linie darauf gerichtet, mit minimalem Einsatz kurzfristig die ökonomische Existenz zu sichern und haben nicht zum primären Ziel, durch Innovationen Monopole zu schaffen.[1000] Allerdings können im Rahmen einer Kartellierung auch positive Wohlfahrtswirkungen entstehen, indem gezielt Kooperationen im Bereich der Forschung und Entwicklung eingegangen oder auf andere Weise durch entsprechende Absprachen der wirtschaftliche oder technische Fortschritt erhöht werden.[1001] Ebenfalls für die Wohlfahrt von Vorteil können so genannte Mittelstandskartelle sein, denen es mittels Koordinierung möglich ist, größeren marktmächtigen Unternehmen im Wettbewerb wirksamer zu begegnen.[1002]

Vor dem Hintergrund des in Art. 101 Abs. 1 AEUV geregelten grundsätzlichen Kartellverbots hat eine entsprechende vertragliche Koordinierung eines Kartellverhaltens vor Gericht in aller Regel jedoch keinen Bestand.[1003] Für Unternehmen, die sich dennoch einer wettbewerbsbeschränkenden Verhaltensabstimmung

---

996 Buccirossi (2008), S. 305 beschreibt dieses mit „The economic notion of collusion contrasts with the legal notion, as it refers directly to the market outcome."

997 In zahlreichen Wettbewerbsrechten sind aus diesem Grund von dem allgemeinen Kartellverbot zahlreiche Ausnahmeregelungen vorgesehen, im Rahmen derer eine Abwägung zwischen den gesamtwirtschaftlichen Vorteilen und Nachteilen für den Wettbewerb vorzunehmen ist, vgl. Kerber & Schwalbe (2015), S. 116, Rn. 292.

998 Schmidt & Haucap (2013), S. 157.

999 Schmidt & Haucap (2013), S. 157.

1000 Schmidt & Haucap (2013), S. 157.

1001 Kerber & Schwalbe (2015), S. 116, Rn. 292; Dewenter & Rösch (2015), S. 104. Zu den Wirkungen von Kooperationen im Bereich der Forschung und Entwicklung vgl. ausführlich Kerber & Schwalbe (2015), S. 137 ff., die unter anderem die mögliche Internalisierung technologischer Spillover-Effekte als positive Externalitäten bei der Zusammenarbeit zweier ansonsten konkurrierender Unternehmen aufzeigen, gleichzeitig aber auch wettbewerbsbeschränkende Effekte wie eine Verringerung des Wettbewerbsdruckes gegenüberstellen.

1002 Dewenter & Rösch (2015), S. 104.

1003 Vgl. hierzu die juristischen Ausführungen unter Kapitel 2.2.

anschließen wollen, ist es daher erforderlich, dass diese ein gewisses Eigeninteresse und einen Anreiz an der Einhaltung der Abreden haben.[1004] Die Wirtschaftstheorie zeigt allerdings auf, dass für kartellbeteiligte Unternehmen häufig ein Anreiz besteht, von einer Verhaltensabstimmung abzuweichen.[1005] Der in obiger Abbildung 6 markierte Punkt C liegt nicht auf der Reaktionsfunktion des einen oder anderen Unternehmens und repräsentiert mithin auch nicht den besten Outcome.[1006] Bei gegebenem Output eines Unternehmens kann das andere Unternehmen die Gewinne steigern, indem es sich entsprechend auf der Reaktionskurve bewegt.[1007] Somit begründet der Punkt C in obiger Abbildung nicht das kurzfristige NASH Gleichgewicht, da beide Unternehmen einen Anreiz haben, ihren Output zu ändern.[1008] Dieses beinhaltet eine wichtige Folgerung für die Stabilität eines Kartells, da jeder Kartellbeteiligte einen Anreiz zum Ausbrechen aus dem Kartell hat,[1009] um für zusätzliche Aufträge potentiellen Abnehmern heimlich günstigere Konditionen anzubieten.[1010] Der Grund, warum Unternehmen sich dennoch nicht dazu entschließen, ihren Output zu erhöhen („to cheat"), liegt darin, dass sie im Punkt C höhere Gewinne erzielen können, solange die anderen Unternehmen ihren Output auch nicht steigern („not to cheat").[1011] Dennoch ist bei jedem kartellbeteiligten Unternehmen ein Anreiz gegeben, von der kartellrechtlichen Absprache abzuweichen und durch eine Defektion (Cheating) höhere Gewinne zu erzielen.[1012] An einem solchen Anreiz kann es lediglich bei einem legalen Kartell fehlen, bei dem die Kartellanten im Falle eines abweichenden Verhaltens mit Sanktionen rechnen müssen.[1013] Der Defektionsanreiz, der per-se bestehen bleibt, führt in solchen Fällen zu einer Abwägung zwischen dem Defektionsgewinn und einer etwaigen Sanktionierung, wobei nur bei einem Überwiegen des Defektiongsgewinnes eine Defektion anzunehmen ist, anderenfalls die Kooperation des betroffenen Kartellanten naheliegt.[1014] Auf die Defektionsentscheidung wirkt sich dabei auch aus, ob das Unternehmen damit rechnet, dass

---

1004 Vgl. inter alia Telser (1980).

1005 Kerber & Schwalbe (2015), S. 117, Rn. 296.

1006 Bishop & Walker (2010), S. 44.

1007 Bishop & Walker (2010), S. 44.

1008 Bishop & Walker (2010), S. 45.

1009 Bishop & Walker (2010), S. 45. Entscheidend für das Aufdecken einer Defektion ist ein genaues Monitoring in Bezug auf den Markt und auf das Verhalten beteiligter Unternehmen, vgl. Buccirossi (2008), S. 308.

1010 Kerber & Schwalbe (2015), S. 115, Rn. 289.

1011 Bishop & Walker (2010), S. 45.

1012 Bishop & Walker (2010), S. 45.

1013 Bester (2012), S. 144–145. Kerber & Schwalbe (2015), S. 115, Rn. 287, 289 beschreiben zudem die Vorteilhaftigkeit, eine Kooperation durch einen rechtlich verbindlichen Vertrag zu regeln, um eine Einklagbarkeit vor Gericht zu gewährleisten. Gleichzeitig räumen sie aber ein, dass Kartellverträge in Bezug auf Preise, Mengen und Marktaufteilungen nicht erlaubt sind.

1014 Vgl. hierzu Motta (2004), S. 142: „(...) each firm compares the immediate gain it makes from a deviation with the profit it gives up in the future, when rivals react."

eine entsprechende Abweichung kurzfristig aufgedeckt und entsprechend bestraft wird.[1015] Spieltheoretisch kann das Stabilitätsproblem der Kartellsituation mit einem **Gefangenendilemma** dargestellt werden, woraus eine entsprechende Erklärung dafür abzuleiten ist, warum Kartelle oftmals instabil und kurzlebig sind.[1016] So erwirtschaften zum Beispiel zwei Unternehmen unter der Annahme, dass der Preis den zentralen Wettbewerbsparameter darstelle, bei wettbewerblichem Verhalten jeweils einen Gewinn von 85 Millionen Euro. Bei Ausschaltung des Wettbewerbs untereinander im Rahmen einer entsprechenden Kartellabsprache könnten beide Unternehmen jeweils Monopolpreise ansetzen, sodass die Erwirtschaftung eines Gewinns in Höhe von 100 Millionen Euro möglich wäre. Für den Fall, dass jedoch nur eines der beiden Unternehmen zu Monopolpreisen und das andere zu Wettbewerbspreisniveau anbietet, kann ersteres Unternehmen aufgrund der Abwanderung zahlreicher Abnehmer zu dem günstigeren Wettbewerber lediglich einen Gewinn von 60 Millionen Euro erwirtschaften. Das zu niedrigeren Preisen anbietende Unternehmen käme hingegen auf einen Gewinn von 130 Millionen Euro.

Spieltheoretisch lässt sich dieses wie in der nachfolgenden Abbildung 7 unter Zugrundelegung eines hohen Preises p_h und eines niedrigeren Preises p_n skizzieren:

Abb. 7: Spieltheoretisches Beispiel zum Gefangenendilemma bei Kartellen

		Unternehmen B	
		p_h	p_n
Unternehmen A	p_h	100 / 100	60 / 130
	p_n	130 / 60	85 / 85

Quelle: Kerber & Schwalbe (2015), S. 117, Rn. 296.

Legen sowohl Unternehmen A als auch B einen hohen Preis p_h zugrunde, begründet sich hierüber kein NASH-Gleichgewicht, da sobald ein Unternehmen einen höheren Preis als das andere verlangt, das niedrigpreisende Unternehmen einen Gewinn von 130 Millionen Euro anstelle von 100 Millionen Euro erzielen kann. Dieses impliziert

---

Nach Kerber & Schwalbe (2015), S. 115, Rn. 288 drohen bei Nichteinhaltung der kartellvertraglichen Absprachen oftmals hohe Vertragsstrafen.

1015 Motta (2004), S. 139 sowie 140: „To summarise, for collusion to occur, firstly there must be the possibility to detect deviations from a collusive action in a timely way. Secondly, there must be a credible punishment which follows a deviation."

1016 Bishop & Walker (2010), S. 45. Vgl. hierzu das nachfolgend dargestellte Zahlenbeispiel von Kerber & Schwalbe (2015), S. 117, Rn. 296–297, auf die nachfolgende Aussagen zurückgehen, solange nicht eine anderweitige Kennzeichnung innerhalb der Fußnoten erfolgt. Auch Schmidt & Haucap (2013), S. 154 führen ein entsprechendes Zahlenbeispiel zu einem Gefangenendilemma bei Kartellanten an.

wiederum einen Anreiz, von einem hohen Preis abzuweichen und lediglich einen Preis p_n zu verlangen. Ein NASH-Gleichgewicht entsteht daher nur, wenn beide beteiligten Unternehmen einen niedrigeren Preis verlangen. Hierbei würde sich unter Zugrundelegung eines **Ein-Runden-Spiels** ein einseitiges Abweichen durch einen höheren Preis nachteilig auswirken, da sich der Gewinn von 85 Millionen Euro auf 60 Millionen Euro mindern würde. Ein Anreiz zum Abweichen dürfte mithin in dieser Strategienkombination nicht bestehen, solange auch das andere Unternehmen einen niedrigen Preis verlangt. Aufgrund des Strebens nach einem höheren Gewinn ist dennoch regelmäßig das Überwiegen des Abweichungsinteresses zu erkennen, wodurch entsprechende Instabilitäten bei der Kartellierung eintreten.[1017] In der Folge ist ein Kartell inhärent instabil, wenn die Unternehmen - wie in Bezug auf den Preis - keinen rechtlich bindenden Kartellvertrag schließen können, der bei abweichendem Verhalten vor Gericht durchsetzbar ist.[1018] Demzufolge kommen im Rahmen eines Ein-Runden-Spiels auch keine illegalen Kartelle zustande.[1019]

Zu unterstellen ist aber, dass die Kartellanten nicht nur eine einmalige Entscheidung zur Beschränkung des Wettbewerbs durch höhere Preise treffen werden, sondern Unternehmen dadurch, dass sie längerfristig in einem Wettbewerbsverhältnis stehen, regelmäßig und wiederkehrend über ihre Preise und Mengen Abstimmungen durchführen müssen (**Mehr-Runden-Spiel**).[1020] Im Falle eines wiederholten Spiels stehen einem Unternehmen jedoch weitaus mehr strategische Möglichkeiten zur Verfügung, um mit einem belohnenden oder bestrafenden Charakter auf das Verhalten des anderen Unternehmens in der vorangehenden Periode zu reagieren. Die Unternehmen A und B können in diesem Fall auf andere Strategiemengen und Auszahlungsfunktionen zurückgreifen. Eine Strategie eines Unternehmens kann beispielsweise vorsehen, in der ersten Periode den Preis auf Monopolpreisniveau zu setzen. Schließen sich die Wettbewerber dieser Preissetzung an, wird in der nächsten Periode wieder ein Monopolpreis gefordert. Weicht ein rivalisierendes Unternehmen jedoch hiervon ab, ist in den nachfolgenden Perioden der niedrigere Wettbewerbspreis zu verlangen. Diese Vorgehensweise wird als **Trigger-Strategie** bezeichnet und honoriert entweder das Wohlverhalten anderer Oligopolisten oder sanktioniert eine abweichende Preissetzung mit einer aggressiven Preispolitik.[1021]

1017 Kerber & Schwalbe (2015), S. 117, Rn. 297 führen weiterhin dazu aus, dass nach vereinzelten Auffassungen vor diesem Hintergrund ein explizites Verbot von Kartellen entbehrlich sei.

1018 Schmidt & Haucap (2013), S. 154.

1019 Buccirossi (2008), S. 305 beschreibt, dass eine Kollusion „arises only if firms are able to sustain higher prices by threatening to punish in the future rivals that deviate from their collusive strategy profile." Vgl. hierzu auch Ivaldi et al. (2007).

1020 Zu wiederholten Spielen kann es entweder in Bezug auf die zeitliche Abfolge oder in Bezug auf mehrere geographisch abgegrenzte Märkte (multi-market contact) kommen. Vgl. hierzu Schmidt & Haucap (2013), S. 154.

1021 Zu den Trigger-Strategien bei einem infiniten Spiel vgl. auch Motta (2004), u.a. S. 571 ff.

Das NASH-Gleichgewicht, also die Strategienkombination, bei der kein Unternehmen einen Anreiz zu abweichendem Verhalten hat, gestaltet sich im wiederholten Spiel prinzipiell wie das kurzfristige NASH-Gleichgewicht bei einem einperiodigen Spiel. Nur im Falle eines endlich oft wiederholten Spiels, bei dem also das Spiel eine festgesetzte Anzahl von Runden wiederholt wird, ist das einzige NASH-Gleichgewicht in der Wiederholung des kurzfristigen NASH-Gleichgewichtes zu sehen.[1022] Wenn jedoch keine letzte Runde bestimmt ist und das Spiel mithin unendlich wiederholt wird beziehungsweise zumindest nach jeder Periode die positive Wahrscheinlichkeit einer Wiederholung besteht, können unter gewissen Voraussetzungen weitere NASH-Gleichgewichte entstehen, deren Ergebnisse im Ein-Runden-Spiel nicht erreichbar wären. So ist es im Mehr-Runden-Spiel möglich, dass zum Beispiel mittels Trigger-Strategie ein hoher Preis in jeder Periode, sprich die Kartelllösung, ein NASH-Gleichgewicht darstellen kann.

Welche Marktbedingungen illegale Kollusionen begünstigen, lässt sich vor diesem Hintergrund auch alleine in Bezug auf infinite Spiele erklären: Die **Stabilität von Kartellen** wird in der Praxis durch Mechanismen des inneren und äußeren Kartellzwanges begünstigt. Der innerere Kartellzwang schließt dabei alle Maßnahmen zwischen Mitgliedern eines von dem Verbot qua lege ausgenommenen Kartells ein, um die Einhaltung der Vereinbarungen zu gewährleisten.[1023] Hierzu zählen beispielsweise die gerichtliche Durchsetzung der vertraglichen Bindung mit Hilfe von Konventionalstrafen, ökonomischen und gesellschaftlichen Sanktionen gegenüber Kartellmitgliedern und in einem weiteren Sinne alle Maßnahmen, die den Kartellanten Zusammenhalt vermitteln sollen.[1024] Der äußere Kartellzwang erfolgt hingegen gegenüber Nicht-Kartellanten, sprich gegenüber so genannten Außenseitern, zum Beispiel, indem exklusive Bezugs- oder Absatzquellen für Kartellmitglieder oder die Gewährung von Treuerabatten für Lieferanten und Abnehmer durchgesetzt werden.[1025]

Ganz entscheidend für eine Verhaltenskoordination ist zudem die Markttransparenz: So muss es Unternehmen möglich sein, zu relevanten Parametern wie den Preisen, Kosten oder Kapazitäten entsprechende Beobachtungen vornehmen zu können.[1026] Eine starke Konzentration im Markt beziehungsweise eine geringe Anzahl von anbietenden Unternehmen begünstigt dabei tendenziell die Bildung eines Kartells vor dem Hintergrund, als dass sich ein abgestimmtes Verhalten unter wenigen Unternehmen einfacher erreichen, kontrollieren und gegebenenfalls durch

---

1022 Anders ist dieses allerdings, wenn im Ein-Runden-Spiel mehrere NASH-Gleichgewichte mit unterschiedlichen Auszahlungen auftreten: In diesen Fällen kann auch bei endlicher Wiederholung die Kooperation in einigen Runden ein Gleichgewicht darstellen. Hierzu näher Benoit & Krishna (1985).
1023 Schmidt & Haucap (2013), S. 154.
1024 Schmidt & Haucap (2013), S. 154.
1025 Schmidt & Haucap (2013), S. 155.
1026 Kerber & Schwalbe (2015), S. 121, Rn. 306.

Vergeltungsmaßnahmen durchsetzen lässt.[1027] Allerdings liegt eine Kartellierung bei wenigen Marktteilnehmern weniger nahe als bei einem Markt mit vergleichsweise vielen Marktteilnehmern, da bei nur wenigen Unternehmen oftmals eine Verständigung mittels stillschweigender Übereinkunft oder einem bewussten Parallelverhalten ausreicht und es insoweit keiner expliziten Absprache bedarf.[1028] Im Umkehrschluss liegt in der Regel gerade bei einem Markt mit vielen Marktteilnehmern und dementsprechend hoher Wettbewerbsintensität der Anreiz nahe, überhaupt zu kartellieren, da der Zugewinn aus dem Kartell im Vergleich zur Wettbewerbssituation höher ausfällt. Große Kartelle wiederum sind jedoch anfälliger für ein so genanntes Ausbrechen durch abweichendes Verhalten, da der Defektionsgewinn für den einzelnen in der Regel höher ausfällt und die Wahrscheinlichkeit der Identifizierung eines abweichenden Unternehmens mit zunehmender Anzahl an Kartellanten sinkt.[1029]

Die einzelnen Determinanten der Kartellstabilität lassen sich in der nachfolgenden Abbildung 8 zusammenfassen:

Abb. 8: Determinanten der Kartellstabilität

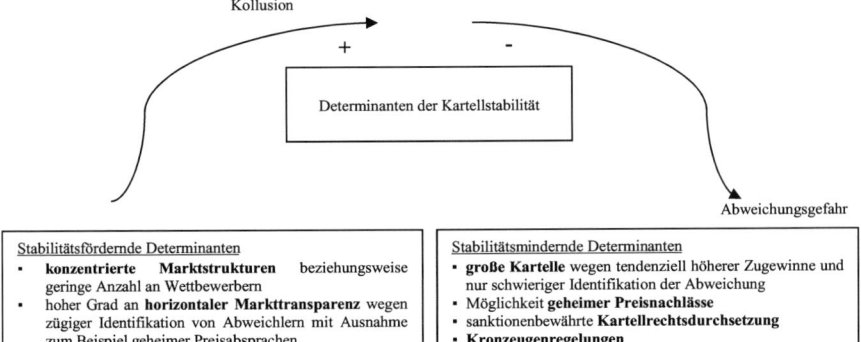

Quelle: Eigene Darstellung in Anlehnung an Schmidt & Haucap (2013), S. 155–157, Dewenter & Rösch (2015), S. 105 sowie Motta (2004), S. 142 ff.

1027 Dewenter & Rösch (2015), S. 105; Schmidt & Haucap (2013), S. 155. Siehe auch Motta (2004), S. 143: „If firms are symmetric, a lower number of firms is equivalent to a higher degree of concentration, which is therefore associated - ceteris paribus - with more likely (tacit or explicit) collusion."
1028 Schmidt & Haucap (2013), S. 155.
1029 Schmidt & Haucap (2013), S. 155.

Die Bereitschaft zu einer kollusiven Zusammenarbeit in Form eines Kartells und dessen Stabilität unterliegen demnach einer Vielzahl von markt- und branchen-spezifischen **Determinanten**. Bei den Kartellen, die trotz etwaiger stabilitätsmin-dernder Faktoren bestehen,[1030] ist die Aufdeckung dieser für die Wettbewerbspolitik entscheidend, um entsprechende wettbewerbspolitische Maßnahmen ergreifen zu können.[1031]

4.1.2 Arten wettbewerblicher Beschränkungen durch Kartellverhalten

Durch die Bildung eines Kartells können die beteiligten Kartellanten sowohl auf horiontaler Ebene als als auch in einem vertikalen Verhältnis wettbewerbliche Beschränkungen herbeiführen, die, wie unter Kapitel 2.2.2 aufgezeigt, rechtlich beidermaßen von Art. 101 AEUV erfasst werden können.[1032] Die ökonomische Bewertung horizontaler Vereinbarungen gestaltet sich dabei regelmäßig relativ überschaubar, wohingegen die Analyse von Vertikalvereinbarungen weitaus kom-plexer ausfällt.[1033] Anders als bei vertikalen Beschränkungen legen Ökonomen bei horizontalen Abreden auch grundsätzlich die Annahme zugrunde, dass diese mit hoher Wahrscheinlichkeit Beeinträchtigungen des Wettbewerbs sowie Nachteile für die Konsumenten verursachen und nur ausnahmsweise zu Effizienzgewinnen führen.[1034] Diese Annahme steht wiederum in einem Gleichklang zu den in Art. 101 Abs. 1 lit. a-c AEUV genannten **horizontalen Kernbeschränkungen** in Bezug auf Preis- und Konditionenabsprachen, Produktions- und Absatzbeschränkungen sowie Marktaufteilungsabreden, bei denen in aller Regel keine Freistellungen nach Art. 101 Abs. 3 AEUV erfolgen.[1035]

Auch **vertikale Beschränkungen**, also die Vereinbarungen oder die abge-stimmten Verhaltensweisen zwischen zwei oder mehreren Unternehmen in einem Vertikalverhältnis entlang der Wertschöpfungskette,[1036] können zum einen unter das kartellrechtliche Verbot des Art. 101 AEUV fallen und zum anderen einen Missbrauch einer marktbeherrschenden Stellung nach Art. 102 Abs. 1 AEUV be-gründen.[1037] Aus ökonomischer Perspektive bedürfen sie allerdings einer genauen

---

1030 Harrington (2008), S. 213 bestätigt dazu: „Cartels are among us."
1031 Hierzu näher Kerber & Schwalbe (2015), S. 135, Rn. 334, die in diesem Zusammen-hang auch auf die Leniency-Programme beziehungsweise die in fast allen Juris-diktionen verankerten Kronzeugenregelungen hinweisen. Mit der Aufdeckung von Kartellen beschäftigt sich ausführlich auch Harrington (2008), S. 213 ff.
1032 Berg & Mudrony (2015), S. 782, Rn. 75; Bechtold/Bosch/Brinker (2014), S. 37, Rn. 67.
1033 Dewenter & Rösch (2015), S. 104–105.
1034 Inderst/Jakubovic/Pfeil (2013), S. 1.
1035 Vgl. hierzu ausführlich Wollmann & Herzog (2015), Art. 101 AEUV, Rn. 177 ff.
1036 Vgl. hierzu Art. 1 a und Art. 1 b Vertikal-GVO.
1037 Rey & Vergé (2008), S. 355.

Analyse:[1038] Unternehmen stehen als Anbieter ihrer Waren und Dienstleistungen an die nachgelagerte Wirtschaftsstufe (downstream) und als Nachfrager der Leistungen der vorgelagerten Stufe der Wertschöpfungskette (upstream) bezogen auf die jeweilige Wirtschaftsstufe zueinander in einem horizontalen Wettbewerbsverhältnis.[1039] Den meisten Verhältnissen auf **vertikaler Ebene**, also beispielsweise zwischen Herstellern und Händlern, liegen vor diesem Hintergrund ausgeklügelte Vertragswerke zugrunde, deren vertragliche Bestimmungen oftmals nicht nur allgemeine Regelungen zu Zahlungskonditionen, Mengenrabatten und ähnlichen treffen, sondern auch Bedingungen enthalten, die beispielsweise die Handlungsfreiheit oder den Entscheidungsspielraum einer Vertragspartei begrenzen (**Vertical Restraints**).[1040] Vertikalvereinbarungen sind jedoch regelmäßig nicht wettbewerbsbeschränkend, sondern begründen vor dem Hintergrund, dass für einen Austausch von Waren und Dienstleistungen in einem Vertikalverhältnis eine mehrfache Koordinierung erforderlich ist, lediglich ein notwendiges Element der Käufer-Verkäufer-Beziehung.[1041] Gleichzeitig existieren jedoch auch hier Vereinbarungen, die wettbewerbsbeschränkende Wirkungen entfalten können, wenn auch in einer geringen Anzahl.[1042] Gelegentlich führen vertikale Vereinbarungen sowohl zu positiven Effizienzpunkten als auch zu negativen Wettbewerbsbeschränkungen.[1043]

Generell gestalten sich die Auswirkungen vertikaler Beschränkungen auf den Wettbewerb im Vergleich zu denen horizontaler Abreden weniger eindeutig[1044] und bedürfen einer differenzierten Analyse und Bewertung.[1045] So betreffen einzelne vertikale Beschränkungen bei einer isolierten Betrachtung lediglich eine produktbezogene Wertschöpfungskette und beschränken unmittelbar den Intra-Marken-Wettbewerb (**intra-brand-competition**).[1046] Allerdings ist, um die marktbezogenen Wirkungen dieser Beschränkungen auf den Wettbewerb ausreichend erfassen und bewerten zu können, auch die Intensität des Wettbewerbs über produktbezogene Wertschöpfungsketten hinweg und somit der Inter-Marken-Wettbewerb (**inter-brand-competition**) von hoher Relevanz.[1047] Ein besonderes Augenmerk ist zudem

1038 Zu einem Überblick über vertikale Beschränkungen vgl. etwa Rey & Vergé (2008), S. 354 ff.
1039 Kerber & Schwalbe (2015), S. 172, Rn. 444.
1040 Schmidt & Haucap (2013), S. 158; Rey & Vergé (2008), S. 353; Kerber & Schwalbe (2015), S. 173, Rn. 446. Motta (2004), S. 302 definiert „vertical restraints" als „(...) agreements and contractual provisions between vertically related firms."
1041 Dewenter & Rösch (2015), S. 105.
1042 Dewenter & Rösch (2015), S. 105, die insbesondere Preisbindungen der zweiten Hand, Alleinvertriebsvereinbarungen, Alleinbezugsvereinbarungen und selektive Vertriebssysteme als kritisch zu betrachtende Vertikalvereinbarungen anführen.
1043 Kerber & Schwalbe (2015), S. 195, Rn. 518.
1044 Bundeskartellamt (2013b), S. 4.
1045 Kerber & Schwalbe (2015), S. 195, Rn. 518.
1046 Bundeskartellamt (2013b), S. 4.
1047 Bundeskartellamt (2013b), S. 5; Kerber & Schwalbe (2015), S. 172, Rn. 444.

auf die Art und das Ausmaß potentieller Effizienzwirkungen vertikaler Beschränkungen zu legen, die durchaus positiv ausfallen können, wenn zum Beispiel über die Beschränkungen Koordinierungsprobleme zwischen den einzelnen Gliedern der Wertschöpfungskette reduziert werden.[1048] So wirken sich einige der vertikalen Beschränkungen wie die Vorgabe von Wiederverkaufspreisen, von Verkaufsmengen und Verkaufsanstrengungen auf die Höhe des gemeinsamen Gewinnes aus, wohingegen andere, zum Beispiel Einkaufspreise für die Händler oder Gebühren für ein Franchising, die Aufteilung des gemeinsamen Gewinnes unter den Vertragsparteien tangieren.[1049] Da eine Dezentralisierung der Entscheidungsvarianten auf den Retailer Ineffizienzen zur Folge haben kann, werden vertikale Beschränkungen als Mittel zur Koordinierung und Wiederherstellung der Effizienzen in einer vertikalen Struktur eingesetzt.[1050] Dieses bedeutet jedoch nicht, dass die Beseitigung oder Korrektur dieser externen Effekte zwingend im Interesse der Konsumenten beziehungsweise der Gesellschaft steht.[1051] Zwar wird hierdurch in der Gesamtschau nicht nur die Wohlfahrt der an der Wertschöpfungskette Beteiligten, sondern auch die Gesamtwohlfahrt gefördert.[1052] Allerdings verlieren diese an sich positiven Wirkungen mit zunehmender Marktmacht an Relevanz und es können vermehrt wettbewerbliche Probleme verzeichnet werden.[1053] Im Allgemeinen stehen den möglichen Effizienzen und gegebenenfalls wettbewerbsförderlichen Auswirkungen vertikaler Beschränkungen daher auch potentiell negative Wettbewerbsauswirkungen gegenüber. Bei den möglichen Schadensszenarien kommt insbesondere eine Schädigung des Inter-Marken-Wettbewerbs in Betracht, mit der Folge, dass durch vertikale Beschränkungen wegen des geringeren Wettbewerbsdruckes steigende Großhandels- und Einzelhandelspreise sowie eine geringere Auswahl, eine abnehmende Qualität und sinkende Innovationsbemühungen zu verzeichnen sind.[1054] Hierdurch entsteht wiederum ein Gesamtwohlfahrtsverlust, wobei vertikale Beschränkungen durch eine Umverteilung der Wohlfahrt von den (End-) Abnehmern hin zu Händlern und Produzenten insbesondere die Konsumentenwohlfahrt abschöpfen.[1055]

Die kollusionsfördernden und -stabilisierenden Wirkungen vertikaler Beschränkungen treten im besonderen Maße in einem Marktumfeld auf, in dem zum einen eine Mehrzahl an sich überschneidender Lieferbeziehungen, so genannten interlocking relationships, besteht, also die meisten Hersteller auch bei der überwiegenden Zahl der Handelsunternehmen gelistet sind, und zum anderen ein Netzwerk vertikaler Beschränkungen etabliert wird.[1056]

1048 Bundeskartellamt (2013b), S. 5.
1049 Rey & Vergé (2008), S. 360.
1050 Rey & Vergé (2008), S. 360.
1051 Rey & Vergé (2008), S. 360.
1052 Bundeskartellamt (2013b), S. 5.
1053 Bundeskartellamt (2013b), S. 5.
1054 Bundeskartellamt (2013b), S. 8 und 10.
1055 Bundeskartellamt (2013b), S. 10.
1056 Vgl. hierzu näher Rey & Vergé (2010).

Vertikale Beschränkungen sind dabei in zahlreichen Formen möglich, insbesondere auch als Preisbindungen (Price Fixing).[1057] So ist es beispielsweise bei einer **vertikalen Preisbindung** einem Händler nicht gestattet, zu einem günstigeren als dem vorgeschriebenen Preis anzubieten, wobei der höhere Angebotspreis zu Lasten der Konsumenten wirkt.[1058] Auch können die Beschränkungen mittels **nicht monetärer Zugeständnisse** einhergehen, wenn diese zum Beispiel vorsehen, dass eine Lieferung frei Haus zu erfolgen hat.[1059] Ebenfalls können **Mengenbindungen**, also eine Bestimmung der Höchst- oder Mindestmengen, die beispielsweise der Wiederverkäufer vom Hersteller zu kaufen und an den Konsumenten weiterzuverkaufen hat (Quantity Fixing) beziehungsweise eine Mengenvorgabe, nach der ein Retailer nicht mehr als eine gewisse Anzahl kaufen kann (Quantity Rationing), vertikale Beschränkungen begründen.[1060] Weiterhin können Verträge Bestimmungen enthalten, die den Wettbewerb zum Beispiel durch gebietsbezogene **Ausschließlichkeitsregelungen** abmildern.[1061]

Besonders relevante Formen vertikaler Beschränkungen werden dabei im Folgenden einer aus ökonomischer Perspektive erfolgenden Betrachtung unterzogen.

4.1.2.1 Resale Price Maintenance

Bei der so genannten **Resale Price Maintenance** (RPM) handelt es sich um eine vertikale Abrede, die in verschiedenen Arten gegeben sein kann:[1062] Bei einem so genannten „minimum RPM" sind Händler dahingehend gebunden, die Güter zu einem vorgegebenen Preis oder zumindest nicht unterhalb eines festgesetzten Preises zu verkaufen,[1063] sodass sie also ein bestimmtes preisliches Minimum nicht zu unterschreiten haben.[1064] In diesen Fällen wird der finale Preis für den Verbraucher mithin nicht durch den Händler bestimmt, sondern dieser wird vielmehr vom Produzenten vorgegeben.[1065] Anders ist dieses bei dem Fall eines „maximum RPM", bei dem

---

1057 Eine Übersicht zu den wesentlichen vertikalen Beschränkungen befindet sich bei Kerber & Schwalbe (2015), S. 173, Rn. 447. Vgl. dazu auch Rey & Caballero-Sanz (1996), S. 6–8 sowie Dobson & Waterson (1996), S. 5.
1058 Bundeskartellamt (2013b), S. 10.
1059 Rey & Vergé (2008), S. 354.
1060 Motta (2004), S. 303–304; Kerber & Schwalbe (2015), S. 173, Rn. 447; Rey & Vergé (2008), S. 354.
1061 Rey & Vergé (2008), S. 353.
1062 Inderst/Jakubovic/Pfeil (2013), S. 1. Ausführlich zu RPM vgl. Mathewson & Winter (1998).
1063 Inderst/Jakubovic/Pfeil (2013), S. 1.
1064 Rey & Vergé (2008), S. 354. Die Abgrenzung zu Preisparitätsklauseln beschreibt Wismer (2015), S. 49: „(...) under RPM, a manufacturer fixes an absolute price level, while price-parity clauses only impose pricing relativities."
1065 Rey & Vergé (2008), S. 354.

lediglich ein maximaler Wiederverkaufspreis vorgegeben wird, den Wiederverkäufer bei einer ansonsten frei gestaltbaren Preissetzung nicht überschreiten dürfen.[1066]

Die theoretische Literatur bietet dabei in Bezug auf RPM auch einige Erklärungsansätze zu der Frage, **warum** vorgelagerte Unternehmen zu einem RPM mit Preisen neigen, die höher ausfallen, als wenn diese durch die Wiederverkäufer gesetzt werden.[1067] So können hohe Preise im Rahmen von RPM beispielsweise von vorgelagerten Unternehmen genutzt werden, um den Wiederverkäufern einen ausreichenden Anreiz zu gehobenen Serviceleistungen zu geben, da, wenn Wiederverkäufer nicht mehr über den Preis im Wettbewerb stehen, sie mit diesem Kriterium im Wettbewerb zu anderen Unternehmen stehen.[1068] RPM kann alternativ aber auch genutzt werden, um eine entsprechende Kollusion zwischen den vorgelagerten Unternehmen zu erleichtern.[1069] Entsprechende RPM Abreden können insoweit stabilitätsfördernd auf das Kartell wirken, indem sie Abweichungen in Bezug auf Wiederverkaufspreise eliminieren.[1070]

Im Allgemeinen ist es möglich, dass RPM Vereinbarungen sowohl **wettbewerbswidrige als auch wettbewerbsfördernde Effekte** mit sich bringen.[1071] Für Produzenten kann durch den Einsatz von RPM eine höhere Transparenz herbeigeführt und die Verständigung auf höhere Preise erleichtert werden.[1072] Auch können Abweichungen von einer kollusiven Strategie auf diese Weise einfacher aufgedeckt werden.[1073] In Hinblick auf das Risiko unzureichender Serviceleistungen, welches insbesondere auch durch die Trittbrettfahrer-Problematik hervorgerufen wird, kann mittels RPM die Wohlfahrt erhöht werden.[1074] Auch können, insoweit Hersteller im

---

1066 Inderst/Jakubovic/Pfeil (2013), S. 1; Rey & Vergé (2008), S. 354.

1067 De los Santos & Wildenbeest (2014), S. 28.

1068 De los Santos & Wildenbeest (2014), S. 28–29.

1069 De los Santos & Wildenbeest (2014), S. 29.

1070 Mathewson & Winter (1998), S. 65. Vgl. dazu auch Jullien & Rey (2007).

1071 Inderst/Jakubovic/Pfeil (2013), S. 1.

1072 Inderst/Jakubovic/Pfeil (2013), S. 2.

1073 Inderst/Jakubovic/Pfeil (2013), S. 2.

1074 Inderst/Jakubovic/Pfeil (2013), S. 4. Das so genannte **Trittbrettfahren** (free-riding) auf Serviceleistungen, die vor dem Verkauf erbracht werden und nicht einzeln bepreist werden können, stellt einen horizontalen externen Effekt dar. Das separate Gewinnkalkül der Unternehmen auf vor- und nachgelagerter Stufe führt unter Umständen zu einem niedrigen und somit ineffizienten Niveau an Serviceleistungen und Verkaufsbemühungen der Handelsebene. So entstehen für den Händler, der die Beratung und Werbung durchführt, Kosten, die ihren Niederschlag in einem erhöhten Endverkaufspreis finden. Andere Händler wiederum verzichten möglicherweise auf die Beratung und Werbung, sodass sie das Gut zu einem geringeren Preis anbieten können. Mithin kann der beratende und werbende Händler für seine Investition aufgrund der abnehmenden Erlöse keine Amortisation verzeichnen, was zur Folge hat, dass der Anreiz, derartige Leistungen zu erbringen, sinkt, obwohl dieses aus Sicht der gesamten Vertriebskette von Vorteil wäre. Eine ähnliche Form einer horizontalen Externalität entsteht bei

Rahmen von RPM die Kontrolle über die Wiederverkaufspreise innehaben, Effizienzen hervorgerufen werden, wenn Konsumenten die Preise als ein Qualitätssignal auffassen und hierauf vertrauen.[1075]

In vielerlei Hinsicht sind RPM Vereinbarungen aber auch durch **Ineffizienzen** gekennzeichnet und begründen auch nicht zwangsläufig eine wirksame Stabilisierung eines Herstellerkartells, da Wiederverkäufer zum Beispiel in anderer Form versteckte Rabatte gewähren können.[1076] Auch werden ineffiziente Retailer, die sonst den Markt verlassen müssten, durch diese Form vertikaler Beschränkungen, die zur Etablierung eines einheitlichen Preisniveaus führen, geschützt.[1077] Zudem können potentielle Wettbewerber vom Marktzutritt ausgeschlossen werden, mit der Folge, dass downstream eine Schädigung des Wettbewerbs erfolgt, wobei die Produzenten die Wiederverkäufer an den auf diese Weise erlangten „supra-competitive rents" teilhaben lassen können.[1078] Weiterhin kann RPM zu einer Eindämmung des intra-brand-Wettbewerbs führen, wenn die Produzenten mit dem so genannten Problem des „Opportunistic Behaviour" konfrontiert werden.[1079] Dieses wird durch Hersteller hervorgerufen, die nicht allen Wiederverkäufern gegenüber die Allgemeinen Geschäftsbedingungen, unter denen sie deren mögliche Rivalen beliefern, glaubwürdig kommunizieren.[1080] In diesen Fällen kann ein Produzent versucht sein, einem Wiederverkäufer Rabatte einzuräumen, da weder der Hersteller noch der Retailer die Gewinnverluste eines Konkurrenten internalisieren.[1081] Dieses kann dabei so weit gehen, dass die marginalen Wholesale Preise bis auf die marginalen Kosten reduziert werden.[1082]

Nach **Dobson und Waterson**, die sich industrieweit mit RPM befasst haben, ist für die Frage, ob RPM Vereinbarungen gesellschaftliche Vorteile mit sich bringen, hingegen die Verhandlungspositionen der Wiederverkäufer und der Grad der Produktdifferenzierung entscheidend.[1083] Welche Auswirkungen RPM Vereinbarungen auf den Wettbewerb haben, bleibt also letztlich im Rahmen einer Einzelfalluntersuchung zu klären.

---

hohen Investitionen eines Händlers in die **Qualitätsreputation**, die sich andere Händler, die die identischen Produkte anbieten, ohne eigene Investitionen zu eigen machen könnten. Ebenfalls denkbar ist es, dass Hersteller die Beratungs- und Serviceinvestitionen bei Händlern einstellen, damit Wettbewerber mit Konkurrenzprodukten hiervon nicht unmittelbar profitieren. Vgl. hierzu Bundeskartellamt (2013b), S. 6 sowie Motta (2004), S. 335.

1075 Siehe hierzu näher die bei Inderst & Pfeil (2014) aufgezeigten Erwägungen.
1076 Inderst/Jakubovic/Pfeil (2013), S. 2.
1077 Inderst/Jakubovic/Pfeil (2013), S. 2.
1078 Inderst/Jakubovic/Pfeil (2013), S. 2.
1079 Inderst/Jakubovic/Pfeil (2013), S. 3.
1080 Inderst/Jakubovic/Pfeil (2013), S. 3.
1081 Inderst/Jakubovic/Pfeil (2013), S. 3.
1082 Inderst/Jakubovic/Pfeil (2013), S. 3.
1083 Hierzu näher Dobson & Waterson (2007).

4.1.2.2 Double Marginalisation

Als Beispiel für einen externen pekuniären vertikalen Effekt lässt sich der doppelte Gewinnaufschlag, der auch als **Double Marginalisation** oder Double Mark-Up bezeichnet wird, betrachten: Ein solches Vorgehen kann entstehen, wenn Unternehmen auf zwei aufeinanderfolgenden Wirtschaftsstufen wie ein Hersteller und ein Wiederverkäufer eine gewisse Marktmacht innehaben.[1084] Dieses wäre beispielsweise bei einer Kette von Monopolen der Fall, das heißt, wenn ein monopolistischer Hersteller seine Ware an einen ebenfalls monopolistischen Händler veräußert, der es dann wiederum an die Konsumenten absetzt.[1085] Durch den jeweiligen Margenaufschlag sowohl auf der vorgelagerten Stufe des Herstellers als auch auf der nachfolgenden Marktstufe des Händlers, der die Angebotsmenge weiter senken wird, kann ein Endpreis resultieren, der über dem Monopolpreis liegt.[1086] Von den Beteiligten wird also eine Mengenreduzierung als Folge des doppelten Gewinnaufschlags in Kauf genommen, die auch die vorgelagerte Stufe unmittelbar betrifft.[1087] In der Folge wird eine sehr geringe Menge zu einem sehr hohen Preis am Markt angeboten.[1088] Der Gewinn der beteiligten Unternehmen fällt jedoch unterhalb des maximalen Gewinnniveaus.[1089] In der Gesamtschau resultiert die auf die doppelte Marginalisierung zurückzuführende doppelte Monopolpreisbildung also in einer besonders hohen allokativen Ineffizienz, an die wiederum große Wohlfahrtsverluste geknüpft sind.[1090] Mittels vertikaler Vereinbarungen können diese Effizienzverluste jedoch erheblich gemindert werden: So würde beispielsweise ein Zusammenschluss beider Monopolisten der aufgezeigten Kette zu einer nur noch einfachen und nicht mehr doppelten Monopolpreisbildung führen, womit ein vergleichsweise niedrigerer Preis und eine höhere Menge zugunsten der Konsumentenwohlfahrt einhergingen. Darüber hinaus würde ein Monopolgewinn erwirtschaftet werden können, der zugunsten der gesamtwirtschaftlichen Wohlfahrt höher als die Summe der Monopolgewinne beider nicht integrierten Monopolisten ausfallen würden.[1091] Die vertikalen Effekte können auch mittels anderer vertikaler Beschränkungen außer einem Zusammenschluss abgemildert oder gar vollständig internalisiert werden, indem beispielsweise vertikale Preisbindungen beziehungsweise **Höchstpreisvorgaben** (Price

---

1084 Rey & Vergé (2008), S. 360; Schwalbe & Zimmer (2011), S. 470.
1085 Kerber & Schwalbe (2015), S. 179, Rn. 465–466, die betonen, dass Wohlfahrtsverluste aufgrund doppelter Marginalisierung nicht nur bei einer Kette von Monopolen, sondern generell bei einer Kette marktmächtiger Unternehmen eintreten können, also zum Beispiel auch bei verketteten Oligopolen.
1086 Rey & Vergé (2008), S. 361; Kerber & Schwalbe (2015), S. 179, Rn. 465.
1087 Bundeskartellamt (2013b), S. 6.
1088 Schwalbe & Zimmer (2011), S. 471.
1089 Rey & Vergé (2008), S. 361.
1090 Vgl. hierzu Spengler (1950), Carlton & Perloff (2005), S. 415–418 sowie Motta (2004), S. 307–312.
1091 Hierzu näher Kerber & Schwalbe (2015), S. 179, Rn. 466.

Ceiling) für die Einzelhandelsebene abgestimmt werden, worüber eine lediglich einfache Monopolpreisbildung erreicht werden kann.[1092] Auch können zur Lösung des Problems der doppelten Marginalisierung Mechanismen wie Mengenrabatte oder Revenue-Sharing-Contracts herangezogen werden.[1093] Allerdings bedarf es, um das Problem der doppelten Marginalisierung zu lösen, nicht zwingend einer vertikalen Beschränkung: Auch die Einführung eines starken intra-brand-competition würde, wenn die Wiederverkäufer substituierbar sind, den Aufschlag der Wiederverkäufer beseitigen, sodass der Hersteller den Großhandelspreis bei p^M (c) - y ansetzen kann, wobei c die Kosten des Produzenten und y die Kosten des Distributors darstellen. Der Wiederverkaufspreis p^M (c) würde damit dem Monopolpreis entsprechen.[1094] Diese Vorgehensweise ist jedoch für den Fall, dass auf den unterschiedlichen Wertschöpfungsstufen natürliche Monopole gegeben sind, nicht möglich. Generell können die Effizienzen, die mit vertikalen Vereinbarungen im Falle der doppelten Marginalisierung einhergehen und zu einer lediglich einfachen Monopolpreisbildung führen sollen,[1095] ohnehin auch nur eine second-best Lösung darstellen, da auch hier die überlegene Lösung darin besteht, Wettbewerb ohne vertikale Vereinbarungen - anstelle von Monopolen mit abmildernden vertikalen Vereinbarungen - zu etablieren.

4.1.2.3 Exklusivitätsvereinbarungen

Mittels vertikaler Beschränkungen ist zudem die Verfolgung des so genannte **Raising Rivals' Costs** möglich.[1096] Dieses beschreibt eine Vorgehensweise, wonach ein Wettbewerber seine Fähigkeit, den Wettbewerb zu mindern, in der Weise nutzt, dass er nicht „bessere" Produkte auf den Markt bringt, sondern die Betriebskosten der Rivalen steigert.[1097] Auf diese Weise drängt ein Wettbewerber die Konkurrenten aus dem Markt oder vermindert dessen Marktanteile, schafft gezielt Marktzutrittsbarrieren oder erhöht die Expansionskosten potentieller beziehungsweise aktueller Wettbewerber.[1098] Hierfür werden beispielsweise **Exklusivitätsvereinbarungen** (Exclusivity Clauses) herangezogen, worüber besonders leistungsfähige Hersteller gebunden werden, zum Beispiel nur über bestimmte Kanäle zu vertreiben (Alleinvertrieb, Exclusive Dealing) beziehungsweise vice versa Händler und Wiederverkäufer

---

1092 Schmidt & Haucap (2013), S. 159; Bundeskartellamt (2013b), S. 6; Kerber & Schwalbe (2015), S. 179, Rn. 467.
1093 Dantas/Taboubi/Zaccour (2014), S. 127.
1094 Rey & Vergé (2008), S. 361.
1095 Kerber & Schwalbe (2015), S. 179–180, Rn. 466–468.
1096 Die „raising rivals' costs-Strategien" gehen zurück auf Krattenmaker & Salop (1986).
1097 Dorsey & Jacobsen (2014), S. 18.
1098 Weiterführend hierzu siehe auch Comanor & Frech (1985), Mathewson & Winter (1987), Schwartz (1987).

verpflichtet werden, ausschließlich von ausgewählten Herstellern zu beziehen.[1099] Alleinvertriebs- und Alleinbezugsvereinbarungen können dabei sehr differenzierte Ausgestaltungen annehmen und lassen sich daher nur schwer einer pauschalen Beurteilung unterziehen.[1100]

Unter den Ausschließlichkeitsbindungen in einem engeren Sinne sind alle exklusiven Belieferungs- oder Abnahmeverpflichtungen zu verstehen; in einem weiteren Sinne hingegen alle Handlungsbeschränkungen, die ein marktbeherrschendes Unternehmen seinen Geschäftspartnern rechtsgeschäftlich oder durch faktisches Tun auferlegt.[1101] Rechtlich betrachtet sind derartige ausschließliche Bezugs-, Liefer- und Andienungsverpflichtungen, die ein marktbeherrschendes Unternehmen durchsetzt, grundsätzlich als unzulässig einzustufen.[1102] So ist es beispielsweise als missbräuchlich anzusehen, wenn eine Klausel ein Verbot vorsieht, Konkurrenten zu beliefern[1103] oder dazu verpflichtet, nur an bestimmte Abnehmer weiterzuveräußern.[1104] Für eine Missbräuchlichkeit im Rechtssinne genügt es dabei, wenn lediglich ein beträchtlicher Teil des Gesamtbedarfs und nicht der tatsächliche Gesamtbedarf des Abnehmers von der Ausschließlichkeitsbindung erfasst ist.[1105] Irrelevant ist aber grundsätzlich, ob die Bindungen rechtlicher oder wirtschaftlicher Natur sind; auch die Gewährung besonderer Rabatte als Anreiz zur Befolgung einer Ausschließlichkeitsbedingung reicht aus.[1106]

Im Einzelnen ist allerdings nach den verschiedenen Formen von Ausschließlichkeitsbindungen zu differenzieren: Zum einen können diese eine **Alleinbezugsbindung** des Händlers oder eine **Alleinabsatzbindung** des Lieferanten vorsehen, also die Verpflichtung des Vertragspartners, Waren nicht von Dritten zu beziehen beziehungsweise diese nicht an Dritte weiterzugeben.[1107] Diese Variante kann insoweit wettbewerbsbeschränkende Auswirkungen mit sich bringen, als dass andere Nachfrager respektive Anbieter mit Konkurrenzprodukten unter Umständen eine **Zugangsbeeinträchtigung** zum Markt erfahren.[1108] Ob jedoch tatsächlich

---

1099 Kerber & Schwalbe (2015), S. 173, Rn. 447; Bundeskartellamt (2013b), S. 8. Auch Rey & Vergé (2008), S. 378 beschreiben „exclusive dealing and foreclosure" als Strategien der allgemeinen „raising rivals' costs strategies".

1100 Die Vor- und Nachteile von Ausschließlichkeitsbindungen werden diskutiert bei Rey & Caballero-Sanz (1996), S. 30–32.

1101 Fuchs & Möschel, Art. 102 AEUV, Rn. 214.

1102 Vgl. zu einer rechtlichen Betrachtung Kling & Thomas (2007), S. 220–221 sowie fallbezogen EuGH, Slg. 1991, I-3359, Rn. 149 (AKZO).

1103 KOMM, ABl. 1988, L 65/ 19 36 (Hilti).

1104 Bechtold/Bosch/Brinker (2014), S. 100, Rn. 42.

1105 EuG, Slg. 1993, II-389, Rn. 68 (BPB).

1106 Bechtold/Bosch/Brinker (2014), S. 99, Rn. 41 und EuGH, Slg. 1979, Rs. 85/76, 461 (Hoffmann-La Roche).

1107 Schmidt & Haucap (2013), S. 171.

1108 Dazu Rey & Vergé (2008), S. 378: „The role of exclusive provisions as entry deterrent has long been contested especially by the so-called Chicago school who have argued using such provisions to deter entry cannot be profitable."

eine signifikante Beeinträchtigung des Wettbewerbs gegeben ist, richtet sich unter anderem nach der Marktstellung des bindenden Unternehmens, der Dauer der Bindungen und dem Grad der Ausschließlichkeit.[1109]

Weiterhin können **Alleinvertriebsbindungen** (Exclusive Dealership) auftreten, wonach ein Lieferant innerhalb eines räumlich abgegrenzten Gebietes nur bestimmte Händler beliefern darf[1110] beziehungsweise nur ein einziger Wiederverkäufer ein bestimmtes Gut in einem geographisch umgrenzten Gebiet verkaufen darf.[1111] Derartige Alleinvertriebsvereinbarungen können den Preiswettbewerb zwischen Herstellern reduzieren.[1112] Darüber hinaus haben solche Bindungen den Ausschluss konkurrierender Händler von dem Vertrieb der Güter zur Folge und sind je nach Ausprägung der auch bei den obigen Ausschließlichkeitsbindungen zugrundegelegten Kriterien wettbewerbsbeeinträchtigend.[1113] Naheliegend ist dabei, dass aus den Abreden mit Gebietsschutz eine Ausschaltung des Intrabrand-Wettbewerbs resultiert, wodurch lokale Gebietsmonopole entstehen können, denen wiederum vielfache Ineffizienzen anhaften.[1114]

Weiterhin besteht die Möglichkeit so genannter **Verwendungsbeschränkungen** in Bezug auf gelieferte Waren und Leistungen zu vereinbaren, bei denen sich die Wettbewerbswidrigkeit aus der daraus entstehenden Abhängigkeit der Abnehmer von dem Lieferanten und der Erschwerung des Marktzugangs ergeben kann.[1115]

Im Allgemeinen sind bei so genannten Exklusivitätsvereinbarungen jedoch neben den wettbewerbswidrigen Aspekten auch zahlreiche **wettbewerbsfördernde Auswirkungen** bekannt und anerkannt, da diese aufgrund wachsender Loyalität oftmals zu einer Effizienzsteigerung führen, was die Distribution anbelangt.[1116] Zugleich können sie das Phänomen der Trittbrettfahrer reduzieren, die Produktqualität verbessern und Kunden sowie Lieferanten eine zuverlässige Versorgungsquelle bieten.[1117] Die Problematik der doppelten Margininalisierung kann hingegen gerade

---

1109 Schmidt & Haucap (2013), S. 172.
1110 Schmidt & Haucap (2013), S. 172.
1111 Motta (2004), S. 304 bezeichnet diese Variante als „exclusive territory clause." Vgl. zu der rechtlichen Behandlung speziell von Gebietsbeschränkungen Kling & Thomas (2007), S. 153, Rn. 237.
1112 Kerber & Schwalbe (2015), S. 194, Rn. 516.
1113 Schmidt & Haucap (2013), S. 172.
1114 Kerber & Schwalbe (2015), S. 194, Rn. 516.
1115 Schmidt & Haucap (2013), S. 172.
1116 Dorsey & Jacobsen (2014), S. 31. Volkswirtschaftlich betrachtet können Ausschließlichkeitsbindungen also durchaus positive Auswirkungen mit sich bringen. Vgl. Motta (2004), S. 303–304; Schmidt & Haucap (2013), S. 171.
1117 Dorsey & Jacobsen (2014), S. 31. Gerade Alleinvertriebs- und Alleinbezugsvereinbarungen können eine Antwort auf Trittbrettfahrerproblematiken zwischen Herstellern sein, vgl. Motta (2004), S. 336–337 sowie Kerber & Schwalbe (2015), S. 194, Rn. 516. Motta (2004), S. 304 ergänzt, dass beispielsweise ein Hersteller von Luxusgütern allein die Vermarktung über „high-street retailers" und nicht über

durch gebietsbezogene Abreden, die für Wiederverkäufer zu einer Monopolstellung in einer bestimmten Region führen, verschärft werden.[1118]

Je nach Art und Ausgestaltung der Exklusivitätsverträge können also die positiven oder negativen Auswirkungen auf den Wettbewerb überwiegen, sodass aus ökonomischer Perspektive eine genaue analytische Betrachtung erforderlich ist.[1119] Zahlreiche Exklusivitätsvereinbarungen sind jedoch auf ein „Raising Rivals' Costs" ausgerichtet und wettbewerbspolitisch mithin als ein Negativum einzuordnen.[1120]

4.1.2.4 Pricing Rules

Im Falle einer relativen Preissetzung erfolgt die Bestimmung eines Preises nicht autonom und absolut, sondern aufgrund einer förmlichen Vereinbarung oder alternativ auf Grundlage eines einseitigen Versprechens durch einen Marktteilnehmer in Abhängigkeit zu der Preissetzung eines Dritten.[1121] Die Formen relativer Preissetzungen lassen sich dabei in unterschiedliche Fallgruppen einteilen, zu denen auch Best-Preis-Garantien zählen.[1122] **Best-Preis-Garantien**, die teilweise synonym auch als Meistbegünstigungsklauseln bezeichnet werden,[1123] stellen dabei eine weit verbreitete Preisstrategie dar, die insbesondere in vielen Wiederverkaufsbereichen in

---

Supermärkte intendiert, um nicht die Qualität beziehungsweise das Signal einen Luxusproduktes zu unterlaufen.

1118   Hierzu ausführlich Motta (2004), S. 309: „(...) by reducing competition downstream, for instance by assigning exclusive territories to retailers, which effectively give them a monopoly in a certain geographic area or for a certain type of customers, the double marginalisation problem is aggravated and welfare is reduced."

1119   Hierzu näher Kerber & Schwalbe (2015), S. 194, Rn. 517.

1120   Dorsey & Jacobsen (2014), S. 31.

1121   Eilmansberger & Bien (2015), Art. 102 AEUV, Rn. 599.

1122   Eilmansberger & Bien (2015), Art. 102 AEUV, Rn. 600–601, 605.

1123   Die Begriffsverwendungen und Kategorisierungen zu Preisregeln erfolgen nicht einheitlich. Siehe auch Boik & Corts (2013), S. 1; Eilmansberger & Bien (2015), Art. 102 AEUV, Rn. 601; Hamelmann/Haucap/Wey (2015). Kerber & Schwalbe (2015), S. 124, Rn. 314 unterscheiden unter anderem zwischen Preisgarantien (Meet-the-Competition Clauses) und Meistbegünstigungsklauseln (Most-Favored-Customer Clauses). Motta (2004), S. 156 ff. differenziert zwischen Most-Favored-Nation und Meet-the-Competition-Clauses, wobei die von Kerber & Schwalbe abweichende Bezeichnung rein begrifflicher und nicht konzeptioneller Art ist. Im Wesentlichen ist eine Differenzierung zwischen Meet-the-Competition Clauses und Most-Favored-Nation beziehungsweise Most-Favored-Customer Clauses erkennbar, die auch bei der nachfolgenden Darstellung zugrundegelegt wird. Den Unterschied zwischen diesen fasst Motta (2004), S. 156–157 wie folgt zusammen: „Some clauses in long-term-contracts between a seller and a buyer might condition the price paid by the buyer either to the price offered by the seller itself to its buyers (Most-Favored-Nation), or to the price offered by other sellers to the same buyer (Meet-the-Competition)."

unterschiedlichen Formen zur Anwendung gelangen.[1124] Anders als im stationären Einzelhandel, bei denen Best-Preis-Garantien aufgrund unzureichender Kontrollmöglichkeiten selten zum Einsatz kommen, sind diese speziell auf Onlinemärkten weit verbreitet und von besonderer Relevanz.[1125] Im Allgemeinen nehmen die Klauseln Einfluss auf die Preissetzung zwischen dem sich durch die Klausel bindenden Unternehmen und einem Wirtschaftsteilnehmer.[1126] Derartige preisbezogene Regelungen können dabei differenzierte Ausgestaltungen erfahren und an unterschiedliche Adressaten gerichtet sein. Die wettbewerbsrechtlichen und wettbewerbsökonomischen **Implikationen** der verschiedenen Formen relativer Preissetzung sind vielfältig, sodass sich eine Beurteilung insoweit regelmäßig schwierig gestaltet.[1127] Rechtlich betrachtet kann durch eine Preisregelung je nach Ausgestaltung eine wettbewerbswidrige Kartellabsprache im Sinne des Art. 101 AEUV oder ein Verstoß gegen das in Art. 102 AEUV geregelte Verbot des Missbrauchs einer marktbeherrschenden Stellung begründet werden.[1128]

(1) Meet-the-Competition-Clauses

Eine Form der Preisgarantien stellen die Best-Preis-Garantien gegenüber Kunden dar, die auch als Konkurrenzpreisklauseln beziehungsweise als **Meet**- oder **Meeting-the-Competition-Clauses** (MCCs) bezeichnet werden.[1129] Diese garantieren einem Abnehmer, das jeweilige Produkt zu dem niedrigsten Preis zu kaufen, der insoweit bekannt ist.[1130] Eine solche Konkurrenzpreisklausel kann dabei unterschiedliche **Formen** annehmen:[1131] So ist beispielsweise eine Ausgestaltung als „Meet-or-Release Clause" denkbar. Wird einem Käufer von anderer Seite ein niedrigerer Preis angeboten, so kann ein Anbieter, der für die Konkurrenzpreisklausel

---

1124 Baake & Schwalbe (2013), S. 1.
1125 Johnson (2014), S. 1. Als Gründe für den Einsatz auf Onlinemärkten führen Hamelmann/Haucap/Wey (2015) insbesondere eine hinreichende Transparenz sowie Preisüberwachungsmöglichkeiten zum Beispiel durch Crawler-Technologien an.
1126 Eilmansberger & Bien (2015), Art. 102 AEUV, Rn. 601.
1127 Eilmansberger & Bien (2015), Art. 102 AEUV, Rn. 606.
1128 Eilmansberger & Bien (2015), Art. 102 AEUV, Rn. 606. Über zulässige Preisbindungen gibt die VO 330/2010 Aufschluss, wobei eine Generalfreistellung nach Art. 2 VO 330/2010 nach überwiegender Auffassung eine Freistellung nach Art. 101 Abs. 3 AEUV im Anwendungsbereich der VO 330/2010 für Preisbindungen zum Nachteil von Lieferanten zur Folge hat. Gleiches gilt auch für echte und unechte Meistbegünstigungsklauseln. Hierzu näher Bechtold/Bosch/Brinker (2014), S. 45, Rn. 91 sowie Bechtold/Bosch/Brinker (2014), S. 45, Rn. 91.
1129 Die Bezeichnung erfolgt nicht einheitlich, teilweise werden auch die Most-Favored-Customer Clauses gleichgestellt. Vgl. hierzu Baake & Schwalbe (2013), S. 1, Boik & Corts (2013), S. 1, Eilmansberger & Bien (2015), Art. 102 AEUV, Rn. 601.
1130 Levy & Gerlowski (1991), S. 217–221; Png & Hirshleifer (1987).
1131 In der Theorie wird häufig nicht zwischen den zahlreichen Varianten von Niedrigpreisgarantien differenziert. Arbatskaya/Hviid/Shaffer (2004), S. 308.

einzustehen hat, mit den Konditionen des Wettbewerbers gleichziehen oder aber es ist gegen Rückgabe des Gutes eine Lösung vom Vertrag möglich, und zwar ohne dass dem Kunden dadurch Kosten entstehen.[1132] Für den Fall, dass ein Kunde das Gut in einem anderen Geschäft zu einem günstigeren Preis findet, zahlt das garantierende Unternehmen also insoweit die Differenz aus oder es erfolgt eine Lösung vom Vertrag.[1133]

Weiterhin ist zwischen einem „Price-Matching" (PMG) und einem „Price-Beating" (PBG) zu unterscheiden, wonach sich ein Unternehmen entweder dem Preis, der von Wettbewerbern verlangt wird, anpasst oder diesen gar unterbietet,[1134] wobei eine Price-Matching Guarantee einschlägig ist, wenn Verkäufer auf Retailermärkten anbieten, jeden anderen beworbenen Preis zu erreichen.[1135] Vor diesem Hintergrund werden solche Klauseln auch als **wettbewerberbezogene Best-Preis-Garantien** (Across Sellers-Agreement) bezeichnet.[1136] Spiegelbildlich dazu kann auch ein Nachfrager seinem Lieferanten gegenüber eine solche Garantie übernehmen und gewähren, mit höheren Preisen, die von konkurrierenden Unternehmen gezahlt werden, mitzuziehen oder diese gar zu überbieten.[1137]

MCCs stellen im Allgemeinen kein ungewöhnliches Instrument dar und sind in den Preispolitiken zahlreicher Unternehmen sowie deren Werbungen auffindbar.[1138] Dabei ist auch eine Ausgestaltung als drittbezogene relative Preissetzung (**Third Parties Agreement** beziehungsweise **Third Party Price Relationship Agreement**) möglich: Diese berühren regelmäßig die Preissetzung für den Weiterverkauf von Gütern an Dritte, indem beispielsweise ein Produzent einer Ware den Händler

---

1132 Ausführlich zu Meet-or-Release-Clauses siehe Salop (1986), S. 280, Png & Hirshleifer (1987), S. 365, Belton (1987), Chen (1995), Edlin (1997), Holt & Scheffman (1987), Schnitzer (1994), Arnold/Baake/Schwalbe (2012) und Baake & Schwalbe (2013), S. 1–2. Motta (2004), S. 157 beschreibt die Meet-or-Release-Clauses als „the possibility to match the price or free the customer from the contract."

1133 Baake & Schwalbe (2013), S. 1. Preisgarantien, die keine Lösungsmöglichkeit vom Vertrag vorsehen, bieten Unternehmen die Möglichkeit, eine Preiserhöhung zu initiieren, ohne das Risiko der Kundenabwanderung zu einem Wettbewerber, der seine Preise (noch) nicht erhöht hat, tragen zu müssen, vgl. Kerber & Schwalbe (2015), S. 125, Rn. 314.

1134 Arbatskaya/Hviid/Shaffer (2004), S. 307. Baake & Schwalbe (2013), S. 2 beschreiben, dass eine PBG „promises to repay any price difference plus a fixed amount or plus a percentage of the price difference." Ausführlich zu Price-Beating- und Price-Matching Guarantees siehe Buccirossi (2008), 335 ff.

1135 Png & Hirshleifer (1987), S. 365.

1136 Eilmansberger & Bien (2015), Art. 102 AEUV, Rn. 601 beschreiben, dass, wenn ein Verkäufer eine Garantie dafür gibt, sich an niedrigere Preise von Wettbewerbern anzupassen oder diese gar zu unterbieten, es sich in Bezug auf den Adressaten um eine wettbewerberbezogene Best-Preis-Garantie handelt.

1137 Eilmansberger & Bien (2015), Art. 102 AEUV, Rn. 601.

1138 Arbatskaya/Hviid/Shaffer (2004), S. 307; Kretschmer & Budzinski (2011), S. 3154.

dazu verpflichtet, die Ware nicht zu einem höheren Preis weiterzuveräußern als die entsprechenden Produkte von Wettbewerbern des Herstellers.[1139]

Anreize eines Unternehmens dazu, überhaupt derartige Preisanpassungsgarantien zu geben, können dabei auf gewisse Annahmen zu Retailermärkten gestützt werden: Die erste Annahme besteht darin, dass der Erhalt, das Organisieren und Abspeichern von Informationen über Preise von hunderten von Produkten, die durch zahlreiche Wiederverkäufer angeboten werden, sehr kostenintensiv ist.[1140] Zweitens ist anzunehmen, dass anders als bei den Preisen im Einzelnen die Preispolitik als solche, also ob ein Unternehmen eine Price-Matching Garantie gibt oder nicht, von Konsumenten beobachtet wird.[1141] Price-Matching Garantien können in der Folge als ein glaubwürdiges Mittel dafür herangezogen werden, um an informierte Konsumenten, die Botschaft zu kommunizieren, dass es sich um ein „low-priced outlet" handelt.[1142] Dieses Signal ist auch insoweit von Wert für ein Unternehmen, als dass dadurch die Nachfrage von preislich nicht informierten Kunden gestärkt werden kann.[1143]

Im Allgemeinen ist für den Einsatz von MCCs jedoch kein Grund ersichtlich, sodass oftmals fraglich ist, warum es überhaupt zu solchen Praktiken außerhalb von langfristigen Verkaufskontakten kommt.[1144] Beabsichtigt ein Wiederverkäufer Preissenkungen durchzuführen, hat er grundsätzlich auch ohne Konkurrenzpreisklausel die Möglichkeit, diese seinem Kunden gegenüber direkt einzuräumen,[1145] zumal die Preisgarantien mit Suchkosten zur Feststellung günstigerer Preisangebote durch Wettbewerber sowie mit so genannten Auseinandersetzungskosten (**hassle costs**) verbunden sind.[1146] Letztere entstehen, wenn Konsumenten nach Feststellung eines niedrigeren Preises bei einem Wettbewerber zur Inanspruchnahme der Garantie erneut das Unternehmen aufsuchen müssen, bei dem sie das Produkt erworben haben, und dort den Nachweis über einen niedrigeren Preis führen müssen.[1147] Die

---

1139 Eilmansberger & Bien (2015), Art. 102 AEUV, Rn. 605. Ausführlich zu Third Party Price Relationship Agreements vgl. Wismer (2015), S. 44 ff.

1140 Moorthy & Winter (2006), S. 2.

1141 Moorthy & Winter (2006), S. 2.

1142 Moorthy & Winter (2006), S. 2.

1143 Moorthy & Winter (2006), S. 2.

1144 Png & Hirshleifer (1987), S. 365

1145 Png & Hirshleifer (1987), S. 365

1146 Vgl. hierzu Baake & Schwalbe (2013), S. 21, wobei die Suchkosten zur Sammlung von Preisinformationen über Angebote seitens der Wettbewerber nicht bei vollständig informierten Konsumenten entstehen.

1147 Hviid & Shaffer (1999), S. 491. Teilweise wird mit Blick auf die Auseinandersetzungskosten eine Differenzierung zwischen PMG und PBG vorgenommen. So betonen zum Beispiel Arbatskaya/Hviid/Shaffer (2004), S. 307: „The evidence also suggests that price-beating and price-matching guarantees differ significantly in their features. The former are asscociated with higher hassle costs (...) than are price-matching guarantees." Arbatskaya/Hviid/Shaffer (2004), S. S. 310 und 312 verweisen dabei auf Daten von James Hess und Eitan Gerstner, die zeigen, dass

Auseinandersetzungskosten beeinflussen dabei das Angebot zu Gleichgewichtspreisen: Denn durch ihre bloße Existenz führen sie dazu, dass eine Preissetzung über den marginalen Kosten für Unternehmen, die homogene Güter verkaufen, nicht tragbar ist, da es ein Konsument im Falle positiver „hassle costs" stets bevorzugen wird, die Güter von einem Unternehmen mit den günstigsten Preisen zu erwerben, und zwar unabhängig davon, ob sich ein Wettbewerber einer Preisgarantie untergibt.[1148] Dementsprechend sinkt mit steigenden Auseinandersetzungskosten auch die Wahrscheinlichkeit einer Kollusion.[1149] Gleichzeitig wird jedoch die Möglichkeit einer Preisdifferenzierung erhöht, indem lediglich die informierten Kunden von der Garantie Gebrauch machen und auf diese Weise einen geringeren Preis entrichten. Anders gestaltet sich dieses nur, wenn die „hassle costs" prohibitiv sind und keiner der Kunden die Garantie in Anspruch nimmt. Förderlich für eine aus Unternehmenssicht erfolgreiche Preisdifferenzierung wirken sich an dieser Stelle eine gewisse Marktmacht beziehungsweise die Stellung als ein großer Anbieter im Markt aus, wodurch ein Unternehmen in der Regel eine Vielzahl nicht informierter Kunden zu seinen eigenen zählen kann. Im Falle von Online-Märkten ist dieses jedoch dahingehend einzuschränken, als dass die mit dem Internet einhergehende Transparenz und Vergleichbarkeit von Preisen nicht nur die Suchkosten bei der Sammlung von Preisinformationen senkt, sondern auch die Auseinandersetzungskosten aufgrund vereinfachten Möglichkeiten der Online-Kommunikation geringer ausfallen.[1150] In der Folge ist im Umkehrschluss anzunehmen, dass MCCs, die auf Online-Märkten zur Anwendung gelangen, die Wahrscheinlichkeit einer Kollusion erhöhen und mithin für den Konsumenten schädlicher als auf Offline-Märkten ausfallen können.

Unmittelbar an die Diskussion um etwaige Anreize für die Verwendung von MCCs knüpft die Frage nach den **wettbewerbsökonomischen Auswirkungen** der MCCs in ihren unterschiedlichen Formen an:[1151]

Die MCCs beinhalten mögliche Effizienzerklärungen: Riskoaverse Käufer können durch die Klauseln Absicherung vor überhöhten Preisen erhalten, sobald sich abzeichnet, dass andere Verkäufer ein Gut zu einem geringeren Preis anbieten.[1152] Auch

---

PMG zu einer größeren Preiskonformität im Markt führen. Dementsprechend dürfte es zwar zu Suchkosten, aber mangels günstiger Preisangebote in den seltensten Fällen zu Auseinandersetzungskosten kommen.

1148 Hierzu ausführlich Hviid & Shaffer (1999), S. 491.

1149 Vgl. hierzu Hviid & Shaffer (1999), S. 515, die zeigen, dass „even arbitrarily small hassle costs render price-matching guarantees much less effective than existing theory would suggest in raising prices above the competitive level."

1150 Vgl. zu den Charakteristika von Online-Märkten Kapitel 3.5.

1151 Inwieweit speziell mit einer Price Matching Garantie eine wettbewerbswidrige Wirkung einhergeht, ist fraglich. Hierzu bestehen bisher nur wenige empirische Nachweise, die eine wettbewerbswidrige Wirkung befürworten oder ablehnen, vgl. Arbatskaya/Hviid/Shaffer (2004), S. 308.

1152 Motta (2004), S. 157–158, wobei die Existenz von MCCs grundsätzlich gerade dazu führt, dass keine niedrigeren Preise angeboten werden.

können auf diese Weise die Kaufprozesse beschleunigt werden, da die Klauseln dem Käufer versichern, dass ihm keine preislich vorteilhafteren Angebote entgehen werden und mithin der kostenintensive Prozess der Informationssammlung über Preise entbehrlich ist.[1153] Auf dem ersten Blick erscheint die Verwendung von MCCs also sogar wettbewerbsfördernd.[1154] Trotz der scheinbaren Konsumentenfreundlichkeit stellen MCCs in der ökonomischen und wettbewerbspolitischen Literatur aufgrund eines erheblichen Potentials zu Wettbewerbsbeschränkungen ein Negativum dar:[1155]

Eine weit verbreitete Theorie unter anderem nach **Hay und Salop** beschreibt die MCCs als Mittel daür, **Kartellpreise vereinfacht durchzusetzen**, was insbesondere in oligopolistischen Industrien von Relevanz ist (Cartel Facilitating Theory).[1156] Sie implizieren die Verpflichtung, auf jeden Versuch eines Wettbewerbers, den Kartellpreis zu unterlaufen, automatisch mit einem **Price-Matching** oder einem **Price-Beating** zu reagieren.[1157] Da eine Price-Matching Garantie vorsieht, dass der aktuelle Preis das Minimum aller verfügbaren Preise abbildet, kann ein Unternehmen insoweit nicht unterboten werden.[1158] Im Umkehrschluss muss dieses erst recht für den Fall einer Price-Beating Garantie gelten. So kann auch eine Price-Beating Garantie ein kollusives Equilibrium stabilisieren.[1159]

Vor diesem Hintergrund führen die Niedrigpreisgarantien im Allgemeinen zu einer Erhöhung der Gleichgewichtspreise und erleichtern auf diese Weise die Kollusion, da sie die Anreize für Unternehmen, von dem vereinbarten Gleichgewicht abzuweichen, verringern.[1160] Price-Matching und Price-Beating Garantien haben, indem sie also verhindern, dass die Unternehmen durch einen Rivalen unterboten werden können, demnach „supracompetitive prices" zur Folge.[1161] Auch wird ein

---

1153 Motta (2004), S. 158.

1154 Moorthy & Winter (2006), S. 1.

1155 Vgl. m.w.N. Kerber & Schwalbe (2015), S. 125, Rn. 314.

1156 Hay (1982); Salop (1986); Moorthy & Winter (2006), S. 1; Baake & Schwalbe (2013), S. 3.

1157 Buccirossi (2008), S. 335; Moorthy & Winter (2006), S. 1.

1158 Buccirossi (2008), S. 335: "A PMG implies that the actual price is the minimum of all available prices."

1159 Baake & Schwalbe (2013), S. 3. Dazu Buccirossi (2008), S. 336: „Somehow counterintuitively, the threat of a more aggressive response to an attempt by rivals to lower the price embedded in the PBG strategy may restore the competitive equilibrium." Nach Baake & Schwalbe (2013), S. 3 hängen die Auswirkungen einer Price-Beating Garantie jedoch davon ab, ob sich die Garantie auf den beworbenen Preis oder auf den aktuellen Verkaufspreis bezieht. Im ersten Fall soll eine Price-Beating Garantie in einem Oligopol den Anreiz dazu, den Preis zu verringern, nicht mindern. Siehe hierzu auch Buccirossi (2008), S. 336. Entsprechende Untersuchungen dazu finden sich bei Hviid & Shaffer (1994). In der weiteren Literatur wird diese Differenzierung allerdings nicht vorgenommen, hier stehen allein die kollusionsfördernden Aspekte von PBG im Fokus.

1160 Arbatskaya/Hviid/Shaffer (2004), S. 308; Baake & Schwalbe (2013), S. 3.

1161 Buccirossi (2008), S. 335.

Unternehmen, das von dem koordinierten Preis abweicht, insoweit keine zusätzlichen Gewinne erwirtschaften können, da alle anderen Unternehmen auf Grundlage der Garantien umgehend eine Preisanpassung vornehmen werden, wobei sie aufgrund der erhöhten Markttransparenz durch Informationen seitens ihrer Kunden umgehend von dem niedrigen Preis erfahren.[1162] Auf diese Weise wirken die Klauseln als ein Mittel zum Austausch von Informationen, da sie für einen Käufer, sobald ihm ein besserer Preis angeboten wird, einen Anreiz implizieren, diese Information an den gegenwärtigen Verkäufer weiterzugeben.[1163] Demzufolge erlangen Unternehmen gleichzeitig unmittelbar Kenntnis von Abweichungen, was insofern wesentlich ist, als dass die kurzfristige Aufdeckung einer Defektion ein gewichtiges Element für eine Kollusion bildet.[1164] Hinzu kommt, dass die Klauseln auch vor dem Hintergrund den Anreiz zu Abweichungen reduzieren, als dass, wenn sich ein Wettbewerber die gegenwärtigen Kunden aufgrund der MCCs erhalten kann, eine Preisreduzierung nur zur Akquirierung neuer Käufer einsetzbar ist, nicht aber, um Bestandskunden von anderen Unternehmen abzuwerben.[1165] Auf Grundlage dieser Argumentationen liegt es mithin nahe, dass MCCs ein durchaus gewichtiges Potential für eine Kollusion beinhalten.

Die Mehrheit der Niedrigpreisgarantien widerspricht jedoch dem Gebrauch als „facilitating device", da sie darauf gerichtet sind, nur auf von Wettbewerbern beworbenen Preisen (posted prices) angewendet zu werden[1166] oder sie mit Auseinandersetzungskosten (hassle costs) verbunden sind.[1167]

Eine **andere Theorie** (Price Discrimination Theory) erachtet die Preisanpassungen als ein Mittel der **Preisdiskriminierung** unter verschiedenen Gruppen von Konsumenten, die sich in Bezug auf die Preiselastizität ihrer Nachfragefunktion unterscheiden.[1168] Die Preisdiskriminierung besteht dabei darin, dass die garantierenden Unternehmen, die Rabatte nur selektiv gegenüber den Kunden einräumen, die ein entsprechendes Bewusstsein für niedrigere Preise im Markt haben, wohingegen

---

1162 Baake & Schwalbe (2013), S. 3. Buccirossi (2008), S. 336 beschreibt, dass die Niedrigpreisgarantien „automatic price adjustments" vorsehen. Auch Kerber & Schwalbe (2015), S. 125, Rn. 314 stellen heraus, dass Kunden als Informationsquelle bezüglich der Preispolitik von Wettbewerber eingesetzt werden.

1163 Motta (2004), S. 157.

1164 Motta (2004), S. 157.

1165 Motta (2004), S. 157.

1166 Buccirossi (2008), S. 335–336 differenziert bei seinen Darstellungen ausführlich zwischen dem „posted price" und dem „selling price".

1167 Arbatskaya/Hviid/Shaffer (2004), S. 307: „The evidence suggests that the majority of low-price guarantees are not consistent with their use as a facilitating device because they tend to apply only to rival firms' advertised prices or they are associated with high hassle costs."

1168 Moorthy & Winter (2006), S. 1; Baake & Schwalbe (2013), S. 4; Buccirossi (2008), S. 337.

anderen Kunden hohe Listenpreise auferlegt werden.[1169] Auf diese Weise ist es Unternehmen möglich, durch eine Einteilung der Kunden in zwei Klassen „without risk of loosing informed customers"[1170] höhere Preise gegenüber den nicht über die Preise des Wettbewerbers informierten Kunden durchzusetzen.[1171] Demgemäß entrichten nur die informierten Kunden, die sich auf die Preisgarantie berufen, einen geringeren Preis.[1172] Die Auswirkungen auf die Konsumentenwohlfahrt sind dementsprechend nicht einheitlich: Die informierte Kundengruppe befindet sich hier im Gegensatz zu den anderen Kunden in einer bevorzugten Stellung.[1173]

Nach einer anderen Auffassung in der Literatur werden Preisgarantien vielmehr als ein Instrument zur Beeinflussung des **Suchverhaltens von Konsumenten** erachtet, indem diese glaubwürdig kommunizieren, dass ein Unternehmen aufgrund der Garantie seine Güter zu günstigen Preisen anbietet.[1174] Demgemäß wird teilweise als Grund für eine solche Preispolitik angenommen, dass diese einem Konsumenten zum sofortigen Kauf anregen soll, um auf diese Weise das Abwarten von Preisreduzierungen (sales) oder die Fortsetzung der Suche nach einem niedrigeren Preis zu vermeiden,[1175] wodurch wiederum ein Teil des hassle costs reduziert werden kann. Auch treten dahingehende Argumentationen für den Einsatz von Low-Price-Garantien auf, als dass Käufer Märkte präferieren, auf denen Anbieter derartige Niedrigpreisgarantien geben, und demzufolge den Verkäufer auswählen, der entsprechende Price-Matching beziehungsweise Price-Beating Garantien einräumt.[1176]

Teilweise wird jedoch in Frage gestellt, dass diese Theorien als **überzeugende Erklärungsansätze** für MCCs herangezogen werden können:[1177] So wirft die große Anzahl an Unternehmen in vielen Märkten bei heterogenen Kosten, unterschiedlichen Marktpositionen und Preisen beispielsweise Zweifel an der Cartel Theory auf.[1178] Die Price Discrimation Theory berücksichtigt hingegen, dass auf einigen Märkten zahlreiche Unternehmen agieren, von denen überhaupt nur einige diese Garantien anbieten.[1179] Allerdings erfordert diese Theorie im Gegenzug, dass die

---

1169   Moorthy & Winter (2006), S. 1; Baake & Schwalbe (2013), S. 4.
1170   Buccirossi (2008), S. 337.
1171   Vgl. hierzu die Untersuchungen von Belton (1987), Png & Hirshleifer (1987) sowie Corts (1996).
1172   Baake & Schwalbe (2013), S. 4.
1173   Baake & Schwalbe (2013), S. 4.
1174   Baake & Schwalbe (2013), S. 4.
1175   Arbatskaya/Hviid/Shaffer (2004). Nach Mao (2005) führen die Preisgarantien hingegen bei Suchkosten zu höheren Preisen, als sie vergleichsweise in einer Wettbewerbssituation ohne die Preisgarantien auftreten würden, sodass sie insoweit wettbewerbswidrigen Charakter annehmen.
1176   Vgl. hierzu Jain & Srivastava (2002), Srivastava & Lurie (2001) sowie Chatterjee et al. (2003).
1177   Für einen anderen modellierten Ansatz vgl. Moorthy & Winter (2006), S. 2 ff.
1178   Moorthy & Winter (2006), S. 1.
1179   Moorthy & Winter (2006), S. 1.

preisanpassenden Unternehmen höhere Listenpreise setzen als nicht preisanpassende Unternehmen, was auf vielen Märkten nicht der Fall ist.[1180]

Allgemein anerkannt ist insoweit aber jedenfalls, dass die MCCs aufgrund der umgehenden Sanktionierung von „price-cut deviations" die Kollusion erleichtern[1181] oder den Oligopol-Wettbewerb eindämmen, indem sie die Gewährung selektiver Rabattierungen nicht länger ermöglichen oder die Einräumung geheimer Rabatte verhindern.[1182] Die Klauseln können also Preiswettbewerb mindern und es Unternehmen auf diese Weise ermöglichen, höhere Preise durchzusetzen,[1183] wobei durch die Klauseln gegenüber unterschiedlich stark informierten Konsumentengruppen eine Preisdiskriminierung vorgenommen werden kann.[1184]

Vor diesem Hintergrund werden über Wettbewerbsniveau befindliche Preise verlangt, die zu wohlfahrtsökonomischen Nachteilen führen.[1185] Die ökonomischen Effekte, die mit Preisgarantien einhergehen, sind mithin vorwiegend wettbewerbswidriger Natur.[1186] Lediglich ausnahmsweise können mit Preisgarantien auch niedrigere Preise und somit eine höhere Konsumentenwohlfahrt einhergehen.[1187] In Bezug auf MCC Klauseln besteht weiterhin ein Erfordernis, die (möglichen) antikompetitiven Effekte in Bezug auf unilaterale Effekte, Preisdiskriminierung und Kollusion dieser Klauseln im Einzelnen eingehend zu eroieren.[1188] Zumindest der kollusionsfördernde Einfluss dieser Klauseln ist anscheinend jedoch derart stark, dass bereits bei aktuellem Wissensstand Empfehlungen für Wettbewerbsbehörden abzuleiten sind, wonach die MCCs unter eine Per-se Verbotsregelung zu fassen sind.[1189]

1180 Moorthy & Winter (2006), S. 1–2. Vgl. für andere Theorien unter anderem Hviid & Shaffer (1999) und Chen/Narasimhan/Zhang (2001).

1181 Kretschmer & Budzinski (2011); Levy & Gerlowski (1991), S. 217–221.

1182 Salop & Scott Morton (2013), S. 15.

1183 Kretschmer & Budzinski (2011); Salop & Scott Morton (2013), S. 15.

1184 Vgl. hierzu inter alia Salop (1986), Belton (1987), Png & Hirshleifer (1987), Logan & Lutter (1989), Levy & Gerlowski (1991) sowie Moorthy & Winter (2006). Vgl. weiterhin zur Frage, inwieweit die Klauseln ein Mittel zur Preisdiskriminierung darstellen, die Ausführungen bei Kretschmer & Budzinski (2011).

1185 So Buccirossi (2008), S. 337: „In all models where firms achieve supracompetitive prices through low price guarantees, welfare decreases both if we consider only the consumer surplus and if we take into account also the firms' profits."

1186 Baake & Schwalbe (2013), S. 5.

1187 Baake & Schwalbe (2013), S. 5.

1188 Motta (2004), S. 158 und Buccirossi (2008), S. 337, wobei Buccirossi insbesondere betont, dass „formal economic research on low-price guarantees has restricted attention to static games, showing their potential anticompetitive unilateral effects." Vgl. dazu auch Moorthy & Winter (2006), die zwar mit ihrem Modell keine überzeugende Argumentation gegen die negative Reputation von Niedrigpreisgarantien liefern können, aber zumindest eine von den wettbewerbswidrigen Motiven abweichende Begründung für den Einsatz von MCCs an die Hand geben.

1189 Motta (2004), S. 158.

(2) Most-Favored-Customer Clauses

Eine andere Form der **Best-Preis-Garantien** stellen die Most-Favored-Customer Clauses (MFC-Klauseln respektive MFCC) beziehungsweise Most-Favored-Nation Clauses (MFN-Klauseln) dar,[1190] die zunehmend auch auf Onlinemärkten verwendet werden.[1191] Diese sehen vor, dass ein Verkäufer einem Käufer dieselben Konditionen gewährt, wie er sie selbst anderen Käufern gegenüber einräumt. Genauer sind bei den MFC-Klauseln aber zwei Arten zu unterscheiden, die **kontemporären und die retroaktiven Klauseln**.

Die **kontemporären Klauseln** (contemporaneous clauses) sehen vor, dass ein Verkäufer einem Käufer garantiert, die gleichen Preise beziehungsweise die gleichen niedrigeren Preise, die er dritten Abnehmern anbietet,[1192] einzuräumen, wodurch ein Käufer eine Garantie für einen Preis erhält, der nicht höher liegt als der niedrigste Preis, der andernorts, für gewöhnlich in der gleichen Region, von einem Kunden zu zahlen ist.[1193] Eine solche Regelung gleicht dabei einem „commitment not to price discriminate"[1194] und wird auch als gegenwartsbezogene Meistbegünstigungsklausel bezeichnet.[1195] Spiegelbildlich dazu kann auch ein Nachfrager seinen Lieferanten gegenüber eine Garantie übernehmen, mindestens denselben hohen Preis zu zahlen, den er auch gegenüber dritten Lieferanten entrichtet.[1196] Diese Form der Preissetzung wird demgemäß auch als auch **abnehmer- respektive lieferantenbezogene Variante** der Best-Preis-Garantie (Across-Customer-Agreement) bezeichnet.[1197]

Mit **retroaktiven Klauseln** (retroactive clauses) wird einem Kunden hingegen versprochen, dass er von Preissenkungen innerhalb einer bestimmten Frist nach einem Erwerb des Gutes profitiert,[1198] das heißt, dass der Käufer einen Preisnachlass erhalten wird, falls zukünftigen Käufern innerhalb einer bestimmten zeitlichen Periode ein niedrigerer Preis für das gleiche Gut gewährt wird.[1199] Diese Variante der MFC-Klausel wird auch als rückwärtsgerichtete Meistbegünstigungsklausel bezeichnet.[1200]

1190 Boik & Corts (2013), S. 1; Eilmansberger & Bien (2015), Art. 102 AEUV, Rn. 601. In der Literatur wird für den Begriff der MFC-Klauseln auch der Begriff der MFN-Klauseln verwendet. Dieses kann jedoch insofern irreführend sein, als dass es sich bei unternehmerischen Strategien nicht um Vereinbarungen zwischen Nationen handelt. Aus diesem Grund wird die Bezeichnung der hier betrachteten Klauseln auf die MFCC beschränkt.
1191 Johnson (2014), S. 1.
1192 Motta (2004), S. 157 und Buccirossi (2008), S. 339.
1193 Heyers (2013), S. 411.
1194 Buccirossi (2008), S. 339.
1195 Kerber & Schwalbe (2015), S. 125, Rn. 315.
1196 Eilmansberger & Bien (2015), Art. 102 AEUV, Rn. 603.
1197 Eilmansberger & Bien (2015), Art. 102 AEUV, Rn. 603.
1198 Heyers (2013), S. 411.
1199 Motta (2004), S. 157 und Buccirossi (2008), S. 339, wobei die Preisreduzierung der Differenz zwischen gegenwärtigem und zukünftigem Preis gleicht.
1200 Kerber & Schwalbe (2015), S. 125, Rn. 315.

Die Differenzierung zwischen kontemporären und retroaktiven Klauseln kommt insoweit der Unterscheidung zwischen **echten und unechten Meistbegünstigungsklauseln** gleich: Denn auch nach der Definition der **echten** Meistbegünstigungsklauseln sind diese dadurch charakterisiert, dass der gebundene Vertragteil verpflichtet wird, Dritten von vorneherein keine besseren beziehungsweise günstigeren Konditionen zu gewähren als dem bindenden Vertragteil, mit der Folge, dass wettbewerbliche Spielräume erheblich beschränkt werden und die Klauseln besonders schädlich sind.[1201] Mit anderen Worten ist es Lieferanten auch hiernach verboten, an andere Abnehmer Waren zu günstigeren Konditionen als dem Wiederverkäufer zu veräußern,[1202] was insoweit der kontemporären MFC-Klausel entspricht. Die **unechten Meistbegünstigungsklauseln** sind hingegen mit den retroaktiven Klauseln gleichlautend, indem sie auf Vertragsanpassung im Falle eines weiteren, günstigeren Vertragsschlusses gerichtet sind und dem Begünstigten garantieren, dieselben günstigen Konditionen wie dritte Vertragspartner zu erlangen, sodass dem Abnehmer stets die jeweils auch von anderen Händlern geforderten günstigsten Preise zu gewähren sind.[1203]

MFC-Klauseln weisen ähnliche Effekte wie die soeben dargestellten MCCs auf: Der Kernunterschied zu diesen besteht allerdings darin, dass die MCCs den Anreiz für Wettbewerber, den Preis zu reduzieren, verringern, wohingegen die MFC-Klauseln den Anreiz für das klauselgebundene Unternehmen verringern, die eigenen Preise in der Zukunft beziehungsweise gegenüber bestimmten Kunden zu reduzieren.[1204]

Wettbewerbsökonomisch betrachtet können mit Meistbegünstigungsklauseln **sowohl wettbewerbsfördernde als auch wettbewerbsschädigende Folgen** einhergehen.[1205]

Für den Fall, dass Käufer risikoadvers sind, können die Klauseln eine Art Versicherungscharakter darstellen, bei retroaktiven Klauseln als Schutz davor, dass nur zukünftige Käufer von zukünftig besseren Konditionen profitieren, und bei kontemporären Klauseln als Absicherung davor, dass rivalisierende Käufer dasselbe Gut zu einem niedrigeren Preis erhalten.[1206] Auch können auf diese Weise mangels kostenintensiven Preisvergleichen wie bei den MCCs die Kaufprozesse durch sinkende Transaktionskosten beschleunigt werden, da die Klauseln dem Käufer versichern,

---

1201 Heyers (2013), S. 411; Hamelmann/Haucap/Wey (2015). Klemperer (2008), S. 596 beschreibt Meistbegünstigungsklauseln als „we will never be undersold promises."
1202 Mäger (2011a), S. 221, Rn. 185; Bechtold/Bosch/Brinker (2014), S. 45, Rn. 91.
1203 Heyers (2013), S. 411; Eilmansberger & Bien (2015), Art. 102 AEUV, Rn. 604; Mäger (2011a), S. 221, Rn. 185; Bechtold/Bosch/Brinker (2014), S. 45, Rn. 91.
1204 Buccirossi (2008), S. 339.
1205 Salop & Scott Morton (2013), S. 15. Nach der Monopolkommission (2015), S. 142 sind die ökonomischen Wirkungen von Preisparitätsklauseln noch nicht hinreichend analysiert, zumal die wettbewerbliche Beurteilung auch elementar von den jeweiligen Marktbedingungen abhängt.
1206 Motta (2004), S. 157–158.

dass er keine besseren Deals verpassen wird und mithin keine weiteren Suchkosten aufzuwenden sind.[1207] Ebenfalls können die Klauseln beispielsweise genutzt werden, wenn eine Partei entsprechende „relationship-specific investments" vornimmt, um die Entwicklung neuer Produkte zu ermöglichen oder bestehende Produkte und Leistungen zu verbessern, durch welche wiederum der Wettbewerb erhöht wird.[1208] Auf diese Weise kann durch Meistbegünstigungsklauseln erreicht werden, dass zusätzliche Produkte hergestellt werden oder der Output erhöht wird.[1209]

Die MFC-Klauseln verändern allerdings auch die Anreizstruktur der Unternehmen in für Verbraucher wohlfahrtsmindernder Weise, da die Unternehmen durch die Klauseln nicht dazu veranlasst werden, Preissenkungen durchzuführen beziehungsweise überhaupt günstige Preisgestaltungen vorzunehmen.[1210] Vielmehr begründen die Meistbegünstigungsklauseln für einen Verkäufer einen Anreiz, von vorneherein seine Güter nicht zu sonderlich niedrigen Preisen anzubieten, da die Gewährung von Rabatten vor dem Hintergrund kostenintensiver wird, als dass ein Unternehmen, dass Neukunden zu gewinnen versucht, aufgrund der Klauselgebundenheit den niedrigeren Preis und die geringere Marge auch bei Dritten beziehungsweise bei Bestandskunden ansetzen müsste.[1211] In der Folge intendieren Unternehmen eher dazu, Niedrigpreisstrategien zu vermeiden.[1212] Im Umkehrschluss sind oftmals auf dem gesamten Markt höhere Preise vorzufinden, sodass die MFC-Klauseln vielfach als anti-kompetitiv erachtet werden.[1213] Zudem können derartige Klauseln auch so genannte Exclusionary Effects mit sich bringen, wenn durch diese beispielsweise ein „raising rivals' costs" bei aktuellen Wettbewerbern oder eintretenden Unternehmen bewirkt wird, indem mit Lieferanten von „critical inputs" niedrigere Preise ausgehandelt werden[1214] und gleichzeitig durch die MFC-Klausel sichergestellt wird, dass diese Preise auch die günstigsten Preise sind, die Lieferanten gewähren. Indem ein Lieferant andere Abnehmer, mit denen keine MFC-Klausel vereinbart wurde, nicht zu diesem günstigten Preis beliefert und diese infolgedessen unter Umständen Güter zu nicht vergleichbar guten Konditionen beziehen, kann auf diese Weise ein Beitrag zu deren Verdrängung geleistet werden.

Dennoch ist nicht ohne Weiteres anzunehmen, dass diese Form von Preisregelungen auch **Kollusionen** erleichtern.[1215]

1207 Motta (2004), S. 158; Kerber & Schwalbe (2015), S. 125, Rn. 315.
1208 Salop & Scott Morton (2013), S. 15.
1209 Salop & Scott Morton (2013), S. 17.
1210 Heyers (2013), S. 412.
1211 Salop & Scott Morton (2013), S. 15; Heyers (2013), S. 412.
1212 Heyers (2013), S. 412.
1213 Salop & Scott Morton (2013), S. 15.
1214 Salop & Scott Morton (2013), S. 15. Vgl. hierzu näher unter Darlegung eines Beispiels Baker & Chevalier (2013), S. 24.
1215 Vgl. hierzu näher Cooper (1986), Holt & Scheffman (1987) sowie Schnitzer (1994), die jeweils mit Modellierungen arbeiten.

Zwar können derartige Klauseln ein kollusives Gleichgewicht in ähnlicher Weise aufrechterhalten wie ein kartellrechtlicher Vertrag.[1216] Ökonomisch gilt es hierbei jedoch zu differenzieren: Insofern zahlreiche Unternehmen eines Marktes an den MFC-Klauseln beteiligt sind, kommt es zu einer Eliminierung des Preiswettbewerbs.[1217] Denn für den Fall, dass sich ein **klauselgebundenes Unternehmen** zu einer Abweichung vom koordinierten Verhalten durch einen niedrigeren Preis entschließt, würde es gleichzeitig bestraft, indem es allen Konsumenten, die einen höheren Preis entrichtet haben, die Differenz zu dem jetzt niedrigeren Preis erstatten müsste.[1218] Anders hingegen gestaltet es sich, wenn nur wenige Unternehmen entsprechend eingebunden sind: Dann reduzieren die Klauseln die Anreize von klauselgebundenen Unternehmen, die Preisabweichungen anderer, **nicht klauselgebundener Unternehmen** durch eigene Preissenkungen zu bestrafen, da sie daraus selbst wegen der Preisnachlässe an die eigenen Kunden erhebliche Einbußen erleiden würden.[1219] Das heißt, wenn eine größere Zahl von Unternehmen nicht MFC-klauselgebunden agiert, wird eine ausreichende Marktgegenmacht gewährleistet, die kollusive Effekte von den Meistbegünstigungsklauseln eliminieren kann.[1220] Es ist mithin entscheidend, wie viele (Online-) Händler auf dem relevanten Markt tatsächlich gebunden sind.[1221] Kollusionsgeneigte Anbieter werden also grundsätzlich die marktweite Anwendung der MFC-Klauseln befürworten; kritisch bleibt es aber zu betrachten, warum ein Unternehmen wie Amazon gleichsam autonom und einseitig MFC-Klauseln in Allgemeinen Geschäftsbedingungen fixieren können sollte.[1222] Diese Situation begründet letztlich ein klassisches Gefangenendilemma: So würde jeder Anbieter davon profitieren, wenn flächendeckend MFC-Klauseln eingesetzt werden, wobei aber jeder einen persönlichen Anreiz hat, dieses nicht zu tun.[1223] Die Nichtverwendung von Meistbegünstigungsklauseln erscheint damit als dominante Strategie.[1224] Die eigenständige Einführung einer solchen Klausel wird hingegen dennoch teilweise als wichtig erachtet, um gegenseitiges Vertrauen dazu, dass eine suprakompetitive Preissetzung befolgt wird, zu begründen.[1225] Durch einen freiwilligen Einbezug der Klauseln bindet sich ein Unternehmen selbst und leistet

---

1216 Heyers (2013), S. 412.
1217 Heyers (2013), S. 412.
1218 Kerber & Schwalbe (2015), S. 125, Rn. 315. Auch Baker (1996) betont, dass MFC-Klauseln den Anreiz zu Abweichungen für Unternehmen reduzieren können; insbesondere können sich selektive Preisabweichungen unprofitabel gestalten, wenn die Preisreduzierung am Ende auf alle Kunden anzuwenden ist.
1219 Heyers (2013), S. 412; Kerber & Schwalbe (2015), S. 125, Rn. 315.
1220 Heyers (2013), S. 412.
1221 Heyers (2013), S. 412.
1222 Heyers (2013), S. 412.
1223 Heyers (2013), S. 412.
1224 Heyers (2013), S. 413.
1225 Heyers (2013), S. 413.

gegenüber Wettbewerbern dahingehende Überzeugungsarbeit, dass es selbst keine Preissenkungen durchführen wird.[1226] Welche Auswirkungen mit einer Meistbegünstigungsklausel auf den Wettbewerb einhergehen, wird dabei grundsätzlich im Rahmen einer **rule of reason** bewertet, es sei denn, es handelt sich um Klauseln, die durch eine horizontale Vereinbarung zwischen direkten Wettbewerbern aufgestellt worden sind.[1227] In diese Bewertungen können sowohl etwaige direkte als auch indirekte schadensrelevante Nachteile oder wettbewerbsfördernde Vorteile auf up- oder downstream Ebene eingehen.[1228] Von besonderer Relevanz für Wettbewerbsbehörden und Gerichte ist dabei, inwieweit durch die Meistbegünstigungsklauseln für Konsumenten höhere oder niedrigere Preise entstehen, wobei bei ersteren auch etwaige Kompensationen durch Innovationen oder Qualitätssteigerungen einzubeziehen sind.[1229] Wenn Konsumenten jedoch aufgrund der Meistbegünstigungsklauseln höhere Preise entrichten müssen, die nicht auf einer gesteigerten Qualität oder Innovation basieren, besteht eine große Wahrscheinlichkeit dahingehend, dass Konsumenten durch diese geschädigt werden.[1230] Werden die MFC-Klauseln von einem großen Verkäufer mit Marktmacht gestellt, besteht ebenfalls eine hohe Wahrscheinlichkeit für das Überwiegen wettbewerbswidriger Effekte.[1231] Gleiches gilt, wenn die Klauseln mit dem größten Käufer vereinbart werden, da diese in der Regel zu höheren und nicht zu niedrigeren Preisen führen.[1232] MFC-Abreden können mithin zu Gewinnsteigerungen seitens der Unternehmen beitragen, in Bezug auf die Konsumentenrente bringen sie in aller Regel jedoch negative Auswirkungen mit sich.[1233] Im Allgemeinen lassen sich die

---

1226 Heyers (2013), S. 413.
1227 Salop & Scott Morton (2013), S. 17. Dazu auch Buccirossi (2008), S. 340: "A MFCC constraints the bargaining position of the strongest party and allows the price to change as market conditions vary. When this business justification applies, the efficiency properties of MFCCs must be balanced against their anticompetitive effects under the rule of reason."
1228 Salop & Scott Morton (2013), S. 17.
1229 Salop & Scott Morton (2013), S. 17.
1230 Salop & Scott Morton (2013), S. 17; vgl. hierzu auch die bei Salop & Scott Morton (2013), S. 18–19 befindliche Checkliste beziehungsweise die Benennung von den Umständen, bei denen MFC-Klauseln mit geringer Wahrscheinlichkeit beziehungsweise mit hoher Wahrscheinlichkeit wettbewerbsrelevante Bedenken hervorrufen.
1231 Salop & Scott Morton (2013), S. 18.
1232 Salop & Scott Morton (2013), S. 18.
1233 Salop & Scott Morton (2013), S. 19. Aufgrund der in der Regel nachteiligen Auswirkungen auf den Konsumentenwohlfahrtsstandard ist die Anwendung einer rule of reason kritisch zu betrachten. In Erwägung zu ziehen wäre alternativ ein grundsätzliches Verbot der Verwendung von MFC-Klauseln, das Ausnahmen mit einer entsprechenden Beweislast bei dem die Ausnahme suchenden Unternehmen in Form von „rebuttable presumptions" zulässt. Vgl. hierzu näher Breyer (2009) sowie Budzinski (2010).

Meistbegünstigungsklauseln jedoch weder pauschal als wettbewerbsfördernd noch als wettbewerbswidrig einordnen; ihre Auswirkungen gilt es daher stets unter Bezugnahme auf den betroffenen Markt zu untersuchen.[1234] Zu beachten ist dabei, dass der Einsatz von Meistbegünstigungsklauseln auch ein gewisses Risiko begründen kann, für den Fall dass ein gegnerischer Wettbewerber, mit dem ein gebundenes Unternehmen konfrontiert wird, über niedrige Kostenstrukturen verfügt.[1235]

Die bisherigen Untersuchungen weisen jedenfalls zu den Auswirkungen der MFC-Klauseln auf ein koordiniertes Verhalten auf einen überwiegend wettbewerbswidrigen Charakter der Klauseln hin.[1236] Allerdings besteht auch in Bezug auf MFC-Klauseln weiterer Forschungsbedarf zu den möglichen anti-kompetitiven Effekten.[1237] Dieses gilt insbesondere auch für den Fall der **unilateralen Verwendung von MFC-Klauseln** durch marktmächtige Unternehmen.

Zwar haben Neilson & Winter (1992) bereits eine zweiperiodige Untersuchung durchgeführt, zu deren Ergebnis sie beschreiben, dass „the unilateral MFC policy generates an equilibrium which is different from the Stackelberg equilibrium."[1238] Ebenfalls mit der Thematik beschäftigt hat sich Aguirre (2000), indem die unilaterale Verwendung von MFC-Klauseln in einem duopolistischen Markt untersucht wurde. Baker & Chevalier (2013) beschreiben hingegen die Situation, dass ein Monopolist eines langlebigen Gutes MFC-Klauseln einführt, wodurch die Verhandlungsposition eines Käufers verschlechtert wird, indem dieser nicht mehr von der Alternative des zeitlichen Abwartens einer Preissenkung Gebrauch machen kann, und das verkaufende Unternehmen den Monopolpreis verlangen kann. Zu den ökonomischen Auswirkungen, die mit einer unilateralen Verwendung von MFC-Klauseln durch marktmächtige Unternehmen einhergehen, besteht allerdings noch Forschungsbedarf. Bei diesen liegt insbesondere für den Fall, dass ein Verkäufer nicht darauf verzichten kann, seine Güter über den unilateral MFC-Klauseln setzenden Käufer zu vertreiben, die Vermutung einer preishomogenisierenden beziehungsweise kollusionsfördernden und wettbewerbsmindernden Wirkung nahe.

Von besonderer Relevanz ist auch die Betrachtung einer **simultanen Verwendung von MFC-Klauseln und MCC**,[1239] zum Beispiel, wenn ein Wiederverkäufer die MFC-Klauseln gegenüber seinen Kunden zu Werbezwecken verwendet beziehungsweise diese mit MCC koppelt. Erste Untersuchungen hierzu finden sich bei d'Aspremont & Dos Santos Ferreira (2005), die zeigen, dass die Kombination einer „Meet-or-Release Clause" mit einer MFC unter bestimmten Gegebenheiten dazu führt, dass „(...) the industry sub-game perfect equilibrium will coincide with the

---

1234 Salop & Scott Morton (2013), S. 19.
1235 Klemperer (2008), S. 596.
1236 Vgl. Besanko & Lyon (1993), Cooper (1986) und Neilson & Winter (1993).
1237 Motta (2004), S. 158. Den weiteren Forschungsbedarf bejahen auch Kerber & Schwalbe (2015), S. 125, Rn. 315.
1238 Neilson & Winter (1992), S. 231.
1239 Van den Bergh & Camesasca (2001), S. 181 weisen darauf hin, dass MFC-Klauseln auch in der Kombination mit MCC verwendet werden.

Cournot Solution." Die Gestattung einer solchen Praktik gleicht mithin der Erlaubnis eines koordinierten Verhaltens nach Cournot-Art und umfasst dementsprechend auch die identischen Auswirkungen auf die Gesamt- und Konsumentenwohlfahrt. Gleichzeitig bewirkt die Kombination der Klauseltypen die Eliminierung der Preisdiskriminierung zugunsten der Konsumenten.[1240] Im Übrigen besteht aber auch für die simultane Verwendung von MFC-Klauseln und MCC weiterer Forschungsbedarf.

4.2 Missbräuchliche Praktiken marktbeherrschender Unternehmen

4.2.1 Allgemein

Vor dem Hintergrund der in der Praxis vielfach auftretenden missbräuchlichen Praktiken marktbeherrschender Unternehmen ist zunächst grundlegend klarzustellen, dass es insbesondere mit Blick auf die dynamische Effizienz nicht das allgemeine wettbewerbspolitische Ziel sein kann, jegliche Marktmacht, also jedes Abweichen des Preises von den Grenzkosten, zu verhindern.[1241] Marktmacht und Effizienz stellen insoweit keine diametralen Gegensätze dar; vielmehr kann eine gewisse Marktmacht gerade für die dynamische Effizienz erforderlich sein, da sich Wettbewerb insbesondere in dynamischen Märkten nicht auf Preise und Mengen beschränkt, sondern auch durch Prozess- und Produktinnovationen stattfindet.[1242] Vor diesem Hintergrund kann auch ein vollkommener Wettbewerb nicht das Ziel einer ökonomisch sinnvollen Wettbewerbspolitik sein; vielmehr ist dieses in dem Streben nach einem wirksamen Wettbewerb (effective competition) zu sehen, um sich den ökonomischen Zielen der Allokations-, Produktions- und dynamischen Effizienz anzunähern und um marktmachtbedingte Umverteilungen der volkswirtschaftlichen Rente zu vermeiden.[1243]

Das Konzept des wirksamen Wettbewerbs impliziert die Möglichkeit, eine Verbindung, keinesfalls aber eine Gleichsetzung, zwischen dem ökonomischen Begriff der Marktmacht und dem juristischen Begriff der Marktbeherrschung herzustellen.[1244] Denn zu einer Beschränkung des wirksamen Wettbewerbs kommt es erst, wenn die Marktmacht eine bestimmte Grenze überschreitet, sodass sich dieser Grad an Marktmacht auch als Marktbeherrschung interpretieren lässt.[1245] Der **Begriff der Marktbeherrschung** ist damit ökonomisch als das Vorliegen signifikanter

---

1240 Hierzu näher d'Aspremont & Dos Santos Ferreira (2005).
1241 Kerber & Schwalbe (2015), S. 86–87, Rn. 221.
1242 Kerber & Schwalbe (2015), S. 86–87, Rn. 221. Vgl. zu den Zielkonflikten im Rahmen des Wettbewerbs beziehungsweise der Wettbewerbspolitik Kapitel 3.1.
1243 Kerber & Schwalbe (2015), S. 86–87, Rn. 221. Dieses entspricht der gesamtwirtschaftlichen Funktion des Wettbewerbs als Lenkungs-, Koordinations- und Kontrollinstrument, vgl. Olten (1998), S. 111.
1244 Kerber & Schwalbe (2015), S. 87, Rn. 222.
1245 Kerber & Schwalbe (2015), S. 87, Rn. 222.

Marktmacht zu definieren, über welche ein Unternehmen verfügt, wenn der Preis seines Gutes systematisch über den Grenzkosten liegt.[1246] Eine bestimmte Unternehmensgröße beziehungsweise das Vorliegen von Marktbeherrschung ist jedoch nicht von vorneherein einer negativen Bewertung und Auslegung unterzuordnen.[1247] So erfordert es beispielsweise keinen wettbewerbspolitischen Eingriff, wenn ein Unternehmen aufgrund von Prozessinnovationen günstigere Produktionen durchführen kann und auf diesem Wege eine marktbeherrschende Stellung erlangt.[1248] Allein für den Fall, dass ein Unternehmen eine marktbeherrschende Stellung durch ein nicht wettbewerbskonformes Verhalten erlangt hat oder es seine Stellung im Markt gebraucht, um andere Wettbewerber zu behindern, sind entsprechende Maßnahmen zur Sicherstellung eines wirksamen Wettbewerbs zu ergreifen.[1249] Lediglich in diesen Fällen genießt das Unternehmen Vorteile, die unter den Bedingungen eines freien, funktionsfähigen Wettbewerbs in dieser Form nicht zu erzielen wären.[1250]

Infolgedessen ist auch aus der ökonomischen Sichtweise heraus zwischen Marktbeherrschung und dem Missbrauch einer solchen Stellung zu differenzieren,[1251] wobei im Rahmen der Anwendung des Art. 102 AEUV ausgehend vom Wortlaut ein wirkungsorientierter Ansatz zugrundezulegen ist.[1252] Danach soll es nicht möglich sein, dass ein marktbeherrschendes Unternehmen seine Position dahingehend ausnutzt, den Wettbewerb durch ein gezieltes Verhalten auf dem Markt zu beschränken, um auf diese Weise seine Marktmacht zu sichern respektive zu erweitern und um langfristig überdurchschnittliche Gewinne zu realisieren.

Problematisch ist aber, dass bei einem unilateralen Verhalten oftmals ein doppelter Effekt festzustellen ist: Zum einen wirken derartige unternehmerische Praktiken häufig anti-kompetitiv, zum anderen können diese jedoch zugleich auch wettbewerbsfördernde Komponenten beinhalten.[1253] Demgemäß besteht die Herausforderung darin, unter Berücksichtigung dieser Abgrenzung überhaupt ein wettbewerbswidriges Verhalten festzustellen.[1254] Teilweise wird dafür im Rahmen des **„no economic sense test"** auf die ökonomische Sinnhaftigkeit als Kriterium abgestellt, wonach zumindest ein Verhalten, das aus ökonomischen Gründen für ein marktbeherrschendes Unternehmen nicht zu vertreten ist, aber mit der Absicht verbunden ist, den Wettbewerb zu reduzieren oder gar auszulöschen, als anti-kom-

---

1246 Kerber & Schwalbe (2015), S. 87, Rn. 222.
1247 Olten (1998), S. 149.
1248 Kerber & Schwalbe (2015), S. 87, Rn. 222.
1249 Kerber & Schwalbe (2015), S. 87, Rn. 222.
1250 Olten (1998), S. 149, der diese Vorteile als ungerechtfertigt bezeichnet.
1251 Vgl. dazu auch Olten (1998), S. 152, der sich mit der Frage beschäftigt, wann die Grenze vom Leistungswettbewerb zum Missbrauch von Marktmacht überschritten wird.
1252 Stehmann (2014), S. 143, Rn. 220.
1253 Paulis (2010), S. 162; auch befürwortet von Rey (2010), S. 192.
1254 Rey (2010), S. 190.

petitiv beziehungsweise wettbewerbswidrig anzusehen ist.[1255] Andere - wie auch die Europäische Kommission - ziehen hingegen den „as-efficient-competitor test" heran,[1256] wonach ein Einschreiten grundsätzlich nur dann erfolgt, wenn das betroffene Verhalten zumindest geeignet ist, den Wettbewerb der Konkurrenten, die als genauso effizient erachtet werden wie das dominierende Unternehmen, zu beeinträchtigen.[1257] Um jedoch zu bestimmen, ob ein hypothetischer Wettbewerber, der genauso effizient wie ein dominierendes Unternehmen agiert, durch das in Frage stehende Verhalten mit einer gewissen Wahrscheinlichkeit vom Markt verdrängt wird, hat die Europäische Kommission zahlreiche ökonomische Daten zu untersuchen, zum Beispiel dahingehend, ob ein preisbezogener Behinderungsmissbrauch durch ein so genanntes below-cost pricing vorliegt.[1258] Insoweit diese Analysen ergeben, dass ein Wettbewerber effizient zum Beispiel mit dem Preisverhalten eines marktbeherrschenden Unternehmens in Wettbewerb stehen kann, ist nicht anzunehmen, dass das jeweilige Verhalten des dominierenden Unternehmens einen negativen Einfuss auf den wirksamen Wettbewerb nimmt.[1259] In diesen Fällen wird auch die Europäische Kommission in aller Regel von einem Einschreiten absehen.[1260] Teilweise wird der „as-efficient-competitor test" aber auch für den Zweck, die Legalität eines Verhaltens nach Art. 102 AEUV zu beurteilen, als ungeeignet angesehen.[1261] Eine alternative Vorgehensweise stellt der so genannten **„consumer harm test"** dar, wonach rechtliche Regelungen gegen marktmissbräuchliche Verhaltensweisen die Verdrängung von Wettbewerbern verhindern sollen, deren Anwesenheit auf dem jeweiligen Markt die Konsumentenwohlfahrt verbessert.[1262]

4.2.2 Ökonomische Aspekte des Ausbeutungsmissbrauchs

4.2.2.1 Einführung

Ein marktmächtiges Unternehmen kann seine Position im Markt dazu gebrauchen, durch bestimmte Verhaltensweisen wettbewerbliche Strukturen weiter zu

---

1255 Rey (2010), S. 190–191.
1256 Rey (2010), S. 191. Ausführlich zum "as-efficient-competitor test" siehe auch Vickers (2008), S. 427–429.
1257 Dorsey & Jacobsen (2014), S. 26; Wils (2014), S. 7.
1258 Rittner/Dreher/Kulka (2014), S. 220, Rn. 617; Wils (2014), S. 7.
1259 Wils (2014), S. 7.
1260 Wils (2014), S. 7.
1261 Für nähere Ausführungen zu der Kritik siehe Wils (2014), S. 27 ff. Auch die Rechtsprechung hat diesen Test bisher nur begrenzt zum Einsatz gebracht, zum Beispiel im Bereich der Kosten-Preis-Schere, vgl. EuGH, 14. Oktober 2010, Rs. C-280/08 P Tz. 177, 182 f., 195 ff. und 253 ff. (Deutche Telekom/Kommission).
1262 Vgl. ausführlich zum „Consumer Harm Test" Vickers (2008), S. 429–430, der darauf hinweist, dass keine Einigkeit darüber besteht, ob mit der Konsumentenwohlfahrt in dieser Hinsicht der originäre „consumer surplus" oder die soziale Wohlfahrt in einem allgemeineren Sinne zu verstehen ist.

minimieren und die eigene Stellung zu festigen. Zu differenzieren gilt es dabei, wie auch bereits bei der juristischen Betrachtung im Rahmen des Art. 102 AEUV festgestellt,[1263] zwischen dem Ausbeutungs- und dem Behinderungsmissbrauch, welches die zentralen Formen missbräuchlichen Verhaltens darstellen.[1264] Der Ausbeutungsmissbrauch, der auch als Preis- und Konditionenmissbrauch bezeichnet wird,[1265] stellt eine Strategie dar, nach der mittels ausgeprägter Marktmacht wettbewerbliche Beschränkungen gegenüber Abnehmern und Lieferanten erfolgen.[1266] Die Ausbeutung erfolgt also auf vor- und nachgelagerten Wirtschaftsstufen, sprich auf einer vertikalen Ebene,[1267] und impliziert, dass ein marktmächtiges Unternehmen für seine eigenen Leistungen von Abnehmern unangemessene Gegenleistungen verlangt oder im Gegenzug die Leistungen von Lieferanten nicht angemessen vergütet.[1268] Zu den verschiedenen Formen des Ausbeutungsmissbrauchs zählen unter anderem die nachfolgend beschriebenen Vorgehensweisen.

4.2.2.2 Preishöhenmissbrauch

Die unmittelbarste Form des Ausbeutungsmissbrauchs liegt in der **Festsetzung überhöhter Preise**, da ein marktbeherrschendes Unternehmen durch Preise signifikant über den langfristigen Grenzkosten Gewinne erzielen kann, die bei wirksamen Wettbewerb in der Form nicht möglich wären.[1269] Ein marktmächtiges Unternehmen nimmt also eine Preisgestaltung in einer Höhe vor, die nicht durch entsprechende Kosten oder in einem besonderen finanziellen Risiko begründet ist.[1270] Rechtlich missbräuchlich ist dieses Vorgehen nach Art. 102 Abs. 2 lit. a) AEUV dann, wenn ein Preis verlangt wird, der gemessen am wirtschaftlichen Wert der Ware beziehungsweise der erbrachten Leistung unbillig ist oder zumindest von Unverhältnismäßigkeit gekennzeichnet ist.[1271] Als ökonomisch schwierig erweist sich dabei allerdings die Feststellung, ob tatsächlich eine Überhöhung der vom Marktbeherrscher verlangten Preise vorliegt.[1272] Der hierfür vergleichsweise zugrunde zu legende

---

1263 Vgl. hierzu Kapitel 2.3.
1264 Kerber & Schwalbe (2015), S. 201, Rn. 539.
1265 Kling & Thomas (2007), S. 674–675.
1266 Olten (1998), S. 114, der wettbewerbsbeschränkende Verhaltensweisen nach mehreren Strategieformen differenziert.
1267 Schmidt & Haucap (2013), S. 356.
1268 Olten (1998), S. 150.
1269 Vgl. näher zu der Thematik überhöhter Preise OECD (2011). Auch für den Zugang zu wesentlichen Einrichtungen können überhöhte Preise verlangt werden: Dieses Vorgehen ist aber weniger auf die Ausbeutung von Wettbewerbern, sondern vielmehr auf die Erschwerung des Marktzutritts für andere Unternehmen ausgerichtet. Vgl. hierzu näher Kapitel 4.2.3.7.
1270 Koenig & Schreiber (2010), S. 133. Vgl. zum Preismissbrauch auch Hoppmann (1983).
1271 EuGH, Urteil vom 16. Juli 2009, Rs. C-385/07 P, Rn. 142 m.w.N. (Der Grüne Punkt).
1272 Kerber & Schwalbe (2015), S. 202, Rn. 542.

Maßstab besteht in dem Preis, der unter Wettbewerbsbedingungen, also bei einem „Als-ob-Wettbewerb" gefordert werden könnte und daher auch als „wettbewerbsanaloger Preis" bezeichnet wird.[1273] Die Vorgehensweise zur Feststellung eines Ausbeutungsmissbrauchs impliziert dazu eine Zwei-Schritt-Prüfung, bei der zunächst eine möglichst präzise Bestimmung des wettbewerbsanalogen Preises vorzunehmen ist, um darauf aufbauend zu prüfen, ob der Preis erheblich beziehungsweise missbräuchlich überhöht ist.[1274]

Die Bestimmung des hypothetischen Wettbewerbspreises erfordert jedoch die Feststellung der Grenzkosten, was in der Praxis oftmals schwierig ist, sodass häufig auf Vergleichsmarktkonzepte zurückgegriffen wird.[1275] Bei diesen gilt es zwischen dem räumlichen, zeitlichen und sachlichen Vergleichsmarkt zu differenzieren:

Bei dem **räumlichen beziehungsweise geographischen Vergleichsmarkt** ist ein Vergleich der Marktergebnisse auf zwei räumlich getrennten Märkten anzustellen, und zwar zwischen dem, auf dem ein Missbrauch einer marktbeherrschenden Stellung angenommen wird, und einem weiteren Markt, auf dem wirksamer beziehungsweise zumindest ein ausgeprägterer Wettbewerb besteht.[1276] Als problematisch erweisen sich dabei die unterschiedlichen Bedingungen auf den unterschiedlichen Märkten, zum Beispiel in Hinblick auf Konsumentenpräferenzen, Konjunktur und Ressourcen.[1277] An dieser Stelle gilt es mit in der Regel schwer quantifizierbaren Auf- oder Abschläge auf den jeweiligen Preis zu agieren, was vielmals aber auch zu einem fiktiven Wettbewerbspreis führt, auf dessen Basis kein haltbarer Preisvergleich angestellt werden kann.[1278]

Im Rahmen des **zeitlichen Vergleichsmarktkonzepts**, das auch als **Sockeltheorie** bezeichnet wird, werden hingegen die Preise respektive Marktergebnisse auf dem gleichen Markt zu unterschiedlichen Zeitpunkten verglichen.[1279] In diesem Zusammenhang ist zu analysieren, ob bei Vorliegen von wirksamem Wettbewerb und unter Berücksichtigung eventueller Kostensteigerungen eine Preiserhöhung

---

1273 Kling & Thomas (2007), S. 676. Vgl. zu dem Konzept des „Als-ob-Wettbewerbs" aus wettbewerbsökonomischer Sicht auch Eucken (1952), S. 292 ff.
1274 Kling & Thomas (2007), S. 677.
1275 Schmidt & Haucap (2013), S. 191–192; Kerber & Schwalbe (2015), S. 202, Rn. 542.
1276 Kling & Thomas (2007), S. 678, die betonen, dass das geographische Vergleichsmarktkonzept das von den deutschen Wettbewerbsbehörden und Gerichten bevorzugte Modell abbildet. Vgl. zum Beispiel BGH (2005), WuW/E DE-R 1513 (1518), 28. Juni 2005 (Stadtwerke Mainz).
1277 Schmidt & Haucap (2013), S. 191.
1278 Kling & Thomas (2007), S. 678; Kerber & Schwalbe (2015), S. 202–203, Rn. 543. Im Einzelfall sind jedoch keine Zu- und Abschläge erforderlich, wenn keine strukturellen Unterschiede zwischen den Vergleichsmärkten und Vergleichsunternehmen gegeben sind, vgl. Bayerisches Staatsministerium für Wirtschaft und Verkehr, 11. Januar 1994, WuW/E LKartB 345 (355), Gaspreisvergleich.
1279 Kling & Thomas (2007), S. 677–678.

durchsetzbar gewesen wäre.[1280] Nicht zu berücksichtigen ist hingegen, ob zum Vergleichszeitpunkt tatsächlich wirksamer Wettbewerb vorlag.[1281] Problematisch sind aber hier, wie beim räumlichen Vergleichsmarktkonzept auch, die unterschiedlichen Marktbedingungen zu den verschiedenen Zeitpunkten und die Tatsache, dass sich nicht wettbewerbsbezogene Faktoren wie erhöhte Einkaufspreise für Vorprodukte auf die Endpreise auswirken können.[1282]

Bei dem **sachlichen Vergleichsmarktkonzept** werden diverse Produkte eines möglicherweise marktbeherrschenden Unternehmens auf den jeweiligen sachlichen Märkten mit unterschiedlichen Wettbewerbsintensitäten untersucht.[1283] Neben den Schwierigkeiten, die sowohl bei dem räumlichen als auch zeitlichen Konzepten bestehen, kommt hier erschwerend hinzu, dass es sich um unterschiedliche Produkte handelt, sodass oftmals keine Vergleichbarkeit der Märkte gegeben ist.[1284]

Nicht einfacher gestaltet sich die Option, anhand der **erwirtschafteten Gewinne** einen Ausbeutungsmissbrauch festzustellen, da die relevanten ökonomischen Gewinne in der Regel bereits von den nur mit buchhalterischen Größen ermittelbaren Gewinnen abweichen und zudem zwischen der Höhe der Gewinne und einem Ausbeutungsmissbrauch keine feste Verbindung besteht, sodass die höheren Gewinne schlichtweg auch auf eine höhere Leistungsfähigkeit des Unternehmens zurückzuführen sein können.[1285]

Aus dem gleichen Grund ist auch das **Gewinnabgrenzungs- beziehungsweise Gewinnspannenbegrenzungskonzept**[1286] mit einer rein unternehmensbezogenen Betrachtung nur unzureichend zur Feststellung eines Ausbeutungsmissbrauchs geeignet, da dieses einen überhöhten Preis nur dann konstatiert, wenn sich dieser über der Summe der angemessenen Kosten, einer angemessenen Kapitalverzinsung und eines angemessenen Risikozuschlags befindet.[1287]

Zusammenfassend lässt sich an dieser Stelle also gemäß der vorangegangenen Erörterungen herausstellen, dass die Feststellung eines Ausbeutungsmissbrauchs

---

1280 Kerber & Schwalbe (2015), S. 203, Rn. 543.
1281 Kerber & Schwalbe (2015), S. 203, Rn. 543.
1282 Kling & Thomas (2007), S. 678; Schmidt & Haucap (2013), S. 191–192.
1283 Schmidt & Haucap (2013), S. 192.
1284 Kerber & Schwalbe (2015), S. 203, Rn. 543.
1285 Kerber & Schwalbe (2015), S. 203, Rn. 543.
1286 Dieses wird auch als Methode der Gewinnspannenermittlung beziehungsweise Methode der Gewinnspannenbegrenzung bezeichnet, vgl. Kling & Thomas (2007), S. 216–217.
1287 Möschel (1983), S. 349, Kling & Thomas (2007), S. 681–682, Schmidt & Haucap (2013), S. 192 sowie Kerber & Schwalbe (2015), S. 203, Rn. 543. Das Gewinnspannenkonzept wurde zum Beispiel von der Kommission im Fall Port of Helsingborg zum Einsatz gebracht, vgl. EG-Kommission, 23. Juli 2004, Tz. 184 ff. (Sundbusserne/ Port of Helsingborg), vom Europäischen Gerichtshof in der Chiquita-Entscheidung und vom Kammergericht im Euglucon-Fall verwendet.

in Form erhöhter Preise in der Praxis gewisse Schwierigkeiten impliziert,[1288] am ehesten jedoch ein Rückgriff auf Vergleichsmarktanalysen mit Hilfe moderer ökonometrischer Methoden in Betracht kommt. Möglicherweise bedingt durch die schwierige Aufdeckung hat es in der Europäischen Union bisher auch nur sehr wenige Fälle[1289] in diesem Bereich gegeben.

4.2.2.3 Preisdiskriminierung

Eine weitere zentrale Form des Ausbeutungsmissbrauchs begründet sich in der **Preisdiskriminierung,** bei der von unterschiedlichen Konsumenten für das gleiche oder ähnliche Produkt, bei dem in der Herstellung dieselben marginalen Kosten entstehen, zum Zwecke einer höheren Gewinnerzielung unterschiedliche Preise verlangt werden.[1290]

Ökonomisch gilt es dabei zwischen der **Preisdifferenzierung und der Preisdiskriminierung** zu unterscheiden.[1291] Eine **Preisdifferenzierung** ist gegeben, wenn ein Anbieter von seinen Nachfragern unterschiedliche Preise fordert oder ihnen verschiedene Rabatte gewährt.[1292] Verursacht aber die Veräußerung an unterschiedliche Nachfrager dem Anbieter jeweils andere Kosten, da beispielsweise Transportkosten oder Mengen differieren, so begründen die Preisdifferenzen, die lediglich die unterschiedlichen Kostenhöhen abbilden, keine Diskriminierung, sondern sind juristisch vielmehr als sachlich gerechtfertigt zu erachten, weshalb auch die bloße Feststellung unterschiedlicher Preise eines Anbieters alleine nicht für das Vorliegen einer Preisdiskriminierung genügt.[1293] Vielmehr kann selbst das Anbieten zu gleichen Preisen zu einer **Preisdiskriminierung** führen, wenn für die unterschiedlichen Nachfrager

---

1288 Vgl. dazu auch Hoppmann (1983), der vorgibt, dass die Feststellung von hypothetischen Wettbewerbspreisen nicht möglich sei und daran anlehnend argumentiert, dass auch missbräuchlich überhöhte Preise nicht festgestellt werden können.

1289 Zu solchen Fällen siehe Bodson/Pompes Funèbres und United Brands.

1290 Armstrong (2008), S. 433; Stole (2003); Varian (1989). Dazu auch Vickers (2008), S. 422: „One of the most topical issues regarding abuse of dominance is that of discounts and rebates." Weiterhin Motta (2004), S. 491: „Price discrimination is a pervasive phenomenon, of which examples from our daily life abound." In diesem Zusammenhang führt Motta als Beispiel den Verkauf von Taschenbüchern und Hardcover-Büchern zu unterschiedlich hohen Preisen anführt und erklärt, dass die bloße Hardcover-Einbindung den Preisunterschied nicht zu rechtfertigen vermag.

1291 Vgl. zur Abgrenzung der Preisdiskriminierung von der Preisdifferenzierung auch die Definition von Machlup (1955), S. 398: „Price discrimination may be defined as the practice of a firm or a group of firms of selling at prices disproportionate to the marginal costs of the products sold or of buying at prices disproportionate to the marginal productivities of the factors bought."

1292 Kerber & Schwalbe (2015), S. 203, Rn. 545.

1293 Kerber & Schwalbe (2015), S. 203, Rn. 545.

bei einem Anbieter verschieden hohe Kosten entstehen.[1294] Ein marktmächtiges Unternehmen, das von seinen Abnehmern ohne sachlichen Grund verschiedene Preise fordert, handelt also wettbewerbsrechtlich kritisch, wobei aber dennoch zwischen wettbewerbsbeeinträchtigenden Preisdifferenzierungen und solchen zu unterscheiden ist, die eine notwendige Begleiterscheinung einer Wettbewerbswirtschaft darstellen.[1295] So wird angenommen, dass eine systematische Preisdiskriminierung durch ein Monopol oder durch ein marktbeherrschendes Unternehmen Preise über den Grenzkosten impliziert, die in der Form bei vollkommenen Wettbewerb nicht vorliegen könnten.[1296] Hiervon wird jedoch nur bei einem Vergleich mit einem Markt mit vollkommenen Wettbewerb ausgegangen. Anders gestaltet es sich bei einem Vergleich zwischen einem marktbeherrschenden Unternehmen, das Preisdiskriminierung betreibt, und einem, das ohne preisdiskriminierende Maßnahmen agiert: Eine Untersagung der Preisdiskriminierung bringt hierbei häufig negative Auswirkungen auf die Wohlfahrt mit sich, mit der Folge, dass diese Praktik ökonomisch betrachtet nicht a priori als wettbewerbsschädlich einzuschätzen ist.[1297]

Eine Preisdiskriminierung gegenüber Nachfragern kann, obwohl diese primär auf eine Gewinnerhöhung des diskriminierenden Unternehmens ausgerichtet ist, auch eine **Behinderung anderer Wettbewerber** nach sich ziehen.[1298] So implizieren preisdiskriminierende Maßnahmen durch ein marktbeherrschendes Unternehmen die Gefahr, dass hierdurch (schwache) aktuelle oder potentielle Wettbewerber vom Markt ausgeschlossen werden.[1299] Die Auswirkungen in Bezug auf Konkurrenten können dabei ähnlich wie bei einem Predatory Pricing ausfallen, wobei gleichzeitig auch hier die Frage auftritt, wie der Zweck einer Verdrängung der Wettbewerber vom Markt festzustellen ist.[1300] Allerdings ist eine Preisdiskriminierung nicht a priori als negativ zu werten: Senkt ein auf mehreren Märkten tätiges Unternehmen jedoch die Preise durch Quersubventionen auf ein Niveau unterhalb der Grenz- beziehungsweise durchschnittlichen Zusatzkosten, würden Wettbewerber analog zur Kampfpreisstrategie den Markt verlassen müssen.[1301] Zur Feststellung eines

---

1294 Kerber & Schwalbe (2015), S. 204, Rn. 545. Allerdings sind derartige Kostenunterschiede nur unter Schwierigkeiten objektiv feststellbar, sodass der Nachweis einer Preisdiskriminierung nicht ohne Weiteres möglich ist, vgl. Rowe (1980), S. 503 und Kerber (1989), S. 429–439.

1295 Schmidt & Haucap (2013), S. 169.

1296 Kerber & Schwalbe (2015), S. 204, Rn. 546.

1297 Kerber & Schwalbe (2015), S. 204, Rn. 546.

1298 Vgl. auch die Erläuterungen zum Behinderungsmissbrauch im Kapitel 4.2.3.4 in Bezug auf die Auswirkungen einer Preisdiskriminierung auf Wettbewerber. Siehe zudem bei Motta (2004), S. 87–88 die Ausführungen zu einer Preisdiskriminierung „to exclude entry in a network industry."

1299 Armstrong (2008), S. 433.

1300 Kerber & Schwalbe (2015), S. 213, Rn. 575.

1301 Kerber & Schwalbe (2015), S. 213, Rn. 575.

solchen Verhaltens sind daher auch ähnliche Kriterien wie beim Predatory Pricing heranzuziehen.[1302]

Im Allgemeinen erfordert eine Preisdiskriminierung das Vorliegen zweier **Bedingungen:**[1303] So darf es zum einen zwischen Konsumenten nicht die Möglichkeit von **Arbitragegeschäften** geben, da anderenfalls die Gefahr besteht, dass Konsumenten, die ein Gut zu einem niedrigeren Preis erwerben können, dieses an übrige Konsumenten unter Erzielung eines Gewinns weiterverkaufen.[1304] Es ist mithin erforderlich, etwaige Arbitragemöglichkeiten unter den Konsumenten zum Beispiel durch räumlich getrennte Verkaufsregionen zu verhindern.[1305] Zum anderen setzt eine Preisdiskriminierung voraus, dass ein Unternehmen zwischen **verschiedenen Konsumentengruppen** differenzieren kann.[1306]

Eine Preisdiskriminierung kann dabei unterschiedliche **Formen** annehmen, wobei grundlegend drei verschiedene Diskriminierungsgrade zu unterscheiden sind:[1307] Bei einer vollkommenen Preisdiskriminierung, die auch als **Preisdiskriminierung ersten Grades** bezeichnet wird, verlangt ein Verkäufer in Kenntnis der Zahlungsbereitschaft eines jeden Konsumenten für jede Einheit des Gutes einen Preis, der in der Höhe der marginalen Zahlungsbereitschaft des Käufers entspricht.[1308] In der Regel hat ein Unternehmen jedoch keine Kenntnis von den

---

1302 Vgl. ausführlich zum Predatory Pricing Kapitel 4.2.3.2.

1303 Motta (2004), S. 492 beschreibt dieses als die „two main ingredients of price discrimination." Varian (1989) schlägt dabei das Innehaben von Marktmacht als eine weitere Voraussetzung vor, was Motta (2004), S. 492 jedoch insoweit als kritisch erachtet, als dass grundsätzlich alle Unternehmen einen Anreiz zur Preisdiskriminierung haben, aber regelmäßig lediglich marktdominante Unternehmen in der Lage sind, durch Preisdiskriminierungen Einfluss auf Marktpreise zu nehmen.

1304 Bester (2012), S. 63, 70. Armstrong (2008), S. 437 führt exemplarisch an: "(...) if a firm wishes to set a lower price in one country it is important that consumers in higher-price countries not be able easily to import the same product from the low-price country", wobei die länderbezogene Preisdiskriminierung in der Praxis gerade in Bezug auf Kraftfahrzeuge und Pharmazeutika bekannt ist. Zu den Voraussetzungen einer Preisdiskriminierung näher Kerber & Schwalbe (2015), S. 204, Rn. 547.

1305 Bester (2012), S. 63, 70. Nach Motta (2004), S. 492–493 liegt jedoch die Problematik darin, dass „arbitrage is of course not always feasible, either because of natural obstacles or because of obstacles created by the firms themselves." So können beispielsweise Transport- oder Transaktionskosten Importe von einem Land in ein anderes Land verhindern.

1306 Kerber & Schwalbe (2015), S. 204, Rn. 547.

1307 Die unterschiedlichen Grade einer Preisdiskriminierung gehen auf Pigou (1920) zurück. Armstrong (2008), S. 434 führt weitergehend aus: „There are numerous business practices that fall under the heading of price discrimination."

1308 Siehe hierzu näher Bester (2012), S. 63 ff. und Kerber & Schwalbe (2015), S. 204, Rn. 547. Vgl. auch die Beschreibung bei Motta (2004), S. 492: „(...) a monopolist would know each consumer's precise willingness to pay for its good, charge each

einzelnen Zahlungsbereitschaften der Nachfrager, sodass dieser Grad der Preisdiskriminierung in der Praxis nur ausnahmsweise zu finden ist.[1309]

Bei einer **Preisdiskriminierung zweiten Grades** hat ein Unternehmen zwar Kenntnis davon, dass die jeweiligen Konsumentengruppen differenzierte Zahlungsbereitschaften aufweisen, ist jedoch nicht in der Lage, die jeweiligen Individuen den entsprechenden Konsumentengruppen zuzuordnen.[1310] Dieser Diskriminierungsgrad kommt mithin für Anbieter gerade dann in Frage, wenn diese über keinerlei Informationen bezüglich der Höhe der Zahlungsbereitschaften bestimmter Konsumenten verfügen.[1311] Die Diskriminierung kann ein Unternehmen dennoch erreichen, indem es beispielsweise unterschiedliche Tarife anbietet und sich die Konsumenten durch ihre Wahl selbst einer bestimmten Konsumentengruppe zuordnen („self-select").[1312] Besonders häufig treten Preisdiskriminierungen zweiten Grades in Form von **zweiteiligen Tarifen** oder **Mengenrabatten** (Quantity Discounts) auf, wobei Konsumenten mit hoher Nachfrage bei letzteren einen geringeren Stückpreis zu entrichten haben als Kunden mit geringerer Nachfrage.[1313]

Kann hingegen ein Unternehmen auch einen jeden Konsumenten einer bestimmten Kundengruppe zuordnen und hat das Unternehmen zugleich Kenntnis von den einzelnen Zahlungsbereitschaften einer jeden Konsumentengruppen, die es nach geographischen, sozialen oder anderen Kriterien unterscheidet,[1314] ist eine **Preisdiskriminierung dritten Grades** möglich.[1315] Bei dieser ist der Preis pro Einheit unabhängig von der nachgefragten Menge, sodass die Diskriminierung zwischen und nicht innerhalb der Gruppen von Nachfragern erfolgt, indem ein Unternehmen von jeder Gruppe einen unterschiedlichen Preis fordert.[1316] Beispiele

---

of them exactly the maximum they would pay and therefore capture all the consumer surplus."

1309 Kerber & Schwalbe (2015), S. 204, Rn. 547.

1310 Kerber & Schwalbe (2015), S. 204, Rn. 547.

1311 Siehe hierzu näher Bester (2012), S. 67 ff.

1312 Motta (2004), S. 492; Kerber & Schwalbe (2015), S. 205, Rn. 547.

1313 Kerber & Schwalbe (2015), S. 205, Rn. 547 und S. 206, Rn. 550. Ebenfalls hierzu näher Bester (2012), S. 67 ff. Motta (2004), S. 492 führt als Beispiel für einen Mengenrabatt im Rahmen einer Preisdiskriminierung zweiten Grades an: „(...) a cinema, for instance, might offer to all customers the option to pay a lower unit price for a film if they buy a ten-film card, but some customers will prefer just to buy one film ticket at a time." Unternehmen mit mehreren zusammengehörigen Produkten können auch durch Kopplungsverkäufe eine Preisdiskriminierung zweiten Grades herbeiführen, wobei zwischen einem Tying und Bundling unterschieden wird. Hierzu ausführlich Pepall/Richards/Norman (2002), S. 180–194, Stole (2003), Motta (2004), S. 462 ff., Armstrong (2008), S. 435 sowie Kapitel 4.2.3.6.

1314 Motta (2004), S. 492: „(...) having different (observable) characteristics."

1315 Differenzierungskriterien bei den Kundengruppen können nach Kerber & Schwalbe (2015), S. 204, Rn. 547 sein: Land, Region, Alter, Berufstätigkeit, Studenteneigenschaft, Behinderung oder ähnliche Kriterien.

1316 Kerber & Schwalbe (2015), S. 204, Rn. 547.

hierfür sind geringere Preise für Schüler im öffentlichen Nahverkehr, für Senioren rabattierte Zugtickets oder das in zwei Ländern unterschiedlich hoch ausfallende Verkaufsangebot identischer Fahrzeuge.[1317] Voraussetzung hierfür ist jedoch, dass eine Selektion differenzierter Konsumentengruppen möglich ist.[1318] Gleichzeitig ist von den einzelnen Konsumenten die Zugehörigkeit zu einer bestimmten Gruppe zum Beispiel durch die Vorlage eines Studentenausweises für Unternehmen als Nachweis erforderlich.[1319] Wenn Wettbewerbsbehörden allerdings annehmen, dass eine Preisdiskriminierung vorliegt, die es zu untersagen gilt, werden sie versuchen, genau bei diesen Praktiken zu intervenieren, die Unternehmen zur Verhinderung von Arbitrage einsetzen.[1320]

Je nach Grad der Preisdiskriminierung treten unterschiedliche **Auswirkungen** auf, die nicht allein wohlfahrtsschädigend ausfallen müssen:[1321] Bei einer Preisdiskriminierung ersten Grades kann sich aufgrund der Kenntnis der Zahlungsbereitschaft eines einzelnen Konsumenten und der entsprechenden jeweiligen Preisfestsetzung die vollständige Konsumentenrente angeeignet werden.[1322] Der Verkauf einer jeweils weiteren Einheit wird immer dann erfolgen, wenn ein Konsument auftritt, der eine die Herstellungskosten überwiegende Zahlungsbereitschaft hat, woraus folgt, dass die letzte verkaufte Einheit die Bedingung, dass der Preis den Grenzkosten entspricht, erfüllt.[1323] Gemäß dem Gesamtwohlfahrtsstandard gestaltet sich die Preisdiskriminierung ersten Grades demzufolge zwar effizient und würde in der Summe aus Produzenten- und Konsumentenrente auch zu der höchst möglichen Wohlfahrt führen; für die Konsumenten impliziert sie jedoch eine nachteilige Umverteilung der volkswirtschaftlichen Rente, da ein marktbeherrschendes Unternehmen einen Endverbraucher durch überhöhte Preise ausbeutet und infolgedessen die **Verbraucherwohlfahrt** reduziert wird.[1324] Wie bereits aufgezeigt, kommt es jedoch zu diesem Grad der Preisdiskriminierung in der Praxis nur selten: „(...) it is consumers' private information that protects them against giving up their surplus to a monopoly."[1325]

1317 Armstrong (2008), S. 434. Vgl. hierzu auch Stole (2003) sowie Varian (1989). Auch Motta (2004), S. 492 führt exemplarisch an: „(...) a student might be able to fly cheaper; a citizen over 65 years old might receive discounts on train tickets; the same good might be sold at a lower price in Portugal than in Germany."

1318 Bester (2012), S. 63.

1319 Motta (2004), S. 493.

1320 Motta (2004), S. 493.

1321 Motta (2004), S. 493: „(...) it is not self-evident that price discrimination hurts welfare (...).

1322 Kerber & Schwalbe (2015), S. 205, Rn. 548.

1323 Kerber & Schwalbe (2015), S. 205, Rn. 548.

1324 Motta (2004), S. 493, der jedoch dabei betont, dass "(...) perfect price discrimination is unrealistic (...)." Armstrong (2008), S. 433; Kerber & Schwalbe (2015), S. 205, Rn. 548.

1325 Armstrong (2008), S. 438–439, der ergänzend anführt, dass Wettbewerb unter den Anbietern ein weiteres Instrument darstellt, um die Konsumenten trotz

Im Falle einer **Preisdiskriminierung zweiten Grades** verfügt das preisdiskriminierende Unternehmen über weniger Informationen als bei einer Preisdiskriminierung ersten oder dritten Grades, sodass es sich auch nur einen geringeren Teil der Konsumentenrente aneignen kann.[1326] Die genauen wohlfahrtsökonomischen Auswirkungen hängen hierbei von der Nachfrage- und Kostenfunktion des Unternehmens ab, wobei die Konsumentenrente auch größer ausfallen kann als bei Nichtvornahme einer Preisdiskriminierung, wenn durch diese eine größere Menge angeboten wird.[1327] Gerade bei **zweiteiligen Tarifen** kann der für gewöhnlich niedrigere marginale Preis die allokative Ineffizienz reduzieren und auf diese Weise die Wohlfahrt erhöhen.[1328]

Die Auswirkungen einer **Preisdiskriminierung dritten Grades** können sehr different ausfallen: Würde bei der Annahme zweier Konsumentengruppen ein einheitlicher gewinnmaximierender Preis so hoch angesetzt, dass die Gruppe mit der geringeren Nachfrage das Gut nicht mehr kaufen könnte, würde ein monopolistisches Unternehmen diese Gruppe nicht mehr bedienen, womit eine Reduzierung der insgesamt angebotenen Menge und der (Konsumenten-) Wohlfahrt einherginge.[1329] Im Umkehrschluss bedeutet dieses, eine Preisdiskriminierung „will open markets that would otherwise not be served at all."[1330] Ein entsprechendes Verbot preisdiskriminierender Maßnahmen würde in dieser Hinsicht wohlfahrtsökonomisch also zu negativen Auswirkungen führen.[1331] Es gilt also stets zu beachten, dass durch eine Preisdiskriminierung eine Steigerung der angebotenen Menge erreicht und auf diese Weise sowohl in einer Monopol- als grundsätzlich auch in einer Oligopol-Situation wohlfahrtserhöhende Tendenzen herbeigeführt werden können.[1332]

In der Zusammenschau bleibt also festzuhalten, dass die wohlfahrtsökonomischen Effekte, die mit einer Preisdiskriminierung einhergehen, ambivalent ausfallen, sodass ein generelles Verbot preisdiskriminierender Maßnahmen nicht zu recht-

---

unternehmensseitiger Kenntnis der Zahlungsbereitschaften vor Aneignung der Konsumentenrente zu schützen: „(...) competition ensures that the consumer will still be left with surplus."

1326 Kerber & Schwalbe (2015), S. 206, Rn. 550.
1327 Kerber & Schwalbe (2015), S. 206, Rn. 550.
1328 Hierzu näher Motta (2004), S. 495. Dieses bestätigt auch Armstrong (2008), S. 439: „when firms offer two-part tariffs, their marginal prices will usually be lower than when linear prices are employed", wodurch „total welfare often increases if two-part tariffs are used instead of linear pricing, since the marginal price falls to cost."
1329 Bester (2010), S. 72; Motta (2004), S. 503.
1330 Vgl. hierzu ausführlich Armstrong (2008), S. 439.
1331 Vgl. Kerber & Schwalbe (2015), S. 205, Rn. 549 unter Darlegung eines ausführlichen Beispiels.
1332 Näher zu den Auswirkungen der Preisdiskriminierung dritten Grades in der Oligopolsituation siehe Holmes (1989).

fertigen ist.[1333] So können Preisdiskriminierungen zu effizienten Preisbildungen, zu intensiverem Wettbewerb zugunsten der Konsumenten, zu der Öffnung beziehungsweise Bedienung neuer oder zusätzlicher Märkte sowie zu erhöhten Absatzmengen führen.[1334] Gleichzeitig haften der Existenz von Preisdiskriminierungen auf einem Markt typischerweise aber auch ein „discouraging effect on entry"[1335] sowie Einschnitte für die Konsumentenwohlfahrt an. Unabhängig von den einzelnen Auswirkungen ist aber auf Preisdiskriminierungen in Europa ohnehin ein besonderes Augenmerk zu legen, da auf diesem Gebiet die Festigung eines so genannten Single Markets angestrebt wird, wonach Unternehmen Preisgestaltungen nicht mit regionalen Differenzierungen vornehmen sollen.[1336]

4.2.3 Ökonomische Betrachtung des Behinderungswettbewerbs

4.2.3.1 Einführung

Unter Behinderungsstrategien sind in einem weiteren Sinne alle Verhaltensweisen zu fassen, mit denen auf horizontaler Ebene aktuelle oder potentielle Konkurrenten sowie auf vertikaler Ebene Lieferanten oder Abnehmer in ihrer formalen Handlungs- beziehungsweise materiellen Entschließungsfreiheit beschränkt werden sollen und/oder institutionell der Wettbewerbsmechanismus eine Einschränkung erfahren soll.[1337]

Aus ökonomischer Perspektive betrachtet begründet der Behinderungswettbewerb (impediment competition) demzufolge einen indirekten Weg zum Ausbau der Machtmacht und zur Verwirklichung höherer Gewinne.[1338] Er umfasst Maßnahmen und Spielarten, die zum Nachteil insbesondere der Konkurrenzfähigkeit anderer Unternehmen gereichen, indem beispielsweise die Kosten der Wettbewerber erhöht (**raising rivals' costs**) oder deren Erlöse geschmälert werden (**reducing rivals' revenue**).[1339] Hierdurch werden Wettbewerber unter anderem beeinträchtigt, ihren Kunden bessere Konditionen zu bieten,[1340] was jedoch insoweit mit der einem Behinderungswettbewerb zugrundeliegenden Intention, Wettbewerber zu disziplinieren,

---

1333 Vgl. hierzu auch die Schlussfolgerungen bei Armstrong (2008), S. 460 ff.
1334 Hierzu im Einzelnen Armstrong (2008).
1335 Armstrong (2008), S. 460. Vgl. ausführlich dazu Armstrong (2008), S. 451 ff.
1336 Armstrong (2008), S. 433.
1337 Schmidt & Haucap (2013), S. 160. Dazu auch Kerber & Schwalbe (2015), S. 201, Rn. 539: „Behinderungsmissbrauch (...) umfasst all diejenigen Praktiken, mit denen ein marktbeherrschendes Unternehmen andere - insbesondere direke Konkurrenten aber auch Unternehmen auf vor- und nachgelagerten Wirtschaftsstufen - behindert und in ihrer Leistungsentfaltung beeinträchtigt."
1338 Kerber & Schwalbe (2015), S. 208, Rn. 558.
1339 Kerber & Schwalbe (2015), S. 208, Rn. 558. Ausführlich zu „raising rivals costs" vgl. Salop & Scheffman (1987), Riordan (2008), S. 155–159 sowie Scheffman & Higgins (2015), S. 62 ff.
1340 Vickers (2008), S. 419.

vom Markt zu verdrängen oder den Marktzutritt zu erschweren, gleichlautend ist.[1341] Durch den infolgedessen abnehmenden Wettbewerb ist es für das behindernde Unternehmen möglich, Preise signifikant über den Grenzkosten zu verlangen.[1342]

Im Allgemeinen kann bei den zahlreichen Formen des Behinderungsmissbrauches zwischen solchen Maßnahmen mit dem zentral verwendeten Parameter Preis und solchen, die auf nicht preisbezogene Wettbewerbsparameter abstellen, differenziert werden.[1343] Erstere sehen dabei Vorgehensweisen wie Verdrängungspreise, bestimmte Rabattsysteme, Limit-Preise oder Preis-Kosten-Scheren vor.[1344] Andere Formen des Behinderungsmissbrauchs, bei denen der Preis nur von untergeordneter Bedeutung ist, liegen beispielsweise in Kopplungsbindungen, dem Boykott oder die häufig im Zusammenhang mit wesentlichen Einrichtungen auftretende Lieferverweigerung.[1345] Als allgemein schwierig erweist sich dabei, ein erwünschtes Wettbewerbsverhalten dynamischer Unternehmer von einem Verhalten, das die Behinderung der Konkurrenz impliziert, abzugrenzen.[1346] Weiterhin erschwert wird die wettbewerbspolitische Beurteilung der Behinderungspraktiken dadurch, dass diese sowohl positive als auch negative Effekte mit sich bringen können, wie es im Folgenden insbesondere am Beispiel der Kampfpreisstrategie, dem sog. Predatory Pricing, verdeutlicht wird.[1347]

Nachfolgend werden einige wesentliche Formen des Behinderungsmissbrauchs dargestellt; dieses ist jedoch insoweit nicht abschließend, als dass daneben in der Praxis eine Vielzahl weiterer missbräuchlicher Praktiken und Verhaltensweisen existieren.[1348]

4.2.3.2 Predatory Pricing

Von den verschiedenen preisbezogenen und nicht preisbezogenen Kampfstrategien stellt das Predatory Pricing die gebräuchlichste missbräuchliche Vorgehensweise eines Unternehmens dar.[1349] Ein Predatory Pricing beschreibt dabei grundlegend die Situation, dass ein dominantes Unternehmen von Abnehmern temporär sehr niedrige Preise verlangt, um auf diese Weise, motiviert von der Aussicht, in Zukunft hochpreisig anbieten zu können, Wettbewerber von dem Markt zu verdrängen.[1350]

1341 Schmidt & Haucap (2013), S. 161.
1342 Kerber & Schwalbe (2015), S. 208, Rn. 558.
1343 Kerber & Schwalbe (2015), S. 209, Rn. 558.
1344 Kerber & Schwalbe (2015), S. 209, Rn. 558.
1345 Schmidt & Haucap (2013), S. 161; Kerber & Schwalbe (2015), S. 209, Rn. 558.
1346 Schmidt & Haucap (2013), S. 160.
1347 Kerber & Schwalbe (2015), S. 209, Rn. 558.
1348 Vgl. hierzu Ordover & Saloner (1989), Motta (2004), S. 411–511 sowie Kerber & Schwalbe (2015), S. 220, Rn. 598.
1349 Fatur (2012), S. 151.
1350 Elzinga & Mills (2015), S. 40. Motta (2004), S. 443 erläutert ergänzend für das US-amerikanische Recht, dass ein Unternehmen dort auch einem Predatory Pricing

Die Hypothese als solche, wonach marktmächtige Unternehmen die Möglichkeit haben, durch sehr geringe Preise insbesondere unterhalb der Grenzkosten Wettbewerber zu disziplinieren oder sogar vom Markt zu verdrängen, ist in der Wettbewerbstheorie schon lange bekannt.[1351] Obwohl die Kampfpreisstrategie zudem sowohl in den USA als auch in Europa nicht ungewöhnlich ist, gestaltet sich die Aufstellung einer ökonomischen Theorie für diese schwierig.[1352] Eine wesentliche Erklärung für eine Kampfpreisstrategie wurde zunächst in der **„Deep Pockets Story"** gesehen, wonach ein Unternehmen Zugang zu größeren finanziellen Ressourcen hat und sich diesen im Rahmen des Predatory Pricing zu eigen macht, um die Wettbewerber mit begrenzten Ressourcen („Small Pocket") vom Markt zu drängen.[1353] Doch dieser Erklärungssatz reichte zum Begründen einer entsprechenden Theorie nicht aus.[1354] Denn die mit dieser traditionellen Sichtweise einhergehende Kritik, die insbesondere von dem Ökonomen McGee aufgezeigt wurde, sah kein Verständnis dafür vor, warum das Ziel eines räuberischen Verhaltens der Bedingung finanzieller Beschränkungen auf Seiten der Wettbewerber unterliegen sollte.[1355] Demzufolge herrschte in den USA lange Zeit die Auffassung der der Chicago-School nahestehenden Ökonomen vor, wonach es ein Predatory Pricing aus Rationalitätserwägungen nicht geben könne, sodass ein Verbot von Verdrängungspreisen nicht dem Wettbewerb, sondern dem Wettbewerber zugute käme.[1356] Damit einhergehend erfolgte auch die Aufstellung der These, dass ein Erwerb eines Wettbewerbers im Rahmen einer Fusion günstiger sei als diesen durch ein Predatory Pricing vom Markt zu verdrängen.[1357] Diese Theorie ist jedoch unter anderem aus dem Grund widerlegt, als dass sie den Zweck der Verdrängungspreise zur Abschreckung potenzieller Wettbewerber außer Acht lässt und die regelmäßig gegebene fusionkonktrollrechtliche Unzulässigkeit des Erwerbs eines Wettbewerbers nicht hinreichend beachtet.[1358]

Zu einem späteren Zeitpunkt haben sich unter besonderer Fokussierung der vorgenannten Kritikpunkte im Wesentlichen drei weitere **ökonomische Theorien** zum

---

Vorwurf ausgesetzt werden kann, wenn es keine marktbeherrschende Stellung einnimmt, sondern zum Beispiel über einen nur relativ kleinen Marktanteil verfügt.

1351 Kerber & Schwalbe (2015), S. 209, Rn. 559.
1352 Motta (2004), S. 413, obwohl "Allegations of predatory pricing are certainly not a new phenomenon."
1353 Tirole (1988), S. 373; Motta (2004), S. 413.
1354 Bishop & Walker (2010), S. 295.
1355 Elzinga & Mills (2015), S. 43–44; Bishop & Walker (2010), S. 295.
1356 Emmerich (2014), S. 150, Rn. 50; Mestmäcker & Schweitzer (2014), § 19, Rn. 3. Zu diesen Ökonomen zählen unter anderem Telser, McGee und Bork. Vgl. Kerber & Schwalbe (2015), S. 210, Rn. 563.
1357 Vgl. McGee (1958), Telser (1966) sowie Mestmäcker & Schweitzer (2014), § 19, Rn. 3.
1358 Mestmäcker & Schweitzer (2014), § 19, Rn. 3.

Predatory Pricing herausgebildet,[1359] wonach das Phänomen einer solchen Kampfpreisstrategie nur unter der Annahme unvollständiger Informationen, das heißt bei
Bestehen gewisser Unsicherheiten, erklärt werden kann.[1360] Jede einzelne der Theorien
zeigt dabei aber auf, dass im Falle unvollständiger Informationen ein räuberisches
Verhalten tatsächlich profitabel sein kann.[1361]

(1) Signaling Models of Predation / Signalisierungsmodelle

Die Signalisierungsmodelle, von denen das erste Modell auf Milgrom und Roberts
zurückgeht, basieren auf der Idee, dass Unternehmen gegenseitig kein oder zumindest nur unvollständiges Wissen über die Kostensituation des jeweils anderen
haben (imperfect information).[1362] Ein potentieller Wettbewerber kann mithin nicht
einschätzen, ob das auf dem Markt tätige Unternehmen hohe oder geringe Kosten
beziehungsweise demgemäß eine schwache (weak) oder starke (strong) Stellung
hat.[1363] In der Konsequenz hat ein herrschendes Unternehmen aufgrund seines Infor-
mationsvorsprungs die Möglichkeit und den Anreiz, den Wettbewerbern seine Kosten über die Preissetzung zu signalisieren.[1364] Wenn das Unternehmen dabei seine
Preise unterhalb derer ansetzt, die seinen Gewinn kurzfristig maximieren würden,
können potentielle Wettbewerber dieses als ein Signal dahingehend verstehen, dass
das herrschende Unternehmen niedrige Kosten hat, und infolgedessen vor einem
Markteintritt zurückschrecken.[1365] Auf diese Weise ermöglicht das Predatory Pricing
einem etablierten Unternehmen, selbst wenn sich dieses durch geringe Effizienzen
und hohe Kosten kennzeichnet, sich eine Reputation als wettbewerbsstarkes Unternehmen zu schaffen und strategische Marktzutrittsschranken zu errichten.[1366] Selbst
wenn ein Wettbewerber intendiert, auf einem Testmarkt entsprechende Informationen zu gewinnen, kann er die tatsächlich gegebene Nachfrage unter Umständen
nur verzehrt wahrnehmen, insbesondere wenn die niedrigen Preise beispielsweise

---

1359 Fatur (2012), S. 147.
1360 Motta (2004), S. 415: "There is a common thread behind all the recent models of
predatory pricing: predation is a phenomenon that can be fully explained only
in a context of imperfect information (...)", wobei spieltheoretisch unvollständige
Informationen vorliegen, wenn ein Unternehmen den nächsten Zug des Rivalen
nicht kennt.
1361 Bishop & Walker (2010), S. 295.
1362 Milgrom & Roberts (1982b); Kerber & Schwalbe (2015), S. 211, Rn. 566; Motta
(2004), S. 418.
1363 Motta (2004), S. 418.
1364 Schmidt & Haucap (2013), S. 168; Bishop & Walker (2010), S. 296. Solche asymmetrischen Informationen über die Marktbedingungen treten dabei zwischen einem
etablierten Unternehmen und potentiellen Wettbewerbern in der Praxis häufig
auf, vgl. Kerber & Schwalbe (2015), S. 211, Rn. 566.
1365 Bishop & Walker (2010), S. 296.
1366 Vgl. für eine spieltheoretische Darstellung Motta (2004), S. 418–419; im Übrigen
Kerber & Schwalbe (2015), S. 211, Rn. 566.

durch versteckte Rabatte gewährt werden und demgemäß die tatsächliche Nachfrage nicht erkennbar ist.[1367]

(2) Reputation Models of Predation / Reputationsmodelle

Ein Unternehmen ist möglicherweise in der Lage, eine gewisse Reputation dahingehend zu etablieren, dass es als besonders hartnäckig und aggressiv in Bezug auf die Verteidigung der Märkte vor Neueintritten angesehen wird.[1368]

Trotz der Tatsache, dass der Aufbau dieser Reputation kurzzeitig kostenintensiv ausfallen kann, besteht in langfristiger Hinsicht die Möglichkeit, dass sich ein derartiges Vorgehen auszahlt.[1369] Selbst wenn es keine strukturellen Eintrittsbarrieren auf dem Markt gibt, kann auf diese Weise erreicht werden, dass die Sorge davor, dass das Unternehmen mit einem sofortigen Kampfpreis auf einen Markteintritt reagieren wird, ausreichen, um eine Verhaltensbarriere in Bezug auf den Markteintritt zu begründen.[1370] Diese Reputation kann allerdings nur dann erlangt werden, wenn eine Kampfpreisstrategie auch tatsächlich mindestens einmal durchgeführt wird.[1371]

Die Reputationsmodelle betrachten dabei typischerweise eine Situation, in der das Unternehmen, das ein Predatory Pricing wählt, mehrere ähnliche Märkte vor einer Reihe von Eintritten zu verteidigen hat. Als originäres Beispiel wird hierfür ein Unternehmen herangezogen, das Inhaber einer Kette ist und dessen Läden sich in unterschiedlichen Städten befinden, wobei angenommen wird, dass in jeder Stadt ein potenzieller Wettbewerber vorhanden ist, der in den Markt eintreten will.[1372] Das Investment in ein solch räuberisches Verhalten ist dabei nicht auf den Markt, auf dem ein Markteintritt aufgetreten ist, begrenzt; vielmehr soll ein derart aggressives Verhalten potenzielle Wettbewerber auf allen Märkten abschrecken und es auf diese Weise erleichtern, auf allen Märkten einen hohen Preis aufrechtzuerhalten.[1373]

(3) Financial Market Models of Predation

Auch die Theorie des Financial Market Predation wird darauf gestützt, dass Kapitalmärkte in aller Regel aufgrund asymmetrischer Informationen nicht effizient sind.[1374] Die Financial Market Models of Predation stützen ihre Erklärung für das Entstehen der eingangs beschriebenen finanziellen Beschränkungen auf das Vorhandensein

---

1367 Vgl. Scharfstein (1984) sowie Fudenberg & Tirole (1986).
1368 Vgl. Bolton/Brodley/Riordan (2000) sowie ausführlich zum Reputationsmodell auch Motta (2004), S. 416–418.
1369 Bishop & Walker (2010), S. 297–298.
1370 Bishop & Walker (2010), S. 298.
1371 Vgl. die Darstellungen zu dem unternehmerischen Verhalten in den einzelnen Spielrunden Motta (2004), S. 416–418.
1372 Bishop & Walker (2010), S. 297.
1373 Vgl. Milgrom & Roberts (1982a); Kreps & Wilson (1982).
1374 Kerber & Schwalbe (2015), S. 212, Rn. 568.

unvollständiger Kapitalmärkte.[1375] So führen unvollständige Informationen auf Seiten finanzieller Institutionen beziehungsweise auf Seiten der Kapital- und Kreditgeber wie Banken dazu, dass das wahrgenomme Risiko, dem Opferunternehmen finanzielle Mittel zu gewähren, durch eine Kampfpreisstrategie verstärkt wird.[1376] Denn indem das herrschende Unternehmen ein Predatory Pricing verfolgt, kann es die Gewinne des Konkurrenten reduzieren und damit dessen Assets verringern, was sich wiederum nachteilig auf die Bonität auswirkt.[1377] Somit können die Finanzierungsmöglichkeiten eines Wettbewerbers nachteilig beeinflusst werden.[1378]

Alle aufgezeigten Modelle der modernen Industrieökonomik vermitteln, dass eine Kampfpreisstrategie anders als nach den einfachen Erklärungsansätzen der Chicago-School nicht lediglich als rationales Verhalten eines marktmächtigen Unternehmens anzusehen ist.[1379] Die Grundidee des Predatory Pricing als „**common mechanism**"[1380] sieht nach den vorstehenden Theorien vielmehr vor, dass ein marktmächtiges Unternehmen unter Verzicht auf kurzfristige Gewinne Preise auf einem sehr niedrigen Niveau ansetzt, um Wettbewerbern (oder deren Geldgebern) zu vermitteln, dass keine hohe Profitabilität erwartet werden kann[1381] und um Konkurrenten in der Folge zu disziplinieren, in ihrem Verhalten zu beeinflussen oder dazu zu veranlassen, sich aus dem Markt zurückzuziehen.[1382] Ein Unternehmen intendiert folglich mit der allgemeinen oder selektiven Verwendung von Verdrängungspreisen horizontale Wettbewerbszwänge abzuschwächen und eigene Preisbildungsspielräume zu vergrößern.[1383] Um einen Kampfpreis handelt es sich jedoch lediglich dann, wenn eine solche Strategie nur unter der Prämisse profitabel ist, dass auf diese Weise eine Verdrängung oder anderweitige Behinderung eines Wettbewerbers erfolgt.[1384]

Fraglich ist allerdings, **wann überhaupt ein Predatory Pricing** gegeben ist. Vorangehende Darstellungen haben gezeigt, dass niedrige Preise generell mit einer höheren (Konsumenten-) Wohlfahrt in Verbindung zu bringen sind und wettbewerbliche Strukturen fördern, sodass es grundlegendes Ziel einer jeden Wettbewerbspolitik

---

1375 Bishop & Walker (2010), S. 296. Dieses bestätigt auch Motta (2004), S. 420: „If capital markets were perfect, a profitable project would always find a financial sponsor."
1376 Motta (2004), S. 421: "The key point of this theory is the existence of imperfect information on the side of the lenders." Vgl. auch Bishop & Walker (2010), S. 296.
1377 Bishop & Walker (2010), S. 296.
1378 Kerber & Schwalbe (2015), S. 212, Rn. 568.
1379 Vgl. für eine Zusammenfassung der den Modellen immanenten Thesen auch Motta (2004), S. 421–422. Vgl. zudem Kerber & Schwalbe (2015), S. 212, Rn. 569.
1380 Motta (2004), S. 442.
1381 Vgl. Motta (2004), S. 442.
1382 EuGH, Slg. 1991, I-3359, Rn. 7 (AKZO); Mestmäcker & Schweitzer (2014), § 19, Rn. 2; Kerber & Schwalbe (2015), S. 209, Rn. 559.
1383 Eilmannsberger & Bien (2015), Art. 102 AEUV, Rn. 488.
1384 Kerber & Schwalbe (2015), S. 209, Rn. 559.

sein muss, Umstände zu schaffen, die eine Niedrigpreissetzung begünstigen.[1385] Dennoch können niedrige Preise auch als ein Instrument zur Herbeiführung anti-kompetitiver Ziele fungieren.[1386] Für die Abgrenzung zu einem solchen wettbewerbswidrigen Verhalten ist es mithin erforderlich, zwischen niedrigen und zu niedrigen Preisen im Sinne von Verdrängungspreisen zu differenzieren[1387] beziehungsweise einen allgemein gewünschten Preiswettbewerb von missbräuchlichen Verwendungspreisen zu separieren.[1388] Dieses analytisch schwierige und von Wettbewerbsbehörden mit Vorsicht anzugehende Abgrenzungserfordernis besteht insbesondere vor dem Hintergrund, als dass auch marktbeherrschenden Unternehmen das Setzen niedriger Preise gestattet sein muss, da auch diese berechtigt sind, den Kampf um die Kunden mit günstigen Preisangeboten auszutragen.[1389] In der Folge können Preissenkungen nicht per-se als missbräuchliches Wettbewerbsinstrument erachtet werden,[1390] zumal niedrige Preise grundsätzlich gerade wettbewerbsfördernden Charakter annehmen.[1391]

Traditionell wird ein Predatory Pricing in einem „**Below Cost Pricing**" gesehen,[1392] sodass zunächst auf die grundlegende Voraussetzung abzustellen ist, dass das etablierte Unternehmen seine Preise, unter der Prämisse, dass der Wettbewerber über eine ähnliche Technologie verfügt, unterhalb der Grenzkosten ansetzt.[1393] Eine Preissetzung oberhalb der durchschnittlichen Gesamtkosten ist als nicht gesetzeswidrig und nicht als missbräuchlich einzustufen.[1394]

Im Einzelnen gestaltet es sich aber von hoher Komplexität, Predatory Pricing Vorwürfe zu bewerten.[1395] So ist es umstritten, welche Kostenarten innerhalb der

---

1385 Bishop & Walker (2010), S. 301 sowie Motta (2004), S. 412: „(...) low prices are generally associated with higher consumer and social welfare." Vgl. zudem Motta (2004), S. 446–447, der betont: „the risk of deterring firms from setting low prices is simply too great."

1386 Vgl. Motta (2004), S. 412.

1387 Motta (2004), S. 412.

1388 Eilmannsberger & Bien (2015), Art. 102 AEUV, Rn. 489; Kerber & Schwalbe (2015), S. 212, Rn. 570.

1389 Eilmannsberger & Bien (2015), Art. 102 AEUV, Rn. 489; Kerber & Schwalbe (2015), S. 212, Rn. 570. Die Schwierigkeit der Abgrenzung beschreibt Motta (2004), S. 412: „To distinguish low prices due to a genuine and lawful competitive response to rivals from low prices due to a predatory and unlawful behaviour is far from an easy task in practice." Motta führt ergänzend an, dass zudem die Gefahr bestehe, dass marktstarke Unternehmen hohe Preise beibehalten „(...) to avoid being charged with predatory behaviour", womit wiederum allokative Ineffizienzen einhergehen und ineffiziente Wettbewerber zu einem Markteintritt veranlasst werden könnten.

1390 Eilmannsberger & Bien (2015), Art. 102 AEUV, Rn. 490.

1391 Wils (2014), S. 22.

1392 Elzinga & Mills (2015), S. 41.

1393 Kerber & Schwalbe (2015), S. 212, Rn. 570.

1394 Motta (2004), S. 442.

1395 Hovenkamp (2005), S. 161. Nach Hovenkamp empfiehlt es sich daher „to develop predation rules that are both simple and somewhat underdeterrent."

Grenzkosten einen tauglichen Anhaltspunkt für einen monopolistischen Verdrängungswettbewerb bieten können[1396] beziehungsweise bei welcher Unterschreitung die Inkaufnahme von Verlusten anzunehmen ist.[1397]

Bei der Identifikation missbräuchlicher Verdrängungspreise sind grundlegend die im AKZO-Urteil von 1991 entwickelten **AKZO-Kriterien** heranzuziehen, die der EuGH zur Feststellung von Kampfpreisen entwickelt hat.[1398] Hiernach werden Preise unterhalb der **durchschnittlichen variablen Kosten** (Average Variable Cost / AVC), also den je nach produzierter Menge variierenden Kosten, als missbräuchlich eingestuft, da ein Unternehmen an einer solchen Preisgestaltung nur interessiert sein kann, wenn es die Ausschaltung von Wettbewerbern beabsichtigt, um unter späterer Ausnutzung der Monopolstellung Preiserhöhungen durchzuführen.[1399] Ein gegenteiliger Beweis ist insoweit von dem betroffenen Unternehmen zu führen.[1400] Nach Auffassung des Gerichtshof können aber auch Preise unter den **durchschnittlichen Gesamtkosten** (Average Total Cost / ATC), das heißt den Fixkosten plus variablen Kosten, aber über den durchschnittlichen variablen Kosten missbräuchlich sein, insofern die Verdrängungsabsicht eigens nachgewiesen werden kann.[1401] Indizien für eine derartige Absicht stellen dabei beispielsweise Drohungen gegenüber Wettbewerbern oder Angebote zu ungewöhnlich niedrigen Preisen dar.[1402]

Nach der Literatur ist die Frage, ob die Verluste in Kauf genommen werden, dabei nach der **Areeda-Turner Regel / Tuner-Test** aus dem Jahre 1975 zu untersuchen.[1403] Hiernach handelt es sich um einen Kampfpreis, wenn der Preis unterhalb der **kurzfristigen Grenzkosten** des marktbeherrschenden Unternehmens liegt.[1404] Da die Grenzkosten in der Regel nur unter Schwierigkeiten ermittelt werden können, werden häufig die variablen Stück- oder Durchschnittskosten zugrunde

---

1396 Mestmäcker & Schweitzer (2014), § 19, Rn. 4.
1397 Vgl. hierfür auch ausführlich Motta (2004), S. 447–449.
1398 Eilmannsberger & Bien (2015), Art. 102 AEUV, Rn. 522. Für die Besonderheiten preisbezogener Missbräuche bei Mehrproduktkonstellationen und der modifizierten AKZO-Formel siehe Eilmannsberger & Bien (2015), Art. 102 AEUV, Rn. 524.
1399 Vickers (2008), S. 419; Eilmannsberger & Bien (2015), Art. 102 AEUV, Rn. 522.
1400 Motta (2004), S. 442.
1401 Vickers (2008), S. 419; Eilmannsberger & Bien (2015), Art. 102 AEUV, Rn. 522. Der EuGH hat in Tetra Pak II einen Missbrauch der marktbeherrschenden Stellung angenommen, wenn ein dominantes Unternehmen unterhalb der durchschnittlichen variablen Kosten bepreist oder die Preise unterhalb der durchschnittlichen Gesamtkosten liegen. Vgl. hierzu Elzinga & Mills (2015), S. 46. Vgl. für eine Betrachtung nach US-amerikanischen Recht Bolton/Brodley/Rordan (2000), die eine Preissetzung über den durchschnittlichen Gesamtkosten (ATC) für rechtmäßig und eine Preissetzung unter den durchschnittlichen variablen Kosten (AVC) zumindest für verdächtig erklären.
1402 Emmerich (2014), S. 151–152, Rn. 54.
1403 Areeda & Turner (1975); Emmerich (2014), S. 151, Rn. 53; Kerber & Schwalbe (2015), S. 212, Rn. 571. Vgl. hierzu näher auch Elzinga & Mills (2015), S. 46.
1404 Schmidt & Haucap (2013), S. 168.

gelegt.[1405] Bei solch einem Preis ist es einem Unternehmen nicht möglich, seine variablen und schon gar nicht die fixen Kosten zu decken.[1406] Zu beachten ist allerdings, dass der zugrunde liegende Zeitraum für die Ermittlung der Kosten insoweit von besonderer Relevanz ist, als dass, je länger dieser ausfällt, umso mehr Kostenbestandteile variabel sind und dementsprechend die variablen Stückkosten umso höher ausfallen.[1407] Bei einer kurzfristigen Betrachtung hingegen sind fast alle Kostenbestandteile fix, sodass die variablen Stückkosten sehr gering ausfallen.[1408] Die zulässigen Preise stehen damit also in Abhängigkeit vom zugrundeliegenden Zeitraum,[1409] wobei zu berücksichtigen ist, dass die Kosten als Unbekannte jedenfalls manipulierbar sind.[1410] Im Gegenzug gelten nach der Areeda-Turner-Regel Preise, die oberhalb der durchschnittlichen variablen Kosten (AVC) liegen, grundsätzlich nicht als Verdrängungspreise.[1411]

Ein anderes Konzept zur Feststellung eines etwaigen Verdrängungspreises knüpft an die **durchschnittlichen Zusatzkosten**, den so genannten **Average Incremental Cost**, an.[1412] Durch das Predatory Pricing wird eine größere Menge des Produktes abgesetzt, wofür zusätzliche Kosten entstehen, welche sich aber insoweit von den variablen Stückkosten unterscheiden, als dass diese nur die aufgrund des erhöhten Outputs entstandenen zusätzlichen Kosten enthalten und zudem auch etwaige zusätzliche Fixkosten mit abdecken.[1413] Befindet sich der Preis nun unterhalb dieser durchschnittlichen Zusatzkosten, könnte es sich um einen Kampfpreis handeln.[1414] Bei einer Berücksichtigung der Erlöse neben den Kosten, würde eine entsprechende Untersuchung zur Feststellung von Verdrängungspreisen auf die späteren Gewinne abstellen.[1415] In diesem Fall könnte eine Kampfpreisstrategie anzunehmen sein, wenn die zusätzlich verkauften Einheiten nur mit Verlust am Markt absetzbar wären, wodurch die Gewinne des Unternehmens geschmälert würden.[1416]

Allerdings kann auch ohne Unterschreitung bestimmter Kostenmargen eine missbräuchliche Kampfpreisunterbietung vorliegen, vorausgesetzt das Unternehmen in marktbeherrschender Position setzt Bedingungen selektiv und diskriminierend ein, ohne dass eine derartige Preispolitik als direkte und verhältnismäßige Abwehrreaktion gegenüber Wettbewerbern gerechtfertigt ist.[1417] In diesen Fällen orientiert

---

1405 Schmidt & Haucap (2013), S. 168.
1406 Kerber & Schwalbe (2015), S. 212, Rn. 571.
1407 Emmerich (2014), S. 151, Rn. 53; Kerber & Schwalbe (2015), S. 212, Rn. 571.
1408 Kerber & Schwalbe (2015), S. 212, Rn. 571.
1409 Kerber & Schwalbe (2015), S. 212, Rn. 571.
1410 Emmerich (2014), S. 151, Rn. 53.
1411 Elzinga & Mills (2015), S. 47.
1412 Kerber & Schwalbe (2015), S. 212, Rn. 572.
1413 Kerber & Schwalbe (2015), S. 212–213, Rn. 572.
1414 Kerber & Schwalbe (2015), S. 213, Rn. 572.
1415 Kerber & Schwalbe (2015), S. 213, Rn. 572.
1416 Kerber & Schwalbe (2015), S. 213, Rn. 572.
1417 EuGH, Slg. 1991, I-3359, Rn. 72 (AKZO).

sich das unterbietende Unternehmen an der Kampffähigkeit und den Kosten des Wettbewerbers und erlangt auf diesem Wege marktausschließende Wirkungen.[1418] Grundsätzlich ist es für eine Kampfpreisstrategie aber neben der marktbeherrschenden Stellung des betreffenden Unternehmens erforderlich, dass dieses nicht kostendeckende Preise verlangt, die entweder unterhalb der variablen Durchschnittskosten oder unterhalb der durchschnittlichen Zusatzkosten liegen,[1419] wobei Unternehmen, die mit einer geringeren Finanzkraft ausgestattet sind, in dieser Phase aufgeben und den Markt verlassen müssen.[1420] Durch die damit sinkende Zahl von Wettbewerbern wird der Markt höher konzentriert und weniger wettbewerbsintensiv, sodass das marktbeherrschende Unternehmen nach dem Ausscheiden der Konkurrenz in der zweiten Phase des Predatory Pricing durch Monopolpreise einen höheren Gewinn verwirklichen kann. Dieser ermöglicht im Rahmen des so genannten Recoupment[1421] die Kompensation des zuvor entstandenen Verlustes.[1422] Die durch die Niedrigpreisstrategie entstehenden Verluste stellen mithin ein Investment in die Marktmacht dar,[1423] zumindest dann, wenn nach einer erfolgreichen Verdrängung der Wettbewerber die Preise so stark angehoben werden können, dass die entstandenen Verluste unternehmensseitig in einem überschaubaren zeitlichen Rahmen ausgeglichen werden können.[1424]

Die nachfolgende Abbildung 9 zeigt noch einmal grafisch veranschaulicht den Verlauf der Verlust- und Gewinnsituation im Zuge eines Predatory Pricing:

1418 Mestmäcker & Schweitzer (2014), § 19, Rn. 4.

1419 Kerber & Schwalbe (2015), S. 213, Rn. 573–574.

1420 Koenig & Schreiber (2010), S. 7; Fritsch (2014), S. 208; Bishop & Walker (2010), S. 293.

1421 Vgl. zum Erfordernis eines Recoupments Joskow & Klevorick (1979); Fatur (2012), S. 146; Kerber & Schwalbe (2015), S. 209, Rn. 560; Mestmäcker & Schweitzer (2014), § 19, Rn. 2. Ein so genanntes Recoupment, also der Nachweis, dass ein Unternehmen bei dem Einsatz von Verdrängungspreisen eine wirkliche Chance zum Verlustausgleich hat, wird anders als in der Entscheidungspraxis von US-Gerichten im europäischen Wettbewerbsrecht nicht gefordert. Art. 102 AEUV setzt insoweit nur den Nachweis voraus, dass das Verhalten eines marktbeherrschenden Unternehmens objektiv zur Schädigung der Marktstruktur geeignet ist und die entsprechende Maßnahme hierauf auch gerichtet ist. Vgl. hierzu Kerber & Schwalbe (2015), S. 213, Rn. 573–574.

1422 Motta (2004), S. 445–446: „(...) a necessary (although not sufficient) condition for proving an allegation of predatory monopolisation (or abuse of dominance) is that the predator makes losses during the predation period."

1423 Bishop & Walker (2010), S. 293.

1424 Kerber & Schwalbe (2015), S. 210, Rn. 561.

Abb. 9: Verlust- und Gewinnsituation beim Predatory Pricing

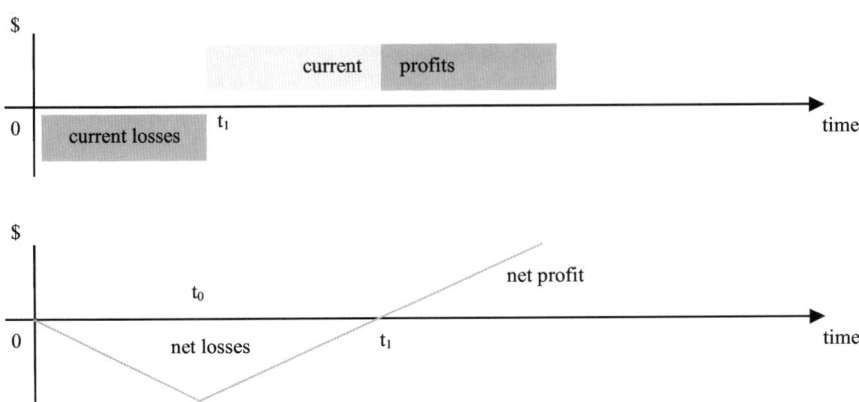

Quelle: Bishop & Walker (2010), S. 293.

Im Zeitpunkt t_0 verlassen Wettbewerber den Markt und das die Kampfpreisstrategie wahrnehmende Unternehmen kann die Preise oberhalb des Wettbewerbsniveaus festsetzen, was zu Gewinnen führt, die langfristig die kurzfristigen Verluste ausgleichen.[1425] Entscheidend für ein erfolgreiches Predatory Pricing dabei ist, dass nach dem Ausscheiden der Wettbewerber und einer sich anschließenden Preiserhöhung nicht ein (Wieder-) Eintritt der Wettbewerber in den Markt erfolgt.[1426] Insoweit ist es also für eine erfolgreiche Kampfpreisstrategie erforderlich, entsprechende Markteintrittsbarrieren zu schaffen.[1427] Alleine aufgrund dieser Voraussetzung liegt es jedoch nahe, dass Kampfpreisstrategien allenfalls von marktbeherrschenden Unternehmen und in den seltensten Fällen von kleineren Unternehmen erfolgsversprechend eingesetzt werden können.[1428] Die Strategie wird dabei im Allgemeinen in Form **selektiver Verdrängungspreise** gezielt gegen einzelne Wettbewerber und nicht gleichzeitig gegen alle Konkurrenzunternehmen eingesetzt, sodass auch die damit einhergehenden Kosten geringer ausfallen.[1429] So kann es beispielsweise durch die Gewährung besonders attraktiver Rabatte an Kunden bestimmter Wettbewerber intendiert sein, speziell diese Wettbewerber zu behindern oder gar vom Markt zu verdrängen.[1430]

1425 Bishop & Walker (2010), S. 293.
1426 Bishop & Walker (2010), S. 293.
1427 Bishop & Walker (2010), S. 293; Kerber & Schwalbe (2015), S. 210, Rn. 561.
1428 Kerber & Schwalbe (2015), S. 210, Rn. 561.
1429 Vgl. unter Bezugnahme auf ein Fallbeispiel Ewald (2003) sowie Kerber & Schwalbe (2015), S. 210, Rn. 562.
1430 Kerber & Schwalbe (2015), S. 210, Rn. 562.

Wohlfahrtsökonomisch bedeutet ein Predatory Pricing jedoch gerade aufgrund der damit einhergehenden Eliminierung von Wettbewerbern erhebliche Einschnitte.[1431] Schwierg gestaltet sich ein Predatory Pricing allerdings bei einer hohen Preiselastizität der Nachfrage, da selbst bei einer Verdrängung der Konkurrenz aus dem Markt eine Preiserhöhung nur in einem geringen Maße durchsetzbar wäre.[1432]

Dennoch ist zu beachten, dass selbst bei Vorliegen der Voraussetzungen einer Kampfpreisstrategie noch keine unmittelbare Schlussfolgerung auf die Intention des Unternehmens, einen Wettbewerber vom Markt zu verdrängen, anzustellen ist.[1433] Kann die Preispolitik eines Unternehmens jedoch nur bei dem Zweck einer Verdrängung von Wettbewerbern als ökonomisch sinnvoll und vertretbar erachtet werden, ist die Vermutung anzunehmen, dass es sich um ein Predatory Pricing handelt.[1434] Für nicht marktbeherrschende Unternehmen können sich darüber hinaus **zahlreiche andere Gründe** für eine „below cost" Preissetzung im Rahmen des Wettbewerbsprozesses ergeben:[1435] Kennzeichnet sich eine Branche beispielsweise durch hohe Wechselkosten (Switching Costs), kann ein Wettbewerber Kunden, die durch das marktdominierende Unternehmen bedient werden, aufgrund des „consumer lock-in" oftmals nur durch signifikant niedrigere Preise für sich gewinnen.[1436] Gleiches gilt für Märkte mit Netzwerkexternalitäten, bei denen es entscheidend ist, ausreichend Kunden zu gewinnen, um die kritische Masse zu erreichen.[1437] Auch bei Industriebereichen, die durch Lernkurveneffekte und Economies of Scale geprägt werden, kann eine erhebliche Preissenkung alleine auf der Absicht einer Mengensteigerung gründen.[1438] Weiterhin kann eine Produktkomplementarität mit einem anderen Markt zu einer below-cost Preissetzung veranlassen.[1439]

Positiv im Rahmen der Kampfpreisstrategie zu werten ist, dass die Konsumenten während der Maßnahme von den reduzierten Preisen profitieren und erst durch die Erhöhung nach dem Ausscheiden der Konkurrenten einem Ausbeutungsmissbrauch

---

1431 Vgl. Motta (2004), S. 412 beschreibt: „The final effect of this predatory behaviour (if succesful) will be worsen welfare in the long-run, because it eliminates competition in the industry."

1432 Kerber & Schwalbe (2015), S. 210, Rn. 561.

1433 Kerber & Schwalbe (2015), S. 213, Rn. 574.

1434 Vgl. Bolton/Brodley/Riordan (2000).

1435 Dazu Motta (2004), S. 444, der darauf hinweist, dass diese anderen Gründe mit Ausnahme der Produktkomplementartität ausschließlich auf nicht marktbeherrschende Unternehmen zutreffen können: „A dominant firm cannot claim that it needs promotional pricing to increase its sales, since it is already well established in the market: its consumers are already locked-in by switching costs and network effects, and presumably it has already reached the minimum efficient scale of production and benefited from learning effects."

1436 Motta (2004), S. 443–444.

1437 Motta (2004), S. 444.

1438 Motta (2004), S. 444.

1439 Vgl. dazu Motta (2004), S. 444 mit ergänzenden Hinweisen zu einer Niedrigbepreisung durch einen Mehrprodukt-Monopolisten.

ausgesetzt werden.[1440] Weitherin zu beachten ist, dass ein Predatory Pricing auch zu einer, bedingt durch die niedrige Preissetzung, ansteigenden Produktion führen kann und auf diese Weise Economies of Scale zum Tragen kommen, sodass ein zunehmender Marktanteil auch durchaus mit Effizienzvorteilen verbunden sein kann.[1441] Andererseits ist jedoch allgemein anerkannt, dass ein „Underselling for Predatory Purposes" nachteilige Auswirkungen auf den Wettbewerb mit sich bringt und zu einer Verringerung der Konsumentenwohlfahrt führt.[1442] Mithin handelt es sich bei einer Kampfpreisstrategie, soweit die aufgezeigten Voraussetzungen erfüllt sind, stets um eine missbräuchliche Form des Behinderungswettbewerbs und somit um ein wettbewerbswidriges Verhalten eines marktmächtigen Unternehmens.

Weniger eindeutig ist das Vorliegen eines Predatory Pricing allerdings dann zu beurteilen, wenn ein Unternehmen über eine breite Produktpalette verfügt, infolgedessen **Sortiments- oder Portfolioeffekte** auftreten können.[1443] Zu der Frage, ob es insoweit ausreichend ist, dass einzelne Produkte below-cost angeboten werden oder ob das gesamte Sortiment verlustbringend angeboten werden muss, um ein Predatory Pricing zu konstatieren, können unterschiedliche Auffassungen vertreten werden. Insoweit dieses mehrseitige Märkte tangiert, fallen die Beurteilungen noch komplexer aus.[1444]

4.2.3.3 Limit Pricing

Als eine weitere Form der Behinderungsstrategie können Limit-Preise gesetzt werden, wodurch potentielle Wettbewerber von einem Markteintritt abgehalten und Marktzutrittsschranken zur Stärkung der Marktmacht des etablierten Unternehmens gebildet werden sollen.[1445]

Dieses von Bain und Sylos-Labini entwickelte Konzept wurde auf die Idee gestützt, dass etablierte Unternehmen einen Anreiz haben, ihre Preise zu senken, wenn ein positiver Zusammenhang zwischen dem geforderten Preis am Markt vor dem Eintritt eines Wettbewerbers und der Geschwindigkeit sowie dem Grad des Markteintritts besteht.[1446] Für ein Limit-Pricing reduziert ein großer etablierter Anbieter seinen Preis auf die langfristigen Durchschnittskosten potentieller Wettbewerber.[1447] Dieses hat zur Folge, dass kleine Randanbieter einen Nullgewinn erzielen und nach außen niedrige Marge sowie geringe Gewinne kommuniziert werden, wodurch der Anreiz zu Markteintritten entfällt und der Wettbewerb geschwächt wird.[1448]

1440 Kerber & Schwalbe (2015), S. 209, Rn. 560.
1441 Rey (2010), S. 196.
1442 Fatur (2012), S. 147; Elzinga & Mills (2015), S. 40.
1443 Kerber & Schwalbe (2015), S. 197, Rn. 526.
1444 Vgl. hierzu Kapitel 4.3.
1445 Motta (2004), S. 419; Kerber & Schwalbe (2015), S. 208–209, Rn. 558.
1446 Vgl. hierzu Bain (1949), Sylos-Labini (1979) sowie Tirole (1988), S. 367–368.
1447 Wied-Nebbeling (2004), S. 247.
1448 Wied-Nebbeling (2004), S. 247 sowie Motta (2004), S. 419.

Diesem steht dann auch nicht mehr die von zahlreichen Ökonomen angestrengte Überlegung entgegen, ob ein Limit Pricing vor dem Hintergrund überhaupt als eine wettbewerbswidrige Praktik eingestuft werden kann, als dass es ein Paradoxon darstellen kann, einem Unternehmen eine zu niedrige Preissetzung gegenüber den Konsumenten zum Vorwurf zu machen.[1449]

Dem Limit Pricing kommt insgesamt eine enge Verbindung zum Predatory Pricing zu: Verdrängungspreise im engeren Sinne zielen jedoch in erster Linie auf das Verdrängen eines bereits im Markt befindlichen Konkurrenten ab. Limit-Preise unterliegen hingegen der Funktion, als Marktzutrittsschranke den Eintritt potentieller Wettbewerber abzuweisen; aufgrund der Gemeinsamkeiten im Übrigen kann jedoch auf die Ausführungen zum Predatory Pricing verwiesen werden.[1450]

4.2.3.4 Rabattsysteme und Preisdiskriminierung

Eine Preisdiskriminierung gegenüber Nachfragern ist in erster Linie auf eine Gewinnsteigerung beim preisdiskriminierenden Unternehmen ausgerichtet. Wie bereits ansatzweise unter Kapitel 4.2.2.3 erläutert, können mit Preisdiskriminierungen jedoch auch Behinderungen für Wettbewerber einhergehen.[1451]

Im Zusammenhang mit einer wettbewerbsbehindernden Preisdiskriminierung stehen insbesondere **Rabattsysteme**, die neben Mengenrabatten auch andere Formen von Rabattierungen als Anreiz zu einer kontinuierlichen oder erhöhten Abnahme von einem Anbieter geben sollen.[1452] Die Gewährung derartiger Preisnachlässe stellt eines der wesentlichen Themen im Bereich des Missbrauchs einer marktbeherrschenden Stellung dar,[1453] da von diesen gewisse Treue- und Sogwirkungen ausgehen können.[1454] Rabatte definieren sich dabei als Nachlässe, die unter bestimmten Voraussetzungen auf ansonsten verlangte Preise, so genannte Listenpreise, eingeräumt werden.[1455]

Problematisch an diesen ist, dass Rabattsysteme wie Treuerabatte, die den Bezug bei konkurrierenden Herstellern vermeiden sollen, oder Gesamtumsatzrabatte, die Abnehmern je nach getätigter Umsatzgröße in einem definierten Zeitraum gewährt werden, eine **Erhöhung der Wechselkosten** der Abnehmer mit sich bringen und

---

1449 Tirole (1988), S. 368.
1450 Vgl. zum Predatory Pricing Kapitel 4.2.3.2. Zudem Kerber & Schwalbe (2015), S. 209, Rn. 560.
1451 Vgl. hierzu auch Motta (2004), S. 499: „Apart from setting different prices to final consumers, a firm might also discriminate among its retailers and distributors."
1452 Vgl. Motta (2004), S. 499, der exemplarisch „fidelity rebates" und „aggregate rebates" anführt.
1453 Vickers (2008), S. 422.
1454 Rittner/Dreher/Kulka (2014), S. 441, Rn. 1133.
1455 Eilmansberger & Bien (2015), Art. 102 AEUV, Rn. 555.

Marktzutrittsschranken errichten können.[1456] Aus diesem Grund sind derartige Nachlässe auch als missbräuchlich im rechtlichen Sinne einzustufen, wenn sie darauf gerichtet sind, dem Abnehmer durch die Gewährung eines Vorteils, der nicht auf einer ihn rechtfertigenden wirtschaftlichen Leistung beruht, die Wahl zwischen mehreren Bezugsquellen unmöglich zu machen oder zu erschweren, den Konkurrenten den Zugang zum Markt zu verwehren, Handelspartner für gleichwertige Leistungen ungleiche Bedingungen aufzuerlegen oder die beherrschende Stellung durch einen verfälschten Wettbewerb zu stärken.[1457] Gerade Treuerabatten, die verhindern sollen, dass Abnehmer Güter von einem Wettbewerber erwerben, ist in der Form als „fidelity rebates" eine zu Ausschließlichkeitsbindungen beziehungsweise als „aggregate rebates" zu Tying vergleichbare und unter Umständen wettbewerbswidrige Wirkung immanent.[1458]

Allerdings können Rabatte auch ohne Verdrängungs- oder Behinderungsabsicht gewährt werden: So ist es Bestandteil des Wettbewerbs, dass ein Unternehmen niedrigere Preise gewährt, wenn seine Wettbewerber eine stärkere Position im Markt einnehmen.[1459] Auch kann sowohl die Gewährung von Gesamtumsatz- als auch von Treuerabatten auf Kostenvorteilen durch steigende Skalenerträge oder auf nachfrageseitige Bedingungen wie unterschiedliche Preiselastizitäten basieren.[1460] Werden beispielsweise Treuerabatte in vertikalen Strukturen aus dem Grund eingeräumt, um Händlern einen Anreiz zu erhöhten Verkaufsbemühungen zu bieten, führen diese zu einer Erhöhung der Effizienz und sind infolgedessen selbst bei einer Gewährung durch ein marktmächtiges Unternehmen nicht zwingend missbräuchlich.[1461] Entscheidend für die Beurteilung, ob von einer Rabattgewährung negative Wettbewerbswirkungen ausgehen, sind zum einen der Anteil, der ohnedies bei dem

---

1456   Kerber & Schwalbe (2015), S. 213–214, Rn. 576. Vgl. dazu die einschlägigen Fallentscheidungen EuGH, Slg. 1975, 1663, Rn. 510 ff. (Suiker Unie); EuGH, Slg. 1979, 461, Rn. 89 (Hoffmann - La Roche) und KOMM, ABl. 1988, L 284/41 56 (British Sugar).

1457   EuGH, Slg. 1983, 3461, Rn. 71 (Michelin) und KOMM, ABl. 2002, L 143/1, Rn. 216 (Michelin).

1458   Vgl. Motta (2004), S. 499–500, der „fidelity rebates" als „discounts that a producer gives to a customer to reward the latter for purchasing most or all of its requirements of a given product from the former" und „aggregate rebates" als „discounts given to a customer that buys most or all of its products from the same producer" beschreibt. Zu den Effekten einer Ausschließlichkeitsbindung siehe Kapitel 4.2.3.7 sowie zu denen von Kopplungsbindungen siehe Kapitel 4.2.3.6.

1459   Motta (2004), S. 499, der gleichzeitig darauf hinweist, dass Rabattierungen, die zu Preissetzungen unterhalb der durchschnittlichen variablen Kosten führen, als „Kampf-Rabattierungen" einzuordnen sind. Vgl. hierzu das unter Kapitel 4.2.3.2 beschriebene Predatory Pricing.

1460   Die Einräumung von Gesamtumsatzrabatten erfolgt nur in Abhängigkeit von den Umsätzen, die ein Unternehmen in einem bestimmten Zeitraum getätigt hat, vgl. Kerber & Schwalbe (2015), S. 213–214, Rn. 576.

1461   Vgl. Kolasky (2002).

Unternehmen, das einen Rabatt einräumt, erworben würde beziehungsweise der Anteil, der auch von anderen Unternehmen ohne Rabattsystem bedient werden könnte und zum anderen Kriterien wie die Rabatthöhe, Lage und Höhe der Rabattschwellen sowie der Zeitraum, innerhalb dessen ein entsprechender Nachlass eingeräumt wird.[1462] Für den Fall, dass der Teil der Nachfrage, der von einem anderen als dem nachlassgewährenden Unternehmen bedient werden kann, gering ausfällt und hohe Rabatte über einen kurzen Zeitraum gewährt werden, kann ein Rabattsystem Wettbewerbswirkungen entfalten, die zum einen negativ sind und zum anderen denen ähneln, die bei einem Predatory Pricing auftreten können.[1463] Zumindest rechtlich kann ein grundsätzlich missbräuchliches Rabattsystem auch nicht damit gerechtfertigt werden, dass die Wettbewerber sich ihrerseits ebenfalls verbotenen beziehungsweise diskriminierenden Wettbewerbsmethoden bedienen.[1464]

Für den Fall, dass Nachlässe Preise soweit rabattieren, dass diese sich unterhalb der Grenz- oder durchschnittlichen Zusatzkosten befinden, besteht die Möglichkeit, dass diese Form der Preisdiskriminierung einen Behinderungsmissbrauch begründet.[1465] Allerdings liegt nicht in jedem Fall ein Behinderungsmissbrauch vor, sodass es aus ökonomischer Sicht mithin nicht angezeigt ist, ein pauschales Verbot der aufgezeigten Rabattsyteme zugrundezulegen, zumal mit diesen analog zum Predatory Pricing auch effizienzsteigernde Wirkungen einhergehen können.[1466]

Eine Preisdifferenzierung als solche ist grundsätzlich nicht als missbräuchliche Verhaltensweise im Sinne des Art. 102 Abs. 2 AEUV einzuordnen.[1467] Aus diesem Grund erfasst das in Art. 102 Abs. 2 lit. c verankerte Diskriminierungsverbot selektive Preissenkungen auch nur dann, wenn diese eine Verfälschung des Wettbewerbs zwischen Abnehmern auslösen oder aber eine Ungleichbehandlung, die an die Staatsbügerschaft anknüpft, nach sich ziehen.[1468] Doch **selektive Preissenkungen** können, insoweit sie entsprechendes Potential zur Verdrängung, Disziplinierung oder Abschreckung von Mitbewerbern aufweisen, auch als Verdrängungspreise zu qualifizieren und mithin als missbräuchlich einzuordnen sein.[1469] Die bloße Selektivität in der Weise, dass zum Beispiel für verschiedene Kunden jeweils differenzierte Preise festgesetzt werden oder vice versa ein einheitlicher Preis bei Kunden, bei denen die Angebotskosten variieren zugrunde gelegt wird, begründet für sich genommen noch nicht die Schlussfolgerung, dass eine missbräuchliche Verdrängungspraxis gegeben ist.[1470] Eine solche Situation ermöglicht es weiterhin, dass ebenso

1462 Zu den Effekten verschiedener Rabattformen siehe näher Inderst & Schwalbe (2009).
1463 Kerber & Schwalbe (2015), S. 214, Rn. 578.
1464 EuGH, Slg. 1999, II-2969 (Irish Sugar).
1465 Kerber & Schwalbe (2015), S. 214, Rn. 579.
1466 Kerber & Schwalbe (2015), S. 214, Rn. 579.
1467 Eilmansberger & Bien (2015), Art. 102 AEUV, Rn. 534.
1468 Eilmansberger & Bien (2015), Art. 102 AEUV, Rn. 534.
1469 EuGH, C-209/10, Urteil vom 27. März 2012, Rn. 39, 44 (Post Danmark).
1470 EuGH, C-209/10, Urteil vom 27. März 2012, Rn. 30 (Post Danmark).

effiziente Wettbewerber sich dem Preiswettbewerb anschließen und konkurrieren können, sodass sie in der Folge auch keine Verdrängung vom Markt erfahren.[1471] Dieses gilt dabei nach Auffassung der Rechtsprechung auch für selektive Preise, die zwar unterhalb der Gesamtkosten angesetzt werden, aber dennoch die durchschnittlichen inkrementellen Kosten der entsprechenden Ware oder Dienstleistung decken.[1472] Mithin bleibt also festzuhalten, dass die Selektivität per-se keine Annahme eines missbräuchlichen Verhaltens rechtfertigt, sondern weitere Umstände hinzutreten müssen. Dieses ist beispielsweise der Fall, wenn die selektiven Preissenkungen wichtigen Kunden der Mitbewerber angeboten werden oder diese als Grenzrabatte eigenen Kunden eingeräumt werden, die potentiellen Mitbewerbern aus anderen Gebieten als Sprungbrett für den Marktzutritt dienen könnten.[1473] Die Selektivität von Maßnahmen kann aber auch, selbst wenn sie nicht zur Begründung eines eigenen Missbrauchstatbestandes im Sinne des Art. 102 AEUV führt, als objektives Kriterium für die Feststellung eines Missbrauches von Relevanz sein.[1474]

Bei der Behinderungsstrategie der **Quersubventionierung** erfolgt eine Abwälzung der Kosten, die in einem räumlich oder sachlich relevanten Markt entstehen, auf einen anderen räumlich oder sachlich relevanten Markt.[1475] Allerdings ist diese Vorgehensweise grundsätzlich nur unter der Prämisse, dass die Voraussetzungen für Kampfpreise erfüllt sind, als missbräuchlich einzustufen, da eine bloße nicht verursachungsgerechte Allokation der Kosten in der Regel noch kein missbräuchliches Verhalten im Sinne des Art. 102 AEUV begründet.[1476] Ein Quersubventionierung, die als missbräuchlich einzuordnen ist, ist beispielsweise im Falle eines Monopols denkbar, das erwirtschaftete Gewinne zur Quersubventionierung der Aktivitäten auf einem anderen Markt nutzt.[1477]

4.2.3.5 Kosten-Preis-Schere

Eine weitere preisbezogene Behinderungsstrategie ist in der Konstellation der so genannten Kosten-Preis-Schere, die auch als Margin Squeeze oder Margenbeschneidung

---

1471 Rousseva & Marquis (2012), S. 5.
1472 EuGH, C-209/10, Urteil vom 27. März 2012, Rn. 37 (Post Danmark).
1473 KOMM ABl. 1988, L 65/19, Rn. 81 (Eurofix-Bauco/Hilti); KOMM ABl. 1997, L 258/1, Rn. 54–56 und 129 (Irish Sugar), bestätigt durch EuG, T-228/97, Slg. 1999, II-2969, Rn. 225 (Irish Sugar) und EuGH, C-497/99 P, Slg. 2001, I-5333 (Irish Sugar). Allerdings haben diese Entscheidungen wegen der besonderen Umstände der zugrundeliegenden Sachverhalte heute nur noch eingeschränkte Bedeutung.
1474 Vgl. hierzu beispielsweise EuGH, C-549/10 P, Urteil vom 19. April 2012, Rn. 75 (Tomra).
1475 Schröter & Bartl (2014), Art. 102, Rn. 310.
1476 Schröter & Bartl (2014), Art. 102, Rn. 310.
1477 Eilmansberger & Bien (2015), Art. 102 AEUV, Rn. 538.

bezeichnet wird, zu sehen.[1478] Diese begründet rechtlich gesehen einen eigenen Anwendungsfall des Preismissbrauchs im Sinne des Art. 102 lit. a) AEUV.[1479] Sie sieht vor, dass ein vertikal integriertes Unternehmen mit in der Regel besonders ausgeprägter marktbeherrschender Stellung in zweifacher Weise durch eine bestimmte Preissetzung die Gewinnmargen von unabhängigen downstream Unternehmen reduziert und dadurch einen entsprechenden Preisdruck auslöst. So kann es durch eine Anhebung der Input- beziehungsweise Vorleistungspreise für ein upstream Produkt gegenüber nicht integrierten Unternehmen auf dem downstream Markt (**raising rivals' cost**) und oder durch eine Festsetzung des Wiederverkaufspreises beziehungsweise eine Reduzierung des Verkaufspreises für das Endprodukt auf dem downstream Markt (**reducing rivals' revenue**) in dem Maße Einfluss nehmen, dass die Unternehmen nicht mehr profitabel konkurrieren können.[1480]

Fraglich ist jedoch, wann die Marge unangemessen niedrig ist.[1481] Führt das Verhalten einer Kosten-Preis-Schere dazu, dass Wettbewerber aufgrund der geringen Margen nicht mehr wirtschaftlich agieren können, werden diese vom Markt verdrängt.[1482] Das heißt, es besteht bei einem Marktbeherrscher ein Verhältnis zwischen dem Vorleistungspreis für Leistungen an seine Wettbewerber in einem vorgelagerten Markt und den Endkundenpreisen in einem nachgeordneten Markt in der Form, dass der Wettbewerber auf dem Vorleistungs- oder Endkundenmarkt eingeschränkt wird.[1483] Dieses ist beispielsweise bei einem Zugang zum Ortsnetz der Fall, wenn die Differenz zwischen den Endkundenentgelten eines Marktbeherrschers und dem Vorleistungsentgelt für vergleichbare Leistungen an seine Wettbewerber negativ ist

---

1478 Schröter & Bartl (2014), Art. 102, Rn. 309; Kling & Thomas (2007), S. 667, Rn. 226. Bishop & Walker (2010), S. 337 beschreiben die Kosten-Preis-Schere als „closely related to a refusal to supply". Vgl. dazu näher Kapitel 4.2.3.8.

1479 Rittner/Dreher/Kulka (2014), S. 438, Rn. 1128. Eine missbräuchliche Kosten-Preis-Schere sah der EuG in den zu hohen Preisen der Deutschen Telekom für Vorleistungsprodukte und zu geringen Preisen für Endkundenprodukte. Vgl. hierzu näher EuG, Urteil vom 10. April 2008, Slg. 2008, Rs. T-271/03 (Deutsche Telekom).

1480 Vickers (2008), S. 421; Kerber & Schwalbe (2015), S. 214, Rn. 580; Eilmansberger & Bien (2015), Art. 102 AEUV, Rn. 539. Kling & Thomas (2007), S. 667–668 beschreiben in Anlehnung an BKartA, 09. August 2000, WuW/E DE-V 289 und OLG Düsseldorf, 13. Februar 2002, WuW/E DE-R 829 (Freie Tankstellen) einen exemplarischen Fall der Kosten-Preis-Schere: Wenn ein Mineralölhersteller, der zum einen freie Tankstellen beliefert und zum anderen selbst mittels eigener Tankstellen auf dem Endverbrauchermarkt agiert, die freien Tankstellen als seine Kunden auf der nächsten Marktstufe zu derart unvorteilhaften Konditionen beliefert, dass diese aufgrund der hohen Kosten auf der darunter liegenden Marktstufe (Endverbraucher) zu dem Marktbeherrscher nicht mehr in den Wettbewerb treten können, kann dieses eine missbräuchliche Verhaltensweise begründen.

1481 Vickers (2008), S. 421: „The question to consider here is what counts as unduly low."

1482 Eilmansberger & Bien (2015), Art. 102 AEUV, Rn. 539.

1483 KOMM, ABl. 1988, L 284/41, Rn. 66 (Napier Brown).

oder nicht ausreicht, um die produktspezifischen Kosten des marktbeherrschenden Betreibers für die Erbringung seiner eigenen Endkundendienste im nachgeordneten Markt zu decken.[1484] Die Vergleichbarkeit der Vorleistungs- und der Endkunden-Zugangsdienste gibt somit den entscheidenden Ausschlag für die Feststellung einer Kosten-Preis-Schere.[1485] Es gilt dabei aber zu ermitteln, ob die Endkunden- und die Vorleistungsdienste des etablierten Betreibers insoweit miteinander vergleichbar sind, dass sie dieselben oder zumindest ähnliche technische Merkmale aufweisen und die Erbringung derselben oder ähnlicher Dienste ermöglichen.[1486] Zur Herstellung der Vergleichbarkeit ist in der Regel auf einen gewichteten Ansatz für die Preise und Kosten zurückzugreifen, wobei sämtliche Formen des Endkunden-Teilnehmerzugangs berücksichtigt werden, und zwar zusammengefasst auf der Grundlage der Anzahl der jeweiligen Varianten von Leistungen, die der etablierte Betreiber an seine eigenen Endkunden vermarktet hat.[1487]

Für den Fall, dass der Einkaufspreis (wholesale price) so hoch wie der Wiederverkaufspreis (retail price) ausfällt, sodass keine oder gar eine negative Marge gegeben ist, können Wettbewerber im direkten Wettbewerb zu dem marktdominanten Unternehmen nicht bestehen, und zwar ganz gleich, wie effizient sie sich aufstellen.[1488] Gleichzeitig ist die Bestimmung einer akzeptablen Marge schwierig und stellt in gewisser Weise eine Gradwanderung dar: „While too small a margin can squeeze out „efficient" rivals, too large a required margin would shelter „inefficient" rivals to the detriment of productive efficiency."[1489] Für die Beurteilung der Effizienz von Wettbewerbern kann wiederum ein Vergleich zum „as-efficient competitor" vorgenommen werden: Das heißt, „if the dominant firm's downstream unit would be loss-making if it paid the wholesale prices charged to rivals, there is a margin squeeze; otherwise, there is not."[1490]

Im Falle des Vorliegens einer Kosten-Preis-Schere stellt diese für marktbeherrschende Unternehmen jedenfalls ein Instrument zum Ausbau von Marktmacht dar, indem unabhängige Wettbewerber durch zu geringe Margen zum Verlassen des Marktes veranlasst werden.[1491] Allerdings wird ein Fall der Kosten-Preis-Schere in der Praxis nur auftreten, wenn das marktbeherrschende Unternehmen eine superdominante Marktstellung einnimmt, zum Beispiel indem es eine Vorleistung anbietet, die für die

---

1484 EuG, Slg. 2008, II-477, Rn. 99 (Deutsche Telekom).
1485 Bechtold/Bosch/Brinker (2014), S. 99, Rn. 40.
1486 Berg (2015), S. 875, Rn. 107.
1487 Bechtold/Bosch/Brinker (2014), S. 99, Rn. 40.
1488 Vickers (2008), S. 422, wobei er die Frage anschließt, welchen Umfang eine positive Marge einnehmen sollte.
1489 Vickers (2008), S. 422.
1490 Vickers (2008), S. 422, wobei er exemplarisch den Fall British Sugar anführt, denen der Missbrauch von Marktmacht vorgeworfen wurde „by setting its retail and wholesale (industrial) sugar prices such that the margin between the two was insufficient to reflect its own costs of transformation."
1491 Kerber & Schwalbe (2015), S. 215, Rn. 581.

Erstellung der Endleistung zwingend erforderlich ist.[1492] Auch muss eine Kosten-Preis-Schere nicht in jedem Fall eine missbräuchliche Praktik darstellen: So können die vom marktbeherrschenden Unternehmen bestimmten Preise auch das Ergebnis einer optimalen internen Preisgestaltung abbilden, wenn beispielsweise unterschiedliche Abnehmer Nachfragefunktionen mit unterschiedlich ausgeprägten Preiselastizitäten mit sich bringen.[1493] Demzufolge fordert auch der EuGH explizit für die Kosten-Preis-Schere die Feststellung (potentieller) wettbewerbsbeschränkender Auswirkungen.[1494]

4.2.3.6 Kopplungsbindungen

Produziert ein Unternehmen mehrere Güter, kann es möglicherweise gewinnsteigernd agieren, wenn es diese Güter nicht einzeln, sondern nur als so genanntes Paketangebot offeriert, wodurch die Wahlfreiheit der Konsumenten eine entsprechende Einschränkung erfährt.[1495] Eine allgemeine Form dieser Restriktion sind die so genannten Kopplungsklauseln.[1496]

Im Falle von Kopplungsbindungen werden durch einen Anbieter Waren oder Dienstleistungen mit der Abnahme anderer Waren oder Dienstleistungen dergestalt verbunden, dass beispielsweise der Verkauf eines technischen Gerätes mit der Instandhaltung oder Belieferung mit dazugehörigen Verbrauchsmaterialien einhergeht.[1497] Ein Abnehmer wird also technisch oder vertraglich dazu verpflichtet, weitere Güter oder Zusatzleistungen mit zu erwerben.[1498]

1492 Eilmansberger & Bien (2015), Art. 102 AEUV, Rn. 540. Vickers (2008), S. 422 führt ein Beispiel aus der Praxis an: „(…) in 2003 the European Commission found that Deutsche Telekom had abused a dominant position by setting the wholesale price of local loop capacity to competitors at times higher than the retail price to final customers."

1493 Kerber & Schwalbe (2015), S. 215, Rn. 581.

1494 EuGH, 17. Februar 2011, Rs. C-52/09, Tz. 61 ff. (Konkurrensverlet/TeliaSonera).

1495 Bester (2012), S. 73. Die Erzielung zusätzlicher Gewinne durch Kopplungen begründet sich mit den negativ korrelierten Zahlungsbereitschaften der Konsumenten. Vgl. hierfür in Bezug auf das Bundling Adams & Yellen (1976).

1496 Bester (2012), S. 74–75.

1497 Rittner/Dreher/Kulka (2014), S. 441, Rn. 1132. Im Medienbereich wurde die Vorgehensweise einer Kopplungsbindung durch das Verfahren gegen Microsoft mit dem Vorwurf, den Browser Internet Explorer an das Betriebssystem Windows 98 zu koppeln, bekannt. Ziel soll es dabei gewesen sein, die marktbeherrschende Stellung von Microsoft auf dem Markt für Betriebssysteme auf den Brower-Markt zu transferieren, um Wettbewerber wie Netscape vom Markt zu verdrängen. Das Verfahren resultierte in einer Verpflichtung für Microsoft, eine Version des Betriebssystems auch ohne Browser zu offerieren. Vgl. hierzu Dewenter & Rösch (2015), S. 39.

1498 Bester (2012), S. 75. So erfordert beispielsweise die Nutzung einer Playstation-Spiels das Vorhandensein einer Playstation, sodass das Spiel an die Konsole gekoppelt ist. Siehe hierzu Dewenter & Rösch (2015), S. 39.

Die Industrieökonomik differenziert zwischen unterschiedlichen Formen von Kopplungsbindungen: Zu diesen zählen sowohl das „Tying" als auch das „Pure" oder „Mixed Bundling", wodurch der Kunde vertraglich oder faktisch aus Gründen bestimmter Kompatibilitäten dazu veranlasst wird, neben einem primären Produkt auch ein sekundäres Produkt zu erwerben.[1499] Beim **Tying** ist das Verhältnis, indem die beiden Produkte konsumiert werden, variabel.[1500] Eine reine Bündelung, ein so genanntes **Pure Bundling**, sieht hingegen vor, dass beide Produkte nur gemeinsam und in einem gleichen festen Verhältnis erworben werden können, wohingegen beim **Mixed Bundling** die Güter auch einzeln und das gebündelte Produkt davon zu einem günstigeren Preis abgegeben werden.[1501]

Insoweit die Güter weder sachlich noch nach Handelsbrauch in Beziehung zum originären Vertragsgegenstand stehen, ist nach rechtlicher Betrachtung ein missbräuchliches Verhalten in Form eines Kopplungsgeschäftes nach Art. 102 Abs. 2 lit. d AEUV anzunehmen.[1502] Die **ökonomische Beurteilung** einer Kopplungsbindung fällt hingegen differenzierter aus, da diese sowohl positive als auch negative Auswirkungen auf den Wettbewerb mit sich bringen kann.[1503] Entgegen der Auffassung der Chicago-School, wonach eine Übertragung von Monopolmacht auf andere Märkte nicht möglich ist und ein Monopolgewinn nur einmal realisiert werden kann, können Koppelungsbindungen nach neueren industrieökonomischen Ansätzen auch

---

1499 Schmidt & Haucap (2013), S. 172; Kerber & Schwalbe (2015), S. 215, Rn. 584. Für eine ausführliche Analyse zum Tying siehe Tirole (2005).

1500 Choi (2004); Schmidt & Haucap (2013), S. 172. Beim Tying ist zwischen dem Tying komplementärer und unabhängiger Güter zu differenzieren; vgl. hierzu Schwalbe & Zimmer (2011), S. 504 ff. Ein klassisches Beispiel für das Tying beschreibt Motta (2004), S. 463 mit Druck- und Kopiergeräten in Verbindung mit Patronen, wobei das Gerät selbst günstig bepreist wird, um Käufer zu gewinnen, das komplementäre Verbrauchsmaterial jedoch entsprechend hoch bepreist wird.

1501 Näher zum Bundling siehe Pepall/Richards/Norman (2002), S. 180–190, Stole (2003) S. 66–70 sowie Berg (2015), S. 858–859, Rn. 72. Zu den Anreizen für ein Pure Bundling siehe zudem Denicoló (2000). In Bezug auf preisdiskriminierende Maßnahmen können so genannte Bundling Discounts vorliegen, bei denen der Preis für ein Produkt günstiger ausfällt, wenn der Konsument noch ein weiteres Gut erwirbt. Vgl. hierzu näher Armstrong (2008), S. 435–436.

1502 Bei Kopplungsbindungen besteht kein per-se Verbot; lediglich sachlich nicht gerechtfertigte Kopplungen sind unzulässig, vgl. Kling & Thomas (2007), S. 229. Siehe zudem Berg (2015), S. 858, Rn. 71. Eine unzulässige Kopplung verlangt dabei, dass die beiden vertriebsseitig gekoppelten Produkte zwei unterschiedlichen Märkten angehören, das betroffene Unternehmen auf dem Markt, dem das eigentliche bezogene Produkt angehört eine marktbeherrschende Position innehat und das betroffene Unternehmen Kunden nicht die Wahl lässt, die Produkte einzeln zu beziehen und auf diese Weise den Wettbewerb ausschließt. Vgl. hierzu KOMM, Fall COMP/37, 792, Rn. 794 (Microsoft); bestätigt durch EuG, Slg. 2004, II-4463, Rn. 326, 390 ff. (Microsoft) und EuG, Slg. 2007, II-3601, Rn. 814 (Microsoft).

1503 Hierzu näher Motta (2004), S. 461.

Hebelwirkungen (leveraging) und, insoweit auf dem Zielmarkt unvollständiger Wettbewerb vorherrscht, auch Markterschließungseffekte bewirken.[1504] Mit diesen Machtübertragungsmöglichkeiten eines Monopolisten können gesamtwirtschaftlich Wohlfahrtseinbußen einhergehen.[1505] Diese begründen sich damit, dass, wenn sich ein Unternehmen mit einer marktbeherrschenden Stellung auf einem Markt A dahingehend engagiert, diese Macht mittels Kopplungsbindungen auf einem anderen Markt B zu transferieren, Konsumenten, die ein Produkt A und B dieses Unternehmens erwerben, nicht mehr als Nachfrager für die Konkurrenten auf dem Markt B in Betracht kommen und Wettbewerber vom Markt B in der Folge eine Verdrängung erfahren.[1506]

Doch Koppelungsbindungen können nicht nur dazu führen, dass gegenüber aktuellen Wettbewerbern eine Behinderung und Marktverdrängung erfolgt, sondern auch dazu, dass potentiellen Wettbewerber der Marktzutritt unmöglich gemacht wird.[1507] Denn insoweit komplementäre Güter gekoppelt werden, ist es zur Erlangung einer Konkurrenzfähigkeit erforderlich, dass ein potentieller Konkurrent simultan in beide Märkte eintritt beziehungsweise für beide Märkte erfolgreiche Innovationen entwickelt,[1508] was sich in der Regel jedoch schwierig gestaltet und in der Folge den Anreiz zu entsprechenden Investitionen reduziert.[1509] Weiterhin können Koppelungsbindungen den Preiswettbewerb schwächen, wenn Konsumenten, die gekoppelte Produkte nachfragen, für diese einen höheren Preis zahlen müssen.[1510] Auch Unternehmen, die nur das Produkt B herstellen, können hierdurch den Preis steigern, sodass auch diese Gewinnsteigerungen verzeichnen können, die allerdings zu Lasten der Konsumentenrente gehen.[1511]

1504 Vgl. zu den Modellen, die zu Markterschließungseffekten aufgrund von Kopplungsbindungen entwickelt wurden, Whinston (1990).
1505 Vgl. Church & Ware (2000), S. 697 f.; Kerber & Schwalbe (2015), S. 216, Rn. 584. Ausführlicher zu der Thematik, dass ein Monopolist durch eine Kopplungsbindung mit einem unabhängigen Gut auf einem anderen Markt die Marktstrukturen zu seinem Vorteil verändern kann, vgl. Kerber & Schwalbe (2015), S. 217, Rn. 588.
1506 Vgl. hierzu sowie zu den Gründen dafür, warum Kopplungsbindungen profitabel sein können, Whinston (1990). Vgl. weiterhin Rittner/Dreher/Kulka (2014), S. 441, Rn. 1132; Kerber & Schwalbe (2015), S. 215, Rn. 583. Vgl. dazu auch das bei Motta (2004), S. 462 angeführte Beispiel.
1507 Hierzu näher Choi & Stefanadis (2001) sowie Carlton & Waldmann (2002).
1508 Motta (2004), S. 466: „(...) entry in one market is made dependent on the success of entry in a complementary market." Zu der Frage, wann Güter komplementär sind, vgl. Motta (2004), S. 478.
1509 Vgl. Choi & Stefanadis (2001), wobei Innovationen aber eine anfängliche Investition erfordern und ein gewisses Risiko bergen, zumal beide Innovationen simultan Erfolg verzeichnen müssen, da nur eine Innovation aufgrund der Komplementarität der Güter keine Nachfrage erfahren wird. Siehe zudem Motta (2004), S. 466 sowie Kerber & Schwalbe (2015), S. 217, Rn. 586.
1510 Kerber & Schwalbe (2015), S. 217, Rn. 586.
1511 Kerber & Schwalbe (2015), S. 217, Rn. 586.

Andererseits können aus der Verwendung von Kopplungsbindungen auch positive Aspekte resultieren:[1512] So ist es durch diese oftmals möglich, Transaktionskosten zu reduzieren und es gestaltet sich beispielsweise weitaus effizienter, einen Personenkraftwagen oder einen Computer als Gesamtgut und nicht in allen Einzelkomponenten anzubieten.[1513] Auch kann bei manchen Produkten eine störungsfreie Funktion nur bei einer Verwendung mit bestimmten anderen Produkten gewährleistet werden. Zudem kann durch Koppelungsbindungen bei komplementären Gütern auf Märkten mit unvollständigem Wettbewerb auch die Problematik der doppelten Marginalisierung umgangen werden.[1514]

Aufgrund dieser zahlreichen Effizienzen, die ebenso mit Kopplungsbindungen einhergehen können,[1515] ist bei diesen aus ökonomischer Perspektive kein per-se Verbot in Erwägung zu ziehen; stattdessen gilt es zu erkennen, dass die Auseinandersetzung mit den Auswirkungen des Tying oder Bundling einen komplexen Vorgang abbildet, bei dem eine Einzelfalluntersuchung im Sinne eines rule of reason Ansatzes anzustellen ist.[1516] Denn erst eine solche Vorgehensweise ermöglicht zunächst die Überprüfung, ob überhaupt eine marktbeherrschende Stellung bei dem koppelnden Unternehmen vorliegt und inwieweit mit der Kopplungsbindung unter Berücksichtigung etwaiger Effizienzgewinne überhaupt wettbewerbsbehindernde Auswirkungen einhergehen.[1517] Dass eine Kopplung auch im Interesse der Konsumenten vorgenommen wird, bleibt aber regelmäßig die Ausnahme.[1518] Der primäre Fokus richtet sich grundsätzlich auf die entsprechende Hebelwirkung[1519] beziehungsweise auf eine preisdiskriminierende Wirkung.[1520]

1512 Dieses bestätigt auch Motta (2004), S. 463 für Kopplungsbindungen sowohl in Form des Bundling als auch in Form des Tying.

1513 Kerber & Schwalbe (2015), S. 215, Rn. 583.

1514 Kerber & Schwalbe (2015), S. 215, Rn. 583.

1515 Vgl. Posner (1976), S. 203. Auch Motta (2004), S. 463 weist für das Bundling darauf hin, dass es wichtig ist „(...) to notice that the welfare implications from such a bundling practice are ambigous."

1516 Motta (2004), S. 467: „(...) to deal with them in practice is extremely complex." Zudem Kerber & Schwalbe (2015), S. 218, Rn. 593.

1517 Kerber & Schwalbe (2015), S. 218, Rn. 593.

1518 Schmidt & Haucap (2013), S. 172.

1519 Schmidt & Haucap (2013), S. 173. Einschränkend dazu aber Motta (2004), S. 463: „There have been several contributions in the economic literature trying to understand under which conditions firms have an incentive to bundle."

1520 Motta (2004), S. 467. In dem Zusammenhang mit Preisdiskriminierungen vgl. Armstrong (2008), S. 435–436 sowie Kapitel 4.2.2.3.

4.2.3.7 Essential Facilities

Die essential facilities-Doktrin befasst sich mit der Verpflichtung, Zugang zu wesentlichen Einrichtungen zu gewähren:[1521] So benötigen einige Industrien und Wirtschaftssektoren insbesondere im Versorgungsbereich zur Bereitstellung eines Gutes einen bestimmten Inputfaktor.[1522] Hierzu zählen beispielsweise Infrastruktureinrichtungen wie Flug- oder Seehäfen, Strom-, Gas-, Schienen- oder Telekommunikationsnetze, wobei im Ausnahmefall zum Beispiel auch Vertriebssysteme eine so genannte wesentliche Einrichtung darstellen können.[1523]

Diese Einrichtungen und Faktoren sind dadurch gekennzeichnet, dass ein entsprechender Zugang zu diesen für die Aufnahme des Wettbewerbs notwendig ist,[1524] eine Duplikation beziehungsweise Reproduktion jedoch nur unter Inkaufnahme sehr hoher Kosten vorgenommen werden kann und sich infolgedessen als unwirtschaftlich gestaltet.[1525] Unternehmen, die über eine wesentliche Einrichtung verfügen, sind mit einer erheblichen Marktmacht ausgestattet: Sie haben zum einen eine Monopolstellung in Hinblick auf den Input inne, wodurch sie einen überhöhten Preis für die Nutzung der essential facilities realisieren können. Zum anderen können sie Unternehmen den Zugang verweigern oder erschweren, was letztlich einer Lieferverweigerung gleichkäme.[1526] Zu diesen Verhaltensweisen haben Unternehmen insbesondere dann einen Anreiz, wenn sie mit anderen bezüglich des

---

1521 Rittner/Dreher/Kulka (2014), S. 444, Rn. 1136; Kling & Thomas (2007), S. 221. Vgl. zu den rechtlichen Problematiken, die mit essential facilities auch in Bezug auf das US-amerikanische Antitrust-Recht einhergehen, Bergman (2001), Pitofsky/Patterson/Hooks (2002), Reiffen & Kleidt (1990) sowie Ridyard (1996).

1522 Dazu Motta (2004), S. 66: „Any input which is deemed necessary for all industry participants to operate in a given industry and which is not easily duplicated might be seen as an essential facility."

1523 Wirtz (2011), S. 316, Rn. 113. Auch die Verweigerung einer Lizenzerteilung kann ein Fall der essential facilities begründen, vgl. Kling & Thomas (2007), S. 223. Nicht einheitlich beurteilt wird beispielsweise, ob der Suchmaschinenanbieter Google eine solche wesentliche Einrichtung darstellt. Siehe hierzu näher Haucap & Kehder (2013), S. 12–13.

1524 Nur wenn die Notwendigkeit des Zugangs besteht, kann es sich um eine wesentliche Einrichtung handeln. Es kann sich allerdings nach Motta (2004), S. 66 schwierig gestalten, zu bestimmen „(...) where a certain input begins to be so superior as to be judged „necessary"." Bishop & Walker (2010), S. 324 verweisen für diese Frage auf die Europäische Kommission, die eine wesentliche Einrichtung definiert als „a facility or infrastructure without access to which competitors cannot provide services to their customers."

1525 Kling & Thomas (2007), S. 221.

1526 Wird die Lieferung eines „key input" verweigert, kann es sich um einen Fall der essential facilities-Doktrin handeln, vgl. Motta (2004), S. 490. Siehe zudem Kerber & Schwalbe (2015), S. 219, Rn. 595.

Endproduktes auf einem Markt im Wettbewerb stehen.[1527] Die Verweigerung des Zugangs zu einer wesentlichen Einrichtung hat dabei zur Folge, dass Rivalen auf dem betroffenen Markt ausgeschlossen werden und der Wettbewerb infolgedessen verringert wird, sodass ein marktdominantes Unternehmen dort höhere Gewinne generieren kann.[1528]

Wie das Problem eines monopolistischen „Bottlenecks" aufgrund einer wesentlichen Einrichtung wettbewerbspolitisch anzugehen ist, ist dabei fraglich. In die entsprechenden Erwägungen hierzu sind sowohl die Interessen potentieller Wettbewerber als auch die des Eigentümers einzustellen.[1529] Zunächst ist jedenfalls zu überprüfen, ob die eigene Bereitstellung beziehungsweise Duplizierung des Faktors für einen Wettbewerber tatsächlich physisch unmöglich oder aus volkswirtschaftlicher Perspektive nicht mit ökonomisch vertretbaren Mitteln möglich ist und insoweit auch keine Umgehungsmöglichkeit des Engpasses besteht.[1530] Die Nutzung der Einrichtung muss für die Erbringung der Dienstleistung beziehungsweise dem Absatz der Ware ein zwingendes Erfordernis darstellen und nicht lediglich eine Annehmlichkeit oder einen bloßen Nutzen begründen.[1531] Insoweit ein Markt bereits durch wirksamen Wettbewerb in Bezug auf ein Endprodukt gekennzeichnet ist oder die wesentliche Einrichtung durch den Eigentümer bereits einer vollumfänglichen Ausnutzung unterliegt, lassen weitere Anbieter nicht auf positive Auswirkungen für den Wettbewerb schließen.[1532] Somit ist beim Vorliegen einer wesentlichen Einrichtung einzelfallbezogen zu prüfen, ob die Auswirkungen eines Zwangszuganges nicht die positiven Effekte eines erhöhten Wettbewerbs überkompensieren.[1533] Dabei ist insbesondere im Rahmen einer langfristigen Betrachtungsweise eine Abwägung zwischen einer etwaigen Minderung der Innovationsanreize des betroffenen Unternehmens sowie einem statischen Zugewinn an allokativer Effizienz vorzunehmen.[1534]

1527 Kerber & Schwalbe (2015), S. 219, Rn. 595.

1528 Bishop & Walker (2010), S. 322–337; Motta (2004), S. 490.

1529 Vgl. dazu das bei Bishop & Walker (2010), S. 323 angeführte Beispiel zu einem „downstream bottleneck". Siehe zudem Kerber & Schwalbe (2015), S. 219, Rn. 596.

1530 Vgl. Motta (2004), S. 66 ff.; EuG, Rs. T-374/94, T-375/94, T-384/94 und T-388/94, Slg. 1998, II-3141, Rn. 208 (European Night Services); Haucap & Kehder (2013), S. 12.

1531 EuGH, Rs. C-7/97, Slg. 1998, I-7791, Rn. 42 ff. (Bronner/Mediaprint).

1532 Kerber & Schwalbe (2015), S. 220, Rn. 596.

1533 Kerber & Schwalbe (2015), S. 220, Rn. 597. Ein missbräuchliches Verhalten im Sinne des Art. 102 AEUV liegt dann vor, wenn das marktbeherrschende Unternehmen Wettbewerbern den Zugang zu einer solchen von ihm kontrollierten wesentlichen Einrichtung verweigert, nur auf einer diskriminierenden Basis gewährt oder nachträglich entzieht, sodass den Konkurrenten die Erbringung von Dienstleistungen oder die Vermarktung von Waren auf einem vor- oder nachgelagerten Markt faktisch unmöglich wird, obwohl grundsätzlich (technisch) die Möglichkeit gegeben ist, Zugang zu der Ressource zu gewähren. Vgl. hierzu KOMM, 94/19/EG, ABl. 1994 L 15/8, Rn. 66 (Sealink) und Wirtz (2011), S. 315–316, Rn. 113.

1534 Schmidt & Haucap (2013), S. 166.

4.2.3.8 Boykottierung, Geschäfts- und Lieferverweigerungen

Nach dem durch die Rechtsordnungen der Mitgliedstaaten als auch durch das europäische Wettbewerbsrecht anerkannten Grundsatz kann jedes Unternehmen seine Handelspartner frei auswählen.[1535] Somit ist es aus rechtlicher Perspektive selbst einem Unternehmen mit marktbeherrschender Position grundsätzlich gestattet, Verkäufe, Belieferungen und Geschäftsabschlüsse abzulehnen oder seine Lieferpolitik zu ändern, ohne dass zwangsläufig ein Verstoß gegen Art. 102 AEUV vorliegt.[1536] Andererseits kann das Ziel, einen funktionierenden Binnenmarkt in der Europäischen Union zu gewährleisten, nur erreicht werden, wenn die jeweiligen Leistungen ungehindert erzeugt, abgesetzt oder verbessert werden können.[1537] So ist es einem marktbeherrschenden Unternehmen nicht zu gestatten, auf das grundsätzlich „freie Spiel der Wettbewerbskräfte"[1538] zu seinem eigenen Vorteil und zum Nachteil der Konsumenten Einfluss zu nehmen.[1539] Als juristisch missbräuchlich sind derartige Geschäfts- und Lieferverweigerungen jedoch nur unter engen und bestimmten Voraussetzungen zu erachten,[1540] nicht aber, wenn diese Schritte zum Schutz eigener wirtschaftlicher Interessen des beherrschenden Unternehmens erfolgen und diese „vernünftig" sind sowie in einem angemessenen Verhältnis zu der Bedrohung stehen, die diese Schritte für Kunden und den Wettbewerb darstellen könnten.[1541]

Ein **Boykott** ist dabei durch eine Dreiecksbeziehung gekennzeichnet, bei der ein Unternehmen bei einem Lieferanten oder Abnehmer bewirkt, dass dieser eine Liefer- oder Bezugssperre gegenüber bestimmten Unternehmen implementiert.[1542] Rechtlich gesehen kann eine solche gemischt horizontal-vertikale Absprache tatbestandlich unter Art. 101 Abs. 1 AEUV gefasst werden.[1543]

Eine **Lieferverweigerung** (refusal to supply) kann als „non-price exclusionary practice"[1544] mit dem Zweck vertikaler Preisbeeinflussungen vorgenommen werden, wodurch insbesondere der Preiswettbewerb auf Händlerebene tangiert werden kann.[1545] Insoweit eine solche individuelle Liefersperre als missbräuchliche

---

1535 Bechtold/Bosch/Brinker (2014), S. 103, Rn. 48. So auch Bishop & Walker (2010), S. 322: „As a general rule, firms, regardless of their market position, should have the right to choose their trading partners and to dispose freely of their property."
1536 EuGH, Slg. 1978, 207, Rn. 182/192 (United Brands) und EuG, Slg. 2000, II-3383, Rn. 80 (Bayer).
1537 Koenig & Schreiber (2010), S. 137.
1538 Koenig & Schreiber (2010), S. 137.
1539 Koenig & Schreiber (2010), S. 137.
1540 EuGH, Slg. 2000, I-825, Rn. 60, 61 (Deutsche Post).
1541 Bechtold/Bosch/Brinker (2014), S. 103, Rn. 48.
1542 Schmidt & Haucap (2013), S. 161.
1543 Schmidt & Haucap (2013), S. 161.
1544 Motta (2004), S. 411.
1545 Schmidt & Haucap (2013), S. 162. Kommt es zu einer Lieferverweigerung eines „key input", kann es sich um einen Fall der essential facilities-Doktrin handeln, vgl. dazu Kapitel 4.2.3.7. Auch Bishop & Walker (2010), S. 322 weisen darauf hin,

Ausnutzung einer marktbeherrschenden Stellung gewertet werden kann, bringt ein solches Vorgehen nicht nur wettbewerbsbehindernde Wirkungen mit sich, sondern erfüllt auch den Tatbestand des Art. 102 AEUV.[1546] Allerdings ist bei einer wettbewerbspolitischen Beurteilung zu berücksichtigen, dass das Recht zu Lieferverweigerungen auch Teil der Privatautonomie beziehungsweise der unternehmerischen Freiheit darstellt und insoweit eine kritische Betrachtung an den Grad der Marktmacht eines Unternehmens anzulehnen ist.[1547] Denn für den Fall, dass eine Einstellung der Belieferung nur noch unter sehr engen Voraussetzungen durchsetzbar wäre, würde dieses, da Unternehmen sich auf den einmal erlangten Lieferstatus verlassen könnten, den Nachfragewettbewerb eindämmen.[1548]

Auch wettbewerbsökonomisch werden der grundsätzlich anerkannten Vertragsfreiheit gewisse Grenzen gesetzt, nämlich dann, wenn ein Boykott oder eine Lieferverweigerung die materiale Entschließungsfreiheit von Unternehmen, die auf vor- oder nachgelagerten Stufen agieren, durch die Anwendung wirtschaftlichen Zwanges beschränkt und infolgedessen der Wettbewerb auf diesen Stufen eine Beeinträchtigung erfährt.[1549] Ein marktstarkes Unternehmen macht dabei von diesen Behinderungsstrategien insbesondere dann Gebrauch, wenn Abnehmer oder Lieferanten auf diese Weise zu einer bestimmten Preis- oder Vertriebspolitik oder zu einem Verlassen des Marktes angehalten werden sollen beziehungsweise Neulingen ein Marktzutritt verwehrt werden soll.[1550] Gerade die Liefersperre zum Zwecke der Einflussnahme auf den Preis kann in einer unmittelbaren Beeinträchtigung des Preiswettbewerbs resultieren und anti-kompetitive Wirkungen entfalten.[1551]

4.2.3.9 Economics of Flat-Rate-Tariffs

Ein preisbezogener Tarif stellt grundsätzlich einen Algorithmus dar, durch den die Kosten für den Verbrauch beziehungsweise die Nutzung von einem oder mehreren miteinander verbundenen Gütern durch den Konsumenten bestimmt werden.[1552] Durch den zunehmenden Einsatz von Technologien wie dem Internet können Unternehmen dabei heutzutage das Nutzungsvolumen von Konsumenten leicht beobachten.[1553] Dieses ermöglicht es Unternehmen, ausgeklügelte nichtlineare

---

    dass zahlreiche Lieferverweigerungen unter die Thematik der essential facilities-Doktrin fallen.

1546 Schmidt & Haucap (2013), S. 163.
1547 Kling & Thomas (2007), S. 219, Rn. 78; Schmidt & Haucap (2013), S. 164.
1548 Vgl. Kling & Thomas (2007), S. 219, Rn. 78, die diese Auffassung damit begründen, dass Unternehmen sich auf ihrem Lieferantenstatus „ausruhen" könnten.
1549 Schmidt & Haucap (2013), S. 161.
1550 Bishop & Walker (2010), S. 323–324; Schmidt & Haucap (2013), S. 161.
1551 Schmidt & Haucap (2013), S. 161.
1552 Train/Ben-Akiva/Atherton (1989), S. 62.
1553 Lambrecht & Skiera (2006), S. 212.

Preisschemata anzubieten, die von „pure pay-per-use tariffs to flat rates"[1554] reichen. Letztere, die Flatrate-Tarife, haben dabei seit den späten 1990er Jahren an Bekanntheit und Beliebtheit erlangt.[1555]

Bei einer Flatrate zahlt ein Konsument grundsätzlich einen fixen Betrag, für den er Zugang zu einer bestimmten Leistung erhält, die er ohne Begrenzung auf ein bestimmtes Volumen in Anspruch nehmen kann.[1556] Die Preisfindung im Rahmen einer Flatrate-Tarifierung basiert dabei auf einer Mischkalkulation.[1557]

Flatrates werden heutzutage **in zahlreichen Industrien** zum Einsatz gebracht, zum Beispiel bei Telefon- und Internetleistungen, Autovermietungen, Fitnesszentren oder Vergnügungsparks.[1558] Dieser extensive Gebrauch von Flatrate-Tarifen auf Märkten, auf denen zahlreiche und zueinander in Wettbewerb stehende Anbieter agieren, wirft dabei eine Reihe von Fragen auf.[1559] Die Tatsache, dass Flatrate-Tarife eine favorisierte Preisgestaltung darstellen, ist dabei nur schwierig mit konventionellen ökonomischen Theorien in Einklang zu bringen, besonders im Falle von Industrien, bei denen marginale Kosten nicht unbedeutend sind.[1560] Denn insoweit marginale Kosten positiv sind, führt eine marginale Bezahlung von Null zu einem ineffizient hohen Konsumlevel, das in der Regel nicht optimal ist.[1561] Andererseits gehen mit einer nutzungsbasierenden Preissetzung unter Umständen positive Transaktionskosten einher, um das jeweils aktuelle Nutzungsvolumen eines Konsumenten zu messen.[1562] In vielen Fällen wie auch bei Vergnügungsparks sind die marginalen Kosten der Produktion oder der Leistungserbringung positiv, die Transaktionskosten zur Messung des Nutzungsvolumens jedoch nahe Null.[1563] So gestaltet es sich beispielsweise auch bei Autovermietungen, bei denen das Ausmaß der Nutzung anhand der gefahrenen Kilometer sehr leicht festgestellt werden kann.[1564] Gerade an dieser Stelle, sprich für den Fall, dass die Grenzkosten positiv ausfallen, liegt die Frage nach den **Gründen**, warum Unternehmen dennoch Flatrate-Tarife einsetzen,

---

1554 Lambrecht & Skiera (2006), S. 212.
1555 Vgl. Anania & Solomon (1997).
1556 Vgl. hierzu Howell (2010), S. 3 für den Bereich der Broadband-Services: „(...) a consumer pays a single fee to access and use a network regardless of the volume of usage (...)."
1557 Clement & Schreiber (2013), S. 71.
1558 Herweg (2010), S. 1. Vgl. zum Beispiel zu der Flatrate-Thematik bei Mobiltelefonen Hoernig & Valletti (2012), S. 136 ff. Howell (2010), S. 3 beschreibt Flatrates als „commonplace in the market for broadband services."
1559 Howell (2010), S. 9, der die häufige Verwendung von Flatrates als „interesting enigma" bezeichnet.
1560 Herweg (2010), S. 1.
1561 Herweg (2010), S. 1.
1562 Herweg (2010), S. 1.
1563 Herweg (2010), S. 1. Anders ist dieses zum Beispiel bei Telefonaten, bei denen die marginalen Kosten nicht Null sind, vgl. Faulhaber & Hogendorn (2000).
1564 Herweg (2010), S. 2.

nahe:[1565] Zu diesen zählt ganz wesentlich der so genannte **Insurance Effect**.[1566] Dieser impliziert, dass Konsumenten zur Vermeidung eines sich monatlich ändernden Rechnungsbetrages bevorzugt eine Flatrate auswählen.[1567] Dabei präferieren Konsumenten Flatrate-Tarife selbst dann, wenn sie bei einer verbrauchsabhängigen Berechnung weniger zahlen müssten.[1568] Dieses bedingt sich wiederum in erster Linie durch den Wunsch von Konsumenten, sich gegen nicht abschätzbare Rechnungsbeträge absichern zu können.[1569] Dieses Phänomen wird als „**Flat-Rate Bias**" bezeichnet[1570] und erklärt unter anderem, warum Flatrate-Tarife derart oft zum Einsatz kommen.[1571] Mit Blick auf die empirische Analyse waren Train, McFadden und Ben-Akiva dabei unter den Ersten, die Nachweise über das Phänomen der Flat-Rate Bias erbracht haben.[1572]

Durch Studien wurde allerdings auch aufgezeigt, dass bei Konsumenten auch ein konträres Verhalten auftreten kann, nämlich wenn diese aufgrund einer „**Pay-Per-Use Bias**" einen nutzungsabhängigen Pay-Per-Use Tarif bevorzugen, obwohl sich eine Flatrate günstiger gestalten würde.[1573] Im Rahmen empirischer Untersuchungen konnte die Pay-Per-Use Bias jedoch nur selten beobachtet werden, weshalb unter anderem angenommen wird, dass die Bevorzung einer nutzungsgenauen Bezahlung möglicherweise nur bei risikoscheuen Konsumenten, die ihre zukünftige Einkommenssituation nicht kennen, auftreten kann.[1574] Allerdings müssen Unternehmen bei ihrer Preisgestaltung darauf achten, dass eine Pay-Per-Use Strategie auch zu negativen Reputationseffekten führen kann, was dann der Fall sein mag, wenn sich - gegenläufig zu dem Insurance Effect bei Flatrates - bei Kunden in Bezug auf unerwartete Rechnungsbeträge Unzufriedenheiten ergeben.[1575]

Vor dem Hintergrund, dass sowohl das Phänomen der Flat-Rate Bias als auch das der Pay-Per-Use Bias besteht, ist die grundsätzliche Annahme, dass ein Konsument immer den je nach seinem individuellem Nutzungsverhalten günstigsten Tarif

---

1565 Herweg (2010), S. 2.
1566 Vgl. Grubb (2009), Mitomo/Otsuka/Nagai/Nakaba (2008), Biggs & Kelly (2010), Mitomo (2001), McKnight & Boroumand (2000), Lambrecht & Skiera (2006), S. 213.
1567 Lambrecht & Skiera (2006), S. 213.
1568 Lambrecht & Skiera (2006), S. 213, 221. Eine Übersicht mit entsprechenden empirischen Belegen zu der Flat-Rate Bias findet sich bei Lambrecht & Skiera (2006), S. 215 ff.
1569 Mitomo/Otsuka/Nagai/Nakaba (2008); Herweg (2010), S. 1.
1570 Train (1991), S. 211; Clement & Schreiber (2013), S. 71 betonen, dass Flat-Rate-Bias aus mehreren Studien zur Frage nach dem Tarifwahlverhalten bekannt ist.
1571 Herweg (2010), S. 2.
1572 Train/Ben-Akiva/Atherthon (1989). Dazu haben sie eine Studie über Haushalte in Bezug auf deren Wahl unter verschiedenen Angeboten von Telefondiensteanbietern analysiert, wobei eine grundlegende Präferenz von Flatrate-Tarifen ausgemacht werden konnten. Vgl. hierzu näher Train/Ben-Akiva/Atherthon (1989), S. 63 ff.
1573 Lambrecht & Skiera (2006), S. 212.
1574 Lambrecht & Skiera (2006), S. 214.
1575 Lambrecht & Skiera (2006), S. 222; Train/Ben-Akiva/Atherton (1989), S. 71.

wählt, widerlegt.[1576] Die Ursache einer Flatrate ist mithin darin zu sehen, dass „customers do not choose tariffs with complete knowledge of their demand, but rather choose tariffs (...) on the basis of the insurance provided by the tariff in the face of uncertain consumption patterns".[1577] Die Flat-Rate Bias bringt allerdings spezifische Probleme mit sich und wird insoweit auch nicht von den standardisierten Theorien zum Verbraucherverhalten erfasst.[1578]

Neben dem Insurance Effect begründet sich die Bevorzugung einer Flatrate auch mit dem **Taxi Meter Effect**, wonach Konsumenten die Nutzung einer Leistung im Rahmen eines Flatrate-Tarifs weitaus mehr genießen, als wenn sie pro Einheit dafür zahlen müssten, und infolgedessen eine höhere Kundenzufriedenheit entwickeln.[1579] So bewirkt eine Flatrate, dass die Nutzung von der Bezahlung losgelöst wird und bei den Konsumenten mental eine Vorauszahlung (Prepaid) zum Beispiel zum Beginn eines Monats angenommen wird.[1580] Hinzu kommen könnte zudem der so genannte **Convenience Effect**, sprich die Senkung von Transaktionskosten beziehungsweise die Vermeidung von Transaktionskosten, wonach Flatrates auch aus dem Grund derart hohen Zuspruch erfahren, als dass Konsumenten unter Umständen annehmen, dass das Auswählen unter optionalen Tarifen umständlich sei und sie mittels Flatrate die Informationskosten über andere Tarife sowie die Kalkulation des zu erwartenden zum Beispiel monatlichen Rechnungsbetrages vermeiden können.[1581] Ergänzung finden die Gründe einer Flat-Rate Bias durch den so genannten **Overestimation Effect**, wonach Konsumenten dazu tendieren, ihre Nachfrage nach Waren und Leistungen zu überschätzen und annehmen, mehr als das „Breakeven Volume" zu nutzen.[1582]

Unternehmen können daneben noch zahlreiche weitere Motivationen haben, ihren Kunden Flatrate-Tarife anzubieten,[1583] selbst wenn die Grenzkosten größer Null ausfallen. Für den Fall, dass bei einem Unternehmen im Zuge einer

---

1576 Lambrecht & Skiera (2006), S. 212.
1577 Train/Ben-Akiva/Atherthon (1989), S. 72. Auch Howell (2010), S. 10 argumentiert, dass es Internetanbietern durch das mangelnde Wissen der Konsumenten über ihr genaues Nutzungsvolumen ermöglicht wird, Flatrates in allen Geschwindigkeitskategorien anzubieten.
1578 Train (1991), S. 211.
1579 Lambrecht & Skiera (2006), S. 213; Clement & Schreiber (2013), S. 71.
1580 Lambrecht & Skiera (2006), S. 213. Nach Miravete (2003) ist bei Nutzern von Mobiltelefonen mit Flaterate tendenziell ein höheres Verbindungsvolumen festzustellen, sodass diese bei einer einheitengenauen Abrechnung keine Einsparungen hätten.
1581 Lambrecht & Skiera (2006), S. 214. Allerdings wird bei den von Lambrecht & Skiera (2006), S. 221 aufgezeigten Ergebnissen einer Untersuchung zum Ausdruck gebracht, dass der Convenience Effect nicht zu den Gründen einer Flat-Rate Bias gehört.
1582 Vgl. hierzu näher Nunes (2000); Clement & Schreiber (2013), S. 71. Eine Unterschätzung (Underestimation) des Nutzungsvolumens führt tendenziell eher zu einem Pay-Per-Use bias. Vgl. hierzu Lambrecht & Skiera (2006), S. 221.
1583 Just & Wansink (2011), S. 193.

nutzungsbasierten Preissetzung hohe Transaktionskosten anfallen, kann zum Beispiel auch deren Verringerung die Bepreisung mittels Flatrate begründen.[1584]

Oftmals wird Konsumenten dabei nicht nur die Möglichkeit einer Flatrate vorgestellt, sondern es wird eine Auswahl an Möglichkeiten angeboten, die neben einer Flatrate auch eine lineare Preissetzung oder einen zweiteiligen Tarif enthält.[1585] Indem ein Unternehmen diese verschiedenen Preisgestaltungen anbietet, kann es zudem durch Preisdiskriminierung seine Gewinne erhöhen.[1586]

Unabhängig von den einzelnen Gründen für die Verwendung eines derartigen Preisschemas führen Flatrates jedenfalls zu einer Verzerrung der wettbewerblichen Markteintrittsanreize, indem sie eine Trennung zwischen den berechneten Preisen und den Kosten, die für die Bereitstellung einer bestimmten Leistung anfallen, auferlegen.[1587] Konsumenten, die ein niedriges Volumen in Anspruch nehmen, **subventionieren** die Flatrate-Kunden, die in einem hohen Maße von der Leistung Gebrauch machen und als Vielnutzer bezeichnet werden können.[1588] Diese Quersubventionierungen erweisen sich dabei als zum Wettbewerb gegenläufiges Instrument, da ein Anbieter, der eine Gruppe von Konsumenten auf Kosten einer anderen Gruppe subventioniert, dem Risiko ausgesetzt ist, dass ein Konkurrent allein die subventionierte Gruppe an Konsumenten fokussiert.[1589] Dieses hätte zur Folge, dass dem Anbieter allein eine Konsumentengruppe verbleibt, die mehr Kosten verursacht als Erlöse einbringt, wodurch sich ein Markt unumgänglich in higher-cost und lower-cost Segmente aufteilt,[1590] sprich eine Segmentierung erfolgt, die als solche jedoch keine Problematik abbildet.

Durch die Quersubventionierung erfolgt zudem ein **Wohlfahrtstransfer** zu den Nutzern, die in einem hohen Maße von der Flatrate Gebrauch machen, da diese die in Anspruch genommene Leistung nicht in einem entsprechenden Verhältnis bezahlen.[1591] Bei den Konsumenten mit nur geringem Volumen entsteht, indem sie eine nutzungsbasierte Abrechnung meiden, in der Konsequenz ein entsprechender Wohlfahrtsverlust.[1592]

Indem Flatrates zwischen dem zu entrichtenden Preis und den Kosten, die entstehen, wenn Konsumenten mit unterschiedlichen Nachfragecharakteristika bedient werden, separieren, behindert ihr weit verbreiteter Einsatz wichtige und wettbewerbsfördernde Markteintrittsentscheidungen, da zur Schaffung von Anreizen für

---

1584 Hierzu näher Nahata/Ostaszewski/Sahoo (1999).
1585 Just & Wansink (2011), S. 194.
1586 Vgl. hierzu Miravete & Roller (2003); Sundararajan (2004).
1587 Howell (2010), S. 2.
1588 Clement & Schreiber (2013), S. 71; Howell (2010), S. 2.
1589 Howell (2010), S. 9.
1590 Howell (2010), S. 9–10.
1591 Howell (2010), S. 3.
1592 Howell (2010), S. 3.

einen **Markteintritt** entsprechende Preissignale erforderlich sind.[1593] Wie wichtig die Schaffung derartiger Anreize zu einem Markteintritt ist, wird dabei immer wieder durch die Bemühungen der Regulierungsbehörden, kostenbasierende Preissetzungen bei etablierten Unternehmen sowohl für den Wiederverkauf als auch im Wholesale Bereich durchzusetzen, zum Ausdruck gebracht.[1594] Dementgegen unterscheiden sich in der Praxis die Wiederverkaufspreise jedoch oftmals signifikant von den dahinterstehenden Kosten.[1595] Auf Märkten, auf denen sich Flatrate-Tarife durchgesetzt haben, kann ein Wettbewerber daher nur in den Markt eintreten, indem er lediglich die Konsumenten mit geringem Volumen und in der Folge niedrigeren Kosten anvisiert, wodurch wiederum für die etablierten Unternehmen, denen ein überproportional hoher Anteil an kostenintensiven Konsumenten verbleibt, das Problem und die Gefahr adverser Selektion begründet wird.[1596]

Somit ergibt sich durch die Elimierung der direkten Verbindung zwischen den Kosten des etablierten Unternehmens und den Wiederverkaufspreisen eine Trennung zwischen gesellschaftlichen und privaten Anreizen zu einem Markteintritt.[1597] So wird sich ein effizienzsteigernder Markteintritt durch ein Unternehmen mit niedrigeren Kosten bei einem Markt mit einem etablierten Anbieter, der zwar hohe Kosten hat, aber zu niedrigen Preisen anbietet, nicht ergeben, da der aktuell vorherrschende Preis einem potentiell Eintretenden nicht einmal die Kostendeckung ermöglicht.[1598] In der Theorie können diese Eintrittsverzerrungen zwar durch Steuern korrigiert werden; in der Praxis hat sich dieses jedoch als wesentlich problematischer erwiesen.[1599]

Die Beurteilung, inwieweit Flatrate-Tarife darüber hinaus auch als stabilisierender Faktor eines kollusiven Gleichgewichts angesehen werden können, indem sie zwischen den Anbietern für eine sehr viel höhere Preistransparenz als bei komplexeren Preissetzungen sorgen und zu einer Homogenisierung der Bepreisung führen, bedarf weiterer Untersuchungen.[1600]

Bei Flatrate-Tarifen ist es aber andererseits ohnehin unwahrscheinlich, dass sich diese langfristig in von Wettbewerb gekennzeichneten Märkten durchsetzen, bei denen individuelle Gebrauchsvolumina von Konsumenten erheblich variieren, da es in diesem Fall immer ein Anreiz für einen Wettbewerber gibt, einen zweiteiligen

---

1593 Howell (2010), S. 3, 10. In Reutter (2001) wird anhand des deutschen Marktes für Internetzugang aufgezeigt, wie schwierig sich ein Markteintritt für Flatrate-Unternehmen bei einem linearen Wholesale Tariff gestaltet.
1594 Howell (2010), S. 10.
1595 Siehe hierzu näher Carlton & Perloff (2005).
1596 Howell (2010), S. 3–4.
1597 Howell (2010), S. 11.
1598 Howell (2010), S. 11.
1599 Hierzu näher Howell (2010), S. 2, 11 ff.
1600 Vgl. in diesem Zusammenhang die bei Fishburn/Odlyzko/Siders (2000) aufgeworfene Thematik, ob Flatrates zu einer Reduzierung des Preiswettbewerbs führen.

Tarif anzubieten, um selektiv die low-volume Konsumenten zu gewinnen.[1601] Die Flatrate-Tarife werden sich nur dann mit Wahrscheinlichkeit durchsetzen, wenn sie durch eine entsprechende Regulierung oder Marktmacht unterstützt werden, womit aber entsprechende wohlfahrtsökonomische Konsequenzen einhergehen würden.[1602] Denn als optimal erweist sich das Anbieten von Flatrates letztlich nur dann, wenn die Konsumenten Unsicherheiten vermeiden wollen, die marginalen Produktionskosten gering und die Nachfrage unsicher sind.[1603] Dabei kann durch das Auferlegen einer quantitativen Limitierung der Flatrate-Nutzung der Überschuss erhöht werden. Solche Flatrate-Tarife finden sich insbesondere in der Internetindustrie.[1604] Das Risiko, dass sich die Nachfrage beziehungsweise das Nutzungsvolumen der Konsumenten ändert, trägt dabei grundsätzlich der Anbieter, der, wenn die durchschnittliche Nutzung ansteigt, zusätzliche Kapazitäten schaffen muss.[1605] In diesem Fall sind unter Umständen Flatrate-Tarife zu erhöhen, wobei ein Anbieter alternativ den bisherigen Flatrate-Tarif durch einen zweiteiligen Tarif ersetzen kann, wonach Konsumenten Preise auferlegt werden, die das Ausmaß, in welchem die Nutzung beispielsweise zu einer Netzwerküberlastung beiträgt, widerspiegeln.[1606]

4.2.4 Wettbewerbspolitische Konsequenzen

Zusammenfassend lässt sich aus ökonomischer Sicht heraus festhalten, dass keine der als gemeinhin missbräuchlich angesehenen Verhaltensweisen auch per-se einen Missbrauch umfasst.[1607] Jede der dargestellten Praktiken kann sowohl positive als auch negative Effekte auf den Wettbewerb und die Wohlfahrt in einer Volkswirtschaft mit sich bringen, wobei grundlegend die sich schwierig gestaltende Abgrenzung zu regulärem wettbewerblichen Verhalten vorzunehmen ist.[1608] Ob die positiven oder die negativen Auswirkungen überwiegen, ist dabei je nach Praktik und für den unternehmerischen Einzelfall, wenn auch mit großem Aufwand, gesondert festzustellen.[1609] Eine pauschale Klassifizierung der Verhaltensweisen als missbräuchlich und ein damit verbundenes Verbot ist schon alleine aus dem Grund

---

1601 Howell (2010), S. 2 und 25: "(...) there is always an incentive for a provider to offer a two-part tariff to selectively attract low-volume consumers."
1602 Howell (2010), S. 2.
1603 Herweg (2010), S. 27.
1604 Herweg (2010), S. 27.
1605 Howell (2010), S. 7.
1606 Howell (2010), S. 8.
1607 Kerber & Schwalbe (2015), S. 220, Rn. 599.
1608 Dazu verallgemeinernd auch Motta (2004), S. 411: „The identification of exclusionary behaviour is one of the most difficult topics in competition policy, as often exclusionary practices cannot be easily distinguished from competitive actions that benefit consumers."
1609 Kerber & Schwalbe (2015), S. 221, Rn. 599. Vgl. hierzu die unter Kapitel 2.1.2 beschriebene Diskussion um eine regel- beziehungsweise effektbasierte Wettbewerbspolitik.

nicht vertretbar, als dass damit auch wettbewerbliches und wohlfahrtserhöhen-
des Verhalten ausgeschaltet werden kann,[1610] was der weitestgehend anerkannten
Ausrichtung der Wettbewerbspolitik zugunsten der Konsumenten und weniger
zum Schutze der Wettbewerber zuwiderlaufen würde.[1611] Auch ist die grundlegende
Funktion wettbewerblicher Marktstrukturen einzubeziehen, sprich „(...) generally
improve economic welfare by weeding out less efficient competitors."[1612] In der
Konsequenz würde also eine Wettbewerbspolitik, die ineffizenten Rivalen zugute
käme, den Wettbewerbsprozess unterlaufen und zum Nachteil der Konsumenten
gereichen.[1613] Somit scheint es aus ökonomischer Sicht sinnvoll, bei einem vermu-
teten Missbrauch einer marktbeherrschenden Stellung eine rule of reason Regel
anzuwenden.[1614]

4.3 Beurteilung wettbewerblicher Beschränkungen auf zweiseitigen Märkten

Die unter Kapitel 3.6 aufgezeigten Charakteristika zweiseitiger Märkte tangieren
zahlreiche Aspekte der Wettbewerbsanalyse und sind bei einer kartell- und wettbewerbsrechtlichen Prüfung sowie mit Blick auf entsprechende Effizienzbeurteilungen
entsprechend zu berücksichtigen,[1615] da gerade die klassischen Bewertungsvorgehen
in Bezug auf wettbewerbliche Beschränkungen bei mehrseitigen Märkten zu falschen Ergebnissen führen können.[1616]

Inwieweit die ökonomischen Erkenntnisse zu zweiseitigen Märkten bei der Beurteilung, ob ein Verhalten eines oder mehrerer Unternehmen wettbewerbswidrig
ist, unterstützen können, ist allerdings eine empirische Frage.[1617] Zumindest aber
sind die theoretischen Ansätze eines zweiseitiges Marktes bei der Bestimmung
der Marktmacht als zentrale Komponente eines Wettbewerbsfalles wie folgt zu
beachten:[1618]

Zum einen beeinflusst, wie unter Kapitel 3.6.2 aufgezeigt, die Verbindung zwischen den Kunden auf beiden Marktseiten die Preiselastizität der Nachfrage und auf
diese Weise den Grad, zu dem eine Preissteigerung auf jeder Seite noch profitabel

---

1610 Kerber & Schwalbe (2015), S. 221, Rn. 599.
1611 Riordan (2008), S. 172.
1612 Riordan (2008), S. 172.
1613 Vgl. auch die weiteren Ausführungen von Riordan (2008), S. 172–173 in Bezug auf
      die wettbewerblichen Auswirkungen einer vertikalen Integration.
1614 Kerber & Schwalbe (2015), S. 221, Rn. 599. Vgl. ähnlich auch Riordan (2008), S. 176
      für vertikale Integrationen: „The balancing of the magnitude of competitive effects
      calls for a structured rule of reason to weigh the evidence and evaluate the likely
      consequences of vertical integration for economic welfare."
1615 Evans & Schmalensee (2007), S. 151 und Evans & Schmalensee (2012), S. 18.
1616 Budzinski & Lindstädt (2010), S. 442 und Evans & Schmalensee (2012), S. 2.
1617 Evans & Schmalensee (2007), S. 173.
1618 Evans & Schmalensee (2007), S. 173.

ist.[1619] Zum anderen gilt es zu beachten, dass bei zweiseitigen Märkten Wettbewerb auf beiden Seiten der Transaktion die Gewinne begrenzen kann.[1620] Wird bei einem Markt ohne Multi-Homing unterstellt, dass es auf der Marktseite A einen begrenzten Wettbewerb gibt, da Kunden leicht zwischen den Verkäufern auf dieser Seite wechseln können, so herrscht auf der Marktseite B hingegen ein intensiver Wettbewerb vor, da Kunden zwischen den Verkäufern nach Preis und Qualität wechseln können.[1621] Wenn dann Wettbewerber auf der Seite B zwischen Produkten nicht differenzieren können oder auf andere Weise in einem gleichem Maße konkurrieren können, wird die Möglichkeit einer Preiserhöhung auf der Marktseite A nicht zu einer Steigerung der Gewinne führen.[1622] Jegliche auf der Marktseite A zusätzlich generierten Gewinne werden durch den Wettbewerb auf Seite B eliminiert.[1623] Dieses stellt insoweit eine Besonderheit dar, als dass es die Plattform nicht einfach unterlassen kann, die Seite B zu bedienen, ohne die Plattform gänzlich einstellen zu müssen, was wiederum von hoher Relevanz bei der Einschätzung der Anreize ist.[1624] Ist auf der Seite B ein Multi-Homing möglich, ermöglicht dieses positive Gewinne, da dadurch die Wettbewerbsintensität reduziert wird.[1625] Doch neben diesen Besonderheiten, die bei der Betrachtung wettbewerblicher Strukturen und einer etwaigen Marktmacht einzubeziehen sind, gilt es zudem, je nach Art der Wettbewerbsbeschränkung, weitere Spezifika mehrseitiger Märkte in Betracht zu ziehen:

(1) Beurteilung eines Kartellverhaltens

Die Beurteilung einer etwaigen Kartellierung auf zweiseitigen Märkten stellt für Wettbewerbsbehörden eine schwierige Aufgabe dar und bedarf einer gesonderten Betrachtung.[1626]

Um bei einer Plattform erfolgreich zu kartellieren, ist es unter Umständen erforderlich, auf beiden Marktseiten entsprechende Koordinationen vorzunehmen.[1627] So gestaltet sich die Wohlfahrtsanalyse eines beispielsweise in Bezug auf den Preis abgestimmten Verhaltens bei einem zweiseitigen Markt weitaus komplexer als bei einem einseitigen Markt. Bei letzterem ist generell die Annahme, dass eine Abstimmung mehrerer Unternehmen über den Preis zu einer Preiserhöhung, einer Verringerung der Outputmenge und zu einer Minderung der Konsumenten- und Gesamtwohlfahrt führt, zugrundezulegen.[1628] Dieses lässt sich jedoch nicht ohne

---

1619 Dewenter & Haucap (2008), S. 7; Evans & Schmalensee (2007), S. 173.
1620 Evans & Schmalensee (2007), S. 174.
1621 Evans & Schmalensee (2007), S. 174.
1622 Evans & Schmalensee (2007), S. 174.
1623 Evans & Schmalensee (2007), S. 173.
1624 Evans & Schmalensee (2007), S. 174.
1625 Dewenter & Haucap (2008), S. 10.
1626 Dewenter & Haucap (2008), S. 15.
1627 Evans & Schmalensee (2007), S. 175; Dewenter & Haucap (2008), S. 15–16.
1628 Evans & Schmalensee (2012), S. 36.

weiteres auf mehrseitige Plattformen übertragen. In Anbetracht einer Situation mit mehreren, in einem Konkurrenzverhältnis stehenden Plattformen werden, für den Fall, dass diese sich über eine Preisfixierung auf einer Marktseite abstimmen, nur die Mitglieder des Kartells versuchen, die überwettbewerblichen Gewinne auf die andere Seite zu bringen.[1629] Daraus resultiert, dass es grundsätzlich schwieriger ist, ein effektives Kartell auf einem zwei- statt auf einem einseitigen Markt zu gründen. Wegen der zusätzlichen Marktseite erfordert eine Kartellabsprache hier zusätzliche Vereinbarungen.[1630]

In Kartellsachverhalten ist bei mehrseitigen Plattformen demzufolge auch zu beachten, dass für eine genaue Analyse der Auswirkungen auf die Konsumentenwohlfahrt alle wechselseitig verbundenen Kundengruppen, die die Plattform bedient, einbezogen werden.[1631] So ist es beispielsweise denkbar, dass miteinander in Wettbewerb stehende Plattformen Preise angenommen haben, die auf einer Marktseite zu niedrig und auf der anderen zu hoch ausfallen.[1632] Genau diese Preissetzung kann jedoch bei mehrseitigen Märkten zu einer Erhöhung der Konsumentenwohlfahrt führen.[1633] Die Schwierigkeit einer Kartellierung bei aneinander gekoppelten Preisen wird auch dadurch bedingt, dass ein Kartell wegen der zusätzlichen Seite auf einen mehrseitigen Markt nicht nur einen höheren Bedarf an Abstimmungen, sondern auch an Überwachung hat.[1634]

Potentielle negative Auswirkungen auf den Wettbewerb können auf zweiseitigen Märkten durch Preisparitätsklauseln als eine Form der vertikalen Beschränkungen erreicht werden: Indem ein Plattformbetreiber auf einer Marktseite günstigere Preise ansetzt, können die Preisparitätsklauseln als Marktzutritts- und Expansionshürde wirken, wenn hierdurch Vermittlungsplattformen Preisdifferenzen einer Marktseite nivellieren, um auf diese Weise die Erreichung einer kritischen Masse durch Wettbewerber zu vermeiden.[1635] In der Praxis kommen auf Plattformmärkten insbesondere **Meistbegünstigungsklauseln** zum Einsatz,[1636] durch die Anbieter von Waren und Dienstleistungen verpflichtet werden, der jeweils anderen Marktseite die günstigsten Konditionen zu gewähren.[1637] Ausgestaltet sind diese

1629 Evans & Schmalensee (2007), S. 175.
1630 Dewenter & Haucap (2008), S. 15–16; Evans & Schmalensee (2007), S. 176.
1631 Evans & Schmalensee (2012), S. 11.
1632 Evans & Schmalensee (2012), S. 36.
1633 Evans & Schmalensee (2012), S. 34.
1634 Vgl. hierzu näher Dewenter & Haucap (2008), S. 15–16 sowie Evans & Schmalensee (2008), S. 689–690.
1635 Bundeskartellamt (2013b), S. 8. Auch Zimmer (2013a) bestätigt die Funktion der Meistbegünstigungsklauseln, auf zweiseitigen Märkten anderen Plattformen den Marktzutritt zu erschweren.
1636 Zu den Meistbegünstigungsklauseln im Allgemeinen siehe Kapitel 4.1.2.4.
1637 Vgl. hierzu exemplarisch das von Hamelmann/Haucap/Wey (2015) dargelegte Beispiel von dem Hotelbuchungsportal HRS, bei die Verwendung derartiger Klauseln als kartellrechtswidrig und marktmissbräuchlich nach Art. 101 und 102

Preisgarantien auf zweiseitigen Märkten dabei regelmäßig als unechte Meistbegünstigungsklauseln.[1638] Die Meistbegünstigungsklauseln, die in aller Regel mit der Gruppe der Verkäufer vereinbart werden, führen zu einer Erhöhung der Attraktivität der Plattform gegenüber den Käufern.[1639] Hintergrund dieser Koordinierung ist, dass es auch bei zweiseitigen Märkten wie Online-Plattformen theoretisch möglich ist, dass Wettbewerber des Plattformbetreibers Händler durch niedrigere Gebühren attrahieren können.[1640] Für den Erfolg einer Online-Plattform ist jedoch maßgebend, dass auf dieser nicht nur Händler, sondern auch Konsumenten agieren. Die Plattform muss mithin für Endverbraucher von einer gewissen Attraktivität gekennzeichnet sein, was der Fall ist, wenn Händler aufgrund der Klauseln Preisvorteile über konkurrierende Plattformen nicht weiterreichen dürfen.[1641] Da in der Regel der Preis das entscheidende Kriterium für den Vertragsabschluss darstellt, haben Konsumenten im Falle des Bestehens einer Meistbegünstigungsklausel keinen oder einen nur sehr geringen Anreiz, auf alternative Plattformen zuzugreifen.[1642] Dass durch die Klauseln gleichzeitig die Suchkosten verringert werden, ist an sich zwar wünschenswert, allerdings kann die wachsende Loyalität gegenüber einer Plattform durch entsprechende Lock-In-Effekte auch den Wettbewerb mildern.[1643]

Weiterhin kann durch Meistbegünstigungsklauseln der Preis- beziehungsweise Provisionswettbewerb auf Ebene der Plattformbetreiber reduziert werden.[1644] Indem die Klauseln Verkäufern die Überwachung von Preisveränderungen erleichtern, kann unter Umständen die Kollusion zwischen diesen gefördert werden.[1645] Gleichzeitig können Wettbewerber durch Senkung der Provision keine zusätzlichen Verkäufer gewinnen, solange die auf der Plattform anbietenden Händler an der Plattform festhalten, bei der auf der anderen Marktseite die größte Anzahl an (potentiellen) Käufern steht.[1646] Auch droht durch entsprechende Spiraleffekte mit der Steigerung der Nachfrage auf der einen Marktseite, die aufgrund der Koppelung

---

AEUV beurteilt wurde, da es sich um eine vertikale Vereinbarung handele, der eine Freiheitsbeschränkung bei den Hoteliers in Bezug auf die Preissetzung auf unterschiedlichen Vertriebskanälen anhafte.

1638 Exemplarisch führen Hamelmann/Haucap/Wey (2015) hierfür Preisvergleichsseiten (www.idealo.de oder www.ladenzeile.de), Online Marktplätze wie Ebay und Hotelbuchungsplattformen wie HRS oder Expedia an.

1639 Vgl. Zimmer (2013a), der exemplarisch anführt, dass ein HRS-Kunde weiß, das jeweilige Zimmer bei einem anderen Anbieter nicht zu günstigeren Konditionen bekommen zu können.

1640 Eilmansberger & Bien (2015), Art. 102 AEUV, Rn. 607.

1641 Eilmansberger & Bien (2015), Art. 102 AEUV, Rn. 607.

1642 Eilmansberger & Bien (2015), Art. 102 AEUV, Rn. 607.

1643 Wismer (2015), S. 49.

1644 Hierzu ausführlicher Zimmer (2013a).

1645 Wismer (2015), S. 48.

1646 Zimmer (2013a).

zu Nachfrageerhöhungen auf der anderen Marktseite führen kann, die Gefahr des Kippens eines Marktes zugunsten einer Plattform (tipping).[1647]

In der Praxis von besonderer Relevanz sind für Verkäufer, die ihre Produkte auf intermediären Plattformen anbieten, vertikale Beschränkungen in Form so genannter **Platform Most-Favored-Customer Agreements** (MFC),[1648] die von den klassischen Meistbegünstigungsklauseln zu differenzieren sind.[1649] Die Preisparitätsklauseln in Form der Platform MFC Agreements stellen eine auf vertraglicher Basis beruhende Beschränkung dar, nach der ein auf einer bestimmten Plattform anbietende Verkäufer seine Produkte auf anderen Vertriebswegen einschließlich anderer konkurrierender Plattformen nicht zu einem geringerem Preis offerieren darf.[1650] Mit diesen Klauseln geht vielfach ein Ausschluss in Bezug auf den Eintritt beziehungsweise das Tätigwerden auf anderen Plattformen und damit eine Reduzierung des Wettbewerbs einher.[1651] Derartige Restriktionen haben dabei eine ganz zentrale Rolle zum Beispiel bei vor nicht allzu langer Zeit aufgetretenen Wettbewerbsfällen um Kreditkarten, E-Books und Hotelbuchungsplattformen eingenommen.[1652] Zudem führen speziell **Platform MFC Agreements** typischerweise zu einer Erhöhung der Plattformgebühren und der von Konsumenten zu entrichtenden Kaufpreise.[1653] Welche Ausmaße die Preiserhöhungen annehmen, hängt dabei entscheidend von der Substituierbarkeit der Plattformen ab.[1654] Stellen

---

1647 Zimmer (2013a).
1648 Boik & Corts (2013), S. 1; Eilmansberger & Bien (2015), Art. 102 AEUV, Rn. 605. In der Literatur ist die Bezeichnung „Platform Most-Favored-Nation Agreements" zu finden. Aufgrund der in Kapitel 4.1.2.4 aufgezeigten möglichen Irreführung wird jedoch auch in diesem Abschnitt ausschließlich die synonyme Begrifflichkeit der „Platform Most-Favored-Customer Clauses" verwendet.
1649 Hierzu näher Boik & Corts (2013), S. 16. Die Literatur bezeichnet den Einsatz von Meistbegünstigungsklauseln auf zweiseitigen Märkten teilweise auch als als „Across Platform Parity Agreements" (APPA), bei dessen Implementierung im Handelsvertretermodell der Hersteller selbst die Endkundenpreise determinieren kann, die intermediäre Plattform über eine Provision beteiligt wird und die Meistbegünstigungsklauseln an den Endkunden weitergegeben werden. Vgl. hierzu Buccirossi (2013), S. 15 ff.
1650 Wismer (2015), S. 47; Boik & Corts (2013), S. 1; Eilmansberger & Bien (2015), Art. 102 AEUV, Rn. 605. Eine derartige Beschränkung konnte beim Plattformbetreiber HRS ausgemacht werden, welche das Bundeskartellamt zum dem Erlass einer Abstellungsverfügung veranlasste. Vgl. hierzu näher Bundeskartellamt, Beschluss vom 20. Oktober 2013, B9–66/10 (HRS-Bestpreisklausel).
1651 Wismer (2015), S. 47–48.
1652 Ein Überblick über wettbewerbsrechtlich relevante Fälle ist bei Salop & Scott Morton (2013), S. 15 ff. zu finden. Die Thematik der Meistbegünstigungsklauseln auf Buchungsplattformen wie HRS erläutern Hamelmann/Haucap/Wey (2015) sowie Wismer (2015), S. 43.
1653 Boik & Corts (2013), S. 1–2.
1654 Boik & Corts (2013), S. 2.

die Plattformen keine engen Substitute dar, können Platform MFC Agreements die Preise derart erhöhen, dass sogar Gewinne von ganzen Industrien dadurch Einbußen erfahren können.[1655] Gleichzeitig können die Abreden den Eintritt von low-cost Geschäftsmodellen begrenzen und somit den Markteintritt potentieller Konkurrenten eindämmen.[1656]

(2) Beurteilung unilateraler Praktiken

In Hinblick auf ein **Predatory Pricing** als einseitige Verhaltensweise eines Unternehmens sind bei mehrseitigen Märkten weitergehende Erwägungen anzustellen:

So ist der Ausgangspunkt, dass der Preis den marginalen beziehungsweise durchschnittlichen marginalen Kosten gleicht, bei zwei- oder mehrseitigen Märkten kein relevantes Kriterium, um die Marktmacht oder zum Beispiel die Behauptung eines **Predatory Pricing** oder überhöhter Preise zu evaluieren.[1657] Denn wie bereits dargestellt, ist der Preis bei mehrseitigen Märkten eine komplexe Funktion aus den Nachfrageelastizitäten beider Seiten, den indirekten Netzwerkeffekten und den marginalen Kosten auf beiden Seiten.[1658] Daher wäre es als Schlussfolgerung nicht korrekt anzunehmen, dass Abweichungen zwischen dem Preis und den marginalen Kosten auf einer Marktseite ein Indiz für eine Preisfestsetzung beinhalten, die darauf gerichtet ist, Marktmacht auszunutzen oder den Wettbewerb auszuschalten.[1659] So können gewinnmaximierende Plattformen gerade zu dem Schluss kommen, dass es gewinnbringend sein könnte, den Preis, zu dem das Produkt angeboten wird, auf einer Seite unter den durchschnittlichen variablen Kosten, unter den marginalen Kosten oder sogar unter Null festzusetzen.[1660] Durch ein solches „Zero or Negative Pricing"[1661] auf einer Marktseite wird jedoch kein Predatory Pricing begründet, zumal ein solches Vorgehen in der Regel entsprechende Vorteile für die andere Seite einer Plattform beinhaltet.[1662] Auch ist bei mehrseitigen Märkten eine Preissetzung auf einer Marktseite unterhalb der Kosten nicht ungewöhnlich und somit regelmäßig nicht mit dem Zweck, andere Wettbewerber ausschließen zu wollen, in Verbindung zu bringen.[1663] Folglich kann die bei einseitigen Märkten geltende Annahme, dass eine Preissetzung unterhalb der Kosten stets wettbewerbswidrig ist, bei zweiseitigen Märkten in der Form keine Gültigkeit erlangen.[1664]

1655 Boik & Corts (2013), S. 2, 16.
1656 Boik & Corts (2013), S. 1, 16.
1657 Evans & Schmalensee (2007), S. 174.
1658 Evans & Schmalensee (2007), S. 174.
1659 Evans & Schmalensee (2007), S. 174.
1660 Evans & Schmalensee (2008), S. 690.
1661 Lerner (2014), S. 18.
1662 Lerner (2014), S. 18.
1663 Evans & Schmalensee (2007), S. 176.
1664 Evans & Schmalensee (2007), S. 176.

Dennoch ist es aber möglich, dass auch eine Plattform ein Predatory Pricing verfolgt: Dieses ist der Fall, wenn der Preis auf einer Marktseite so niedrig angesetzt wird, dass dadurch anderen Plattformen der Zugang zu dieser Marktseite verwehrt wird.[1665] Selbst ein zweiseitiges Predatory Pricing ist denkbar, wenn auf beiden Seiten die Preise unterhalb der Kosten angesetzt werden, um Wettbewerber auszuschließen.[1666] Allerdings ist der standardmäßig verwendete kostenbasierte Test zur Aufdeckung eines Predatory Pricing grundsätzlich bei mehrseitig agierenden Unternehmen in der Anwendung ökonomisch nicht sinnvoll. Denn einem Wechsel der Preisgestaltung bei einer mehrseitigen Plattform können auch pro-kompetitive Erklärungen zugrundeliegen, die aus den wechselseitigen Nachfragen resultieren und im Rahmen von einseitigen Unternehmen nicht betrachtet würden.[1667] Auf der anderen Seite können Kampfpreisstrategien aber auch zu einer Ausbeutung der unabhängigen Nachfragen und der kritischen Masse für Plattformen führen. Indem unprofitable, niedrige Preise auferlegt werden, kann eine Plattform es für einen Wettbewerber, der mit derart niedrigen Preisen nicht mitgehen kann, schwierig gestalten, die kritische Masse an Kunden zu erhalten.[1668]

Im Rahmen einer rule of reason Analyse kann die Ökonomie von zweiseitigen Plattformen auch eine Erklärung für bestimmte **Bündelungspraktiken**, die möglicherweise die Auswahl der Konsumenten begrenzen oder diesen einen Schaden zufügen, liefern.[1669] Auch ist es zumindest theoretisch möglich, dass eine zweiseitige Plattform gegenüber ihren Konsumenten Exklusivitätsverträge verwendet, mit dem Ziel Wettbewerber entsprechend auszuschließen.[1670] Zu beachten ist daneben, dass beispielsweise Kopplungsgeschäfte im Sinne eines „Bundling" oder „Tying" in mehrseitigen Märkten einer anderen Bewertung zu unterziehen sind als in einseitigen Märkten, und zwar insbesondere im Fall negativer Externalitäten zwischen den Nachfragergruppen.[1671]

(3) Zwischenfazit

Die Theorie zweiseitiger Märkte trifft insoweit keine allgemeingültigen Aussagen zu Preissetzungs- noch Wohlfahrtseffekten, sodass für die Beurteilung wettbewerblicher Beschränkungen seitens der Wettbewerbsbehörden auf Einzelfalluntersuchungen zurückzugreifen ist, die zuweilen komplex und zeitaufwändig ausfallen.[1672]

1665 Evans & Schmalensee (2012), S. 33.
1666 Evans & Schmalensee (2007), S. 176.
1667 Evans & Schmalensee (2012), S. 34.
1668 Evans & Schmalensee (2012), S. 34–35.
1669 Siehe dazu das bei Evans & Schmalensee (2007), S. 177 angeführte Beispiel für Payment Cards.
1670 Zu den Folgen von Exklusivitätsverträgen in two-sided gegenüber single-sided markets siehe Evans & Schmalensee (2007), S. 178–179.
1671 Nähere Ausführungen hierzu finden sich bei Budzinski & Lindstädt (2010), S. 439.
1672 Budzinski & Lindstädt (2010), S. 442.

Mithin lässt sich festhalten, dass sich korrekte ökonomische Analysen von Antitrust Angelegenheiten bei mehrseitigen Plattformen weitaus komplizierter gestalten, als dieses bei auf einseitigen Märkten tätigen Unternehmen der Fall ist.[1673] Es sind daher bei einem wettbewerbspolitischen Fall, der einen zweiseitigen Markt tangiert, stets entsprechende Modifikationen zu berücksichtigen, um eine anderenfalls zu geradlinige und möglicherweise fehlerhaft ausfallende Analyse zu vermeiden.[1674] Zumindest die Erkenntnis, dass es mehrere Kundengruppen mit einer gekoppelten Nachfrage gibt, kann aber der wettbewerbspolitischen Analyse dabei helfen, einerseits wettbewerbswidrige Strategien und andererseits auf einseitigen Märkten in der Form nicht auftretende positive Effizienzen zu identifizieren.

1673 Evans & Schmalensee (2012), S. 37.
1674 Wright (2004), S. 61; Evans & Schmalensee (2008), S. 667.

5 Anwendung auf den Amazon Konzern

5.1 Einleitung

5.1.1 Darstellung der wesentlichen Unternehmenscharakteristika

Die Amazon.com, Inc. ist ein im Jahre 1994 in dem US-amerikanischen Bundesstaat Washington gegründetes Unternehmen, das heute insbesondere als international führender Online-Versandhändler agiert.[1675]

Der Gründer und heutige Präsident, Chief Executive Officer und Chairmann des Boards der Amazon.com, Inc., Jeffrey P. Bezos, Absolvent der Princeton University und Inhaber der Washington Post,[1676] beabsichtigte anfangs das Unternehmen Relentless.com zu firmieren, weshalb auch die entsprechende URL selbst heute noch zur Website von Amazon führt.[1677] Bezos entschied dann jedoch die Firmierung an den Namen des - am Volumen des geführten Wassers gemessen - weltweit größten Flusses, dem Amazonas, anzulehnen.[1678] Die nachfolgende Abbildung 10 zeigt das Logo des US-amerikanischen Konzerns.

Abb. 10: Logo der Amazon.com, Inc.

Quelle: www.amazon.com, aufgerufen am 07. Januar 2015, 7.58 Uhr.

Amazon begann zunächst, wie es auch der Business Plan vorsah, ausschließlich als Online-Buchhändler am Markt tätig zu werden.[1679] Bezos stützte die Gründung des Unternehmens dabei nicht auf eine persönliche Neigung zu Büchern, sondern betrachtete das Buch vielmehr als reines Produkt und richtete seinen Fokus darauf,

---

1675 Vgl. Amazon.com - Annual Report 2013, S. 3, online einsehbar unter http://phx. corporate-ir.net/phoenix.zhtml?c=97664&p=irol-reportsannual, aufgerufen am 07. Januar 2015, 14.35 Uhr. Bei den Angaben zu dem Amazon Konzern kann aufgrund großer Intransparenzen und der wiederholten Nichtbeantwortung von unternehmensstrukturbezogenen Fragen durch den Amazon Konzern selbst keine Vollständigkeit gewährleistet werden.
1676 Packer (2014).
1677 Brauck/Müller/Schulz (2013), S. 61.
1678 Packer (2014).
1679 Packer (2014).

sich den größten Wert und Vorteil eines Online-Unternehmens, nämlich die Sammlung spezifischer Kundendaten, zu eigen zu machen, und zwar lange bevor Google und Facebook dieses Potential für sich erkannten.[1680]

An der Spitze des Konzerns, zu dem zahlreiche Schwestern- und Tochtergesellschaften zählen, steht die in amerikanischer Rechtsform gegründete Amazon.com, Inc., die erstmals am 15. Mai 1997 an die Börse gegangen ist[1681] und auch heute noch an der größten elektronischen Börse in den USA, der NASDAQ, gelistet ist,[1682] wobei die Aktionärsstruktur einen überwiegenden Streubesitz vorsieht.[1683] Das Management des Unternehmens erfolgt geographisch orientiert durch eine Unterteilung in „North America" und „International".[1684] Dem Konzern gehören mehrere Headquarters wie das amerikanische Corporate Headquarter in Seattle (Washington), die asiatischen Corporate Headquarters in Beijing (China) und Meguro (Japan) sowie das europäische in Luxembourg City (Luxemburg) an.[1685]

Auf europäischer Ebene ist insbesondere die Amazon EU S.à r.l. mit Sitz in Luxembourg von Relevanz, die über ein Stammkapital von 37.500 Euro verfügt und gesetzlich durch Xavier Garambois vertreten wird.[1686] Daneben existiert die Amazon Europe Holding Technologies SCS,[1687] welche, um Gewinnversteuerungen zu vermeiden, in der Rechtsform einer geschlossenen Kommanditgesellschaft gegründet und im Wesentlichen als Unternehmenshülle ohne einen einzigen Mitarbeiter fungiert.[1688] Die Amazon Holding Technologies SCS hält hingegen offenkundig geistiges Eigentum, für das sie entsprechende Gebühren verlangt.[1689] Die Amazon Media EU S.à r.l, ebenfalls mit Sitz in Luxemburg, vermietet wiederum beispielsweise Musikdateien.[1690]

Ein vereinfachter und nicht abschließender Überblick über die Konzernstrukturen kann der nachfolgenden Abbildung 11 entnommen werden.

1680 Packer (2014).
1681 Brauck/Müller/Schulz (2013), S. 60.
1682 Vgl. Amazon.com - Annual Report 2013, S. 3, online einsehbar unter http://phx. corporate-ir.net/phoenix.zhtml?c=97664&p=irol-reportsannual, aufgerufen am 07. Januar 2015, 14.35 Uhr.
1683 Zur Aktionärsstruktur siehe http://www.finanzen.net/unternehmensprofil/Amazon, aufgerufen am 06. Januar 2015, 18.23 Uhr.
1684 Vgl. Amazon.com - Annual Report 2013, S. 3, online einsehbar unter http://phx. corporate-ir.net/phoenix.zhtml?c=97664&p=irol-reportsannual, aufgerufen am 07. Januar 2015, 14.35 Uhr.
1685 Für nähere Informationen siehe http://www.amazon.com/b/?node=239366011, aufgerufen am 05. Januar 2015, 14.27 Uhr.
1686 Für nähere Informationen siehe http://www.amazon.de/gp/help/customer/display. html/ref= footer_impressum? ie=UTF8&nodeId=505050, aufgerufen am 05. Januar 2015, 14.27 Uhr.
1687 Brinkmann (2014).
1688 Brinkmann (2014).
1689 Brinkmann (2014).
1690 Brinkmann (2014).

Abb. 11: Konzernstrukturen und Dienste der Amazon.com, Inc.

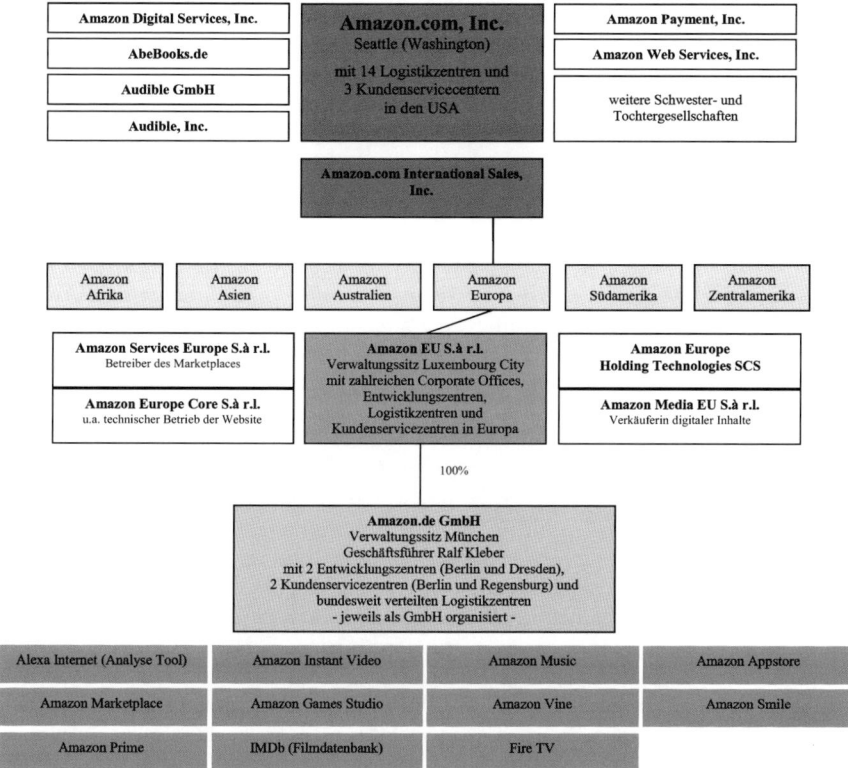

Quelle: Eigene Abbildung in Anlehnung an http://www.amazon.com/b/?node=239366011, http://www.amazon.de/Locations-Deutschland-Luxemburg/b?ie=UTF8&node=20298801, jeweils aufgerufen am 06. Januar 2015, 13.07 Uhr sowie an Amazon.com - Annual Report 2013, online einsehbar unter http://phx.corporate-ir.net/phoenix.zhtml?c=97664&p=irol-reportsannual, aufgerufen am 07. Januar 2015, 14.35 Uhr.

Ergänzend anzumerken ist an dieser Stelle, dass beispielsweise Amazon.de lediglich einen Handelsnamen für die Amazon Europe Core S.à r.l. darstellt, der daneben aber auch von der Amazon EU S.à r.l., der Amazon Media S.à r.l. und der Amazon Services Europe S.à r.l. verwendet wird.[1691]

1691 Vgl. hierzu http://www.amazon.de/gp/help/customer/display.html/ref=footer_impressum? ie=UTF8&nodeId=505050, aufgerufen am 05. Januar 2015, 14.27 Uhr.

Der **Unternehmensgegenstand** des Amazon Konzerns ist als vielfältig und weitreichend zu qualifizieren.[1692] So gilt Amazon schon lange nicht mehr als bloßer Online-Händler, sondern wird vielmehr als „Weltmacht" betitelt, indem das Unternehmen immer weitere Lebensbereiche und Wirtschaftsbranchen für sich erobert.[1693] Amazon beschreibt sich selbst dabei als „Earth's most customer-centric company."[1694]

Amazons sog. Code of Corporate Secrecy unterliegt einer extremen Ausprägung, infolgedessen es, da das Unternehmen beispielsweise weder bestätigen würde, wie viele Mitarbeiter es in Seattle beschäftigt noch darüber Auskunft geben würde, wie viele Kindle E-Readers bisher verkauft wurden,[1695] zu Intransparenzen kommt. Dieses wirkt sich insoweit aus, als dass letztlich, da weder die Unternehmensidentität als solche noch die Ziele Amazons eindeutig erkennbar sind, Amazons Auftritt auf dem Markt als einschüchternd wahrgenommen wird.[1696]

Der Konzern Amazon beschäftigt weltweit über 117.000 Mitarbeiter in Voll- und Teilzeit.[1697] Allein in Deutschland wurden in den letzten 15 Jahren mehr als 20.000 Arbeitsplätze aufgebaut.[1698]

Im Gesamtjahr 2014 wuchs der Umsatz Amazons um 20 Prozent auf 89,0 Milliarden US-Dollar, wovon auf Amazon Deutschland alleine 11,9 Milliarden US-Dollar Umsatz entfallen.[1699] Im Vergleich zu einem Umsatz von 8,7 Milliarden Euro im Jahr 2012 ist Deutschland damit für den amerikanischen Online-Händler einer der umsatzstärksten und zunehmend wachsenden Auslandsmärkte.[1700] Vergleichsweise dazu lag nach Schätzungen des Bundesverbandes des Deutschen Versandhandels der Gesamtumsatz des deutschen Online-Handels im Jahr 2012 bei 27,5 Milliarden Euro, nach Zahlen des Einzelhandelsverbands hingegen bei 29,5 Milliarden Euro.[1701] Demnach kontrollierte Amazon schon in 2012 ein Fünftel beziehungsweise fast ein Viertel des gesamten deutschen Online Versandhandels.[1702] Inwieweit die einzelnen Geschäftsbereiche von Amazon dabei von Erfolg gekennzeichnet sind, lässt sich

---

1692 Ein graphisch veranschaulichter Überblick zu der Entwicklung findet sich bei Kirby & Stewart (2007).
1693 Brauck/Müller/Schulz (2013), S. 59. Siehe hierzu Kapitel 5.1.2.
1694 Packer (2014). Auch Podszun (2015), S. 103 bestätigt unter anderem für Amazon und HRS, dass „close links between companies and customers play a more important role (...)."
1695 Packer (2014).
1696 Packer (2014).
1697 Vgl. Amazon.com - Annual Report 2013, S. 4, online einsehbar unter http://phx. corporate-ir.net/phoenix.zhtml?c=97664&p=irol-reportsannual, aufgerufen am 07. Januar 2015, 14.35 Uhr.
1698 Heinemann (2015), S. 16.
1699 o.V. (2015b), S. 25.
1700 Lindner & Knop (2013).
1701 Lindner & Knop (2013).
1702 Lindner & Knop (2013).

aufgrund der Veröffentlichung von Finanzdaten in nur sehr aggregierter Form von außen nicht beurteilen.[1703] Amazon selbst gibt dazu lediglich an, dass das Geschäft insoweit saisonbedingt ist, als dass im vierten Quartal mit Ende des 31. Dezembers über 30 Prozent des Jahresumsatzes erzielt werden[1704] und dass Prime Mitglieder einen besonderen Wert für das Unternehmen mitbringen, da diese tendenziell mehr Bestellungen auf der Website vornehmen als Nichtmitglieder.[1705]

Insgesamt wächst der Konzern stetig weiter und wird nicht nur als „one of the most successful online firms",[1706] sondern auch auch als „stiller Gigant" bezeichnet.[1707] Doch diese Entwicklung ist nicht nur durch internes, sondern auch durch externes Unternehmenswachstum bedingt: Im Jahre 2008 wurde beispielsweise das kanadische Unternehmen Abebooks übernommen, ein Internetmarktplatz für antiquarische Bücher.[1708] Nur wenige Jahre später hat der Konzern das Unternehmen Goodreads[1709] und die Video-Website Twitch erworben, wobei alleine für letzteres der Kaufpreis bei rund 970 Millionen Dollar lag.[1710] Das größte Wachstum ist jedoch intern bei den Amazon Web Services (AWS), bei denen Rechnerleistungen vermietet werden, zu verzeichnen; dieser Geschäftsbereich birgt ein derart hohes Potential, dass eine Entwicklung zu einem noch größeren Geschäft als der Internethandel von Amazon nicht ausgeschlossen werden kann.[1711] Um dem eigenen Wachstum noch folgen zu können, muss Amazon mittlerweile enorme Anstrengungen vornehmen: Aus diesem Grund werden beispielsweise seit dem Erwerb der Roboterfirma Kiva für 775 Millionen US-Dollar in amerikanischen Logistikzentren bereits über 1300 Roboter eingesetzt, die computergesteuert die bestellte Ware aus den Lagerregalen zu den Verpackungsstationen bringen.[1712]

Auch das vor über zehn Jahren entwickelte Konzept Amazon Prime, das unter anderem einen unbegrenzten kostenfreien Versand mehrerer Millionen Prime Artikel gegen eine geringe jährliche Pauschale impliziert, dringt weiter auf dem Markt vor und weist mittlerweile weltweit über zehn Millionen Mitglieder auf.[1713] Gleiches gilt

---

1703 o.V. (2015b), S. 25.
1704 Vgl. Amazon.com - Annual Report 2013, S. 4, online einsehbar unter http://phx. corporate-ir.net/phoenix.zhtml?c=97664&p=irol-reportsannual, aufgerufen am 07. Januar 2015, 14.35 Uhr.
1705 o.V. (2015b), S. 25.
1706 Lieber & Syverson (2012), S. 189.
1707 Maier (2013).
1708 o.V. (2008).
1709 Bahners (2013).
1710 o.V. (2014f).
1711 Maier (2013).
1712 Brauck/Müller/Schulz (2013), S. 62.
1713 Vgl. Amazon.com - Annual Report 2013, Letter to Shareowners und S. 3, online einsehbar unter http://phx.corporate-ir.net/phoenix.zhtml?c=97664&p=irol-reportsannual, aufgerufen am 07. Januar 2015, 14.35 Uhr. In Deutschland beträgt die jährlich zu zahlende Pauschale 49 Euro. Vgl. dazu für Details https://www.

für Prime Instant Video, das für Prime Mitglieder inbegriffen und für Nichtmitglieder gegen eine geringe Pauschale unzählige Filme und Serienepisoden zugänglich macht.[1714] Über Amazon Smile spendet der umsatzstarke Konzern einen gewissen Prozentsatz des Kaufpreises bei einem Einkauf auf der Website smile.amazon.com an eine Wohltätigkeitseinrichtung nach Wahl des Kunden.[1715]

Die Amazon.com, Inc. und die mit ihr verbundenen Unternehmen verfügen zudem über zahlreiche Trademarks wie 1-CLICK, Amazon.de, AMAZONFRESH.[1716] Auch anderes geistiges Eigentum unter anderem in Form von Patenten, Copyrights und Domainnamen kann dem Unternehmen zugeordnet werden.[1717] Flache Hierarchien sorgen dafür, dass von den Mitarbeitern insgesamt mehr Ideen vorgetragen und umgesetzt werden,[1718] was Amazon wiederum in der Gewinnung von geistigem Eigentum bestärkt. Der Marktwert des Konzerns wird inzwischen auf weit über 80 Milliarden US-Dollar geschätzt.[1719]

5.1.2 Beschreibung der Märkte und Marktabgrenzungsfragen

Aufgrund der weitreichenden Unternehmensgegenstände der dem Konzern angehörigen Gesellschaften[1720] agiert Amazon auf zahlreichen Märkten. So gilt Amazon zum einen zwar nach wie vor als der wichtigste Händler von Print- und E-Books,[1721] bietet zum anderen aber auch neue und gebrauchte Waren aus nahezu allen Bereichen

---

amazon.de/gp/help/customer/display.html/ref=hp_prilp_aap? nodeId=201061460, aufgerufen am 07. Januar 2015, 8.39 Uhr.

1714 Vgl. Amazon.com - Annual Report 2013, Letter to Shareowners, online einsehbar unter http://phx.corporate-ir.net/phoenix.zhtml?c=97664&p=irol-reportsannual, aufgerufen am 07. Januar 2015, 14.35 Uhr.

1715 Vgl. Amazon.com - Annual Report 2013, Letter to Shareowners, online einsehbar unter http://phx.corporate-ir.net/phoenix.zhtml?c=97664&p=irol-reportsannual, aufgerufen am 07. Januar 2015, 14.35 Uhr.

1716 Eine Übersicht über die Trademarks des Amazon Konzerns findet sich unter http://www.amazon.de/gp/help/customer/display.html?nodeId=200975440, aufgerufen am 05. Januar 2015, 15.09 Uhr.

1717 Vgl. Amazon.com - Annual Report 2013, S. 4, online einsehbar unter http://phx.corporate-ir.net/phoenix.zhtml?c=97664&p=irol-reportsannual, aufgerufen am 07. Januar 2015, 14.35 Uhr.

1718 Knop & Heeg (2015).

1719 Lieber & Syverson (2012), S. 189, die gleichzeitig feststellen, dass der Marktwert Amazons damit 60 Prozent über dem kumulierten Wert der zwei großen und erfolgreichen Offline-Retailer Target und Kohl liegt.

1720 Ein graphisch veranschaulichter Überblick zu der Entwicklung findet sich bei Kirby & Stewart (2007).

1721 Brühl (2014). So wird bereits der E-Book-Markt als eigenständiger Markt verstanden, auch wenn sich dieser zum Teil noch nicht vollständig verfestigt hat. Vgl. hierzu auch Bomm (2012).

der Konsumgüterindustrie an[1722] und wird demzufolge auch als Universalhändler angesehen.[1723] Aufgrund seiner Vielfältigkeit wird der Konzern daher heutzutage auch wie folgt beschrieben: „Amazon is a global superstore, like Walmart. It's also a hardware manufacturer, like Apple, and a utility, like Con Edison, and a video distributor, like Netflix, and a book publisher, like Random House, and a production studio, like Paramount, and a literary magazine, like The Paris Review, and a grocery deliverer, like FreshDirect, and someday it might be a package service, like U.P.S."[1724]

Amazon hat in den vergangenen Jahren immer wieder neue Geschäftsbereiche erschlossen,[1725] obwohl das Unternehmen im Zeitpunkt der Gründung im Jahre 1994 zunächst als **reines Wiederverkaufsunternehmen** aufgestellt worden war.[1726] Heutzutage agiert Amazon jedoch nicht nur als Reseller für stark nachgefragte Produkte, sondern stellt beispielsweise auch eine mehrseitige Plattform zur Verfügung, auf der unabhängige Verkäufer ihre Waren offerieren können.[1727] Daneben bietet Amazon den Händlern auch die Übernahme der Warenabfertigung und Logistik an, weshalb das Unternehmen auch als „Reederei der globalen Online-Warenwirtschaft" bezeichnet wird.[1728] Aufgrund der großen Vielfalt an Produkten, die Amazon entweder als Reseller vermarktet oder die über Händler auf Amazon Marketplace angeboten wird, besteht bereits ein so umfangreiches Sortiment an Gütern, dass dieses als „damn close to serving every human need"[1729] einzuordnen ist.

Weiterhin entwickelt, produziert und vermarktet Amazon auch eigene Elektronikprodukte wie Tabletcomputer und Smartphones wie zum Beispiel die im Jahre 2007 eingeführte Produktinnovation des Kindle Reader für E-Books[1730] oder das im Jahre 2014 auf den Markt gebrachte Fire Phone, welches sich jedoch als

---

1722   Für Details vgl. http://www.finanzen.net/unternehmensprofil/Amazon, aufgerufen am 06. Januar 2015, 18.23 Uhr.
1723   o.V. (2015b), S. 25.
1724   Packer (2014).
1725   o.V. (2015b), S. 25.
1726   Hagiu & Wright (2013), S. 6.
1727   Maier (2013).
1728   Maier (2013).
1729   Foer (2014).
1730   De los Santos & Wildenbeest (2014), S. 5; o.V. (2015c); Knöchelmann (2014). Der Verkauf des Kindle Readers wird jedoch als mäßig beschrieben. Dieser verwundert insoweit, als dass der seit 2009 E-Book Reader entwickelnde Wettbewerber Txtr in 2015 insolvent gegangen ist und auch Mobilgeräte wie Tablet-PCs oder Smartphones als Reader schlechter geeignet sind, da diese weder über stromsparende E-Ink-Displaytechnik noch über lange Akkulaufzeiten verfügen; zudem sind sie oftmals zu schwer und mit einem Dispaly ausgestattet, der das Lesen von E-Books im Außenbereich bei hellem Sonnenschein selten ermöglicht. Die Amazon App zum Lesen der E-Books auf Tablet PC wird jedoch gratis bereitgestellt. Vgl. hierzu Spehr (2015).

Flop erwies.[1731] Mit den günstigen Elektronikprodukten, die genau auf das eigene Inhalteangebot abgestimmt werden, verfolgt Amazon vor allem das Ziel, den Absatz von Filmen, Musik, Büchern, Apps und Spielen weiter zu erhöhen.[1732] Mit dem neuen Fire-TV-Stick will Amazon zudem nun auch Fernsehkunden an sich binden.[1733]

Amazon ist daneben aber auch Vermieter von Rechenleistungen, Betreiber eines Buch- und Musikverlages, Gründer eines Filmstudios in Los Angeles[1734] und Produzent von Fernsehshows.[1735] Aufgrund der unternehmerischen Vielfalt ist bei Amazon somit selbst der Sprung in den Automobilmarkt mittlerweile nicht mehr auszuschließen; so gibt es die entsprechenden Reifen bereits zu kaufen.[1736]

Das Unternehmen Amazon unterliegt dabei insgesamt einer sehr zügigen Entwicklung[1737] im Sinne einer räumlichen und produktbezogenen Erweiterung bei ohnehin schon breiten geschäftlichen Tätigkeitsfeldern, sodass sich eine entsprechende Beschreibung und Abgrenzung der Amazon betreffenden Märkte aufgrund der hohen **Komplexität** sehr schwierig und umfassend gestaltet und wie auch im Fall Google in der Praxis allenfalls unter Einsatz unzähliger Ressourcen durchführbar ist.[1738] Insbesondere vor dem Hintergrund, dass die für eine Abgrenzung erforderlichen Daten nicht öffentlich verfügbar sind und somit auch im Rahmen dieser Arbeit nicht genutzt werden können, wird eine sachliche und räumliche Abgrenzung der sich geographisch global erstreckenden Märkte an dieser Stelle auch nicht erfolgen können. Denn trotzdessen, dass Amazon international agiert, ist alleine in **geographischer Hinsicht** schon fraglich, ob Onlinemärkte national, europäisch, weltweit oder anhand von Sprachgrenzen voneinander abzugrenzen sind.[1739] Zudem ist bei einer geographischen Abgrenzung zwischen digitalen und physischen Gütern, die Amazon anbietet, zu differenzieren: Denn speziell für digitale Produkte kann für sich genommen letztlich nur eine globale Marktabgrenzung erfolgen, da die Transportkosten digitaler Güter gen Null tendieren.[1740] Bei physischen Gütern düfte die Marktabgrenzung hingegen aufgrund von Sprachbarrieren

---

1731 o.V. (2015b), S. 25; Vgl. auch Amazon.com - Annual Report 2013, S. 3, online einsehbar unter http://phx.corporate-ir.net/phoenix.zhtml?c=97664&p=irol-reportsannual, aufgerufen am 07. Januar 2015, 14.35 Uhr.
1732 o.V. (2015c).
1733 o.V. (2015c).
1734 Maier (2013).
1735 o.V. (2015b), S. 25.
1736 Maier (2013).
1737 Vgl. Amazon.com - Annual Report 2013, S. 4, online einsehbar unter http://phx.corporate-ir.net/phoenix.zhtml?c=97664&p=irol-reportsannual, aufgerufen am 07. Januar 2015, 14.35 Uhr.
1738 Vgl. Hauck (2015), S. 60 in Bezug auf Google: „The core issue is the definition of the relevant product market (or markets)."
1739 Monopolkommission (2015), S. 126.
1740 Monopolkommission (2015), S. 127.

und Transportkosten in einem engeren Maße durchzuführen sein.[1741] Letztlich bedeutet dieses, dass eine geographische Marktabgrenzung im Fall von Amazon also auch produktabhängig erfolgen müsste.

Bei einer **sachlichen Marktabgrenzung** wäre für Amazon wiederum zu überprüfen, inwieweit Substitutionsbeziehungen zwischen einzelnen Produkten und zwischen dem Onlinehandel und dem stationären Handel gegeben sind, da einem gemeinsamen Markt insoweit nur die Produkte angehören können, die hinreichend substituierbar sind.[1742] Zu erkennen ist dabei, dass eine Handelsplattform wie Amazon für sich selbst keinen eigenen Markt begründet, sondern vielmehr sowohl aus Verkäufer- als auch aus Käufersicht eine Wettbewerbssituation zu anderen Plattformen und sonstigen Anbietern besteht, die auch den Kauf und Verkauf des nachgefragten Gutes anbieten.[1743] Alleine in Bezug auf den Buchmarkt würde sich bereits die Frage stellen, ob Amazons Anteil am gesamten Buchhandel oder nur am Versand im Netz zu messen ist,[1744] sprich inwieweit Substitutionsbeziehungen zwischen Online und Offline in die Betrachtungen zu integrieren sind. So liegt beispielsweise Amazons Marktanteil am Online-Buchhandel in Deutschland zwar bei etwa 80 Prozent, eine Marktanteilsbetrachtung am gesamten Buchmarkt ordnet Amazon aber lediglich etwa 25 Prozent zu.[1745]

1741 Monopolkommission (2015), S. 127.

1742 Vgl. zu der Thematik der Marktabgrenzung ausführlich Kapitel 3.2; zudem Monopolkommission (2015), S. 126.

1743 Monopolkommission (2015), S. 127–128.

1744 Brühl (2013). Nach Angaben des Börsenvereins des Deutschen Buchhandels umfasste der gesamte Buchmarkt im Jahre 2012 alleine in Deutschland mehr als neun Milliarden Umsatz, wovon alleine auf Amazon 1,6 Milliarden entfielen. Die Umsatzangaben beziehen sich dabei alleine auf Bücher und Zeitschriften, andere Artikel sind hiervon nicht erfasst. Nach der Gesellschaft für Konsumforschung (GfK) hat der Buchmarkt allerdings nur einen Umsatz von vier Milliarden umfasst, sodass Amazon auf Grundlage dieser Angaben einen Marktanteil von mehr als 40 Prozent hat und damit jenseits des Online-Buchhandels eine dominante Stellung einnimmt. Vgl. hierzu näher Brühl (2013). Für das Jahr 2013 existieren Zahlen, bezogen auf den deutschen Buchmarkt, wonach Läden vor Ort einen Umsatz von 4,6 Milliarden Euro erwirtschaftet haben sollen, der Online Buchhandel hingegen knapp 1,6 Milliarden. Hiernach war im Jahre 2013 erstmals eine Rückläufigkeit beim Online-Handel festzustellen. Vgl. hierzu o.V. (2015a). Im deutschen Online-Buchhandel nimmt Amazon alleine einen Marktanteil von rund 70 Prozent ein, wobei der Onlinehandel insgesamt aber lediglich 16 Prozent des deutschen Buchhandels ausmacht. Vgl. hierzu Rath (2014).

1745 Haucap (2014b). Indem Amazon mit rund 80 Prozent den deutschen Online-Buchhandel kontrolliert, liegt das Unternehmen damit deutlich über der Schwelle von einem Drittel, was nach dem deutschen Gesetz gegen Wettbewerbsbeschränkungen (GWB) auf eine marktbeherrschende Stellung hindeutet. Vgl. hierzu Brühl (2013).

Darüber hinaus wären speziell für den Amazon Marketplace die Besonderheiten einer Abgrenzung mehrseitiger Märkte zu berücksichtigen, was die Substitutionsmöglichkeiten der einzelnen Marktseiten umfasst.[1746] Die bloßen Umsatzanteile einer Handelsplattform wie bei Amazon können jedenfalls nicht mit kartellrechtlich relevanten Marktanteilen gleichgestellt werden; das Erfordernis einer sachgerechten Marktabgrenzung kann insoweit nicht umgangen werden.[1747] Für eine eigenständige Marktabgrenzungsanalyse mangelt es in dem vorliegenden Fall jedoch an dem Vorliegen der dafür erforderlichen Daten. Um sich einer sachlichen Marktabgrenzung dennoch zumindest minimal anzunähern, verbleibt mit Ausnahme der Erhebung dieser komplexen Daten nur ein Rückgriff auf die Auffassung Amazons. Der Konzern selbst sieht derzeitige und potentielle **Wettbewerber** insbesondere in den folgenden: Zum einen sind dieses globale physische Wiederverkäufer, Verleger, Distributoren, Hersteller und Produzenten von Amazon Produkten sowie Designer, Hersteller und Vertreiber von elektronischen Geräten und Telekommunikation.[1748] Zum anderen gehören hierzu sämtliche Anbieter von E-Kommerz, also von elektronischem Handel, Medienunternehmen, Webportale, vergleichbare Webseiten mit Online-Einkaufsfunktionen sowie Online-Suchmaschinen, und zwar entweder als direkte Wettbewerber oder wiederum in Verbindung mit deren Wiederverkäufern.[1749] Darüber hinaus zählt Amazon zu seinen Wettbewerbern Unternehmen, die Serviceleistungen im Bereich des E-Kommerz anbieten, einschließlich der Entwicklung und Betreuung von Webseiten inklusive Online-Zahlungstools, sowie Unternehmen, die Datenspeicherung betreiben, Infrastruktur bereitstellen und andere Webdienste anbieten.[1750]

Gestützt auf die eigene Positionierung im Markt lässt sich mithin für Amazon ableiten, dass nicht nur die zahlreichen Geschäftsfelder, sondern auch die ausgeprägte Reichweite der Wettbewerber die große Anzahl an Märkten widerspiegelt, auf denen Amazon tätig ist. Plausibilitätserwägungen können demzufolge dahin führen, dass Amazon selbst eine sachliche Marktabgrenzung implizit auf das Konzept des Upward Pricing Pressure stützt, indem die wichtigsten Wettbewerber identifiziert werden.[1751] Die eigentliche Frage, wie die für Amazon relevanten Märkte voneinander abzugrenzen sind, bleibt aber auch unter Einbeziehung dieser Eigenpositionierung

1746 Vgl. Monopolkommission (2015), S. 142.
1747 Vgl. Monopolkommission (2015), S. 129.
1748 Vgl. Amazon.com - Annual Report 2013, S. 4, online einsehbar unter http://phx. corporate-ir.net/phoenix.zhtml?c=97664&p=irol-reportsannual, aufgerufen am 07. Januar 2015, 14.35 Uhr.
1749 Vgl. Amazon.com - Annual Report 2013, S. 4, online einsehbar unter http://phx. corporate-ir.net/phoenix.zhtml?c=97664&p=irol-reportsannual, aufgerufen am 07. Januar 2015, 14.35 Uhr.
1750 Vgl. Amazon.com - Annual Report 2013, S. 4, online einsehbar unter http://phx. corporate-ir.net/phoenix.zhtml?c=97664&p=irol-reportsannual, aufgerufen am 07. Januar 2015, 14.35 Uhr.
1751 Vgl. zum Konzept des Upward Pricing Pressure Kapitel 3.2.

unbeantwortet. So käme für eine Wettbewerbsbehörde, unter der Prämisse des Zugangs zu hinreichenden Daten, eine Abgrenzung Produkt für Produkt oder aber über die Definition eines Online-Supermarktes in Betracht. Sowohl die eine als auch die andere Vorgehensweise kennzeichnet sich in diesem Fall von immenser Komplexität. Eine reine produktbezogene Abgrenzung kann insofern nicht genügen, als dass bei Amazon auch die entsprechenden Dienstleistungsangebote einzubeziehen wären. Hinzu käme, dass mit einer solchen Marktabgrenzung nicht die Stellung des Konzerns im Onlinegeschäft adäquat abgebildet werden könnte, da es gerade das Zusammenspiel der immensen Vielzahl an Gütern ist, durch das Amazon eine so mächtige und besondere Stellung auf den tangierten Märkten erlangt.

Vor diesem Hintergrund sollte es, um aus der sachlichen Marktabgrenzung auch Rückschlüsse auf die Position Amazons im Vergleich zu etwaigen Wettbewerbern schließen zu können, für eine Wettbewerbsbehörde geeigneter sein, einen Markt für Online-Supermarktgeschäfte zu definieren. Über einen solchen ließe sich zumindest ein Großteil der wichtigsten geschäftlichen Aktivitäten Amazons erfassen. Auch befasst sich Amazon selbst gerade als Retail Business mit den zentralen Wettbewerbsfaktoren, zu denen der Konzern die Auswahl, den Preis und den Komfort, inklusive einer schnellen und zuverlässigen Ausführung zählt.[1752] Der Konzern schwächt seine eigene Stellung dabei möglicherweise ab, indem er vorgibt, dass viele der derzeitigen und potentiellen Konkurrenten über größere Ressourcen und eine längere Historie verfügen sowie mehr Kunden und einen größeren Marken-Wiedererkennungswert aufweisen.[1753] Es liegt dabei nahe, dass Amazon bei dieser Aussage einen Wettbewerber wie den im Jahre 1962 gegründeten und in 28 Ländern tätigen Walmart im Blick hat, dessen heutiges Onlinegeschäft von ähnlicher Produktvielfalt gekennzeichnet ist.[1754] Darüber hinaus legt Amazon dar, dass diese sich eventuell auch bessere Konditionen bei den Lieferanten sichern, eine aggressive Preispolitik annehmen und mehr Ressourcen in Technologie, Infrastruktur, Abwicklung und Marketing investieren.[1755] Auch sei nicht ausgeschlossen, dass Wettbewerber entsprechende Allianzen schließen, um ihre Wettbewerbsposition

---

1752 Vgl. Amazon.com - Annual Report 2013, S. 4, online einsehbar unter http://phx. corporate-ir.net/phoenix.zhtml?c=97664&p=irol-reportsannual, aufgerufen am 07. Januar 2015, 14.35 Uhr. Hinzu kommen Faktoren wie Qualität, Geschwindigkeit und Zuverlässigkeit von Services und Tools.

1753 Vgl. Amazon.com - Annual Report 2013, S. 4, online einsehbar unter http://phx. corporate-ir.net/phoenix.zhtml?c=97664&p=irol-reportsannual, aufgerufen am 07. Januar 2015, 14.35 Uhr.

1754 Vgl. hierzu http://corporate.walmart.com/our-story, aufgerufen am 20. August 2015, 19.37 Uhr.

1755 Vgl. Amazon.com - Annual Report 2013, S. 4, online einsehbar unter http://phx. corporate-ir.net/phoenix.zhtml?c=97664&p=irol-reportsannual, aufgerufen am 07. Januar 2015, 14.35 Uhr.

zu stärken.[1756] Einen tatsächlichen Aufschluss über die Wettbewerbssituation auf den tangierten Märkten kann jedoch nur eine sachliche Abgrenzung der Märkte bringen. Umso entscheidender ist es für die weitergehenden wettbewerbspolitischen Betrachtungen im Amazon-Fall, dass sich die Wettbewerbsbehörden einer solchen mit Priorität annehmen.

5.2 Internationale Anwendbarkeit der europäischen Wettbewerbsregeln auf Amazon

Der internationale Anwendungsbereich[1757] der europäischen Wettbewerbsregeln befasst sich mit der geographischen Reichweite des Regelungsanspruchs kartellrechtlicher Normen. Hintergrund dafür ist, dass es aufgrund einer fehlenden effektiven internationalen Einrichtung für Wettbewerbspolitik grundsätzlich den nationalen beziehungsweise regionalen Wettbewerbsbehörden überlassen bleibt, sich auch mit internationalen wettbewerbswidrigen Vereinbarungen und Verhaltensweisen von Unternehmen zu befassen.[1758]

Die zunehmende Internationalisierung des Wettbewerbs, der unternehmerischen Aktivitäten sowie der damit einhergehenden wettbewerbswidrigen Abreden und Verhaltensweisen führt dazu, dass oftmals Märkte mit verschiedenen Rechtssystemen betroffen sind.[1759] Art. 101 und 102 AEUV wenden sich hingegen nur gegen Wettbewerbsbeschränkungen innerhalb des Gemeinsamen Marktes und erfordern insoweit, dass die betroffene Handlung eines Unternehmens Wirkungen innerhalb der Europäischen Union annimmt.[1760] Schwierigkeiten gehen damit insbesondere bei Handlungen einher, die außerhalb der Europäischen Union veranlasst werden,[1761] wie es auch bei dem US-amerikanischen Konzern Amazon der Fall sein mag. In Bezug auf den internationalen Anwendungsbereich des Wettbewerbsrechts besteht aber trotz Eingreifens von gegebenenfalls unterschiedlichen Jurisdiktionen Einigkeit dahingehend, auch extraterritoriale Sachverhalte zu erfassen.[1762] Nicht einheitlich beurteilt wird lediglich, ob dieses auf ein qualifiziertes Auswirkungsprinzip oder ein dem Auswirkungsprinzip nahe kommendes Durchführungsprinzip zu stützen ist. Die Varianten eines strengen Territorialitätsprinzips mit Anknüpfung an den

---

1756 Vgl. Amazon.com - Annual Report 2013, S. 4, online einsehbar unter http://phx. corporate-ir.net/phoenix.zhtml?c=97664&p=irol-reportsannual, aufgerufen am 07. Januar 2015, 14.35 Uhr.

1757 Der Anwendungsbereich ist zu differenzieren vom Geltungsbereich, wobei letzterer für hoheitliche Akte streng territorial begrenzt ist, wohingegen der Anwendungsbereich auch auf extraterritoriale Sachverhalte erstreckt werden kann. Vgl. hierzu Wagner-von Papp & Wurmnest (2015), S. 544, Rn. 1536.

1758 Budzinski (2008b), S. 33.

1759 Budzinski (2008b), S. 34.

1760 Emmerich (2014), S. 23, Rn. 14.

1761 Emmerich (2014), S. 23, Rn. 14.

1762 Wagner-von Papp & Wurmnest (2015), S. 544, Rn. 1540; Budzinski (2008b), S. 34.

Handlungsort oder eines Personalitätsprinzips mit Bezugnahme auf die Staatsangehörigkeit respektive auf den Unternehmenssitz werden dem Schutzzweck des Wettbewerbsrechts, der in erster Linie dem inländischen Wettbewerb gilt, nicht gerecht, sodass diese auch nicht geeignet sein können, die internationale Anwendbarkeit des europäischen Wettbewerbsrechts zu bestimmen.[1763]

Aufgrund der mit den vorgenannten Prinzipien einhergehenden Schutzlücken hat sich als Kerninstrument im Bereich einer extraterritorialen Wettbewerbspolitik das Auswirkungsprinzip, das auch als Effects Doctrine bezeichnet wird, durchgesetzt.[1764] Dieses wurde im Jahre 1945 vom Court of Appeals des Second Circuit im Alcoa Fall entwickelt[1765] und hat seitdem eine weltweite Verbreitung erfahren.[1766] Die Effects Doctrine besagt dabei, dass wettbewerbswidrige Geschäftspraktiken eines Unternehmens, die sich auf nationale Märkte auswirken, auch Gegenstand des nationalen Wettbewerbsrechts sind, und zwar unabhängig von dem örtlichen Sitz des betroffenen Unternehmens beziehungsweise dem Ort der Abreden und Praktiken.[1767] Sobald also beispielsweise nichtamerikanische Unternehmen wettbewerbswidrige Geschäftspraktiken vornehmen, die sich auf den US-amerikanischen Markt auswirken, ist US-amerikanisches Wettbewerbsrecht anwendbar.[1768] Somit erfordert auch auf europäischer Ebene die Anwendbarkeit der Verträge grundsätzlich nicht, dass europäische Unternehmen betroffen sind.[1769] Vielmehr wird das europäische Wettbewerbsrecht auch hier auf das Auswirkungsprinzip gestützt, sodass es für die Anwendbarkeit des Unionsrechts ausreicht, dass das wettbewerbswidrige Verhalten eines Unternehmens tatsächlich oder potentiell mit Auswirkungen auf den Binnenmarkt einhergeht.[1770] Dieses gilt dabei selbst für den Fall, dass ein Unternehmen

---

1763 Zu den Gründen, weshalb diese Prinzipien als ungeeignet zu erachten sind, vgl. Wagner-von Papp & Wurmnest (2015), S. 546, Rn. 1544–1546.

1764 Die Effects Doctrine stellt jedoch nicht die einzige Möglichkeit für eine extraterritoriale Anwendung der Wettbewerbsregeln dar. Vgl. hierzu näher Basedow (2004), S. 322–325.

1765 Wagner-von Papp & Wurmnest (2015), S. 546, Rn. 1547. Das US-amerikanische Unternehmen Aluminium Co. of America (Alcoa) wurde durch die kanadische Aluminium Limited übernommen, welche an einem Schweizer Quotenkartell zusammen mit mehreren europäischen Unternehmen beteiligt war. Obwohl sich dieses Kartell außerhalb der USA gebildet hatte und auch keine Anhaltspunkte dafür bestanden, dass wesentliche Planungen dafür innerhalb der USA stattgefunden hatten, hat der Court of Appeals das US-amerikanische Antitrustrecht zur Anwendung gebracht, da da das Kartell auch Quotenvereinbarungen für den US-amerikanischen Markt implizierte.

1766 Wagner-von Papp & Wurmnest (2015), S. 547, Rn. 1548.

1767 Budzinski (2008b), S. 34.

1768 Budzinski (2008b), S. 34.

1769 Arndt/Fischer/Fetzer (2015), S. 194, Rn. 671.

1770 Arndt/Fischer/Fetzer (2015), S. 194, Rn. 671.

aus einem Drittstaat in der Europäischen Union agiert[1771] oder lediglich mittelbare Auswirkungen auf dem Binnenmarkt zu verzeichnen sind.[1772]

In den vergangenen Jahrzehnten wurde die heutzutage weit verbreitete Effects Doctrine auf zahlreiche Fälle wettbewerbswidriger Vereinbarungen und Verhaltensweisen, insbesondere auf kartellrechtliche Fälle, angewandt.[1773] Trotz dieser weitgehenden internationalen Durchsetzung des Auswirkungsprinzips werden immer wieder insbesondere völkerrechtliche Bedenken auf die Frage nach der Zulässigkeit eines solchen Prinzips hervorgebracht.[1774] Diese stützen sich unter anderem darauf, dass es nach dem im Wettbewerbsrecht vorherrschenden Auswirkungsprinzip als solchem grundsätzlich ausreicht, dass in dem entsprechenden Staat überhaupt Auswirkungen zu vernehmen sind, diese aber nicht zugleich auch Teil des Tatbestandes sein müssen.[1775]

Überwiegend wird jedoch eine völkerrechtliche Legitimation des Auswirkungsprinzips mit der Lotus-Entscheidung des Internationalen Gerichtshofs begründet.[1776] So ist hiernach anerkannt, dass die Effects Doctrine nicht an beliebige Auswirkungen anknüpfen darf, sondern einer extraterritorialen Anwendung des Kartellrechts durch das Erfordernis **qualifizierter Auswirkungen** insoweit Grenzen zu setzen sind.[1777] Zum Tragen kam diese Problematik unter anderem im Fall Empagran, einer Verbindung nichtamerikanischer Unternehmen, die außerhalb der USA durch die weltweiten Vitaminkartelle geschädigt wurden und versuchten, Hoffmann-La Roche auf dem privaten Rechtswege für die entstandenen Schäden in Anspruch zu nehmen.[1778] Dabei wurde seitens des Court of Appeal for the District of Columbia die Anwendung des US-amerikanischen Rechts bestätigt, obwohl sich weder die Parteien noch die Märkte, auf denen die Unternehmen geschädigt wurden, innerhalb der USA befanden.[1779] Begründet wurde dieses damit, dass bereits die bloße Möglichkeit, dass auch US-Bürger durch das Kartell einen Schaden erlitten haben, ausreiche, um US-amerikanisches Wettbewerbsrecht zur Anwendung gelangen zu lassen.[1780] Diese Entscheidung wurde jedoch von dem US Supreme Court insoweit revidiert, als dass diese zumindest eine **hinreichende Verbindung (genuine link)** zwischen dem Sachverhalt und dem regelnden Staat fordern, da eine allein im Ausland zum Tragen

---

1771 Dieses verdeutlicht der Fall des US-amerikanischen Unternehmens Microsoft, dem die Europäische Kommission einen Verstoß gegen Art. 102 AEUV zur Last gelegt hat. Vgl. hierzu Arndt/Fischer/Fetzer (2015), S. 194, Rn. 671.
1772 Arndt/Fischer/Fetzer (2015), S. 194, Rn. 671.
1773 Budzinski (2008b), S. 34–35
1774 Wagner-von Papp & Wurmnest (2015), S. 548, Rn. 1549.
1775 Wagner-von Papp & Wurmnest (2015), S. 549, Rn. 1551.
1776 Wagner-von Papp & Wurmnest (2015), S. 550, Rn. 1553.
1777 Wagner-von Papp & Wurmnest (2015), S. 551, Rn. 1555.
1778 Budzinski (2008b), S. 35.
1779 Budzinski (2008b), S. 35.
1780 Budzinski (2008b), S. 35.

kommende Schädigung nicht die Anwendbarkeit der amerikanischen Jurisdiktion begründen könne.[1781]

Als ausreichend angesehen werden dabei tatsächliche Auswirkungen, die, insoweit eine entsprechende Intention besteht, vermutet werden.[1782] Ob auch allein intendierte Auswirkungen ausreichen, ist bisher nicht abschließend geklärt.[1783] Ebenso fraglich ist auch, ob rein potentielle Auswirkungen für das qualifizierte Auswirkungsprinzip ausreichen: Dieses wird zumindest insoweit bejaht, wie eine konkrete Realisierungsgefahr gegeben ist, was insoweit auch mit der überwiegenden Ausgestaltung der wettbewerbsrechtlichen Verbote als Gefährdungsdelikte korrespondiert.[1784] Um jedoch den Anwendungsbereich zu eröffnen, wird in Bezug auf die Auswirkungen weiter überwiegend gefordert, dass diese im Auswirkungsstaat vorhersehbar, wesentlich und unmittelbar sein müssen.[1785] Die Europäische Union hatte zudem anfangs, ab den 1960er-Jahren noch gefordert, dass die extraterritoriale Anwendung basierend auf dem Auswirkunsgprinzip das Bestehen einer Niederlassung innerhalb der Europäischen Union erfordere, was inzwischen aber nicht mehr als Voraussetzung erachtet wird.[1786]

Der **EuGH** selbst hat bisher keine eindeutige Äußerung zu der Anerkennung des Auswirkungsprinzips vorgenommen.[1787] Er legt zwar durchaus die Gemeinschaftsauswirkung zugrunde, setzt jedoch zudem die Durchführung im Gemeinsamen Markt voraus.[1788] Unproblematisch anwendbar ist das europäische Wettbewerbsrecht aus diesem Grund bei wettbewerbswidrigen Abreden zwischen Unternehmen der Europäischen Union und solchen aus Drittstaaten.[1789] Im Zellstoff-Fall, der ein Preiskartell zwischen Herstellern aus Drittstaaten in Bezug auf den Gemeinsamen Markt beschreibt, näherte sich der EuGH dem Auswirkungsprinzip weiter an, indem

---

1781 Wagner-von Papp & Wurmnest (2015), S. 549, Rn. 1551. Vgl. zu den im Empagran Fall bestehenden unterschiedlichen Auffassungen Baudenbacher & Behn (2004), Bernheim et al. (2004), Bush et al. (2004), Buxbaum (2004), First & Fox (2004), Körber (2004) und Stiglitz & Orszag (2004).

1782 Wagner-von Papp & Wurmnest (2015), S. 551, Rn. 1556.

1783 Wagner-von Papp & Wurmnest (2015), S. 551, Rn. 1556.

1784 Wagner-von Papp & Wurmnest (2015), S. 551–552, Rn. 1557.

1785 Wagner-von Papp & Wurmnest (2015), S. 552, Rn. 1558.

1786 Budzinski (2008b), S. 35. Vgl. für Fälle der Europäischen Union Basedow (1998), S. 19–23; Griffin (1999), S. 173–174 und 178–179; Zanettin (2002), S. 17–22.

1787 Rehbinder (2012), S. 87, Rn. 7. Die extraterritoriale Anwendung des Art. 101 und 102 AEUV wird in der Europäischen Union durch die drei Rechtskonstrukte der Economic Entity Doctrine, der Implementation Doctrine und der Effects Doctrine sichergestellt. Die ersten beiden sind insoweit auch vom EuGH anerkannt; ob allerdings der Effects Doctrine aus Sicht des EuGH derselbe Status zukommt, ist weiterhin ungeklärt. Vgl. hierzu näher Geradin/Reysen/Henry (2008), S. 1 und 4 ff.

1788 Rehbinder (2012), S. 87, Rn. 7. Das Durchführungsprinzip hat der EuGH in der Zellstoff I - Entscheidung entwickelt. Vgl. hierzu Wagner-von Papp & Wurmnest (2015), S. 564, Rn. 1590.

1789 Rehbinder (2012), S. 87, Rn. 7.

er das Bestehen eines Stützpunktes innerhalb der Europäischen Union nicht länger zur Voraussetzung für die Anwendbarkeit europäischer Wettbewerbsregeln erklärte und insoweit die bloßen Lieferungen in den Gemeinsamen Markt ausreichen ließ.[1790] Auch wenn die dogmatischen Grundlagen und die Reichweite des Durchführungsprinzips im Einzelnen bis heute noch nicht geklärt sind,[1791] legt der EuGH in Bezug auf die Anforderungen an das weiterhin bestehende Erfordernis der Durchführung der wettbewerblichen Beschränkung im Gemeinsamen Markt inzwischen eine weite Auslegung zugrunde.[1792] Auch führt das Prinzip der qualifizierten Durchführung mit wenigen Ausnahmen in der Regel ohnehin zu gleichen Ergebnissen wie die Anwendung des Auswirkungsprinzips.[1793]

Anders als der EuGH hat das EuG im Fall **Gencor** das Auswirkungsprinzip zugrundegelegt.[1794] Auch die **Europäische Kommission** legt in der Praxis das qualifizierte Auswirkungsprinzip zugrunde und wendet in der Folge das europäische Kartellrecht auch auf wettbewerbswidrige Verträge an, die ausschließlich zwischen Parteien aus Drittstaaten geschlossen werden.[1795] In Hinblick auf den Missbrauch einer marktbeherrschenden Stellung im Sinne des Art. 102 AEUV lässt die Kommission ebenfalls insoweit das Auswirkungsprinzip genügen.[1796] Diese Auffassung der Europäischen Kommission wird dabei überwiegend auch vom **Schrifttum** geteilt, das ebenfalls eine Bestimmung des internationalen Anwendungsbereichs des Europäischen Wettbewerbsrechts nach dem Auswirkungsprinzip vorsieht.[1797]

Da die Durchführung der wettbewerbsbeschränkenden Geschäftspraktiken im Binnenmarkt in einigen Fällen ein untaugliches Anknüpfungskriterium darstellt und allein durch das Anwendungsprinzip die Ziele des europäischen Wettbewerbsrecht auch gegenüber in Drittstaaten veranlassten Wettbewerbsbeschränkungen erreicht werden können, ist die Reichweite der Anwendbarkeit des europäischen Kartellrechts grundsätzlich nach dem qualifizierten Auswirkungsprinzip zu bestimmen.[1798] Zwar wird die völkerrechtliche Zulässigkeit des Auswirkungsprinzips mit Blick auf die Regeln des Völkerrechts, die Gebote der Völkercourtoisie sowie Verhältnismäßigkeitserwägungen zuweilen teilweise immer noch in Frage gestellt;

1790 EuGH, 27. September 1988, Slg. 1988, 5193, Tz. 19 f. (Zellstoffhersteller).
1791 Wagner-von Papp & Wurmnest (2015), S. 565, Rn. 1591.
1792 Rehbinder (2012), S. 87, Rn. 9.
1793 Rehbinder (2012), S. 88, Rn. 9. Eine Ausnahme stellen beispielsweise Marktaufteilungskartelle dar, bei denen auf die Kartellanten, die dem gemeinsamen Markt absprachegemäß fernbleiben, das europäische Wettbewerbsrecht nicht anzuwenden wäre.
1794 EuG, 25. März 1999, Slg. 1999, II 753, Tz. 50 ff. (Gencor/Lonrho).
1795 Emmerich (2014), S. 23, Rn. 16. Wagner-von Papp & Wurmnest (2015), S. 563, Rn. 1587; Rehbinder (2012), S. 88, Rn. 11.
1796 Rehbinder (2012), S. 89, Rn. 11.
1797 Rehbinder (2012), S. 89, Rn. 12.
1798 Rehbinder (2012), S. 95, Rn. 26.

eine Abkehr vom mittlerweile stark etablierten Auswirkungsprinzip vermag dieses jedoch nicht zu begründen.[1799]

Ein sehr bekannter Fall, bei dem die internationale Anwendbarkeit des europäischen Wettbewerbsrechts zum Tragen gekommen ist, stellt die angestrebte Fusion der beiden US-amerikanischen Unternehmen General Electric und Honeywell dar. Seitens der US-amerikanischen Wettbewerbsbehörden wurde das Fusionsvorhaben erlaubt, da keine signifikanten wettbewerblichen Bedenken aufkamen und zudem eine Effizienzsteigerung durch den Zusammenschluss angenommen wurde.[1800] Im Gegensatz dazu sprach die Europäische Kommission ein Verbot dieses Vorhabens aus und begründete dieses damit, dass durch die Fusionierung der beiden Unternehmen eine marktbeherrschende Position auf zahlreichen Märkten wie dem der Luftfahrtelektronik begründet und gestärkt würde.[1801] In der Folge kam es aufgrund der unterschiedlichen Bewertungen des Fusionsvorhabens zu einem transatlantischen Konflikt, bei dem sich im Ergebnis jedoch die Europäische Kommission durchsetzte und der Zusammenschluss infolgedessen blockiert wurde.[1802] Der Auslöser für derartige Konflikte ist insbesondere auf die voneinander abweichenden wettbewerblichen Regelungen zurückzuführen, wobei derart unterschiedliche Beurteilungen wie im Fall von General Electrics und Honeywell eher die Ausnahme darstellen.[1803] Zu diesen inkompatiblen Einschätzungen würde es jedoch auch bei völlig identischen wettbewerbsrechtlichen Regelungen kommen können, da auch hier Wettbewerbsbehörden beispielsweise Fakten in voneinander abweichender Form interpretieren oder von den wettbewerbsökonomischen Grundlagen zur Einschätzung einer wettwerbswidrigen Wirkung in nicht übereinstimmender Weise Gebrauch machen können.[1804] Erschwerend wirkt sich hier zudem aus, dass die Wettbewerbspolitik stets auf zukünftige Entwicklungen und Auswirkungen gerichtet ist, die niemals abschließend einschätzbar sind, sodass auch hierdurch Raum für unterschiedliche Beurteilungen und wohlfahrtsökonomische Bewertungen geschaffen wird.[1805] Allenfalls die Schaffung einer internationalen wettbewerbspolitischen Einrichtung könnte dazu führen, dass die derzeit zwischen den Jurisdiktionen auftretenden Konflikte vermieden werden können.[1806]

1799 Vgl. zu den völkerrechtlichen Erwägungen näher Rehbinder (2012), S. 89 ff.
1800 Budzinski (2008b), S. 41.
1801 Europäische Kommission (2001), Case NoComp/M.220 - General Electric/Honeywell, Regulation (EEC) No. 4064/89 Merger Procedure, Brüssel.
1802 Budzinski (2008b), S. 42.
1803 Vgl. für die dennoch aufgetretenen Ausnahmefälle Griffin (1999), S. 166.
1804 Budzinski (2008b), S. 42.
1805 Vgl. hierzu Heyer (2005), S. 408.
1806 Zu den Ineffizienzen, die aufgrund einer mehrseitigen Betrachtung eines grenzüberschreitenden Wettbewerbsfalles durch verschiedene Wettbewerbsbehörden entstehen, und neben administrativen Kosten auch Transaktionskosten für die betroffenen Unternehmen implizieren, vgl. Budzinski (2008b), S. 47 ff.

Wie zahlreiche Beispiele aus den USA und der Europäischen Union gezeigt haben, kann aber zumindest die extraterritoriale Ausweitung der Wettbewerbspolitiken eine effektive Vorgehensweise dafür darstellen, ausländische oder internationale wettbewerbswidrige Abreden und Verhaltensweisen zu bekämpfen.[1807] Dennoch gehen mit der Steuerung des globalen Wettbewerbs durch die unilaterale Anwendung der Effects Doctrine oder ähnlicher Regelungen seitens regionaler oder nationaler Wettbewerbspolitiken auch zahlreiche Probleme einher: Exemplarisch ist hierfür auf die Schwierigkeit hinzuweisen, im Ausland Ermittlungen durchzuführen oder gar gegenüber ausländischen Unternehmen Sanktionen durchzusetzen.[1808] In der Folge beruht die Gewinnung von Informationen in einem Wettbewerbsfall oftmals auf einer freiwilligen Mitwirkung des betroffenen Unternehmens, wobei im Falle nationaler Niederlassungen gegebenenfalls hierüber der Ermittlungsweg offensteht.[1809] Letztlich haben wettbewerbspolitische Fälle der Vergangenheit aber gezeigt, dass trotz fehlender formaler Macht, nationales oder regionales Wettbewerbsrecht gegenüber ausländischen Unternehmen durchzusetzen, zahlreiche Jurisdiktionen erfolgreich in der Bekämpfung wettbewerbswidriger Geschäftspraktiken durch die extraterritoriale Anwendung ihrer Wettbewerbsregeln vorgegangen sind.[1810] Hier mag möglicherweise aber der Umstand, dass es sich vermutlich nur wenige Unternehmen leisten können, in ihrem Agieren insbesondere auf zwei bedeutsamen Märkten wie denen der USA und der Europäischen Union sanktioniert zu werden, erleichternd hinzukommen.[1811]

Aufgrund vorangestellter Explikationen ergibt sich gemäß dem Vorherrschen des Auswirkungsprinzips auch für Amazon die Anwendbarkeit der europäischen Wettbewerbsregeln: Bei Amazon handelt es sich um ein originär US-amerikanisches Unternehmen. Dieses ist jedoch bereits über zahlreiche Tochtergesellschaften in der Europäischen Union vertreten und erfüllt somit sogar die anfänglich aufgestellte Bedingung, dass zumindest eine entsprechende Niederlassung in der Europäischen Union vorhanden sein muss. In Bezug auf die möglicherweise als wettbewerbswidrig zu beurteilenden Geschäftspraktiken sind daher Art. 101 und 102 AEUV heranzuziehen, die unabhängig von dem Vorliegen tatsächlicher Auswirkungen auf den europäischen Märkten als Gefährdungsdelikte jedenfalls potentielle Auswirkungen für die Effects Doctrine ausreichen lassen.

1807 Ein Überblick zu wettbewerbspolitischen Fällen, die mehrere, sich entgegenstehende Jurisdiktionen tangieren, findet sich bei Budzinski (2008b), S. 46–47.

1808 Budzinski (2008b), S. 36–37.

1809 Budzinski (2008b), S. 37.

1810 Budzinski (2008b), S. 37–38.

1811 Budzinski (2008b), S. 38. Die Vereinigten Staaten und die Europäische Union bilden mithin ein Duopol zur Durchsetzung des Wettbewerbsrechts auf den Weltmärkten; ob dieses jedoch ausreicht, um den weltweiten Wettbewerb effektiv zu schützen, soll an dieser Stelle keiner näheren Betrachtung unterzogen werden. Vgl. hierzu näher Budzinski (2008b), S. 38 ff., bejaht wird dieses zum Beispiel von Möschel (2005), S. 605.

Da diese Auswirkungen insoweit für die Europäische Union auch vorhersehbar, wesentlich und unmittelbar sind, stehen einer extraterritorialen Anwendung der europäischen Wettbewerbspolitik beziehungsweise des europäischen Wettbewerbsrechts keinerlei Anhaltspunkte entgegen.

5.3 Explikation potentieller Wettbewerbsverstöße

5.3.1 Einleitung

Ausgehend von der Aussage „Der Internetversandhändler ist ein gefährlicher Gigant geworden, der darum kämpft, der Welt die Regeln zu diktieren, nach denen sie in Zukunft Bücher kaufen, lesen, schreiben und vertreiben wird."[1812] gilt es in diesem Abschnitt, die einzelnen gegen das Unternehmen Amazon gerichteten Vorwürfe aufzuzeigen und deren wettbewerbliche Auswirkungen aus ökonomischer Sicht zu würdigen.[1813] Bei den aufgeworfenen Kritiken an dem US-amerikanischen Konzern ist dabei mit einem besonderen Augenmerk eine Differenzierung dahingehend vorzunehmen, ob der Erfolg des Unternehmens tatsächlich auf ein wettbewerbswidriges Verhalten zurückzuführen ist oder lediglich Folge eines allgemeinen Siegeszuges des E-Kommerz darstellt.[1814] So begründet sich Amazons globale Vormachtstellung

---

1812 Radisch (2014).
1813 Eine Betrachtung des gegen Amazon gerichteten Vorwurfs der Steuerausweichung beziehungsweise der Verrechnungspreisvereinbarungen erfolgt im Rahmen dieser Arbeit wegen der Zugehörigkeit zur Beihilfekontrolle nicht. Siehe dazu aber unter anderem o.V. (2014a), Bernau (2014), S. 23, Brinkmann (2014) und Brühl (2014). Auch werden außerhalb des Wettbewerbsrechts liegende Vorwürfe wie arbeitsrechtliche Unzulänglichkeiten oder ein zu kritisierender Umgang mit dem Personal, wie unter anderem bei Knop & Heeg (2015), Maier (2013), El-Sharif/ Kwasniewski/Rickens (2013), Packer (2014) und Kortschak (2013) aufgezeigt, an dieser Stelle keine Erörterung finden. Weiterhin außerhalb der Betrachtung bleiben vereinzelte wettbewerbsrechtliche Sachverhalte wie die gegen Apple, Google und Amazon gerichtete Untersagung der Verwendung des Begriffs Freemium App, vgl. hierzu https://www.competitionpolicyinternational.com/italy-apple-google-and-amazon-settle-issue?utm_source=February+2+2015&utm_campaign=April+30%2C+2013&utm_medium=email, aufgerufen am 03. Februar 2015, 9.05 Uhr. Auch wird eine mögliche Beteiligung Amazons an einem etwaigen Preiskartell für elektronische Geräte aufgrund unzureichender Anhaltspunkte im Rahmen dieser Arbeit keine Betrachtung finden, vgl. hierzu http://www.reuters.com/article/2015/03/24/eu-companies-competition-idUSB5N0MS01L20150324, aufgerufen am 26. März 2015, 13.09 Uhr.
1814 Brauck/Müller/Schulz (2013), S. 58. Abzugrenzen sind die von Amazon ausgehenden Geschäftspraktiken dabei zum Beispiel von den Verhalten der auf dem Amazon Marketplace anbietenden Händler wie im Falle des Verfahrens gegen David Topkins „who was accused of conspiring with other poster sellers to use algorithms, for which he wrote computer codes, to coordinate price changes, and then share information about poster prices and sales." Vgl. hierzu Stempel (2015).

unter anderem auch durch ein hohes Maß an Innovationen, weshalb es stets zu hinterfragen gilt, ob das Ausnutzen dieses Marktvorteils als wettbewerbswidrig beurteilt werden kann[1815] und ob Amazon tatsächlich seine Marktmacht „in ways that hurt America"[1816] nutzt.

Die Beurteilung dessen ist jedoch von hoher Komplexität gekennzeichnet, zumal einer solchen die Gefahr immanent ist, ein Wettbewerbsverhalten fälschlicherweise als wettbewerbswidrig einzuordnen, zu untersagen und auf diese Weise Innovationsanreize zu reduzieren, wodurch gerade mit Innovationen verbundene Wohlfahrtseffekte schwinden können.[1817] Es ist mithin im Amazon-Fall bei der Abgrenzung eines wettbewerbsschädlichen Verhaltens von einer zulässigen Geschäftsstrategie besondere Vorsicht geboten, da anderenfalls ein „blinder Interventionismus" signifikante Fehler begründen kann.[1818]

5.3.2 Horizontale Verdrängungsstrategien und Monopolisierung

Fraglich ist, inwieweit Amazon wettwerbswidrig wirkende Verdrängungsstrategien in einem horizontalen Verhältnis sowohl gegenüber dem stationären Einzelhandel als auch gegenüber anderen Online-Wettbewerbern verfolgt. Gerade die Ladengeschäfte sehen sich einerseits mittlerweile überwiegend „vom Online-Kaufhaus Amazon an die Wand gedrückt"[1819] und haben andererseits aber anscheinend noch nicht realisiert, zu welch einer Gefahr sich der Innovator Amazon entwickeln kann.[1820]

5.3.2.1 Predatory Pricing und Schaffung von Inkompatibilitäten

Das Unternehmen Amazon sieht sich immer wieder dem Vorwurf ausgesetzt, sowohl Online- als auch Offline-Rivalen durch eine below-cost Preissetzung, durch wettbewerbswidrige Rabattierungen sowie durch zusätzliche unentgeltliche Serviceleistungen wie einer Lieferung frei Haus vom Markt zu verdrängen, um sich selbst einer Monopolstellung anzunähern.[1821] Inwieweit Amazon durch diese Vorgehensweisen ein anti-kompetitives Predatory Pricing begründet, unterliegt allerdings

---

So erfährt Amazon in derartigen Antitrust-Verfahren zwar Erwähnung, ist selbst aber nicht aktiv in wettbewerbswidrige Verhaltensweisen involviert.

1815 Brauck/Müller/Schulz (2013), S. 58.
1816 Krugman (2014).
1817 Dabei sei exemplarisch noch einmal angeführt, dass „the exercise of Amazon's buying power appears to have brought lower prices to consumers." Vgl. Kirkwood (2014), S. 81.
1818 Manne & Wright (2011), S. 191.
1819 Bünder (2014), S. 28.
1820 Heinemann (2015), S. 16.
1821 Vgl. zum Beispiel Kirkwood (2014); Petrocelli (2012); DeThier (2014); Turow (2012); Pearlstein (2012).

keiner pauschalen Beurteilung, sondern bedarf einer ökonomischen Analyse im Einzelnen, bei dem die für ein Predatory Pricing grundlegend erforderliche Marktmacht Amazons auf der Basis vorangehender Ausführungen zu unterstellen ist.

Eine von Amazons erfolgreichsten Marketingstrategien in den USA sieht vor, den Preis selbst für neu erscheinende und auf den Bestsellerlisten platzierte **E-Book-Titel** lediglich auf 9.99 US-Dollar festzusetzen, wodurch gleich nach Einführung eine deutliche Steigerung der Absatzzahlen erreicht werden konnte.[1822] Gleichzeitig verkauft Amazon auf dem US-amerikanischen Markt seit Jahren **Printversionen** von Büchern unterhalb der Kosten (below-cost).[1823] Dieses auf den ersten Blick nicht als wettbewerbswidrig empfundene Verhalten führt an die Frage heran, welches Negativum mit einer solchen Niedrigpreisstrategie für E-Books und Printversionen einhergeht.[1824]

Amazon selbst stützt dieses Vorgehen insbesondere auf das eigens gesetzte unternehmerische Ziel, den Konsumenten durch ein „consumer-centric" Verhalten Werte zu verschaffen, wozu auch der Verkauf von Produkten zu niedrigen Preisen beziehungsweise zu „the lowest prices possible"[1825] zählt.[1826] Indem also die Kundenzufriedenheit erhöht wird, fokussiert Amazon mit dieser Strategie anstelle von Margen das Umsatzwachstum und den Cash Flow durch eine entsprechende Kundenbindung auszubauen.[1827] Den eigenen Kalkulationen Amazons zur Folge ist die Nachfrage für E-Books relativ preiselastisch.[1828] So können Gewinne aufgrund

---

1822 Kirkwood (2014), S. 11.
1823 Petrocelli (2012). Anders gestaltet sich dieses in Deutschland: Hier ist der deutsche Buchhandel durch die Buchpreisbindung weitgehend vor einem Preiswettbewerb geschützt. Vgl. hierzu Haucap (2014b). Dementsprechend hat Amazon im Rahmen einer Werbeaktion mit der Ausgabe von Gutscheinen, die auch zum Erwerb preisgebundener Bücher eingesetzt werden konnten und denen im Vorfeld keine entsprechende Gegenleistung zugeflossen war, gegen die in §§ 3, 5 BuchPrG verankerte Buchpreisbindung verstoßen. Vgl. hierzu die Pressemitteilung des Bundesgerichtshofes (2015) sowie das Urteil des Bundesgerichtshofes vom 23. Juli 2015 - I ZR 83/14.
1824 Hiltzik (2012). Gefördert wird die auch auf die niedrigen Preise zurückzuführende Expansion Amazons dabei auch durch personelle Maßnahmen, wobei Amazon in der Branche insbesondere als Lohndrücker bekannt ist. Vgl. für Details http://www.verdi-bub.de/service/konzerne_abisz/archiv/ amazon, aufgerufen am 06. Januar 2015, 11.22 Uhr.
1825 „We strive to offer our customers the lowest prices possible, easy-to-use functionality, fast and reliable fulfillment, and timely customer service." Siehe Amazon.com - Annual Report 2013, S. 3, online einsehbar unter http://phx.corporate-ir.net/phoenix.zhtml?c=97664&p=irol-reportsannual, aufgerufen am 07. Januar 2015, 14.35 Uhr.
1826 Kirby & Stewart (2007).
1827 De los Santos & Wildenbeest (2014), S. 27–28.
1828 De los Santos & Wildenbeest (2014), S. 24. Dementgegen wurde jedoch im Rahmen zahlreicher empirischer Studien aufgezeigt, dass Amazon einer relativ

höherer Absatzzahlen bei einer Reduzierung eines E-Book-Preises von 14.99 US-Dollar auf 9.99 US-Dollar erheblich gesteigert werden, zumal die marginalen Kosten nahe Null liegen.[1829]

Dieser kundenorientierten Argumentation ist insoweit zu entsprechen, als dass, indem ein Preis derart niedrig gehalten wird, zumindest zunächst keine Kundenausbeutung durch Amazon erfolgt.[1830] Ganz im Gegenteil werden niedrige Preise grundsätzlich mit einer höheren Konsumenten- und Gesamtwohlfahrt assoziiert, sodass es umso überraschender ist, dass Wettbewerbsbehörden sich mit Fällen befassen, „where a firm charges „too low prices."[1831] Wie in Kapitel 4.2.3.2 aufgezeigt, kann diesen niedrigen Preisen dennoch eine wettbewerbswidrige Intention anhaften, nämlich dann, wenn sie über einen regulären Preiswettbewerb hinaus von einem marktbeherrschenden Unternehmen missbräuchlich zur Verdrängung oder Behinderung von Wettbewerbern verwendet werden. Bei der hierfür erforderlichen Beurteilung sind, vor dem Hintergrund, dass Amazon bei den in Rede stehenden E-Books und (neuen) Printbooks als Wiederverkäufer agiert, die unter Kapitel 4.3 ausgeführten und auch im Rahmen des Predatory Pricing einschlägigen Besonderheiten mehrseitiger Märkte nicht in die Betrachtungen zu integrieren.

Amazon erwirbt E-Books bei den Verlagen teilweise zu einem höheren Preis als 9.99 US-Dollar, sodass der Online-Händler neben den Printbooks einige, insbesondere neu auf den Markt gekommene E-Books unterhalb der eigenen Einkaufskosten verkauft,[1832] worin, wie auch vom U.S. Department of Justice und vom District Court bestätigt, grundsätzlich eine below-cost Preissetzung und damit ein Predatory Pricing zu sehen ist.[1833] Offen gelassen werden kann dabei an dieser Stelle aufgrund gleicher Auswirkungen, ob Amazon **regulär niedrige Preise** setzt **oder** die Titel im Rahmen von **Anticompetitive Discounts** derart rabattiert, dass gerade für physische Buchläden ein Fortbestehen aus betriebswirtschaftlichen Erwägungen heraus nicht mehr zu begründen ist.[1834]

Die below-cost Strategie betrifft jedoch im E-Book-Bereich nicht alle Titel:[1835] Amazon setzt eine niedrige Bepreisung beziehungsweise eine Rabattierung

---

preisunelastischen Nachfrage gegenüber steht. Siehe hierzu näher De los Santos & Wildenbeest (2014), S. 24 ff.

1829 Vgl. De los Santos & Wildenbeest (2014).
1830 Krugman (2014).
1831 Motta (2004), S. 412.
1832 Petrocelli (2012); US vs. Apple, Inc. et al., Case No. 1:12-cv-02826-DLC, S. 6–7; Vezzoso (2015), S. 29.
1833 Kirkwood (2014), S. 49; Petrocelli (2012), der explizit erwähnt, dass das U.S. Department of Justice in dem Verhalten Amazons ein Predatory Pricing sieht.
1834 Turow (2012).
1835 Es konnten keine Angaben dazu gefunden werden, ob auch bei den Printbooks nur ausgewählte Titel einer Niedrigpreisstrategie unterzogen werden. Eine solche Vermutung liegt jedoch nahe.

grundsätzlich häufiger bei bekannten Büchern als bei unbekannten Titeln an.[1836] In Anlehung hieran haben auch von dem U.S. Department of Justice durchgeführte Untersuchungen ergeben, dass bei einem Vergleich der gesamten Erlöse mit E-Books zu den Einkaufskosten kein Verlust bei Amazon zu verzeichnen ist.[1837]

Fraglich ist daher, ob die 9.99 US-Dollar Bepreisung überhaupt ein Predatory Pricing darstellt. Da Amazon auch viele Titel mit Gewinn verkauft, wird das Verhalten vielfach als Verlustführerschaft (Loss Leading) und nicht als Verdrängungspreisstrategie charakterisiert, insbesondere da die verlustbringenden 9.99 US-Dollar Titel einen relativ geringen Anteil vom gesamten E-Book-Verkaufsgeschäft einnehmen und Amazon im Ergebnis im E-Book-Bereich positive Gewinnspannen erzielt.[1838] Demzufolge liegen im Falle Amazons also so genannte **Sortimentseffekte** vor, was bedeutet, dass Amazon die Bepreisung bei dem Sortiment anscheinend auf die Art und Weise gestaltet, dass diese insgesamt gewinnbringend ausfällt und lediglich einzelne „Lockvogelangebote" beziehungsweise „special offers" im Rahmen einer Preisführerschaft durch höhere Spannen bei anderen Produkten quersubventioniert werden. Diese Vorgehensweise stellt den Vorwurf eines Predatory Pricing insoweit in Frage, als dass zumindest die Überlegung anzustellen ist, ob es für eine Verdrängungspreisstrategie ausreichen kann, lediglich einzelne Produkte below-cost anzubieten oder ob insoweit das gesamte Sortiment verlustbringend angeboten werden muss, um ein Predatory Pricing zu konstatieren.

Vor diesem Hintergrund wird teilweise angenommen, dass Amazons below-cost Preissetzung nicht auf die Erlangung einer Monopolstellung und Erhebung späterer Monopolpreise, also nicht auf ein Predatory Pricing ausgerichtet ist, sondern lediglich der Stimulation der Verkaufszahlen anderer, von Amazon angebotener Produkte wie dem Kindle Reader dient und damit die Verlustführerschaft zum Ziel hat.[1839] Es ist mithin fraglich, ob das Recoupment der Investitionen in eine below-cost Preissetzung durch den erhöhten Absatz anderer Produkte **(Loss Leading)** oder durch die spätere Bepreisung der (E-)Books über Wettbewerbsniveau **(Predatory Pricing)** erfolgen soll.[1840] Diese Differenzierung ist insoweit nicht nur aus juristischer Perspektive von elementarer Bedeutung, sondern auch mit Blick auf die ökonomischen Auswirkungen interessant, da ein Loss Leading anders als ein Predatory Pricing in der Regel nicht mit einer Schädigung der Konsumenten einhergeht.[1841]

Zahlreiche Betrachtungen nehmen dabei an, dass Amazon **lediglich eine Strategie als Verlustführer** verfolgt, die mit Amazons „pro-consumer" Image, das

---

1836 Siehe hierzu näher die bei De los Santos & Wildenbeest (2014), S. 26 ff. aufgezeigten analytischen Ergebnisse.
1837 Kirkwood (2014), S. 49.
1838 Plaintiffs' Pretrial Memorandum of Law, US vs. Apple, Case 1:12-cv-02826-DLC, online einsehbar unter www.justice.gov/atr/cases/f296700/296794.pdf, S. 6–7.
1839 Kirkwood (2014), S. 50.
1840 Kirkwood (2014), S. 50.
1841 Kirkwood (2014), S. 50.

gerade nicht auf die Ausbeutung von Konsumenten gerichtet ist, kompatibel ist.[1842] Hierfür spricht, dass sich die Aussicht darauf, dass Amazon eine Monopolstellung erlangt, durch den Eintritt größerer und kleinerer Unternehmen in den E-Book-Markt verringert hat: So ist beispielsweise Apple mit der Einführung des iPad und des iBook Stores in den Markt eingetreten und ist dort auch nach Beendigung der Kollusion mit den Verlegern im Markt verblieben.[1843] Auch Microsoft ist mit einer Investition von 300 Millionen US-Dollar in Barnes & Noble indirekt in den E-Book-Markt eingetreten, auf dem zudem große Unternehmen wie Google mit der Plattform Google Play agieren.[1844] Gleiches gilt für Kobo, einem kleineren Unternehmen, das in einem Konsortium mit der American Booksellers Association E-Books verkauft und ebenfalls dem E-Book-Markt angehört.[1845] Daraus lässt sich wiederum folgern, dass es sich bei dem E-Book-Markt um einen bestreitbaren Markt handelt.[1846] Weiterhin ist auch nicht zu erkennen, dass Amazon die Kampfpreisstrategie selektiv gegen einzelne Wettbewerber verfolgt, was in der Tendenz ebenfalls gegen ein Predatory Pricing spricht.[1847]

Selbst wenn Amazon also zumindest mit einem so genannten below-cost pricing den Eintritt von potentiellen Wettbewerbern insbesondere auf dem E-Book-Markt zu verhindern intendiert,[1848] zeigen die oben beschriebenen Strukturen, dass dieses zumindest gegenüber großen Unternehmen insoweit nicht erfolgreich ist, als dass deren Markteintritte nicht verhindert werden konnten. Amazons Niedrigpreisstrategie ist jedoch gleichzeitig darauf ausgerichtet, ein weiteres Konzernwachstum zu ermöglichen,[1849] wobei Amazon die Margen anderer Unternehmen für sich als Geschäftspotenzial betrachtet[1850] und sich durch geringere Preise von den Wettbewerbern abgrenzen will, die es sich nicht leisten können, Millionen zu verlieren, um Marktanteile zu gewinnen.[1851]

1842 Kirkwood (2014), S. 50–52.
1843 Zu dem "Deal" zwischen Apple und Verlegern im Bereich der E-Books vgl. ausführlich Kapitel 5.3.5; zudem Kirkwood (2014), S. 52.
1844 Kirkwood (2014). Vgl. zudem das Angebot an E-Books auf Google Play unter https://play.google.com/store/books?hl=de, aufgerufen am 18.07.2015, 20.13 Uhr.
1845 Kirkwood (2014), S. 53.
1846 Amazon steht in Konkurrenz zu einer großen Anzahl von Wettbewerbern, die sowohl E-Books als auch E-Readers verkaufen. Vgl. Kirkwood (2014), S. 54. In Deutschland vertreiben inzwischen auch die Buchhändler Thalia, Weltbild und Hugendubel sowie Hersteller wie Sony elektronische Lesegeräte. Vgl. Hiltzik (2012) und Beck (2011), S. 265.
1847 Vgl. hierzu m.w.N. Kapitel 4.2.3.2.
1848 Hiltzik (2012).
1849 Brühl (2013).
1850 Maier (2013).
1851 Carr (2012). Nach Turow (2012) intendiert Amazon eine Abgrenzung von Wettbewerbern, denen es schlichtweg an Mitteln für derart niedrige Preise fehlt. Vgl. hierzu auch Shermer (2012).

Entscheidend für das Vorliegen eines Predatory Pricing bleibt aber dennoch, ob Amazon bei dieser Vorgehensweise Verluste erwirtschaftet beziehungsweise unterhalb der Kosten anbietet. Denn nur wenn dieses über das gesamte Sortiment gilt, dass die betroffenen Konkurrenten anbieten, könnte ein Predatory Pricing gegeben sein. Dieses ist jedoch insoweit nicht erkennbar und auch nicht Gegenstand der aufgezeigten Vorwürfe. Darüber hinaus können auch durch Quersubventionierungen zwischen verschiedenen Produktsortimenten wettbewerbswidrige Effekte auftreten: So kann auch eine andauernde below-cost Preissetzung eines ganzen beziehungsweise eines Teilsortimentes wettbewerbswidrig sein, wenn hierdurch kleinere Unternehmen mit einem begrenzten Sortiment, denen eine derartige Quersubventionierung nicht möglich ist, vom Markt verdrängt werden.[1852] Ebenfalls kann eine Unterkostenstrategie zu einer allokativen Ineffizienz führen, indem ein Unternehmen Waren zu einem Preis unterhalb der marginalen Kosten verkauft und in der Folge unter Zugrundelegung eines einfachen Wohlfahrtsmodells eine ineffizient große Menge produziert.[1853] Allerdings bestehen keine Anhaltspunkte dafür, dass Amazon ein Teilsortiment durch ein anderes Teilsortiment quersubventioniert, sprich zum Beispiel im Bereich der Haushaltswaren eine below-cost Preissetzung vornimmt, welche durch die im Bereich der Musikmedien erwirtschafteten Gewinne finanziert wird. Alleine die Intention Amazons, E-Books unterhalb der Wholesale Kosten zu bepreisen, um durch einen **„consumer lock-in"** weitere Kunden zu akquirieren und um von den Käufen gewinnbringender Produkte durch die Buchleser zu profitieren,[1854] begründet, auch wenn hierüber langfristig Preiserhöhungsspielräume zu Lasten der Konsumenten eröffnet werden können, zumindest zum aktuellen Zeitpunkt kein wettbewerbspolitisch bedenkliches Verhalten.

In der **Gesamtschau** ist bei Amazon daher die Verfolgung einer Verlustführerschaft und nicht eines Predatory Pricing anzunehmen.[1855] Amazon nutzt die Verlustführerschaft gerade im modernen E-Book Bereich als ein Marketinginstrument, um Konsumenten für einen Einkauf vielfältiger Produkte auf der Amazon Website zu gewinnen.[1856] Die niedrigen Print- und E-Book Preise sind für den Konsumenten von Vorteilhaftigkeit gekennzeichnet[1857] und fördern wiederum die Verbreitung von E-Books und damit den technischen Fortschritt (dynamische Effizienz). Insgesamt ist also ein überwiegend pro-kompetitiver Charakter der Niedrigpreisstrategie Amazons festzustellen, wobei das Anbieten niedriger Wettbewerbspreise über mehrere Jahre in erster Linie auf ein vergleichsweise effizientes unternehmerisches Handeln zurückgeführt werden muss. Eine vollständige Verdrängung der Wettbewerber, sprich auf einer horizontalen Ebene, lässt sich zumindest aktuell in keiner Form

---

1852 Siehe hierzu näher Ledgerwood & Wesley (2012).
1853 Ledgerwood & Wesley (2012), S. 536 ff.
1854 De los Santos & Wildenbeest (2014), S. 27.
1855 Kirkwood (2014), S. 54.
1856 Kirkwood (2014), S. 54.
1857 Kirkwood (2014), S. 55.

absehen. Eine wohlfahrtsökonomische Schädigung ist infolgedessen nicht zu erwarten. Mithin erscheint auch ein wettbewerbsrechtlicher Verstoß Amazons durch die Niedrigpreisstrategie als solche de lege lata als nicht wahrscheinlich.

Auch in die Erwägungen einzustellen ist jedoch, dass ein durch Amazon verkauftes E-Book nur auf Kindle Geräten beziehungsweise auf anderen Lesegeräten wie einem iPad nur mittels einer speziellen Kindle App lesbar ist, sodass jeder einzelne Verkauf eines E-Books die Macht Amazons dafür, als gatekeeper die Preise zu setzen, erhöht.[1858] Amazons Ziel dabei ist es, "to establish a low price for e-books that will have the ancillary benefit of helping it sell more Kindle devices."[1859] Die Bepreisung des Kindle Readers erfolgt dabei below-cost.[1860] Aufgrund der Kindle App ist der Kindle Reader jedoch insoweit nicht (mehr) zwingend für das Lesen von E-Books erforderlich.[1861] Dennoch bestehen insoweit Inkompatibilitäten, als dass ein Kunde bei Amazon gekaufte E-Books auf anderen Geräte als dem Kindle Reader nur über die Kindle Software und auf der Kindle-Software auch nur E-Books, die bei Amazon erworben wurden, lesen kann.[1862] Fraglich ist, ob dieses in erster Linie dem Schutz gegen der auch auf dem E-Book-Markt diskutierten Piraterie dient oder Amazon hierüber eine Kundenbindung intendiert, die letztlich wieder dem Ausbau der eigenen Marktmacht zugute kommt.

Nach Aussagen von Amazon selbst gibt es gerade aufgrund des Kindle Readers nur in einem sehr geringen Maße Piraterie, insbesondere im Vergleich zu anderen Medienformen.[1863] Diese Auffassung wird aber nicht einhellig von Verlagen, Autoren und anderen involvierten Personen geteilt: Vielmehr wird teilweise eine bestehende Piraterie angenommen, an der Amazon eine entsprechende Mitschuld zugewiesen wird, mit der Folge, dass Amazon als das im Vergleich zur Piraterie größere Problem der Buchbranche angesehen wird.[1864] So steht beispielsweise eine Person, die nur bei Amazon beziehbare Exklusivtitel zum Beispiel von Indie-Autoren oder aus

---

1858 Hiltzik (2012). Anfangs war das Kindle darauf ausgerichtet, das einzige mögliche Lesegerät für die bei Amazon zu erwerbenden E-Books darzustellen, sodass strengste Komplementarität gegeben war. Dieses wurde jedoch im Späteren einer Lockerung unterzogen, sodass die Kindle Software inzwischen auch für Windows, MacOS, iPad, iPhone, BlackBerry und Android geeignet ist. Vgl. hierzu Bomm (2012), S. 81–82.
1859 Rich & Stone (2010).
1860 Petrocelli (2012).
1861 De los Santos & Wildenbeest (2014), S. 23.
1862 Bomm (2012), S. 134.
1863 Haupt (2014). Auf dem E-Book werden dabei grundlegend drei mögliche Konzepte des Digital Rights Management (DRM) erörtert: So können E-Books als DRM-freie Variante oder mit einem weichen beziehungsweise harten DRM ausgegeben werden. Vgl. hierzu Bomm (2012), S. 93. Vezzoso (2015), S. 27 führt aus, dass „publishers currently employ digital rights management (DRM) restrictions limiting uses such as copying, printing, and sharing (lending)."
1864 Warner (2013).

Amazon Verlagen auf einem anderen E-Reader als dem Kindle zu lesen beabsichtigt, vor der Wahl, jeweils illegal entweder das E-Book bei Amazon zu erwerben und den Kopierschutz zu entfernen oder direkt einen Download des E-Books auf einer Piratenseite vorzunehmen.[1865] Allerdings muss ein E-Book Leser grundsätzlich, um Zugriff auf den Inhalt eines E-Books zu erlangen, nicht nur ein kompatibles Lesegerät, sondern auch ein Benutzerkonto bei Amazon besitzen.[1866] Die Anzahl der möglichen Endgeräte, mit denen ein E-Book simultan gelesen werden kann, ist bei Amazon zudem begrenzt.[1867] Ein Kunde kann demzufolge ein E-Book auch nicht wie eine Printversion einfach an Dritte verleihen, da dieses den Zugriff der dritten Person auf eines der synchronisierten Endgeräte oder den Zugang über das Benutzerkonto des Amazon Kunden erfordern würde, was jeweils wiederum ein ausgeprägtes Vertrauensverhältnis zu dem Dritten verlangt.[1868] Auch kann Amazon bereits erworbene E-Books vom Nutzerkonto entfernen.[1869]

Aufgrund dieser Maßnahmen und Inkompatibilitäten ermöglicht Amazon den Verlagen die Nutzung eines harten DRM.[1870] Durch die Benutzungsbeschränkungen der Kindle Software versucht Amazon jedoch gleichzeitig, einen Wechsel der Amazon Kunden zu Wettbewerbern zu vermeiden: So kann ein Amazon Kunde nicht einfach einen Anbieterwechsel vornehmen, ohne gleichzeitig ein neues Lesegerät zu erwerben oder bereits über ein solches zu verfügen.[1871] In der Folge fallen bei einem Wechsel reale Kosten an, wobei auch ein Zugriff auf die bereits bei Amazon erworbenen Buchtitel unter Umständen nicht mehr möglich ist, zum Beispiel, wenn kein mit der Kindle Software kompatibles Gerät, sondern ein anderes E-Ink Gerät eingesetzt wird.[1872] Somit intendiert Amazon primär hohe Wechselkosten zu generieren, um auf diese Weise zur Festigung des eigenen geschlossenen Netzwerkes beizutragen.[1873]

Allerdings kann Amazon die dem Kindle Reader anhaftenden Inkompatibilitäten mit dem Schutz gegen die Piraterie rechtfertigen, zumal die Wahlfreiheit der Konsumenten keine wesentliche Einschränkung erfährt, da aufgrund der Kindle App immer noch die Möglichkeit besteht, Lesegeräte anderer Hersteller einzusetzen.[1874] Hinzu kommt, dass auch zahlreiche andere E-Book und E-Reader Anbieter

---

1865 Haupt (2014). So bietet beispielsweise die Plattform ebookoid Raubkopien zu besonders niedrigen Preisen an, wobei mit virtuellen Währungen wie Bitcoins, Webmoney oder ironischerweise mit Amazon Giftcards bezahlt wird. Vgl. hierzu Warner (2013).
1866 Bomm (2012), S. 97.
1867 Bomm (2012), S. 97.
1868 Bomm (2012), S. 97.
1869 Bomm (2012), S. 97–98.
1870 Bomm (2012), S. 97.
1871 Bomm (2012), S. 134.
1872 Bomm (2012), S. 134–135.
1873 Bomm (2012), S. 135.
1874 Auch mit Smartphones und Tablets lassen sich beispielsweise E-Books lesen.

auf dem Markt vorhanden sind, sodass die Intention Amazons, eine weitgehende Bindung der Kunden zu erreichen, insoweit nicht genügt, um einen wettbewerbspolitisch beziehungsweise wettbewerbsrechtlich fundierten Vorwurf zu begründen. Eine wettbewerbswidrige Einschätzung könnte allenfalls dann erfolgen, wenn die Kindle App nicht unentgeltlich zur Verfügung gestellt würde.

5.3.2.2 Verdrängung des Offline-Handels und der Printbooks

Auf horizontaler Ebene wird der Amazon Konzern nicht nur in Bezug auf die Niedrigpreisstrategie einem kritischen Auge ausgesetzt, sondern wird zugleich auch immer wieder für den Vorwurf adressiert, das traditionelle Offline-Geschäft zu zerstören und auf diese Weise negative Externalitäten für die klassischen Ladengeschäfte zu entfalten.

Einzelhändler des Offline-Handels sehen sich zunehmend „vom Online-Kaufhaus Amazon an die Wand gedrückt."[1875] Denn insbesondere indem Amazon den Printbuchmarkt minimiert, werden traditionelle Buchläden in Form stationärer Einzelhändler, die von diesem Markt abhängen, dazu veranlasst, ihre Geschäfte zu schließen.[1876] Aus den Zahlen des Börsenvereins ergibt sich, dass die Zahlen der stationären Buchgeschäfte rückläufig sind.[1877] Alleine im Jahre 2013 konnte eine Reduzierung der Verkaufsflächen um rund 23.000 m² und eine Schließung von knapp 80 Filialen verzeichnet werden.[1878] Viele Buchhändler scheinen gegen die Marktmacht des Versandhändlers Amazon seit Jahren keine erfolgreiche Strategie zu finden und beabsichtigen, sich notfalls mit dem Wettbewerbsrecht zu retten.[1879] Fragwürdig ist allerdings, ob diese horizontale Verdrängung überhaupt eine wettbewerbspolitische Problematik darstellt.

Amazon bedient sich der in Kapitel 3.5 aufgezeigten **Vorteile des Internetmarktes**, in dem der Online-Händler beispielsweise das so genannte Direktmarketing beziehungsweise interaktive Marketingkonzepte als Medium zur Kundenbindung einsetzt:[1880] So bietet Amazon ein leistungsfähiges Suchsystem zur Wahl aus mehreren Millionen Produkten, wodurch ein Kunde ein gesuchtes Produkt sehr schnell

---

1875 Bünder (2014), S. 28. Dazu auch Radisch (2014): „Unverständlich, dass die europäischen Regierungen dem Wahnsinn dieser Machtergreifung tatenlos zusehen; zuerst verschwanden die kleinen inhabergeführten Buchhandlungen aus den Städten, dann starben die kleineren Verlage, inzwischen verschwinden sogar die großen Buchhandelsketten."

1876 Haucap (2014b); Turow (2012). Auch die Monopolkommission (2015), S. 120 beschreibt, dass der klassische stationäre Handel durch die wachsende Digitalisierung des Handels mit neuen Herausforderungen konfrontiert wird und mit sinkenden Besucherfrequenzen in den Innenstädten umgehen muss.

1877 o.V. (2015a).

1878 o.V. (2015a).

1879 Brühl (2013).

1880 Lange (2002), S. 561.

auffinden und über das Internet von „any domestic location" bestellen kann.[1881] Gleichzeitig ermöglicht es dem potentiellen Käufer gerade im Bereich des Produktes Buch Zugriff auf Inhaltsverzeichnisse, Rezensionen und Lesermeinungen.[1882] Die als **„Search Inside the Book"** bezeichnete Funktion konnte allerdings nur mit Hilfe der Verleger im Jahre 2003 eingeführt werden, indem diese Amazon seitdem gestatten, Auszüge aus den jeweiligen Buchtiteln online zu stellen und diese zu durchsuchbaren Texten zu konvertieren.[1883] Welchen Vorsprung die Verleger Amazon damit gegenüber potentiellen Wettbewerbern einräumten, wurde damals möglicherweise nicht erkannt.[1884] Allerdings kann die Search Inside-Funktion, die einem Konsumenten einen zusätzlichen Nutzen bietet, ohnehin nicht als wettbewerbswidriges Verhalten beurteilt werden, zumal zu berücksichtigen ist, dass auch in einer Buchhandlung der Blick in ein Buch und damit ein vergleichbares, wenn nicht sogar ausführlicheres „Search Inside" möglich ist, zumal ein Kunde das Buch bestenfalls sogar vollständig durchblättern kann.[1885]

Weiterhin macht Amazon von einem **Informationssystem** Gebrauch, das den Kunden automatisiert per Email über Neuerscheinungen zu Produkten aus seinem Interessengebiet informiert.[1886] Es werden dem Kunden bei seinem Einkauf Links zu anderen, ähnlichen Produkten beziehungsweise Buchtiteln aufgezeigt und der Kunde kann über ein Online-Bestellsystem den Versandweg seiner Bestellungen verfolgen.[1887] Auch nutzt Amazon die Zusage einer bevorzugten Behandlung bei Bestellungen oder anderer besonderer Leistungsvorteile als Anreiz für Kunden, sich im Rahmen eines so genannten „Opt-in-Verfahrens" für Werbezwecke registrieren zu lassen und versendet konfigurierbare Newsletter zur Information über aktuelle Angebote und Sonderaktionen.[1888] Das Internet ermöglicht es Amazon zudem, wegen seiner „bottomless capacity for data collection"[1889] individuelle personenbezogene Daten zu sammeln,[1890] wodurch die Möglichkeit eines „kind of bespoke selling"[1891] geschaffen und das Einkaufserlebnis personalisiert wird.[1892] So erlangen bereits die auf der Website erscheinenden Produktempfehlungen „Kunden, die diesen Artikel

---

1881 Dazu Lieber & Syverson (2012), S. 189 rückblickend auf die Erfolgsgeschichte Amazons: „Consumers could find the books (and later other products) they were looking for more easily, and a broader variety could be offered for sale in the first place. It could accept and fulfill orders from almost any domestic location."
1882 Lange (2002), S. 563.
1883 Lange (2002), S. 563.
1884 Lange (2002), S. 563.
1885 Vgl. auch Knöchelmann (2014).
1886 Lange (2002), S. 563.
1887 Lange (2002), S. 563.
1888 Lange (2002), S. 563.
1889 Wasserman (2012)
1890 Wasserman (2012)
1891 Wasserman (2012)
1892 Knop & Heeg (2015).

gekauft haben, kauften auch..." eine Detailtiefe, die ein menschlicher Verkäufer kaum erreichen kann.[1893] Es handelt sich hierbei um Empfehlungen, die Händler aus Kaufgewohnheiten der anderen Kunden errechnet haben.[1894] Aus dem stetig weiter anschwellenden Datenstrom lassen sich für Amazon im Sinne eines aufgezeigten Mikromarketings immer präzisere Kundenprofile abbilden,[1895] die eine maßgeschneiderte Beratung aufgrund der Kaufhistorie des Kunden und ähnlicher Nutzer bieten[1896] und konkrete Kaufentscheidungen auslösen können.[1897] Mit dem von Amazon patentierten 1-Click Shopping, bei dem bereits die Adresse und Kreditkarteninformationen hinterlegt sind, gibt es bei einem Einkauf auf der Amazon Website „(...) just you and the buy bottom,"[1898] was eine besonders schnelle Abwicklung ermöglicht,[1899] zumal Amazon auch Kreditkartendaten speichert „to enable easier customer checkout."[1900]

Durch diesen Nutzen der digitalen Welt setzt sich der Amazon Konzern, der zu den größten Datensammlern und Datenverarbeitern rund um den Erdball zählt,[1901] immer weiter durch,[1902] da sich die Erhebung von Daten für ein reines Online-Unternehmen wie Amazon schlichtweg einfacher gestaltet als für ein reales Geschäft mit Filialen.[1903]

So ist auch anzunehmen, dass der Konzern die für gewerbliche Kunden angebotenen IT-Dienstleistungen der Amazon Web Services (AWS) längst auch für sich selbst gebraucht und durch das Erstellen von Genomkarten, die Analyse von Webprotokollen und die Analyse von Finanzservicedaten seinen Wettbewerbsvorsprung intensiviert.[1904] Hinzu kommt weiterhin, dass Amazon kontinuierlich in die Verbesserung des eigenen Unternehmens investiert, und zwar in besonderem Maße auch „into technologies that attempt to read our acquisitive minds,"[1905] wobei es letztlich aber die Nutzer selbst sind, die Amazon zu der „world's largest product search engine"[1906] gemacht haben.

Die bloße Nutzung der Vorteile des Internethandels sowie der modernen Technologie mit seinen internetspezifischen Funktionen und den Möglichkeiten

---

1893 Bernau (2014), S. 23; Lerner (2014), S. 11 und 25.
1894 Bernau (2014), S. 23.
1895 Bünder (2014), S. 28.
1896 Haucap (2014a).
1897 Knop & Heeg (2015).
1898 Packer (2014).
1899 1-Click stellt eine bedeutsame Produktinnovation Amazons dar; vgl. hierzu näher Knöchelmann (2014).
1900 Lerner (2014), S. 25.
1901 Knop & Heeg (2015).
1902 Haucap (2014a).
1903 Knop & Heeg (2015).
1904 Knop & Heeg (2015).
1905 Foer (2014).
1906 Manne (2013).

umfassender Datenanalysen können jedoch, zumindest dann, wenn eine marktbeherrschende Position hierdurch nicht missbraucht wird, **kein wettbewerbswidriges Verhalten** eines Unternehmens begründen. Vielmehr bedient sich Amazon in dieser Hinsicht **lediglich des technologischen Fortschritts.** Von diesem können grundsätzlich jedoch auch alle Wettbewerber Gebrauch machen, zumindest so lange diese über eine entsprechende Kapitalausstattung verfügen.[1907] Für eine solche hat jedoch Amazon nicht einzustehen, zumal sich Amazon selbst auch nicht als kapitalstarker Großkonzern in einen Markt eingekauft hat.[1908]

Dass stationäre Einzelhändler durch den Onlinehandel möglicherweise eine Verdrängung auf horizontaler Ebene erfahren, stellt insoweit also kein Wettbewerbsproblem dar. Zwar können insbesondere datenschutzrechtliche Fragen Probleme bis hin zu Warnungen vor dem „gläsernen Konsumenten" aufwerfen,[1909] doch stellt diese **„Privacy-Problematik"** eine separat zu beurteilende und weniger wettbewerbsrelevante Thematik dar.[1910] In Bezug auf den Offline-Handel ist die Betrachtung vielmehr dahingehend zu beschränken, dass sich mit dem Amazon Onlineshop, den Innovationen sowie den kundenorientierten Serviceleistungen schlichtweg das bessere Geschäftsmodell durchsetzt, zumal „the firm with the most data does not necessarily win."[1911] So gründet Amazons Erfolg nicht nur auf den Einfluss der **„Big Data"** als „the oil of the new online economy";[1912] vielmehr kann der Online-Händler gegenüber stationären Einzelhändlern bessere Preis-Leistungsbündel anbieten und infolgedessen effizienter agieren, wobei dieser Wettbewerbsvorteil insbesondere auch mit Amazons starker Käufermacht einhergeht, wodurch die Waren bereits zu günstigeren Preisen bezogen werden, als dieses bei anderen Buchhändlern der Fall ist.[1913] Zwar ist insoweit einzugestehen, dass mit der Sammlung von Kundendaten

---

1907 Gerade im deutschen Handel ist eher eine Atmosphäre der Verweigerung und üblen Nachrede in Bezug auf den Online-Händler anstelle von Imitationsversuchen zu verzeichnen, vgl. Heinemann (2015), S. 16.

1908 Vgl. dazu die in Kapitel 5.1.1 beschriebene Historie Amazons.

1909 Knop & Heeg (2015). Allerdings haben Studien gezeigt, dass Konsumenten die Vorteile personalisierter Marketingsmaßnahmen für sich erkennen und durchaus gewillt sind, Retailern ihre Daten zu überlassen, um individuell zugeschnittene Produktvorschläge, Angebote und Serviceleistungen zu erhalten. Vgl. hierzu näher Nasri (2012). Insbesondere der Wettbewerb hält Marktteilnehmer dabei dazu an, „to achieve an efficient balance between the consumer benefits from collecting user data with users' demand for privacy." Siehe hierzu Lerner (2014), S. 18.

1910 Inwieweit Amazon als ein marktmächtiges Unternehmen in dieser Hinsicht die Position gegenüber den Kunden missbraucht und die Privacy-Problematik zu einer Antitrust-Angelegenheit wird, soll im Rahmen dieser Arbeit nicht Gegenstand der Betrachtungen sein. Siehe hierzu auch in Bezug auf Amazon näher Lerner (2014) sowie Franken (2012).

1911 Lerner (2014), S. 5.

1912 Vgl. zu der Rolle der „Big Data" im Rahmen des Wettbewerbs zwischen Online-Plattformen Lerner (2014).

1913 Kirkwood (2014), S. 59.

die Servicequalität verbessert, Marketingmaßnahmen gezielter aufgesetzt und möglicherweise auch Economies of Scale realisiert werden können,[1914] doch „the collection and use of customer data is commonplace not only for online firms, but for traditional offline („brick-and-motar") businesses."[1915]

Dennoch ist es gerade für das Geschäftsmodell der Internetriesen prototypisch, dass „die Nutzer „nur" mit ihren persönlichen Daten zahlen"[1916] und durch die Korrelation zahlreicher Datenquellen und der Profilbildung die Vorhersehbarkeit menschlichen Verhaltens gesteigert wird und durch zugeschnittene Angebote unter Umständen sogar eine Steuerung erfährt.[1917] Bei Amazon erbringen die Kunden jedoch nicht ausschließlich über die Mitteilung persönlicher Daten eine Gegenleistung, sondern entrichten für den Erhalt eines Gutes auch einen monetären Preis. Hinzu kommt, dass das für Online- als auch Offline-Händler mögliche gezielte Bewerben signifikante Verbrauchervorteile implizieren kann. Zwar ist aus Sicht der Konsumentenwohlfahrt keine einheitliche Beurteilung dahin möglich, ob individualisiertes Mikromarketing den Konsumentennutzen erhöht oder senkt. Dieses hängt wiederum zum einen davon ab, ob Konsumenten Werbung im Allgemeinen einen Nutzen oder Disnutzen abgewinnen. Personalisierte Werbung sollte - bei gleicher Menge und ceteris paribus - den Nutzen gegenüber nicht-personalisierter Werbung steigern respektive den Disnutzen abmildern, indem sie sich stärker auf Produkte konzentriert, welche den Konsumenten auch tatsächlich interessieren. Zum anderen ist in die Betrachtungen einzubeziehen, welchen Wert die persönlichen Daten, die für das Mikromarketing gesammelt und genutzt werden, für den Konsumenten haben. Bei manchen Konsumenten wird der Grenznutzen der Werbung größer ausfallen als die Grenzkosten der Datenweitergabe, während es sich bei anderen Konsumenten gegenteilig gestalten wird.

Im Ergebnis entsteht aber zumindest solange kein Problem, als letzteren Konsumenten noch alternative Wege und Anbieter offenstehen, sprich die Kunden, die von dem Mikromarketing einen Disnutzen erleiden, nicht gezwungen sind, sich dem Mikromarketing auszusetzen. Dieses ist auch mit Blick auf Amazon gegenwärtig und für die absehbare Zukunft sicher gegeben. Amazons Mikromarketing ist vor

---

1914 Lerner (2014), S. 7 und 62, wobei Lerner das Entstehen von Economies of Scale durch die Sammlung von Nutzerdaten unter Bezugnahme auf die Empirie ablehnt. Doch selbst bei Annahme einer Monopolstellung einer Online-Plattform aufgrund der durch die Datengewinnung möglicherweise einhergehenden Economics of Scale könne dieses Antitrust-Interventionen nicht rechtfertigen, da eine solche Stellung im Markt durch den Rückgriff auf legitime Mittel des Wettbewerbs erlangt wurde und somit kein wettbewerbswidriges Verhalten begründet.

1915 Lerner (2014), S. 4 und 9: „Brick-and-motar firms collect data from customers in various ways, including public records, data purchased from thirdparty brokers, retailer loyalty cards, credit/debit card payments, and retailer receipts."

1916 Wintermeyer (2015).

1917 Wintermeyer (2015), der diese Entwicklung insbesondere auf das Unternehmen Google herausstellt.

diesem Hintergrund nicht als wettbewerbswidrig einzuordnen,[1918] zumal auch ein Ausschluss von Wettbewerbern durch die Sammlung von Daten der Nutzer als „non-rival good" als unwahrscheinlich einzustufen ist.[1919] Gleichzeitig zeigt das Vordringen des Mikromarketings inbesondere im Onlinegeschäft die Relevanz auf, wettbewerbliche Strukturen zu erhalten. Ob es auf dem Markt für personalisierte Daten zu einem Marktversagen zum Beispiel aufgrund von Informationsasymmetrien zu Lasten der die Daten bereitstellenden Konsumenten kommt, stellt aber eine andere Frage dar, die an dieser Stelle jedoch keine weitere Betrachtung erfahren soll.

Ebenso begründet die Tatsache, dass Amazon neben der Ubiquität die bei dem Internet nicht vorhandene Bindung an Ladenöffnungszeiten und der Möglichkeit, Zustellungen mit Abend- und Sonntagsschichten vorzunehmen, für sich nutzt,[1920] keine wettbewerbswidrige Verhaltensweise, selbst wenn die Läden vor Ort hierdurch die sofortige Verfügbarkeit der Ware als entscheidenden Wettbewerbsvorteil verlieren.[1921] Zwar ist es dem Online-Händler Amazon möglich, ein größeres Sortiment vorzuhalten als ein stationärer Händler dieses in seinen Räumlichkeiten anbieten kann,[1922] doch selbst mit einem im Ausgangspunkt möglichen „multichannel-System", wonach Kunden im Laden die Ware auswählen und zu Hause bestellen können, gelingt es stationären Buchverkäufern nicht, mit Amazon zu konkurrieren, da Online-Händler wie Amazon in den vergangenen Jahren selbst loyale Kundschaft herangezogen haben.[1923]

Hieraus allein kann zum Schutze der Einzelhändler jedoch nicht das Erfordernis einer wettbewerbspolitischen Intervention abgeleitet werden. Das Problem für den stationären Buchhandel besteht vielmehr im Strukturwandel durch die zunehmende Digitalisierung: Das von Konsumenten zunehmend präferierte bequeme Einkaufen in der digitalen Welt[1924] kann einem Unternehmen wie Amazon nicht zum Vorwurf gemacht werden, da es zum einen wohlfahrtssteigernde Auswirkungen hat und zum anderen der Buchhandel selbst die Möglichkeit hat, seinen Kunden mit neuartigeren

---

1918 Lerner (2014), S. 13 und 15.
1919 Lerner (2014), S. 20–21.
1920 Bernau (2014), S. 23. Amazon liefert beispielsweise in Manhattan, New York City, 25.000 Produkte für Prime-Kunden gegen einen Aufschlag von knapp 8 US-Dollar innerhalb einer Stunde; ohne Aufschlag innerhalb von zwei Stunden, wobei Amazon intendiert, diesen Service noch im Jahre 2015 auch in anderen Städten zu etablieren. Vgl. hierzu Ratzesberger (2014).
1921 Ratzesberger (2014). Lieber & Syverson (2012), S. 189 beschreiben allerdings die grundlegenden Grenzen des Online-Handels unter Bezugnahme auf Amazon damit, dass „customers would have to wait for their orders to be received, processed, and shipped." Trotz umfassender und schneller Zustellmöglichkeiten ist mithin auch bei Amazon noch keine Kongruenz zwischen dem Zeitpunkt der Bestellung und dem des Konsumierens der Ware zu erkennen.
1922 Haucap (2014a).
1923 Bernau (2014), S. 23.
1924 Haucap (2014b).

Geschäftsmodellen zu begegnen und zu überzeugen. Amazon hindert einen Buchhändler nicht, einen eigenen Onlineshop aufzubauen und auf diese Weise erweiterte Verkaufsmöglichkeiten zu nutzen.

Darüber hinaus verbleiben den stationären Einzelhändlern noch **originäre Verkaufsvorteile**: Dazu zählt zum einen die persönliche Beratung im Ladengeschäft.[1925] Zum anderen können Kunden ein Produkt vor dem Kauf physisch begutachten, wohingegen sich Amazon stets damit konfrontiert sieht, „(to) offer ways for consumers to learn as much about the product as possible before buying."[1926] Auch der Weg zum Laden, vorausgesetzt dieser wird nicht als Stress aufgefasst, sondern im Sinne eines positiven Stadtbummels verstanden,[1927] kann einen speziellen Wettbewerbsvorteil des Offline-Handels begründen. Dass stationäre Einzelhändler allein hiermit Amazon gegenüber nicht konkurrenzfähig sein mögen, ist eine Gegebenheit, die als solche nicht Amazon zuzurechnen ist. Alleine für den Fall, dass durch Amazon eine nachvollziehbare Verdrängung des Offline-Handels erfolgen würde und demzufolge der Zusatznutzen, der den Ladengeschäften anhaftet, für die Gesellschaft beziehungsweise den Konsumenten verlorenginge, wären **negative technologische externe Effekte** unter anderem in Form von verlassenen Innenstädten (wasteland downtowns) sowie dem Verlust sozialer Interaktion und interpersoneller Kommunikation möglich. Eine solche, theoretisch denkbare Entwicklung kann aktuell jedoch keine ausreichende Begründung bieten, um Amazon bei der allgemein wachsenden Durchsetzung der Onlinemärkte und für teilweise nicht wettbewerbsfähige Offline-Geschäftsmodelle in die Verantwortung zu nehmen, zumal eine vollständige Verdrängung des Offline-Handels unwahrscheinlich erscheint.[1928]

Eine ähnliche Problematik ergibt sich dabei auch in Bezug auf die zunehmende Durchsetzung von E-Books gegenüber Printbooks. Letztere, die physischen Bücher, gibt es bereits seit „thousands of years."[1929] Mit der Einführung von E-Books ist speziell in der **Buchindustrie** eine ganz wesentliche Änderung einhergegangen.[1930] Zwar gibt es den Markt um E-Books bereits seit den früheren 1970er-Jahren, populär geworden sind diese jedoch erst viele Jahre später, insbesondere als Amazon im Jahre 2007 den Kindle Reader und Barnes & Noble zwei Jahre darauf das Nook

---

1925 Ratzesberger (2014).
1926 Lieber & Syverson (2012), S. 189.
1927 Ratzesberger (2014).
1928 Zum Beispiel Reimann (2014) betont allerdings, dass der Online-Handel die Innenstädte bereits bedroht und ein Aussterben dieser zu befürchten ist.
1929 Vezzoso (2015), S. 27.
1930 De los Santos & Wildenbeest (2014), S. 5. Dazu Vezzoso (2015), S. 27: „The main technical characteristics of an e-book is that content is formatted digitally and made available to the public by displaying it on a computer screen or, increasingly, on a handheld device, such as multi-purpose tablet, a dedicated e-reader, or a smartphone."

eingeführt haben.[1931] Die wachsende Nachfrage nach E-Books lässt sich mithin als „very recent phenomenon"[1932] bezeichnen.

Amazon gilt auf dem E-Book-Markt dabei als Pionier, da es als erstes internationales Unternehmen, E-Books und ein kompatibles Lesegerät in den Markt eingeführt hat.[1933] In Kongruenz zu dem rasanten Anstieg der Verkaufszahlen von E-Books verkauft Amazon erstmals seit April 2011 mehr E-Books als Printbooks, wobei Amazon in den USA für den Verkauf von mehr als 90 Prozent aller E-Books verantwortlich ist.[1934] Unter den Verlagsprodukten bilden **E-Books** mithin den Markt der Zukunft ab und nehmen in den USA bereits einen Marktanteil von knapp 30 Prozent und in Deutschland von immerhin 10 Prozent ein.[1935] Alleine in Deutschland werden jährlich rund 30 Millionen E-Books verkauft, sodass sich das elektronische Buch zunehmend etabliert, wobei sich der deutsche Markt in dieser Hinsicht noch dynamischer entwickelt als der in den USA.[1936]

Mit einer solchen Entwicklung werden jedoch in erster Linie die Kaufgewohnheiten und Präferenzen von Konsumenten abgebildet und es bestätigt sich der Stellenwert der den E-Books immanenten Vorteilen.[1937] Dennoch trägt Amazon durch die preisgünstigen und umfangreichen E-Book Angebote gleichzeitig zu einer Verdrängung der Printbooks bei, indem insbesondere die Bepreisung mit 9.99 US-Dollar für neu herausgekommene E-Books signifikant niedriger als der Wiederverkaufspreis für Hardcover-Bücher ausfällt.[1938] Dieses kann jedoch insoweit nicht als wettbewerbswidrig erachtet werden: Denn dass die Nachfrage an Printbooks hierdurch verringert wird und diese im Vergleich zu E-Books zunehmend hochpreisig ausfallen,[1939] ist vielmehr als **pekuniärer externer Effekt** und damit als regulärer Effekt des Marktes anzusehen, wonach ein „besseres" Gut ein weniger gutes Gut ersetzt.[1940]

1931 De los Santos & Wildenbeest (2014), S. 5.
1932 Vezzoso (2015), S. 27.
1933 Bomm (2012), S. 45.
1934 De los Santos & Wildenbeest (2014), S. 6. Nach Beck (2011), S. 265 hat Amazon jedoch bereits im Weihnachtsgeschäft 2009 erstmals mehr E-Books als Printbooks verkauft.
1935 Rath (2014).
1936 Spehr (2015).
1937 Zu den Vorteilen eines E-Books zählen unter anderem der beliebige Wechsel der Inhalte, die Mobilität, die Stichwortsuche, elektronische Lesezeichen und Multimedia-Anwendungen. Allerdings gehen mit digitalen Büchern auch Nachteile einher wie die Abhängigkeit vom Akku. Vgl. zu den Vor- und Nachteilen digitaler Bücher Beck (2011), S. 266.
1938 Vgl. Vezzoso (2015), S. 28–29.
1939 Hansen (2012).
1940 Pekuniäre externe Effekte bilden eine Folge von Marktbeziehungen ab und sind mithin indirekter Natur. Bei diesen kommt es durch ein spezielles Angebots- und Nachfrageverhalten anderer Teilnehmer des Marktes dazu, dass sich bei Preisen auf den Güter- oder Faktormärkten Änderungen ergeben. Pekuniäre externe

Inzwischen beginnen auch selbst „brick-and-motar" Buchläden durch eine entsprechende Kooperation mit Google in den Wettbewerb um das bessere Geschäftsmodell und um E-Books einzutreten, indem sie es loyalen Kunden ermöglichen, E-Books zu dem gleichen Preis wie bei Amazon zu erwerben.[1941] Dabei stellt der Um- oder Einstieg für Verlage in das E-Book-Geschäft grundsätzlich keine große Hürde dar, da zumindest kostenseitig die Buchtitel ohnehin bereits in digitaler Form vorliegen und somit eine Vermarktung als E-Book bei gen Null tendierenden Grenzkosten ohne größere Investitionen möglich ist.[1942]

Doch die **Verlage** sehen durch die rasante Ausweitung der E-Books nicht nur die so genannten „brick-and-motar bookstores"[1943] und die Printbooks in Gefahr,[1944] sondern aufgrund der mächtigen Position Amazons auch sich selbst als Intermediär zwischen Autoren und Wiederverkäufern beziehungsweise Kunden und damit Buchprodukte im Allgemeinen.[1945] So scheint Amazon es zu beabsichtigen, Distributoren, unabhängige Verleger und Buchläden auszuschalten, um selbst als alleinige Schnittstelle zwischen dem Autor und dem Leser zu fungieren.[1946] Forciert wird diese

---

Effekte steuern auf diese Weise die Allokation über den Markt und sind daher aus Effizienzgründen erwünscht. Eine mögliche Ursache für ein Marktversagen begründen diese mithin nicht. Vgl. hierzu näher Fritsch (2014), S. 81. Als Beispiel hierfür kann die durch eine zunehmende Nachfrage resultierende Preissteigerung bei Käse genannt werden, der für eine Molkerei insoweit nicht beeinflussbar ist. Weitere Formen externer Effekte stellen die technologischen und psychologischen Externalitäten dar. Siehe hierzu näher Fritsch (2014), S. 80 ff.

1941 Turow (2012).

1942 Beck (2011), S. 266–267, wobei etwaige Rechtsverletzungen nicht außer Acht zu lassen sind.

1943 Mit Brick and Mortar werden insbesondere im Amerikanischen Unternehmen bezeichnet, bei denen der Kundenkontakt nicht im Internet, sondern in Geschäfts- und Verkaufsräumen stattfindet. Der Begriff wird als Gegensatz zu Unternehmen verwendet, die ausschließlich im Internet präsent sind. Vgl. hierzu http://www.busi-nessdictionary.com/definition/bricks-and-mortar.html, aufgerufen am 15. Januar 2014, 9.23 Uhr.

1944 Kirkwood (2014), S. 12.

1945 Kirkwood (2014), S. 12; US vs. Apple, Inc. et al., Case No. 1:12-cv-02826-DLC, S. 7; Wasserman (2012).

1946 Wasserman (2012). In Hinblick auf Amazon bestehen weiterhin offiziell nicht bestätigte Gerüchte dahingehend, dass Amazon den Verlag Simon & Schuster übernehmen wollte. So sollen zumindest bereits Gespräche zwischen Bezos und dem Mediengiganten CBS, der Mutterfirma von Simon & Schuster, geführt worden sein. Eine Übernahme eines der amerikanischen Big Five Verlage wird dabei teilweise als „Albtraum der literarischen Welt" erachtet. Dieses wird insbesondere damit begründet, dass, wenn erst eine Übernahme von Verlagen erfolgt, die verbleibenden insoweit kaum wirksamen Widerstand leisten können. Vgl. hierzu Häntzschel (2014).

ökonomisch als **Disintermediation** bezeichnete Entwicklung[1947] zusätzlich mit der Ausweitung der E-Books, die bei einer weiteren Durchsetzung den Geltungsanspruch von Verlagen als Vermittler zwischen Autoren und Handel in Frage stellen.[1948] Hintergrund dabei ist, dass der amerikanische Konzern die Verlagslandschaft neu organisieren will und beabsichtigt, selbst außer als Händler auch als Verleger tätig zu sein, um auf diese Weise ein vertikal integrierter Player in der Buchindustrie zu werden und um die Verlage zunehmend zu eliminieren.[1949] Amazon nutzt dafür unter anderem seine Niedrigpreisstrategie, um Druck auf die Verlage auszuüben, damit diese die Wholesale Preise weiter verringern.[1950] Verleger werden jedoch keinen Kapitaleinsatz mehr riskieren, wenn für diese die Aussicht auf entsprechende Verdienste mit den vorfinanzierten Werken weiter sinkt.[1951] Erst recht nicht werden Banken oder andere Investoren in vergleichbarer Weise zu Verlagen eine ausreichende Kreditvergabe übernehmen.[1952]

Amazons Forderungen nach niedrigen Großhandelspreisen gehen jedoch nicht nur zu Lasten der Gewinne für Verleger.[1953] Sie tangieren vielmehr auch die an die Autoren zu entrichtenden Honorare, da sich der Autorenanteil bei E-Books traditionell nicht am End-, sondern am Großhandelspreis bemisst und der Verdienst eines Autoren infolgedessen umso geringer ausfällt, je niedriger sich der Einkaufspreis von Amazon gestaltet.[1954] Die Autoren könnten hierdurch entmutigt werden, Buchwerke zu verfassen,[1955] wodurch letztlich zu Lasten der „Consumer Choice"[1956] die Entwicklung neuer Buchtitel gehemmt würde.[1957] Dieses könnte wiederum einen negativen externen Effekt abbilden. Allerdings erscheint es aus mehreren Gründen zweifelhaft, dass die Honorare für Autoren so stark sinken werden, dass ein signifikanter Rückgang von Neuerscheinungen bei Buchwerken verzeichnet werden kann. Zu hinterfragen ist bereits, ob im traditionellen Verlagswesen überhaupt Wettbewerbspreise an die Autoren entrichtet werden beziehungsweise ob

---

1947　Beck (2011), S. 268. Auch Podszun (2015), S. 103 beschreibt die Disintermediation als ein Charakteristikum der Digitalen Ökonomie: „One of the most visible structural changes is that intermediaries such as distributors may lose their business. Due to the possibility to address customers directly and process their data, some businesses no longer need the work of some middle-men."

1948　Haucap (2014a). Zu der Verdrängung von Verlagen vgl. ausführlich Kapitel 5.3.5.

1949　Häntzschel (2014); De los Santos & Wildenbeest (2014), S. 27.

1950　De los Santos & Wildenbeest (2014), S. 27.

1951　Turow (2012).

1952　Foer (2014).

1953　Kirkwood (2014), S. 5–6.

1954　Häntzschel (2014); De los Santos & Wildenbeest (2014), S. 27; Kirkwood (2014), S. 5–6. Packer (2014) beschreibt daher zutreffend: „The big question is not just whether Amazon is bad for the book industry; it's whether Amazon is bad for books."

1955　Petrocelli (2012).

1956　Kirkwood (2014), S. 60.

1957　Kirkwood (2014), S. 5–6, 12.

die Beteiligung der Autoren nicht möglicherweise sogar suprakompetitiv ausfällt. Aufgrund geringer Produktionskosten bei E-Books im Vergleich zu Printversionen erscheint es weiterhin nicht gerechtfertigt, den Autoren den gleichen Prozentsatz vom Großhandelspreis zu gewähren. Vielmehr müsste der Anteil für die Autoren steigen, damit der sinkende Großhandelspreis auch tatsächlich die bei E-Books nicht mehr auftretenden Kostenarten widerspiegelt. Die Kostenersparnis würde ansonsten zu Lasten der Autoren gehen, womit die Verlage ihrerseits vertikale Marktmacht gegenüber den Autoren ausspielen würden. Dieses wäre wiederum Amazon nicht zuzurechnen.

Amazon selbst tritt einer rückläufigen Entwicklung von Buchtiteln vielmehr gerade entgegen, indem das Unternehmen Autoren dazu anhält, direkt zu einem alternativen Verleger wie Amazon zu wechseln.[1958] Dafür hat der US-Konzern im Jahre 2009 **Amazon Publishing** eingeführt, zu denen bereits mehrere Imprints wie 47North, Little A und AmazonCrossing zählen.[1959]

Dieser Einstieg ins Verlagsgeschäft entspringt dabei der unternehmerischen Freiheit und ist als solcher im Falle Amazons grundsätzlich nicht zu beanstanden. Zwar werden in diesem Zusammenhang Befürchtungen hervorgebracht, dass dieser zu einer Reduzierung der Auswahl für die Kunden und zu einer Verminderung der Vitalität bei Buchveröffentlichungen führe,[1960] sodass die Bewahrung der Verlagsvielfalt eine neue Aufgabe für den Gesetzgeber werden könnte.[1961] Allerdings bietet eine Möglichkeit wie Amazon Publishing auch gerade kleineren und unbedeutenden Autoren die Chance, ihr Buchwerk durch den Verlag im Internet publizieren zu können.[1962] Fraglich ist zudem, ob es sich bei Büchern statt um ein Kulturgut heutzutage nicht vielmehr um Verbrauchsware im Sinne eines klassischen Wirtschaftsgutes handelt.[1963] Weiterhin ist den vorgenannten Bedenken entgegenzusetzen, dass bei einem Self-Publishing über Amazon keine so strenge Selektion wie im originären Verlagswesen erfolgt und mithin mangels eines traditionellen Verlages als „gatekeeper ready to say that will never work"[1964] in der Schnittstelle vielmehr die Veröffentlichung einer noch größeren Anzahl literarischer Werke anzunehmen ist.[1965] Mit der Verdrängungsangst um die Verlage wird jedoch nicht nur eine „less variety of products",[1966] sondern auch eine „lower quality of the remaining ones"[1967] als Kritikpunkt an dem Amazon Self-Publishing-Konzept vorgebracht. Dem ist insoweit zu folgen, als dass die Qualitätssicherung bei Self-Publishing-Plattformen zu

---

1958 De los Santos & Wildenbeest (2014), S. 27.
1959 De los Santos & Wildenbeest (2014), S. 27.
1960 Kirkwood (2014), S. 1.
1961 Rath (2014).
1962 Beck (2011), S. 268.
1963 Bohm (2014).
1964 Packer (2014).
1965 Packer (2014).
1966 Foer (2014).
1967 Foer (2014).

hinterfragen sein mag und zum jetzigen Zeitpunkt die entscheidende Frage „Will Amazon care whether a book is any good?"[1968] nicht beantwortet werden kann. Allerdings kann es ebenso kritisch erachtet werden, dass traditionelle Verleger unter Umständen zu viel Einfluss darauf nehmen können, welche Titel veröffentlicht werden.[1969] Eine wettbewerbsrelevante Problematik für das Verhalten Amazons ergibt sich hieraus - zumindest unter Betrachtung der jetzigen Sachlage - jedenfalls nicht. Auch wurden weder von den Verlegern selbst noch von Authors Guild, Apple, Barnes & Noble oder unabhängigen Buchhändlern Nachweise dafür erbracht, dass durch Amazons Verhalten tatsächlich bereits eine Reduzierung der Anzahl beziehungsweise der Diversität der Buchtitel oder eine Qualitätsminderung verzeichnet werden konnte.[1970] Ganz im Gegenteil: Seit der Einführung des Kindle Readers können zunehmend E-Book-Titel erworben werden.[1971] Somit scheinen die von Amazon herbeigeführten Zugeständnisse der Verlage eine pro-kompetitive Wirkung einzunehmen, die Amazon dazu befähigt, den Konsumenten niedrigere Preise anbieten zu können, ohne dass eine signifikante Einschränkung bei der Auswahl an Buchtiteln festzustellen ist.[1972]

Bücher als solche, ob als E-Book oder Printversion, werden jedenfalls „central to American intellectual life, and perhaps to democracy" bleiben[1973] und keine vollständige Verdrängung erfahren. Ein Monopol oder eine monopolähnliche Stellung Amazons sowohl auf der Verlags- als auch auf der Händlerebene wäre allerdings in der Tat nicht nur wettbewerbswidrig, sondern ließe auch erhebliche Befürchtungen hinsichtlich der Vielfalt von Meinungen und Kultur gerechtfertigt erscheinen. Eine solche Entwicklung wäre eindeutig wettbewerbspolitisch zu verhindern. Ein Monopol Amazons ist jedoch derzeit weder auf der einen noch auf der anderen Marktstufe abzusehen.

5.3.2.3 Natürliches Monopol mit Verdrängungswirkungen auf Plattformmärkten

Im Zuge aktueller Diskussionen über die Entwicklung der Netzwirtschaft fallen immer wieder die Schlägwörter Monopolstellung und Marktmacht einiger weniger Internetgiganten.[1974] Auch der Fall Amazon knüpft hieran an: Ein Missbrauch der Marktmacht von Amazon hängt allerdings maßgeblich von der Bestreitbarkeit der Marktposition ab. Um jedoch Amazons Stellung in den tangierten Märkten zu untersuchen, ist gerade mit Blick auf eine etwaige Verdrängung auf dem Plattformmarkt

---

1968 Packer (2014).
1969 Walk & Stiens (2015), S. C 3.
1970 Kirkwood (2014), S. 62 und 80–81.
1971 Kirkwood (2014), S. 62–63.
1972 Kirkwood (2014), S. 63.
1973 Packer (2014).
1974 Wintermeyer (2015).

speziell zu analysieren, inwieweit es sich bei dem Online-Händler um ein- beziehungsweise zweiseitige Märkte handelt.

Amazon fungiert neben der direkten Vermarktung eigener elektronischer Geräte zum einen **als Reseller auf einseitigen Märkten.** Der in den eigenen Internetshop voll integrierte „Amazon Marketplace" ist hingegen eine Internet-Verkaufsplattform, auf der zahlreiche Produkte wie zum Beispiel aus den Bereichen Möbel, Technik und Spielwaren von externen Händlern angeboten werden.[1975] In der Eigenschaft als Betreiber der Online-Plattform ermöglicht Amazon also zum anderen unabhängigen gewerblichen Händlern, über den Marketplace Produkte an Abnehmer zu verkaufen.[1976] Auf diesem zweiseitigen Markt[1977] nimmt Amazon, wie in der nachfolgenden Abbildung 12 veranschaulicht wird, dementsprechend die Funktion eines Intermediärs ein, wobei die beiden Marktseiten in der für zweiseitige Märkte typischen Wechselbeziehung stehen:

Abb. 12: Einflussfaktoren des zweiseitigen Marktes bei dem Amazon Konzern

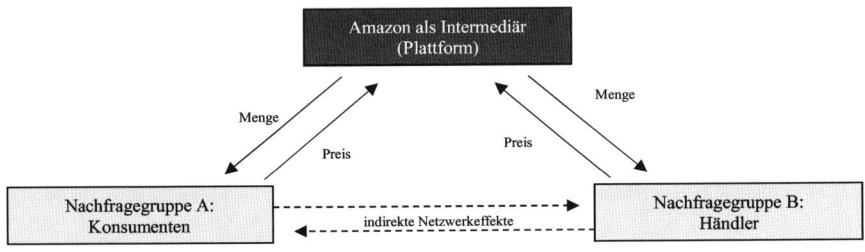

Quelle: Eigene Darstellung

Eine zweiseitige Aufstellung erfolgt bei Amazon jedoch nur in Bezug auf die so genannten „long-tail products", die von unabhängigen Verkäufern auf der Amazon Website angeboten werden; in Bezug auf die stark nachgefragten Produkte agiert Amazon regelmäßig als Reseller,[1978] sodass es sich bei dem Amazon Marketplace um einen künstlich geschaffenen Plattformmarkt handelt.[1979] Für Händler, die ihre Ware auf dem Amazon Marketplace anbieten wollen, fallen dabei - je nach Verkäu-

---

1975 Heyers (2013), S. 409.
1976 Bundeskartellamt (2013b), S. 19.
1977 Bundeskartellamt (2013b), S. 19. Im HRS-Fall hat das Bundeskartellamt hingegen vor dem Hintergrund, dass die umstrittene APPA alleine zwischen den Hoteliers und der Plattform vereinbart wurde, zunächst einen einseitigen Markt zugrundegelegt, vgl. Beschluss des BKartA vom 20. Dezember 2013, B9 - 66/10, Rn. 71 (HRS). Die Gründe, warum es sich bei HRS dennoch um einen zweiseitigen Markt handelt, beschreiben Hamelmann/Haucap/Wey (2015).
1978 Hagiu & Wright (2013), S. 4.
1979 Amazon könnte die auf dem Amazon Marketplace von Händlern angebotenen Produkte auch als Online Retailer vertreiben.

ferstatus - fixe beziehungsweise variable Gebühren an; für die Besteller der Waren ist die Nutzung der Online-Plattform hingegen unentgeltlich,[1980] sodass insoweit eine für mehrseitige Märkte typische Preisstruktur gegeben ist.

Fraglich ist jedoch, ob Amazon auf diesen ein- und zweiseitigen Märkten eine derart dominante Marktposition einnimmt, dass das Onlineunternehmen als ein natürlicher Monopolist deklariert werden kann.

Dafür müsste Amazon aber aufgrund von Technologie und Kostenstrukturen in der Lage sein, auf den entsprechenden Märkten eine Versorgung zu geringeren Kosten zu gewährleisten, als dieses bei jeder anderen Kombination von Anbietern möglich wäre.[1981] Dieses würde wiederum bei Amazon Kostenfunktionen voraussetzen, die durch Subadditivität gekennzeichnet sind.

Die Einschätzungen dahingehend, ob Amazon ganz allgemein ein natürliches Monopol darstellt beziehungsweise zumindest über eine dominante Position im Markt verfügt, sind jedoch divergierender Art:

So werden teilweise Branchenführer wie Amazon auf den meisten Märkten als **weit entfernt von einer marktbeherrschenden Stellung** erachtet.[1982]

Dementgegen wird nach konträren Auffassungen erklärt, dass sich das bereits marktmächtige Unternehmen Amazon zahlreichen unfairen Wettbewerbspraktiken mit dem Ziel bedient, die Marktmacht zu erweitern, um **langfristig eine Monopolstellung** einzunehmen.[1983] Diese Annahme basiert wiederum darauf, dass Amazon eine stetige Umsatzsteigerungsintention verfolgt und freiwerdende Mittel in den Ausbau von Marktanteilen sowie in die Eroberung neuer Geschäftsfelder investiert, um später als Monopolist unter totaler Marktdominanz die Preise alleine festsetzen und Monopolgewinne realisieren zu können.[1984]

Teilweise wird Amazon aber auch jetzt schon als ein Unternehmen dargestellt „that merits the application of a very old label: monopoly."[1985] Amazon wird also vielfach **bereits das Innehaben einer Monopolstellung** zugesprochen[1986] und wie Google als Repräsentant eines neuen goldenen Zeitalters der Monopole angesehen.[1987] Hiermit einhergehend wird häufig die Forderung nach einer

---

1980 Zu näheren Informationen über Konditionen und Funktionsweise eines Verkäuferkontos bei Amazon siehe https://sellercentral.amazon.de/gp/homepage.html, aufgerufen am 12. April 2015, 12.28 Uhr.
1981 Vgl. zu den Charakteristika natürlicher Monopole Kapitel 3.3.2.
1982 Bünder (2014), S. 28.
1983 DeThier (2014).
1984 DeThier (2014). So ist auch die Wall Street daran gewöhnt, dass Amazon regelmäßig niedrige oder gar keine Gewinne ausweist, weil das Unternehmen freiwerdende Mittel in beträchtlicher Summe in das Geschäft investiert. Vgl. hierzu o.V. (2015b), S. 25.
1985 Foer (2014).
1986 Foer (2014).
1987 Foer (2014).

Weiterentwicklung der europäischen Wettbewerbsregeln zum Ausdruck gebracht, um amerikanische Monopole im Internet zu verhindern.[1988]

Doch selbst wenn Amazon eine Monopolstellung innehaben sollte, ist separat zu beurteilen, inwieweit dieses überhaupt als negativ zu erachten ist, da ein Monopol als solches nicht grundsätzlich von Nachteil sein muss, zumal gerade die Aussicht auf Monopolrenditen, wie es sich auch bei Amazon widerspiegelt, den Erfindergeist und Innovationen antreibt.[1989] So kann ein Monopol begrifflich immer auch als Synonym für ein sehr erfolgreiches Unternehmen verstanden werden,[1990] zumal zumindest derzeit Amazons Kunden in einem hohen Maße von günstigen Preisen und neuartigen Serviceleistungen profitieren. Andererseits könnte eine Monopolstellung Amazons aber auch als Gefahr erachtet werden: So wird in der Buchbranche „the prospect of a single owner of both the means of production and the modes of distribution"[1991] als besonders besorgniserregend eingestuft, da es „Amazon more control over the exchange of ideas than any (other) company in U.S. history"[1992] geben würde. Gleichzeichtig beschreibt der Online-Händler seinen Wachstumskurs aber auch selbst als Risiko: „We may not be able to manage growth effectively which could damage our reputation, limit our growth, and negatively affect our operating results."[1993]

Dass Amazon als Monopol fungiert, ist jedoch schon insofern zweifelhaft, als dass gegenwärtig eine Vielzahl anderer Händler sowohl für Bücher als auch andere Waren auf den verschiedensten Märkten agieren. Auch ist grundlegend nicht ersichtlich, dass speziell im Internet besonders viele dauerhaft resistente Monopole bestehen und infolgedessen ein spezifischer Regulierungsbedarf besteht.[1994]

Als **Retailer** nimmt Amazon bereits mangels Subadditivität der Kostenfunktion nicht die Stellung eines natürlichen Monopols ein. Weiterhin kann auch trotz der hohen Gesamtumsatzzahlen des Online-Händlers nicht ohne Weiteres auf eine marktbeherrschende Stellung geschlossen werden, da Amazon die Umsätze über eine Vielzahl von Produktkategorien und Dienstleistungen generiert und vor diesem Hintergrund anders als zum Beispiel das auf Bekleidungen spezialisierte Unternehmen Zalando auf sehr vielen Märkten agiert.[1995] Eine haltbare Betrachtung würde insoweit jedoch eine sachliche und geographische Abgrenzung der jeweils relevanten

---

1988 Bünder (2014), S. 28.
1989 Bünder (2014), S. 28.
1990 Foer (2014).
1991 Packer (2014).
1992 Packer (2014).
1993 Vgl. Amazon.com - Annual Report 2013, S. 6, online einsehbar unter http://phx. corporate-ir.net/phoenix.zhtml?c=97664&p=irol-reportsannual, aufgerufen am 07. Januar 2015, 14.35 Uhr.
1994 Haucap & Kehder (2013), S. 20–21.
1995 Monopolkommission (2015), S. 125–126.

Märkte erfordern.[1996] Zumindest aber weist Amazon mittlerweile weltweit wachsende Marktanteile auf. Ob eine derartige Dominanz allerdings zu ökonomischen beziehungsweise kartellrechtlichen Problemen führt, also ein **Quasi-Monopol** gegeben ist, bedarf einer präzisen Beurteilung, in der ein genaues Verständnis über die Wirkungsweise des Wettbewerbs auf den betroffenen Märkten sowie die Art und Dauer der Markteintrittsbarrieren Einfluss zu nehmen hat.[1997] Dabei kann es grundlegend von Bedeutung sein, zwischen Marktanteilen auf dem Buchmarkt und den Marktanteilen auf anderen Märkten und Segmenten zu differenzieren. Doch, wie bereits in Kapitel 5.1.2 aufgezeigt, ist eine **Marktabgrenzung** für den vielseitigen Konzern Amazon **sehr schwierig** und mit herkömmlichen statistisch-ökonometrischen Methoden allenfalls im Rahmen eines äußerst komplexen Vorgehens möglich.[1998] Um jedoch die Marktstellung Amazons zu beurteilen, ist eine solche Abgrenzung der einzelnen, in Betracht kommenden Märkte von entscheidender Bedeutung, wobei insbesondere etwaige Substitutionsmöglichkeiten im Fokus stehen. Da allerdings eine Erschließung mittels der klassischen Vorgehensweise von Marktdefinition und anschließender Marktanteilsberechnung kaum möglich ist, erscheint es von höherer Sinnhaftigkeit, eine Analyse der prinzipiellen **Markteintrittsbarrieren** zu den Märkten beziehungsweise Marktsegmenten anzustellen.

In Bezug auf die Amazon betreffenden Märkte kommen dabei allenfalls **strukturelle Markteintrittsbarrieren** oder **strategische Markteintrittsbarrieren**, die auf das strategische Verhalten von Marktteilnehmern zurückzuführen sind,[1999] in Betracht.[2000] Fraglich ist dabei, ob gerade die Markteintrittskosten im Falle Amazons für etwaige Wettbewerber so hoch ausfallen, dass für diese aus Wirtschaftlichkeitserwägungen heraus ein Markteintritt schon nicht in Betracht kommt, was zur Folge hätte, dass es sich bei Amazon um eine **essential facility** handeln würde.

Zumindest liegt es nahe, dass Amazon als etabliertes Unternehmen durch die Kostenstruktur des Marktes **strukturelle Markteintrittsbarrieren** begründet: Vor dem Hintergrund, dass der Online-Händler insbesondere durch Größe und Erfahrung einen ausgeweiteten Zugang unter anderem zu Verlagen als Lieferanten hat,

---

1996 Wie in Kapitel 5.1.2 erläutert, würde sich eine Abgrenzung der Amazon betreffenden Märkte allerdings äußerst komplex darstellen. Vgl. hierzu auch die Monopolkommission (2015), S. 125–126 unter Verweis auf die Schwierigkeiten einer Marktabgrenzung bei einem Online-Händler wie Amazon gerade auch in Bezug auf den Buchmarkt.

1997 Manne & Wright (2011), S. 191; Haucap & Kehder (2013), S. 19.

1998 Evans & Schmalensee (2012), S. 21 betonen bereits im Allgemeinen „there is no single reliable method for assessing market power for traditional firms and it is usually recommended that analysts consider multiple sources of evidence to reduce the chance of false positives or false negatives."

1999 Dewenter & Rösch (2015), S. 33. Institutionelle Markteintrittsbarrieren, die also staatlich oder regulatorisch auferlegt werden, sind vorliegend nicht ersichtlich.

2000 Ein Überblick zu strukturellen Marktzutrittsschranken findet sich bei Bartling & Luzius (2014), S. 122.

verfügt das Unternehmen im Vergleich zu potentiellen Wettbewerbern über eine starke Verhandlungsmacht und über signifikante Kostenvorteile. Da auch Netzwerkeffekte strukturelle Markteintrittsbarrieren begründen können,[2001] ist dieses auch mit Amazons Strategie einen „consumer lock-in" zu verfolgen,[2002] kompatibel. Denn indem Amazon die Kunden bindet, und zwar insbesondere über das breite Sortiment, eine hohe Servicequalität und über spezielle Kundenbindungsprogramme wie den Vorteilen eines Amazon Prime, wird potentiellen Rivalen auf horizontaler Ebene ein Markteintritt durch die fehlende Kundenbasis sowie durch die mangelnde Wechselbereitschaft beziehungsweise den mit einem Wechsel einhergehenden Wechselkosten zumindest erschwert.[2003] Als strukturelle Markteintrittsbarriere können bei Amazon also auch auf Absatz- und Vertriebsmethoden zurückzuführende Kundenpräferenzvorteile in Betracht kommen, wodurch Amazon die Position eines so genannten Meinungsmonopols erlangen kann.[2004]

Als **strategische Markteintrittsbarriere** kann jedenfalls der bei Amazon diskutierte Verkauf von Printbooks und E-Books unterhalb der Einstandspreise mit Verdrängungsabsicht[2005] eingeordnet werden: Indem Amazon zu derart günstigen Preisen anbietet, gestaltet sich für Unternehmen ein Eintritt in den Markt unter Umständen nicht rentabel. Allerdings kann eine solche Vorgehensweise nicht zu einer Verhinderung von Markteintritten, sondern auch zu einer Herbeiführung von Marktaustritten führen, welches bei Amazon primär in Bezug auf Offline-Händler festgestellt werden kann.[2006] So wird Amazon in diesem Zusammenhang auch zum Vorwurf gemacht, Borders, die einst stolze und zweitgrößte Buchhandelskette der USA zerstört zu haben.[2007] Weiterhin wird Amazon beispielsweise das Opfer Neckermann zugerechnet, wobei der Online-Händler auch dafür kritisiert wird, Thalia und Otto in die Defensive zu drängen.[2008] Auch die Annahme, dass „Amazon has a record of shredding young businesses like Zappos and Diapers.com, just as they begin to pose a competitive challenge",[2009] unterstreicht eine entsprechende Verdrängungswirkung, indem Amazon zahlreiche Wettbewerber schlichtweg akquiriert.

Verlage sind mithin nicht grundlos wegen Amazon in Sorge: So nahmen sie bereits im Jahre 2010 an, dass der Punkt erreicht war, an dem niemand mehr in der Lage sein würde, auf Handelsebene in den E-Book-Markt einzutreten, um mit Amazon in Wettbewerb zu treten.[2010] Diese Auffassung bestätigt sich wiederum

---

2001 Dewenter & Rösch (2015), S. 33.
2002 De los Santos & Wildenbeest (2014), S. 27.
2003 Für weitere theoretische Ausführungen siehe Dewenter & Rösch (2015), S. 33 ff.
2004 Siehe hierzu Bartling & Luzius (2014), S. 122.
2005 Siehe hierzu Kapitel 5.3.2.1.
2006 Siehe hierzu Kapitel 5.3.2.2.
2007 Maier (2013).
2008 Maier (2013).
2009 Foer (2014).
2010 Hiltzik (2012).

dadurch, dass bereits im Jahre 2009 selbst etablierte und große Verlage die Geschäftsverbindung zu dem US-amerikanischen Unternehmen Apple Inc. gesucht haben.[2011] Festzuhalten bleibt jedenfalls, dass Amazon sowohl strukturelle als auch strategische Markteintrittsbarrieren schafft und dadurch die eigene Stellung im Markt festigt. Ob Amazon dabei eine Quasi-Monopolstellung einnimmt beziehungsweise zumindest auf dem Weg zu einer solchen Stellung auf den relevanten Märkten ist, kann aber letztlich dahinstehen, da bei Amazon **zumindest das Innehaben einer beträchtlichen Marktmacht** anzuerkennen ist[2012] und Amazon als **bedeutender Player** im Markt einzuordnen ist.[2013]

Dennoch ist es unter Umständen erforderlich, zwischen den ein- und zweiseitigen Märkten, auf denen Amazon unternehmerisch tätig wird, zu differenzieren:

Denn auf dem **Plattformmarkt**, auf dem Amazon agiert, könnte dieses anders zu beurteilen sein, wobei sich das dortige Innehaben einer möglichen Monopolstellung wiederum mittels einer Art Hebelwirkung auch auf die Stellung in einseitigen Märkten auswirken kann.

Bei dem Online-Händler ist jedoch durchaus auch eine Koexistenz mehrerer Verkaufsplattformen anzunehmen, wenngleich sich diese auch in Bezug auf das Waren- und Dienstleistungsangebot unterscheiden.[2014] Diese Marktstruktur ist aber unter Umständen aufgrund der Marktmacht des Online-Händlers von untergeordneter Bedeutung und entfaltet zumindest keine disziplinierende Wirkung. Zwar ist es theoretisch denkbar, dass auch eine zu Amazon weitestgehend vergleichbare Plattform geschaffen wird, fraglich dabei ist aber, ob dieses Auswirkungen auf die Marktmacht Amazons nehmen würde. Sollte dem nicht so sein, könnte es sich bei Amazon nämlich dennoch um ein natürliches Monopol handeln, welches nicht bestreitbar wäre.

Wie unter Kapitel 3.6.3 beschrieben, kann die **Konkurrenz zwischen mehrseitigen Plattformen** sowie das Vorliegen etwaiger Monopolisierungstendenzen unter anderem entscheidend durch (1) die Stärke etwaiger indirekter Netzwerkeffekte, (2) das Ausmaß steigender Skalenerträge und (3) die Möglichkeit eines Multi-Homing beeinflusst werden.[2015] Der Wettbewerb zwischen mehrseitigen Plattformen und die Marktkonzentration werden also durch die genannten Kriterien in der Weise maßgeblich bestimmt, als dass sich je nach Ausprägung dieser Faktoren unterschiedliche Konzentrationstendenzen und Markteintrittsbarrieren ergeben.[2016]

In Bezug auf die **Stärke indirekter Netzwerkeffekte** ist herauszustellen, dass grundsätzlich ein größeres **Nutzernetzwerk** die Nachfrage auf beiden Marktseiten

---

2011 Vgl. hierzu ausführlich Kapitel 5.3.5.
2012 Siehe hierzu unter anderem Brühl (2013) und Wassermann (2012).
2013 Haucap (2014b).
2014 Eine koexistierende Plattform könnte beispielsweise mit eBay in Bezug auf die dortigen Sofortkaufmöglichkeiten gegeben sein. Zudem gibt es speziell für den Buchmarkt zahlreiche andere Online-Shops.
2015 Evans & Schmalensee (2008), S. 679.
2016 Haucap & Wenzel (2011), S. 1.

erhöht, wodurch jeweils die andere Marktseite, also die auf Amazon anbietenden Händler beziehungsweise die Kunden, wieder einen höheren Nutzen zieht.[2017] Dieses wiederum bedeutet, dass die Größe der Plattform eines Online-Händlers tatsächlich eine Markteintrittsbarriere darstellen kann, die durch indirekte Netzwerkeffekte verstärkt wird. In Bezug auf Amazon wird diese Annahme dadurch intensiviert, dass ab einer bestimmten Nutzeranzahl abnehmende Grenzerträge nicht ersichtlich sind. Auch wird die Tendenz, dass die Netzwerkeffekte im Falle Amazons eine Markteintrittsbarriere begründen, dadurch forciert, dass mit zunehmender Anzahl an Kunden die Nachfrage der Händler, auf dem Marketplace anbieten zu können, steigt, wodurch Amazon wiederum Mehreinnahmen auf Seiten der Händler generieren kann.

Neben der Kostenstruktur können auch solche direkten und indirekten Netzwerkeffekte eine Art quasi-natürliches Monopol begründen: So kann ein Unternehmen bei Vorliegen stark ausgeprägter Netzwerkeffekte diese oftmals besser internalisieren, als es bei zwei oder mehreren Unternehmen möglich wäre.[2018] Eine derartige von Amazon ausgehende Konzentrationswirkung wäre damit nicht notwendigerweise weniger effizient. Ein funktionierender Wettbewerb ist aber dennoch grundsätzlich auch um Monopolmärkte erforderlich, sodass andere Anbieter zumindest potentiell die Chance haben müssen, den Markt und die Kunden zu übernehmen.[2019] Ein Anbieter, der zu Amazon in Konkurrenz zu treten beabsichtigt, müsste allerdings ein komplett neues Netz aufbauen, was in der Regel nach Wirtschaftlichkeitserwägungen nicht zu rechtfertigen ist,[2020] zumal Amazon an einem **„consumer lock-in"** festhalten wird.[2021]

Fraglich ist hingegen, wie es sich mit dem **Ausmaß steigender Skalenerträge** gestaltet: So ist anerkannt, dass die stark nachgefragten Produkte grundsätzlich über einen großen Reseller effizienter vermarktet werden können als über viele kleine Anbieter (Scale Effects).[2022] Hinzu kommt, dass manche Produkte und Leistungen einen viel höheren Wert für Käufer annehmen, wenn diese zusammen und nicht nur getrennt von unterschiedlichen Verkäufern erworben werden können, sodass auch in diesen Fällen die Vermarktung über einen Reseller und nicht über eine mehrseitige Plattform geeigneter scheint (Aggregation Effects).[2023] Dass steigende Skalenerträge im Falle Amazons dabei ohnehin von großer Relevanz sind, ergibt sich bereits daraus, dass bei Amazon eine Kostenstruktur anzunehmen ist, die sich durch hohe Fixkosten, aber lediglich geringe variable Kosten kennzeichnet.[2024] Diese

2017 Haucap & Kehder (2013), S. 4.
2018 Dewenter & Rösch (2015), S. 47.
2019 Bünder (2014), S. 28.
2020 Bünder (2014), S. 28.
2021 De los Santos & Wildenbeest (2014), S. 27.
2022 Hagiu & Wright (2013), S. 4.
2023 Hagiu & Wright (2013), S. 4–5.
2024 Dieses ist insbesondere bei digitalen Produkten anzunehmen, vgl. Bracha & Pasquale (2008), S. 1181; Pollock (2010), S. 24 f.

Vorteile nutzt Amazon möglicherweise aus, um auf diese Weise andere Wettbewerber an der Erlangung der notwendigen Größe zu hindern, die erforderlich ist, um mit Amazon in einen chancengleichen Wettbewerb eintreten zu können.

Die Frage nach einer gegenwärtigen marktbeherrschenden Stellung Amazons in Bezug auf den Marketplace könnte jedoch aus dem Grund zu verneinen sein, als dass sowohl Händler als auch Käufer die Möglichkeit zu einem **Multi-Homing** haben. Auch werden gegenwärtig im englischsprachigen Raum Milliardeninvestitionen zum Beispiel von WalMart, Macy's oder John Lewis in E-Kommerz-Plattformen getätigt, um Amazon als ernstzunehmende Wettbewerber begegnen zu können.[2025] Sowohl auf der Käufer- als auch auf der Händlerseite wirkt Amazon jedoch der Möglichkeit eines Multi-Homing aktiv entgegen: So intendiert Amazon primär hohe Wechselkosten zu generieren, um auf diese Weise eine Bindung der Kunden und eine Festigung des eigenen geschlossenen Netzwerkes zu erreichen.[2026] Insofern zudem indirekte Netzwerkeffekte als Markteintrittsbarriere wirken, ist die Wahrscheinlichkeit eines Wechsels der Nutzer zu mit Amazon in Konkurrenz stehenden Plattformen ohnehin nicht sehr wahrscheinlich, weswegen Konkurrenten unter Umständen nicht die mindestoptimale Größe erreichen.[2027] Die Möglichkeit eines Multi-Homing als solche ist jedoch sowohl für Käufer als auch für Händler gegeben. Letztendlich ist es mit Blick auf ein Multi-Homing aber in erster Linie eine empirische Frage, ob Kunden von Online-Handelsplattformen ein Single-Homing oder Multi-Homing betreiben. Verlässliche Untersuchungen sind hierzu nicht bekannt.[2028]

Festzuhalten bleibt also, dass bei Amazon zumindest teilweise Monopolisierungstendenzen auftreten. Dem Online-Händler ist mithin auch auf dem zweiseitigen Amazon Marketplace sehr viel Marktmacht zuzuschreiben, durch welche die Gefahr begründet wird, dass Amazons geschäftliche Interessen zum Nachteil der Gesellschaft reichen[2029] und speziell auf dem Plattformmarkt im Ansatz bereits zu erkennende Verdrängungswirkungen auftreten können. Zu hinterfragen ist dabei im Besonderen, inwieweit von Amazons starker Position im Markt eine **Verdrängung auf dem Plattformmarkt** ausgehen kann.

Ein regulatorischer Handlungsbedarf ist aber bisher, da Amazon weder als Online Retailer noch als Betreiber des Amazon Marketplace die Stellung eines natürlichen Monopols einnimmt, allein aufgrund der Größe des Online-Händlers und damit verbundener Annahmen nicht angezeigt. Da jedoch Marktaustritte von Wettbewerbern zu verzeichnen sind und Amazon gleichzeitig Markteintrittsbarrieren schafft, ist seitens der Wettbewerbsbehörden ein wachsames Auge auf Amazon zu richten

---

2025 Heinemann (2015), S. 16.
2026 Bomm (2012), S. 135. Wechselkosten können auch durch die Schaffung von Inkompatibilitäten, vgl. Kapitel 5.3.2.1, sowie durch Kundenbindungen zum Beispiel mittels Amazon Prime begründet werden.
2027 Vgl. hierzu Manne & Wright (2011), S. 227.
2028 Die Angabe bezieht sich auf den gegenwärtigen Wissensstand der Verfasserin dieser Arbeit.
2029 Wasserman (2012)

und den schwindenden wettbewerblichen Strukturen mit entsprechenden Sicherungsmaßnahmen zu begegnen. Dieses verlangt wiederum den Einsatz konkreter Verfahren, um auf den einzelnen Märkten zu überprüfen, in welcher Form sich Wettbewerbsprobleme intensivieren.[2030]

5.3.2.4 Verwendung von Meistbegünstigungsklauseln

Dem Amazon Konzern wird weiterhin die Verwendung von Meistbegünstigungsklauseln auf dem Amazon Marketplace unter dem Verdacht vorgeworfen, dass der US-Konzern den Wettbewerb zwischen Online-Marktplätzen behindert.[2031]

Der Amazon Marketplace wird unter dem Agency Model betrieben,[2032] das heißt, die Händler können ihre Waren auf der Plattform einstellen, wobei sie im Falle eines Verkaufs eine Provision in Höhe von circa zehn bis fünfzehn Prozent an Amazon abführen.[2033] Im Zusammenhang mit der Preissetzung macht der Online-Händler bei dem Amazon Marketplace sowohl in der Europäischen Union als auch in den USA allerdings von Verträgen mit **Meistbegünstigungsklauseln** Gebrauch.[2034]

Mit Wirkung zum 31. März 2010 führte Amazon für den European Marketplace im Rahmen der Allgemeinen Geschäftsbedingungen für Händler die Verpflichtung ein, Waren auf dem Amazon Marketplace nicht zu einem höheren Preis anzubieten, als sie auf anderen, nicht-physischen Vertriebswegen wie eigenen Online-Shops oder konkurrierenden Plattformen wie eBay, Amazons größter Wettbewerber,[2035] oder bei Katalogverkäufen fordern.[2036] Die nicht nach diesen Allgemeinen Geschäftsbedingungen agierenden Händler wurden entsprechend verpflichtet, den Kunden den Betrag zu erstatten, den diese aufgrund der Verletzung der Preisparitätspflicht

---

2030   Monopolkommission (2015), S. 126.
2031   Busse & Beise (2013).
2032   Johnson (2014), S. 1.
2033   Heyers (2013), S. 409.
2034   Johnson (2014), S. 2.
2035   Johnson (2014), S. 1. Ein Drittplattformverbot, wonach Händler den Vertrieb auf anderen Handelsplattformen untersagen, ist im Fall von Amazon nicht ersichtlich. Allgemein näher zu Drittplattformverboten siehe Monopolkommission (2015), S. 143 ff.
2036   Bundeskartellamt (2013b), S. 26; Heyers (2013), S. 409. Vgl. hierzu den von Wismer (2015), S. 43 zitierten Auszug aus den AGB bei http://www.amazon.co.uk/gp/help/customer/display.html?ie= UTF8&nodeID=200458310, aufgerufen am 02. April 2013:
„If you choose to sell on Amazon.co.uk, you need to ensure that the total price and corresponding item price of each product you offer on Amazon.co.uk are not higher than the lowest total price and corresponding item price at which you or your affiliates offer that product on any other non-physical sales channel." Wismer (2015), S. 43 ergänzt, dass Amazon auf anderen länderspezifischen Plattformen in Europa ähnliche Klauseln eingeführt hat.

zu viel geleistet haben.[2037] Amazon beabsichtigte hiermit eine umfassende Preisparität mit Ausnahme von Ladengeschäftsverkäufen durchzusetzen.[2038]

Der US-Konzern hat den Händlern zur Umsetzung der Klausel eine Übergangsfrist bis Mai 2010 eingeräumt und sich für den anschließenden Zeitraum das Recht vorbehalten, die Händler, die sich nicht an die Preisparitätsbedingung halten, vom Marketplace auszuschließen.[2039] Diese Regelung führte zu zahlreichen Beschwerden von Händlern, die insbesondere die mit der Klausel einhergehende Preisrestriktion kritisierten.[2040] Fraglich dabei ist, wie sich die wettbewerbsökonomischen Auswirkungen der Vertragsklauseln gestalten, mit denen Amazon externen Händlern untersagt, Produkte in ihren eigenen Online-Shops oder bei Konkurrenten wie eBay günstiger anzubieten als auf der Amazon Website[2041] und ob diese Klauseln infolgedessen als wettbewerbswidrig einzustufen sind. Zu berücksichtigen ist bei diesen Überlegungen, dass es sich bei dem hier tangierten Amazon Marketplace um einen zweiseitigen Markt handelt.

Ein mit Amazons Preisparitätsklauseln konfrontierter Händler war die deutsche **Mediantis AG**, die mit dem Zentralen Verzeichnis antiquarischer Bücher (ZVAB) auch eine eigene Verkaufsplattform unterhielt.[2042] In einer gerichtlichen Auseinandersetzung entschied das Landgericht München, dass die Preisparitätsklausel eine nach § 1 GWB unzulässige wettbewerbsbeschränkende Meistbegünstigungsklausel darstellt, da sie die Online-Händler in unzulässiger Weise in ihrer Preisgestaltungsfreiheit einschränkt, wodurch der Wettbewerb zwischen den Internet-Marktplätzen evident reduziert wird.[2043] Zwar können Anbieter auch bei einer Preisparitätsklausel den Preis für ihre Ware frei bestimmen, allerdings haben sie nicht die Möglichkeit, verschiedene Preise für unterschiedliche Absatzwege festzusetzen und können damit zum Beispiel auch nicht auf unterschiedlich hohe Vertriebskosten oder unterschiedlich stark ausgeprägtem Wettbewerbsdruck reagieren.[2044] Diese fehlenden Reaktionsmöglichkeiten können wiederum eine Verfälschung des Wettbewerbs zur Folge haben, insbesondere kann der Anreiz zu einem Preiswettbewerb für Plattformbetreiber sinken.[2045]

In Deutschland wurde das Vorgehen Amazons in Bezug auf die Marketplace-Händler zudem seit Februar 2013 vom Bundeskartellamt geprüft, wobei dieses ebenfalls annahm, dass die Bedingungen, zu denen Amazon den so genannten Marketplace betreibt, wettbewerbsbehindernde Wirkung haben und hierdurch zudem

---

2037 Heyers (2013), S. 409.
2038 Heyers (2013), S. 409.
2039 Heyers (2013), S. 409.
2040 Wismer (2015), S. 43.
2041 Brühl (2013).
2042 Heyers (2013), S. 410.
2043 LG München, Beschluss vom 31. März 2010, Aktenzeichen 37 O 7636/10.
2044 Bundeskartellamt (2013b), S. 26.
2045 Bundeskartellamt (2013b), S. 27.

Marktzutrittsbarrieren errichtet werden.[2046] Amazon steht mit den Online-Händlern in einem unmittelbaren Wettbewerbsverhältnis, sodass Preisvorgaben nach Auffassung des Bundeskartellamtes unter keinen Umständen zu rechtfertigen seien, und zwar auch nicht mit unbestreitbaren Vorteilen eines Online-Marktplatzes.[2047] Um diese Wettbewerbsbehinderung zu elimieren, wurden entsprechende Verfahren eingeleitet, wobei das Bundeskartellamt androhte, notfalls Amazon per Verfügung dazu anzuhalten, die Geschäftspraktiken rechtskonform anzupassen.[2048] Insbesondere wurde hierfür die rechtsverbindliche Streichung der Preisparität aus den Vertragsbedingungen der Händler gefordert, die es auch durch eine entsprechende Mitteilung an die Händler zu kommunizieren galt.[2049] Amazon hat die Vorgaben des Bundeskartellamtes nunmehr erfüllt[2050] und zwischenzeitlich überarbeitete Allgemeine Geschäftsbedingungen an Händler ausgegeben, die keine Best-Preis-Klausel mehr enthalten.[2051] Die originär strittigen Passagen der Allgemeinen Geschäftsbedingungen galten jedoch zunächst weiterhin noch für Amazon Platinhändler, also

---

2046 Busse & Beise (2013).

2047 Bundeskartellamt (2013a).

2048 Busse & Beise (2013).

2049 Bundeskartellamt (2013a). In dieser Sache hat das Bundeskartellamt unter anderem mit der britischen Wettbewerbsbehörde im Rahmen des Netzwerks der Europäischen Wettbewerbsbehörden ECN kooperiert, um die Aufgabe der Preisparität EU-weit zu erreichen.

2050 Bundeskartellamt (2013a).

2051 Busse & Beise (2013). Hinzu kommt, dass zum Beispiel auf der deutschen Website Amazon.de auch Händler aus anderen Mitgliedstaaten ihre Produkte auf dem Marketplace anbieten können, sodass aufgrund der Zwischenstaatlichkeitsklausel neben den nationalen Regelungen der §§ 19 f. GWB auch nach europäischem Kartellrecht eine entsprechende Würdigung vorzunehmen ist. Im Rahmen einer Abrede verpflichtet sich einerseits Amazon zur Bereitstellung einer Handelsplattform, über die die Händler ihre eigenen Waren an Kunden vermarkten können. Andererseits verpflichten sich die Händler neben den Provisionszahlungen an Amazon dazu, den von Amazon im Rahmen der Preisparitätsklauseln vorgeschriebenen Preis einzuhalten. Die Tatsache, dass sich die Händler dieser Preisbindung ohne Konsens letztlich unterwerfen, ändert an der Qualifikation als Vereinbarung im Sinne des Art. 101 Abs. 1 AEUV nichts, da die Händler durch das Anbieten ihrer Waren auf der Plattform den AGB Geltung verleihen. Anders als bei einer bezweckten Wettbewerbsbeschränkung, bei der die konkreten Auswirkungen keiner Berücksichtigung bedürfen und die Vereinbarung im Sinne des Art. 101 Abs. 1 AEUV jedenfalls rechtswidrig ist, ist im Falle Amazons fraglich, ob durch die Vereinbarung im Sinne des Art. 101 AEUV auch der Wettbewerb beschränkt beziehungsweise durch die Preisparitätsklauseln das so genannte Selbstständigkeitspostulat, nach dem Unternehmen ihre Marktentscheidungen autonom zu treffen haben, missachtet wird. Preisbindungen, die in dem Erstvertrag festlegen, welche Preise der Vertragspartner in Verträgen mit Dritten, den so genannten Zweitverträgen, fordern darf, sind jedoch prinzipiell unzulässig, vgl. Heyers (2013), S. 410.

für Händler mit den größten Volumina bei Amazon, doch auch bei diesen drängte das Bundeskartellamt auf Änderung.[2052]

Amazons preisbezogene AGB-Klauseln sind aber nicht nur rechtlich,[2053] sondern auch wettbewerbsökonomisch durchaus kritisch zu betrachten. Bei der von Amazon verwendeten Klausel liegt eine Qualifikation als kontemporäre Most-Favored-Customer Clause (MFCC) nahe,[2054] die einem Amazon Käufer eine Garantie für einen Preis geben, der nicht höher liegt als der niedrigste Preis, der andernorts von einem

---

2052 Busse & Beise (2013).

2053 Die rechtlich kritische Betrachtung mit Blick auf Art. 101 AEUV basiert auch auf der Frage nach einer etwaigen Freistellung: Die Vertikal-GVO nimmt nach Art. 3 Abs. 1 Verhaltensweisen im Vertikalverhältnis bei Marktanteilen von bis zu 30 Prozent jedoch generell vom kartellrechtlichen Verbot aus, sodass Höchstpreisbindungen unter dieser Voraussetzung freigestellt sind. Allerdings ist im Fall Amazon schon das Unterschreiten der Marktanteilsschwelle von 30 Prozent fraglich, vgl. hierzu auch den Fall HRS, bei dem ebenfalls keine Freistellung nach der Vertikal-GVO in Betracht kam, siehe Hamelmann/Haucap/Wey (2015). Unabhängig hiervon können Höchstpreisbindungen aber ohnehin nicht freigestellt werden, wenn unterhalb des definierten Höchstpreises kein wettbewerblicher Spielraum mehr bestehen bleibt, weil diese dann gemäß Art. 4 lit. a) der Vertikal-GVO wie Mindest- oder Festpreisbindungen wirken. Dieses trifft auch im vorliegenden Amazon-Fall zu: Externe Händler konnten ihre Waren lediglich zu dem niedrigsten Preis, den sie in anderen Vertriebskanälen verlangen, auf dem Marketplace anbieten, sodass diese Festsetzung eines Höchstpreises wiederum so niedrig ist, dass unterhalb von diesem keinerlei Spielraum für Wettbewerb bleibt. Vgl. eingehend zu einer rechtlichen Beurteilung Heyers (2013), S. 411.

2054 Heyers (2013), S. 411, wobei auch hier der Begriff „Most-Favored-Nation Clause" zu finden ist. Rechtlich gesehen kommt nach Heyers (2013), S. 411 und der Monopolkommission (2015), S. 139 bei Amazon jedoch sogar eine neue Klauselform in Betracht, indem die Händler verpflichtet werden, den Kunden immer den günstigsten Preis für ein auf dem Marketplace eingestellten Produkts zu bieten. Diese Regelung erfüllt den Tatbestand der Kernbeschränkung des Art. 4 lit. a) der Vertikal-GVO, da letztlich der „Abnehmer" in seinen „Verkaufspreisen" gebunden wird und der Marketplace-Händler insoweit als Abnehmer im Sinne der Vertikal-GVO einzuordnen ist. Dass Amazon dabei auch selbst auf dem Marktplatz tätig ist, ist nicht weiter von Relevanz, da allein entscheidend ist, ob Unternehmen gerade bei der Durchführung des zu beurteilenden Vertragstyps in Konkurrenz treten, was vorliegend zu verneinen ist. Denn indem Amazon die Plattform gegen eine Beteiligung an den Umsatzerlösen mittels Verkaufsprovisionen zur Verfügung stellt, besteht - bei Einstufung nach deutschem Recht - ein Dienstvertrag im Sinne des § 611 BGB beziehungsweise ein Werkvertrag mit Dauerschuldcharakter, wonach als Erfolg eine funktionsfähige Plattform geschuldet wird. Unabhängig von einer genaueren Charakterisierung werden so jedenfalls zwei unterschiedliche Marktstufen tangiert.

Kunden zu zahlen ist.[2055] Mit einer MFCC können grundsätzlich sowohl anti-kompetitive als auch pro-kompetitive Wirkungen einhergehen.[2056] Viel entscheidender als die Differenzierung nach kontemporären und retroaktiven Klauseln ist jedoch, dass die von Amazon verwendeten Preisparitätsklauseln als **echte MFCC** einzuordnen sind,[2057] durch die der gebundene Vertragsteil verpflichtet wird, Dritten von vornherein keine günstigeren Konditionen zu gewähren als dem bindenden Vertragsteil, mit der Folge, dass wettbewerbliche Spielräume erheblich beschränkt werden und die Klauseln besonders schädlich sind.[2058] Vor dem Hintergrund, dass Amazon diese Klauseln auf einem zweiseitigen Markt anwendet, also gegenüber Verkäufern, die ihre Produkte auf einer intermediären Plattform, sprich dem Amazon Marketplace anbieten, und es diesen nicht gestattet, ihre Produkte auf anderen Vertriebswegen einschließlich anderer konkurrierender Plattformen zu einem geringeren Preis zu offerieren, handelt es sich dabei speziell um so genannte **Platform Most-Favored-Customer Agreements.**[2059]

In wettbewerblicher Hinsicht problematisch ist hierbei, dass externe Händler verpflichtet werden, ihre Waren zu dem niedrigsten Preis, den sie in anderen Vertriebskanälen verlangen, auf dem Marketplace anzubieten, wobei diese Festsetzung eines Höchstpreises wiederum so niedrig ist, dass unterhalb von diesem keinerlei Spielraum für Wettbewerb bleibt.[2060] Indem Amazon also den Händlern Höchstpreise für Angebote auf dem Marketplace definiert, setzt der Internethändler zugleich Mindestpreise für Angebote auf allen anderen Verkaufsplattformen, da die dort eingestellten Waren immer teurer sein müssen oder zumindest den gleichen Preis wie bei Amazon aufweisen müssen.[2061] Nimmt der Händler bei Amazon eine Preiserhöhung seiner Ware vor, ist er dazu gehalten, auch auf anderen Plattformen den Preis entsprechend nach oben zu korrigieren.[2062] Der Amazon-Preis wird auf diese Weise also zum Mindestpreis für den gesamten Online-Vertrieb.[2063] Aufgrund der anfallenden Verkaufsgebühren auf dem Amazon Marketplace wird dabei der dort angesetzte Preis immer auch der höchste sein, den ein Händler festsetzt, sodass der Amazon-Mindestpreis möglicherweise zugleich zum Einheitspreis in der Onlinevermarktung wird,[2064] zumindest aber den Preiswettbewerb beschränkt.

2055 Heyers (2013), S. 411. Zu den verschiedenen Formen von Meistbegünstigungsklauseln siehe auch Kapitel 4.1.2.4: So können Meistbegünstigungsklauseln unter anderem nach kontemporären und retroaktiven MFCC unterschieden werden.
2056 Vgl. dazu ausführlich Kapitel 4.1.2.4.
2057 Heyers (2013), S. 411.
2058 Zu echten und unechten Meistbegünstigungsklauseln siehe näher Kapitel 4.1.2.4.
2059 Vgl. hierzu Kapitel 4.3.
2060 Heyers (2013), S. 411.
2061 Heyers (2013), S. 411.
2062 Heyers (2013), S. 411.
2063 Heyers (2013), S. 411.
2064 Heyers (2013), S. 411.

In der Praxis ist es zwar zunächst nicht unüblich, dass auf Plattformmärkten Meistbegünstigungsklauseln beziehungsweise Platform MFC Agreements zum Einsatz gelangen, durch die Anbieter von Waren und Dienstleistungen verpflichtet werden, der jeweils anderen Marktseite die günstigsten Konditionen zu gewähren.[2065] Denn wie in Kapitel 4.3 aufgezeigt, ist es gerade für den Erfolg einer Online-Plattform maßgebend, dass auf dieser nicht nur Händler, sondern auch Konsumenten agieren. Da in der Regel der Preis das entscheidende Kriterium für den Vertragsabschluss darstellt, haben Konsumenten im Falle des Bestehens einer Meistbegünstigungsklausel keinen oder einen nur sehr geringen Anreiz, auf alternative Plattformen zuzugreifen,[2066] wovon wiederum auch die Händler profitieren. Dass den Konsumenten durch die Klauseln der günstigste Preis gewährt wird und gleichzeitig die Suchkosten verringert werden, geht grundsätzlich auch mit positiven Effekten für die Konsumentenwohlfahrt einher. Dennoch ist in der Vorgehensweise des Amazon Unternehmens, das als Händler auf der eigenen Plattform mit Dritthändlern in Konkurrenz steht, eine horizontale Wettbewerbsbeschränkung zu sehen:[2067] So kann die wachsende Loyalität gegenüber einer Plattform durch entsprechende Lock-In-Effekte zumindest in einem längerfristigen Kontext konkurrierende Plattformen von Amazon von den Märkten verdrängen, Markteintrittsbarrieren schaffen und somit den Wettbewerb mindern,[2068] woraus wiederum wohlfahrtsökonomische Nachteile für den Konsumenten insbesondere durch sich typischerweise erhöhende Preise erwachsen können.[2069]

Amazon intendierte mit der Einführung der Preisgarantie nach eigenen Angaben zwar lediglich das Vertrauen der Kunden zu stärken.[2070] Darüber hinaus muss Amazon jedoch auch das Aufaddieren der bei Amazon für den Verkauf anfallenden Gebühren auf den Produktpreis verhindert haben wollen, da dieses zur Folge gehabt hätte, dass die Produkte auf den Websites von Amazon stets hochpreisiger

---

2065 Vgl. hierzu das von Hamelmann/Haucap/Wey (2015) angeführte Beispiel des Hotelbuchungsportals HRS.

2066 Eilmansberger & Bien (2015), Art. 102 AEUV, Rn. 607.

2067 Vgl. hierzu Bundeskartellamt (2013), B6–46/12 - Amazon Fallbericht vom 09. Dezember 2013.

2068 Wismer (2015), S. 49 sowie Monopolkommission (2015), S. 140, wobei betont wird, dass der Marktzutritt für neue Plattformen im Falle von Preisparitätsklauseln schwierig ist, da eintretenden Betreibern eine Abgrenzung zu etablierten Plattformen nicht über geringere Verkaufsprovisionen und demzufolge auch nicht über geringere Endkundenpreise möglich ist.

2069 Hierzu ausführlicher Kapitel 4.3 sowie Zimmer (2013a). Durch Meistbegünstigungsklauseln kann insbesondere der Preis- beziehungsweise Provisionswettbewerb auf Ebene der Plattformbetreiber reduziert werden. Welche Ausmaße die Preiserhöhungen annehmen, hängt dabei entscheidend von der Substituierbarkeit der Plattformen ab, welche in Bezug auf Amazon nicht ohne Weiteres bestimmt werden kann.

2070 Heyers (2013), S. 409.

ausgefallen wären als im Online-Shop des Händlers oder auf anderen Plattformen, bei denen keine oder geringere Gebühren anfallen.[2071] Mit der AGB-Regelung konnte Amazon hingegen erreichen, dass die Händler in der Vergangenheit ihre Preise so gestaltet haben, dass der Grundpreis zum Beispiel eines Buches inklusive der Versandkosten nicht unter dem auf dem Amazon Marketplace geforderten Betrag fiel.[2072] Aufgrund der Androhung der sanktionsweisen Erstattung des Differenzbetrages an den Kunden lag dabei stets auch ein erheblicher Anreiz nahe, den Amazon-Endpreis keinesfalls zu unterbieten.[2073]

Die Transparenz des Internets und die Einfachheit der Online-Kommunikation haben ihr Übriges dazu beigetragen, indem durch die infolgedessen im Vergleich zum Offline-Business geringeren Such- und Auseinandersetzungskosten im Amazon-Fall eine zusätzliche Kollusionsförderung anzunehmen ist.

Ökonomisch betrachtet sind bei Einbeziehung dieser Umstände die Voraussetzungen beliebiger, koordinierter Nash-Gleichgewichte erfüllt, da die Unternehmen zum einen langfristig, häufig und regelmäßig interagieren (Repeated Games) und sich zum anderen das Marktumfeld nicht komplex gestaltet.[2074] Von marktlicher Seite her ist eine hohe Transparenz zu verzeichnen, sodass eine etwaige Defektion umgehend einer entsprechenden Sanktionierung unterzogen werden könnte.[2075] Auch das Bestehen eines glaubwürdigen Sanktionsmechanismuses war über die sanktionsweise Erstattung des Differenzbetrages gewährleistet.[2076] Eine Preisunterbietung war für Händler somit von vorneherein nicht lohnenswert, sodass die Platform MFC Agreements zwischen Amazon und den Händlern ein kollusives Verhalten mit monopolartigen Ergebnissen nahelegten, wobei die Händler aufgrund des Bekanntheits- und Verbreitungsgrades des Onlineunternehmens Amazon möglicherweise gar faktisch zu einer Kontraktion gezwungen waren.[2077]

Die in der Vergangenheit verwendeten Preisparitätsklauseln im Rahmen des Amazon Marketplace stellten also aufgrund negativer Wettbewerbswirkungen wettbewerbswidrige Vereinbarungen dar, die auch einer kartellrechtlichen Prüfung nicht standhalten, da sie gegen das kartellrechtliche Verbot des Art. 101 Abs. 1 AEUV verstoßen, indem sie die Festsetzung eines Mindestpreises für alle anderen Vertriebskanäle im Internet bewirken und ein einheitliches Preisniveau im gesamten Online-Vertrieb zur Folge haben,[2078] infolgedessen auch der Markteintritt potentieller Wettbewerber Amazons eingedämmt wird.

2071 Heyers (2013), S. 409.
2072 Heyers (2013), S. 410.
2073 Heyers (2013), S. 410.
2074 Heyers (2013), S. 410.
2075 Heyers (2013), S. 410. Vgl. auch die Monopolkommission (2015), S. 140.
2076 Heyers (2013), S. 410.
2077 Heyers (2013), S. 410 und 413.
2078 Heyers (2013), S. 411. Fraglich ist zudem, ob Amazon möglicherweise eine marktbeherrschende Stellung im Sinne des Art. 102 missbraucht hat. Auch hierfür ist zunächst, wie unter Kapitel 2.3.2 erläutert, eine Marktabgrenzung vorzunehmen,

Weiterhin wird Amazon in diesem Zusammenhang vorgeworfen, die Umsätze und Transaktionen einzelner Händler auf der Plattform genau zu beobachten, um gegebenenfalls selbst mit den entsprechenden Produkten zu Verdrängungspreisen in den Markt einzusteigen.[2079] Dieses bringt Händler in eine zwiespältige Situation, da sie einerseits über die Marketplace Plattform die Chance zu großen Umsätzen haben, andererseits hieran „wie ein Junkie an der Nadel" hängen.[2080] Da jedoch, wie in Kapitel 5.3.2.1 aufgezeigt, das Verhalten Amazons nicht ausreicht, um ein Predatory Pricing zu begründen und es im Übrigen einen wettbewerbsfördernden Charakter annimmt, kann hiervon aktuell keine weitere als wettbewerbswidrig zu deklariende Strategie für den Amazon Marketplace abgeleitet werden.[2081]

5.3.3 Unfaires und unlauteres Wettbewerbsverhalten: Angaben falscher UVP und gefälschte Produktrezensionen

Der Online-Händler Amazon hat in der Vergangenheit auf der Amazon Website **falsche unverbindliche Preisempfehlungen** (UVP) angegeben.[2082] Mit dem Gegenüberstellen eines Verkaufspreises und einer UVP des Herstellers hat Amazon auf diese Weise von einem für Verkäufer beliebten Mittel Gebrauch gemacht, um auf ein Angebot aufmerksam zu machen und um sich als preisgünstiger Anbieter von Waren auszugeben. Der Online-Händler hat dabei gleichzeitig auf den Betrag hingewiesen, den Kunden im Vergleich zu der unverbindlichen Herstellerpreisempfehlung einsparen können, obwohl diese tatsächlich deutlich unter der von Amazon angegebenen UVP lag, sodass dem Kunden eine in Wahrheit nicht erzielbare Ersparnis ausgewiesen wurde.[2083]

Die Nennung von UVP als solches ist grundsätzlich zulässig, insbesondere auch um den Kunden vergleichsweise aufzuzeigen, wie günstig ein Angebot ist. Dieses

---

die jedoch mit Blick auf die Plattformmärkte nicht einheitlich beantwortet wird. Aufgrund der hohen Substituierbarkeit wird jedoch überwiegend ein Markt für Online-Plattformen, der lediglich güterartspezifisch eine Ausdifferenzierung erfahren kann, zugrundegelegt. Unter der Voraussetzung, dass Amazon auf diesem relevanten Markt für Online-Plattformen eine marktbeherrschende Stellung einnimmt, wird aufgrund der Preisparitätsklauseln auch eine marktbeherrschende Stellung missbraucht, da die Wertungen insoweit denen des Art. 101 Abs. 1 AEUV entsprechen und Preisbindungsklauseln eines Marktbeherrschers missbräuchlich sind. Zu den rechtlichen Beurteilungen vgl. näher EuGH, NJW 1989, 2191 (Ahmed Saeed Flugreisen), KOMM ABl. 1992 L 72/1, Rn. 125 (Tetra Pak) sowie unter Bezugnahme auf Amazon Heyers (2013), S. 412.

2079 Brauck/Müller/Schulz (2013), S. 63.
2080 Brauck/Müller/Schulz (2013), S. 63.
2081 Diese Einschätzung entbindet jedoch nicht von etwaigen rechtlichen Problemen, wobei unter anderem vertragliche Rücksichtnahmepflichten gegenüber den Händlern tangiert sein können.
2082 Vgl. Landgericht Köln, Urteil vom 02.10.2014, Az.: 81 O 74/14.
2083 Vgl. Landgericht Köln, Urteil vom 02.10.2014, Az.: 81 O 74/14.

bedingt jedoch, dass die Angabe der UVP auch korrekt erfolgt, da sich ein Händler ansonsten einen rechtswidrigen Wettbewerbsvorteil verschafft. In Anbetracht des beispielsweise deutschen Rechts ist die Angabe einer falschen unverbindlichen Preisempfehlung nämlich grundsätzlich geeignet, den Verbraucher über die Preiswürdigkeit des Angebots im Sinne des § 5 Abs. 1 Satz 2 Nr. 1 UWG irrezuführen.[2084] Die grundsätzliche unternehmerische Preisgestaltungsfreiheit erfährt hierdurch keine Einschränkung.[2085] Dass die Angabe falscher UVP als wettbewerbswidrig erachtet wird, ist vielmehr damit zu begründen, dass preisbezogene Täuschungen der Marktgegenseite vermieden werden sollen.[2086] Da die teilweise bei Amazon genannten UVP nicht der Wahrheit entsprachen, hat sich der Online-Händler also einem unfairen Wettbewerbsverhalten angenommen.

In einem gerichtlich zu entscheidenden Fall hatte Amazon entgegen der tatsächlichen UVP des Herstellers in Höhe von 219 Euro mit einer unverbindlichen Preisempfehlung von 247 Euro für eine Casio Armbanduhr geworben, für die Amazon selbst 160,26 Euro verlangte und eine Ersparnis von 86,74 Euro statt der tatsächlichen 58,74 Euro auswies.[2087] In der Folge wurde die Amazon EU S.à r.l., da sie zur Abgabe einer Unterlassungserklärung nicht bereit war, rechtskräftig verurteilt, es zu unterlassen, im geschäftlichen Verkehr eine Gegenüberstellung des eigenen Verkaufspreises mit einer unverbindlichen Preisempfehlung des Herstellers, die in der Höhe nicht besteht, zu Wettbewerbszwecken vorzunehmen.[2088] Begründet wurde diese Entscheidung damit, dass Amazon durch die Angabe einer höheren als der tatsächlichen UVP beim Konsumenten den Eindruck hervorruft, dass ein erheblicher Preisabstand zur UVP besteht und das Angebot daher besonders preiswürdig ist.[2089] Dabei wurde auch entschieden, dass Amazon entgegen der vorgebrachten Einwände auch bei einem Angebot von über zehn Millionen Produkten nicht davon entbunden wird, die entsprechende Sorgfalt bei der Erstellung der Verkaufsdaten einzuhalten.[2090]

Ein weiteres unfaires Wettbewerbsverhalten durch Amazon könnte in der Angabe nicht ganz fälschungsfreier **Produktrezensionen** zu sehen sein. Im Rahmen der Produktrezensionen können Kunden potentiellen Käufern eine Einschätzung zu dem Produkt geben und beschreiben, ob die eigenen Erwartungen insoweit erfüllt worden sind.[2091] Problem dieser oftmals nicht fälschungsfreien Produktrezensionen ist es, dass diese für zahlreiche Kunden mindestens so glaubwürdig sind wie die

---

2084 Vgl. Landgericht Köln, Urteil vom 02.10.2014, Az.: 81 O 74/14.
2085 Rittner/Dreher/Kulka (2014), S. 123, Rn. 342.
2086 Rittner/Dreher/Kulka (2014), S. 123, Rn. 342.
2087 Vgl. Landgericht Köln, Urteil vom 02.10.2014, Az.: 81 O 74/14.
2088 Vgl. Landgericht Köln, Urteil vom 02.10.2014, Az.: 81 O 74/14.
2089 Vgl. Landgericht Köln, Urteil vom 02.10.2014, Az.: 81 O 74/14.
2090 Vgl. Landgericht Köln, Urteil vom 02.10.2014, Az.: 81 O 74/14.
2091 Bernau (2014), S. 23. Vgl. hierzu den auf einer strittigen Produktrezension basierenden Fliegengitter-Fall, bei dem ein Händler aufgrund einer seines Erachtens nach unzutreffenden Produktbewertung für ein Fliegengitter Schadensersatz von

Kaufempfehlungen eines Verkäufers und Kunden damit in die Irre geführt werden können.[2092] Da die teilweise unrichtigen Angaben, die im Rahmen von **Produktrezensionen** auf dem Amazon Marketplace zu finden sind, jedoch von Kunden selbst oder von den durch Herstellern beauftragten Agenturen getätigt werden,[2093] ist hierin mangels entsprechender Zurechnungstatbestände kein wettbewerbswidriges Verhalten Amazons zu ersehen. Vielmehr ergreift der US-Konzern selbst die Initiative und wendet sich mit einer Klage gegen mehrere Internetseitenbetreiber, bei denen Unternehmen geschönte Produktrezensionen erwerben können.[2094]

Im Ergebnis stellt also allein die Angabe falscher UVP eine wettbewerbswidrige Verhaltensweise des Amazon Konzerns dar.

5.3.4 Exklusivitätsvereinbarungen

Dem Unternehmen Amazon wird wie auch anderen Onlineportalen zum Vorwurf gemacht, mit Herstellern Abreden darüber zu treffen, dass deren Produkte exklusiv und ausschließlich auf der jeweiligen Website verkauft werden.[2095]

Wie in Kapitel 4.1.2.3 aufgezeigt, können derartige vertikale Beschränkungen, durch die ein Hersteller gebunden wird, ausschließlich über einen bestimmten Kanal zu vertreiben, zu einer Verdrängung von Konkurrenten und zur Implementierung von Marktzutrittsbarrieren führen. Indem Amazon mit Herstellern vereinbart, dass deren Produkte ausschließlich über die Amazon Website in den Markt gelangen, könnte also eine wettbewerbswidrige Kartellierung begründet werden. Da eine solche Alleinabsatzbindung des Lieferanten jedoch eine sehr differenzierte Ausgestaltung annehmen kann,[2096] ist zur Identifikation der wettbewerbspolitischen Konformität eine einzelfallbezogene Untersuchung notwendig, zumal einer Ausschließlichkeitsbindung auch wettbewerbsfördernde Auswirkungen immanent sein können. Ob also durch Amazons Exklusivitätsklauseln tatsächlich eine signifikante Beeinträchtigung des Wettbewerbs gegeben ist, richtet sich unter anderem nach der Marktstellung Amazons, der Dauer der Bindungen und dem Grad der Ausschließlichkeit.[2097]

Die Competition Commission of India (CCI) jedenfalls hat einen Vorwurf in diese Richtung mangels Verletzung wettbewerbsrechtlicher Preisregeln mit der Argumentation zurückgewiesen, dass es unwahrscheinlich erscheine, dass eine

---

dem Kunden verlangte. Zu der gerichtlichen Abweisung der Klage bereits aus prozessualen Gründen vgl. näher Mayr (2014).

2092 Bernau (2014), S. 23; o.V. (2015d).
2093 Bernau (2014), S. 23; o.V. (2015d).
2094 o.V. (2015d): Zu den Beklagten gehören beispielsweise die Internetseitenbetreiber von www.buyamazon-reviews.com oder buyazonreviews.com.
2095 Vgl. FE Bureau (2015), wobei sich der Vorwurf gegen Amazon, Flipkart, Snapdeal, Jabong und Myntra richtet.
2096 Vgl. ausführlich Kapitel 4.1.2.3.
2097 Schmidt & Haucap (2013), S. 172.

Exklusivitätsvereinbarung zwischen einem Hersteller und einem Onlineportal Markteintrittsbarrieren schaffe.[2098] Zudem könne bei Onlineportalen nicht jedes einzelne Produkt selbst einen relevanten Markt abbilden.[2099] Ein Missbrauch von Marktmacht beziehungsweise eine unzulässige Kartellierung ist nach Angaben des CCI insoweit nicht ersichtlich.[2100] Für eine hiervon abweichende Einschätzung bestehen keine hinreichenden Anhaltspunkte.

5.3.5 Missbrauch der marktbeherrschenden Stellung auf vertikaler Ebene

Trotz der ansteigenden Nachfrage an E-Books hält sich aktuell der ökonomische Einfluss von E-Books in Bezug auf die „overall sales" gerade außerhalb der USA noch in Grenzen.[2101] Dennoch wirkt sich die wachsende Durchsetzung von E-Books stark auf lang etablierte Beziehungen zwischen Verlegern und Wiederverkäufern aus.[2102] Hintergrund hierfür ist speziell im Fall Amazon wiederum, dass der Internethändler auf dem Weg zu einer höheren Profitabilität nicht bei einer Erhöhung der Wiederverkaufspreise ansetzt, sondern seinen Lieferanten mit noch größeren Forderungen gegenüber tritt, als es beispielsweise Walmart mit Herstellern und Zulieferern gemacht hat.[2103] Das Unternehmen nutzt seine wachsende Marktmacht und damit einhergehende Nachfragemacht aus, um einen entsprechenden Preisdruck auf Verleger auszuüben, mit dem grundlegenden Ziel durch eine aggressive Niedrigpreispolitik bessere Konditionen von den Verlagen in Bezug auf Beschaffungs- beziehungsweise Einkaufspreise zu erzwingen.[2104]

(1) Marktstellung auf vertikaler Ebene

Amazon ist auf der vertikalen Ebene jedoch nicht als Monopolist einzuordnen,[2105] zumal bereits die geringen und oftmals gar nicht vorhandenen Gewinne bei Amazon

2098 FE Bureau (2015). Nach Angaben der CCI in dem zu der vorgenannten Thematik verfassten zehnseitigen Papier: „(...) products which are illustrated in the information to be sold through exclusive e-partners face competitive constraints. For example, mobile phones, tablets, books and cameras are neither alleged nor seem to be trodden by monopoly or dominance. Further, it does not appear that because of these exclusive agreements any of the existing players in the retail market are adversely affected, rather with new e-portals entering into the market, competition seems to be growing."

2099 FE Bureau (2015).

2100 FE Bureau (2015).

2101 Vezzoso (2015), S. 28.

2102 Vezzoso (2015), S. 28 beschreibt E-Books als „deeply-affecting long-established relationships between publishers and retailers."

2103 Packer (2014).

2104 Carr (2012); Krugman (2014); Radisch (2014); Monopolkommission (2015), S. 132.

2105 Krugman (2014) und Yglesias (2014).

mit einer Monopolstellung nicht kompatibel sind. Amazon nimmt vielmehr eine dem Monopol konträre beziehungsweise spiegelbildliche Position ein.[2106] Amazon handelt also, zumindest nach einer teilweise vertretenen Auffassung, als ein **Monopson**, indem es seine dominante Stellung als Käufer und damit seine Macht, die Preise zu drücken, ausnutzt,[2107] was ein in der Wettbewerbspolitik nicht ungewöhnliches Phänomen zum Ausbau der Marktmacht darstellt.[2108]

Eine andere Ansicht differenziert jedoch an dieser Stelle und spricht Amazon nur im Hardcover-Buchbereich die Position eines Monopsons zu.[2109] Im E-Book-Markt mache Amazon von der so genannten **Countervailing Power** Gebrauch, die zwar für Konsumenten zu einer Verringerung der Preise führen kann, aber dennoch auch anti-kompetitive Auswirkungen implizieren kann.[2110]

Einigkeit besteht aber jedenfalls dahingehend, dass Amazon nicht nur einen „Big Player" im Bereich des Buchhandels darstellt, sondern zunehmend die vertikale Kontrolle über ganze Industriesektionen erlangt[2111] und jedenfalls groß genug ist, um harsche Bedingungen aufzuerlegen.[2112] Dass Amazon zumindest eine relative Marktmacht im Verhältnis zu kleinen und mittleren Verlagen innehat, wird insoweit auch vermutet.[2113]

(2) Darstellung der kritisierten Amazon Vorgehensweisen

Es ist weitestgehend anerkannt, dass Amazon als Einkäufer harte Verhandlungen anstrengt.[2114] Fraglich dabei ist aber, ob Amazon mit dieser Vorgehensweise gemäß dem zahlreich geäußerten Vorwurf eine marktbeherrschende Stellung missbraucht, indem es von den Verlegern anti-kompetitive (Verdrängungs-) Konditionen verlangt und Verlage auf diese Weise ausbeutet oder ob das Unternehmen lediglich harte und „ruppige" Verhandlungen vornimmt.[2115]

Bereits Mitte der 2000er Jahre hat das Unternehmen eine Initiative eingeführt, die unter dem Namen **„Gazelle Project"** darauf ausgerichtet war, gerade kleineren

---

2106 Yglesias (2014); Kirkwood (2014), S. 8.
2107 Krugman (2014). Zu differenzieren gilt es mit Blick auf das US-amerikanische Antitrust Law zwischen einem „exclusionary that creates or maintains monopsony power" und der bloßen „exploitation of existing buyer power", wobei letzteres grundsätzlich nicht untersagt wird. Vgl. hierzu Kirkwood (2014), S. 57.
2108 Blair & Harrison (1993), S. 66, wobei jedoch „succesful monopsony predation is probably as unlikely as successful monopoly predation." Vgl. zu einem Monopson die Darstellungen unter Kapitel 3.4.
2109 Kirkwood (2014), S. 44.
2110 Kirkwood (2014), S. 1 und 57.
2111 Wasserman (2012).
2112 Wasserman (2012).
2113 Vgl. dazu mit weiteren Hinweisen Monopolkommission (2015), S. 137.
2114 Kirkwood (2014), S. 5.
2115 Rath (2014).

Verlagen für Amazon vorteilhaftere Konditionen abzuverlangen.[2116] Die kleineren Buchverlage vergleicht Jeff Bezos dabei mit „Gazellen", die Amazon jagen und zur Strecke bringen wolle wie ein Gepard eine kränkliche Gazelle.[2117] Ein Beispiel für ein anti-kompetitives Verhalten Amazons im Rahmen des Gazelle Projekts stellt das „Creating Intransparency" dar: Bei Melville House handelt es sich um einen kleineren Verleger, dem Amazon im Rahmen des Gazelle Projekts gegenüber getreten ist. Amazon forderte von Melville House eine Zahlung, ohne darlegen zu wollen, wie viele Bücher des Verlegers auf der Website von Amazon verkauft wurden. Dieses nahm Dennis Johnson, der Miteigentümer von Melville House zum Anlass, Amazon öffentlich über die Presse zu kritisieren. Amazon reagierte schon einen Tag später hierauf mit dem Entfernen der Buy Buttons von der Website amazon.com. Vor diesem Vorfall wurden über Amazon acht Prozent des Absatzes von Melville House getätigt, was dazu führte, dass Melville House faktisch zu einem Nachgeben gezwungen war und infolgedessen die Buchtitel wieder über Amazon erhältlich waren.[2118]

Später hat Amazon auch **größere Verleger** wie Hachette, Time Warner oder Disney dazu gezwungen, die Preise ihrer E-Books zu senken.[2119] Mit der Entwicklung und Einführung des Kindle E-Readers und dem damit verbundenen E-Book-Store im November 2007 hatte Amazon als Pioneer auf einen neuen Markt expandiert.[2120] Da Amazon fortan den Preis für neu erscheinende Bestseller E-Books auf 9.99 US-Dollar herabsetzte, womit eine rasante Steigerung der Verkaufszahlen einherging[2121] und eine Absatzstimulation für den Kindle E-Book Reader intendiert war,[2122] trat das Unternehmen auch den Verlegern mit neuen Preisforderungen gegenüber.[2123] Neben hohen Preisnachlässen umfassten Amazons Forderungen auch verbesserte Lieferbedingungen.[2124]

Aus Furcht davor, nicht mehr in dem Empfehlungsalgorithmus der Website aufgenommen zu werden, haben die Verleger diesen veränderten Bedingungen zunächst soweit entsprochen.[2125] Dennoch empfanden die Verleger die Situation als schwierig, da sie sich in ihren traditionellen Preissetzungen und der Distribution bedroht sahen.[2126] Insbesondere für den E-Book Bereich zeichnete sich bei den Verlegern die mehr oder minder einhellige Auffassung ab, dass Amazon die

---

2116 Foer (2014).
2117 Radisch (2014); Häntzschel (2014).
2118 Siehe hierzu Packer (2014).
2119 DeThier (2014)
2120 Kirkwood (2014), S. 10–11.
2121 Kirkwood (2014), S. 11.
2122 Dantas/Taboubi/Zaccour (2014), S. 127.
2123 Kirkwood (2014), S. 11.
2124 Packer (2014).
2125 Packer (2014).
2126 Kirkwood (2014), S. 10.

Marktmacht bei Printversionen als Hebel einsetze und mit den Rabattforderungen einen marktmachtbedingten Verhaltensspielraum ausnutze.[2127]

Die **Verlagsgruppe Hachette** beispielsweise hat in der Folge die Preisnachlassforderungen von Amazon verweigert.[2128] Das Ziel von Amazon war es, den Einkaufspreis so tief zu drücken, dass Hachettes E-Books zum Einheitspreis von 9.99 US-Dollar auf der Website von Amazon angeboten werden können, was konkret mit der Forderung eines Rabatts von 50 Prozent statt der üblicherweise gewährten 30 Prozent einherging.[2129]

Amazons Strategie, durch einen entsprechenden Druck auf Verlage die Wholesale Preise auf unter 9.99 US-Dollar zu reduzieren, sah für Amazon selbst dabei zwei entscheidende Vorteile vor: So sollten zum einen auf diese Weise die bisher bei einem jeden E-Book Verkauf entstehenden Verluste eingedämmt werden und zum anderen sollten die Verleger dazu angehalten werden, die Fixkosten überwiegend den gedruckten Buchtiteln zuzuordnen, sodass deren Preise steigen und infolgedessen eine weitere, künstlich hervorgerufene Disparität zwischen den Preisen von E-Books und Printversionen entsteht.[2130] Die Weigerung von Hachette hatte zur Folge, dass deren Bücher zwar weiter auf der Website des Online-Händlers angeboten wurden, der Verkauf jedoch letztlich zum Erliegen gebracht wurde, indem Amazon die Preise für diese Produkte angehoben, die Auslieferung verzögert und die Aufmerksamkeit der Kunden auf die Waren anderer Verleger gelenkt hat,[2131] insbesondere indem so genannte „pop-up windows" die Hachette Titel schlichtweg verdeckt haben.[2132] Gedruckte Titel waren - selbst für Prime Mitglieder mit einem Anrecht auf „free two-day shipping"[2133] - zeitweise nur mit langen Lieferzeiten von bis zu vier Wochen bestellbar oder gar nicht mehr verfügbar.[2134] Auch wurden künstliche Lieferengpässe geschaffen, indem die Funktion zur Aufnahme von Vorbestellungen, die so genannten „pre-order buttons" deaktiviert wurden.[2135] Das Verhalten Amazons reichte soweit, dass selbst die Werke von Bestseller-Autoren wie Douglas Preston bei Namenseingabe in dem dafür vorgesehenen Suchfeld nicht mehr angezeigt wurden - ganz so, als ob die Titel nicht existierten.[2136] Diese rabiate Verhandlungstaktik[2137] führte aufgrund der daraus resultierenden Absatzrückgänge

---

2127 Monopolkommission (2015), S. 137.
2128 Krugman (2014).
2129 DeThier (2014)
2130 Petrocelli (2012).
2131 Krugman (2014); Radisch (2014).
2132 Brogan (2014).
2133 Brogan (2014).
2134 o.V. (2014e); Brogan (2014).
2135 DeThier (2014); Brogan (2014).
2136 Brogan (2014).
2137 o.V. (2014e).

auch zu finanziellen Einbußen bei den Verlagen,[2138] sodass es gerade am Beispiel von Hachette zutrifft, dass „when publishers resist, Amazon makes them pay."[2139]

Einen mit Hachette vergleichbaren Fall hat es bei Amazon auch in Europa gegeben: Denn auch der **Verlagsgruppe Bonnier**, zu der Verlage wie Ullstein, Piper, Berlin und Carlsen gehören,[2140] ist Amazon mit Rabattforderungen gegenüber getreten[2141] und brachte auch bei dieser eine Verkaufsbehinderung der Bücher als Druckmittel zum Einsatz.[2142] Obwohl die Titel problemlos vorrätig waren,[2143] hat Amazon nur verzögert Auslieferungen vorgenommen,[2144] sodass Kunden auf Bücher aus den Verlagen der Verlagsgruppe Bonnier Tage und Wochen warten mussten.[2145] Im Laufe der Zeit wurden die Verzögerungen dabei noch ausgeweitet[2146] und die Zahl der Titel, die sanktioniert wurden, stieg weiter an.[2147] Amazon selbst bestreitet dieses Verhalten zwar, gibt aber dennoch zu, von einigen Bonnier-Titeln weniger Lagerbestand geführt zu haben, als es normalerweise der Fall wäre[2148] und bestätigt zudem, dass diese Verzögerungen im Zusammenhang mit den laufenden Verhandlungen standen.[2149] In einigen Fällen berief sich Amazon zudem auf laufende Verhandlungen und verwies Kunden sogar darauf, die Bücher bei der Konkurrenz zu erwerben.[2150] Die Bücher der Verlagsgruppe Bonnier wurden händisch blockiert, obwohl das Amazon System diese im Normalfall automatisch nachbestellt.[2151] Infolge der leeren Lagerbestände wurden Lieferzeiten von bis zu zehn Tagen angegeben, was für potenzielle Leser eine abschreckende Wirkung entfaltete.[2152] Weiterhin fehlten im Zuge der Verhandlungen Bücher der Bonnier-Gruppe in den Empfehlungen auf der Website.[2153]

Um die Rabattforderungen durchzusetzen, machte Amazon in der Vergangenheit also zusammenfassend von folgenden Maßnahmen Gebrauch:

2138 Brogan (2014).
2139 Kirkwood (2014), S. 58. Auch bei der Independent Publishers Group (IPG) intendierte Amazon bessere Konditionen durchzusetzen und entfernte bei einer entsprechenden Verweigerung die „buy buttons" von mehr als 5.000 IPG E-Books.
2140 o.V. (2014e); Haucap (2014a); Haucap (2014b).
2141 Haucap (2014a); Haucap (2014b); Brühl (2014).
2142 Platthaus (2014a); Rath (2014).
2143 Platthaus (2014a).
2144 Brühl (2014).
2145 Häntzschel (2014).
2146 Brühl (2014).
2147 Brühl (2014).
2148 Brühl (2014).
2149 Platthaus (2014a).
2150 Häntzschel (2014).
2151 Brühl (2014).
2152 Brühl (2014).
2153 Rath (2014). Vgl. hierzu auf www.amazon.com beziehungsweise auf www.amazon.de die Produktverweise im Rahmen von „Kunden, die diesen Artikel gekauft haben, kauften auch."

(a) Verdeckung bestimmter Produkte durch Pop-up Advertisements
(b) Manipulation von Suchergebnissen und Nichtauflistung bestimmter Titel
(c) Preiserhöhungen für ausgewählte Titel
(d) Entfernen oder Deaktivieren von „buy buttons" bei Printbooks und E-Books
(e) Verzögerung der Liefertermine (refusal to supply)

Darüber hinaus setzt der US-Konzern die Verleger unter Druck, indem sie verpflichtet werden „to hand over a percentage of their previous year's sales on the site as „**marketing development funds.**"[2154] Random House beispielsweise gewährt dem Online-Händler infolgedessen zur Zeit einen effektiven Rabatt von rund 53 Prozent; bei kleineren Häusern kann dieser bis zu 60 Prozent betragen und mithin die ohnehin schon geringen Margen empfindlich tangieren.[2155] Doch die eigentliche Problematik besteht auch hier darin, dass, „if publisher resists when Amazon asks for a „bump" in payments, its books „can't be promoted"[2156]

(3) Ökonomische Bewertung der Geschäftspraktiken von Amazon

Die vorgenannten Geschäftspraktiken sind zwecks wettbewerbspolitischer Würdigung unter ökonomischen Gesichtspunkten zu bewerten.

Amazon selbst gibt vor, mit den starken **Preisverhandlungen für das Wohl der Verbraucher** zu kämpfen.[2157] So seien E-Book-Preise von knapp 15 oder 20 US-Dollar laut Amazon ungerechtfertigt hoch, da von einem E-Book für 10 US-Dollar 1,74 Mal mehr Exemplare verkauft würden, als wenn es zu knapp 15 US-Dollar angeboten würde, sodass infolgedessen der Umsatz der Verlage bei günstigeren Buchpreisen aufgrund höherer Absatzmengen steigen würde, womit sich gleichzeitig die Aussichten der Aufnahme in Bestsellerlisten verbessern würden.[2158]

Amazon rechtfertigt seine Bestrebungen zudem mit der Aussage, dass E-Books für Kunden günstiger sein sollten als die entsprechenden Printversionen, da bei digitalen Büchern Druck- und Frachtkosten, Lagerung und Retouren entfallen.[2159] Eine solche Preisdifferenzierung ist im Ausgangspunkt auch ökonomisch nachvollziehbar beziehungsweise förderlich für eine Erhöhung der (Konsumenten-) Wohlfahrt.

Über diesen mit Blick auf den Konsumenten grundlegend positiven Ansatz hinaus ist bei Amazons exzessiv ausfallenden Rabattforderungen für E-Books zudem

---

2154 Packer (2014): Amazon hat diese Vorgehensweise eingeführt, nachdem das eigentliche System der "paying co-op fees" für das Bewerben einzelner Buchtitel zu komplex wurde.
2155 Packer (2014).
2156 Packer (2014).
2157 Häntzschel (2014).
2158 o.V. (2014e).
2159 Brühl (2014); Rath (2014), der auch darlegt, dass Kunden zudem erwarten, dass ein E-Book in Bezug auf den Kaufpreis 15–20 Prozent günstiger ist als das entsprechende gedruckte Exemplar.

zu berücksichtigen, dass Amazon es den Verlagen erst ermöglicht, bestimmte Leserkreise zu erreichen.[2160]

Nüchtern betrachtet könnten die Verhandlungen mit einigen Verlegern daher auch lediglich als Verhandlungen über Bezugskonditionen zu qualifizieren sein, bei denen Autoren und Verlage sogar eine sehr starke Verhandlungsposition einnehmen können.[2161] Dieses gilt zumindest für spezielle Buchtitel, die für Leser nicht mit anderen Werken substituiert werden können, sodass Autoren und Verlage bei diesen ein Monopol auf ihr Werk innehaben.[2162] Bei einer Vielzahl von Büchern wird die Preiserhöhung eines Titels jedoch zu einem Nachfragerückgang führen und gleichzeitig einen Nachfragezuwachs bei einem Substitut auslösen. Insoweit gilt es also aus einer ökonomischen Perspektive zu differenzieren. In der Folge ist in einem überwiegenden Maße von heterogenen Gütern mit imperfekten Substituten auszugehen, bei denen unterschiedlich starke Schwankungen der Kreuzpreiselastizitäten anzunehmen sind. Eine starke Verhandlungsposition könnte sich bei diesen auf der Verlagsseite allenfalls aus Absprachen oder einem gleichgerichteten Verhalten zwischen marktführenden Verlagen ergeben.

Länderübergreifend ist die von Amazon vorgebrachte Preisargumentation jedoch ohnehin nicht überzeugend, da in einem Land wie Deutschland auch E-Books der Buchpreisbindung[2163] unterliegen, sodass die durch die Verleger eingeräumten Rabatte allein Amazon selbst zugutekommen.[2164] Weiterhin ist zu bedenken, dass zumindest in Deutschland die Mehrwertsteuer auf E-Books mit 19 Prozent deutlich höher liegt als die mit sieben Prozent für gedruckte Bücher geltende, sodass der preisliche Unterschied zur gedruckten Version verringert[2165] und auf diese Weise der Effekt einer erhöhten Konsumentenwohlfahrt entkräftet wird. Die Bestimmung der Höhe der Mehrwertsteuer für E-Books fällt Amazon jedoch genauso so wenig zu wie die auch E-Books erfassende Buchpreisbindung. Vor diesem Hintergrund sind geographische Märkte wie Deutschland, bei denen diese besonderen Regelungen zur Anwendung gelangen, von den hiesigen Betrachtungen auszunehmen.

In Bezug auf die verbleibenden Märkte ist mit Blick auf die Verhandlungen zwischen Amazon und den Verlagen zwischen dem grundlegend als unkritisch zu betrachtendem Ziel des Online-Händlers, den Konsumenten eine breit angelegte Auswahl an Verlagsprodukten zu günstigen Preisen anzubieten, und den aufgezeigten Maßnahmen, die Amazon zur Erreichung dieser Bestrebung einsetzt, zu differenzieren.

2160 Monopolkommission (2015), S. 137.
2161 Haucap & Kehder (2014), S. 6.
2162 Haucap (2014b).
2163 Der EuGH hat im Libro-Urteil aus dem Jahre 2009 die Zulässigkeit nationaler Preisbindungsgesetze wie das des deutschen Buchpreisbindungsgesetzes bestätigt. Näheres zu der Buchpreisbindung in Deutschland findet sich u.a. bei Russ & Wallenfels (2013), S. 24 ff.
2164 Häntzschel (2014); Brühl (2014); Bromm (2012), S. 54.
2165 Brühl (2014); Rath (2014).

Die wohlfahrtsfördernden Aspekte hinter Amazons Rabattforderungen relativieren sich bereits dadurch, dass es in einigen Fällen wie zum Beispiel in der Debatte mit der Verlagsgruppe Bonnier gar nicht um den Preis geht, den Endkunden zahlen müssen, sondern darum, ob Amazon oder die Verlage in einem höheren Maße am Erlös partizipieren.[2166] Amazon intendiert bei diesen die bislang üblichen Rabatte von 30 Prozent auf 40–50 Prozent und damit die Handelsspanne für E-Books auf das Niveau von Printbooks zu erhöhen.[2167] Da jedoch für Amazon bei E-Books keine Logistik- und Versandkosten anfallen,[2168] kann die Berechtigung zu einer höheren Handelsspanne durchaus bezweifelt werden. Zwar sehen sich die Verleger bei E-Books auch nur mit geringen marginalen Kosten konfrontiert, insbesondere da die Bereitstellungs- und Übertragungskosten in der Regel gen Null tendieren.[2169] Dennoch haben sich nach Angabe der Verlage bei E-Books für Autoren international höhere Honorare durchgesetzt, sodass die bei E-Books eliminierten Druck- und Logistikkosten auch dem Verlag keinen vollumfänglichen Nutzen bringen,[2170] den sie an Amazon weitergewähren könnten. Einschränkend ist dabei jedoch zu erwähnen, dass, wenn den Autoren tatsächlich bei E-Books im Vergleich zu Printbooks höhere Honorare gewährt werden sollten, die Verlage diese auf einer freiwilligen vertraglichen Basis mit den Autoren vereinbart haben müssen.

Da mit einem übergeordneten Blick auf die Gesamtkosten durchaus anzunehmen ist, dass diese bei E-Books geringer ausfallen als bei Printbooks, kann Amazons Forderung nach sinkenden Einkaufspreisen durchaus für gerechtfertigt gehalten werden. Die Forderung nach einer höheren Handelsspanne kann hingegen Amazons Marktmacht zum Ausdruck bringen. In letzterer Form könnte in den extensiven Rabattforderungen des Online-Händlers mithin der Versuch zu sehen sein, die eigene Stellung im E-Book-Markt auszubauen und zu sichern,[2171] indem die größere Handelsspanne genutzt wird, um die E-Books zu günstigeren Preisen anzubieten und um auf diese Weise Wettbewerber auszuschalten beziehungsweise die eigenen Marktanteile zu erhöhen.

Kritischer gestaltet es sich aber jedenfalls bei den von Amazon zur Durchsetzung günstigerer Bezugspreise eingesetzten disziplinierenden Sanktionen, die in Hinsicht auf die Auslistungen einzelner Titel ohnehin schon überraschen, da anzunehmen sein müsste, dass Amazon alleine aus Gründen der Reputation auf die Fähigkeit zur Lieferung eines nahezu vollständigen Buchsortiments nur schlecht verzichten

---

2166 Brühl (2014).
2167 Bisher hat Amazon von einem E-Book, das für 10 Euro verkauft wird, nach Abzug der Mehrwertsteuer 30 Prozent erhalten, der Verlag hingegen 70 Prozent. Bei einem gedruckten Buch erhält Amazon dagegen 40–50 Prozent, eine Spanne, die Amazon auch bei E-Books durchsetzen möchte. Vgl. Rath (2014).
2168 Rath (2014).
2169 Bomm (2012), S. 30.
2170 Rath (2014).
2171 Platthaus (2014a).

kann.[2172] Aus diesem Grund lässt das empirische Auftreten dieser Verhaltensweise auf eine nicht unerhebliche Marktmacht Amazons in diesem Bereich schließen. Das Verhalten des Unternehmens ist insoweit als eine gegen die Verlage gerichtete erpresserische Behinderung der Auslieferung von Büchern zu qualifizieren, mit dem Amazon intendiert, die Verlage zum Zugeständnis besserer Handelskonditionen zu bewegen.[2173] Insbesondere mit der bewussten Lieferverzögerung von Titeln ausgewählter Verlage nutzt Amazon dabei seine Marktmacht als Instrument, um unter Druckausübung Konditionenforderungen durchzusetzen.[2174] Diesen Verhaltensweisen ist weitestgehend ein anti-kompetitiver Charakter zuzuorden, der vorbehaltlich der marktbeherrschenden Stellung auf ein missbräuchliches Verhalten auf einer vertikalen Ebene schließen lässt. Denn zumindest wettbewerbsökonomisch können die von Amazon zum Einsatz gebrachten Behinderungsstrategien nicht mit der grundsätzlich anerkannten Vertragsfreiheit eines Unternehmens erklärt werden, da insbesondere mit den Lieferverzögerungen oder gar Verkaufs- und Lieferverweigerungen die materiale Entschließungsfreiheit von den Verlegern, die auf vorgelagerter Stufe agieren, durch die Anwendung wirtschaftlichen Zwanges beschränkt wird und infolgedessen der Wettbewerb auf dieser Stufe eine Beeinträchtigung erfährt.[2175]

Zu berücksichtigen sind an dieser Stelle aber auch die horizontalen Effekte des Amazon Publishing: So intendiert Amazon gemäß eines weiteren Vorwurfes die Verlage als die ihm „verhassten Mittelsmänner" zu eliminieren, um so Autoren für sein Self-Publishing abzuwerben[2176] und alle Einnahmen bis auf das Honorar der Autoren selbst einnehmen zu können.[2177] Indem Amazon dabei mit bis zu 70 Prozent des Verkaufserlöses als Honorar für E-Books den Autoren deutlich mehr als die Verlage bietet, um auf diese Weise die Schriftsteller zu einer Veröffentlichung direkt auf der Amazon Plattform zu bewegen, kommt zum Tragen, dass Amazon sich ein derartiges Vorgehen leisten kann, Hachette aber zum Beispiel nicht.[2178] Daneben beabsichtigt Amazon aber auch die Verlage als vermeintlich elitäre Qualitätskontrolleure zur Förderung der Kreativität auszuschalten[2179] und von den Kundendaten

---

2172 Haucap & Kehder (2014), S. 7; Haucap (2014b).
2173 Platthaus (2014b).
2174 Platthaus (2014b).
2175 Vgl. dazu näher Kapitel 4.2.3.8 sowie insbesondere Schmidt & Haucap (2013), S. 161. Gerade die Liefersperre zum Zwecke der Einflussnahme auf den Preis kann in einer unmittelbaren Beeinträchtigung des Preiswettbewerbs resultieren und anti-kompetitive Wirkungen entfalten.
2176 Brühl (2014).
2177 Häntzschel (2014).
2178 Brühl (2014); Häntzschel (2014) und o.V. (2014e). Laut Amazon beteiligt ein Verlag wie Hachette die Autoren zu wenig am Erfolg, da nach Auffassung des Internethändlers Schriftsteller und Verlage je 35 Prozent des Kaufpreises erhalten sollten, vgl. o.V. (2014e). Zu den Gründen, warum sich Schriftsteller dennoch gegen Amazon wenden, vgl. die weiteren Ausführungen in diesem Kapitel.
2179 Häntzschel (2014). Vgl. hierzu Kapitel 5.3.2.2.

schon bei der Herstellung und nicht erst beim Verkauf einen umfassenden Gebrauch zu machen.[2180]

Amazon nutzt also nicht nur die Niedrigpreisstrategie, um Druck auf die Verlage zwecks Verringerung der Wholesale Preise auszuüben und um sich dem unternehmerischen Bestreben, ein vertikal integrierter Player in der Buchindustrie zu werden, zu nähern.[2181] Dies zeigt auch der aktuelle, gegen Amazon gerichtete Vorwurf, wonach Amazon mit europäischen Verlegern Klauseln vereinbart, durch welche die Verleger im E-Book Bereich gegenüber dem Online-Händler einer Informationspflicht unterliegen, für den Fall, dass sie anderen Wiederverkäufern bessere Konditionen anbieten.[2182] Diese vertragliche Pflicht dürfte insoweit als Vorstufe zu Most-Favored-Nation Clauses zu qualifizieren sein.[2183] Da „such clauses might prevent an innovator from breaking through"[2184] und andere E-Book Distributoren an einem effektiven Wettbewerb mit Amazon gehindert werden können, mag hierin bereits eine wettbewerbswidrige Vereinbarung zu Lasten der Konsumenten zu sehen sein.[2185]

Im Ergebnis sind aber jedenfalls die von Amazon vorgenommenen behindernden Geschäftspraktiken als anti-kompetitiv zu würdigen, da sie auf eine Verdrängung und Ausbeutung der Verleger ausgerichtet und aufgrund der marktdominaten Position Amazons auch mit weitreichenden Wirkungen versehen sind, die nicht nur zu Lasten der Verleger, sondern insbesondere auch aufgrund der Preiserhöhungen für ausgewählte Titel zu Lasten der Konsumentenwohlfahrt gehen. Amazon missbraucht mithin das „freie Spiel der Wettbewerbskräfte"[2186] zu seinem eigenen Vorteil und zum Nachteil der Konsumenten. Darüber hinaus haften der vertikalen Erzwingung unangemessener Einkaufspreise auch horizontale Wirkungen an, indem das darauf basierende verdrängungspreisähnliche Vorgehen Amazons eine Marktzutrittsschranke für potentielle Wettbewerber begründet.[2187] Anzuerkennen ist dabei ferner, dass Amazon seine starke Stellung im Online-Handel für gedruckte Bücher nutzt und über diese gezielt Druck auf den E-Book-Markt ausübt.[2188]

2180 Häntzschel (2014).
2181 De los Santos & Wildenbeest (2014), S. 27.
2182 Streitfeld & Scott (2015).
2183 Vgl. hierzu Kapitel 4.1.2.4.
2184 Streitfeld & Scott (2015).
2185 Die Europäische Kommission hat vor diesem Hintergrund ein entsprechendes Prüfverfahren eingeleitet, vgl. Europäische Kommission (2015). Amazon selbst betont die Legalität eines solchen Vorgehens, vgl. Streitfeld & Scott (2015).
2186 Koenig & Schreiber (2010), S. 137.
2187 Packer (2014).
2188 Rath (2014).

(4) Reaktion von Verlegern und Autoren

Zahlreiche Verlage äußern jedoch zu dem Verhalten Amazons **keine Beschwerden**, sondern halten sich aufgrund einer faktischen Abhängigkeit von Amazon und damit aus Angst zurück.[2189]

Anders als die Verlage haben sich zahlreiche Autoren zu der Gruppe der so genannten **Authors United** zusammengeschlossen und Amazon dazu aufgefordert, die Sanktionen zu beseitigen, da viele tausend Hachette Autoren einen „readership decline" beobachtet hätten[2190] und viele Karrieren durch die achtmonatigen Sanktionen geschädigt worden seien.[2191] Nach langen Verhandlungen zwischen Amazon und Hachette konnte im November 2014 eine Einigung in Form einer langfristigen Vereinbarung herbeigeführt werden, wonach Hachette weiterhin selbst den Preis seiner E-Books festlegen darf, wovon nach Angabe von Hachette auch Autoren jahrelang profitieren werden.[2192]

Im Fall Bonnier hat der **Börsenverein des deutschen Buchhandels** Beschwerde beim Bundeskartellamt eingereicht, um das „erpresserische Vorgehen" Amazons zu unterbinden.[2193] Anzumerken ist dabei aber, dass es sich bei der Verlagsgruppe Bonnier nicht um einen kleinen Verlag handelt, der in dieser Sache einem „bösen" Großkonzern gegenübertritt, sondern Bonnier selbst Teil des internationalen und drei Milliarden Euro starken Medienkonglomerats Bonnier Media Group AB ist.[2194]

Aufgrund der zunehmend erpresserischen Tätigkeiten zogen in der Folgezeit auch die **Verlage selbst** mehrere Strategien in Betracht, um Amazon zu einer veränderten Preissetzung zu bewegen: So haben Simon & Schuster und Penguin dahingehend Erwägungen angestellt, „Minimum Advertised Pricing (MAP) Policies" durchzusetzen, um auf diese Weise die E-Book Preise anzuheben.[2195] Andere Verleger wie Hachette setzten sich mit der Implementierung von Formen einer Resale Price Maintenance auseinander.[2196] Andere wiederum befassten sich damit, Joint Ventures mit dem vordergründigen Zweck, eine alternative Plattform zu Amazon zu schaffen, einzugehen.[2197] Allerdings konnte durch Bemühungen in Form der aufgezeigten Strategien Amazon nicht zu einer Erhöhung der Preise bewegt werden; vielmehr

---

2189 Brühl (2013). Dieses ist mit dem so genannten Ross-und-Reiter-Problem vergleichbar, wonach derjenige, der von einem großen Konzern abhängig ist, ihn kaum bei Behörden anschwärzen wird.

2190 Brogan (2014).

2191 o.V. (2014b).

2192 o.V. (2014c).

2193 Brühl (2014).

2194 Brühl (2014) und o.V. (2014e). Andere deutsche Verlage sind scheinbar bislang nicht mit derartigen Forderungen von Amazon konfrontiert worden. Vgl. Platthaus (2014a). Der Streit mit der Verlagsgruppe Bonnier konnte im Jahre 2014 beigelegt werden. Vgl. hierzu o.V. (2014c).

2195 US vs. Apple, Inc. et al., Case No. 1:12-cv-02826-DLC, S. 8.

2196 US vs. Apple, Inc. et al., Case No. 1:12-cv-02826-DLC, S. 8.

2197 US vs. Apple, Inc. et al., Case No. 1:12-cv-02826-DLC, S. 8.

nahmen die Verlage aus Sorge vor Amazons Reaktion teilweise bereits vor der Implementierung wieder Abstand von ihren Plänen.[2198]

Ende 2009 schlossen sich jedoch **einige Verlagshäuser mit dem US-amerikanischen Unternehmen Apple Inc. zusammen** und nutzten den Start von Apples E-Book-Store auf dem iPad.[2199] Der Deal mit Apple sollte dabei ursprünglich mit allen der so genannten Big Six Houses, zu denen die Hachette Book Group, HarperCollins Publishers, Macmillan, Penguin Group, Random House und Simon & Schuster gehören, geschlossen werden; Random House war jedoch das einzige Unternehmen, das sich diesem nicht anschloss.[2200] Für Random House ging mit dieser Situation folglich eine Möglichkeit einher, Gewinne und Marktanteile zu erhöhen, indem das Verlagshaus Amazon gestattete, die Random House E-Books weiterhin für 9.99 US-Dollar zu vermarkten, wohingegen für die E-Books der anderen Verlage Preiserhöhungen erfolgten.[2201] Doch die übrigen Beteiligten machten auch ohne Random House insgesamt bereits rundweg die Hälfte von Amazons Umsätzen mit E-Books aus.[2202]

Hintergrund des Zusammenwirkens zwischen Apple und Verlegern war dabei, dass Apple selbst den Verkauf von E-Books anstrebte, bei diesem aber nicht der Konkurrenz durch die niedrigen Preise Amazons ausgesetzt sein wollte und sich daher das Missfallen von Amazons Niedrigpreisstrategie bei den Verlegern zu eigen machte.[2203] Aus diesem Grund hat Apple mit den Verlegern **Most-Favored-Customer Clauses vereinbart** (Retail Price MFC) beziehungsweise ein across-platforms parity agreement[2204] geschlossen, durch das die Verleger angehalten wurden, zum einen dieselben E-Books nicht über andere Vertriebskanäle oder Plattformen zu einem günstigeren Preis zu verkaufen[2205] und zum anderen im iBookstore jeden niedrigeren Preis, der durch Retailer wie Amazon gesetzt wird, zu erreichen.[2206] Apple machte dabei gegenüber den Verlegern deutlich, dass die Zusammenarbeit

---

2198 US vs. Apple, Inc. et al., Case No. 1:12-cv-02826-DLC, S. 9.
2199 o.V. (2014e).
2200 De los Santos & Wildenbeest (2014), S. 8; Rich & Stone (2010); Packer (2014).
2201 Kirkwood (2014), S. 20.
2202 Kirkwood (2014), S. 15. Die Verleger erkannten gleichzeitig, dass, wenn sie bei Amazon das Agency Model durchsetzen wollen, sie gemeinsam agieren müssen, da Amazon anderenfalls dafür gesorgt hätte, dass eine derartige Strategie entsprechend sanktioniert würde.
2203 US vs. Apple, Inc. et al., Case No. 1:12-cv-02826-DLC, S. 1.
2204 Buccirossi (2013), S. 21 beschreibt, dass die zwischen Apple und den Verlegern getroffene Abrede eine MFN- beziehungsweise APPA-Klausel darstellt.
2205 Boik & Corts (2013), S. 1–2; Vezzoso (2015), S. 30.
2206 US vs. Apple, Inc. et al., Case No. 1:12-cv-02826-DLC, S. 3. Die Verleger hatten also die Wiederverkaufspreise eines jeden, im Apples iBookstore angebotenen Buches auf ein Preisniveau, zu dem gegebenenfalls auch von anderen Wiederverkäufern angeboten wird, zu senken. Vgl. hierzu auch Boik & Corts (2013), S. 1–2; Kirkwood (2014), S. 13–14.

für die Verleger die beste Chance darstelle, die 9.99 US-Dollar Amazon Preissetzung herauszufordern.[2207]

Warum die Verleger das Agency Model, bei dem sie selbst die Wiederverkaufs-preise bestimmen, forcierten und die damit einhergehenden geringeren Beträge und die reduzierten Absatzzahlen in Kauf nehmen wollten, erscheint auf den ersten Blick unverständlich.[2208] Die Verlage akzeptierten dieses nach eigener Vorgabe jedoch in erster Linie, um die Kontrolle über die Preissetzung zu erlangen.[2209] Denn **Ziel des Deals** mit Apple war es, nicht nur Amazon dazu zu bewegen, die Preise wieder anzuheben, um die Wiederverkaufspreise für E-Books zu stabilisieren[2210] und um die Gewinne von Apple zu steigern, sondern auch die höheren Preise, die die Verlage für die Hardcover-Bücher auferlegen, zu schützen.[2211] Auf diese Weise sollte zugleich dem mit der verlustführenden Preisstrategie Amazons für E-Books einhergehen-den Kannibalisierungseffekt für Hardcover-Titel entgegengewirkt werden.[2212] Im Endeffekt intendierten die Verlage damit also eine Verlangsamung des Wandels vom traditionellen Printbook zum E-Book und damit des technischen Fortschritts. Letzterer sollte nicht den Präferenzen der Konsumenten bei wettbewerbsbestimm-ten Preisen, die bei E-Books aufgrund geringerer Gesamtkosten geringer ausfallen dürften, überlassen werden. Ziel der Verlage war und ist es demnach vielmehr, ihr „altes" Geschäftsmodell möglichst lange zu bewahren, um sich zum Beispiel vor etwaigen Gefahren der Onlinepiraterie, des Aufbrechens des engen Verlagsoligo-pols durch Marktzutritte und damit vor dem Verlust von tradierter Marktmacht zu schützen. Gerade letzteres ist jedoch aus Wohlfahrtsperspektive wünschenswert, sodass der Bewahrungsstrategie der Verlage insoweit ein anti-kompetitiver Cha-rakter zukommt.

Nach der Unterzeichnung der Vereinbarung mit Apple übernahm es jedenfalls schließlich Macmillan, Amazon von seinem Übergang zum Agency Model zu **un-terrichten** mit der Maßgabe, dass, wenn Amazon diesem nicht zustimmen würde, Macmillan die E-Book Versionen neuer Hardcover-Titel bis zu sieben Monate nach Ausgabe der gedruckten Werke dem Online-Händler vorenthalten werde.[2213] Ama-zon reagierte hierauf mit dem Entfernen der „buy buttons" bei tausenden Macmil-lan Hardcover-Titeln und E-Books, sodass nicht einmal mehr ein direkter Zugang

---

2207 US vs. Apple, Inc. et al., Case No. 1:12-cv-02826-DLC, S. 4.
2208 Kirkwood (2014), S. 23.
2209 Packer (2014).
2210 Kirkwood (2014), S. 14.
2211 Kirkwood (2014), S. 10.
2212 Dantas/Taboubi/Zaccour (2014), S. 127; De los Santos & Wildenbeest (2014), S. 2 und 6. Dieses Verhalten entspricht den Erwägungen einiger Ökonomen, die dar-gelegt haben, dass, wenn kleinere Lieferanten einem großen monopsonistischen Kunden gegenüberstehen, sie sich selbst schützen und auch für die Konsumenten Vorteile gewinnen können, wenn sie durch Kollusion den Monopsonisten zu einer Erhöhung der Preise und der Absatzmenge forcieren, vgl. Kirkwood (2014), S. 8.
2213 Kirkwood (2014), S. 16.

zu den Kindle Editionen möglich war.[2214] Aufgrund zahlreicher Titel aus anderen Verlagshäusern nahm Amazon an, es sich leisten zu können, Macmillan zu ignorieren.[2215] Innerhalb von zwei Tagen hat Amazon die „buy bottons" jedoch wieder freigeschaltet, als bekannt wurde, dass noch vier weitere führende Verlagshäuser auf das Ageny Model bestehen würden.[2216] Dieses veranlasste Amazon dazu, das Agency Model, wenn auch unwillentlich, zu akzeptieren.[2217] Amazon begründete dieses damit, dass ein Verleger wie Macmillan ein Monopol auf die eigenen Titel habe, sodass der Internethändler nachgeben müsse, auch wenn die Preise für die E-Books eine nach Auffassung von Amazon nicht erforderliche Höhe annehmen.[2218] Aus ökonomischer Sicht überzeugt diese Argumentation allerdings nicht: Zum einen ist es, wie bereits an obiger Stelle in diesem Kapitel erörtert, zweifelhaft, dass einzelne Titel tatsächlich Monopole und nicht imperfekte Substitute darstellen. Zum anderen hat Amazon die Macmillian Titel selbst ausgelistet und wurde erst mit der Erkenntnis, dass sich auch weitere Verlage dem Deal mit Apple angeschlossen haben, zu einem Umdenken veranlasst. Auf die Titel eines Verlages konnte Amazon demnach mindestens vorübergehend sehr wohl verzichten,[2219] auf die Titel nahezu aller Großverlage hingegen nicht. Dieses bestätigt die in diesem Kapitel weiter oben erwähnte Folgerung, dass Amazon sehr wohl über Marktmacht gegenüber einzelnen Verlagen verfügt, nicht aber gegenüber einem Kartell beziehungsweise bei einem gemeinschaftlichem Vorgehen der Verlage, was insoweit in der weiteren Argumentation noch erhebliche Bedeutung für die ökonomische Bewertung unter anderem des Agency Models entfalten wird.

Als Apple den iBookstore im April 2010 eröffnete, hatte Amazon also bei allen fünf Verlagen dem Ageny Model zugestimmt, wobei auch Barnes & Noble als Wiederverkäufer im Buchhandel diesem folgte.[2220] Durch die höheren Margen, die mit dem Agency Model einhergingen, wurde Apples Markteintritt erleichtert und gleichzeitig für Barnes & Noble, die im Jahre 2009 das Nook auf den Markt gebracht haben, eine vereinfachte Expansionsmöglichkeit geschaffen.[2221] Das Wachstum dieser Rivalen ließ **Amazons Marktanteile** innerhalb von zwei Jahren nach Einführung des Agency Models von 90 auf 60 Prozent fallen,[2222] wobei diese Reduzierung der Marktanteile nicht automatisch als pro-kompetitiv verstanden werden kann.[2223]

2214 Dantas/Taboubi/Zaccour (2014), S. 126.
2215 Shermer (2012).
2216 Rich & Stone (2010).
2217 Packer (2014); Kirkwood (2014), S. 17–18; Rich & Stone (2010).
2218 Rich & Stone (2010).
2219 Vgl. dazu die obigen Ausführungen in diesem Kapitel zu den Einzelmaßnahmen, die Amazon gegenüber der Verlagsgruppe Hachette und der Verlagsgruppe Bonnier zur Durchsetzung von Rabattforderungen vorgenommen hat.
2220 Rich & Stone (2010).
2221 Kirkwood (2014), S. 18.
2222 Kirkwood (2014), S. 18.
2223 Kirkwood (2014), S. 18.

Auch für den Konsumenten waren schon kurze Zeit nach Einführung des Agency Models signifikante Nachteile spürbar: So stiegen hierdurch beinahe über Nacht beispielsweise die Preise für New York Times Besteller um mehr als 40 Prozent an, was wiederum indiziert, dass die Reduzierung der doppelten Marginalisierung nicht das Kernanliegen der Verleger in dieser Angelegenheit war.[2224]

(5) Agency versus Wholesale Model

Bei dem mit Apple (the „agent") ausgemachten so genannten **Agency Model**, das auch als revenue-sharing contract bezeichnet wird,[2225] bleibt es anders als beim Wholesale Model den Verlegern überlassen, die Wiederverkaufspreise der E-Books festzusetzen, wobei in diesem Fall der Wiederverkäufer mit einer Verkaufsprovision in Höhe von 30 Prozent an dem Umsatz eines jeden Verkaufs entsprechend beteiligt werden sollte.[2226] Auf diese Weise konnten die Verlage ein Modell nach dem Muster der deutschen Buchpreisbindung durchsetzen, bei dem sie selbst und nicht die Händler den Preis bestimmen können.[2227] Die Vereinbarung eines Agency Models ist als solches grundsätzlich auch nicht illegal oder ungewöhnlich; vielmehr machen zahlreiche Unternehmen wie auch Amazon selbst Gebrauch von diesem.[2228] Die Verleger nahmen dabei in Kauf, sich bei dem Zusammenschluss mit Apple schlechter zu stellen als bei einem Verkauf der E-Books im Rahmen des Wholesale Models.[2229] Denn selbst bei einer Erhöhung der Preise konnte mit den Konditionen des Agency Models nicht so viel erwirtschaftet werden, wie es vergleichsweise unter dem Wholesale Model möglich gewesen wäre, da bei letzterem für gewöhnlich 13 US-Dollar für eine E-Book Version eines neues Hardcover-Titels veranschlagt werden konnten.[2230] Dieses begründet sich damit, dass Amazon es in Kauf nahm, bei einem Wiederverkauf eines E-Books für 9.99 US-Dollar einen Verlust zu erwirtschaften, der Verlag dennoch 13 US-Dollar für jedes E-Book erhielt.[2231] Im Vergleich dazu sah sich Amazon unter dem Agency Model gezwungen, höhere Wiederverkaufspreise überwiegend zwischen 12.99 US-Dollar und 14.99 US-Dollar, was einer Erhöhung von 30–50 Prozent entspricht, anzusetzen.[2232]

2224 US vs. Apple, Inc. et al., Case No. 1:12-cv-02826-DLC, S. 20; De los Santos & Wildenbeest (2014), S. 2.
2225 Dantas/Taboubi/Zaccour (2014), S. 127.
2226 De los Santos & Wildenbeest (2014), S. 2; Kirkwood (2014), S. 13 und Packer (2014).
2227 o.V. (2014e).
2228 Petrocelli (2012).
2229 Packer (2014).
2230 Kirkwood (2014), S. 20.
2231 Kirkwood (2014), S. 20–21.
2232 Packer (2014); Kirkwood (2014), S. 17–18; Rich & Stone (2010).

Exemplarisch bedeutet dieses bei einem Wiederverkaufspreis von 12.99 US-Dollar, wovon 30 Prozent als Provision einzubehalten waren, dass der Verlag nach diesem Kalkulationsbeispiel letztlich nur 9.09 US-Dollar erhielt.[2233] Auf diese Weise stellten sich die mit Apple kooperierenden Verleger also doppelt schlechter: zum einen erhielten sie einen geringeren Betrag für jedes verkaufte E-Book, zum anderen mussten sie niedrigere Absatzzahlen in Kauf nehmen.[2234] Dieses aus betriebswirtschaftlicher Sicht unverständliche Verhalten veranschaulicht dabei noch einmal die Bedeutung, die die Verlage der Möglichkeit einer selbstbestimmten Preissetzung im Rahmen des Agency Models beimessen.

Die nachfolgende Abbildung 13 zeigt dabei auf, dass mit der Einführung des Agency Models teilweise noch größere Preisabstände zu verzeichnen waren:

2233 Kirkwood (2014), S. 20–21.
2234 Kirkwood (2014), S. 21.

Abb. 13: Gegenüberstellung der Amazon Verkaufspreisentwicklungen nach Einführung des Agency Models

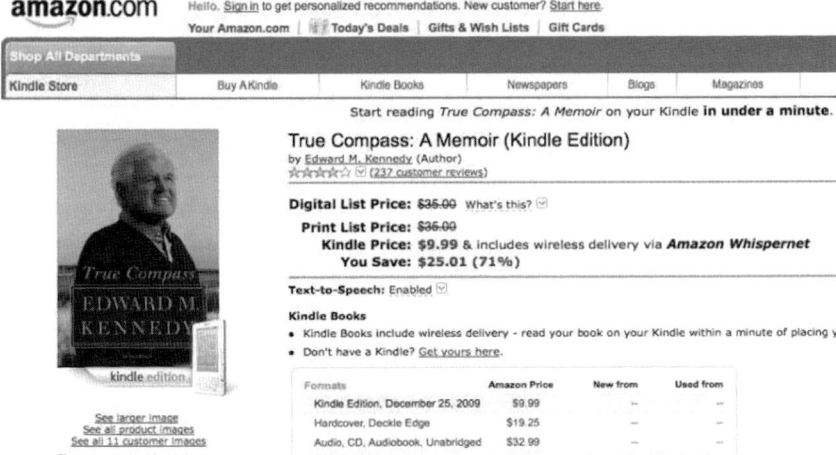

(a) February 2010

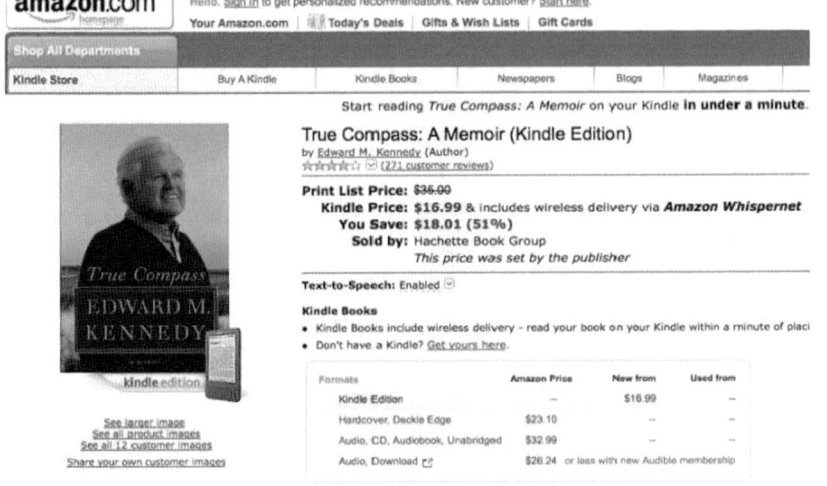

(b) May 2010

Quelle: De los Santos & Wildenbeest (2014), S. 35.

Fraglich ist jedoch, wie sich die ökonomischen Auswirkungen des zwischen Apple und den Verlegern vereinbarten Agency Models im Gegensatz zu den zwischen Amazon und den Verlegern vereinbarten Wholesale Models gestalten und welche Vorgehensweise mit Blick auf die Konsumentenwohlfahrt zu bevorzugen ist. Da sowohl beim Agency Model als auch beim Wholesale Model die Preise einer **doppelten Marginalisierung** unterliegen, ist auf den ersten Blick nicht ersichtlich, welche der beiden Preissetzungsgestaltungen zu einem höheren Wiederverkaufspreis führt.[2235]

Nach **Johnson** kommt das Agency Model **langfristig** den Konsumenten zugute, selbst wenn die Preise unter diesem anfänglich höher sind.[2236] Begründet wird dieses damit, dass beim Wholesale Model zwar zunächst die Preise niedriger sind, die Wiederverkäufer diese jedoch erhöhen, sobald im Sinne einer „consumer lock-in strategy" ausreichend Kunden gebunden sind.[2237] Dieser Anreiz zur Preiserhöhung existiert dabei nach Johnson nicht beim Agency Model, sodass mit diesem der direkte Wettbewerb zwischen den Retailern und somit langfristig niedrige Preise garantiert werden können.[2238] Weiterhin erfolgt beim Wholesale Model durch die niedrigen E-Book-Preise auch eine Subventionierung der Kindle Plattform, was wiederum auch dazu beiträgt, dass Amazon in der Zukunft in der Lage ist, die Preise für E-Books zu erhöhen.[2239]

Gaudin und White stellen dabei zwei weitere Begründungen für **langfristig** höhere Preise unter dem Wholesale Model auf. So ist der Anreiz eines Retailers, niedrige Preise zu setzen, größer, wenn E-Books nur mittels des in der Eigenproduktion des Wiederverkäufers entwickelten E-Book Readers gelesen werden können.[2240] Doch der Deal der Verleger mit Apple führte dazu, dass Amazon die Kindle Apps zum Beispiel für das Apple iPad zur Verfügung gestellt hat, wodurch für Amazon nicht länger ein Anreiz gegeben war, die Wiederverkaufspreise niedrig zu halten,[2241] da der Kindle Reader insoweit nicht mehr zwingend für das Lesen von E-Books erforderlich war.[2242] Zudem führen Gaudin und White an, dass Verleger beim Agency Model einen Anreiz haben, die Preise niedrig anzusetzen, um das Problem der doppelten Marginalisierung zu vermeiden.[2243]

2235 Johnson (2014), S. 2. Zu einem Vergleich des Agency Models und des Wholesale Models in Bezug auf Gleichgewichtspreise und Gewinne siehe Johnson (2014), S. 10 ff.
2236 Johnson (2014). Johnson nimmt hier einen Vergleich zwischen dem Wholesale und dem Agency Model vor und setzt sich mit den Auswirkungen von Platform MFN Agreements auf das Gleichgewicht unter dem Agency Model auseinander.
2237 Johnson (2014); De los Santos & Wildenbeest (2014), S. 23.
2238 Johnson (2014).
2239 De los Santos & Wildenbeest (2014), S. 23.
2240 Gaudin & White (2014).
2241 De los Santos & Wildenbeest (2014), S. 3.
2242 De los Santos & Wildenbeest (2014), S. 23.
2243 Gaudin & White (2014).

Somit kommen sowohl Johnson als auch Gaudin und White aufgrund der „consumer lock-in strategy" beziehungsweise aufgrund der Anreizstruktur übereinstimmend zu einem **langfristig** positiven Effekt des Agency Models für den Konsumenten.[2244]

Anders wird dieses jedoch unter anderem durch **Foros, Kind und Shaffer** erachtet: So legen diese dar, dass die Wiederverkaufspreise aufgrund der besonderen Struktur des E-Book-Marktes beim Agency Model höher ausfallen, insbesondere auch vor dem Hintergrund, als dass der Wettbewerb zwischen Retailern intensiver ausfällt als zwischen den Verlegern.[2245] Die noch recht junge Literatur, die sich mit der Beziehung zwischen dem Agency und dem Wholesale Model befasst, passt zu der Literatur im Bereich vertikaler Preisbeschränkungen. Denn dass die Verleger im Rahmen des Agency Models die Wiederverkaufspreise für die E-Books selbst festsetzen, ist eine Praktik, die als Resale Price Maintenance (RPM) einzuordnen ist.[2246] Eine Studie von De los Santos und Wildenbeest dazu zeigt, dass die Verleger die Wiederverkaufspreise höher gesetzt haben beziehungsweise auch wieder höher setzen würden als Amazon.[2247]

Jullien und Rey legen hingegen dar, dass höhere Wiederverkaufspreise auch Teil einer kollusiven upstream Vereinbarung sein können, wobei durch die vertikalen Preisbeschränkungen Hersteller von geheimen Wholesale Price Cuts abgehalten werden sollen.[2248] Im Falle der Verleger hat die Kollusion mit Apple zwar die Preise erhöht, dennoch brachte diese keine höheren Margen mit sich, sodass diese Zusammenarbeit auch auf andere Gründe zurückzuführen sein musste.[2249]

Letztlich bestehen also **mehrere Erklärungsansätze** dafür, warum ein Retailer wie Amazon Preise unterhalb derer setzt, die bei der Anwendung des Agency Models von den Verlegern bestimmt werden.[2250] Auch nachdem die Verleger die Wiederverkaufspreise nicht mehr selbst setzen konnten, war festzustellen, dass sich die E-Book Preise bei Amazon und Barnes & Noble wieder verringerten.[2251]

Gerade auf dieser Entwicklung gründet die sich anschließende Frage, inwieweit Amazon über die Verwendung des Wholesale Models ein wettbewerbspolitischer Vorwurf gemacht werden kann. Plausibilitätsüberlegungen führen in dieser Hinsicht zu der Wettbewerbsintensität als entscheidenden Faktor. Fällt diese zwischen den Retailern höher aus als die Wettbewerbsintensität zwischen den Verlagen,

---

2244 De los Santos & Wildenbeest (2014), S. 4.
2245 Foros/Kind/Shaffer (2014). Auch De los Santos und Wildenbeest (2014) führen aus, dass, nachdem Amazon die Wiederverkaufspreise wieder selbst festsetzen konnte, Preisverringerungen bei E-Books festzustellen waren. Vgl. hierzu De los Santos & Wildenbeest (2014), S. 23.
2246 De los Santos & Wildenbeest (2014), S. 28.
2247 De los Santos & Wildenbeest (2014), S. 28.
2248 Jullien & Rey (2007).
2249 De los Santos & Wildenbeest (2014), S. 4–5.
2250 De los Santos & Wildenbeest (2014), S. 24.
2251 De los Santos & Wildenbeest (2014), S. 31.

bedeutet dieses, dass auch das Wholesale Model eine größere Wohlfahrt als das Agency Model mit sich bringen muss. Im Umkehrschluss heißt dieses aber auch, dass, wenn die Wettbewerbsintensität zwischen den Wiederverkäufern geringer ausfällt als die Wettbewerbsintensität zwischen den Verlagen, dem Agency Model aus wohlfahrtsökonomischer Perspektive der Vorzug zu gewähren ist. Letzteres wäre einschlägig, insoweit Amazon den E-Book-Markt dominiert. Eine ausgeprägtere Wettbewerbsintensität auf Ebene der Wiederverkäufer läge hingegen in dem Fall einer Kartellierung der Verlage, sprich bei Vorliegen eines kollusiven Gleichgewichts vor. Mithin ist insoweit eine etwaige Dominanz Amazons einem potentiellen kollusiven Verlagsoligopol gegenüber zu stellen. Alleine für den Fall, dass sich sowohl Amazon als auch die Verlage im Wettbewerb befinden, würden, unabhängig von der Verwendung des Wholesale oder Agency Models, keine negativen Effekte auf die Wohlfahrt zu verzeichnen sein. Da jedoch auf beiden Ebenen zumindest gegenwärtig noch eine Wettwerbssituation vorhanden ist, kann mithin in diesem Kontext kein eigenständiger Vorwurf Amazon gegenüber begründet werden.[2252] Verringert sich aber in der Zukunft die Wettbewerbsintensität für Amazon, werden mit der Verwendung des Wholesale Models wohlfahrtsökonomische Einschnitte zu verzeichnen sein.

(6) Folgen des Deals mit Apple

Der Deal zwischen Apple und den Verlegern blieb für diese nicht ohne Folgen: Amazon wandte sich mit einer Beschwerde an die Federal Trade Commission und es folgte ein entsprechendes Verfahren aufgrund der wettbewerblichen Beschränkung,[2253] bei dem das Department of Antitrust Division und die Europäische Kommission kooperierten.[2254] Dieses führte dazu, dass beispielsweise Macmillan 20 Millionen US-Dollar und Penguins 27 Millionen US-Dollar **Bußgeld** zahlen mussten,[2255] was damit begründet wurde, dass die an dem Deal mit Apple Beteiligten von der klassischen Methode des **„raising rivals' costs"** zum Ausschluss Amazons Gebrauch gemacht haben.[2256] Die Vereinbarung zwischen Apple und den Verlegern wurde insoweit als eine **horizontale Preisbeschränkung** im Rahmen einer Kartellierung eingeordnet.[2257] Auch Apples im Verhältnis zu den Verlegern divergierende Stellung im Markt ließ die Horizontalität der Vereinbarung nicht entfallen, da auch eine Partei, die an sich zu den übrigen Beteiligten in einem Vertikalverhältnis steht, an einer horizontalen Preisabsprache partizipieren kann.[2258]

2252 Vgl. Kapitel 5.1.2.
2253 Packer (2014).
2254 o.V. (2012).
2255 Packer (2014); Department of Justice Complaint, U.S. vs. Apple, Inc. et al., 11. April 2012.
2256 Kirkwood (2014), S. 10.
2257 US vs. Apple, Inc. et al., Case No. 1:12-cv-02826-DLC, S. 33.
2258 US vs. Apple, Inc. et al., Case No. 1:12-cv-02826-DLC, S. 33.

Apple hat durch den Zusammenschluss zur Erhöhung der E-Book Preise mithin geltendes Wettbewerbsrecht verletzt.[2259] Im Rechtsstreit hat Apple zwar anfänglich vorgebracht, dass Apples Eintritt in den E-Book-Markt aus dem Grund wettbewerbsfördernd sei, als dass Apple mit diesem Innovationen wie farbige E-Books und „Enhanced E-Books", die auch Filme, Sounds und Videos enthalten, hervorgebracht hat.[2260] Da diese Verbesserungen und Innovationen jedoch auch dann hätten erreicht werden können, wenn Apple zu Wholesale Konditionen in den Markt eingetreten wäre, ließ das Gericht eine solche Argumentation nicht ausreichen.[2261] Auch der spätere Versuch, die Kollusion von Apple und den Verlegern mit dem Verhalten Amazons zu rechtfertigen, überzeugte das Gericht nicht.[2262] Amazons Niedrigpreisstrategie könnte zwar ein besorgniserregendes Anliegen für die Verleger darstellen,[2263] sodass diese lediglich dem Versuch nachgegangen sein könnten, sich vor den unfairen Taktiken Amazons zu schützen.[2264] Doch selbst wenn in dieser ein Predatory Pricing zu sehen ist,[2265] liegt die Antwort hierauf grundsätzlich nicht in einem kollusiven Zusammenwirken mit Apple und ist somit „no excuse for unlawful price-fixing"[2266] und impliziert mithin keine rechtfertigende Wirkung.[2267] Denn letztlich haben die Verlage den Wettbewerb bezüglich der Wiederverkaufspreise

---

2259 Kirkwood (2014), S. 1.
2260 US vs. Apple, Inc. et al., Case No. 1:12-cv-02826-DLC, S. 23.
2261 US vs. Apple, Inc. et al., Case No. 1:12-cv-02826-DLC, S. 40.
2262 Kirkwood (2014), S. 23. Mit dem Verhalten Amazons als Auslöser für den Deal mit Apple befasst sich Kirkwood (2014), S. 9 wie folgt: „Should suppliers be allowed to collude in some circumstances to offset the power of a large customer? The answer is yes and proposes a limited defense to the per-se rule to protect the most important instances of procompetitive collusion. That defense would have 3 elements:
   (1) Colluding suppliers would have to prove that their customer had buying power and would have to demonstrate that this power, whether monopsony power or countervailing power, was legally acquired, substantial, persistent and durable.
   (2) The suppliers would have to prove that their action was desirable. If the customer's power was monopsony power, no further proof would be required, for counteracting monopsony power through the creation of supplier power is ordinarily procompetitive; if the power was countervailing power, the suppliers would have to furnish additional proof, because such power is often procompetitive. In particular, they would have to demonstrate that the exercise of this power had reduced their ability to innovate and that collusion would increase it.
   (3) The suppliers would have to prove that their collusion did not create downstream market power, for if it did, it would normally harm consumers."
2263 Kirkwood (2014), S. 8.
2264 Petrocelli (2012).
2265 Zu der Beurteilung, inwieweit es sich bei Amazons Niedrigpreisstrategie um ein Predatory Pricing handelt, vgl. Kapitel 5.3.2.1.
2266 Kirkwood (2014), S. 55.
2267 Kirkwood (2014), S. 55.

unterbunden mit der Folge, dass Verbraucher mehrere Millionen Dollar mehr für ihre E-Books gezahlt haben.[2268]

Vielmehr wäre eine wettbewerbsrechtliche Auseinandersetzung anzustrengen gewesen,[2269] zumal das Vorgehen der Beteiligten direkt auch die Konsumenten geschädigt hat.[2270] So führt selbst auch die Anwendung einer rule of reason Analyse dazu, dass zumindest nach Auffassung des Gerichts mögliche wettbewerbsfördernde Aspekte keinesfalls die Nachteile in Form von für Konsumenten steigenden E-Book Preisen überwiegen.[2271] Die US-amerikanischen sowie europäischen Wettbewerbsbehörden untersuchten dieses Verhalten zwischen Apple und den Verlegern daher in Bezug auf Section 1 des Sherman Act beziehungsweise auf Art. 101 AEUV.

Den Verlagen sollte andererseits bei einem derart mächtigen Kunden wie Amazon das Zusammenwirken an sich gestattet sein, da Amazons Macht und aggressives Verhalten durchaus die Gefahr der Schaffung eines Monopsons birgt.[2272] Denn insoweit das Zusammenwirken zwecks Kontrolle eines mächtigen Kunden wie Amazon gänzlich untersagt wird, ganz gleich, wie nützlich die damit einhergehenden Konsequenzen sind, ist gleichzeitig zu hinterfragen, ob dieses noch mit dem originären Zweck des Wettbewerbsrechts in Einklang zu bringen ist.[2273] So hat das U.S. Department of Justice mit diesem Rechtsstreit Amazon gegenüber letztlich grünes Licht für die Fortentwicklung in Richtung Monopolisierung der Buchbranche gegeben.[2274] Dabei ist zu bedenken, dass, wenn die Verleger mit der Abrede eine Monopsonstellung Amazons beziehungsweise die Ausübung von Marktmacht durch Gegenmacht vermieden hätten, zumindest langfristig wieder ein Beitrag zur Wohlfahrt der Konsumenten geleistet worden wäre.[2275] Doch vorliegend wurde das längerfristige Ziel der Verleger nicht als wettbewerbsfördernd erachtet, da es insoweit nicht vorsah, die Konsumenten zu begünstigen, sondern auf die Sicherung hoher Preise für Hardcover-Bücher gerichtet war.[2276] Gleichzeitig bleibt dennoch die Frage im Raum, ob das U.S. Department of Justice in diesem Fall möglicherweise mehr als „antitrust enabler" statt als „antitrust enforcer" agiert hat.[2277]

Als Beweis für das kollusive und gegen Section 1 des Sherman Antitrust Act verstoßende Zusammenwirken wurden sowohl E-mails als auch Telefonate und Abendessen unter den großen Verlegern während der Verhandlungen mit Apple

---

2268 o.V. (2012).
2269 Kirkwood (2014), S. 8.
2270 Kirkwood (2014), S. 23.
2271 US vs. Apple, Inc. et al., Case No. 1:12-cv-02826-DLC, S. 34.
2272 Kirkwood (2014), S. 1. Weitere Erwägungen dahingehend, ob im Amazon-Fall eine Kollusion auf Verkäuferseite gerechtfertigt sein könnte, finden sich bei Campbell (2015).
2273 Kirkwood (2014), S. 7.
2274 Petrocelli (2012).
2275 Kirkwood (2014), S. 23.
2276 Kirkwood (2014), S. 23–24.
2277 Petrocelli (2012).

herangezogen.[2278] Nach dem Einschreiten der US-Behörden konnte der Deal zwischen Apple und den Verlegern aber beendet werden, mit der Folge, dass Amazon nun wieder die Bücher bei den Verlagen zum Großhandelspreis beziehen kann.[2279] Das amerikanische Department of Justice hat im Rahmen einer Einigung mit allen fünf Buchverlagen erreicht,[2280] dass das Agreement mit Apple beendet wird und die Verlage für zwei Jahre keine neuen Vereinbarungen eingehen dürfen, die darauf ausgerichtet sind, die Möglichkeiten eines Retailers in Hinblick auf Rabattgewährungen oder andere Promotionsangebote für Verbraucher zur Absatzförderung einzuschränken.[2281] Allerdings verbietet die Einigung nicht generell das Eingehen neuer Absprachen mit Wiederverkäufern von E-Books; es werden nur solche vom zweijährigen Eingehungsverbot umfasst, die darauf ausgelegt sind, dem Wiederverkäufer eine Reduzierung des von den Verlagen gesetzten Preises zu untersagen.[2282] Für den Zeitraum von zwei Jahren ist also vorgesehen, dass Wiederverkäufer die Preise für E-Books selbst und ohne Restriktionen durch die Verleger bestimmen können.[2283] Die Verwendung von Meistbegünstigungsklauseln wird hingegen sogar für einen Zeitraum von fünf Jahren untersagt.[2284] Weiterhin sind den Verlagen in den nächsten fünf Jahren Zusammenschlüsse mit Wettbewerbern und das Teilen von sensiblen Wettbewerbsinformationen mit ihren Wettbewerbern untersagt.[2285] Die Verlage unterstehen hierbei einem strengen wettbewerbsrechtlichen Compliance Programm.[2286]

Anders als bei den Verlagen wurde der Prozess gegen das Unternehmen Apple Inc. fortgeführt.[2287] Apple ließ es insoweit auf eine gerichtliche Entscheidung ankommen, verlor den Prozess allerdings in der zweiten Instanz.[2288]

Die grundlegende Problematik in diesem wettbewerbsrechtlichen Verfahren kennzeichnet sich dadurch, dass alleine das Zusammenwirken zwischen Apple und den Verlagen im Fokus stand, das wahre Problem, dass Amazon ein Monopol zu werden droht, an dieser Stelle hingegen nicht weiter verfolgt wurde.[2289] Ganz im Gegenteil: Amazon dürfte durch dieses Verfahren die potentielle Macht, den E-Book-Markt im Rahmen eines Predatory Pricing zu monopolisieren, sogar wiedererlangt haben.[2290] Tatsächlich hat mithin nur Amazon von diesem Verfahren profitiert und

---

2278 Packer (2014); Hansen (2012).
2279 o.V. (2014e).
2280 o.V. (2012); Vezzoso (2015), S. 31.
2281 o.V. (2012).
2282 o.V. (2012).
2283 De los Santos & Wildenbeest (2014), S. 7–8.
2284 De los Santos & Wildenbeest (2014), S. 7–8.
2285 o.V. (2012).
2286 o.V. (2012).
2287 Shermer (2012); o.V. (2012).
2288 Raymond & Stempel (2015).
2289 Kirkwood (2014), S. 6.
2290 Shermer (2012).

einen „government-aided advantage"[2291] über den Wettbewerb erhalten.[2292] Doch ob sich dieses für den Konsumenten tatsächlich von Vorteil gestaltet, ist zumindest bei längerfristiger Betrachtung aufgrund vorgenannter Erwägungen zweifelhaft.[2293] Amazon aber jedenfalls drängt nun weiter in den Markt vor und konkurriert nicht nur mit dem günstigen Tablet Kindle Fire gegen das Apple iPad.[2294] Auch der Gang zum Bundeskartellamt durch das Verlagsgewerbe ist eher als eine Marketing-Maßnahme einzustufen, um Amazon ins moralische Unrecht zu setzen; rechtlich erfolgversprechend ist dieses nicht, zumal die Europäische Kommission prüft, ob es sich um eine grenzüberschreitende Wettbewerbsthematik handelt, sodass das deutsche Kartellamt zur Zeit nicht einmal zuständig ist.[2295]

Im Ergebnis festzuhalten ist aber jedenfalls, dass nicht nur das Zusammenwirken mit Apple als eine Reaktion auf Amazons Strategien und Forderungen verstanden werden muss, sondern auch die Fusion zwischen Random House und Penguin zu einem Verlagshaus, das mehr als 25 Prozent des Buchgeschäfts in der Hand hält, eine originäre Vorgehensweise bei der Suche nach Sicherheit auf einem Markt begründet.[2296]

(7) Zwischenergebnis

Die auf vertikaler Ebene seitens des marktmächtigen Internethändlers Amazon angesiedelten Geschäftspraktiken, die in der Vergangenheit immer wieder aufgetreten sind, sind auf eine Verdrängung der Verleger gerichtet und weisen einen schädigenden Charakter für die Konsumentenwohlfahrt auf. Insoweit ist mithin ein wettbewerbswidriges Verhalten des Amazon Konzerns festzuhalten. Separat davon, gerade in Abgrenzung zu der auf dem Agency Model basierenden Kollusion zwischen Apple und den Verlegern, ist jedoch die Verwendung des Wholesale Models als solches zu betrachten. Dieses kann aufgrund der zumindest gegenwärtig

---

2291 Shermer (2012).
2292 Shermer (2012).
2293 Hansen (2012).
2294 Brühl (2013).
2295 Rath (2014). In Frage käme hier eine Verletzung des Art. 102 AEUV, dessen Anwendbarkeit sich auch auf nachfragende Unternehmen erstreckt, wenn diese gegenüber ihren Anbietern eine marktbeherrschende Stellung einnehmen und gegebenenfalls missbräuchlich ausnutzen. Vgl. hierzu Fuchs & Möschel (2012), Art. 102 AEUV, Rn. 71 und 82 ff. Um in diesen Fällen die Marktbeherrschung festzustellen, ist nicht auf die Marktposition der fraglichen Unternehmen auf den Angebotsmärkten abzustellen, sondern es gilt im Einzelfall zu analysieren, ob die Unternehmen auf dem jeweiligen Beschaffungsmarkt eine Position einnehmen, die einer marktbeherrschenden Stellung entspricht. Zu prüfen ist dementsprechend, ob ein wirksamer Nachfragewettbewerb besteht. Vgl. Bechtold/Bosch/Brinker (2014), S. 92, Rn. 21 sowie ausführlich zu Art. 102 AEUV Kapitel 2.3.
2296 Foer (2014).

sowohl auf Ebene der Verlage als auch auf der des Online-Händlers noch gegebenen Wettbewerbssituation nicht als wohlfahrtsökonomisch schädlich erachtet werden.

5.3.6 Flatrate-Tarife

Amazon bietet mit dem so genannten „Kindle Unlimited" eine Flatrate für E-Books und digitale Hörbücher, die mehr als 650.000 Titel umfasst, wovon allein über 40.000 Titel in deutscher Sprache erhältlich sind.[2297] Die Flatrate gewährt dabei einen unbegrenzten Zugriff, für den ein Kunde einen monatlichen Betrag in Höhe von zehn Euro beziehungsweise auf dem amerikanischen Markt von knapp zehn US-Dollar zu leisten hat.[2298] Auch andere Firmen wie Skoobe und Readfy bieten ihren Kunden Flatrates für E-Books, allerdings umfassen diese weitaus weniger Titel.[2299] So ermöglicht Skoobe gegen einen monatlichen Betrag in Höhe von zehn bis zwanzig Euro einen Zugriff auf mehr als 55.000 E-Books;[2300] bei Readfy ist der Zugriff auf rund 25.000 Bücher sogar unentgeltlich, da die Finanzierung durch Einblendung entsprechender Werbebanner gedeckt wird.[2301]

Die Verleger sehen die **9.99 US-Dollar Flatrate** von Amazon als eine Gefahr für ihre eigenen Gewinne und ihr traditionelles Geschäftsmodell an: So können sie mit einem Wholesale Price unterhalb von 9.99 US-Dollar die auch bei E-Books entstehenden Kosten unter anderem in den Bereichen Entwicklung und Marketing nicht decken.[2302] Weiterhin nehmen sie an, dass die Flatrate negative Auswirkungen auf den Absatz der Hardcover-Exemplare, die oftmals 30 Dollar und mehr kosten, mit sich bringen würde.[2303] Auch befürchten die Verleger, dass sich der 9.99 US-Dollar Preis zur allgemeinen Kundenerwartung für alle Bücher einschließlich physischer Exemplare entwickelt und Amazon sowie andere Wiederverkäufer eine Verringerung des Einkaufspreises von den Verlegern fordern würden, was eine weitere Einschränkung der Gewinnspanne der Verlage zur Folge hätte.[2304] Diese Annahme wird dadurch gestärkt, dass zumindest ein Limit der Forderungen des Internethändlers nicht erkennbar ist, was auch durch die Verhandlungen mit Hachette nur unterstrichen wurde.[2305] Zwar verfügen auch die großen Verlagshäuser über politische Verbindungen und wirtschaftliche Macht, doch insoweit können sie nicht gegen Amazon antreten.[2306] Dieses zeigte sich wiederum auch darin, dass

---

2297 o.V. (2014d); Sorge (2014). Vgl. zu der Einführung einer Flatrate für digitale Hörbücher auf dem deutschen Markt zudem Handelsblatt Online (2015).
2298 Haucap (2014a); Haucap (2014b); o.V. (2014d).
2299 o.V. (2014d).
2300 o.V. (2014d).
2301 o.V. (2014d).
2302 Petrocelli (2012).
2303 US vs. Apple, Inc. et al., Case No. 1:12-cv-02826-DLC, S. 7; Kirkwood (2014), S. 11.
2304 US vs. Apple, Inc. et al., Case No. 1:12-cv-02826-DLC, S. 7; Kirkwood (2014), S. 11–12.
2305 Foer (2014). Vgl. hierzu näher Kapitel 5.3.5.
2306 Foer (2014).

der Online-Händler die 9.99 US-Dollar Flatrate im Alleingang einführte, ohne die Verlage im Vorfeld hierüber zu informieren.[2307] Auch in Deutschland intendiert Amazon in Ergänzung zu der bereits implementierten Flatrate für E-Books derzeit die Einführung einer Flatrate für **digitale Hörbücher** ohne Rücksicht auf die Verleger und droht den Verlagen, die einem solchen Modell nicht zustimmen wollen, sogar mit einer Auslistung.[2308]

Als wettbewerbsökonomisch problematisch erweist sich das Flatrate-Angebot Amazons mit Blick auf die herausgearbeiteten theoretischen Erwägungen dahingehend, dass sich der **Preis**, der durch die Amazon Kunden pauschal entrichtet wird, unabhängig von der Anzahl der Downloads an E-Books oder Hörbüchern, also unabhängig von der nachgefragten Menge, gestaltet. Kunden, die von der Flatrate in einem hohen Maße Gebrauch machen, zahlen also bei Amazon den identischen Preis wie auch Kunden mit nur wenigen E-Book Downloads. Infolgedessen erweist sich Amazons Flatrate-Tarif zumindest gegenüber den Konsumenten mit hoher Nachfrage (Heavy Users) als ein „below-cost" Vorgehen. Dieses hat zur Folge, dass, wie es einer Flatrate Tarifierung immanent ist, ein Wohlfahrtstransfer zugunsten der Amazon Kunden erfolgt, die in einem hohen Maße von der Flatrate Gebrauch machen. Die Kunden, die nur eine geringe Anzahl an Downloads vornehmen, gehen hingegen ein für sie nachteiliges Geschäft ein, da sie einen höheren Preis entrichten, als sich im Falle eines pay-per-use ergeben würde. Demzufolge erleiden diese Konsumenten einen Wohlfahrtsverlust.

Doch nicht nur für Geringnutzer gestaltet sich die 9.99 US-Dollar Flatrate von Nachteil: Der Einsatz der Flatrate durch den Online-Händler Amazon geht auch zu Lasten kleinerer Anbieter und fördert, wie theoretisch aufgezeigt, die Marktkonzentration, zumal etwaige Anreize zu einem Eintritt in einen Markt ausgeschaltet werden. Denn gerade bei Amazon lässt das Angebot einer Flatrate darauf schließen, dass diese neben den aufgezeigten regulären Gründen für den Einsatz einer Flatrate insbesondere auch als Mittel der **Kundenbindung** Verwendung erlangen soll.[2309] So wird ein Amazon Kunde mit einer Flatrate kaum auf ein Angebot eines Wettbewerbers zurückgreifen, zumal Amazon, wie aufgezeigt, ein im Vergleich zu Wettbewerbern sehr umfassendes Sortiment an E-Books und Hörbüchern bietet. Auf diese Weise leistet die Flatrate-Tarifierung einen Beitrag zum von Amazon angestrebten **Ausbau der Marktanteile**[2310] und verhindert, insbesondere durch die below-cost Situation bei Vielnutzern effizienzsteigernde Markteintritte, indem potentiell Eintretenden nicht einmal die Kostendeckung ermöglicht wird.

2307 Foer (2014).

2308 Vgl. Handelsblatt Online (2015), wobei sich der Vorwurf konkret gegen die Amazon-Tochter Audible richtet. In Deutschland erwägen Verleger vor diesem Hintergrund bereits die Einreichung einer Beschwerde beim Bundeskartellamt.

2309 Die Monopolkommission (2015), S. 137 beschreibt die Flatrate unter Bezugnahme auf Amazon insbesondere als ein Mittel der Kundenneugewinnung.

2310 Carr (2012).

Somit muss die Verwendung der Flatrate-Preise bei Amazon insgesamt als wettbewerbsbehindernd und damit als eine wettbewerbswidrige Verhaltensweise angesehen werden. Dass Amazon mit der Flatrate zugleich in Deutschland die Buchpreisbindung unterläuft, ist dabei eine Frage der gesetzlichen Ausgestaltung: So gilt die Buchpreisbindung nur beim Verkauf von Büchern, nicht hingegen bei einem Verleih oder einer Vermietung, sodass Amazons Flatrate-Tarife preisbindungsrechtlich für den zeitlich begrenzten Zugriff durch einen Kunden als zulässig erachtet werden müssen.[2311] Zumindest aus Wettbewerbssicht sollte die Umgehung der deutschen Buchpreisbindung mithin als unbedenklich zu deklarieren sein.[2312]

5.3.7 Gesamtbeurteilung: wettbewerbsschädigendes oder wettbewerbsvorteilhaftes Konzernverhalten

Um zu beurteilen, ob Amazon ein wettbewerbsschädigendes oder wettbewerbsförderndes Verhalten annimmt, ist in einer übergreifenden Beurteilung auf die Ergebnisse der Einzelbetrachtungen der unternehmerischen Strategien Amazons abzustellen.

Wie die vorangehenden Erläuterungen gezeigt haben, können einige der gegen Amazon gerichteten wettbewerbspolitischen Vorwürfe aus einer ökonomischen Perspektive bestätigt werden. Auch sind zahlreiche Anzeichen dafür gegeben, dass Amazon über Marktmacht verfügt und diese zumindest in Teilen auch missbraucht. Im Einzelnen konnten folgende Ergebnisse herausgearbeitet werden:

(1) Predatory Pricing und Schaffung von Inkompatibilitäten

Der Vorwurf eines Predatory Pricing ist nicht zu bestätigen. Amazon verfolgt durch eine below-cost Preissetzung lediglich eine Verlustführerschaft, nicht aber ein Predatory Pricing. Eine horizontale Verdrängung ist insoweit nicht in einem ausreichenden Maße erkennbar. Ebenso begründet die vermeintliche Schaffung von Inkompatibilitäten keine wettbewerbswidrige Verhaltensweise.

(2) Verdrängung des Offline-Handels und der Printbooks

Indem Amazon die Vorteile des Internethandels für sich nutzt und sich der modernen Technologie mit internetspezifischen Funktionen und umfassenden Datenanalysen bedient, verfolgt Amazon kein wettbewerbswidriges Verhalten. Negative externe Effekte, die das traditionelle Offline Retailgeschäft eliminieren, sind nicht

---

2311 Sorge (2014).

2312 Vgl. hierzu auch Monopolkommission (2015), S. 137 und 179, wobei die Monopolkommission vielmehr die Buchpreisbindung als solche wettbewerbspolitisch kritisch erachtet, da die Buchpreisbindung den Preiswettbewerb für Bücher im Geltungsbereich des Gesetzes eliminiert und auf diese Weise zu Preiserhöhungen führt, von denen in nicht angemessener Weise die Verbraucher profitieren.

ersichtlich. Auch die sinkende Nachfrage an Printbooks stellt lediglich einen pekuniären externen Effekt dar und ist damit als regulärer Effekt des Marktes anzusehen.

(3) Natürliches Monopol mit Verdrängungswirkung auf Plattformmärkten

Amazon nimmt weder als Online Retailer noch als Marketplace Betreiber die Stellung eines natürlichen Monopols ein. Da jedoch Marktaustritte verzeichnet werden können und gleichzeitig Markteintrittsbarrieren von Amazon geschaffen werden, ist seitens der Wettbewerbsbehörden ein wachsames Auge auf Amazon zu richten und den schwindenden wettbewerblichen Strukturen mit entsprechenden Sicherungsmaßnahmen zu begegnen.

(4) Verwendung von Meistbegünstigungsklauseln

Aufgrund negativer Wettbewerbswirkungen stellen die in der Vergangenheit für den Amazon Marketplace verwendeten Preisparitätsklauseln wettbewerbswidrige Vereinbarungen dar, sodass sich der Vorwurf, wie auch gerichtliche Verfahren gezeigt haben, bestätigt.

(5) Angaben falscher UVP und manipulierter Produktrezensionen

Amazon hat in der Vergangenheit falsche UVP ausgewiesen und sich auf diese Weise einer wettbewerbswidrigen Geschäftspraktik angenommen. Der Vorwurf manipulierter Produktrezensionen ist hingegen nicht zu bestätigen.

(6) Exklusivitätsvereinbarungen

Für den dahingehenden Vorwurf, dass Amazon von anti-kompetitiven Exklusivitätsvereinbarungen Gebrauch macht, bestehen keine hinreichenden Anhaltspunkte.

(7) Missbräuchliche Geschäftspraktiken auf vertikaler Ebene

Auf vertikaler Ebene hat sich Amazon wettbewerbsbehindernden Geschäftspraktiken in unterschiedlicher Art und Weise zum Zwecke der Ausbeutung und Verdrängung der Verleger angenommen.

(8) Flatrate Tarife

Die Verwendung der Flatrate-Preise bei Amazon gestaltet sich insgesamt als wettbewerbsbehindernd und ist damit als eine wettbewerbswidrige Verhaltensweise anzusehen.

Im Ergebnis lässt sich festhalten, dass Amazon einerseits zahlreiche, den Staat entlastende Arbeitsplätze schafft, Innovationen in Märkte einbringt[2313] und durch das Anbieten zu günstigen Konditionen wohlfahrtsfördernde Aspekte auf sich vereint.

2313 Demgemäß hat Jeff Bezos in 2014 auch den Innovationspreis der deutschen Wirtschaft erhalten, vgl. Heinemann (2015), S. 16.

In dieser Blickrichtung nimmt Amazon eine Vorbildposition ein.[2314] Andererseits richten die festgestellten wettbewerbswidrigen Geschäftspraktiken jedoch wieder ein grelles Licht auf „Amazon als den transatlantischen Bösewicht." In der Gesamtschau muss bei der Betrachtung des Amazon-Falls also differenziert werden. Die gegen den Internetgiganten gerichteten wettbewerbspolitischen Vorwürfe reichen weit. Auf Grundlage einer ökonomischen Würdigung können tatsächlich jedoch lediglich einzelne Verhaltensweisen als wettbewerbsschädigend herausgestellt werden.

2314 Vgl. Heinemann (2015), S. 16.

6 Erfordernis und Ausgestaltung eines wettbewerbspolitischen Eingriffs beziehungsweise einer wettbewerbsrechtlichen Regulierung

In Bezug auf die beleuchteten Verhaltensweisen Amazons schließt sich auf beiden Seiten des Atlantiks die Frage nach dem Erfordernis eines wettbewerbspolitischen Eingriffs beziehungsweise einer wettbewerbsrechtlichen Regulierung an.[2315]

Amazon verfügt auf zahlreichen sowohl ein- als auch zweiseitigen Märkten über eine erhebliche Marktmacht, welche in Teilen auf einem ausgeklügelten Geschäftsmodell sowie auf erfolgreichen Innovationen beruhen mag.[2316] Darüber hinaus ist anzuerkennen, dass auch das veränderte Einkaufsverhalten der Konsumenten zu Amazons Erfolg beiträgt: Das Unternehmen bietet seinen Kunden einen Einkaufsservice, der die Präferenzen der Käufer in einem höheren Maße als bei konkurrierenden Angeboten befriedigt und erfüllt. In der Konsequenz ist daher unter Anknüpfung an das Käuferverhalten auch die These „in confronting what to do about Amazon, first we have to realize our own complicity"[2317] zu stützen.

Doch allein mit einer veränderten Ausrichtung des individuellen Einkaufsverhaltens kann Amazon nicht begegnet werden. Denn wie in Kapitel 5.3.7 zusammenfassend aufgezeigt, nutzt Amazon seine Marktmacht in Teilen dazu, wettbewerbsbehindernde Strategien zu entfalten.

In Hinblick auf die Verwendung wettbewerbswidriger Meistbegünstigungsklauseln sowie der Angabe falscher UVP hat es vor diesem Hintergrund bereits auf nationaler Ebene entsprechende Verfahren gegen Amazon gegeben, woraufhin diese Geschäftspraktiken einzustellen waren. Dieses zeigt, dass die Wettbewerbspolitik im Fall Amazons weder untätig noch ungeeignet ist, zumindest bestimmte Arten wettbewerbswidriger Verhaltensweisen abzustellen.

Anders gestaltet es sich bei den aufgezeigten Verdrängungsstrategien gegenüber Lieferanten beziehungsweise speziell gegenüber den Verlegern sowie den als wettbewerbswidrig einzuschätzenden Flatrate-Tarifen. Diese Geschäftspraktiken begründen im Amazon-Fall das grundlegende **Erfordernis eines wettbewerbspolitischen**

2315 Mit dieser Frage beschäftigt sich auch Bohm (2014): „Amazon versucht Monopolist zu werden - kann sich der Markt selbst regulieren oder sollte die Politik eingreifen?"

2316 Vgl. hierzu ausführlich Kapitel 5.1.

2317 Foer (2014), denn „We've all been seduced by the deep discounts, the monthly automatic diaper delivery, the free Prime movies, the gift wrapping, the free 2-day shipping, the ability to buy shoes or books or pinto beans or a toilet from the same place. We expect the kind of conveniences now, as if they were birthrights. They've become baked into our ideas about how consumers should be treated."

Eingriffs. Die Vornahme eines solchen steht jedoch zumindest auf europäischer Ebene noch ganz am Anfang: Zwar wurde mittlerweile von der Europäischen Kommission ein Prüfverfahren eingeleitet, welches sich allerdings nur auf die von Amazon auferlegte Informationspflicht der Verleger über eine etwaige Gewährung günstigerer Konditionen an andere Wiederverkäufer bezieht.[2318] Weitere speziell gegen die hier thematisierten Geschäftspraktiken Amazons gerichtete Verfahren sind bisher nicht aufgenommen worden.[2319] Allerdings zeichnen sich solche Verfahren durchaus ab, da die Europäische Kommission bereits angekündigt hat, verstärkt Online-Plattformen ins Visier zu nehmen, und zwar von Suchmaschinen (Google) über Online-Netzwerke (Facebook) bis hin zu App Stores (Apple).[2320]

Forciert wird die Notwendigkeit eines wettbewerbspolitischen Eingriffs darüber hinaus auch durch die dem Internethändler anhaftende Gefahr für wettbewerbliche Strukturen, da bei Amazon zumindest im Ansatz erkennbare Monopolisierungstendenzen gegeben sind. Der wettbewerbspolitische Druck wird zusätzlich noch einmal dadurch erhöht, dass Amazon zumindest im E-Book Sektor die Monopolstellung als Wiederverkäufer intendiert und simultan die Etablierung eines Wholesale Monopsons verfolgt.[2321] So zeichnet sich zumindest in einer längerfristigen Perspektive die Möglichkeit eines nichtwettbewerblichen Gleichgewichts sowohl auf der Nachfrager- als auch auf der Anbieterseite ab, wodurch erhebliche Verluste an volkswirtschaftlicher Rente drohen.

Die Annahme, dass Amazon im Rechtssinne zumindest in Bezug auf die Verdrängungsstrategien gegenüber den Lieferanten eine marktbeherrschende Stellung missbraucht beziehungsweise darüber hinaus auch mit weiteren wettbewerbswidrigen Geschäftspraktiken wie der Flatrate-Tarife als „the next Google" agiert, gründet mithin auf einem starken Fundament. So ist zumindest das zentrale Charakteristikum einer marktbeherrschenden Stellung im Sinne des Art. 102 AEUV, nämlich dass sich ein Abnehmer gegenüber seinen Lieferanten und seinen Kunden im Wesentlichen unabhängig verhalten kann, bei Amazon in Teilbereichen erfüllt.[2322]

Das vergleichsweise heranzuziehende Unternehmen Google ist bereits Gegenstand wettbewerblicher Verfahren auf europäischer Ebene: Die Europäische Kommission geht hierbei wegen verschiedener wettbewerbsrechtlicher Verstöße gegen

---

2318 Europäische Kommission (2015); Streitfeld & Scott (2015).

2319 Hiervon ausgenommen sind beispielsweise Verfahren gegen Amazon aufgrund steuer- oder arbeitsrechtlicher Aspekte, die in dieser Arbeit nicht behandelt werden. Vgl. Kapitel 5.3.1.

2320 o.V. (2015e). Die Politik hat inzwischen die Problematik der Internetriesen erkannt und sieht zunehmend Handlungsbedarf, vgl. Wintermeyer (2015). Insbesondere zweiseitige Märkte sind ein zunehmend wichtiger Part der Global Economy.

2321 Stross (2012).

2322 Vgl. Kapitel 2.3.3. Dies verdeutlicht insbesondere das unter Kapitel 5.3.5 aufgezeigte Verhalten Amazons gegenüber den Verlegern.

Google vor und stellt Strafen in Milliardenhöhe in Aussicht.[2323] Jedoch ist sowohl bei Google[2324] als auch bei Amazon unklar, ob entsprechende sanktionsbewährte Verfahren bei den Internetriesen überhaupt zu einem langfristig wettbewerbskonformen Verhalten veranlassen können. Zwar ist es nicht abwegig, dass dem Amazon Konzern in naher Zukunft hohe Bußgelder und private Schadensersatzklagen drohen und sich hierüber vereinzelte wettbewerbswidrige Verhaltensweisen unterbinden lassen. Doch lässt Amazon sich darüber einholen?

Die Vermutungen deuten auf ein Nein. Das Internet ist anders. Und Amazon ist wie Google ein Paradebeispiel dafür, durch immense Investitionsvolumina und den Aufkauf junger Wettbewerber den Markt immer weiter zu durchdringen.[2325] Auch der Service derartiger vermeintlicher IT-Monopole wird fortan weiterentwickelt, sodass Kunden freiwillig bleiben und oftmals nicht zu einem Wechsel zu bewegen sind, selbst wenn dieser nur einen Klick weit entfernt liegt. Mit jedem Kauf, der über das Portal getätigt wird, erfährt Amazon mehr über die Bedürfnisse seiner Kunden, kann gezielter seine Produkte und Dienstleistungen anbieten und wächst fortan weiter. Wettbewerber können dem nicht folgen. Nicht verhandlungsbereite Verleger erfahren Sanktionen. Händler unterliegen harschen Bedingungen.

Doch auf der anderen Seite der Medaille leuchtet Amazons Erfolg. Diese Kehrseite gestaltet es so schwierig, einen Weg zu finden, einem Internethändler wie Amazon wettbewerbspolitisch und auch wettbewerbsrechtlich adäquat zu begegnen. Bereits die Marktabgrenzung ist weder auf Seiten der Händler noch auf Seiten der Käufer trivial; selbst die Ursachen für die unternehmerischen Erfolge Amazons sind kaum in einer einzigen Verhaltensweise zu suchen.

Die grundlegende Antwort der Marktwirtschaft, sprich die Einführung von Konkurrenz, hilft an dieser Stelle mithin nicht weiter. Speziell im Amazon-Fall stellt sich daher die Frage nach geeigneten **Abhilfemaßnahmen** (Remedies). Denkbare Interventionen reichen dabei von Regulierungsansätzen für natürliche Monopole über eine Zerschlagung beziehungsweise Dekonzentration des Amazon Konzerns bis hin zu einer Anwendung des Wettbewerbsrechts. Daneben sind auch gänzlich neue Ansätze wie die Schaffung einer neuen sektorspezifischen Regulierung auf nationaler oder internationaler Ebene und die Reformierung des Wettbewerbsrechts zu erwägen.

2323 Bernau (2015). Kerkmann (2015) ergänzt, dass, wenn sich der Verdacht des Missbrauchs einer marktbeherrschenden Stellung bei Google bestätigt, eine Strafe von bis zu zehn Prozent des Umsatzes, sprich alleine für das Jahr 2014 in Höhe von bis zu 6,2 Milliarden Euro droht. Im Rahmen des von der US Federal Trade Commission geführten Verfahrens hat Google bereits mehr als 500 Millionen US-Dollar gezahlt, vgl. hierzu näher Hauck (2015), S. 54.

2324 Bernau (2015).

2325 Vgl. für Google Bernau (2015), der allerdings eine starke Prägung der informationstechnologischen Welt durch natürliche Monopole annimmt.

(1) Regulierungsverfahren für natürliche Monopole

Die im Rahmen von natürlichen Monopolen bestehenden Regulierungsmöglich-keiten dürften aufgrund der noch nicht gefestigten Monopolstellung Amazons zu-mindest zum jetzigen Zeitpunkt nicht als Abhilfemaßnahme für eine zunehmend marktmächtige Stellung Amazons geeignet sein: So wäre eine Verpflichtung, zu Grenzkostenpreisen anzubieten, für ein Unternehmen wie Amazon, das anstelle der Erhebung von Monopolpreisen seinen Kunden mit einem kostengünstigen Angebot gegenüber tritt, nicht nur bei digitalen Produkten unzutreffend. Gleiches gilt für eine Verpflichtung, eine pareto-optimale Menge anzubieten. Allenfalls denkbar wäre Amazon eine Regulierung aufzuerlegen, wonach der Online-Händler zu kostende-ckenden Preisen im Sinne von Durchschnittskosten- und Ramsey-Preisen anbieten müsste. Diese Vorgehensweise ist jedoch originär auf den Fall des Vorliegens einer Monopolstellung eines Unternehmens beziehungsweise auf das Anbieten zu Mo-nopolpreisen abgestimmt. Das im Falle Amazons thematisierte below-cost pricing ist mithin konträr zu dieser Ausgangssituation. Im Übrigen ist einem derartigen Verhalten nicht durch eine Regulierungsform für natürliche Monopole, sondern im Falle einer Tatbestandsmäßigkeit mit dem Wettbewerbsrecht, konkret mit Art. 102 AEUV, zu begegnen. Auch die übrigen unter Kapitel 3.3.4 vorgestellten Verfahren zur Regulierung natürlicher Monopole sind auf den Fall Amazon trotz des Vorhan-denseins einer beträchtlichen Marktmacht aufgrund vorgenannter Erwägungen nicht anwendbar.[2326] Die bloße Vermutung, dass Amazon seine Marktmacht vor dem Hintergrund ausbaut, um langfristig Monopolpreise und -mengen anbieten zu können,[2327] rechtfertigt einen derartigen regulatorischen Eingriff in die unterneh-merische Freiheit nicht. Auch kann ein solcher bei der aktuellen Aufstellung eines Internetunternehmens wie Amazon, bei dem es sich zumindest gegenwärtig nicht um einen natürlichen Monopolisten handelt, nicht die gewünschten Wirkungen herbeiführen. Darüber hinaus ist zu bedenken, dass die für natürliche Monopo-le diskutierten Regulierungsverfahren ohnehin selbst einer weitreichenden Kritik ausgesetzt sind.

(2) Zerschlagung und Dekonzentration

Gerade im Zusammenhang mit großen US-amerikanischen Internetunternehmen wird der Ruf nach Zerschlagung und Dekonzentration immer lauter.[2328]

2326 Hinzu käme, dass, für den Fall der Bejahung einer Anwendbarkeit einer Regulie-rungsform, auch die damit im Vergleich zu einem funktionsfähigen Wettbewerb einhergehenden Nachteile, die unter Kapitel 3.3.4 herausgestellt wurden, zu be-rücksichtigen sind. Im Falle Amazons liegt die Annahme nahe, hierbei insbeson-dere auf Intransparenzen in Bezug auf die Kostensituation des Online-Händlers zu treffen.
2327 DeThier (2014).
2328 Körber (2015), S. 120.

Mit einer Zerschlagung als eine andere Form der Regulierung ließe sich auch bei Amazon die marktdominante Position eliminieren. Gleichzeitig würde dieses aber auch bedeuten, dass es wohlfahrtsökonomisch nachteilig zu einer Reduzierung von Größen- und Verbundvorteilen käme. Das Unternehmen würde darüber hinaus zu Lasten der dynamischen Wohlfahrt in seiner Innovationstätigkeit und Innovationsmöglichkeit eingeschränkt.[2329] Zweifelsohne ist der derzeitige Erfolg des Online-Händlers auch auf vielfältige Produktinnovationen, moderne technische Strukturen und besonders umfassende Servicedienstleistungen zurückzuführen. Ein marktmächtiges Unternehmen zu zerschlagen kann aber generell nur letztes Mittel sein, wenn ein Monopol im Wettbewerb nicht mehr angreifbar ist, entweder weil es seine Marktposition missbraucht oder weil die Fusionskontrolle versagt hat und keine potentiellen Konkurrenten mehr zu erkennen sind. Eine derartige Struktur ist auf den von Amazon tangierten Märkten allerdings gegenwärtig nicht vorzufinden. Ganz im Gegenteil: Es werden zum Beispiel von WalMart, Macy's oder John Lewis gerade Milliardeninvestitionen getätigt, um konkurrierende E-Kommerz-Plattformen zu schaffen.[2330] Ob sich diese auf den betroffenen Märkten gegenüber dem Amazon Konzern durchsetzen können, lässt sich aktuell nicht absehen. Zumindest aber sind (potentielle) Wettbewerber für Amazon erkennbar, sodass eine Zerschlagung alleine schon vor diesem Hintergrund keine adäquate Vorgehensweise abbilden kann. Vielmehr liegt es in der Hand der Wettbewerbsbehörden, das breite vorhandene Instrumentarium zu nutzen, um zum Beispiel einzelne wettbewerbswidrige Verhaltensweisen über Art. 7 der VO 1/2003 beziehungsweise im deutschen Recht über § 32 GWB zu untersagen. Strukturelle Maßnahmen bis hin zu einer Entflechtung können, wenn überhaupt, nur ultima ratio für den Fall sein, dass sich missbräuchliche Strategien nicht anders unterbinden lassen.[2331] Eine Entflechtung ohne den Nachweis eines Kartellrechtsverstoßes beziehungsweise Missbrauchs kennen das geltende deutsche und europäische Recht nicht.[2332] Allein das US-amerikanische Kartellrecht sieht die Möglichkeit einer Zerschlagung zur Stimulierung des Wettbewerbs vor.[2333] Einen Konzern wie Amazon ohne vorherige Verfolgung wettbewerbsrechtlicher Verstöße allein der Größe wegen zu entflechten,

---

2329 Gleiches gilt für das Unternehmen Google, bei dem es nach Podszun (2015), S. 104 nicht nur um Produktinnovationen, sondern auch um innovative Geschäftsmodelle geht.

2330 Heinemann (2015), S. 16.

2331 Vgl. hierzu auch Körber (2015), S. 131.

2332 Körber (2015), S. 131. Die rechtlichen Möglichkeiten einer Zerschlagung beziehungsweise Entflechtung waren jedoch Gegenstand zahlreicher Diskussionen. Vgl. dazu Monopolkommission (2010), Bundeskartellamt (2010) sowie Arbeitskreis Kartellrecht (2011). Die Idee, eine Entflechtung ohne das Vorliegen eines missbräuchlichen Verhaltens zuzulassen, wurde jedoch im Rahmen der Diskussionen über die achte GWB-Novelle verworfen, vgl. Körber (2015), S. 131.

2333 Picot & Heger (2003), S. 30. Die beispielsweise geplante Zerschlagung von Mircosoft wurde jedoch abgewendet.

würde Erfolg im Wettbewerb sanktionieren. Dieses liefe wiederum den originären Zielen des Kartellrechts, nämlich der Förderung wettbewerblicher Strukturen, zuwider. Darüber hinaus ist anzunehmen, dass eine Zerschlagung höhere Wohlfahrtskosten als die Anwendung des nationalen oder in den Verträgen verankerten Wettbewerbs- beziehungsweise Kartellrechts mit sich bringen würde und auch aus diesem Grund nicht zu befürworten ist.

(3) Anwendung des Wettbewerbsrechts

Nach den vorangehenden Erwägungen bleibt im Falle Amazons Wettbewerb als die erstbeste und auch als die zweitbeste Lösung bestehen. In Erwägung zu ziehen sind dementsprechend allenfalls Maßnahmen, die in den problematischen Bereichen auf einen Erhalt des noch existierenden Restwettbewerbs (protecting competition) gerichtet sind. Weiterhin müssten etwaige Möglichkeiten, den Aktivitätsbereich des Unternehmens zu beschränken, fokussiert werden, um zumindest auf noch nicht von Amazon tangierten Märkten langfristig eine Steuerung durch den Markt aufrechtzuerhalten. Insbesondere die **Fusionskontrolle** erlangt an dieser Stelle eine hohe Bedeutung, da es gerade Aufgabe einer solchen ist, zu verhindern, dass marktdominante Unternehmen wie Amazon noch stärker werden, indem sie Konkurrenten oder Unternehmen entlang der Wirtschaftskette aufkaufen.[2334] Letzteres, sprich eine vertikale Integration zum Beispiel in Form einer Fusion zwischen Amazon und einem Großverlag, sollte durch die Fusionskontrolle unterbunden werden. Erst recht gilt es die wettbewerbspolitische Aufmerksamkeit im Falle von horizontalen Fusionsvorhaben zu schärfen: Eventuelle Übernahmen anderer Buchhändler oder anderer Internetmarktplätze beziehungsweise -verkaufsplattformen sollten von der Fusionskontrolle äußerst kritisch betrachtet werden. Auf diese Weise mag es gelingen, zumindest das externe Wachstum Amazons in der Zukunft in wettbewerbserhaltener Weise zu begrenzen oder gar zu verhindern. Als alleinige Regulierungsform genügt die Fusionskontrolle allerdings nicht: Die derzeitige Stellung Amazons auf den relevanten Märkten und der Einsatz wettbewerbswidriger Geschäftspraktiken lässt sich hierüber nicht erfassen.

Somit verbleibt im Falle von Amazon nach den derzeit gegebenen Regulierungsmöglichkeiten in Kombination zu der Fusionskontrolle nur ein Rückgriff auf die **Missbrauchsaufsicht**. Eine solche Regulierung wäre, um die aus ökonomischer Perspektive als wettbewerbswidrig festgestellten Verhaltensweisen des Internetunternehmens zu erfassen, europarechtlich auf Art. 101 und 102 AEUV zu stützen.[2335]

2334 Bünder (2014), S. 28.
2335 Vgl. zu Art. 101 und 102 AEUV ausführlich Kapitel 2.2 und 2.3. Kartellrechtlich wäre im Falle des Art. 101 Abs. 3 AEUV eine Abwägung zwischen der wettbewerblichen Verdrängungswirkung und etwaigen Effizienzvorteilen vorzunehmen, vgl. Kapitel 2.2.3. Eine Tatbestandsmäßigkeit des Art. 102 AEUV setzt voraus, dass sich für Amazon eine marktbeherrschende Stellung auf dem betroffenen Markt begründen lässt, was keinesfalls trivial ist.

Um Amazon auf dieser Grundlage regulieren zu können, ist jedoch das Vorliegen der jeweiligen Tatbestandsvoraussetzungen erforderlich. Diese Notwendigkeit schränkt allerdings die Wirksamkeit einer solchen Regulierung vor dem Hintergrund ein, als dass bei einem Internetgiganten wie Amazon zu viele Besonderheiten auftreten, die vollends über eine reguläre Anwendung der Art. 101 und 102 AEUV erfasst werden könnten. Exemplarisch können dafür bereits die Spezifika eines zweiseitigen Marktes sowie die marktdominante Stellung Amazons, ohne zwingend marktbeherrschend im Sinne von Art. 102 AEUV zu sein, erwähnt werden. Mithin verbleiben Schutzlücken. Das für die Zukunft geeignete Maß an Regulierung ergibt sich im Falle Amazons demnach also auch nicht allein durch eine stringente Anwendung des Gesetzes.

(4) Schaffung einer neuen sektorspezifischen Regelung

Bei marktmächtigen Internetriesen wie Amazon ist eine Vielzahl neuer Ansatzpunkte zu überdenken. Mit Verhaltensverboten kann nur so lange eine wirksame Wettbewerbspolitik betrieben werden, wie die dem Unternehmen anzulastenden Praktiken die Ursache des Wegfalls der Rivalität begründen.[2336] Nicht wirksam können damit marktstrukturelle Probleme gelöst werden, wenn in der Ausgangssituation beispielsweise signifikante Markteintrittsbarrieren oder gar monopolähnliche Strukturen gegeben sind. Eine Wettbewerbspolitik, die auf derartige Ursachen adäquat eingeht, ist allein durch rivalitätsstimulierende Eingriffe in die nichtwettbewerblichen Strukturen eines oder mehrerer Märkte erlangbar, um Strukturnachteile von Wettbewerbern zum Ausgleich zu bringen.[2337] In derartigen Fällen auf die Selbstheilungskräfte des Marktes zu setzen kann gerade angesichts hoher Marktzutrittsschranken nicht zielführend sein. Neben der Missbrauchsaufsicht könnte daher zur Belebung der Konkurrenzsituation ein Eingriff vorzunehmen sein, für den sowohl weiche als auch harte und nicht lediglich neutralisierende Instrumente zur Verfügung stehen: So können beispielsweise einerseits Maßnahmen zum Abbau von Marktzutrittsschranken vorgenommen werden (weiche Instrumentvariable), andererseits können aber auch marktschwache Unternehmen gezielt gefördert beziehungsweise marktdominante Unternehmen entsprechend gar entflochten werden (harte Instrumentvariable).[2338] Auch sind allgemein höhere Anforderungen an die Transparenz bei auf europäischen Märkten agierenden US-amerikanischen Konzernen durchzusetzen sowie die im Falle Amazons nicht näher beleuchteten steuerrechtlichen Vorwürfe zu fokussieren, da Amazon durch das Ausnutzen von Steuerschlupflöchern wiederum Mittel für Investitionen und mithin für einen wettbewerblichen Vorsprung generiert.

2336 Bartling & Luzius (2014), S. 122–123.
2337 Derartiges wird auch im Fall Google diskutiert, vgl. Bernau (2015).
2338 Bartling & Luzius (2014), S. 122–123.

Für die Zukunft ist aber jedenfalls das Bedürfnis nach „fresh ideas"[2339] insbesondere zur adäquaten rechtlichen Regulierung der Verhaltensweisen der Internetgiganten zu stillen. Denn wie es auch wiederholt am Beispiel Amazon deutlich wird, sind global agierende Unternehmen regulatorisch nur schwer zu erfassen und zudem höchst kreativ in der Gestaltung gesellschaftlicher Strukturen zur Umgehung derartiger Konfrontationen.[2340] Für zahlreiche Rechtsgebiete ist das Anpassungserfordernis, um den Besonderheiten insbesondere der digitalen Ökonomie gerecht zu werden, evident. So liegt es beispielsweise auf der Hand, dass das gegenwärtige Datenschutzrecht nicht genügen kann, um den „Big Data-Strukturen" der Internetgiganten zu begegnen.[2341] Gerade für den Bereich der digitalen Ökonomie ist daher auch zu hinterfragen, ob das bestehende rechtliche Instrumentarium geeignet ist, den Wettbewerb und die Rechte der Marktteilnehmer adäquat zu schützen.[2342]

Zumindest auf Grundlage nationaler Gesetze kann das globale Gebilde Internet nicht gesteuert[2343] und die digitale Ökonomie nicht vor Wettbewerbsverfälschungen geschützt werden.[2344] Die These „(...) the internet has changed everything" wird zwar immer wieder als Charakteristikum der digitalen Welt hervorgebracht, doch eine entscheidende Veränderung impliziert diese Entwicklung nicht, nämlich eine entsprechende Abstimmung des Wettbewerbsrechts auf die mit dem Internet einhergehenden neuartigen und globalen Strukturen.[2345]

Bei der Beurteilung der Frage, ob marktmächtige Internetplattformen wie Google, Amazon oder Facebook eine eigene und neu ausgestaltete gesetzliche sektorspezifische Regulierung erfahren sollten, ist jedoch Zurückhaltung geboten. Sektorspezifische Spezialregelungen wurden in den letzten Jahren gerade bewusst und konsequent abgebaut.[2346] Denn auch die Plattformen weisen jeweils für sich sehr unterschiedliche Charakteristika auf, denen nur durch sehr weit gefasste Bestimmungen, wie sie ohnehin schon in den Art. 101 und 102 AEUV vorgesehen sind, begegnet werden kann. Dieser in der Formulierung des deutschen wie europäischen Kartellrechts enthaltene hohe Abstraktionsgrad soll gerade Anpassungen an sich verändernde Marktverhältnisse und ökonomische Erkenntnisse erlauben.[2347] Insoweit kann eine Weiterentwicklung und Effektivierung des vorhandenen Rechts

---

2339 Podszun (2015), S. 106.

2340 Wintermeyer (2015).

2341 Körber (2015), S. 120.

2342 Monopolkommission (2015), S. 153–154, wobei die Monopolkommission den derzeitigen Rechtsrahmen als solchen nicht in Frage stellt.

2343 Wintermeyer (2015).

2344 Monopolkommission (2015), S. 153.

2345 Dazu Podszun (2015), S. 101: „If one compares the rules and the application of the rules in Europe in 2014 and in 1994 it is hard to spot a principal difference that is causally linked to the rise of the internet (...)."

2346 Körber (2015), S. 131.

2347 Körber (2015), S. 131.

bereits genügen.[2348] Ebenfalls gilt es zu beachten, dass sich wettbewerbspolitische Regulierungen und gesetzgeberische Gestaltungen im Falle einer sehr schnelllebigen globalen Internetwirtschaft leicht als „stumpfe Schwerter"[2349] erweisen können, zumal gerade bis zum Inkrafttreten gesetzlicher Regelungen - gemessen an der Entwicklungsgeschwindigkeit in der digitalen Welt - sehr viel Zeit vergehen kann, die darüber zu erfassende Verhaltensweisen bereits wieder schwinden lässt. Um global agierende Plattformen über eine sondergesetzliche Regulierung erfassen zu können, wäre zudem eine Implementierung auf internationaler Ebene erforderlich. Eine solche kann jedoch aus politischer Perspektive nicht als realistisch erachtet werden.

Auch der Vorschlag des deutschen EU-Kommissars Günther Oettinger, eine eigene europäische Aufsichtsbehörde als Regulierer speziell für Online-Plattformen zu schaffen, um auf diese Weise wirksamer gegen Plattformen wie Google, Facebook oder Amazon vorgehen zu können,[2350] ist ambivalent zu betrachten. Eine solche Vorgehensweise wäre insoweit von Vorteil, als dass auf diese Weise ein sehr spezialisiertes Vorgehen gegen Internetgiganten ermöglicht werden könnte. Andererseits kann hierdurch möglicherweise eine Zersplitterung der Wettbewerbsbehörden verursacht werden, wobei erschwerend hinzukommt, dass auch bei den Beurteilungen der Online-Unternehmen der parallele Blick auf den Offline-Handel nicht vollumfänglich entbehrt werden kann. Ein solcher Ansatz ist daher zumindest bei Betrachtung aktueller Gegebenheiten eher fernliegend. Hinzu kommt, dass die Implementierung einer eigenen Aufsichtsbehörde ein zeitintensives Vorhaben darstellt und mithin keine Lösung für die gegenwärtigen Problembereiche im Amazon-Fall bieten kann.

(5) Reformierung der Wettbewerbspolitik

Wie einst bei der Suche nach „economic inputs for legal outputs" der More Economic Approach zur Implementierung einer zunehmend ökonomischen Bewertung wettbewerbsrechtlicher Sachverhalte eingeführt wurde, könnte eine Neuausrichtung der Wettbewerbspolitik einen **More Technological Approach** umfassen.[2351]

Gleichlaufend zum More Economic Approach ließe sich mit einem solchen Ansatz ebenfalls die individuelle Fallanalyse vorsehen, bei der anstelle der ökonomischen Effekte die technologischen Effekte eines unternehmerischen Verhaltens zu untersuchen wären. Anders jedoch als beim More Economic Approach, bei dem die Konsumentenwohlfahrt in Form der produktiven und allokativen Effizienz als Maßstab für die Anwendung des Wettbewerbsrechts zugrundegelegt wird, würde der More Technological Approach mit Blick auf zukünftige Innovationen an der dynamischen Effizienz auszurichten sein. Dieses bedeutet im Umkehrschluss, dass

---

2348   Vgl. hierzu ausführlich Monopolkommission (2015), S. 154.
2349   Wintermeyer (2015).
2350   Vgl. näher zu dieser Intention o.V. (2015f).
2351   Vgl. hierzu näher Podszun (2014) sowie Podszun (2015), S. 107–108, wobei der Begriff des More Technological Approach auf Josef Drexl zurückgeht.

die dynamische Effizienz zumindest als gleichberechtigter Parameter neben die produktive und allokative Effizienz treten würde.[2352]

Die digitale Ökonomie und speziell auch mehrseitige Online-Plattformen implizieren Charakteristika, die als neuartige Phänomene in wettbewerbspolitische und wettbewerbsrechtliche Beurteilungen Eingang erfahren müssen. Ein Internetriese wie Amazon kann nicht mit einem „shop in the city center"[2353] verglichen werden. Die Herausforderung, mit der das (Europäische) Wettbewerbsrecht in diesem Zusammenhang konfrontiert wird, besteht demzufolge also gerade darin, „to adapt the established theoretical framework to the new environment."[2354] Demgemäß steht die Implementierung wirksamer Mittel und Instrumente im Vordergrund, mit denen im Internet der (Preis-) Wettbewerb verstärkt werden kann.[2355]

Diese Umstände begründen jedoch nicht eine vollständige Reformierung wettbewerbspolitischer Vorgehensweisen und Regelungen; vielmehr ist in Anlehnung an die vorherigen Ausführungen zu erkennen, dass „there is no need to create new rules and it seems unwise to establish new general presumptions either in favor or against the role that the Internet plays in fostering competition."[2356] Es sind allenfalls Anpassungen des Wettbewerbsrechts vorzunehmen, wobei nicht nur zu berücksichtigen ist, dass „economic reasoning plays an important role in framing legal rules",[2357] sondern speziell die Charakteristika der Internet- und Plattformökonomik einzubinden sind. In der Folge sollten insbesondere die Rechtsgrundsätze zur missbräuchlichen Ausnutzung einer marktbeherrschenden Stellung von Wettbewerbsbehörden und Gerichten bei einzelfallbezogenen Entscheidungen einer entsprechenden Weiterentwicklung zugeführt werden.[2358]

Einer solchen Neuausrichtung könnte es auch zugutekommen, dass die Europäische Kommission mittlerweile schon grundlegende Untersuchungen eingeleitet hat. In diesen wird sich speziell mit dem E-Kommerz beschäftigt und analysisiert, wie elektronische Waren, Kleidung, Schuhe und andere Güter online verkauft und gekauft werden. Auch soll hierüber aufgezeigt werden, ob Online-Händler künstliche Barrieren geschaffen haben, die verhindern, dass Europäer Güter von anderen Teilen des Kontinents kaufen. Zwar sollen die Untersuchungen nicht zielbezogen auf spezielle Unternehmen ausgerichtet werden, doch ist Amazon eines der führenden E-Kommerz-Unternehmen in der Region, dessen Umsätze mehr als das doppelte des engsten Wettbewerbers betragen.[2359] Der konkrete Vorwurf ist nach Aussage von der Wettbewerbskommissarin der Europäischen Union Margrethe Vestager darauf

---

2352 Podszun (2014).
2353 Podszun (2015), S. 108.
2354 Buccirossi (2013), S. 33.
2355 Buccirossi (2013), S. 33.
2356 Buccirossi (2013), S. 33.
2357 Baker & Bresnahan (2008), S. 2.
2358 Monopolkommission (2015), S. 191.
2359 Scott (2015). Die Otto Gruppe war in 2013 mit sechs Milliarden Umsatz „the region's second-largest online retailer."

gerichtet, dass „European citizens face too many barriers to accessing goods and services online across borders.“[2360] Im Kern soll es in einem ersten Schritt bereits darum gehen, Europa darauf vorzubereiten „(...) to reap the benefits of a digital future.“[2361]

(6) Schlussfolgerungen

In der Gesamtschau kann für den Amazon-Fall festgehalten werden, dass ein wettbewerbspolitisches Eingreifen erforderlich ist. Für eine Regulierung der aktuell als wettbewerbswidrig eingestuften Geschäftspraktiken ist die Missbrauchsaufsicht insbesondere auf Grundlage der Art. 101 und Art. 102 AEUV heranzuziehen. Im Zusammenspiel damit ist bei zukünftigen Unternehmenszusammenschlüssen im Rahmen von Amazons Expansionsvorhaben durch die Fusionskontrolle eine erhöhte wettbewerbspolitische Aufmerksamkeit aufzubringen. Sowohl die Missbrauchsaufsicht als auch die Fusionskontrolle können sich jedoch nur gegen einzelne Verhaltensweisen beziehungsweise Projektvorhaben richten. Bestenfalls erfährt der Wettbewerb daher in übergeordneter Form zusätzliche rivalitätsstimulierende Eingriffe, deren Ausgestaltung auch die Besonderheiten des Internets und zweiseitiger Märkte berücksichtigt.

Für den zukünftigen Umgang sind die Regulierungsmaßnahmen für Internetunternehmen und Online-Plattformen aber jedenfalls grundlegend zu überdenken, wofür gerade der More Technological Approach einen nachvollziehbaren Reformansatz bietet. Da eine Neuausrichtung der Wettbewerbspolitik jedoch eine

---

2360 Scott (2015). Hierfür sollen nicht nur sprachliche Barrieren und Transportkosten verantwortlich sein, sondern auch entsprechende Abreden zwischen Unternehmen. So soll Ziel des Vorgehens sein, für Konsumenten einen erleichterten Zugang zu Produkten und Dienstleistungen über die 28 Mitgliedsstaaten der Europäischen Union zu schaffen, um ihnen die Auswahl aus einem größeren Sortiment zu ermöglichen. Ebenfalls sollen die Online-Freiheiten sowohl Individuen als auch Unternehmen gewährt werden, um von Europas großem Binnenmarkt profitieren zu können. Dazu wurden bereits über Monate hinweg Vorschläge ausgearbeitet, die in einigen Jahren Eingang in eine gesetzliche Regelung erfahren könnten und die die Art und Weise, wie große amerikanische Unternehmen wie Google und Facebook in der Region agieren, tangieren können. Das Ausmaß der Barrieren ergibt sich daraus, dass derzeit 85 Prozent der Europäer ihre Online-Produkte von Verkäufern aus dem jeweils eigenen Land beziehen. Die Existenz von Vorschlägen zu einer etwaigen gesetzlichen Regelung wurde im Mai 2015 offengelegt. Eine Enthüllung von Details dieser Ansätze wird innerhalb der nächsten 18 Monate erwartet. Zunächst sind nationale Regierungen und das Europäische Parlament einzubeziehen, vgl. Scott (2015).
2361 Vgl. Scott (2015), der hiermit Andrus Ansip, Mitglied der Europäischen Kommission, zitiert. Auch führt Scott (2015) ein Zitat von Jean-Claude Juncker, dem Präsidenten der Europäischen Kommission an, dessen Ziel es ist: „I want to see every consumer getting the best deals and every business accessing the widest market - wherever they are in Europe.“

längerfristige Konzeptions-, Implementierungs- und Umsetzungsphase nach sich zieht, können die derzeit gegen Amazon anzustrengenden Verfahren im Falle einer Tatbestandsmäßigkeit allein auf der gegebenen gesetzlichen Grundlage erfolgen, denn „unfortunately, a robust regulatory state is one item that can't be delivered [by Amazon] overnight."[2362]

2362 Foer (2014).

7 Fazit und Ausblick

Im Rahmen dieser Arbeit werden erstmals gegen Amazon gerichtete Vorwürfe einer systematischen ökonomischen Analyse zugeführt und ausgewählte wettbewerbspolitische Fragestellungen rund um das Internetunternehmen Amazon basierend auf den vorangehenden theoretischen Darstellungen der Wettbewerbsökonomie untersucht.

Aufgrund komplexer sowie intransparenter Strukturen und Verhaltensweisen stellt der Internetgigant Amazon die Wettbewerbsbehörden gleich in mehrfacher Hinsicht vor die Herausforderung, eine korrekte Differenzierung zwischen unternehmerischem Erfolg und den die Konsumentenwohlfahrt schädigenden Verhaltensweisen vorzunehmen. Doch erst bei einer solchen lässt sich erkennen, dass einige der gegen Amazon gerichteten Vorwürfe zumindest aus einer ökonomischen Perspektive nicht als wettbewerbswidrig einzustufen sind. So liegt zum einen, da Amazon durch eine below-cost Preissetzung lediglich eine Verlustführerschaft, nicht aber ein Predatory Pricing verfolgt, keine horizontale Verdrängung vor. Zum anderen sind auch keine technologischen negativen externen Effekte ersichtlich, die das traditionelle Offline Retailgeschäft eliminieren oder wettbewerbswidrig schädigen würden. Die sinkende Nachfrage an Printbooks stellt lediglich einen pekuniären externen Effekt dar und ist damit als ein regulärer Effekt des Marktes anzusehen. Auch nimmt Amazon weder als Online Retailer noch als Amazon Marketplace Betreiber die vorgeworfene Stellung eines natürlichen Monopols ein. Genauso wenig ist derzeit die Verwendung wettbewerbsschädigender Exklusivitätsvereinbarungen ersichtlich.

Andere Geschäftspraktiken wie die Verwendung von Meistbegünstigungsklauseln oder die Angabe falscher UVP, die als wohlfahrtsschädlich und auch als juristisch unzulässig erkannt wurden, hat Amazon bereits aufgrund nationaler Verfahren einstellen müssen. So verbleiben gegenwärtig die eingesetzten vertikalen Verdrängungsstrategien gegenüber Verlagen sowie die Flatrate-Tarife als wettbewerbsökonomisch nicht akzeptable Verhaltensweisen, gegen die es auf beiden Seiten des Atlantiks auf der Grundlage derzeit zur Verfügung stehender Rechtsinstrumente entsprechende Verfahren durch die Wettbewerbsbehörden einzuleiten gilt.

Um sich jedoch dem bedenklichen Gesamtbild des zunehmend marktdominanten Internetgiganten Amazons zu nähern, reichen klassische Vorgehensweisen nicht aus.

Der Google-Fall sollte mithin als „warning sign of inability to understand what the search engine giant really does and how it works"[2363] verstanden und insoweit auch auf Amazon übertragen werden. Denn auch das stets von Google vorgebrachte

---

2363 Podszun (2015), S. 107.

Argument, „Der Wettbewerb ist nur einen Klick entfernt - und er wächst."[2364] löst die angespannte Situation gerade an den Online-Plattformmärkten nicht auf. Sowohl die Missbrauchsaufsicht als auch die Fusionskontrolle können sich nur gegen einzelne Verhaltensweisen beziehungsweise Projektvorhaben richten.

Die Wettbewerbspolitik muss sich vor dem Hintergrund dieser Gegebenheiten den Besonderheiten und Vorsprüngen der globalen Internetunternehmen öffnen, um bei wohlfahrtsökonomischen Beurteilungen den modernen Geschäftsmodellen und der Entwicklung des E-Kommerzes gerecht zu werden. Die speziell durch den Onlinehandel und die Charakteristika mehrseitiger Plattformmärkte neu begründeten Wettbewerbsprobleme gilt es nicht länger zu ignorieren.

Der zukünftige Umgang mit Internetunternehmen und Online-Plattformen ist daher mit Blick auf effektive Regulierungsmaßnahmen neu zu definieren. Eine Ergänzung des More Economic Approach um den More Technological Approach bietet hierfür einen ersten, wenn auch möglicherweise nicht hinreichenden Ansatz, um zu vermeiden, dass „In the end, antitrust lawyers and economists are still facing the question how to enforce antitrust law in online markets the most effective way."[2365] Besonders intensiviert wird der Druck zu einer solchen Neuausrichtung durch die zwischenzeitlich eingeleiteten Untersuchungen der Europäischen Kommission, die gleichzeitig zu einer Bejahung der eingangs gestellten Frage beitragen: Amazon will be the next Google. Offen bleibt nur der Weg, dieser Feststellung und den im Vergleich zu Google abweichenden Vorwürfen schlussendlich zu begegnen.

2364 Kerkmann (2015).
2365 Hauck (2015), S. 61.

Literaturverzeichnis

Abbott, Lawrence (1955): Quality and Competition, An Essay in Economic Theory, New York, 1955.

Adams, William James & Yellen, Janet L. (1976): Commodity Bundling and the Burden of Monopoly; in: Quarterly Journal of Economics, 90. Jg., 1976, H. 3, S. 475–498.

Affeldt, Pauline, Filistrucchi, Lapo & Klein, Tobias J. (2012): Upward Pricing Pressure in Two-Sided Markets, Working Paper 15/2012, Juli 2012, Dipartimento di Scienze Economiche - Università degli Studi di Firenze, online einsehbar unter http://www.disei.unifi.it/upload/sub/pubblicazioni/repec/pdf/wp15_ 2012.pdf, aufgerufen am 08. April 2014, 12.58 Uhr.

Aguirre, Inaki (2000): The Most-Favoured-Customer Pricing Policy and Competitive Advantage; in: Bulletin of Economic Research, 52. Jg., 2000, H. 3, S. 215–223.

Ahlborn, Christian & Grave, Carsten (2006): Walter Eucken and Ordoliberalism: An Introduction from a Consumer Welfare Perspective; in: Competition Policy International, 2. Jg., 2006, H. 2, S. 197–217.

Amazon Annual Report (2013): Annual Report 2013, online einsehbar unter http:// phx.corporate-ir.net/phoenix.zhtml?c= 97664&p=irol-reportsannual, aufgerufen am 07. Januar 2015, 14.35 Uhr.

Anania, Loretta & Solomon, Richard J. (1997): Flat - the minimalist price; in: McKnight, Lee & Bailey, Joseph (Hrsg.), Internet Economics, Cambridge (MA), 1997, S. 91–120.

Anderson, Simon P. & Gabszewicz, Jean J. (2006): The Media and Advertising: A Tale of Two-Sided Markets; in: Handbook of the Economics of Art and Culture, 1. Aufl., Amsterdam 2006, S. 567–614.

Arbatskaya, Maria, Hviid, Morten & Shaffer, Greg (2004): On the Incidence and Variety of Low-Price-Guarantees; in: Journal of Law and Economics, 47. Jg., April 2004, S. 307–332.

Arbeitskreis Kartellrecht (2011): Entflechtung als Instrument des Kartellrechts - Neue Instrumente im GWB, Tagungsbericht über die Sitzung des Arbeitskreises Kartellrecht am 07.10.2010 im Bundeskartellamt; in: Wirtschaft und Wettbewerb (WuW), 61. Jg., 2011, S. 39–47.

Areeda, Phillip & Turner, Donald F. (1975): Predatory Pricing and Related Practices under Section 2 of the Sherman Act; in: Harvard Law Review, 88. Jg., 1975, H. 4, S. 697–733.

Argenton, Cedric & Prüfer, Jens (2012): Search Engine Competition with Network Externalities; in: Journal of Competition Law and Economics, 8. Jg., 2012, H. 1, S. 73–105.

Armstrong, Mark (2006): Competition in Two-Sided Markets; in: Rand Journal of Economics, 37. Jg., 2006, H. 3, S. 668–691.

Armstrong, Mark (2007): Two-Sided Markets: Economic Theory and Policy Implications; in: Choi, Jay P. (Hrsg.), Recent Developments in Antitrust: Theory and Evidence, Cambridge (MA), 2007, S. 39–59.

Armstrong, Mark (2008): Price Discrimination; in: Buccirossi, Paolo (Hrsg.), Handbook of Antitrust Economics, 1. Aufl., Cambridge (Massachusetts) et al., 2008, S. 433–468.

Armstrong, Mark, Cowan, Simon & Vickers, John (1994): Regulatory Reform: Economic Analysis and British Experience, Cambridge (MA) 1994.

Armstrong, Mark, Doyle, Chris & Vickers, John (1996): The Access Pricing Problem: A Synthesis; in: Journal of Industrial Economics, 44. Jg., 1996, H. 2, S. 131–150.

Arndt, Hans-Wolfgang, Fischer, Kristian & Fetzer, Thomas (2015): Europarecht, 11. Aufl., Heidelberg et. al 2015.

Arndt, Helmut (1952): Schöpferischer Wettbewerb und klassenlose Gesellschaft, Berlin 1952.

Arndt, Helmut (1958): Anpassung und Gleichgewicht am Markt, Jahrbücher für Nationalökonomie und Statistik, Bd. 170, S. 217–286.

Arnold, Tone, Baake, Pia & Schwalbe, Ulbrich (2012): Preisgarantien im Einzelhandel: Nicht verbraucherfreundlich, sondern ein Instrument zur Durchsetzung hoher Preise, DIW Wochenbericht, 16. Jg., 2012, S. 12–16.

Audretsch, D. B. (1988): Divergent Views in Antitrust Economics; in: The Antitrust Bulletin, 33. Jg., 1988, H. 1, S. 135–160.

Averch, Harvey & Johnson, Leland L. (1962): Behavior of the Firm under Regulatory Constraint; in: American Economic Review, 52. Jg., 1962, S. 1052–1069.

Ayres, Ian (1985): Rationalizing Antitrust Cluster Markets; in: Yale Law Journal, 95. Jg., 1985, S. 109–125.

Baake, Pia & Schwalbe, Ulrich (2013): Price Guarantees, Consumer Search, and Hassle Costs, DIW Discussion Paper, online einsehbar unter http://www.diw.de/documents/publikationen/73/diw_01.c.431634.de/dp1335. pdf, aufgerufen am 15. März 2015, 16.25 Uhr.

Bahners, Patrick (2013): Eine Firmenhochzeit aus dem Lehrbuch - Amazon kauft Goodreads; in: Frankfurter Allgemeine Zeitung, 30. März 2013, online einsehbar unter http://www.faz.net/aktuell/ feuilleton/buecher/amazon-kauft-goodreads-eine-firmenhochzeit-aus-dem-lehrbuch-1213269 0.html, aufgerufen am 14. Februar 2015, 17.03 Uhr.

Bain, Joe S. (1949): A Note on Pricing in Monopoly and Oligopoly; in: American Economic Review, 39. Jg., 1949, S. 448–464.

Baker, Jonathan B. (2002): Stepping Out in an Old Brown Shoe: In Qualified Praise of Submarkets; in: Antitrust Law Journal, 68. Jg., 2002, H. 1, S. 203–218.

Baker, Jonathan B. (2007): Market Definition: An Analytical Overview; in: Antitrust Law Journal, 74. Jg., 2007, S. 129–173.

Baker, Jonathan B. & Bresnahan, Timothy F. (1985): The Gains from Merger or Collusion in Product Differentiated Industries; in: Journal of Industrial Economics, 6. Jg., 1985, S. 427–444.

Baker, Jonathan B. & Bresnahan, Timothy F. (1988): Estimating the Residual Demand Curve Facing a Single Firm; in: International Journal of Industrial Organization, 6. Jg., 1988, S. 283–300.

Baker, Jonathan B. & Bresnahan, Timothy F. (1992): Empirical Methods of Identifying and Measuring Market Power; in: Antitrust Law Journal, 61. Jg., 1992, S. 3–16.

Baker, Jonathan B. & Bresnahan, Timothy F. (2006): Economic Evidence in Antitrust: Defining Markets and Measuring Market Power, Stanford Law and Economics Olin Working Paper No. 328, September 2006, online einsehbar unter http://ssrn.com/abstract=931225, aufgerufen am 13. März 2015, 16.45 Uhr.

Baker, Jonathan B. & Bresnahan, Timothy F. (2008): Economic Evidence in Antitrust: Defining Markets and Measuring Market Power; in: Buccirossi, Paolo (Hrsg.), Handbook of Antitrust Economics, Vol. 1, Cambridge (Massachusetts) et al., 2008, S. 1–42.

Baker, Jonathan B. & Chevalier, Judith A. (2013): The Competitive Consequences of Most-Favored-Nation Provisions; in: Antitrust, 27. Jg., 2013, H. 2, S. 20–26, online einsehbar unter http://digitalcommons.wcl.american.edu/cgi/viewcontent.cgi?article=1280&context=facsch_lawrev, aufgerufen am 15. Dezember 2014, 8.45 Uhr.

Baker, Jonathan B. & Reitmann, David (2012): Research Topics in Unilateral Effects Analysis; in: Elhauge, Einer (Hrsg.), Research Handbook on the Economics of Antitrust Law, 1. Aufl., Cheltenham (UK) et al. 2012, S. 25–52.

Baker, Simon & Coscelli, Andrea (1999): The Role of Market Shares in Differentiated Product Markets; in: European Law Review, 20. Jg., 1999, H. 8, S. 412–419.

Baker, Simon & Wu, Lawrence (1998): Applying the Market Definition Guidelines of the European Commission; in: European Law Review, 19. Jg., 1998, S. 273–280.

Baron, David P. & Myerson, Roger B. (1982): Regulating a Monopolist with Unknown Cost; in: Econometrica, 50. Jg., 1982, H. 4, S. 911–930.

Barr, Frances (2013): Cartels; in: Rose, Vivien & Bailey, David (Hrsg.), Bellamy & Child: European Union Law of Competition, 7. Aufl., Oxford (UK) 2013, S. 281–334.

Barth, Uli (2004): Innovationsmärkte in der Fusionskontrolle: eine rechtsvergleichende Untersuchung nach deutschem, europäischem und amerikanischem Recht, Wirtschaftsrecht und Wirtschafts-politik, Band 187, Baden-Baden 2004.

Bartling, Hartwig (1980): Leitbilder der Wettbewerbspolitk, München 1980.

Bartling, Hartwig & Luzius, Franz (2014): Grundzüge der Volkswirtschaftslehre: Einführung in die Wirtschaftstheorie und Wirtschaftspolitik, 17. Aufl., München 2014.

Basedow, Jürgen (1998): Weltkartellrecht: Ausgangslage und Ziele, Methoden und Grenzen der internationalen Vereinheitlichung des Rechts der Wettbewerbsbeschränkungen, Tübingen 1998.

Basedow, Jürgen (2004): Competition policy in a globalized economy: from extraterritorial application to harmonization; in: Neumann, Manfred & Weigand, Jürgen (Hrsg.), The International Handbook of Competition, Cheltenham (UK) et al., S. 321–338.

Baudenbacher, Carl & Behn, Karsten (2004): Back to „Betsy": Zur Empagran-Entscheidung des US Supreme Court; in: Zeitschrift für Wettbewerbsrecht, 2. Jg., 2004, H. 4, S. 604–626.

Baumol, William J. & Klevorick, Alvin K. (1970): Input Choices and Rate-of-Return Regulation: An Overview of the Discussion; in: Bell Journal of Economics and Management Science, 1. Jg. 1970, H. 2, S. 162–190.

Baumol, William J. & Willig, Robert D. (1981): Fixed Cost, Sunk Cost, Entry Barriers and Sustainability of Monopoly; in: Quartely Journal of Economics, 95. Jg., 1981, S. 405–431.

Bechtold, Rainer, Bosch, Wolfgang & Brinker, Ingo (2014): EU-Kartellrecht Kommentar, 3. Aufl., München 2014.

Beck, Hanno (2011): Medienökonomie, 3. Aufl., Heidelberg et al. 2011.

Beesley, Michael E. & Littlechild, Stephan C. (1989): The Regulation of Privatized Monopolies in the United Kingdom; in: Rand Journal of Economics, 20. Jg., 1989, H. 3, S. 454–472.

Belton, Terrence M. (1987): A Model of Duopoly and Meeting or Beating Competition; in: International Journal of Industrial Organization, 5. Jg., 1987, H. 4, S. 399–417.

Benoit, Jean-Pierre & Krishna, Vijay (1985): Finitely Repeated Games; in: Econometrica, 53. Jg., 1985, S. 890–904.

Berg, Werner (2015): Art. 102 AEUV - Missbrauch einer marktbeherrschenden Stellung; in: Berg, Werner & Mäsch, Gerald, Deutsches und Europäisches Kartellrecht - Kommentar, 2. Aufl., Köln 2015, S. 824–891.

Berg, Werner & Mudrony, Miklos (2015): Art. 101 AEUV - Kartellverbot; in: Berg, Werner & Mäsch, Gerald, Deutsches und Europäisches Kartellrecht - Kommentar, 2. Aufl., Köln 2015, S. 755–824.

Berg, Sanford V. & Tschirhart, John (1988): Natural Monopoly Regulation - Principles and Practice, New York 1988.

Bergman, Mats (2001): The Role of the Theory and Legal Policy; in: Antitrust Bulletin, 46. Jg., 2001, H. 2, S. 403–434.

Bernau, Patrick (2014): Paket statt Fußgängerzone; in: Frankfurter Allgemeine Zeitung, NR. 290, 13. Oktober 2014, S. 23.

Bernau, Patrick (2015): Was tun mit Google?; in: Frankfurter Allgemeine Zeitung, Nr. 91, 20. April 2015, S. 15.

Bernheim, B. Douglas, Crawford, Vincent P., Hall, Robert E., Marshall, Robert C., Milgrom, Paul, Perloff, Jeffrey, M. & White, Halbert L. (2004): Brief as Amici Curiae in Support of Respondents, No. 03–724, Washington D.C., Supreme Court of the United States.

Besanko, David & Lyon, Thomas P. (1993): Equilibrium Incentives for Most-Favored Customer Clauses in an Oligopolistic Industry; in: International Journal of Industrial Organization, 11. Jg., 1993, H. 3, S. 347–367.

Besanko, David & Sappington, David E. M. (1987): Designing Regulatory Policy with Limited Information, London 1987.

Bester, Helmut (2012): Theorie der Industrieökonomik, 6. Aufl., Berlin et al. 2012.

Biggs, Phillippa & Kelly, Tim (2006): Broadband Pricing Strategies; in: Info, 8. Jg. 2006, H. 6, S. 3–14.

Bishop, Simon (1997): The Modernization of DGIV; in: European Law Review, 18. Jg., 1997, S. 481–484.

Bishop, Simon & Walker, Mike (2010): The Economics of EC Competition Law, 3. Aufl., London 2010.

Blair, Roger D. & Harrison, Jeffrey L. (1993): Monopsony: Antitrust Law and Economics, Princeton (New Jersey) 1993.

Blanckenburg, Korbinian von & Michaelis, Michael (2008): Regulierungsmöglichkeiten auf dem Markt für Online-Auktionen, in: Wirtschaftsdienst - Zeitschrift für Wirtschaftspolitik, 88. Jg., 2008, H. 6, S. 415–420

Boadwee, Harry (1986): Product Market Definition for Video Programming; in: Columbia Law Review, 86. Jg., 1986, S. 1210–1246.

Böge, Ulf (2004): Der „More Economic Approach" und die deutsche Wettbewerbspolitik; in: Wirtschaft und Wettbewerb (WuW), 54. Jg. 2004, H. 07–08, S. 726–733.

Bohm, Tobias (2014): Das Monopol und die Politik - Streitgespräch über Amazon und fairen Wettbewerb; online einsehbar unter http://www.boersenblatt.net/819039, aufgerufen am 14. Februar 2015, 8.09 Uhr.

Boik, Andre & Corts, Kenneth S. (2013): The Effects of Platform MFNs on Competition and Entry, Working Paper, University of Toronto, online einsehbar unter http://economics.yale.edu/sites/default/files/corts_17-oct-2013.pdf, aufgerufen am 15. März 2015, 7.39 Uhr.

Boiteaux, Marcel (1949): La Tarification des Demandes en Point: Application de la Théorie de la Vente au Coût Marginal; in: Revue Generale de l'Electricité, 58. Jg., 1949, S. 321–340.

Boiteaux, Marcel (1956): Sur la Gestion des Monopoles Publices Astreints à l'Equilibre Budgetaire; in: Econometrica, 24. Jg., 1956, S. 22–40.

Bolton, Patrick, Brodley, Joseph F. & Riordan, Michael H. (2000): Predatory Pricing: Strategic Theory and Legal Policy; in: Georgetown Law Review, 88. Jg., 2000, H. 8, S. 2239–2330, online einsehbar unter http://papers.ssrn.com/sol3/papers.cfm?abstract_id=211689, aufgerufen am 12. Januar 2015, 17.36 Uhr.

Bomm, Daniel (2012): Der Markt für E-Books - Eine strategische Analyse; in: Linde, Frank (Hrsg.), Information Economics No. 2, Norderstedt 2012.

Borg, Robert H. & Sidak, J. Gregory (2012): What Does the Chicago School Teach About Internet Search and the Antitrust Treatment of Google?; in: Journal of Competition Law and Economics, 8. Jg., 2012, S. 1–38.

Borrmann, Jörg & Finsinger, Jörg (1999): Markt und Regulierung, München 1999.

Bracha, Oren & Pasquale, Frank A. (2008): Federal Search Commission? Access, Fairness, and Accountability in the Law of Search; in: Cornell Law Review, 93. Jg., 2008, S. 1149–1209.

Braeutigam, Roland R. (1979): Optimal Pricing in the Intermodal Competition; in: American Economic Review, 69. Jg., 1979, H. 1, S. 38–49.

Braeutigam, Roland R. (1980): An Analysis of Fully Distributed Cost Pricing in Regulated Industries; in: Bell Journal of Economics, 11. Jg., 1980, H. 1, S. 182–196.

Braeutigam, Roland R. (1989): Optimal Policies for a Natural Monopoly; in: Schmalensee, Richard & Willig, William J. (Hrsg.), Handbook of Industrial Organization, 2. Aufl., Amsterdam 1989, S. 1289–1346.

Braeutigam, Roland R. & Panzar, John C. (1989): Diversification Incentives under „Price-Based" and „Cost-Based" Regulation; in: Rand Journal of Economics, 20. Jg., 1989, H. 3, S. 373–391.

Brauck, Markus, Müller, Martin U. & Schulz, Thomas (2013): Gnadenlos.com; in: Der Spiegel, H. 51, 2013, S. 58–65.

Brennan, Timothy J. (1989): Regulating by Capping Prices; in: Journal of Regulatory Economics, 1. Jg., 1989, H. 2, S. 133–147.

Brennan, Timothy J. (2014): Is Complexity in Antitrust a Virtue? The Accuracy-Simplicity Tradeoff; in: The Antitrust Bulletin, 59., Jg. 2014, H. 4, S. 827–853.

Bresnahan, Timothy F. (1989): Empirical Studies of Industries with Market Power; in: Schmalensee, Richard & Willig, William J. (Hrsg.), Handbook of Industrial Organization, 2. Aufl., Amsterdam 1989, S. 1011–1057.

Breyer, Stephen (2009): Economic Reasoning and Judicial Review; in: The Economic Journal, 119. Jg. 2009, H. 535, S. F123-F135.

Brinkmann, Bastian (2014): Wie Amazon Steuern spart, in: Süddeutsche Zeitung, 09. November 2014, online einsehbar unter http://www.sueddeutsche.de/wirtschaft/2.220/luxemburg-leaks-wie-amazon-steuern-spart-1.2209884, aufgerufen am 29. Dezember 2014, 13.09 Uhr.

Brogan, Beth (2014): Maine writers lead campaign for federal investigation of Amazon, online einsehbar unter http://bangordailynews.com/2014/12/14/business/maine-writers-lead-campaign-for-federal-investigation-of-amazon, aufgerufen am 17. Oktober 2014, 13.56 Uhr.

Brown, Stephen J. & Sibley, David Sumner (1986): The Theory of Public Utility Pricing, Cambridge 1986.

Brühl, Jannis (2013):Spielt Amazon Monopoly?; in: Süddeutsche Zeitung, 16. Mai 2013, online einsehbar unter http://www.sueddeutsche.de/wirtschaft/2.220/marktmacht-des-versandhaendlers-spielt-amazon-monopoly-1.1674038, aufgerufen am 29. Dezember 2014, 15.49 Uhr.

Brühl, James (2014): Verlag verschärft Vorwürfe gegen Amazon, in: Süddeutsche Zeitung, 25. Juni 2014, online einsehbar unter http://www.sueddeutsche.de/wirtschaft/2.220/verzoegerte-auslieferung-von-buechern-verlag-verschaerft-vorwuerfe-gegen-amazon-1.2015731, aufgerufen am 29. Dezember 2014, 13.19 Uhr.

Buccirossi, Paolo (2008): Facilitating Practices; in: Buccirossi, Paolo (Hrsg.), Handbook of Antitrust Economics, Vol. 1, Cambridge (Massachusetts) et al., 2008, S. 305–351.

Buccirossi, Paolo (2013): Vertical Restraints for On-Line Sales, OECD, DAF/COMP (2013), online einsehbar unter http://www.oecd.org/officialdocuments/publicdisplaydocumentpdf/?cote=DAF/COMP%282013%291&docLanguage=En, aufgerufen am 27. April 2015, 8.33 Uhr.

Budzinski, Oliver (2008a): Wettbewerbsfreiheit und „More Economic Approach“: Wohin steuert die Europäische Wettbewerbspolitik?; in: Grusevaja, Marina et al. (Hrsg.), Quo vadis Wirtschaftspolitik?, Frankfurt a.M. 2008, S. 15–38.

Budzinski, Oliver (2008b): The Governance of Global Competition - Competence Allocation in International Competition Policy, Cheltenham (UK) et al. 2008.

Budzinski, Oliver (2008c): Monoculture vs. Diversity in Competition Economics; in: Cambridge Journal of Economics, 32. Jg., 2008, H. 2, S. 295–324.

Budzinski, Oliver (2010): An Institutional Analysis of the Enforcement Problems in Merger Control; in: European Competition Journal, 6. Jg. 2010, H. 2, S. 445–474; Working Paper, Department of Environmental and Business Economics, University of Southern Denmark, No. 101, online einsehbar unter http://www.econstor.eu/bitstream/10419/82795/1/631476598.pdf, aufgerufen am 3. April 2015, 13.20 Uhr.

Budzinski, Oliver (2011): Modern Industrial Economics: Open Problems and Possible Limits; in: Drexl, Josef, Kerber, Wolfgang & Podszun, Ruprecht, Competition Policy and the Economic Approach, Cheltenham (UK) et al., 2011, S. 111–138.

Budzinski, Oliver & Lindstädt, Nadine (2010): Neuere Entwicklungen in der Medienökonomik: Das Konzept der mehrseitigen Märkte; in: Wirtschaftswissenschaftliches Studium - WiSt - Zeitschrift für Ausbildung und Hochschulkontakt, H. 9, 39. Jg., 2010, S. 436–443.

Budzinski, Oliver & Ruhmer, Isabel (2010): Merger Simulation in Competition Policy: A Survey; in: Journal of Competition Law and Economics, 6. Jg. 2010, H. 2, S. 277–319, online einsehbar unter http://ssrn.com/abstract=1624147, aufgerufen am 02. April 2014, 19.45 Uhr.

Budzinski, Oliver & Satzer, Janina (2009): Sports Business and the Theory of Two-Sided Markets, IME Working Paper 85/09, Esbjerg 2009.

Bünder, Helmut (2014): Die Zähmung der Internet-Bösewichte; in: Frankfurter Allgemeine Zeitung, Nr. 295, 19. Oktober 2014, S. 28.

Bürger, Christian (2011): Die Haftung der Konzernmutter für Kartellrechtsverstöße ihrer Tochter nach deutschem Recht; in: Wirtschaft und Wettbewerb (WuW), H. 2, 61. Jg., 2011, S. 130–140.

Bundesgerichtshof (2015): Verstoß von Amazon mit einer Gutscheinaktion gegen die Buchpreisbindung, Mitteilung der Pressestelle Nr. 125/2015 zum Urteil vom 23. Juli 2015 - I ZR 83/14, online einsehbar unter http://juris.bundesgerichtshof. de/cgi-bin/rechtsprechung/document.py?Gericht=bgh&Art=en&Datum=2015–7&nr=71737&linked=pm&Blank=1.

Bundeskartellamt (2010): Entflechtung als Instrument des Kartellrechts - Arbeitskreis Kartellrecht diskutiert in Bonn über den Gesetzesentwurf des Bundeswirtschaftsministeriums, Pressemitteilung vom 07. Oktober 2010, online einsehbar unter http://www.bundeskartellamt.de/SharedDocs/ Meldung/DE/Pressemitteilungen/2010/07_10_2010_Proftagung.html, aufgerufen am 24. September 2015, 13.45 Uhr.

Bundeskartellamt (2013a): Amazon gibt Preisparität endgültig auf, Pressemitteilung vom 26. November 2013, online einsehbar unter http://www.bundeskartellamt.de/ SharedDocs/Meldung/DE/Pressemitteilungen /2013/26_11_2013_Amazon-Verfahrenseinstellung.html;jsessionid=EF2DF138A0D4341E7 D7096D053258C71.1_cid362?nn=3591568, aufgerufen am 07. Februar 2015, 15.34 Uhr.

Bundeskartellamt (2013b): Vertikale Beschränkungen in der Internetökonomie, Hintergrundpapier – Arbeitskreis Kartellrecht, 10. Oktober 2013, Bundeskartellamt Bonn.

Bundeskartellamt / Competition Law Forum (2006): A Bundeskartellamt / Competition Law Forum Debate on Reform of Article 82: A „Dialectic" on Competing Approaches; in: European Competition Journal, 2. Jg., 2006, Special Issue Art. 82, S. 211–227.

Burton, John (1994): Competition over Competition Analysis: A Guide to some Contemporary Economics Disputes; in: Lonbay, Julian (Hrsg.), Frontiers of Competition Law, London 1994, S. 1–23.

Bush, Darren, Connor, John M., Flynn, John J., Gosh, Shubha, Grimes, Warren, Harrington, Joseph E., Hawker, Norman, Lande, Robert, Shepherd, William G. & Semeraro, Steven (2004): Brief Amici Curiae in Support of Respondents, No. 03–724, Washington D.C., Supreme Court of the United States.

Busse, Caspar & Beise, Marc (2013): Bundeskartellamt droht Amazon mit „glasklarer Verfügung", in: Süddeutsche Zeitung, 20. Oktober 2013, online einsehbar unter http://www.sueddeutsche.de/wirtschaft/2.220/er mittlungen-wegen-marktbehinderung-bundeskartellamt-droht-amazon-mit-glasklarer-verfueg ung-1.1799051, aufgerufen am 30. Dezember 2014, 13.29 Uhr.

Buxbaum, Hannah L. (2004): National courts, global cartels: F. Hoffman-LaRoche Ltd. v. Empagran, S. A., German Law Journal, 5. Jg., 2005, H. 9, S. 1096–1106.

Bye, Raymond T. (1926): The Nature and Fundamental Elements of Costs; in: The Quarterly Journal of Economics, 41. Jg, 1926, H. 1, S. 30–62.

Bye, Raymond T. (1929): Composite Demand and Joint Supply in relation to Public Utility Rates; in: The Quarterly Journal of Economics, 44. Jg, 1929, H. 1, S. 40–62.

Caillaud, Bernard & Jullien, Bruno (2003): Chicken & Egg: Competition among Intermediation Service Providers; in: Rand Journal of Economics, 34. Jg., 2003, H. 2, S. 309–328.

Camesasca, Peter D. & Van den Bergh, Roger (2002): Achilles Uncovered: Revisiting the European Commission's 1997 Market Definition Guidelines; in: Antitrust Bulletin, 47. Jg., 2002, H. 1, S. 143–186.

Campbell, Tom (2015): The E-Books Conspiracy: Crossing the Line Between Applying and Creating Law, Chapman University, Fowler Law Research Paper No. 15–13, 2015.

Carlton, Dennis W. (1995): Antitrust Policy Towards Mergers When Firms Innovate: Should Antitrust Recognize the Doctrine of Innovation Markets?, Testimony before the Federal Trade Commission Hearings on Global and Innovation-based Competition, 1995.

Carlton, Dennis W. (2007): Market Definition: Use and Abuse; in: Competition Policy International, 3. Jg., 2007, H. 1, S. 2–27.

Carlton, Dennis W. & Perlhoff, Jeffrey M. (2005): Modern Industrial Organization, 4. Aufl., Boston 2005.

Carlton, Dennis W. & Waldman, Michael (2002): The Strategic Use of Tying to Preserve and Create Market Power in Evolving Industries; in: Rand Journal of Economics, 33. Jg., 2002, H. 2, S. 194–220.

Carr, David (2012): Book Publishing's Real Nemesis; in: New York Times, 16. April 2012.

Cave, Martin & Doyle, Chris (1994): Access Pricing in Network Utilities in Theory and Practice; in: Utilities Policy, 4. Jg., 1994, H. 3, S. 181–189.

Chatterjee, Subimal, Heath, Timothy B. & Basuroy, Suman (2003): Failing to suspect collusion in price-matching guarantees: Consumer limitations in game-theoretic reasoning; in: Journal of Consumer Psychology, 13. Jg., 2003, H. 3, S. 255–267.

Chen, Zhiqi (1995): How Low is a Guaranteed-lowest Price?; in: Canadian Journal of Economics, 28. Jg., 1995, S. 683–702.

Chen, Yuxin, Narasimhan, Chakravarthi & Zhang, Z John (2001): Consumer Heterogeneity and Competitive Price-Matching Guarantees; in: Marketing Science, 20. Jg., 2001, H. 3, S. 300–314.

Choi, Jay Pil (2004): Tying and Innovation: A Dynamic Analysis of Tying Arrangements; in: Economic Journal, 114. Jg., 2004, S. 83–101.

Choi, Jay Pil & Stefanadis, Christodoulo (2001): Tying, Investment and the Dynamic Leverage Theory; in: Rand Journal of Economics, 32. Jg., 2001, S. 52–71.

Christiansen, Arndt (2005): Die „Ökonomisierung" der EG-Fusionskontrolle: Mehr Kosten als Nutzen?; in: Wirtschaft und Wettbewerb (WuW), 55. Jg., 2005, H. 3, S. 285–293.

Christiansen, Arndt (2010): Der „More Economic Approach" in der EU-Fusionskontrolle - Entwicklung, konzeptionelle Grundlagen und kritische Analyse, 1. Aufl., Frankfurt am Main 2010.

Church, Jeffrey & Ware, Roger (2000): Industrial Organization - A Strategic Approach, Boston 2000.

Clapham, Ronald (1981): Das wettbewerbspolitische Konzept der Wettbewerbsfreiheit; in: Cox, Helmut, Jens, Uwe & Markert, Kurt (Hrsg.), Handbuch des Wettbewerbs, München 1981, S. 129–149.

Clark, John Maurice (1961): Competition as a Dynamic Process, Washington D.C. 1961.

Clement, Reiner & Schreiber, Dirk (2013): Internet-Ökonomie - Grundlagen und Fallbeispiele der vernetzten Wirtschaft, 2. Aufl., Berlin et al. 2013.

Coate, Malcolm B. & Williams, Mark B. (2005): Generalized Critical Loss for Market Definition, Potomac Law and Economics Paper No. 05–01, 2005, online einsehbar unter http://papers.ssrn.com/sol3/papers.cfm?abstract_id=669146, aufgerufen am 07. Mai 2015, 12.13 Uhr.

Comanor, William & Frech, H. Edward (1985): The Competitive Effect of Vertical Agreements; in: American Economic Review, 75. Jg., 1985, H. 3, S. 539–546.

Cooper, Thomas E. (1986): Most-Favored-Customer Pricing and Tacit Collusion; in: Rand Journal of Economics, 17. Jg., 1986, S. 377–388.

Cooper, James C., Froeb, Luke, O'Brien, Daniel P. & Vita, Michael G. (2005): A Comparative Study of United States and European Union Approaches to Vertical Policy; in: George Mason Law Review, 13. Jg, 2005, H. 2, S. 289–308.

Corts, Kenneth S. (1996): On the Competitive Effects of Price-Matching Policies; in: International Journal of Industrial Organization, 15. Jg., H. 3, S. 283–299.

Crew, Michael A., Fernando, Chitru S. & Kleindorfer, Paul R. (1995): The Theory of Peak-Load Pricing: A Survey; in: Journal of Regulatory Economics, 8. Jg., 1995, H. 3, S. 215–248.

Dantas, Danilo C., Taboubi, Sihem & Zaccour, Georges (2014): Which business model for e-book pricing?; in: Economics Letters, 125. Jg., 2014, H. 1, S. 126–129.

D'Aspremont, Claude & Dos Santos Ferreira, Rodolphe (2005): Meet-or-Release and Most-Favored-Customer Clauses with Price Quantity Competition Yield Cournot Outcomes; in: Revue de l'Institut d'Économie Publique, 2005, H. 17, S. 221–230.

Davis, Ronald W. (2003): Innovation Markets and Merger Enforcement: Current Practice in Perspective; in: Antitrust Law Journal, 71. Jg., 2003, H. 2, S. 667–703.

Davis, Peter & Garcés, Eliana (2009): Quantitative Techniques for Competition and Antitrust Analysis, Princeton (New Jersey), 2009.

De Los Santos, Babur & Wildenbeest, Matthijs R. (2014): E-book Pricing and Vertical Restraints, Working Paper # 14–18, NET Institute, online einsehbar unter http://www.netinst.org/DelosSantos_14–18.pdf, aufgerufen am 07. März 2015, 21.35 Uhr.

Demsetz, Harold (1965): Why Regulate Utilities?; in: Journal of Law and Economics, 11. Jg., 1965, H. 1, S. 55–65.

Denicolò, Vincenzo (2000): Compatibility and Bundling with Generalist and Specialist Firms; in: Journal of Industrial Economics, 48. Jg., 2000, S. 177–188.

DeThier, Peter (2014): Ein Rüpel auf dem Weg zur Weltherrschaft, online einsehbar unter http://www.zeit.de/ wirtschaft/unternehmen/2014–08/amazon-expansion-ohne-gewinn, aufgerufen am 15. Oktober 2014, 13.15 Uhr.

Dewenter, Ralf (2007): Das Konzept der zweiseitigen Märkte am Beispiel von Zeitungsmonopolen; in MedienWirtschaft - Zeitschrift für Medienmangement und Kommunikationsökonomie, Sonderheft 2007, S. 6–14.

Dewenter, Ralf & Haucap, Justus (2008): Wettbewerb als Aufgabe und Problem auf Medienmärkten: Fallstudien aus Sicht der „Theorie zweiseitiger Märkte", Diskussionspapier Nr. 78, April 2008, Helmut-Schmidt-Universität, Hamburg 2008.

Dewenter, Ralf & Rösch, Jürgen (2015): Einführung in die neue Ökonomie der Medienmärkte - Eine wettbewerbspolitische Betrachtung aus Sicht der Theorie der zweiseitigen Märkte, 1. Aufl., Wiesbaden 2015.

Dippon, Christian Michael, Leonhard, Grogory K., Wu, Lawrence (2005): Application of Empirical Methods in Merger Analysis, NERA, Juni 2005, online einsehbar unter http://papers.ssrn.com/sol3/papers.cfm?abstract_id=1565107, aufgerufen am 15. März 2015, 7.45 Uhr.

Dobson, Paul & Waterson, Michael (1996): Vertical Restraints and Competition Policy, Research Paper No. 12, University of Warwick, 1996.

Dobson, Paul & Waterson, Michael (2007): The Competition Effects of Industry-Wide Vertical Price Fixing in Bilateral Oligopoly; in: International Journal of Industrial Organization, 25. Jg., 2007, H. 5, S. 935–962.

Dorsey, Elyse & Jacobsen, Jonathan M. (2014): Exclusionary Conduct in Antitrust, online einsehbar unter https://www.wsgr.com/publications/PDFSearch/jacobson-12–2014.pdf, aufgerufen am 08. Februar 2015, 13.04 Uhr.

Downs, Anthony (1957): An economic theory of democracy, New York 1957.

Dreher, Meinrad (2009): Die Kontrolle des Wettbewerbs in Innovationsmärkten - Marktabgrenzung und Marktbeherrschung in innovationsgeprägten Märkten; in: Zeitschrift für Wettbewerbsrecht (ZWeR), 7. Jg., 2009, H. 2, S. 149–175.

Dunn, Stephan P. (2011): The Economics of John Kenneth Galbraith - Introduction, Persuasion and Rehabilitation, 1. Aufl., Cambridge (UK) et al. 2011.

Edlin, Aaron S. (1997): Do Guaranteed-Low-Price Policies Guarantee High Prices, and Can Antitrust Rise to the Challenge?; in: Harvard Law Review, 111. Jg., 1997, H. 2, S. 528–576.

Eilmannsberger, Thomas & Bien, Florian (2015): Missbrauch einer marktbeherrschenden Stellung; in: Münchener Kommentar - Europäisches und Deutsches Wettbewerbsrecht, Band 1, 2. Aufl., München 2015, S. 1519–1728.

Eiszner, James R. (1998): Innovation in Markets and Automatic Transmissions: A Shift in the Wrong Direction; in: Antitrust Bulletin, 43. Jg., 1998, S. 297–350.

Ellison, Glenn & Ellison, Sara Fisher (2005) : Lessons about Markets from the Internet, in: Journal of Economic Perspectives, 19. Jg., 2005, H. 2, S. 139–158.

El-Sharif, Yasmin, Kwasniewski, Nicolai & Rickens, Christian (2013): Amazon-Chef will mehr Betriebsräte, online einsehbar unter http://www.spiegel.de/ wirtschaft/ unternehmen/amazon-chef-ralf-kleber-zu-ausbeutungs-und-kartellvorwuerfen-a-88 4793-druck.html, aufgerufen am 15. Oktober 2014, 13.28 Uhr.

Elzinga; Kenneth G. & Hogarty, Thomas F. (1973): The Problem of Geographic Market Delineation in Antimerger Suits; in: Antitrust Bulletin, 18. Jg., 1973, H. 1, S. 45–81.

Elzinga, Kenneth G. & Mills, David E. (2015): Predatory Pricing; in: Blair, Roger D. & Sokol, D. Daniel (Hrsg.), The Oxford Handbook of International Antitrust Economics, 2. Aufl., Oxford 2015, S. 40–61.

Emmerich, Volker (2014): Kartellrecht, 13. Aufl., München 2014.

Eucken, Walter (1952): Grundsätze der Wirtschaftspolitik, Tübingen 1952.

Europäische Kommission (2015): Kartellrecht: Kommission leitet förmliche Untersuchung der E-Book-Vertriebsvereinbarungen von Amazon ein, Pressemitteilung vom 11. Juni 2015, online einsehbar unter http://ec.europa.eu/deutschland/press/ pr_releases/13399_de.htm, aufgerufen am 17. Juni 2015, 8.32 Uhr.

Evans, David (2002): The Antitrust Economics of Two-Sided Markets, online einsehbar unter http://papers.ssrn.com/sol3/papers.cfm?abstract_id=332022, aufgerufen am 14. Dezember 2014, 8.39 Uhr.

Evans, David (2003): The Antitrust Economics of Multi-Sided Platform Markets; in: Yale Journal on Regulation, 20. Jg., 2003, S. 325–382.

Evans, David & Schmalensee, Richard (2007): The Industrial Organisation of Markets with Two-sided Platforms; in: Competition Policy International, 3. Jg, 2007, H. 1, S. 151–179.

Evans, David & Schmalensee, Richard (2008): Markets with Two-sided Platforms; in: Issues in Competition Law and Policy (ABA Section of Antitrust Law), 1. Jg., 2008, Chapter 28, S. 667–693.

Evans, David & Schmalensee, Richard (2012): The Antitrust Analysis of Multi-Sided Platform Businesses, The University of Chicago, Institute for Law and Economics, Working Paper No. 623.

Ewald, Christian (2003): Predatory Pricing als Problem der Missbrauchsaufsicht - Entscheidungspraxis USA und Deutschland im Luftverkehrssektor; in: Wirtschaft und Wettbewerb (WuW), 53. Jg., 2003, H. 11, S. 1165–1173.

Farell, Joseph & Shapiro, Carl (2008a): Antitrust Evaluation of Horizontal Mergers: An Economic Alternative to Market Definition, Working Paper, December 2008, online einsehbar unter http://faculty.haas.berkeley.edu/shapiro/alternative.pdf, aufgerufen am 17. März 2015, 22.08 Uhr.

Farell, Joseph & Shapiro, Carl (2008b): Improving Critical Loss Analysis, The Antitrust Source, Februar 2008, online einsehbar unter http://www.americanbar.org/content/dam/aba/publishing/antitrust_source/Feb08_Farrell_Shapiro.authcheckdam.pdf, aufgerufen am 8. März 2015, 6.35 Uhr.

Farell, Joseph & Shapiro, Carl (2010): Upward Pricing Pressure in Horizontal Merger Analysis: Reply to Epstein and Rubinfeld; in: The B.E. Journal of Theoretical Economics, 10. Jg., 2010, H. 1, Artikel 41.

Fatur, Andrej (2012): EU Competition Law and the Information and Communication Technology Network Industries, 1. Aufl., Oxford et al. 2012.

Faulhaber, Gerald R. & Hogendorn, Christiaan (2000): The Market Structure of Broadband Telecommunications; in: Journal of Industrial Economics, 68. Jg., 2000, H. 3, S. 305–329.

FE Bureau (2015): CCI Rejects charges against five e-commerce majors, Financial Express, 6. Mai 2015, online einsehbar unter http://www.financialexpress.com/article/industry/companies/cci-rejects-charges-against-five-e-commerce-majors/69749/, aufgerufen am 10. Mai 2015, 14.56 Uhr.

Feess, Eberhard (2004): Mikroökonomie - Eine spieltheoretische und anwendungsorientierte Einführung, 3. Aufl., Marburg 2004.

Filistrucchi, Lapo (2008): A SSNIP Test for Two-sided Markets: the Case of Media, Working Paper # 08–34, The Networks, Electronic Commerce, and Telecommunications Institute, Tilburg University und University of Siena, 2008.

First, Harry & Fox, Eleanor M. (2004): Brief of Amici Curiae in Support of Respondents, No. 03–724, Washington, D.C.: Supreme Court of the United States.

Fishburn, Peter C., Oldyzko, Andrew M. & Siders, Ryan C. (2000): Fixed Fee versus Unit Pricing for Information Goods: Competition, Equilibria, and Price Wars; in: Kahin, Brian & Varian, Hal R. (Hrsg.), Internet Publishing and Beyond: The

Economics of Digital Information and Intellectual Property, Cambridge (MA), 2000, S. 167–189.

Fisher, Franklin M. (1987): Horizontal Mergers: Triage and Treatment; in: Journal of Economic Perspectives, 1. Jg., 1987, H. 2, S. 23–40.

Fishwick, Francis (1993): The definition of the relevant market in the competition policy of the European Union Community; in: Revue d'Economie Industrielle, 63. Jg., 1993, H. 1, S. 174–192.

Flohr, Eckhard & Pohl, Amelie (2012): Die Gruppenfreistellung; in: Liebscher, Christoph, Flohr, Eckhard & Petsche, Alexander (Hrsg.), Handbuch der EU-Gruppenfreistellungsverordnungen, 2. Aufl., München 2012, S. 55–84.

Foer, Franklin (2014): Amazon Must Be Stopped: It's too big. It's cannibalizing the economy. It's time for a radical plan., online einsehbar unter http://www.newrepublic.com/article/119769/amazons-monopoly-must-be-broken-radical-plan-tech-giant, aufgerufen am 22. Oktober 2014, 10.25 Uhr.

Foros, Øystein, Kind, Hans Jarle & Shaffer, Greg (2014): Turning the Page on Business Formats for Digital Platforms: Does Apple's Agency Model Soften Competition?, SNF Working Paper Nr. 06/14, 2014.

Fort, Paul (2011): Zivilrechtliche Sanktionen bei Kartellverstößen - Private Enforcement; in: Mäger, Thorsten (Hrsg.), Europäisches Kartellrecht, 2. Aufl., Baden-Baden 2011, S. 507–524.

Fox, Eleanor M. (2003): We Protect Competition, You Protect Competitors; in: World Competition, 26. Jg., 2003, H. 2, S. 149–165.

Frank, Jens-Uwe (2016): Wettbewerbsschutz durch Kartellrecht: Normative Grenzen einer am ökonomischen Anspruch ausgerichteten Marktordnung; in: Budzinski, Oliver & Haucap, Justus (Hrsg.), Recht und Ökonomie, Baden-Baden 2016, in Vorbereitung.

Franken, Al (2012): How Privacy Has Become an Antitrust Issue; in: Huffington Post, 30. März 2012, online einsehbar unter http://www.huffingtonpost.com/alfranken/how-privacy-has-become-an_b_ 1392580.html, aufgerufen am 04. April 2015, 9.49 Uhr.

Frankena, Mark W. (2001): Geographic Market Delineation for Electric Ultility Mergers; in: Antitrust Bulletin, 46. Jg., H. 2, 2001, S. 357–401.

Friederiszick, Hans W. (2006): Marktabgrenzung und Marktmacht; in: Schwarze, Jürgen (Hrsg.), Recht und Ökonomie im Europäischen Wettbewerbsrecht, Baden-Baden 2006, S. 29–40.

Fritsch, Michael (2014): Marktversagen und Wirtschaftspolitk, 9. Aufl., München 2014.

Froeb, Luke M. & Werden, Gregory J. (1991): Residual Demand Estimation for Market Delineation: Complications and Limitations; in: Review of Industrial Organization, 6. Jg., 1991, H. 1, S. 33–48.

Fuchs, Andreas & Möschel, Wernhard (2012): Art. 102 AEUV - Missbrauch einer marktbeherrschenden Stellung; in: Immenga, Ulrich & Mestmäcker, Ernst-Joachim (Hrsg.), Wettbewerbsrecht - Kommentar zum Europäischen Kartellrecht, Bd. 1 EU/Teil 1, 5. Aufl., München 2012, S. 550–745.

Fudenberg, Drew & Tirole, Jean (1986): A „Signal Jamming" Theory of Predation; in: RAND Journal of Economics, 17. Jg., 1986, H. 3, S. 366–376.

Fudenberg, Drew & Villas-Boas, J. Miguel (2012): Price Discrimination in the Digital Economy; in: Peitz, Martin & Waldfogel, Joel, The Oxford Handbook of the Digital Economy, New York, 2012, S. 254–272.

Galbraith, John Kenneth (1956): American Capitalism - The Concept of Countervailing Power, Revised Edition, Boston 1956.

Gaudin, Germain & White, Alexander (2014): On the Antitrust Economics of the Electronic Book Industry, DICE Discussion Paper Nr. 147, Heinrich-Heine-Universität Düsseldorf, 2014.

Geradin, Damien, Reysen, Marc & Henry, David (2008): Extraterritoriality, Comity and Cooperation in EC Competition Law, online einsehbar unter http://papers.ssrn.com/sol3/papers.cfm?abstract_id=1175003, aufgerufen am 13. Januar 2015, 7.23 Uhr.

Geroski, Paul & Griffith, Rachel (2003/2004): Identifying Antitrust Markets, The Institute for Fiscal Studies - IFS Working Paper WP03/01, 2003 beziehungsweise in: Neumann, Manfred & Weigand, Jürgen (Hrsg.), The International Handbook of Competition, Cheltenham 2004, S. 290–305.

Gilbert, Richard J. & Sunshine, Steven C. (1995a): Incorporating Dynamic Efficiency Concers in Merger Analysis: The Use of Innovation Markets; in: Antitrust Law Journal, 63. Jg., 1995, S. 569–601.

Gilbert, Richard J. & Sunshine, Steven C. (1995b): The Use of Innovation Markets: A Reply to Hay, Rapp, and Hoerner; in: Antitrust Law Journal, 64. Jg., 1995, S. 75–82.

Govaere, Inge (2010): Abuses of dominant position, intellectual property right and monopolization in EU competition law: some thoughts on a possible course of action; in: Mateus, Abel M. & Moreira, Teresa (Hrsg.), Competition Law and Economics, 1. Aufl., Cheltenham (UK) und Northhampton (Massachusetts) 2010, S. 169–188.

Greene, William H. (1993): Econometric Analysis, 2. Aufl., New York 1993.

Greenstein, Shane (2012): Internet Infrastructure; in: Peitz, Martin & Waldfogel, Joel, The Oxford Handbook of the Digital Economy, New York, 2012, S. 3–33.

Griesbach, Bernhard (1971): Jurist und Volkswirt vor der Fusionskontrolle; in: Wirtschaft und Wettbewerb (WuW), 21. Jg., 1971, H. 11/12, S. 813–819.

Griffin, Joseph P. (1999): Extraterritoriality in U.S. and EU antitrust enforcement, Antitrust Law Journal, 67. Jg., 1999, H. 1, S. 159–199.

Grubb, Michael D. (2009): Selling to overconfident consumers; in: American Economic Review, 99. Jg., 2009, H. 5, S. 1770–1807.

Gujarati, Damador N. (1995): Basic Econometrics, New York 1995.

Häntzschel, Jörg (2014): Amazon will ins Verlagsgeschäft; in: Süddeutsche Zeitung, 16. Juli 2014, online einsehbar unter http://www.sueddeutsche.de/wirtschaft/2.220/buchmarkt-amazon-will-ins-verlagsgesch aeft-1.2049066, aufgerufen am 30. Dezember 2014, 16.08 Uhr.

Hagiu, Andrei & Wright, Julian (2013): Do You Really Want to Be an eBay?; in: Harvard Business Review, 91. Jg., 2013, H. 3, S. 3–8.

Haldrup, Niels (2003): Empirical Analysis of Price Data in the Delineation of the Relevant Geographical Market in Competition Analysis, University of Aarhus, Working Paper No. 2003–09, 2003.

Hamelmann, Lisa, Haucap, Justus & Wey, Christian (2015): Die wettbewerbsrechtliche Zulässigkeit von Meistbegünstigungsklauseln auf Buchungsplattformen am Beispiel von HRS, DICE Ordnungspolitische Perspektiven Nr. 72, Heinrich-Heine-Universität Düsseldorf, 2015.

Handelsblatt Online (2015): Streit um Hörbuch-Flatrate: Verlage erwägen Kartellamtsbeschwerde gegen Amazon, Beitrag vom 15. Mai 2015, online einsehbar unter http://www.wiwo.de/unternehmen/it/streit-um-hoerbuch-flatrate-verlage-erwaegen-kartellamtsbewschwerde-gegen-amazon/11784090.html, aufgerufen am 18. Mai 2015, 9.39 Uhr.

Hansen, Robert (2012): The Apple E-Book Lawsuit and Amazon's $ 9.99 Problem; in: U.S.News, 13. April 2012.

Harrington Jr., Joseph E. (2008): Detecting Cartels; in: Buccirossi, Paolo (Hrsg.), Handbook of Antitrust Economics, Vol. 1, Cambridge (Massachusetts) et al., 2008, S. 213–258.

Haucap, Justus (2007): Irrtümer über die Ökonomisierung des Wettbewerbsrechts; in: Orientierungen zur Wirtschafts- und Gesellschaftspolitik, 114. Jg., 2007, H. 4, S. 12–16.

Haucap, Justus (2012): Wie lange hält Googles Monopol?; DICE Ordnungspolitische Perspektiven Nr. 32, Heinrich-Heine-Universität Düsseldorf, 2012.

Haucap, Justus (2014a): Amazon ist ein Symptom, http://www.insm-oekonomenblog.de/11768-amazon-ist-ein-symptom/#more-11768, aufgerufen am 15. Oktober 2014, 20.07 Uhr.

Haucap, Justus (2014b): Amazon ist kein Monopolist; in: Wirtschaftsdienst - Zeitschrift für Wirtschaftspolitik, 94. Jg., 2014, H. 9, S. 608.

Haucap, Justus & Heimeshoff, Ulrich (2013): Google, Facebook, Amazon, eBay: Is the Internet Driving Competition or Market Monopolization?, DICE Discussion Paper No. 83, Heinrich-Heine-Universität Düsseldorf, 2013.

Haucap, Justus & Kehder, Christiane (2013): Suchmaschinen zwischen Wettbewerb und Monopol: Der Fall Google, DICE Ordnungspolitische Perspektiven Nr. 44, Heinrich-Heine-Universität Düsseldorf, 2013.

Haucap, Justus & Kehder, Christiane (2014): Stellen Google, Amazon, Facebook & Co. wirklich die marktpolitische Ordnung zur Disposition?, DICE Ordnungspolitische Perspektiven Nr. 62, Heinrich-Heine-Universität Düsseldorf, 2014.

Haucap, Justus & Wenzel, Tobias (2009): Ist eBay unbestreitbar ein nicht-bestreitbares Monopol? Monopolisierungsverfahren bei Online-Marktplätzen; in: Dewenter, Ralf & Kruse, Jörn (Hrsg.), Wettbewerbsprobleme im Internet, Baden-Baden, 2009, S. 7–34.

Haucap, Justus & Wenzel, Tobias (2011): Wettbewerb im Internet: Was ist online anders als offline?, DICE Ordnungspolitische Perspektiven Nr. 16, Heinrich-Heine-Universität Düsseldorf, 2011.

Hauck, Ronny (2015): FTC v. Google: The Enforcement of Antitrust Law in Online Markets; in: Surblyté, Gintaré (Hrsg.), Competition on the Internet, MPI Studies on Intellectual Property and Competition Law 23, Berlin und Heidelberg 2015, S. 53–61.

Haupt, Johannes (2014): Bezos: eBook-Piraterie dank Kindle kein Thema, Beitrag vom 19. Dezember 2014, online einsehbar unter http://www.lesen.net/diskurse/bezos-ebook-piraterie-dank-kindle-kein-thema-17123/, aufgerufen am 02. April 2015, 17.09 Uhr.

Hausman, Jerry A., Leonard, Gregory K. & Vellturo, Christopher A. (1996): Market Definition Under Price Discrimination; in: Antitrust Law Journal, 64. Jg., 1996, H. 2, S. 367–386.

Hay, George (1982): Oligopoly, shared monopoly, and antitrust law; in: Cornell Law Review, 28. Jg., 1982, S. 439–481.

Hay, George A. (1995): Innovations in Antitrust Enforcements; in: Antitrust Law Journal, 64. Jg., 1995, S. 7–18.

Hayek, Friedrich August von (1968): Der Wettbwerb als Entdeckungsverfahren; in: Hayek, Friedrich August von (Hrsg.), Freiburger Studien, Tübigen 1968, S. 249–265.

Hayek, Friedrich August von (2004): Der Weg zur Knechtschaft, 4. Aufl., Tübingen 2004.

Heinemann, Gerrit (2015): Wer ist das Vorbild, wer der Bösewicht?; in: Frankfurter Allgemeine Zeitung, Nr. 39, 16. Februar 2015, S. 16.

Hellwig, Martin (2006): Effizienz oder Wettbewerbsfreiheit? Zur normativen Grundlegung der Wettbewerbspolitik; in: Engel, Christoph & Möschel, Wernhard (Hrsg.), Recht und spontane Ordnung, Baden-Baden 2006, S. 231–268.

Herdzina, Klaus (1999): Wettbewerbspolitik, Stuttgart 1999.

Herweg, Fabian (2010): Uncertain Demand, Consumer Loss Aversion, and Flat-Rate Tariffs, Discussion Paper No. 330, Governance and the Efficiency of Economic Systems (GESY), online einsehbar unter http://epub.ub.uni-muenchen. de/13224/1/330.pdf, aufgerufen am 08. März 2015, 13.45 Uhr.

Heuss, Ernst (1965): Allgemeine Markttheorie, Tübingen et al. 1965.

Heuss, Ernst (1980): Wettbewerb; in: Handwörterbuch der Wirtschaftswissenschaften, Bd. 8, S. 679–697, Stuttgart 1980.

Heyer, Ken (2005): A world of uncertainty: economics and the globalization of antitrust; in: Antitrust Law Journal, 72. Jg., 2005, H. 2, S. 375–422.

Heyers, Johannes (2013): Wettbewerbsrechtliche Bewertung sog. Preisparitätsklauseln - ein juristisch-ökonomischer Ansatz; in: GRUR Int - Gewerblicher Rechtsschutz und Urheberrecht Internationaler Teil, Zeitschrift der Deutschen Vereinigung für gewerblichen Rechtsschutz und Urheberrecht, H. 5, 62. Jg., 2013, S. 409–508.

Hiltzik, Michael (2012): Government's e-book case helps Amazon build toward a monopoly; in: Los Angeles Times, 12. September 2012.

Hirshleifer, Jack (1958): Peak Loads and Efficient Pricing: Comment; in: Quarterly Journal of Economics, 72. Jg., 1958, S. 451–462.

Hoerner, Robert (1995): Innovation Markets: New Wine in Old Bottles; in: Antitrust Law Journal, 64. Jg., 1995, S. 49–74.

Hoernig, Steffen & Valletti, Tommaso (2012): Mobile Telephony; in: Peitz, Martin & Waldfogel, Joel, The Oxford Handbook of the Digital Economy, New York, 2012, S. 136–160.

Holmes, Thomas J. (1989): The Effects of Third-Degree Price Discrimination in Oligopoly; in: American Economic Review, 79. Jg., 1989, H. 1, S. 244–250.

Holt, Charles A. & Scheffman, David T. (1987): Facilitating Practices: The Effects of Advance Notice and Best-Price Clauses; in: Rand Journal of Economics, 18. Jg., 1987, S. 187–197.

Hoppmann, Erich (1970): Neue Wettbewerbspolitik: Vom Wettbewerb zur staatlichen Mikro-Steuerung; in: Jahrbücher für Nationalökonomie und Statistik, 184. Jg., 1970, H. 2, S. 397–416.

Hoppmann, Erich (1977): Marktmacht und Wettbewerb - Beurteilungskriterien und Lösungsmöglichkeiten, Tübingen 1977.

Hoppmann, Erich (1983): Marktbeherrschung und Preismißbrauch: Möglichkeiten und Grenzen kartellrechtlicher Preiskontrollen dargestellt am Beispiel der pharmazeutischen Industrie, 1. Aufl., Baden-Baden 1983.

Hoppmann, Erich (1988): Wirtschaftsordnung und Wettbwerb, Baden-Baden 1988.

Hoppmann, Erich (1993): Prinzipien freiheitlicher Wirtschaftspolitik, Tübingen 1993.

Hovenkamp, Herbert (2005): The Antitrust Enterprise, 1. Aufl., Cambridge (MA) 2005.

Howell, Bronwyn (2010): Flat-Rate Tariffs and Competitive Entry in Telecommunications Markets, New Zealand Institute for the Study of Competition and Regulation Inc., online einsehbar unter http://researcharchive.vuw.ac.nz/bitstream/handle/10063/4053/Tariff_Structure_and_Competitive_Entry_BH.pdf?sequence=1, aufgerufen am 07. März 2015, 22.09 Uhr.

Hübler, Olaf (1989): Ökonometrie, Stuttgart 1989.

Hviid, Morten & Shaffer, Greg (1994): Do Low-Price Guarantees Facilitate Collusion?, Working Paper Series No. 94–01, Center for Research on Economic and Social Theory and Department of Economics, Department of Economics, University of Michigan, 1994.

Hviid, Morten & Shaffer, Greg (1999): Hassle Costs: The Achilles Heel of Price-Matching Guarantees; in: Journal of Economics and Management Strategy, 8. Jg., 1999, S. 489–552.

Immenga, Ulrich & Mestmäcker, Ernst-Joachim (2012a): Die Bedeutung der Wettbewerbsregeln in der Wirtschaftsverfassung der EU; in: Immenga, Ulrich & Mestmäcker, Ernst-Joachim (Hrsg.), Wettbewerbsrecht – Kommentar zum Europäischen Kartellrecht, Bd. 1 EU/Teil 1, 5. Aufl., München 2012, S. 23–49.

Immenga, Ulrich & Mestmäcker, Ernst-Joachim (2012b): Auslegung der Wettbewerbsregeln; in: Immenga, Ulrich & Mestmäcker, Ernst-Joachim (Hrsg.), Wettbewerbsrecht – Kommentar zum Europäischen Kartellrecht, Bd. 1 EU/Teil 1, 5. Aufl., München 2012, S. 50–58.

Inderst, Roman, Jakubovic, Zlata & Pfeil, Sebastian (2013): Resale Price Maintenance, Annual MaCCI Conference, Mannheim, Februar 2013, online einsehbar unter http://www.wiwi.uni-frankfurt.de/fileadmin/user_upload/dateien_abteilungen/abt_fin/Dokumente/PDFs/Allgemeine_Dokumente/Inderst_Downloads/POLICY_PAPERS_and_POLICY_RELATED_REPORTS/RPM_Inderst_Talk.pdf, aufgerufen am 10. März 2015, 7.23 Uhr.

Inderst, Roman & Pfeil, Sebastian (2014): An „Image Theory" of RPM, online einsehbar unter http://www.wiwi.uni-frankfurt.de/fileadmin/user_upload/dateien_abteilungen/abt_fin/Dokumente/PDFs/Allgemeine_Dokumente/Inderst_Downloads/Competition_IO/Price_Image.pdf, aufgerufen am 10. März 2015, 14.43 Uhr.

Inderst, Roman & Schwalbe, Ulrich (2009): Effekte verschiedener Rabattformen, Zeitschrift für Wettbewerbsrecht (ZWeR), 7. Jg., 2009, S. 65–84.

Inderst, Roman & Valletti, Tommaso (2011): Buyer Power and The „Waterbed Effect"; in: The Journal of Industrial Economics, 59. Jg., 2011, H. 1, S. 1–20.

Inderst, Roman & Wey, Christian (2008): Die Wettbewerbsanalyse von Nachfragemacht aus verhandlungstheoretischer Sicht; in: Arnold, Lutz et al. (Hrsg.), Perspektiven der Wirtschaftspolitik, Band 9, H. 4, November 2008, S. 465–485.

Inderst, Roman & Wey, Christian (2011): Countervailing Power and Dynamic Efficiency; in: Journal of the European Economic Association, 9. Jg., 2011, H. 4, S. 702–720.

Ivaldo, Marc, Jullien, Bruno, Rey, Patrick, Seabright, Paul & Tirole, Jean (2007): The Economics of Tacit Collusion: Implications for Merger Control; in: Ghosal, Vivek & Stennek, Johan (Hrsg.), The Political Economy of Antitrust, Amsterdam 2007, S. 217–239.

Jain, Sanjay & Srivastava, Joydeep (2002): An experimental and theoretical analysis of price-matching refund policies; in: Journal of Marketing Research, 37. Jg., H. 3, S. 351–362.

Johanns, Anke (2011): Behörden, Verfahren, Rechtsschutz; in: Mäger, Thorsten (Hrsg.), Europäisches Kartellrecht, 2. Aufl., Baden-Baden 2011, S. 525–597.

Johnson, Justin P. (2013): The Agency and Wholesale Models in Electronic Content Markets, Mimeo 2013.

Johnson, Justin P. (2014): The Agency Model and MFN Clauses, online einsehbar unter http://papers.ssrn.com/sol3/papers.cfm?abstract_id=2217849, aufgerufen am 15. März 2015, 15.05 Uhr.

Jones, Alison & Sufrin, Brenda (2014) : EU Competition Law, 5. Aufl., Oxford (UK) 2014.

Jordan, W. John (1983): Heterogeneous Users and the Peak Load Pricing Model; in: Quarterly Journal of Economics, 98. Jg., 1983, S. 127–138.

Joskow, Paul L. & Klevoric, Alvin K. (1979): A Framework for Analyzing Predatory Pricing; in: Yale Law Journal, 89. Jg., 1979, H. 2, S. 213–270.

Jullien, Bruno & Rey, Patrick (2007): Resale Price Maintenance and Collusion; in: The RAND Journal of Economics, 38. Jg., 2007, H. 4, S. 983–1001.

Just, David & Wansink, Brian (2011): The Flat-Rate Pricing Paradox: Conflicting Effects of "All-You-Can-Eat" Buffet Pricing; in: The Review of Economics and Statistics, 93. Jg., 2011, H. 1, S. 193–200.

Kahn, Alfred E. (1971): The Economics of Regulation: Principles and Institutions, Vol. 2, New York et al. 1971.

Kantzenbach, Erhard (1967): Die Funktionsfähigkeit des Wettbewerbs, 2. Aufl., Göttingen 1967.

Kaplow, Louis (2010): Why (Ever) Define Markets?; in: Harvard Law Review, 124. Jg., 2010, S. 437–517, online einsehbar unter http://ssrn.com/abstract=1750302, aufgerufen am 12. April 2015, 13.45 Uhr.

Kaplow, Louis (2013): Market Definition: Impossible and Counterproductive; in: Antitrust Law Journal, 79. Jg., 2013, H. 1, S. 361–379.

Katz, Michael L. & Shapiro, Carl (1985): Network externalities, competition, and compatibility; in: American Economic Review, 75. Jg., 1985, H. 3, S. 424–440.

Kauper, Thomas E. (1997): The Problem of Market Definition Under EC Competition Law; in: Fordham International Law Journal, 20. Jg., 1997, S. 1682–1767.

Kehder, Christiane (2013): Konzepte und Methoden der Marktabgrenzung und ihre Anwendung auf zweiseitige Märkte, Baden-Baden 2013.

Kerber, Wolfgang (1989): Evolutionäre Marktprozesse und Nachfragemacht, 1. Aufl., Baden-Baden 1989.

Kerber, Wolfgang & Schwalbe, Ulrich (2015): Die ökonomischen Grundlagen des Wettbewerbsrechts; in: Münchener Kommentar - Europäisches und Deutsches Wettbewerbsrecht, Band 1, 2. Aufl., München 2015, S. 22–248.

Kerkmann, Christoph (2015): Google unter Beschluss; Handelsblatt Online, Beitrag vom 15. April 2015, online einsehbar unter http://www.wiwo.de/unternehmen/ it/kartellverfahren-der-eu-google-unter-beschuss/116 40458.html, aufgerufen am 18. Mai 2015, 8.42 Uhr.

Kirby, Julia & Stewart, Thomas A. (2007): The Institutional Yes; in: Harvard Business Review, Oktober 2007, S. 74–82.

Kirchhoff, Wolfgang (2015): Beeinträchtigung des zwischenstaatlichen Handels; in: Münchener Kommentar - Europäisches und Deutsches Wettbewerbsrecht, Band 1, 2. Aufl., München 2015, S. 853–873.

Kirkwood, John B. (2014): Collusion to Control a Powerful Customer: Amazon, E-Books, and Antitrust Policy, Research Paper No. 14–11, Seattle University School of Law.

Klein, Benjamin (1998): Market Power in Aftermarkets; in: McChesney, Fred (Hrsg.), Economic Inputs, Legal Outputs. The Role of Economists in Modern Antitrust, Chichester (UK) 1998, S. 47–68.

Klemperer, Paul (2008): Competition Policy in Auctions and "Bidding Markets"; in: Buccirossi, Paolo (Hrsg.), Handbook of Antitrust Economics, Vol. 1, Cambridge (Massachusetts) et al., 2008, S. 583–624.

Kling, Michael & Thomas, Stefan (2007): Kartellrecht, 1. Aufl., München 2007.

Knieps, Günter (2005): Wettbewerbsökonomie, 2. Aufl., Berlin et al. 2005.

Knöchelmann, Marcel (2014): Disruptive Innovationen bei Amazon: Digitales Lesen, Le publikateur - Wissenschaftliche Publikation, 13. April 2014, online einsehbar unter http://www.lepublikateur.de/2014/04/13/ disruptive-innovationen-amazon-digitales-lesen/, aufgerufen am 02. April 2015, 8.05 Uhr.

Knop, Carsten & Heeg, Thiemo (2014): Big Data für jedermann; in: Frankfurter Allgemeine Zeitung, Nr. 8, 10. Januar 2015, S. 28.

Koenig, Christian & Schreiber, Kristina (2010): Europäisches Wettbewerbsrecht, 1. Aufl., Tübingen 2010.

Körber, Torsten (2004): Die Empagran-Entscheidung des US Supreme Court; in: Zeitschrift für Wettbewerbsrecht, 2. Jg., H. 4, S. 591–603.

Körber, Torsten (2015): Analoges Kartellrecht für digitale Märkte; in: Wirtschaft und Wettbewerb (WuW), 65. Jg., 2015, S. 120–133.

Kolasky, William J. (2002): What is Competition?, Den Haag 2002.

Kortschak, Daniel (2013): Arbeitsbedingungen bei Amazon: Arbeit bei Amazon kann krank machen; in: Frankfurter Rundschau, 26. November 2013, online einsehbar unter http://www.fr-online.de/arbeit---soziales/arbeitsbedingungen-bei-amazon-arbeit-bei-amazon-kann-krankmachen,1473632,254 32044.html, aufgerufen am 02. Januar 2015, 22.19 Uhr.

Krattenmaker, Thomas G. & Salop, Steven C. (1986): Anticompetitive Exclusion: Raising Rivals' Costs to Achieve Power Over Price; in: Yale Law Journal, 96. Jg., 1986, H. 2, S. 209–293.

Krcmar, Helmut (2010): Informationsmanagement, 5. Aufl., Heidelberg 2010.

Kreps, David & Wilson, Robert (1982): Reputation and Imperfect Information; in: Journal of Economic Theory, 27. Jg., 1982, H. 2, S. 253–279.

Kretschmer, Jürgen-Peter & Budzinski, Oliver (2011): Advertised meeting-the-competition clauses: collusion instead of price discrimation; in: Economics Bulletin, 31. Jg., 2011, H. 4, S. 3153–3157.

Krugman, Paul (2014): Amazon's Monopsony Is Not O.K., online einsehbar unter http://www.nytimes.com/ 2014/10/20/opinion/paul-krugman-amazons-monopsony-is-not-ok.html?_r=0, aufgerufen am 14. Oktober 2014, 21.07 Uhr.

Kruse, Jörn (1985): Ökonomie der Monopolregulierung, Göttingen 1985.

Kruse, Jörn (2008): Internet-Überlast, Netzneutralität und Service-Qualität; in: Wirtschaftsdienst, 3. Jg., 2008, S. 188–194.

Kruse, Jörn (2009): Crowding-Out bei Überlast im Internet; in: Kruse, Jörn & Dewenter, Ralf (Hrsg.), Wettbewerbsprobleme im Internet, Baden-Baden 2009, S. 117–140.

Kruse, Jörn (2011): Ökonomische Grundlagen des Wettbewerbs im Internet; in DICE Ordnungspolitische Perspektiven Nr. 14, Heinrich-Heine-Universität Düsseldorf, 2011.

Kühn, Kai-Uwe (1997): Germany; in: Graham, Edward M. & Richardson, J. David (Hrsg.), Global Competition Policy, Washington, D.C., Institute for International Economics, 1997, S. 115–149.

Kühn, Christian (2006): Yardstick-Regulierung für Elektrizitätsverteilungsnetzbetreiber, München 2006.

Laffont, Jean-Jacques & Tirole, Jean (1986): Using Cost Information to Regulate Firms; in: Journal of Political Economy, 94. Jg., 1986, H. 3, S. 614–641.

Laffont, Jean-Jacques & Tirole, Jean (1994): Access Pricing and Competition; in: European Economic Review, 38. Jg., 1994, H. 9, S. 1673–1710.

Lamprecht, Anja & Skiera, Bernd (2006): Paying Too Much and Being Happy About It: Existence, Causes, and Consequences of Tariff-Choice Biases; in: Journal of Marketing Research, 43. Jg., 2006, H. 3, S. 212–223.

Lange, Knut Werner (2002): Neue Marketingstrategien im Internet - ökonomische und rechtliche Analyse; in: BB - Betriebs-Berater, 57. Jg. 2002, S. 561–569.

Langenfeld, James & Li, Wenqing (2001): Critical Loss Analysis in Evaluating Mergers; in: Antitrust Bulletin, 46. Jg., 2001, H. 2, S. 299–337.

Ledgerwood, Shaun D. & Wesley, J. Heath (2012): Rummaging Through the Bottom of Pandora's Box: Funding Predatory Pricing Through Contemporaneous Recoupment; in: Virgina Law & Business Review, 6. Jg., 2012, H. 3, S. 509–568.

Lehr, William (2012): Measuring the Internet: The Data Challenge, OECD Digital Economy Papers, Nr. 194, OECD Publishing 2012.

Lerner, Abba P. (1934): The Concept of Monopoly and the Measurement of Monopoly Power; in: Review of Economic Studies, 1. Jg., 1934, H. 3, S. 157–175.

Lerner, Andres V. (2014): The Role of Big Data in Online Platform Competition, online einsehbar unter http://papers.ssrn.com/sol3/papers.cfm?abstract_id=2482780, aufgerufen am 09. Februar 2015, 15.03 Uhr.

Levy, David T. & Gerlowski, Daniel A. (1991): Competition, advertising and meeting competition clauses; in: Economic Letters, 37. Jg., 1991, H. 3, S. 217–221.

Lexecon Ltd. (2003): An Introduction to Quantitative Techniques in Competition Analysis, 2003, online einsehbar unter http://ecp.crai.com/ecp/assets/quantitative_techniques.pdf, aufgerufen am 11. März 2015, 13.40 Uhr.

Lieber, Ethan & Syverson, Chad (2012): Online versus Offline Competition; in: Peitz, Martin & Waldfogel, Joel, The Oxford Handbook of the Digital Economy, New York, 2012, S. 189–223.

Linde, Frank & Stock, Wolfgang G. (2011): Informationsmarkt - Informationen im I-Commerce anbieten und nachfragen, München 2011.

Lindner, Roland & Knop, Carsten (2013): Amazon lüftet deutsches Umsatzgeheimnis; in: Frankfurter Allgemeine Zeitung, 05.02.2013, online einsehbar unter http://www.faz.net/aktuell/wirtschaft/netzwirtschaft/online-handel-amazon-lueftet-deutsches-umsatzgeheimnis-12052201.html, aufgerufen am 07. Januar 2015, 17.03 Uhr.

Lindsay, Alistair & Scola, Nicholas (2013): Market Definition; in: Rose, Vivien & Bailey, David (Hrsg.), Bellamy & Child: European Union Law of Competition, 7. Aufl., Oxford (UK) 2013, S. 225–280.

Lipsey, Richard G. & Lancaster, Kelvin (1956): A General Theory of the Second Best; in: Review of Economic Studies, 24. Jg., 1956, H. 1, S. 11–32.

Littlechild, Stephan C. (1970): Marginal Cost Pricing and Joint Cost; in: Economic Journal, 80. Jg., 1970, Nr. 318, S. 323–335.

Littlechild, Stephan C. (1983): Regulation of British Telecommunications' Profitability, London 1983.

Loeb, Martin & Magat, Wesley A. (1979): A Decentralized Method of Utility Regulation; in: Journal of Law and Economics, 22. Jg., 1979, H. 2, S. 399–404.

Logan, John W. & Lutter, Randall W. (1989): Guaranteed Lowest Prices: Do They Facilitate Collusion?; in: Economics Letters, 31. Jg., 1989, S. 189–192.

Lovdahl Gormsen, Liza (2010): A Principled Approach to Abuse of Dominance in European Competition Law, 1. Aufl., Cambridge (UK) 2010.

Lovdahl Gormsen, Liza (2013): Are Anti-competitive Effects Necessary for an Analysis under Article 102 TFEU?, in: World Competition, Vol. 36, No. 2 (2013), S. 223–245, online einsehbar unter http://papers.ssrn.com/sol3/papers.cfm?abstract_id=2400371, aufgerufen am 30. Dezember 2014, 13.02 Uhr.

Machlup, Fritz (1955): Characteristics and Types of Price Discrimination; in: Stigler, George (Hrsg.), Business Concentration and Price Policy, New York 1955, S. 397–440.

Mäger, Stefan (2011a): Vertikale Vereinbarungen; in: Mäger, Thorsten (Hrsg.), Europäisches Kartellrecht, 2. Aufl., Baden-Baden 2011, S. 173–233.

Mäger, Thorsten (2011b): Einführung und Grundlagen; in: Mäger, Thorsten (Hrsg.), Europäisches Kartellrecht, 2. Aufl., Baden-Baden 2011, S. 39–80.

Maier, Astrid: Amazon - der nimmersatte Konzern, in: Manager Magazin Online, 14. Januar 2013, online einsehbar unter http://www.manager-magazin.de/magazin/artikel/a-884177.html, aufgerufen am 30. Dezember 2014, 16.02 Uhr.

Maisel, Lawrence C. (1983): Submarkets in Merger and Monopolization Cases; in: Georgetown Law Review, 91. Jg., 1983, S. 39–71.

Manne, Geoffrey (2013): FTC Ends Google Antitrust Investigation. Critics And Competitiors: Move On; in: Forbes, 3. Januar 2013, online einsehbar unter http://www.forbes.com/sites/beltway/2013/01/03/ftcs-google-antitrust-invgestigation-was-silly-critics-and-competitors-move-on/, aufgerufen am 13. März 2015, 21.34 Uhr.

Manne, Geoffrey A. & Wright, Joshua D. (2011): Google and the Limits of Antitrust: The Case Against the Antitrust Case Against Google; in: Harvard Journal of Law & Public Policy, 34. Jg., 2011, H. 1, S. 171–244.

Mantzavinos, Chrysostomos (1994): Wettbewerbstheorie: Eine kritische Auseinandersetzung, 1 Aufl., Berlin 1994.

Mao, Wen (2005): Price Matching Policy with Imperfect Information; in: Managerial and Decision Economics, 26. Jg., 2005, H. 6, S. 367–372.

Markovits, Richard S. (2008): Truth on Economics: On the Definition, Prediction, and Relevance of Economics Efficiency, 1. Aufl., New Haven und London 2008.

Massey, Patrick (2000): Market Definition and Market Power in Competition Analysis: Some Practical Issues; in: Economic and Social Review, 31. Jg., 2000, H. 4, S. 309–328.

Mathewson, G. Frank & Winter, Ralph A. (1987): The Competitive Effects of Vertical Agreements: Comment; in: Amercian Economic Review, 77. Jg., 1987, S. 1057–1062.

Mathewson, G. Frank & Winter, Ralph A. (1998): The Law and Economics of Resale Price Maintenance; in: Review of Industrial Organization, 13. Jg., 1998, S. 57–84.

Mayr, Stefan (2014): Gericht weist Klage wegen Amazon-Bewertung ab; in: Süddeutsche Zeitung, 30. Juli 2014, online einsehbar unter http://www.sueddeutsche.de/geld/streit-um-fliegengitter-gericht-weist-klage-wegen-amazon-bewertung-ab-1.2070411, aufgerufen am 12. März 2015, 8.39 Uhr.

McGee, John S. (1958): Predatory Price Cutting: The Standard Oil (NJ) Case; in: Journal of Law & Economics, 1. Jg., 1958, S. 137–169.

McKnight, Lee & Boroumand, Jahangir (2000): Pricing Internet Services: After Flat Rate; in: Telecommunications Policy, 24. Jg., 2000, H. 6–7, S. 565–590.

Mestmäcker, Ernst-Joachim & Schweitzer, Heike (2014): Europäisches Wettbewerbsrecht, 3. Aufl., München 2014.

Milgrom, Paul & Roberts, John (1982a): Limit Pricing and Entry under Incomplete Information: An Equilibrium Analysis; in: Econometrica, 50 Jg., 1982, H. 2, S. 443–459.

Milgrom, Paul & Roberts, John (1982b): Predation, Reputation and Entry Deterrence; in: Journal of Economic Theory, 27. Jg., 1982, S. 280–312.

Miravete, Eugenio J. (2003): Choosing the Wrong Calling Plan? Ignorance, Learning and Risk Aversion; in: American Economic Review, 93. Jg., 2003, H. 1, S. 297–310.

Miravete, Eugenio J. & Roller, Lars-Hendrik (2003): Competitive Non-Linear Pricing in Duopoly Equilibrium: The Early US Celluar Telephone Industry, CEPR Discussion Paper Nr. 4069, online einsehbar unter http://ssrn.com/abstract=470844, aufgerufen am 15. März 2015, 16.55 Uhr.

Mitomo, Hitoshi (2001): The Political Economy of Pricing: Comparing the Efficency Impacts of Flat-Rate vs. Two-Part Tariffs; in: Communications and Strategies, 44. Jg., 2001, S. 55–70.

Mitomo, Hitoshi, Otsuka, Toki, Nagai, Ken & Nakaba, Kiminori (2008): An Empirical Analysis of Flat-rate Preference in Telecommunication and Transportation Services: a Behavioural Economic Approach; in: Studies in Regional Science, 38. Jg., 2008, H. 2, S. 311–329.

Möschel, Wernhard (1983): Recht der Wettbewerbsbeschränkungen, 1. Aufl., Köln 1983.

Möschel, Wernhard (2005): Wettbewerb der Wettbewerbsordnungen; in: Wirtschaft und Wettbewerb, 55. Jg., 2005, H. 6, S. 599–605.

Monopolkommission (2010): Gestaltungsoptionen und Leistungsgrenzen einer kartellrechtlichen Unternehmensentflechtung, Sondergutachten 58, 2010.

Monopolkommission (2015): Wettbewerbspolitik: Herausforderung digitaler Märkte, Sondergutachten der Monopolkommission gemäß § 44 Abs. 1 Satz 4 GWB, Sondergutachten 68, 2015.

Monti, Mario (2000): Competition Law Reform, 12. Juni 2000, online einsehbar unter http://ec.europa.eu/competition/speeches/, aufgerufen am 23. März 2015, 16.33 Uhr.

Monti, Mario (2003): EU Competition Policy after May 2004, 24. Oktober 2003, online einsehbar unter http://ec.europa.eu/competition/speeches/, aufgerufen am 10. April 2015, 8.39 Uhr.

Moorthy, Sridhar & Winter, Ralph A. (2006): Price Matching Guarantees; in: Rand Journal of Economics, 37. Jg., 2006, H. 2, S. 449–465, online einsehbar als Working Paper 2006–03, Phelps Centre for the Study of Government and Business, http://www.sauder.ubc.ca/Faculty/Research_Centres/Phelps_Centre_for_the_Study_of_Government_and_Business/~/media/Files/Faculty%20Research/Phelps%20Centre/Working%20Papers/2006_03_moorthy.ashx, aufgerufen am 06. März 2015, 16.02 Uhr.

Motta, Massimo (2004): Competition Policy - Theory and Practice, 1. Aufl., Cambridge (UK) 2004.

Müller, Christian (2007): Abschied vom Bedarfsmarktkonzept in der Marktabgrenzung?, Baden-Baden 2007.

Mueller, Milton & Lemstra, Wolter (2011): Liberalization and the Internet; in: Finger, Matthias & Künneke, Rolf (Hrsg.), International Handbook of Network Industries, Cheltenham (UK) et al. 2011, S. 144–161.

Nahata, Babu, Ostaszewski, Krzysztof & Sahoo, Prasanna (1999): Buffet Pricing; in: The Journal of Business, 72. Jg. 1999, H. 2, S. 215–228.

Nasri, Grace (2012): Why Consumers Are Increasingly Willing to Trade Data for Personalization; in: Digital Trends, 10. Dezember 2012, online einsehbar unter http://www.digitaltrends.com/social-media/why-consumers-are-increasingly-willing-to-trade-data-for-personalization/ixzz2x28A Hiyj, aufgerufen am 14. März 2015, 15.09 Uhr.

Neilson, William S. & Winter, Harold (1992): Unilateral most-favored customer pricing - A comparison with Stackelberg; in: Economics Letters, 38. Jg., 1992, S. 229–232.

Neilson, William S. & Winter, Harold (1993): Bilateral Most-Favored-Customer Pricing and Collusion; in: Rand Journal of Economics, 24. Jg., 1993, H. 1, S. 147–155.

Newberry, David M. (1999): Privatization, Restructuring, and Regulation of Network Utilities, Cambridge (MA) 1999.

Nunes, Joseph C. (2000): A Cognitive Model of People's Usage Estimations; in: Journal of Marketing Research, 37. Jg., 2000, H. 4, S. 397–409.

O'Brian, D. P. & Wickelgreen, A. L. (2003): A Critical Analysis of Critical Loss Analysis; in: Antitrust Law Journal, 71. Jg., 2003, S. 161–184.

OECD (2011): Excessive Prices 2011, online einsehbar unter http://www.oecd.org/competition/abuse/ 49604207.pdf, aufgerufen am 17. März 2015, 9.25 Uhr.

OECD (2013): The Digital Economy, Report of two Hearings, Competition Committee, DAF/COMP(2012)22, 2013.

Olten, Rainer (1998): Wettbewerbstheorie und Wettbewerbspolitik, 2. Aufl., München 1998.

Ordover, Janusz A. & Saloner, Garth (1989): Predation, Monopolization and Antitrust; in: Schmalensee, Richard & Willig, Robert D. (Hrsg.), Handbook of Industrial Organization, 1. Aufl., Amsterdam 1989, S. 537–596.

o.V. (2008): Amazon kauft Abebooks, online einsehbar unter http://www.boersen-blatt.net/221775/, aufgerufen am 13. Februar 2014, 8.45 Uhr.

o.V. (2012): Justice Department Reaches Settlement with Three of the Largest Book Publishers and Continues to Litigate Against Apple Inc. and Two Other Publishers to Restore Price Competition and Reduce E-book Price, Justice News, 12. April 2012, online einsehbar unter http://www.justice.gov/opa/pr/justice-department-reaches-settlement-three-largest-book-publ ishers-and-continues-litigate, aufgerufen am 28. Dezember 2014, 15.03 Uhr.

o.V. (2014a): European Commission, Press Release IP/14/1105 vom 07. Oktober 2014.

o.V. (2014b): US: Authors won't give up on Amazon probe, online einsehbar unter https://www.competitionpolicyinternational.com/us-authors-wont-give-up-on-amazon-probe? utm_source=December+16%2C+2014&utm_campaign=April+30%2C+2013&utm_medium=email, aufgerufen am 27. Dezember 2014, 10.26 Uhr.

o.V. (2014c): Amazon einigt sich mit US-Verlag Hachette, in: Süddeutsche Zeitung, 13. November 2014, online einsehbar unter http://www.sueddeutsche.de/wirtschaft/2.220/streit-um-e-book-preise-amazon-einigt-sich-mit-us-verlag-hachet-te-1.2220367, aufgerufen am 28. Dezember 2014, 10.26 Uhr.

o.V. (2014d): Amazon startet Bücher-Flatrate in Deutschland; in: Süddeutsche Zeitung, 07. Oktober 2014, online einsehbar unter http://www.sueddeutsche.de/digital/2.220/e-books-amazon-startet-buecher-flatrate-in-deutschland-1.2162539, aufgerufen am 28. Dezember 2014, 10.46 Uhr.

o.V. (2014e): Amazon rechnet mit den Verlagen ab; in: Süddeutsche Zeitung, 30. Juli 2014, online einsehbar unter http://www.sueddeutsche.de/wirtschaft/2.220/streit-mit-verlagen-amazon-will-e-book-preise-druecken-1.2069737, aufgerufen am 28. Dezember 2014, 10.50 Uhr.

o.V. (2014f): Amazon kauft Video-Website Twitch für eine Milliarde Dollar; in: Frankfurter Allgemeine Zeitung, 25. August 2014, online einsehbar unter http://www.faz.net/aktuell/wirtschaft/ netzwirtschaft/konkurrenz-zu-google-amazon-kauft-video-webseite-twitch-fuer-eine-milliarde -dollar-13117112.html, aufgerufen am 16. Februar 2015, 8.05 Uhr.

o.V. (2015a): Weniger Buchläden; in: Frankfurter Allgemeine Zeitung, 12. Januar 2015, Nr. 9, Deutsche Presse Agentur, S. 12.

o.V. (2015b): Ein kleiner Amazon-Gewinn verzückt die Wall Street; in: Frankfurter Allgemeine Zeitung, 31. Januar 2015, Nr. 26, S. 25.

o.V. (2015c): Amazon bindet jetzt auch die Fernsehkunden an sich - Neuer Stick für das Online-Video-Geschäft; in: Frankfurter Allgemeine Zeitung, 25. März 2015, Nr. 71, S. 21.

o.V. (2015d): Amazon klagt gegen Fälscher; in: Frankfurter Allgemeine Zeitung, 11. April 2015, Nr. 84, Agentur Reuters, S. 26.

o.V. (2015e): Brüssel bläst zur Aufholjagd bei Digitalwirtschaft, Meldung vom 06. Mai 2015, online einsehbar unter http://www.faz.net/agenturmeldungen/adhoc/roundup-2-bruessel-blaest-zur-aufholjagd-bei-digital-wirtschaft-13578388.html, aufgerufen am 07. Mai 2015, 8.39 Uhr.

o.V. (2015f): EU-Digitalkommissar will europäischen Regulierer für Internet-Plattformen, Beitrag vom 06. Mai 2015, online einsehbar unter http://www.wiwo. de/politik/europa/guenther-oettinger-eu-digitalkommisar-will-europaeischen-regulierer-fuer-internet-plattformen/11737772.html, auf-gerufen am 18. Mai 2015, 7.39 Uhr.

Packer, George (2014): Cheap Words: Amazon is good for customers. But is it good for books?; in: New Yorker, 17. Februar 2014, online einsehbar unter http://www. newyorker.com/magazine/2014/02/17/ cheap-words, aufgerufen am 28. Dezember 2014, 12.50 Uhr.

Padilla, Atilano Jorge (2001): The Role of Supply-Side Substitution in the Definition of the Relevant Market in Merger Control. A Report for DG Enterprise A/4, European Commission, Madrid 2001.

Panzar, John C. & Willig, Robert D. (1977): Free Entry and the Sustainability of Natural Monopoly; in: Bell Journal of Economics, 8. Jg., 1977, H. 1, S. 1–22.

Paschke, Marian (2015): Vereinbarungen (Verträge, Beschlüsse, aufeinander abgestimmte Verhaltensweisen) im Sinne des Kartellrechts; in: Münchener Kommentar - Europäisches und Deutsches Wettbewerbsrecht, Band 1, 2. Aufl., München 2015, S. 692–717.

Paulis, Emil (2010): Abuses of dominant position and monopolization: conclusions of the major debates in the EU and USA; in: Mateus, Abel M. & Moreira, Teresa (Hrsg.), Competition Law and Economics, 1. Aufl., Cheltenham (UK) und Northhampton (Massachusetts) 2010, S. 161–168.

Pearlstein, Steven (2012): Pick Your Monopoly: Apple or Amazon; in: Washingten Post, 11. März 2012, online einsehbar unter http://www.washingtonpost.com/ pick-your-monopoly-apple-or-amazon/ 2012/03/05/gIQA0kBB4R_story.html, aufgerufen am 19. Dezember 2014.

Pepall, Lynne, Richards, Daniel J. & Norman, George (2002): Industrial Organization - Contemporary Theory and Practice, 2. Aufl., Mason (Ohio) 2002.

Petrocelli, William (2012): The Justice Department Jumps Into Amazon's Pocket; in: Huffington Post, 24. April 2012, online einsehbar unter http://www.huffingtonpost.com/william-petrocelli/doj-apple-publishing-lawsuit_b_1444319.html, aufgerufen am 20. März 2015, 7.39 Uhr.

Petsche, Alexander, Lager, Marc, & Metzlaff, Karsten (2012): Das Verhältnis der EU-Gruppenfreistellungsverordnungen zum nationalen Kartellrecht; in: Liebscher, Christoph, Flohr, Eckhard & Petsche, Alexander (Hrsg.), Handbuch der EU-Gruppenfreistellungsverordnungen, 2. Aufl., München 2012, S. 137–152.

Petsche, Alexander, Lager, Marc, & Metzlaff, Karsten (2012): Das Verhältnis der Kommission zu den nationalen Kartellbehörden; in: Liebscher, Christoph, Flohr, Eckhard & Petsche, Alexander (Hrsg.), Handbuch der EU-Gruppenfreistellungsverordnungen, 2. Aufl., München 2012, S. 153–162.

Picot, Arnold & Heger, Dominik K. (2003): Braucht das Internet eine neue Wettbewerbspolitik; in: Oberender, Peter (Hrsg.), Wettbewerb in der Internetökonomie, 1. Aufl., Berlin 2003, S. 9–38.

Pietsch, Thomas, Martiny, Lutz & Klotz, Michael (1998): Strategisches Informationsmanagement - Bedeutung und organisatorische Umsetzung, 3. Aufl., Berlin 1998.

Pigou, Arthur C. (1920): The Economics of Welfare, London 1920.

Pitofsky, Robert (1990): New Definitions of Relevant Market and the Assault on Antitrust; in: Columbia Law Review, 90. Jg., 1990, S. 1805–1864.

Pitofsky, Robert, Patterson, Donna & Hooks, Jonathan (2002): The Essential Facilities Doctrine Under U.S. Antitrust Law; in: Antitrust Law Journal, 70. Jg., 2002, S. 443–462.

Platthaus, Andreas (2014a): Online Buchmarkt: Amazon blockiert Buchverlage in Europa; in: Frankfurter Allgemeine Zeitung, 15. Mai 2014, online einsehbar unter http://www.faz.net/aktuell/feuilleton/ buecher/amazon/amazon-blockiert-buchverlage-in-europa-12941711.html, aufgerufen am 05. Januar, 8.58 Uhr.

Platthaus, Andreas (2014b): Amazons Praktiken: Ein Affront für die Käufer, in: Frankfurter Allgemeine Zeitung, 21. Mai 2014, online einsehbar unter http://www.faz.net/aktuell/feuilleton/buecher/amazon/amazons-praktiken-ein-affront-fuer-die-kaeufer-12950631.html, aufgerufen am 05. Januar, 8.25 Uhr.

Png, Ivan P. L. & Hirshleifer, D. (1987): Price Discrimination through Offers to Match Price; in: The Journal of Business, 60. Jg. 1987, H. 3, S. 365–383.

Podszun, Rupprecht (2014): Kartellrecht in der Internet-Branche: Zeit für den more technological approach; in: Wirtschaft und Wettbewerb (WuW), 64. Jg., 2014, H. 3, S. 249.

Podszun, Rupprecht (2015): The More Technological Approach: Competition Law in the Digital Economy; in: Surblyté, Gintaré (Hrsg.), Competition on the Internet, MPI Studies on Intellectual Property and Competition Law 23, Berlin und Heidelberg 2015, S. 101–108.

Pollock, Rufus (2010): Is Google the Next Microsoft? Competition, Welfare and Regulation in Internet Search; in: Review of Network Economics, 9. Jg., 2010, H. 4, S. 1–29.

Polo, Michele (2011): Using economics for identifying anticompetitive unilateral practices; in: Drexl, Josef, Kerber, Wolfgang & Podszun, Ruprecht, Competition Policy and the Economic Approach, Cheltenham (UK) et al., 2011, S. 94–110.

Posner, Richard A. (1976): Antitrust Law: An Economic Perspective, Chicago 1976.

Radisch, Iris (2014): Buchhandel: Brauchen wir Amazon?; in: Die Zeit, 31. Juli 2014, online einsehbar unter http://www.zeit.de/2014/30/buchhandel-amazon-autoren, aufgerufen am 25.12.2014, 19.54 Uhr.

Raiser, Thomas (1972): Ökonomen im Bundeskartellamt und in den Kartellgerichten; in: Betriebs-Berater, 27. Jg., 1972, H. 11, S. 471–475.

Ramsey, Frank P. (1927): A Contribution to the Theory of Taxation; in: Economic Journal, 37. Jg., 1927, H. 145, S. 47–61

Rapp, Richard T. (1995): The Misapplication of the Innovation Market Approach to Merger Analysis; in: Antitrust Law Journal, 64. Jg., 1995, S. 19–48.

Rath, Christian (2014): Missbraucht Amazon seine Marktmacht?; in: Badische Zeitung, 20. August 2014, Nr. 191/34, 69. Jg., 2014, S. 4, online einsehbar unter http://www.badische-zeitung.de/kommentare-1/missbraucht-amazon-seine-marktmacht--88919269.html, aufgerufen am 12. Januar 2015, 13.03 Uhr.

Ratzesberger, Pia (2014): Amazon liefert in New York innerhalb einer Stunde; in: Süddeutsche Zeitung, 18. Dezember 2014, online einsehbar unter http://www.sueddeutsche.de/wirtschaft/2.220/bedrohung-des-lokalen-handels-amazon-liefert-in-new-york-innerhalb-einer-stunde-1.2273989, aufgerufen am 28. Dezember 2014, 10.03 Uhr.

Raymond, Nate & Stempel, Jonathan (2015): Apple conspired to fix e-book prices: U.S. appeals court, 30. Juni 2015, online einsehbar unter http://www.reuters.com/article/2015/06/30/us-apple-ebooks-decision-idUSKCN0PA1R S20150630.

Rees, Ray & Vickers, John (1995): RPI-X Price-Cap Regulation; in: Bishop, Matthew, Kay, John & Mayer, Colin (Hrsg.), The Regulatory Challenge, London 1995, S. 358–385.

Rehbinder, Eckard (2012): Internationaler Anwendungsbereich; in: Immenga, Ulrich & Mestmäcker, Ernst-Joachim (Hrsg.), Wettbewerbsrecht – Kommentar zum Europäischen Kartellrecht, Bd. 1 EU/Teil 1, 5. Aufl., München 2012, S. 83–120.

Reiffen, David & Kleit, Andrew, N. (1990): Terminal Railroad Revisited: Foreclosure of an Essential Facility or Simple Horizontal Monopoly; in: Journal of Law & Economics, 33. Jg., 1990, H. 2, S. 419–438.

Reimann, E. (2014): Online-Handel bedroht die Innenstädte, Deutsche Welle, 17. Februar 2014, online einsehbar unter http://www.dw.de/online-handel-bedroht-die-innenst%C3%A4dte/a-17437252, aufgerufen am 05. Juni 2015, 8.38 Uhr.

Reutter, Michael (2001): Regulation and Internet Access in Germany, CESifo Working Paper No. 480, online einsehbar unter http://www.cesifo-group.de/de/ifoHome/ publications/docbase?docbase. query=reutter&docbase.search, aufgerufen am 07. März 2015, 20.15 Uhr.

Rey, Patrick (2010): Abuses of dominant position and monopolization: an economic perspective; in: Mateus, Abel M. & Moreira, Teresa (Hrsg.), Competition Law and Economics, 1. Aufl., Cheltenham (UK) und Northhampton (Massachusetts) 2010, S. 189–198.

Rey, Patrick & Canballero-Sanz, Francisco (1996): The Policy Implications of the Economic Analysis of Vertical Restraints, Economic Paper No. 119, 1996.

Rey, Patrick & Stiglitz, Joseph (1995): The role of exclusive territories in producers' competition; in: The RAND Journal of Economics, 26. Jg., 1995, H. 3, S. 431–451.

Rey, Patrick & Vergé, Thibaud (2008): Economics of Vertical Restraints; in: Buccirossi, Paolo (Hrsg.), Handbook of Antitrust Economics, Vol. 1, Cambridge (Massachusetts) et al., 2008, S. 353–390.

Rey, Patrick & Vergé, Thibaud (2010): Resale Price Maintenance and Interlocking Relationships; in: The Journal of Industrial Economics, 54. Jg., 2010, H. 4, S. 928–961.

Rich, Motoko & Stone, Brad (2010): Publisher Wins Fight with Amazon Over E-Books; in: New York Times, 01. Februar 2010, online einsehbar unter http:// www.nytimes.com/2010/02/01/technology/companies/01amazon web.html?_r=0, aufgerufen am 02. Januar, 14.07 Uhr.

Ridyard, Derek (1996): Essential Facilities and the Obligations to Supply Competitors under UK and EC Competition Law; in: European Competition Law Review, 17. Jg., 1996, S. 438–452.

Rieter, Heinz & Schmolz, Matthias (1993): The Ideas of German Ordoliberalism 1938–45. Pointing the Way to a New Economic Order; in: The European Journal of the History of Economic Thought, 1. Jg., 1993, H. 1, S. 87–114.

Riordan, Michael H. (2008):Competitive Effects of Vertical Integration; in: Buccirossi, Paolo (Hrsg.), Handbook of Antitrust Economics, Vol. 1, Cambridge (Massachusetts) et al., 2008, S. 145–182.

Ritter, Kurt Lennart (2012): Art. 4 VO 1/2003 - Zuständigkeit der Kommission; in: Immenga, Ulrich & Mestmäcker, Ernst-Joachim (Hrsg.), Wettbewerbsrecht – Kommentar zum Europäischen Kartellrecht, Bd. 1 EU/Teil 2, 5. Aufl., München 2012, S. 58–60.

Rittner, Fritz, Dreher, Meinrad & Kulka, Michael (2014): Wettbewerbs- und Kartellrecht - Eine systematische Darstellung des deutschen und europäischen Rechts, 8. Aufl., Heidelberg et al. 2014.

Rochet, Jean-Charles & Tirole, Jean (2002) : Cooperation among Competitors: The Economics of Payment Card Associations; in: Rand Journal of Economics, 33. Jg., 2002, H. 4, S. 549–570.

Rochet, Jean-Charles & Tirole, Jean (2003) : Platform Competition in Two-Sided Markets; in: Journal of the European Economic Association, 1. Jg., 2003, H. 4, S. 990–1029.

Rochet, Jean-Charles & Tirole, Jean (2004) : Defining Two-Sided Markets, Conference Paper for the IDEI-CEPR conference on two-sided markets, Toulouse, 23. und 24. Januar 2004.

Rochet, Jean-Charles & Tirole, Jean (2008): Competition Policy in Two-Sided Markets, with a Special Emphasis on Payment Cards; in: Buccirossi, Paolo (Hrsg.), Handbook of Antitrust Economics, Vol. 1, Cambridge (Massachusetts) et al., 2008, S. 543–582.

Röller, Lars-Hendrik (2005): Economic Analysis and Competition Policy Enforcement in Europe; in: Van Bergeijk, Peter & Kloosterhuis, Erik (Hrsg.), Modelling European Merger: Theory, Competition Policy and Case Studies, Cheltenham 2005.

Röller, Lars-Hendrik & Stehmann, Oliver (2006): The Year 2005 at DG Competition: The Trend towards a More Effects-Based Approach; in: Review of Industrial Organization, 29. Jg., 2006, H. 2, S. 281–304.

Rose, Vivien & Bailey, David (2013a): EU Competition Law and its Territorial Reach; in: Rose, Vivien & Bailey, David (Hrsg.), Bellamy & Child: European Union Law of Competition, 7. Aufl., Oxford (UK) 2013, S. 1–80.

Rose, Vivien & Bailey, David (2013b): Article 101 (1); in: Rose, Vivien & Bailey, David (Hrsg.), Bellamy & Child: European Union Law of Competition, 7. Aufl., Oxford (UK) 2013, S. 81–176.

Rosen, Sherwin (1974): Hedonic Prices and Implicit Markets: Product Differentiation in Pure Competition; in: Journal of Political Economy, 82. Jg., 1974, H. 1, S. 34–55.

Rousseva, Ekaterina & Marquis, Mel (2012): Hell Freezes Over: A Climate Change for Assessing Exclusionary Conduct under Article 102 TFEU; in: Journal of European Competition Law & Practice, 2012, online einsehbar unter http://jeclap.oxford-journals.org/content/early/2012/10/25/jeclap.lps059.full.pdf+html, aufgerufen am 11. Februar 2015, 8.20 Uhr.

Rowe, Frederick M. (1980): Political Objectives and Economic Effects of the Robinson Patman Act: A Conspicuous U. S. Antitrust Policy Failure; in: Zeitschrift für die gesamte Staatswirtschaft, 136. Jg., 1980, S. 499–509.

Rowely, Charles K. (1984): The relevance of the median voter theorem; in: Journal of Institutional and Theoretical Economics, 140. Jg., 1984, S. 104–126.

Rowely, Charles K. & Elgin, Robert (1988): Government and its bureaucracy: a bilateral bargaining versus a principal-agent approach; in: Rowley, Charles K., Tollison, Robert D. & Tullock, Gordon (Hrsg.), The political economy of rent-seeking, Boston 1988, S. 267–290.

Rubinfeld, Daniel L. (2011): Current issues in antitrust analysis; in: Drexl, Josef, Kerber, Wolfgang & Podszun, Ruprecht, Competition Policy and the Economic Approach, Cheltenham (UK) et al., 2011, S. 81–93.

Russ, Christian & Wallenfels, Dieter (2013): Zehn Jahre gesetzliche Buchpreisbindung - eine Zwischenbilanz; in: Wettbewerb in Recht und Praxis (WRP), 59. Jg., 2013, H. 1, S. 21–31.

Säcker, Franz Jürgen & Jaecks, Jörg (2015): Art. 101 Abs. 2 und zivilrechtliche Folgen; in: Münchener Kommentar - Europäisches und Deutsches Wettbewerbsrecht, Band 1, 2. Aufl., München 2015, S. 873–947.

Salop, Steven C. (1986): Practices that (Credibly) Facilitate Oligopoly Coordination; in: Stiglitz, Joseph E. & Mathewson, G. Frank (Hrsg.), New Developments in the Analysis of Market Structure, London 1986, S. 265–290.

Salop, Steven C. & Scheffman, David T. (1987): Cost-Raising Strategies; in: Journal of Industrial Economics, 36. Jg., 1987, S. 19–34.

Salop, Steven C. & Scott Morton, Fiona (2013): Developing an Administrable MFN Policy; in: Antitrust, 27. Jg., 2013, H. 2, S. 15–19.

Saria, Gerhard (2012): Gruppenfreistellung nach EU-Kartellrecht; in: Liebscher, Christoph, Flohr, Eckhard & Petsche, Alexander (Hrsg.), Handbuch der EU-Gruppenfreistellungsverordnungen, 2. Aufl., München 2012, S. 1–54.

Scharfstein, David S. (1984): A Policy to Prevent Rational Test-Marketing Predation; in: Rand Journal of Economics, 15. Jg., 1984, H. 2, S. 229–243.

Scheffman, David T. (1992): Statistical Measures of Market Power: Uses and Abuses; in: Antitrust Law Journal, 60. Jg., 1992, H. 3, S. 901–919.

Scheffman, David T. & Higgins, Richard S. (2015): Raising Rivals' Costs; in: Blair, Roger D. & Sokol, D. Daniel (Hrsg.), The Oxford Handbook of International Antitrust Economics, 2. Aufl., Oxford 2015, S. 62–71.

Schliesky, Ute (2014): Öffentliches Wirtschaftsrecht, 4. Aufl., Heidelberg et al. 2014.

Schmalensee, Richard (2002): Payment Systems and Interchange Fees; in: Journal of Industrial Economics, H. 2, 50. Jg., 2002, S. 103–122.

Schmidt, André (2008): Ordnungsökonomische Wettbewerbskonzepte: Die Wettbewerbspolitik im Spannungsfeld zwischen Freiheit und Effizienz; in: ORDO - Jahrbuch für die Ordnung von Wirtschaft und Gesellschaft, 59. Jg., 2008, S. 209–236.

Schmidt, André & Voigt, Stefan (2006): Der „More Economic Approach" in der Missbrauchsaufsicht: einige kritische Anmerkungen zu den Vorschlägen der Generaldirektion Wettbewerb; in: Wirtschaft und Wettbewerb (WuW), 56. Jg, 2006, H. 11, S. 1097–1106.

Schmidt, André & Voigt, Stefan (2007): Bessere Wettbewerbspolitik durch den „more economic approach"? Einige Fragezeichen nach den ersten Erfahrungen; in: ORDO - Jahrbuch für die Ordnung von Wirtschaft und Gesellschaft, 58. Jg., 2007, S. 33–50.

Schmidt, Ingo (2005): Wettbewerbspolitik und Kartellrecht, 8. Aufl., Stuttgart 2005.

Schmidt, Ingo (2006): More Economic Approach: Ein wettbewerbspolitischer Fort-schritt?; in: Brinker, Ingo, Scheuing, Dieter H. & Stockmann, Kurt (Hrsg.), Recht und Wettbewerb: Festschrift für Rainer Bechtold, München 2006, S. 409–418.

Schmidt, Ingo & Haucap, Justus (2013): Wettbewerbspolitik und Kartellrecht - Eine interdisziplinäre Einführung, 10. Aufl., München 2013.

Schmidt, Karsten (2012): Art. 101 Abs. 2 AEUV; in: Immenga, Ulrich & Mestmäcker, Ernst-Joachim (Hrsg.), Wettbewerbsrecht – Kommentar zum Europäischen Kar-tellrecht, Bd. 1 EU/Teil 1, 5. Aufl., München 2012, S. 310–333.

Schnitzer, Monika (1994): Dynamic Duopoly with Best-Price-Clauses; in: Rand Jour-nal of Economics, 25. Jg., 1994, S. 186–196.

Schroeder, Dirk (2011): Normative and institutional limitations to a more economic approach; in: Drexl, Josef, Kerber, Wolfgang & Podszun, Ruprecht, Competition Policy and the Economic Approach, Cheltenham (UK) et al., 2011, S. 279–290.

Schröter, Helmut (2014): Art. 101 AEUV - Allgemeine Grundsätze; in: Schröter, Hel-muth, Jakob, Thinam, Klotz, Robert & Mederer, Wolfgang (Hrsg.), Nomos Kom-mentar Europäisches Wettbewerbsrecht, 2. Aufl., Baden-Baden 2014, S. 238–254.

Schröter, Helmut & Bartl, Ulrich (2014): Art. 102 AEUV - Verbot des Missbrauchs ei-ner marktbeherrschenden Stellung; in: Schröter, Helmuth, Jakob, Thinam, Klotz, Robert & Mederer, Wolfgang (Hrsg.), Nomos Kommentar Europäisches Wettbe-werbsrecht, 2. Aufl., Baden-Baden 2014, S. 744–941.

Schultze, Jörg-Martin & Pautke, Stephanie & Wagener, Dominique S. (2011): Vertikal-GVO: Die Gruppenfreistellungsverordnung für vertikale Vereinbarungen, Pra-xiskommentar, 3. Aufl., Frankfurt am Main 2011.

Schumpeter, Joseph (1952): Theorie der wirtschaftlichen Entwicklung, Berlin 1952.

Schwalbe, Ulrich & Zimmer, Daniel (2011): Kartellrecht und Ökonomie, 2. Aufl., Frankfurt am Main 2011.

Schwartz, Marius (1987): The Competitive Effects of Vertical Agreements: Comment; in: American Economic Review, 77. Jg., 1987, S. 1063–1068.

Schweda, Marc & Rudowicz, Jan-Christoph (2013): Verkaufsverbote über Online-Handelsplattformen und Kartellrecht; in: Wettbewerb in Recht und Praxis (WRP), 59. Jg., 2013, H. 5, S. 590–600.

Scott, Mark (2015): E.U. Commission Opens Antitrust Inquiry Into E-Commerce Sector; in: The New York Times, 06. Mai 2015, online einsehbar unter http://www.nytimes.com/2015/05/07/business /international/european-commission-e-commerce-inquiry-american-tech-companies.html?_r= 2, aufgerufen am 10. Mai 2015, 13.57 Uhr.

Shapiro, Carl (1995): Aftermarkets and Consumer Welfare: Making Sense of Kodak; in: Antitrust Law Journal, 63. Jg., 1995, H. 2, S. 483–512.

Shapiro, Carl (1996): Mergers with Differentiated Products; in: Antitrust, 10. Jg., 1996, H. 2, S. 23–30.

Shapiro, Carl & Teece, David J. (1994): Systems Competition and Aftermarkets: An Economic Analysis of Kodak; in: Antitrust Bulletin, 39. Jg., 1994, H. 1, S. 135–162.

Shermer, Michael (2012): E-book overkill; in: Los Angeles Times, 16. April 2012.

Shleifer, Andrei (1985): A Theory of Yardstick Competition; in: The Rand Journal of Economics, 16. Jg., 1985, H. 3, S. 319–327.

Sidak, Gregoryj & Spulber, Daniel F. (1998): Deregulatory Takings and the Regulatory Contract - The Competitive Transformation of Network Industries in the United States, Cambridge (MA) 1998.

Simons, Joseph J. & Williams, Michael A. (1993): The Renaissance of Market Definition, in: Antitrust Bulletin, 38. Jg., 1993, H. 4, S. 799–857.

Sorge, Petra (2014): Wie Amazon ein Kulturgut bedroht; in: Cicero - Magazin für politische Kultur, 09. Oktober 2014, online einsehbar unter http://www.cicero.de/salon/online-bibliothek-wie-amazon-ein-kulturgut-bedroht/58331, aufgerufen am 31.03.2015, 21.09 Uhr.

Spehr, Michael (2015): Vom Eselsohr zum digitalen Lesezeichen; in: Frankfurter Allgemeine Zeitung, Nr. 58, 10. März 2015, Seite T 4.

Spengler, Joseph J. (1950): Vertical Integration and Anti-Trust Policy; in: Journal of Political Economy, 58. Jg., 1950, S. 347–352.

Spulber, Daniel F. (1989): Regulation and Markets, Cambridge (MA) 1989.

Srivastava, Joydeep & Lurie, Nicholas (2001): A consumer perspective on price-matching refund policies: Effect on price perceptions and search behavior; in: Journal of Consumer Research, 28. Jg., H. 2, S. 296–307.

Stehmann, Oliver (2014): Die Rolle der ökonomischen Analyse in der Fusionskontrolle und im anti-trust-Bereich; in: Schröter, Helmuth, Jakob, Thinam, Klotz, Robert & Mederer, Wolfgang (Hrsg.), Nomos Kommentar Europäisches Wettbewerbsrecht, 2. Aufl., Baden-Baden 2014, S. 125–147.

Steiner, Peter O. (1957): Peak Loads and Efficent Pricing; in: The Quarterly Journal of Economics, 71. Jg., 1957, H. 4, S. 585–610

Stempel, Jonathan (2015): U.S. announces first antitrust e-commerce prosecution, 6. April 2015, online einsehbar unter http://mobile.reuters.com/article/idUSKBN0MX1GZ20150406?irpc=93, aufgerufen am 08. März 2015, 14.08 Uhr.

Steyer, Ronald (1997): Netzexternalitäten; in: Wirtschaftswissenschaftliches Studium, 26. Jg., 1997, H. 4, S. 206–210.

Stigler, George J. (1971): The Theory of Economic Regulation; in: Bell Journal of Economics and Management Science, 2. Jg., 1971, H. 1, S. 3–21.

Stigler, George J. & Sherwin, Robert A. (1965): The Extent of the Market; in: Journal of Law and Economics, 28. Jg., 1965, H. 3, S. 555–585.

Stiglitz, Joseph E. & Orszag, Peter R. (2004): Brief of Amici Curia in Support of Respondents, No. 03–724, Washington D.C.: Supreme Court of the United States.

Stole, Lars A. (2003): Price Discrimination and Imperfect Competition, 2003.

Streitfeld, David & Scott, Mark (2015): Amazon's E-Books Business Investigated by European Antitrust Regulators; in: New York Times, 11. Juni 2015, online einsehbar unter http://www.nytimes.com/2015/06/12/business/ international/ European-union-amazon-ebooks-antitrust-investigation.html?_r=0&referrer=, aufgerufen am 13. Juni 2015, 18.31 Uhr.

Stross, Charlie (2012): What Amazon's Ebook Strategy Means, online einsehbar unter http://www. antipope.org/charlie/blog-static/2012/04/understanding-amazons-strategy.html, aufgerufen am 30.03.2015, 21.19 Uhr.

Sundararajan, Arun (2004): Nonlinear Pricing of Information Goods; in: Management Science, 50. Jg., 2004, H. 12, S. 1660–1673.

Sylos-Labini, Paolo (1979): Oligopolio e Progresso Tecnico, Torino 1979.

Tapscott, Don (1996): Die digitale Revolution, Wiesbaden 1996.

Telser, Lester G. (1966): Cutthroat Competition and the Long Purse; in: Journal of Law & Economics, 9. Jg., 1966, S. 259–277.

Telser, Lester G. (1980): The Theory of Self-Enforcing Agreements; in: Journal of Business, 53. Jg., 1980, S. 27–44.

Thompson, Rhodri, Brown, Christopher & Gibson, Nicholas (2013): Article 102; in: Rose, Vivien & Bailey, David (Hrsg.), Bellamy & Child: European Union Law of Competition, 7. Aufl., Oxford (UK) 2013, S. 751–848.

Tirole, Jean (1988): The Theory of Industrial Organization, Cambridge (MA) 1988.

Tirole, Jean (2005): The Analysis of Tying Cases: A Primer; in: Competition Policy International, 1. Jg., 2005, Nr. 1, S. 1–25.

Train, Kenneth E. (1991): Optimal Regulation: The Economic Theory of Natural Monopoly, Cambridge (MA) et al. 1991.

Train, Kenneth E., Ben-Akiva, Moshe & Atherton, Terry (1989): Consumption Patterns and Self-Selecting Tariffs; in: Review of Economics and Statistics, 1. Jg., 1999, S. 62–73.

Trebilcock, Michael J. & Iacobucci, Edward M. (2002): Designing Competition Law Institutions; in: World Competition, 25. Jg, 2002, H. 3, S. 361–394.

Turow, Scott (2012): Letter from Scott Turow: Grim News, http://www.authorsguild. org/advocacy/letter-from-scott-turow-grim-news/, aufgerufen am 19. Dezember 2014.

Valletti, Tommaso (2009): Mobile call termination: a tale of two-sided markets; in: Lévêque, François & Shelanski, Howard, Antitrust and Regulation in the EU and US, 1. Aufl., Cheltenham (UK) et al. 2009, S. 182–197.

Vanberg, Viktor J. (2001): Konstitutionenökonomische Überlegungen zum Konzept der Wettbewerbsfreiheit; in: ORDO - Jahrbuch für die Ordnung von Wirtschaft und Gesellschaft, 52. Jg., 2001, S. 153–170.

Vanberg, Viktor J. (2011): Consumer Welfare, Total Welfare and Economic Freedom: On the Normative Foundations of Competition Policy; in: Drexl, Josef et al. (Hrsg.), Competition Policy and the Economic Approach, Cheltenham 2011, S. 44–71.

Van Cayseele, Patrick & Vanormelingen, Stijn (2009): Merger Analysis in Two-Sided Markets: the Belgian Newspaper industry, 2009, Mimeographed.

Van den Bergh, Roger (1996): Industrial Organisation Versus Old Fashioned European Competition Law; in: European Law Review, 17. Jg., 1996, S. 75–87.

Van den Bergh, Roger & Camesasca, Peter D. (2001): European Competition Law and Economics: A Comparative Perspective, Antwerpen et al. 2001.

Varian, Hal R. (1989): Price Discrimination; in: Schmalensee, Richard & Willig, Robert D. (Hrsg.), Handbook of Industrial Organization, 1. Aufl., Amsterdam 1989, S. 597–654.

Vezzoso, Simonetta (2015): Internet Competition and E-Books: Challenging the Competition Policy Acquis?; in: Surblyté, Gintaré (Hrsg.), Competition on the Internet, MPI Studies on Intellectual Property and Competition Law 23, Berlin und Heidelberg 2015, S. 25–40

Vickers, John (2008): Abuse of Market Power; in: Buccirossi, Paolo (Hrsg.), Handbook of Antitrust Economics, Vol. 1, Cambridge (Massachusetts) et al., 2008, S. 415–432.

Viscusi, W. Kip, Vernon, John M. & Harrington, Joseph E. (2005): Economics of Regulation and Antitrust, 4. Aufl., Cambridge (MA) et al. 2005.

Vogelsang, Ingo & Finsinger, Jörg (1979): A Regulatory Adjustment Process for Optimal Pricing by Multiproduct Monopoly Firms; in: Bell Journal of Economics, 10. Jg., 1979, H. 1, S. 157–171.

Wagner-von Papp, Florian & Wurmnest, Wolfgang (2015): Sachlicher, zeitlicher und internationaler Anwendungsbereich; in: Münchener Kommentar - Europäisches und Deutsches Wettbewerbsrecht, Band 1, 2. Aufl., München 2015, S. 530–600.

Walk, Klara & Stiens, Philipp (2015): Der Traum vom eigenen Buch; in: Frankfurter Allgemeine Zeitung, 24./25. Januar 2015, Nr. 20, Seite C3.

Warner, Ansgar (2013): E-Book Flatrates: ausgerechnet Piraten machen vor, wie's geht, Gastbeitrag vom 25. März 2013, online einsehbar unter http://www.netzpiloten.de/e-book-flatrates-ausgerechnet-piraten-machen-vor-wies-geht, aufgerufen am 02. April 2015, 7.13 Uhr.

Wasserman, Steve (2012): The Amazon Effect, online einsehbar unter http://www.thenation.com/article/168125/ amazon-effect, aufgerufen am 14. Oktober 2014, 22.45 Uhr.

Weiber, Rolf (2002): Die empirischen Gesetze der Netzwerkökonomie - Auswirkungen von IT-Innovationen auf den ökonomischen Handlungsrahmen; in: Unternehmung, 56. Jg., 2002, H. 5, S. 269–294.

Weil, Roman L. (1968): Allocating Joint Costs; in: American Economic Review, 58. Jg., 1968, H. 5, S. 1342–1345.

Werden, Gregory J. (1981): The Use and Misuse of Shipment Data in Defining Geographic Markets; in: Antitrust Bulletin, 26. Jg., 1981, H. 4, S. 719–737.

Werden, Gregory J. (1983): Market Delineation and the Justice Department's Merger Guidelines; in: Duke Law Journal, 33. Jg., 1983, S. 514–579.

Werden, Gregory J. (1984): A Closer Analysis of Antitrust Markets; in: Washington University Law Quarterly, 62. Jg., 1984, S. 647–669.

Werden, Gregory J. (1992): The History of Antitrust Market Delineation; in: Marquette Law Review, 76. Jg., 1992, S. 123–215.

Werden, Gregory J. (1993): Market Delineation under the Merger Guidelines: A Tenth Anniversary Retrospective; in: Antitrust Bulletin, 38. Jg., 1993, S. 517–555.

Werden, Gregory J. (1997): Simulating the Effects of Differentiated Product Mergers: A Practical Alternative to Structural Merger Policy; in: George Mason Law Review, 5. Jg., 1997, S. 363–386.

Werden, Gregory J. (1998): Demand Elasticities in Antitrust Analysis, in: Antitrust Law Journal, 66. Jg., 1998, S. 363–414.

Werden, Gregory J. (2000): Market Delineation under the Merger Guidelines; Monopoly Cases and Alternative Approaches; in: Review of Industrial Organization, 16. Jg., 2000, S. 211–218.

Werden, Gregory J. (2002): The 1982 Merger Guidelines and the Ascent of the Hypothetical Monopolist Paradigm; in: Antitrust Law Journal, 71. Jg., 2002, H. 1, S. 253–276.

Werden, Gregory J. (2011): Consumer welfare and competition policy; in: Drexl, Josef, Kerber, Wolfgang & Podszun, Ruprecht, Competition Policy and the Economic Approach, Cheltenham (UK) et al., 2011, S. 11–43.

Werden, Gregory J. & Froeb, Luke M. (2002): Calibrated Economic Models Add Focus, Accuracy, and Persuasiveness to Merger Analysis; in: Swedish Competition Authority (Hrsg.), The Pros and Cons of Merger Control, Stockholm 2002, S. 63–82.

Whinston, Michael (1990): Tying, Foreclosure and Exclusion; in: American Economic Review, 80. Jg., 1990, H. 4, S. 837–859.

Wied-Nebbeling (2004): Preistheorie und Industrieökonomik, 4. Aufl., Berlin et al. 2004.

Wils, Wouter P. J. (2014): The judgement of the EU General Court in Intel and the so-called 'more economic approach' to abuse of dominance, online einsehbar unter http://papers.ssrn.com/sol3/papers.cfm? abstract_id=2498407, aufgerufen am 06. Februar 2015, 8.09 Uhr.

Wintermeyer, Axel (2015): Macht der Monopole; in: Frankfurter Allgemeine Zeitung, Nr. 92, 21. April 2015, S. 13.

Wirtz, Markus M. (2011): Verhaltenskontrolle bei marktbeherrschenden Unternehmen; in: Mäger, Thorsten (Hrsg.), Europäisches Kartellrecht, 2. Aufl., Baden-Baden 2011, S. 283–323.

Wismer, Sebastian (2015): A Note on Price-Parity Clauses in Platform Markets; in: Surblyté, Gintaré (Hrsg.), Competition on the Internet, MPI Studies on Intellectual Property and Competition Law 23, Berlin und Heidelberg 2015, S. 41–52.

Wollmann, Hanno & Herzog, Andrea (2015): Horizontale Vereinbarungen; in: Münchener Kommentar - Europäisches und Deutsches Wettbewerbsrecht, Band 1, 2. Aufl., München 2015, S. 738–765.

Wood, Diane P. (1999): The Role of Economics and Economists in Competition Cases; in: OECD Journal of Competition Law and Policy, 1. Jg., 1999, H. 1, S. 82–104.

Wooldridge, Jeffrey M. (2009): Introductory Econometrics: A Modern Approach, 5. Aufl., Mason (OH/USA) 2009.

Wright, Julian (2004): One-sided Logic in Two-sided Markets; in: Review of Network Economics, 3. Jg., 2004, H. 1, S. 44–64.

Yglesias, Matthew (2014): There's one huge problem with calls for anti-trust action against Amazon, online einsehbar unter http://www.vox.com/2014/10/10/6954107/amazon-monopoly, aufgerufen am 14. Oktober 2014, 21.15 Uhr.

Zajac, Edward E. (1970): Geometrical Treatment of Averch-Johnson's Behavior of the Firm; in: American Economic Review, 60. Jg., 1970, H. 1, S. 117–125.

Zanettin, Bruno (2002): Cooperation Between Antitrust Agencies at the International Level, Oxford 2002.

Zimmer, Daniel (2007): Der rechtliche Rahmen für die Implementierung moderner ökonomischer Ansätze; in: Wirtschaft und Wettbewerb (WuW), 57. Jg., 2007, H. 12, S. 1198–1209.

Zimmer, Daniel (2013a): Plattformmärkte und vertikale Beschränkungen, Bundeskartellamt, Rede vom 10. Oktober 2010, online einsehbar unter http://www.bundeskartellamt.de/SharedDocs/Publikation/DE/ Reden/Daniel%20Zimmer%20-%20 Plattformm%C3%A4rkte%20und%20vertikale%20Besc hr%C3%A4nkungen.html, aufgerufen am 04. Mai 2015, 8.45 Uhr.

Zimmer, Daniel (2013b): Differenzierte Produkte, nichtkoordinierte Effekte und das Upward Pricing Pressure-Konzept: Wird die Marktabgrenzung in Fusionskontrollverfahren entbehrlich?; in: Wirtschaft und Wettbewerb (WuW), 63. Jg., 2013, H. 10, S. 928–936.

Schriften zur Politischen Ökonomik
Evolutorische und ökologische Aspekte

Political Economics, Competition and Regulation

Herausgegeben von / Edited by Udo Müller, Oliver Budzinski, Yücel Calbay,
Jörg Jasper und Torsten Sundmacher

www.peterlang.com